國家古籍整理出版專項經費資助項目

天津市重點出版扶持項目

漢簡綴合叢刊 第一輯 張榮强 主編

肩水金關漢簡綴合

姚磊 撰

天津出版傳媒集團

天津古籍出版社

圖書在版編目（CIP）數據

肩水金關漢簡綴合/姚磊撰. -- 天津 : 天津古籍出版社, 2020.10（2022.8重印）
（漢簡綴合叢刊 / 張榮强主編）
ISBN 978-7-5528-1023-3

Ⅰ. ①肩… Ⅱ. ①姚… Ⅲ. ①居延漢簡－研究 Ⅳ. ①K877.54

中國版本圖書館CIP數據核字(2020)第197300號

肩水金關漢簡綴合
JIANSHUIJINGUAN HANJIAN ZHUIHE

姚磊/撰

出　　版	天津古籍出版社
出 版 人	張　瑋
地　　址	天津市和平區西康路35號康岳大廈
郵政編碼	300051
郵購電話	022-23517902
選題策劃	楊蓮霞
責任編輯	王海燕　王宇英
封面設計	鞠佳美
印　　刷	北京捷迅佳彩印刷有限公司
經　　銷	新華書店
開　　本	880 毫米 × 1230 毫米　1/12
印　　張	41
字　　數	550 千字
版次印次	2020年10月第1版　2022年8月第2次印刷
定　　價	380.00圓

版權所有　侵權必究
圖書如出現印裝質量問題，請致電聯繫調換（022-23517902）

序 一

　　姚磊是2014年考入武漢大學簡帛研究中心跟我讀博士學位的。他先前的研究方向主要是先秦民族史，没有涉及過簡帛學。由於他古文字、簡帛學的知識薄弱，我給他列出一批專業書籍，建議系統研讀，讓他打基礎、增知識。對於博士學位論文選題，我們也曾有過多次討論。我認爲好的研究應該是在微觀、中觀、宏觀三個層面都有推進、互動，建議他可先從微觀做起，然後再做中觀、宏觀的探討。他因而選擇了簡牘綴合這一方向，並堅持下來。在簡帛研究中心學習的四年中，他的文章、札記經常可以在簡帛網上看到，有時連續數篇，出現近乎"霸屏"的情形。"學之廣在於不倦，不倦在於固志。"正是這種定力和堅持，成就了這樣一部綴合專著。

　　我在《里耶秦簡牘校釋（第二卷）》"前言"中提到綴合與編連是簡牘整理中極其重要的環節，往往起到畫龍點睛的作用。西北漢簡出土於遺址之中，綴合方面的工作極其浩繁、艱巨。2011年以來，張德芳先生帶領其團隊相繼出版了《肩水金關漢簡》五卷十五册，提供了高清紅外和彩色圖版，這爲綴合工作提供了非常好的條件，爲西北漢簡綴合注入了新的活力。姚磊抓住這一契機，孜孜以求，綴合了肩水金關漢簡340組計745枚簡，占了學界迄今綴合總數的一半以上。他所刊布的學術成果也主要圍繞肩水金關漢簡的綴合展開，受到同行的認可，對推動相關問題的研究發揮了良好的效應。張德芳先生在《肩水金關漢簡（伍）》的"前言"中說："年輕學者姚磊、楊小亮在斷簡綴合方面貢獻尤多。"2017年5月，姚磊在讀博士的第三年還獲邀參加在臺北臺灣大學舉辦的甲骨、簡牘綴合專題研討會——"綴骨續簡——古代中國研究青年學者研習會"，被與會學者稱爲"職業級的綴合專家"。

　　姚磊《肩水金關漢簡綴合》一書不僅收集了他本人關於肩水金關漢簡綴合的成果，對於其他學者的成果也有全面梳理，並對一些誤綴加以辨析，從而免除了學者們的翻檢之勞，可以說是肩水金關漢簡綴合的集成之作。書中還涉及文字考釋、簡牘斷代、文書編連、簡牘綴合方法等問題，許多思考具有真知灼見，使得該書成爲研究肩水金關漢簡以至西北漢簡的必備用書，具有重要的學術價值。在簡牘材料不斷涌現的今天，《肩水金關漢簡綴合》一書的出版對其他時代簡牘的整理也可以提供參考、借鑒，推動整個簡帛學向前發展。

　　"不求近功，不安小就。"期待姚磊能把研究深化，在中觀、宏觀上繼續努力，再接再厲，取得更多的成績！

武汉大学　陳偉

序 二

　　秉承二十世紀初"漢晉遺簡"的發現勢頭，簡牘已成爲出土文獻的大宗，從由之產生的簡牘學、簡帛學以及簡牘文書學足見其自身的發展與壯大。從戰國楚簡、帛書、侯馬盟書，秦漢之封泥簡牘，到三國、晉簡，蔚爲大觀。其對思想史、學術史、語言學、古文字學、社會制度史乃至戰國秦漢魏晉南北朝史研究的貢獻有目共睹，簡牘已成爲傳統史書之外必須參考與矚目的文獻資料。

　　簡牘文書的整理者受時間與人手問題的制約，需要完成的資料整理工作應接不暇，能將所得的簡牘以較快速度呈現出來已屬奢望，再受成像與出版技術的影響，以至於在簡牘文書的整理過程中對殘斷簡牘的綴合用力不足。時至近期（也就是近十年的光景），簡牘研究者的隊伍得到了空前壯大，加上高清成像技術的飛速發展，方使出土文獻整理者得以擺脱原簡實物進行綴合與研究。

　　《肩水金關漢簡（壹—伍）》集中了一大批人員進行文字的釋讀，高清圖版的獲得與出版，使殘斷簡牘的綴合成爲可能。在大家都不太注意簡牘綴合的時候，有一位年輕人——姚磊異軍突起，在高清圖版的基礎上，一度成爲肩水金關漢簡綴合的主力。所得綴合的340組計745枚簡，是金關漢簡總數的1/15。

　　簡牘多數曾被作爲廢棄物處置，經考古工作者以探方大小分割發掘出來，加之保存狀況不太理想，除少量完整簡牘之外，大部分是殘、斷、碎簡，致使其所承載的信息支離破碎。按照如木簡紋理、字形與簡牘尺寸的一定規律進行綴合的工作，使簡牘上的隻言片語回到了原本正確的位置，部分文書的原貌得到恢復，零碎的信息得以還原。

　　簡牘的綴合本身是出土文獻整理的一個步驟，綴合之後的簡牘的信息量與功能得到擴展，從而爲其他方面的學者更好地進行研究提供幫助。將如此衆多的簡牘綴合信息集中再現出來，是出土文獻整理工作的需要，也可以爲進一步的研究工作提供更高的平臺。作爲從事甘肅簡牘整理與研究三十年的工作者，本人感覺到對西北漢簡尤其是肩水金關漢簡的綴合工作進行系統的整理十分必要，故本書的出版正合時需，實可謂嘉惠學林。

甘肅省文物考古研究所　王宏俊

目　錄

凡　例 …………………………………………………… 1

第一章　綴合概論

第一節　學術史梳理 ………………………………… 3
第二節　綴合方法論述 ……………………………… 8
第三節　非緊密綴合與跨探方綴合 ………………… 12
第四節　誤綴分析 …………………………………… 15

第二章　自綴圖版與釋文

第1組73EJT1:50+294 ……………………………… 37
第2組73EJT1:144+141 …………………………… 38
第3組73EJT3:23+73EJC:361 …………………… 39
第4組73EJT4:92+73EJT3:110+112 …………… 40
第5組73EJT4:85+157 …………………………… 41
第6組73EJT4:130+142 …………………………… 42
第7組73EJT4:182+64 …………………………… 43
第8組73EJT4:199+143 …………………………… 44
第9組73EJT5:30+40 ……………………………… 45
第10組73EJT6:107+156 ………………………… 46
第11組73EJT6:180+183 ………………………… 47
第12組73EJT7:33+11 …………………………… 48
第13組73EJT7:50+73EJF3:557 ………………… 49
第14組73EJT7:67+157 …………………………… 50
第15組73EJT7:106+20 …………………………… 51
第16組73EJT7:183+155+193 …………………… 52
第17組73EJT7:205+73EJT28:78 ……………… 53
第18組73EJT8:82+102 …………………………… 54
第19組73EJT9:5+15 ……………………………… 55
第20組73EJT9:212+207 ………………………… 56
第21組73EJT9:214+210 ………………………… 57
第22組73EJT10:247+207 ………………………… 58
第23組73EJT10:311+260 ………………………… 59
第24組73EJT10:318+351 ………………………… 60
第25組73EJT10:345+496 ………………………… 61
第26組73EJT21:60+73EJT24:304 ……………… 62
第27組73EJT21:72+354 ………………………… 63
第28組73EJT21:310+314+325 ………………… 64
第29組73EJT21:312+73EJT22:51 ……………… 65
第30組73EJT21:327+317 ………………………… 66
第31組73EJT21:380+334 ………………………… 67
第32組73EJT21:396+343 ………………………… 68
第33組73EJT21:401+459+451 ………………… 69
第34組73EJT21:423+431 ………………………… 70

第35組73EJT22:75+73EJT21:88 …… 71	第69組73EJT23:678+669 …… 105
第36組73EJT22:106+115 …… 72	第70組73EJT23:688+109 …… 106
第37組73EJT22:116+126 …… 73	第71組73EJT23:696+725 …… 107
第38組73EJT23:2+633 …… 74	第72組73EJT23:939+1031 …… 108
第39組73EJT23:5+37 …… 75	第73組73EJT23:954+526 …… 109
第40組73EJT23:8+164 …… 76	第74組73EJT23:979+1017 …… 110
第41組73EJT23:41+42 …… 77	第75組73EJT23:990+721 …… 111
第42組73EJT23:91+418+821+429 …… 78	第76組73EJT23:1023+1016 …… 112
第43組73EJT23:110+222 …… 79	第77組73EJT23:1026+1047 …… 113
第44組73EJT23:119+116 …… 80	第78組73EJT23:1048+1056 …… 114
第45組73EJT23:128+127 …… 81	第79組73EJT24:59+312 …… 115
第46組73EJT23:166+195 …… 82	第80組73EJT24:79+84 …… 116
第47組73EJT23:141+133 …… 83	第81組73EJT24:91+119 …… 117
第48組73EJT23:212+224 …… 84	第82組73EJT24:93+137 …… 118
第49組73EJT23:341+813 …… 85	第83組73EJT24:97+73EJT30:64+11 …… 119
第50組73EJT23:351+452 …… 86	第84組73EJT24:135+128+73EJT30:167 …… 120
第51組73EJT23:354+478 …… 87	第85組73EJT24:146+430 …… 121
第52組73EJT23:359+807 …… 88	第86組73EJT24:156+482+158 …… 122
第53組73EJT23:370+358 …… 89	第87組73EJT24:330+73EJT21:482 …… 123
第54組73EJT23:489+73EJH2:27 …… 90	第88組73EJT24:333+73EJT23:818 …… 124
第55組73EJT23:491+492+525+947+1038+515 …… 91	第89組73EJT24:343+322 …… 125
第56組73EJT23:503+925 …… 92	第90組73EJT24:359+222 …… 126
第57組73EJT23:530+514 …… 93	第91組73EJT24:367+509 …… 127
第58組73EJT23:542+539 …… 94	第92組73EJT24:411+150 …… 128
第59組73EJT23:561+577 …… 95	第93組73EJT24:436+404 …… 129
第60組73EJT23:566+689 …… 96	第94組73EJT24:523+521 …… 130
第61組73EJT23:568+846 …… 97	第95組73EJT24:596+611 …… 131
第62組73EJT23:570+575 …… 98	第96組73EJT24:606+600 …… 132
第63組73EJT23:585+598 …… 99	第97組73EJT24:681+658 …… 133
第64組73EJT23:608+673 …… 100	第98組73EJT24:739+784+785 …… 134
第65組73EJT23:612+829 …… 101	第99組73EJT24:749+983 …… 135
第66組73EJT23:659+376 …… 102	第100組73EJT24:771+913 …… 136
第67組73EJT23:663+321+993+294 …… 103	第101組73EJT24:773+769 …… 137
第68組73EJT23:677+658 …… 104	第102組73EJT24:786+692 …… 138

第103組73EJT24:874+871+805 …… 139	第137組73EJT29:43+33 …… 173
第104組73EJT24:887+909 …… 140	第138組73EJT30:16+254 …… 174
第105組73EJT24:900+691 …… 141	第139組73EJT30:46+73EJT25:175 …… 175
第106組73EJT24:908+73EJC:498 …… 142	第140組73EJT30:90+68 …… 176
第107組73EJT24:925+869 …… 143	第141組73EJT30:133+73EJT24:102 …… 177
第108組73EJT24:932+802 …… 144	第142組73EJT30:179+180 …… 178
第109組73EJT24:941+73EJC:492 …… 145	第143組73EJT31:21+155 …… 179
第110組73EJT24:945+534 …… 146	第144組73EJT31:129+82 …… 180
第111組73EJT24:950+949 …… 147	第145組73EJT32:45+22 …… 181
第112組73EJT24:955+911 …… 148	第146組73EJT32:59+66 …… 182
第113組73EJT25:86+17 …… 149	第147組73EJT37:4+1172 …… 183
第114組73EJT25:156+174+122 …… 150	第148組73EJT37:28+653+1133 …… 184
第115組73EJT25:186+155 …… 151	第149組73EJT37:39+691 …… 185
第116組73EJT25:244+243+157 …… 152	第150組73EJT37:43+1485 …… 186
第117組73EJT26:75+36 …… 153	第151組73EJT37:59+471 …… 187
第118組73EJT26:142+272 …… 154	第152組73EJT37:105+791 …… 188
第119組73EJT26:144+182 …… 155	第153組73EJT37:107+60 …… 189
第120組73EJT26:167+201+296 …… 156	第154組73EJT37:120+333 …… 190
第121組73EJT26:186+135 …… 157	第155組73EJT37:139+391 …… 191
第122組73EJT26:218+293 …… 158	第156組73EJT37:143+729 …… 192
第123組73EJT26:245+26 …… 159	第157組73EJT37:146+1561 …… 193
第124組73EJT26:256+157 …… 160	第158組73EJT37:147+417+974+1252 …… 194
第125組73EJT26:258+248 …… 161	第159組73EJT37:148+422 …… 195
第126組73EJT27:72+73EJT25:49 …… 162	第160組73EJT37:153+269 …… 196
第127組73EJT27:103+101 …… 163	第161組73EJT37:170+365 …… 197
第128組73EJT28:27+93 …… 164	第162組73EJT37:177+687 …… 198
第129組73EJT28:29+92 …… 165	第163組73EJT37:182+1532 …… 199
第130組73EJT28:51+49 …… 166	第164組73EJT37:207+867 …… 200
第131組73EJT28:55+44 …… 167	第165組73EJT37:209+213+1285+1297 …… 201
第132組73EJT28:81+28 …… 168	第166組73EJT37:220+174 …… 202
第133組73EJT28:125+142 …… 169	第167組73EJT37:242+138 …… 203
第134組73EJT29:10+19 …… 170	第168組73EJT37:243+73EJC:469 …… 204
第135組73EJT29:14+41 …… 171	第169組73EJT37:246+61 …… 205
第136組73EJT29:34+36 …… 172	第170組73EJT37:247+808 …… 206

第171組73EJT37:275+248+7+301 …… 207	第205組73EJT37:597+654+734 …… 241
第172組73EJT37:276+1501 …… 208	第206組73EJT37:608+683 …… 242
第173組73EJT37:279+287 …… 209	第207組73EJT37:611+554+559+904 …… 243
第174組73EJT37:282+819 …… 210	第208組73EJT37:615+494 …… 244
第175組73EJT37:284+324+278 …… 211	第209組73EJT37:616+542 …… 245
第176組73EJT37:306+267 …… 212	第210組73EJT37:617+1047 …… 246
第177組73EJT37:309+1305 …… 213	第211組73EJT37:627+119 …… 247
第178組73EJT37:315+1507 …… 214	第212組73EJT37:631+113 …… 248
第179組73EJT37:355+56 …… 215	第213組73EJT37:634+1030 …… 249
第180組73EJT37:358+1483 …… 216	第214組73EJT37:638+172 …… 250
第181組73EJT37:364+211 …… 217	第215組73EJT37:651+727+716 …… 251
第182組73EJT37:386+395 …… 218	第216組73EJT37:662+613 …… 252
第183組73EJT37:393+1290 …… 219	第217組73EJT37:671+1009 …… 253
第184組73EJT37:394+685 …… 220	第218組73EJT37:675+688 …… 254
第185組73EJT37:401+857+1473 …… 221	第219組73EJT37:713+624 …… 255
第186組73EJT37:427+298 …… 222	第220組73EJT37:721+26 …… 256
第187組73EJT37:436+380 …… 223	第221組73EJT37:740+1 …… 257
第188組73EJT37:447+1176 …… 224	第222組73EJT37:782+836+1255 …… 258
第189組73EJT37:459+1174 …… 225	第223組73EJT37:798+643 …… 259
第190組73EJT37:468+925 …… 226	第224組73EJT37:805+535+73EJF3:599 …… 260
第191組73EJT37:473+507 …… 227	第225組73EJT37:832+811 …… 261
第192組73EJT37:479+1131 …… 228	第226組73EJT37:842+946 …… 262
第193組73EJT37:480+894 …… 229	第227組73EJT37:850+35 …… 263
第194組73EJT37:484+481 …… 230	第228組73EJT37:862+136 …… 264
第195組73EJT37:485+544 …… 231	第229組73EJT37:863+592 …… 265
第196組73EJT37:491+482 …… 232	第230組73EJT37:866+580 …… 266
第197組73EJT37:503+1040 …… 233	第231組73EJT37:877+73EJT21:392 …… 267
第198組73EJT37:533+1579 …… 234	第232組73EJT37:878+692 …… 268
第199組73EJT37:536+810 …… 235	第233組73EJT37:881+612 …… 269
第200組73EJT37:621+50 …… 236	第234組73EJT37:885+636 …… 270
第201組73EJT37:537+948 …… 237	第235組73EJT37:896+903 …… 271
第202組73EJT37:547+593 …… 238	第236組73EJT37:901+660 …… 272
第203組73EJT37:552+623 …… 239	第237組73EJT37:909+906 …… 273
第204組73EJT37:581+1261 …… 240	第238組73EJT37:918+1517 …… 274

條目	頁碼	條目	頁碼
第239組73EJT37:929+1572	275	第273組73EJT37:1386+1138	309
第240組73EJT37:930+1407	276	第274組73EJT37:1391+883	310
第241組73EJT37:949+1349	277	第275組73EJT37:1410+1480	311
第242組73EJT37:964+1352+1124	278	第276組73EJT37:1413+1190	312
第243組73EJT37:1022+314+359	279	第277組73EJT37:1414+1044+369	313
第244組73EJT37:1026+1515	280	第278組73EJT37:1416+1177	314
第245組73EJT37:1027+186	281	第279組73EJT37:1418+664+609	315
第246組73EJT37:1028+1208+371	282	第280組73EJT37:1425+1347+1142	316
第247組73EJT37:1052+268	283	第281組73EJT37:1444+12	317
第248組73EJT37:1100+271	284	第282組73EJT37:1447+922	318
第249組73EJT37:1109+1179	285	第283組73EJT37:1450+1402	319
第250組73EJT37:1117+1107	286	第284組73EJT37:1463+402	320
第251組73EJT37:1182+490+8	287	第285組73EJT37:1468+347	321
第252組73EJT37:1206+872	288	第286組73EJT37:1478+406	322
第253組73EJT37:1207+806+816	289	第287組73EJT37:1482+1010	323
第254組73EJT37:1217+1140	290	第288組73EJT37:1484+30	324
第255組73EJT37:1224+108	291	第289組73EJT37:1487+421	325
第256組73EJT37:1232+1570	292	第290組73EJT37:1510+313	326
第257組73EJT37:1238+1323	293	第291組73EJT37:1518+234	327
第258組73EJT37:1240+1311+1233	294	第292組73EJT37:1523+111	328
第259組73EJT37:1242+20	295	第293組73EJT37:1526+281	329
第260組73EJT37:1245+383+409	296	第294組73EJT37:1528+280+1457	330
第261組73EJT37:1247+1235	297	第295組73EJH1:13+61	331
第262組73EJT37:1251+1328	298	第296組73EJH1:23+49	332
第263組73EJT37:1258+1291+1392	299	第297組73EJH2:7+85	333
第264組73EJT37:1263+1300	300	第298組73EJH2:15+83+34	334
第265組73EJT37:1268+1089	301	第299組73EJH2:22+102	335
第266組73EJT37:1271+1340	302	第300組73EJH2:67+32	336
第267組73EJT37:1294+737	303	第301組73EJH2:91+65	337
第268組73EJT37:1308+1277	304	第302組73EJF1:122+120	338
第269組73EJT37:1335+1359	305	第303組73EJF3:2+169	339
第270組73EJT37:1355+682	306	第304組73EJF3:36+503	340
第271組73EJT37:1361+1353+1358	307	第305組73EJF3:41+77	341
第272組73EJT37:1378+1134	308	第306組73EJF3:52+504	342

第307組73EJF3:54+512 …… 343
第308組73EJF3:60+283 …… 344
第309組73EJF3:79+509+510 …… 345
第310組73EJF3:123+561 …… 346
第311組73EJF3:198+194+578 …… 347
第312組73EJF3:228+617 …… 348
第313組73EJF3:229+542+528 …… 349
第314組73EJF3:271+473 …… 350
第315組73EJF3:277+479 …… 351
第316組73EJF3:337+513+288+541 …… 352
第317組73EJF3:300+548 …… 353
第318組73EJF3:430+263+480+282+514 …… 354
第319組73EJF3:441+616 …… 355
第320組73EJF3:470+564+190+243+438 …… 356
第321組73EJF3:471+302+73EJF2:43+73EJF3:340 …… 357
第322組73EJF3:482+193+508 …… 358
第323組73EJF3:549+580 …… 359
第324組73EJF3:610+439+602 …… 360
第325組73EJF3:628+311 …… 361
第326組73EJF3:630+627+308+594+292 …… 362
第327組73EJD:237+125 …… 363
第328組73EJD:247+199 …… 364
第329組73EJD:277+116 …… 365
第330組72EJC:146+73EJC:613 …… 366
第331組72EJC:209+204 …… 367
第332組72EJC:227+164 …… 368
第333組73EJC:358+72EJC:163 …… 369
第334組73EJC:481+73EJT10:308 …… 370
第335組73EJC:527+73EJT10:146 …… 371
第336組73EJC:482+73EJT25:124 …… 372
第337組73EJC:621+72EJC:70 …… 373
第338組77.39+241.19 …… 374
第339組50.11+29.6 …… 375
第340組50.28+50.31 …… 376

第三章　考釋與研究

1.73EJT8:82+102 …… 379
2.73EJT21:60+73EJT24:304 …… 379
3.73EJT21:423+431 …… 379
4.73EJT22:75+73EJT21:88 …… 379
5.73EJT23:2+633 …… 380
6.73EJT23:503+925 …… 380
7.73EJT23:568+846 …… 380
8.73EJT23:570+575 …… 380
9.73EJT23:663+321+993+294 …… 381
10.73EJT23:990+721 …… 381
11.73EJT24:97+73EJT30:64+73EJT30:11 …… 382
12.73EJT24:932+802 …… 382
13.73EJT25:86+17 …… 382
14.73EJT26:142+272 …… 382
15.73EJT28:29+92 …… 382
16.73EJT30:90+68 …… 382
17.73EJT37:28+653+1133 …… 383
18.73EJT37:39+691 …… 383
19.73EJT37:105+791 …… 383
20.73EJT37:209+213+1285+1297 …… 383
21.73EJT37:146+1561 …… 384
22.73EJT37:147+417+974+1252 …… 384
23.73EJT37:139+391 …… 384
24.73EJT37:153+269 …… 384
25.73EJT37:177+687 …… 385
26.73EJT37:148+422 …… 385

27.73EJT37:209+213+1285+1297 …… 385	43.73EJT37:918+1517 …… 389
28.73EJT37:182+1532 …… 385	44.73EJT37:877+73EJT21:392 …… 389
29.73EJT37:282+819 …… 385	45.73EJT37:1240+1311+1233 …… 390
30.73EJT37:355+56 …… 385	46.73EJT37:1414+1044+369 …… 390
31.73EJT37:401+857+1473 …… 386	47.73EJT37:1418+664+609 …… 390
32.73EJT37:480+894 …… 386	48.73EJT37:1425+1347+1142 …… 390
33.73EJT37:484+481 …… 386	49.73EJT37:1463+402 …… 391
34.73EJT37:485+544 …… 386	50.73EJT37:1468+347 …… 391
35.73EJT37:503+1040 …… 386	51.73EJT37:1510+313 …… 391
36.73EJT37:621+50 …… 387	52.73EJT37:1518+234 …… 392
37.73EJT37:608+683 …… 387	53.73EJT37:1523+111 …… 392
38.73EJT37:627+119 …… 387	54.73EJF3:41+77 …… 393
39.73EJT37:721+26 …… 387	55.73EJF3:228+617 …… 393
40.73EJT37:782+836+1255 …… 388	56.73EJF3:628+311 …… 394
41.73EJT37:805+535+73EJF3:599 …… 388	57.73EJD:247+199 …… 394
42.73EJT37:850+35 …… 388	

第四章　他綴釋文

第一節　《肩水金關漢簡（壹）》他綴釋文 …… 397	第四節　《肩水金關漢簡（肆）》他綴釋文 …… 406
第二節　《肩水金關漢簡（貳）》他綴釋文 …… 399	第五節　《肩水金關漢簡（伍）》他綴釋文 …… 409
第三節　《肩水金關漢簡（叁）》他綴釋文 …… 403	

附　《肩水金關漢簡》綴合表

《肩水金關漢簡（壹）》綴合表 …… 413	《肩水金關漢簡（肆）》綴合表 …… 432
《肩水金關漢簡（貳）》綴合表 …… 418	《肩水金關漢簡（伍）》綴合表 …… 445
《肩水金關漢簡（叁）》綴合表 …… 426	

參考文獻 …… 448

後　記 …… 477

凡　例

1. 本書是對肩水金關遺址（A32）所獲簡牘的整理，包含1930—1931年居延漢簡中出土於A32遺址的簡牘以及1972—1974年肩水都尉所轄的肩水金關所獲的簡牘兩部分，由綴合概論、自綴圖版與釋文、考釋與研究、他綴釋文、附表等五個部分組成。

2. 肩水金關漢簡釋文、圖版以中西書局出版的《肩水金關漢簡（壹）》（2011年）、《肩水金關漢簡（貳）》（2012年）、《肩水金關漢簡（叁）》（2013年）、《肩水金關漢簡（肆）》（2015年）、《肩水金關漢簡（伍）》（2016年）五卷十五冊爲底本。居延漢簡釋文、圖版以"中研院"簡牘整理小組編《居延漢簡》爲底本，彩色圖版參看"漢代簡牘數位典藏"。居延新簡釋文、圖版以甘肅文化出版社出版的《居延新簡集釋》爲底本。

3. 釋文中的符號，沿用肩水金關漢簡整理者的符號。"+"表示綴合，"-"表示編連，"……"表示字數不確定，"⊿"表示簡有殘斷，"□"表示無法釋讀，一字一"□"，"[ ]"表示依據文意或殘字補釋。

4. 行文過程中，凡引述底本整理者觀點的，統稱"整理者"；引述學者論述的，注明出處。分欄按照ABCDEF等標記欄號，行號用阿拉伯數字123等表示。

5. 爲行文方便，稱述學者姓名時不加先生或其他尊稱。所引文獻典籍以及工具書，隨文出注。

6. 綴合成果按照簡號順序排列，爲方便查找統計，全書按照"第某組+簡號"的形式排序，如"第1組73EJT1:50+294"。

7. 爲方便讀者觀察綴合效果，對綴合圖片的比例有所調整。如需準確測量簡牘的長寬數值，煩請讀者查閱中西書局出版的《肩水金關漢簡》。

8. 爲展示方便，圖片有A、B兩面的，一般只給出一面的綴合圖，但提供全句釋文以便理解。另對部分簡文分欄予以調整，未一依原簡書式。

9. "考釋與研究"部分是對綴合成果的深化，故單獨列出。由於並非每則綴合都有思考，故爲方便讀者查閱，如有研究成果則在每組的文末以"見'考釋與研究'章"的方式備注。

10. 爲方便學者使用，對其他學者的綴合成果也加以吸收。由於这些成果大多都已有綴合圖公布，故不再提供綴合圖，僅列出釋文，稱爲"他綴釋文"。附表"《肩水金關漢簡》綴合表"對《肩水金關漢簡》五卷十五冊的綴合成果進行了匯總，並列出處。"他綴釋文"中的綴合成果也可以從中查閱。

11. 爲行文與排版方便，書中對《肩水金關漢簡》之釋文進行了改釋但未及一一注明並附圖版，具體情況煩請讀者查閱附錄綴合表中所列原始出處。

第一章

綴合概論

第一節　學術史梳理

一、綴合的意義與歷程

綴合"是在簡牘斷裂之後，重新把殘片拼合起來，以恢復原先的完整面貌"①，又稱拼合、接合、拼綴或拼接，是簡牘在整理和研究過程中重要的基礎工作，爲我們進行相關研究提供重要的助力，也是我們獲得新材料的重要來源。

陳夢家在《武威漢簡·叙論》中曾論及綴合的意義，他説："我們所以縷述此次綴合復原的工作者，由於此等機械而煩碎的技術性的手續，需要一番耐心，並需要有步驟地在邊作邊尋找規律中，縝密地完成它，做到全部不遺一殘簡片，以保證五百簡原來的完整性。這項技術性的手續，其實是構成我們對於遺物內容的理解與進一步深入研究的基礎。"②馬先醒認爲："如何使斷者接合，殘者編連，復其完整舊觀，顯其固有意義，實乃簡牘學之當前急務。否則，只引用其斷殘材料而不圖豐富該等材料之意義，以提升其史料價值，則迹近捨本逐末，亦爲智者所不取。"③裘錫圭也強調在研究中應注意殘簡的綴合，指出"殘片的綴合不但能增加簡文意義的完整程度，而且還往往能使原來分別爲這些殘片而寫的釋文中的錯誤得到糾正，未釋之字得以釋出，重釋之字得以刪除。"④謝桂華直言："殘簡碎帛的拼合與簡册的復原，可以化腐朽爲神奇，使無法利用的片言隻語成爲一句或一段有價值的資料。"⑤

鑒於綴合這項基礎工作的重要性，近代以來，伴隨著簡牘的不斷出土發現，簡牘綴合也受到學界的關注，這方面的研究可追溯至1914年王國維、羅振玉的《流沙墜簡》。王國維在撰寫《屯戍叢殘考釋》一篇時認爲出於敦六乙的兩枚簡"書法相似，又自其木理觀之，乃一簡裂爲二者。第二簡'斤'字之半，尚在第一簡末，可證也"，在撰寫《流沙墜簡補遺考釋》時認爲27號簡與26號簡"斷痕相合，文義亦連屬，乃一簡而折爲二者"。⑥以《流沙墜簡》爲發軔，簡牘綴合正式進入學界視野。此後，夏鼐先生刊布了其在兩關遺址及漢代烽燧遺迹所獲的漢簡數十片，指出敦17新獲21、22簡"似爲一簡之斷片。二片皆字體工整；年月郡縣之上，皆用不定稱之'某'字，疑爲供初學者練習寫字及草撰文稿之範本。"⑦勞榦在《漢晉西陲木簡新考》一書中發録了對敦煌漢簡的若干組綴合，⑧甘肅省文物考古研究所編的《敦煌漢簡》也有相關綴合補充和糾正。⑨

1930—1931年居延漢簡出土，簡牘綴合越來越受到學界重視。勞榦做了初步的綴合工作，⑩較後的《居延漢簡甲編》《居延漢簡乙編》《〈居延漢簡甲乙編〉釋文商榷》《居延漢簡釋文合校》《居延漢簡補編》也有對居延漢簡的綴合補充。⑪謝桂華在《居延漢簡的斷簡綴合和册書復原》一文中提出了居延漢簡綴合要具備的三個條件。⑫

---

① 陳偉：《楚簡册概論》，武漢：湖北教育出版社，2012年，第97頁。② 甘肅省博物館、中國科學院考古研究所：《武威漢簡》，北京：文物出版社，1964年，第79頁。③ 馬先醒：《簡牘之斷代、接合與連連》，《簡牘學報》1978年第6期，第60頁。④ 裘錫圭：《談談辨釋漢簡文字應該注意的一些問題》，《江漢考古》1991年第4期。後收入《裘錫圭學術文集》第2卷，上海：復旦大學出版社，2012年，第213頁。⑤ 謝桂華：《百年來的簡帛發現與簡帛學的發展》，《光明日報》2001年9月4日，第B03版。⑥ 王國維、羅振玉：《流沙墜簡》，杭州：浙江古籍出版社，2013年，第27、183頁。⑦ 夏鼐：《新獲之敦煌漢簡》，《國立中央研究院歷史語言研究所集刊》第19本，1948年，第252頁。⑧ 勞榦：《漢晉西陲木簡新考》，臺北："中央研究院"歷史語言研究所，1985年。⑨ 甘肅省文物考古研究所編：《敦煌漢簡》，北京：中華書局，1991年。⑩ 勞榦：《居延漢簡考釋·釋文之部》，上海：商務印書館，1949年；勞榦：《居延漢簡考釋·圖版之部》，臺北："中央研究院"歷史語言研究所，1957年。⑪ 中國科學院考古研究所：《居延漢簡甲編》，北京：科學出版社，1959年；中國社會科學院考古研究所：《居延漢簡甲乙編》，北京：中華書局，1980年；裘錫圭：《〈居延漢簡甲乙編〉釋文商榷》，《人文雜志》1982年第2—5期，1983年第1—4期。後收入《裘錫圭學術文集》第2卷，上海：復旦大學出版社，2012年；謝桂華、李均明、朱國炤：《居延漢簡釋文合校》，北京：文物出版社，1987年；簡牘整理小組：《居延漢簡補編》，臺北："中央研究院"歷史語言研究所，1998年。⑫ 謝桂華：《居延漢簡的斷簡綴合和册書復原》，《簡帛研究》第二輯，北京：法律出版社，1996年，第248頁。

1959年武威漢簡出土，陳夢家在綴合過程中，提出了可供操作的綴合方法，爲漢簡綴合提供了理論支撐。[1]1971年，甘谷漢簡出土，張學正介紹了甘谷漢簡的綴合方法。[2]1972—1974年居延新簡出土，關於這批簡的綴合，何雙全在《居延漢簡研究》一文中提出了綴合工作要遵循的"五個階段六種方法"，[3]較爲完善地分析梳理了綴合的各種問題，是繼陳夢家之後專門論述綴合的代表性著作。

學者們在整理肩水金關漢簡的過程中也很重視綴合工作，發掘結束後的初步整理時即把綴合放在其他環節的前列。《肩水金關漢簡》前言中説："這次整理工作探索、總結出了一整套工作程序和記錄規範，爲後來甘肅漢簡的整理工作遵爲範式。這就是，第一步：拆包清點，清剔泥沙，對能够綴合的斷簡加以拼接；第二步：按出土時間、地點、探方、層位逐簡進行編號；第三步：填寫檔案；第四步：拍照和釋文校正。前兩步是基礎，後兩步是重點。"[4]

2011年以來，相繼出版的《肩水金關漢簡》五卷爲學者提供了清晰的圖版照片，以武漢大學簡帛網、復旦大學出土文獻與古文字研究中心網、中國社會科學院先秦史研究室網爲平臺，學者們積極投身綴合工作，研究成果極爲豐碩。目前學界共綴合《肩水金關漢簡》553組（含誤綴簡12組），計1193枚簡（含誤綴簡24枚），約占整批簡的一成。綴合情况列表如下：

序號	學者姓名	綴合組數	綴合簡數
1	姚磊	337	739
2	伊强	66	136
3	張文建	29	58
4	謝坤	27	60
5	楊小亮	19	40
6	何茂活	19	40
7	許名瑲	18	38
8	林宏明	15	32
9	尉侯凱	14	29
10	顔世鉉	13	27
11	何有祖	10	20
12	雷海龍	9	20
13	胡永鵬	7	14
14	程少軒	5	12
15	黄浩波	2	5
16	魯家亮	2	4
17	沈思聰	2	4
18	田炳炳	2	4
19	單印飛	1	2
20	劉嬌	1	2

[1]甘肅省博物館、中國科學院考古研究所：《武威漢簡》，北京：文物出版社，1964年，第78、79頁。[2]張學正：《甘谷漢簡考釋》，《漢簡研究文集》，蘭州：甘肅人民出版社，1984年。[3]何雙全：《雙玉蘭堂文集》，臺北：蘭臺出版社，2001年，第229頁。[4]甘肅簡牘保護研究中心等：《肩水金關漢簡（壹）》，上海：中西書局，2011年，前言，第2頁。

居延漢簡中出土於A32遺址的簡牘,除"中研院"簡牘整理小組所綴合者外,僅有筆者所綴三組:77.39+241.19、50.11+29.6、50.28+50.31六枚簡公布。

二、綴合的方法與經驗

一個世紀以來,學界在綴合漢簡方面,已經積累了很多寶貴的方法與經驗。如上文所述,王國維已經注意到書法、木理、斷痕、文義在綴合中的作用。20世紀60年代,陳夢家在綴合武威漢簡時,得以目睹實物,在綜合比較中,提出了系統綴合漢簡的方法。他主張應根據簡册本身的現象並利用綴合石經與甲骨的經驗尋找規律:"每一簡的厚薄寬狹和色澤均稍有不同,各篇字體墨色亦稍有不同,簡背文理不同,出土時在棺上的與在地下的情況不同,殘斷處所現斷痕不同,用此種種以事對合。對於殘片,大木簡、狹木簡和竹簡,是可以分别出的。"他還强調在綴合中"不能但憑文字相應,仍必須將逐個斷片加以實物的接合,才能固定其序。"①陳夢家所提出的綴合方法對指導漢簡綴合具有啟發性的意義,其所提出的綴合方法影響至今。

魯惟一重視"出土地同一"在綴合中的作用,認爲"其中具有不同分組編號的殘簡被綴合起來,由此可以推斷,有關的組來自同一探區"。②永田英正分析了筆迹在綴合中的重要性,指出魯惟一b2三枚簡牘的綴合是錯誤的,原因是筆迹不同。③張學正曾論述甘谷漢簡的綴合方法,是"主要依據每簡斷片的寬窄厚薄、材質紋理、顔色深淺、字體大小、行距疏密等情況,並結合書簡的文意,進行綴合或歸屬的"。④陳國清注意到簡牘紋路對綴合的重要作用,他結合武威漢簡的紋路,講解了紋路數目、紋路間距在綴合中的利用方法,認爲"在綴合殘斷簡牘的時候,如果能注意簡牘紋的對合,一定會減少綴合的錯誤"。⑤謝桂華闡釋了居延漢簡綴合要具備的三個條件:"一、出土地點相同,這是前提;二、不僅材質、字體、筆迹完全相同,而且簡文内容和文例亦可銜接,如果屬於橫斷,形制必須完全一致;三、殘留筆劃和裂痕完全吻合,這三者不可或缺。"⑥

何雙全提出綴合要遵循"五個階段六種方法"。"五個階段"是指:第一階段,全面熟悉簡牘的現存情況,此爲最基礎的工作。包括出土地點、層位堆積、同地點、同層位的紀年簡,保存現狀,完整和殘斷程度,簡牘的内容和類别以及各種簡牘的基本特徵,書寫格式和書體特點,完整和殘斷簡的比例等。第二階段,根據以上幾個問題,第一步以發掘出土單元爲基本單位,先將完整簡提出,再將殘斷簡集中,進行重點分析考察,研究其現狀,斷定在完整簡的大體部位,即上中下三段,然後逐枚對接,與此同時,要參照同類完整簡的標準尺寸,絶不能超越太遠。第三階段,在上述第二階段完成後,將已綴合的完整簡再提出,留下仍不完整者,與本單元鄰近相接的其他單元再進行綴合。第四階段,通過以上三階段的工作,逐步減少殘斷數量,同時逐漸擴大單元綴合範圍,將仍不完整者可與所有單元綴合。第五階段,系統整理檢驗,肯定正確者,排除錯誤者和把握性不大者。"六種方法"是指:(1)簡牘用料和殘斷特徵;(2)簡牘殘斷情況分析;(3)書法字體特徵;(4)簡牘的時代特徵;(5)文書類别的判定;(6)文書用語和文字分析。何雙全認爲整個綴合過程以第一階段爲基礎,指出"五個階段必須逐步進行,六種方法必須同時使用,不能割裂開展,其中以材質的同一性爲基礎,然後使用其他五種方法,互相應證,最後確定。祇有這樣,綴合纔有絶對的準確性。"⑦何雙全提出的"五個階段六種方法"極具代表性,不僅指明了綴合的步驟以及環節,也提出了不同探方單元綴合的問題,是較爲全面系統的綴合理論。

---

①甘肅省博物館、中國科學院考古研究所:《武威漢簡》,北京:文物出版社,1964年,第78、79頁。②[英]魯惟一:《漢代行政記録》,于振波、車今花譯,桂林:廣西師範大學出版社,2005年,第555頁。③[日]永田英正:《居延漢簡研究》,張學鋒譯,桂林:廣西師範大學出版社,2007年,第195頁。④張學正:《甘谷漢簡考釋》,《漢簡研究文集》,蘭州:甘肅人民出版社,1984年,第86—87頁。⑤陳國清:《略談簡牘紋在殘斷簡牘綴合中的應用》,《文物》1989年第1期。⑥謝桂華:《居延漢簡的斷簡綴合和册書復原》,《簡帛研究》第二輯,北京:法律出版社,1996年,第248頁。⑦何雙全:《雙玉蘭堂文集》,臺北:蘭臺出版社,2001年,第229—236頁。

初世賓認爲："殘簡綴合，主要用考古學的異同比較法，視形制，尺寸、部位（如上、中、下段，左半、右半等）、破損情形、木質（種類、紋理、色澤）、字迹（書法特徵）等等特點，結合文書形式、文檔用語、專用詞彙，尤其語意是否通達，逐一綴合。"①鄭有國認爲簡牘綴合應根據簡牘的形制、材質、書體進行復原，"形制，主要考察斷裂成碎片的簡牘寬度、厚度、長度。如果是同一枚簡牘破裂成兩片，那麼每片的長度、厚度必然是相同的；如果是一枚斷裂成兩截，那麼其寬度、厚度定是一致的。材質，主要考察其木、竹質料及紋理。書體，則考察文字的書寫格式、書寫特徵以及字體等等。"②邢義田認爲簡牘綴合，應從"斷痕、木紋、厚薄、筆迹、內容判定"。③石昇烜、顏世鉉是居延漢簡重新整理過程中綴合的中堅力量，他們認爲："綴合工作除了依據高解析度的圖檔，也直接考察簡牘實物的長、寬、厚度，竹木的紋路、質地與色澤以及簡面上的筆迹與墨色。"④

除了西北漢簡的綴合外，學界關於楚簡、秦簡的綴合文章也很多，在很多方面都可以借鑒，比如陳偉認爲："綴合的根據也分爲外在簡牘形態和內在的文本關聯兩個方面。所謂外部形態，是指簡牘的長度、寬度、厚度、叉口、色澤、書寫風格等。對於橫向斷裂的簡牘而言，長度方面的考慮，是指拼合後的完整長度應該與同一簡册的其他完整簡牘相當。叉口是指簡牘的斷裂面，簡牘殘片的相鄰部分，應該彼此吻合。"⑤宋華強認爲："具體到拼合的原則，我們認爲尤其需要嚴格才行。根據上面的論述，我們認爲應該把斷口契合和形制相同當作首要標準，而文意通順與否是第二位的標準。"⑥陳劍認爲："竹書簡的拼合要'注意簡長問題'、'注意竹簡契口和編繩（痕迹）位置所決定的竹簡的（上中下）相對位置問題'、'注意拼合處的碴口與殘字問題'。"⑦劉傳賓認爲影響綴合的條件有簡長、簡寬和厚度、簡端、契口的形狀和位置、編繩的數量和位置、欄綫、容字、字迹、斷口與殘字、內容、殘簡在拼合後的簡中的位置等。⑧

概括起來，簡牘綴合涉及簡牘的長、寬、厚、色澤、紋理（紋路）、材質（木/竹）、字體、字迹、書風、墨色、出土地點、斷痕（碴口）、文意、時代等多方面的環節。從大的方面來看，這些又可以分爲簡牘原信息、文字信息以及出土信息三大類。原信息是指簡牘的長、寬、厚、色澤、紋理（紋路）、碴口、材質（木/竹）等簡牘的自身物理面貌，隨着時間的推移以及環境的變化，原信息中的長、寬、厚、色澤、紋路、碴口都有可能發生變化，而材質則不會，故在綴合過程中，簡牘材質是判定綴合的核心要素；文字信息是指簡牘的字體、字迹、書風、墨色、文意、時代等由文字所反映出的簡牘歷史信息，是綴合時不可缺少的參考，也是鑒別綴合的重要環節，但由於這些信息都有較大的變動性，運用時需要非常仔細；出土信息包含簡牘的出土地點、層位堆積等，有助於我們在綴合過程中進行分類對比。綴合過程中，簡牘原信息、文字信息以及出土信息要綜合運用，互相支撐與印證，以確保綴合無誤。

三、綴合的問題與展望

目前，簡牘綴合均是由人工完成，西北漢簡龐大的數目也讓綴合工作顯得尤爲艱巨，極爲考驗綴合者的耐心和精力，從而使得簡牘綴合成爲一項長久性的工作，非一時一人能夠完成。綴合過程中也存在幾個難點問題亟待解決。

（1）削衣的綴合。削衣零碎雜亂的特性，使得削衣綴合的難度很大。肩水金關漢簡中削衣的綴合數量便很少，且在這些削衣綴合中，往往還是相鄰簡號削衣的綴合。

---

①初世賓：《簡牘研究與考古學方法之運用》，《隴上學人文存·初世賓卷》，蘭州：甘肅人民出版社，2015年，第336–337頁。（1999年臺灣第一屆簡帛學術討論會上的發言，原載中國文化大學歷史系《簡帛研究彙刊》第1輯，臺北：2003年）②鄭有國：《簡牘學綜論》，上海：華東師範大學出版社，2008年，第74頁。③邢義田：《地不愛寶：漢代的簡牘》，北京：中華書局，2011年，第500頁。④石昇烜、顏世鉉：《居延漢簡綴合新成果選粹（壹）》，《古今論衡》2016年第29期。⑤陳偉：《楚簡册概論》，武漢：湖北教育出版社，2012年，第97頁。⑥宋華強：《新蔡葛陵楚簡初探》，武漢：武漢大學出版社，2010年，第29頁。⑦陳劍：《上博竹書的拼合與編聯問題雜談》，《學燈》第1輯，上海：上海古籍出版社，2016年。⑧劉傳賓：《郭店竹簡研究綜論（文本研究篇）》，吉林大學博士學位論文，2010年，第104–111頁。

（2）不同出土年代的簡牘綴合（跨年綴合）。居延漢簡、居延新簡、肩水金關漢簡具有緊密的聯繫，内容上三種漢簡往往可以互通，然由於出土年代不同，它們被人爲地分隔，使得跨年綴合十分不易。吴昌廉認爲："額濟納河流域之漢代簡牘，歷時既久，斷殘難免，由於狂風、流沙等種種因素，致使簡牘散離，但因漢簡之大量出土，與某些簡牘流散之距離有限，因此在同一地出土者，雖不同時所采獲，然因簡牘形狀、字體筆迹以及所斷紋路等相吻合，故有被接合的可能。"①謝桂華曾復原新、舊居延漢簡的册書，指出："一九三〇年——一九三一年從破城子舊出和一九七三年——一九七四年新出的居延漢簡，其中有一部分斷簡是可以進行綴合和復原成册書的。"②張俊民也認爲："若能將紅外綫釋讀技術與電腦檢索方法更好地結合起來，也許還可以在居延漢簡中發現許多原本是一册書，但因出土年代不同被人爲地分開了的簡文。"③以肩水金關漢簡爲例，筆者曾綴合72EJC∶146與73EJC∶613、73EJC∶621與72EJC∶70，這兩組便是不同出土年簡牘的綴合。目前跨年綴合的成果很少，肩水金關漢簡僅有3組。

（3）不同探方的簡牘綴合（跨探方綴合）。在綴合的實踐過程中，正如初世賓所言，不同地點、方位、單元的簡牘一般很難綴合。④雖然同一出土地是簡牘綴合的基本依據條件，但是不同出土地點的簡牘仍有綴合的可能，祇是難度更大。以肩水金關漢簡爲例，筆者曾綴合73EJT22∶75與73EJT21∶88，林宏明曾綴合73EJT7∶147與73EJF3∶66+381，⑤雷海龍曾綴合73EJT21∶145與73EJF3∶463，⑥許名瑲曾綴合73EJT30∶151與73EJT24∶136，⑦均是跨探方的綴合。由此，"出土地同一"的綴合原則要客觀解讀，分清"出土點"和"出土地"的差異，"既能接合之簡牘，雖未必盡屬同一'出土點'所出，但必爲同一出土地，否則很難接合"。⑧由於探方是人爲的劃分，容易形成割裂，而簡牘出土時的面貌與當時廢棄時的位置更爲複雜，所以，我們要謹慎對待不同探方的簡牘綴合，既要敢於綴合不同探方的簡牘，又要認真考證，以免誤綴。由於難度較大，跨探方的簡牘綴合工作目前還做得不夠，《肩水金關漢簡》自出版以來，綴合只有十幾組。

（4）跨年、跨探方的簡牘綴合。這方面的綴合成果更是少之又少，有待突破。肩水金關漢簡方面，目前僅有林宏明所綴合的73EJT7∶24與72EJC∶155號簡1組成果。⑨居延漢簡與居延新簡方面，也是僅有林宏明所綴合的185.15+217.10與EPT51∶722號簡1組成果。⑩居延漢簡與居延新簡、居延漢簡與肩水金關漢簡、居延新簡與肩水金關漢簡的綴合更是有待突破。

（5）左右斷裂綴合。簡牘在斷裂時，會形成上下斷裂、左右斷裂、上下左右均斷裂三種情形。出於我們的閱讀習慣，綴合過程中，上下斷裂的往往較容易綴合，而左右斷裂的則較難，綴合數量不多，有待突破。

（6）整理者所提供信息數據的局限。在重啓的居延漢簡整理過程中，"簡牘整理小組"特意製作了"簡牘文物形制與出土地資料表"，提供了簡牘的長、寬、厚、出土地點等信息，雖然相比以往已有很大的突破，但僅提供了部分"原簡狀況不佳或不適於掃描"簡的彩色圖版，⑪無法有效觀測簡牘的紋路、色澤、墨色、刮痕等信息。肩水金關漢簡在整理過程中，雖提供了簡牘的彩色、紅外圖版，然未提供類似"簡牘文物形制與出土地資料表"的資料，簡牘的長、寬、厚、出土地點等具體信息無法得知，詳細的考古報告也未隨之出版。劉瑞對此曾指出："缺失考古特徵最嚴重的，爲《肩水金關漢簡（壹）》《肩水金關漢簡（貳）》兩部報告。這兩部報告中，雖《肩水金關漢簡（壹）》前言提到了簡牘的出土背景，但其介紹的重點卻爲人事安排和整理過程，至於當時是如何發掘、簡牘如何出土、伴出什麽遺物等等的問題，則未置一詞，與其在前言中介紹考古隊成員細緻到考古隊司機名字的程度相比——雖我認爲這是非常值得肯定的做法（在我所讀考古報告中此爲首見），對簡牘

---

①吴昌廉：《居延漢簡"標號"與出土地點關係探微》，《簡牘學報》1978年第6期。②謝桂華：《新、舊居延漢簡册書復原舉隅》，《秦漢史論叢》第5輯，北京：法律出版社，1992年。③張俊民：《新、舊居延漢簡校讀二例》，《考古與文物》2009年第2期。後發於簡帛網2009年4月14日，http://www.bsm.org.cn/show_article.php?id=1022.④初世賓：《簡牘研究與考古學方法之運用》，《隴上學人文存·初世賓卷》，蘭州：甘肅人民出版社，2015年，第335頁。⑤林宏明：《漢簡試綴第二則》，先秦史研究室網2016年11月6日，http://www.xianqin.org/blog/archives/7418.html.⑥雷海龍：《〈肩水金關漢簡（伍）〉釋文補正及殘簡新綴》，《簡帛》第14輯，上海：上海古籍出版社，2017年。⑦許名瑲：《〈肩水金關漢簡〉簡73EJT30∶151+T24∶136考釋》，簡帛網2014年8月21日，http://www.bsm.org.cn/show_article.php?id=2058.⑧吴昌廉：《居延漢簡"標號"與出土地點關係探微》，《簡牘學報》1978年第6期。⑨林宏明：《漢簡試綴第三則》，先秦史研究室網2016年11月10日，http://www.xianqin.org/blog/archives/7426.html.⑩林宏明：《漢簡試綴第85則》，簡帛網2017年8月19日，http://www.bsm.org.cn/show_article.php?id=2868.⑪簡牘整理小組：《居延漢簡（壹）》，臺北："中央研究院"歷史語言研究所，2014年，凡例，第iii頁。

出土情況介紹的忽略依然使人難以理解。"①凡此種種,都限制了綴合的有效開展。

以上列舉了簡牘綴合中存在的各種問題,凸顯了綴合工作面臨的困難與挑戰。陳夢家《漢簡綴述》認爲:"出土地點的查明,殘折部分的綴合,以及書籍記載的搜集,仍然是當前所急要作的。"②這話雖寫於上世紀六十年代,但仍具有現實意義。漢簡綴合依然是目前我們需要花氣力去做的一項重要基礎性工作。鑒於西北漢簡的數量衆多,尚有資料未全部整理出版(如懸泉漢簡)。可以説,漢簡綴合的任務很重,空間很大。

第二節 綴合方法論述

一、綴合前的準備

研究者在綴合簡牘前,最爲重要的工作是熟悉簡牘材料。肩水金關漢簡的實物材料存儲保管在甘肅省簡牘博物館,由於目前尚未對外開放,自然很難目睹實物。我們所接觸到的簡牘材料,一般是整理者出版公布的彩色圖版以及紅外綫圖版,兩種圖版各有其效果:"彩色圖版,呈現簡牘原物之形狀、大小、色彩、文字、書體、格式等等;紅外綫圖版,透視字跡模糊、簡色發黑而無法看清的文字和筆劃。"③對於綴合研究者而言,二種圖版都極爲重要,需要綜合利用,不可缺一,但又要有所側重。大體而言,彩色圖版可以幫助我們熟悉簡牘的原信息,如材質、長、寬、色澤、紋路等;紅外綫圖版則可以有助於我們掌握文字信息,如字體、字跡、書風、墨色等。熟悉不同圖版的作用,對於綴合具有重要的意義。需要注意的是,在拍攝照片時,由於技術、亮度等原因,圖版又可能會産生色彩、陰影上的變化,從而導致圖像失真,故需認真比對。

西北漢簡材質以松木、胡楊、紅柳爲主,竹簡較少,簡牘的材質在綴合過程中起着關鍵的作用,綴合過程中要有辨別。至於松木、胡楊、紅柳三者的特性,已有學者分析論述,可以借鑒。何雙全認爲:"松木,有紅白之分,質細木堅,結構緊密,有很清晰的樹輪紋路……胡楊,纖細質軟,呈白色,無很明顯的樹輪紋路,韌性差,易彎曲,乾燥後質脆易斷,其斷茬平整。此類殘斷簡的斷茬不易接合,因材質脆,斷茬整齊……紅柳,纖細,質較硬,無明顯樹輪紋,韌性極强,但很易彎曲變形,未乾燥時滲出粉紅色汁液,乾燥後不脱落,一般呈白色。用紅柳製作的簡牘,大都彎曲异形,由於有極强的韌性,其斷茬纖維長短不一,極不規整,加之變形,亦難接合,綴合時須多方面考察。"④邢義田也注意到了三者的差异,認爲:"胡楊枝幹雖較粗較高,材質遠較屬灌木類的紅柳疏鬆。紅柳枝幹質地極爲細密堅實,相對重量要比胡楊重得多。同樣大小的木簡如果用胡楊或紅柳製成,即使經過乾燥,重量相差很多。額濟納河一帶目前已見不到松樹。居延漢簡有不少松木製的。這次在漢代遺址中拾到一些松木標本。松木木紋清晰,和胡楊、紅柳十分不同,不難辨別。松材質地較接近胡楊,不如紅柳堅實,重量也明顯較輕。"⑤

其次,綴合簡牘前,需具備一定的歷史學、考古學、簡帛學、文字學的基礎知識,能够綜合運用各種知識服務綴合。如對簡牘的内容進行分類,既可以縮小綴合的範圍,也可以降低誤綴的可能;如掌握簡帛文書的格式,可以大體斷定殘簡在完整簡中的位置;如知曉當時文字、書體等知識,既可進行文字釋讀,又可以加速

---

①劉瑞:《談簡牘報告的考古學特徵缺失》,《金塔居延遺址與絲綢之路歷史文化研究》,蘭州:甘肅教育出版社,2014年,第362頁。②陳夢家:《漢簡綴述》,北京:中華書局,1980年,第315頁。③甘肅簡牘保護研究中心等編:《肩水金關漢簡(壹)》,上海:中西書局,2011年,凡例,第1頁。④何雙全:《雙玉蘭堂文集》,臺北:蘭臺出版社,2001年,第231頁。⑤邢義田:《地不愛寶:漢代的簡牘》,北京:中華書局,2011年,第11頁。

綴合的進度;如再了解出土信息以及探方關係,既能擴大綴合成果,也能爲跨探方綴合提供可能。

第三,綴合簡牘前,還需要全面掌握學界已有綴合成果。綴合過程中,由於開始綴合的時間不一、發表成果的平臺不一、綴合的難易不一,而熟悉的領域又往往相同等客觀情況的存在,容易出現"綴重"(亦稱"撞車")的情況。如網絡發表速度快、紙質書刊發表慢,容易出現同一組綴合既見於網絡、又出現於紙質書刊的情況;如通過辭例較易綴合,在資料公布初期,學者們通過辭例進行綴合時,出現"綴重"的概率往往很高;再如"曆日""禀食""簿籍""出入關"等領域,學者們都較爲熟悉,也易出現"綴重"。所以,全面掌握學界綴合成果,既是對別人學術成果的尊重,也避免了自己時間的浪費,有時更能補綴或糾補已有綴合,從而使綴合的成果更大化。

最後,綴合簡牘前,最好掌握一定的電腦繪圖製圖技術,如Photoshop等繪圖製圖工具要熟練運用,如再配合Everything等檢索工具,將爲綴合提供極大便利。

二、綴合的方法

簡牘綴合涉及簡牘的長、寬、厚、色澤、紋路(紋理)、材質(木/竹)、字體、字迹、書風、墨色、出土地點、斷痕(碴口)、文意、時代等多方面的問題。陳偉概括其爲"外部形態"和"內在的文本關聯"兩個方面。①結合肩水金關漢簡的情況,以下從簡牘外部形態、文本的關聯兩個方面對綴合方法進行論述。

(一)通過簡牘外部形態綴合

簡牘的外部形態,是指"簡牘的長度、寬度、厚度、叉口、色澤、書寫風格等"。②在肩水金關漢簡的綴合中,利用簡牘的外部形態進行綴合,是最爲常見的綴合方法。

1. 利用碴口信息綴合

簡牘的碴口是簡牘在斷裂後於斷裂處形成的一種物理面貌。③簡牘斷裂原因不同,碴口會呈現不同的形態;斷裂原因相同,碴口自然會有相同的一些特徵。如果仔細梳理,也可以發現人爲斷裂和自然斷裂的差異。發掘這些碴口的異同,便是一個好的綴合切入點。正是由於碴口形態不同,有些甚至獨一無二,所以若碴口能夠密合,綴合一般不會發生錯誤。

甲骨綴合中已多利用碴口的作用。黃天樹認爲:"甲骨碴口的形狀千姿百態,當兩版碎片拼綴時,碴口若嚴絲合縫,拼合往往是正確的。"④由此種種,利用碴口信息綴合成爲綴合過程中極爲重要的方法。尤其是當依賴辭例、字體、書寫風格、紋路等無法綴合時,碴口形態綴合更顯重要。莫伯峰把利用碴口形態綴合的優勢定爲"不依賴文字等信息",⑤更可見碴口形態綴合的重要作用。

肩水金關漢簡的綴合也多利用碴口形態。筆者從碴口形態出發,繪製了"常見碴口形態圖",如下:

①陳偉:《楚簡册概論》,武漢:湖北教育出版社,2012年,第97頁。②陳偉:《楚簡册概論》,武漢:湖北教育出版社,2012年,第97頁。③碴口,又有茬口、叉口、岔口、斷口等不同的叫法。④黃天樹:《甲骨綴合的學術意義與方法》,《故宫博物院院刊》2011年第1期。⑤莫伯峰:《據甲骨碴口綴合及其驗證方式初探》,《政大中文學報》2013年第19期。

常見碴口形態圖

鋸齒型	平直型	彎曲型			
〰️	—	彎曲-1	彎曲-2	彎曲-3	彎曲-4

弧型							
弧-1	弧-2	弧-3	弧-4	弧-5	弧-6	弧-7	弧-8

斜型				
斜-1	斜-2	斜-3	斜-4	斜-5

階梯型						
階梯-1	階梯-2	階梯-3	階梯-4	階梯-5	階梯-6	階梯-7

鋸齒型碴口是指碴口斷裂處呈鋸齒狀分布的一種形態。此類碴口在肩水金關漢簡中并不多見,由於辨識度高,綴合難度相對較小。我們懷疑鋸齒型碴口的形成原因可能是人力折斷。在綴合過程中,鋸齒型碴口一般拼合嚴密,吻合度高。

平直型碴口是指碴口斷裂處呈直綫或近似直綫分布的一種形態。此類碴口在肩水金關漢簡中較爲常見,由於辨識度不高,綴合難度大。我們懷疑部分平直型碴口的形成是因爲胡楊的材質。在綴合過程中,平直型碴口吻合度較高。

彎曲型碴口是指碴口斷裂處呈彎曲分布的一種形態。此類碴口在肩水金關漢簡中較爲普遍,但由於辨識度并不高,綴合難度較大。彎曲型碴口的形成原因較難辨別,需要具體分析。在綴合過程中,彎曲型碴口吻合度較高。

弧型碴口是指碴口斷裂處呈弧形分布的一種形態。此類碴口在肩水金關漢簡中較爲常見,由於辨識度較高,綴合難度相對較小。弧型碴口的形成原因是多種多樣的,需要具體分析。在綴合過程中,弧型碴口一般吻合度較高。

斜型碴口是指碴口斷裂處呈斜狀分布的一種形態。此類碴口在肩水金關漢簡中較爲普遍,碴口處一般較爲平整,辨識度高,也相對容易被發現並綴合。筆者懷疑斜型碴口有很大比例是刀削所致。斜型碴口簡綴合相對容易,一般兩段拼合後即可將殘簡復原。

階梯型碴口是指碴口斷裂處呈階梯狀分布的一種形態。此類碴口在肩水金關漢簡中較爲常見,且辨識度較高,綴合難度相對較小。階梯型碴口的形成原因較爲複雜,需要具體分析。在綴合過程中,階梯型碴口一般拼合後嚴絲合縫,碴口吻合度高。

2. 利用紋路信息綴合

由於簡牘上的紋路千姿百態,形狀各異,所以若簡牘紋路相合,綴合一般無誤。在很多情況下,紋路綴合可不依賴文字、書寫風格、碴口形態等信息,在綴合中起到舉足輕重的作用。

利用紋路進行綴合時,要特別注意紋路的間距大小,也即"紋間距"的差異。兩簡即使紋路數目相同,但如果紋間距差異過大,綴合也不能成立。還要注意紋路的疏密情況,有些簡的紋路疏密情況存在很大的差異。紋路相合便是紋路數目、紋路間距、紋路疏密三者都吻合,只有這樣方能綴合無誤。需要説明的是,如果兩簡的紋路都較爲密集,利用紋路綴合的效果就會下降,因爲過密集的紋路會降低簡的辨識度。此外,由於保存條件的不同,紋路也有可能磨損,甚至很難分辨,這些都需要仔細甄別。

一般情況下,祇有在彩色圖版中方能較爲清晰地觀察紋路。由於以往條件的限制,居延漢簡、居延新簡的整理并未提供彩色圖版,紋路綴合未得到有效的利用。①《肩水金關漢簡》的整理者在出版之初,便意識到彩色圖版的重要作用,"彩色圖版,呈現簡牘原物之形狀、大小、色彩、文字、書體、格式等等",②故所出版的五卷《肩水金關漢簡》都刊布了彩色圖版,這爲綴合提供了方便的條件。實踐中,很多綴合都是依賴紋路,尤其是在綴合成功與否的驗證方面,多是依賴紋路。

3. 利用書寫風格信息綴合

利用書寫風格綴合是從筆迹的角度出發,分析書手的書體、筆迹特徵、書寫習慣,從中尋找書寫運筆的特點及其規律而進行綴合。

肩水金關漢簡的書寫千差萬別,找出同一書手所書簡的難度很大。但同一書手書寫過程中具有一定的穩定性,亦提供了由此入手開展綴合工作的可能。利用書寫風格綴合,首先要對肩水金關漢簡的書體進行分類整理,全面匯總相關材料,分類建立各種書體數據庫。在此基礎上,按照文書類別,進一步縮小綴合的範圍,使同類、同體簡彙集,再比較筆迹特徵、書寫習慣的差異,從而實現綴合。

利用書寫風格進行綴合時,需要特別注意書體、字間距、墨色、筆迹特徵等因素,尤其要重視筆迹特徵的甄別,因爲筆迹特徵包含了文字布局、組字、書寫動作、書面語言等在內,③是筆迹鑒定的重要因素。在此基礎上,再考察用筆、平穩、斷筆等特徵。④

概言之,利用書寫風格綴合是在爲數衆多的簡牘中尋找出相同的筆迹,直至定位到同一書手。一些具有特殊書寫特徵的簡牘容易被綴合,如字體優美或潦草、字間距較大或較小、字體傾斜或扁平,等等。由於這些特徵易被記憶,能給人強烈的印象,故而在綴合過程中最容易被利用。另外,比較簡牘的書寫風格,也是綴合驗證過程中不可或缺的環節。

4. 利用色澤信息綴合

利用色澤信息綴合是利用簡牘的外部顏色進行綴合。通常情況下,如果保存條件相同,同一簡牘的色澤應該是相同或者近似的。利用這一特點,尤其是一些特殊的顏色,如偏黑、偏黄等,可以快速對簡牘進行分類鑒別,從而有利於綴合。

運用色澤進行綴合要非常謹慎小心,因爲材質色澤的變化往往很複雜。比如,相同的保存條件下簡牘也可能出現不同的色澤,同一簡牘也有可能出現色差或者色澤不均,不同的簡牘色澤也可能出現相近的情況。整理者在拍攝時,技術、亮度等因素,也會引起簡牘圖像色澤的變化,所以簡牘呈現的顏色往往具有較强的不確定性。此外,利用色澤綴合也僅僅限於彩色圖版下的綴合,所以局限性比較大,需要結合簡文、書寫風格、碴口等因素進行驗證。

---

① 居延新簡的彩色圖版參見張德芳主編:《居延新簡集釋》(1—7),蘭州:甘肅文化出版社,2016年。② 甘肅簡牘保護研究中心等:《肩水金關漢簡(壹)》,上海:中西書局,2011年,凡例,第1頁。③ 王冠卿:《筆迹鑒定新論:鑒定人手冊》,北京:北京大學出版社,2016年,第76頁。④ 張公正:《論毛筆字迹的鑒定》,《公安大學學報》2003年第5期。

(二)通過文本的關聯綴合

文本關聯是指"不同殘片的文字應彼此相關,可以通順地連讀"。①在肩水金關漢簡的綴合中,利用文本的關聯進行綴合,是最爲便捷的綴合方法。在運用時,最重要的便是熟悉文本的内容,並以常見辭例爲本,運用對比、歸納等手段,檢索相關字詞進行綴合。在甲骨綴合中,利用文本關聯進行綴合又被稱爲"同文例綴合"。②

進行綴合時,首先要録入肩水金關漢簡的全部釋文,以方便檢索字詞。檢索時又以同探方、相鄰探方、全部探方爲序。相同辭例可能檢索出許多信息,如常見的"毋官獄徵事"便有上百條信息,需要一一甄别。其次,要有從内容入手推知文例的能力。林宏明結合甲骨綴合對此有過經典的闡釋,將綴合的甲骨比喻爲書家殘損的畫作。他說:"根據這位畫家其他畫作的風格或同時代畫家的風格,推測殘缺的地方可能會畫什麽,而去尋找可能相應的部分。"③推知辭例是建立在對内容非常熟悉的基礎上,這也對綴合研究者提出了更高的要求。

利用文本的關聯進行綴合,就要對釋文進行準確的釋讀。因爲一字之差便可導致關聯失敗,故建立準確的釋文數據庫是綴合的前提。此外,熟悉文書分類,在分類的基礎上再進行辭例檢索,無疑能加快綴合的進度。

運用文本綴合時需要仔細地甄别,特别是面對平直型碴口時,即使辭例能貫通,也不一定能綴合,因爲某些辭例較多,比如"敢言之""如律令"等。當然,有些殘斷簡即使缺乏辭例,也能綴合。比如書手簡省或書寫錯誤時,檢索辭例可能并不奏效。

由於其方便快捷的特性,此方法一般常見於初期的文本整理過程中。但整理者由於時間、精力、知識面的限制,往往又不能窮盡辭例,仍有很多綴合問題被遺留下來,這也給後來的研究者提供了進一步綴合的空間。

第三節 非緊密綴合與跨探方綴合

按照綴合後碴口處的緊密情况分析,簡牘綴合可分爲緊密綴合與非緊密綴合兩種。④緊密綴合是指殘簡拼合後能夠緊密地結合在一起,使得碴口吻合,恢復或基本恢復簡牘的原貌。非緊密綴合又稱爲"遥綴",是指"簡牘在形體上不能無縫拼合,文字上存在缺字或缺筆,但根據簡牘大致形態和文字内容,推定屬於同一簡牘,從而作出不完全復原。這種綴合,在簡牘實體上存在缺失,文句也有缺環"。⑤

西北漢簡出現缺損的緣由大致有人爲和自然兩種。人爲原因可細分爲刮削、火燒、折斷等。自然原因可細分爲蟲噬、風沙侵蝕等。上述情况使簡牘在出土前已不完整。此外,考古發掘時,人爲設定的探方,也可能導致同一區域的簡被歸入不同探方。整理簡牘時,無字簡、簡背等又未能悉數刊布,從而導致材料的再次缺失。

非緊密綴合由於存在殘缺,在實踐過程中往往會令人產生懷疑,所以非緊密綴合的標準要更嚴格。紋路、辭例、字間距、筆迹特徵、書寫風格等都要一一甄别驗證,以免誤綴。此外,由於肩水金關漢簡中殘簡很多,會產生很多疑似可綴合的簡牘,非緊密綴合的量也比較大,這方面的工作就顯得較爲艱巨且易

---

①陳偉:《楚簡册概論》,武漢:湖北教育出版社,2012年,第98頁。②黄天樹:《甲骨綴合的學術意義與方法》,《故宫博物院院刊》2011年第1期;林雅婷:《甲骨綴合研究》,臺北:政治大學中國文學系碩士學位論文,2004年,第52頁。③林宏明:《甲骨綴合的方法——推知殘辭限縮範圍的綴合》,《政大中文學報》2013年第19期。④陳偉:《楚簡册概論》,武漢:湖北教育出版社,2012年,第98頁。⑤陳偉:《楚簡册概論》,武漢:湖北教育出版社,2012年,第98頁。

發生錯誤。

非緊密綴合亦有轉變成緊密綴合的可能。隨著研究的深入以及學者的努力,會有新的補綴發表,從而找出缺損的殘簡。這樣不僅使得之前的綴合更加可信,也讓補綴變得更加意義。

跨探方綴合是指不局限於同一探方(出土點)的束縛,以整批出土簡牘爲對象進行綴合。以往學界對跨探方綴合用力不多,綴合成果較少。進行跨探方綴合的原因是簡牘出土時情況較爲複雜。據介紹,"有的堆儲在一處,有的與雜草、畜類混合堆成積薪,有的墊在圈底,或當作垃圾拋在各處"。① 雖然探方考古有利於簡牘的發掘保護,但容易形成割裂,也有着一定的局限。何雙全已經注意到這個問題,指出綴合到第三階段,就要開始留心與其他探方的綴合:"第三階段,在上述第二階段完成後,將已綴合的完整簡再提出,留下仍不完整者,與本單元鄰近相接的其它單元再進行綴合。第四階段,通過以上三階段的工作,逐步減少殘斷數量,同時逐漸擴大單元綴合範圍,將仍不完整者可與所有單元綴合。"②

由於簡牘數量較大,跨探方綴合難度很大,綴合的方法自然也與同探方綴合有所不同。最穩妥的方法便是分類綴合,一一比較。但這樣工作量很大,工作起來頗爲不易。好的綴合方法是綜合利用辭例、紋路、書寫風格、碴口形態等,尤其是文本辭例的關聯,可儘量縮小綴合的範圍。可以在類別相同的前提下,按照材質、簡文行數、紋路、碴口等因素再進行細化分類,一步一步消化分解,邊縮小範圍邊綴合。

跨探方綴合又可以細分爲鄰近探方綴合與非鄰近探方綴合。整理者在《肩水金關漢簡(叁)》中綴合的73EJT30:27+T26:21、73EJT31:44+T30:55以及許名瑲綴合的73EJT30:151+T24:136,均屬於鄰近探方綴合。非鄰近探方綴合如雷海龍綴合的73EJT21:145+73EJF3:463、73EJH1:69+73EJF3:286、73EJF3:338+201+205+73EJT7:148,林宏明綴合的73EJT7:147+73EJF3:66+381,73EJT7:24+72EJC:155,實現了探方與房址、灰坑與房址、采集簡與探方的綴合。相比非鄰近探方綴合,鄰近探方綴合學界關注較多,如初世賓認爲綴合範圍"視發掘出土情形而定,一般是局限在相近方位、單元内"。③

跨探方綴合可以凸顯出某些探方的重要性和特殊性,從而有利於探方的功能定位。依據目前學界跨探方綴合的成果,製表如下:

跨探方綴合統計表

序號	探方	可跨探方綴合	數目
1	73EJT3	73EJC、73EJT4	2
2	73EJT4	73EJT3	1
3	73EJT7	73EJT28、73EJF3、72EJC	3
4	73EJT10	73EJC	1
5	73EJT21	73EJF3、73EJT22、73EJT24、73EJT37	4
6	73EJT22	73EJT21	1
7	73EJT23	73EJT24、73EJH2	2
8	73EJT24	73EJT21、73EJT23、73EJT30、73EJC	4
9	73EJT25	73EJT27、73EJT30、73EJC	3
10	73EJT26	73EJT30	1

① 甘肅居延考古隊:《居延漢代遺址的發掘和新出土的簡册文物》,《文物》1978年第1期。② 何雙全:《雙玉蘭堂文集》,臺北:蘭臺出版社,2001年,第230頁。③ 初世賓:《簡牘研究與考古學方法之運用》,《隴上學人文存·初世賓卷》,蘭州:甘肅人民出版社,2015年,第337頁。

续表

序號	探方	可跨探方綴合	數目
11	73EJT27	73EJT25	1
12	73EJT28	73EJT7	1
13	73EJT30	73EJT24、73EJT25、73EJT26、73EJT31	4
14	73EJT31	73EJT30	1
15	73EJT37	73EJT21、73EJF3、73EJC	3
16	73EJH1	73EJF3	1
17	73EJH2	73EJT23	1
18	73EJF2	73EJF3	1
19	73EJF3	73EJT7、73EJT21、73EJT37、73EJH1、73EJF2	5
20	72/73EJC	73EJT7、73EJT10、73EJT24、73EJT25、73EJT37	5

由表可知，多達20個探方的簡牘可實現跨探方的綴合。這也和發掘者所言簡"拋在各處"的說法相吻合。有7個探方可與3個及以上的探方所出簡牘實行綴合，分別是73EJT7、73EJT21、73EJT24、73EJT25、73EJT30、73EJT37、73EJF3、72/73EJC，73EJF3、72/73EJC非常突出，可與5個探方中的簡牘實現綴合，足見F3和采集簡的重要性，遺憾的是整理者未提供采集簡具體的采集地點，如若提供，將對簡的布局位置提供有利的證據。由此，從跨探方綴合的情況分析，遺址院內有73EJT21、73EJT24、73EJT30、73EJF3共4個重要的探方點。遺址院外的73EJT7又是一個重要的點，連接院內院外。如下圖：

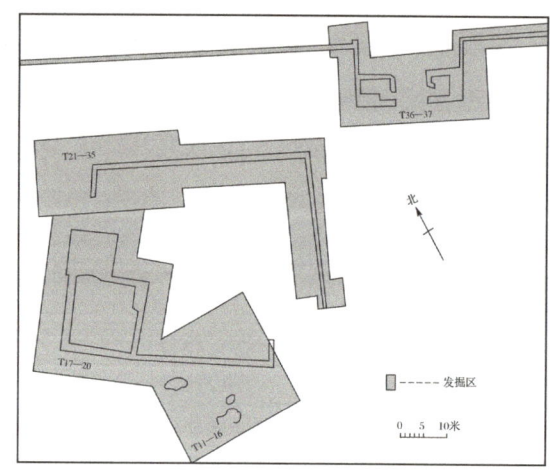

A32肩水金關遺址發掘區分布圖①

由圖可知，73EJT21、73EJT24、73EJT30三個探方較爲接近，屬鄰近探方。73EJF3屬於房址，疑當時房屋內的簡被人拿出而散落廢棄在各處，故方能與73EJT7、73EJT21、73EJH1、73EJF2的簡形成綴合。73EJT7也較爲特殊，其在遺址發掘區分布圖中沒有被標出來，位於"在院子外的東南方"，②不僅可與院內的簡綴合，也可與采集簡綴合。73EJH1、73EJH2是廢棄的灰坑，所出簡可與73EJF3、73EJT23的簡形成綴合，疑73EJF3、73EJT23的部分簡被遺棄於此。

① 甘肅居延考古隊：《居延漢代遺址的發掘和新出土的簡冊文物》，《文物》1978年第1期。② 郭傳濤告知。

第四節　誤綴分析

　　誤綴是指把不應該綴合在一起的簡牘加以綴合。誤綴的産生會影響其他簡牘的正確綴合，導致釋文發生錯亂。有些誤綴又較爲隱蔽，甄别非常困難，極易誤導我們的研究。

　　造成誤綴的原因可分爲主觀和客觀兩個方面。

　　客觀方面可以分爲三種。一是簡牘實物不易見，核驗存在困難。二是資料公布不全面，簡牘的長、寬、厚、重、材質、考古報告等信息尚無完整公布。比如綴合第一步是簡牘材質的判别，目前研究者只能靠彩圖自判。這無疑造成了一定困難，且容易産生爭論，增加誤綴的風險。三是綴合知識體系不完善。相比較甲骨綴合完善的方法和知識構架，漢簡綴合還有待提升。

　　主觀方面則與研究者在綴合方面所下的功夫有關。綴合不是簡單的拼圖游戲，需要綴合者全方面地掌握簡牘信息，仔細甄别關聯簡牘。綴合者不僅要掌握一定的綴合方法，而且需要進行多方面的驗證。對於綴合而言，多麼强調細心也不爲過。

　　結合已有實例，梳理綴合中常見的錯誤，如下：

①忽視簡牘的材質，僅從文意以及書寫風格綴合。
②忽視紋路的作用，不注重紋路的吻合。
③忽視簡牘的長、寬信息，制綴合圖時改變圖版的比例。
④忽視字間距的差異以及文字運筆時粗細的變化，缺乏書寫風格以及相同字詞書寫變化的比對。
⑤忽視磋口的吻合程度，磋口有效吻合不足。
⑥忽視文意的關聯，缺乏充足有力的例證而綴合。
⑦忽視彩色圖版的作用，側重利用紅外圖版綴合，綴合後驗證不够。

　　下面通過一些誤綴的例子，具體論述誤綴産生的各種情況。

1. 73EJT4:139與73EJT4:211誤綴

73EJT4:139號簡整理者釋文作：

☒候行☒（削衣）

73EJT4:211號簡整理者釋文作：

☒蓬隧□□☒（削衣）

　　張文建稱73EJT4:139與73EJT4:211簡可綴合，并給出綴合理由："①二簡均爲木質，無明顯紋路；②二簡文字書寫風格相近；③磋口吻合；④綴合後'行'字最後一筆可補充完整。"[①]

　　按：73EJT4:139與73EJT4:211簡的綴合，恐不能證實。

　　第一，拼合後兩簡磋口并不能形成有效吻合，且復原後文字筆畫銜接不暢。如下圖所示：

[①] 張文建：《〈肩水金關漢簡（壹）〉綴合四則》，簡帛網2017年3月2日，http://www.bsm.org.cn/show_article.php?id=2746。

73EJT4:139	73EJT4:211	綴合彩圖	綴合紅外	綴合後復原文字

對比可知73EJT4:139號簡碴口相對規整,而73EJT4:211號簡的則相對零碎,兩簡碴口不能吻合,且綴合後復原的文字之最後一筆也很不自然,不能形成有效的筆畫銜接。

第二,兩簡文意并不順暢,不能相接。73EJT4:139號簡簡文爲"候行",常見相關句式選錄如下:

關嗇夫光候行塞光兼行候事真官到	73EJT8:8
候行塞書到賞兼行候事□□……	73EJT10:204
行事謂士吏平候行塞書到平行	73EJT21:42
行事謂候長長生候行塞書到行候事	73EJT21:43
……候行書晨夜當不及凡七人乘亭十月盡十一月部有	73EJT21:106
謂候長福候行塞書□	45.35
候行塞謂第七隧長由兼行候事	264.1
言府候行部庚戌宿臨桐際摻書傳□	E.P.F22.711

即"候行"後常接"塞""塞書""書""部"等,并不直接接73EJT4:211號簡的"蓬隧"。而我們檢索"蓬隧",常見相關句式選錄如下:

……府書曰候長士吏蓬隧長以令秋射署功勞長吏雜試	6.5
□早　居延都尉　行塞蓬隧移過所	45.28
功令第卌五士吏候長蓬隧長常以令　秋試射以六爲程過六賜勞矢十	285.17
候農令督蓬隧士吏遠□□	516.26
督蓬隧史遂再拜	73EJT30:86

知"蓬隧"之前常接"候長""士吏""督""塞"等,并無辭例直接接73EJT4:139號簡的"候行"。由此,73EJT4:139與73EJT4:211簡文意上不能貫通。

綜上,73EJT4:139與73EJT4:211簡碴口不能吻合、文意上亦不能貫通,恐不能直接拼綴。若僅從寫作風格看,似有遙綴的可能,但又不能完全確定,故暫存疑。

2. 73EJT6:173與73EJT6:175誤綴

張文建曾綴合73EJT6:173與73EJT6:175號簡,并給出綴合理由:"①二簡紋路一致;②書寫風格相近;③綴合後'留''以''律'三字字形可完整;

④碴口吻合;⑤文意通順。"①

按:73EJT6:173與73EJT6:175號簡不能綴合。

第一,兩簡紋路不合。核查兩簡彩圖發現,73EJT6:173號簡的紋路較爲寬疏,而73EJT6:175號簡紋路則較爲密集。兩簡紋路不能形成關聯。如下圖所示:

第二,兩簡字形大小、書寫風格、字間距也存在差異。73EJT6:173號簡書手書寫時,字間距相對緊凑,而73EJT6:175號簡字間距則較寬。如截取同樣2.5cm長度的簡,便會清楚看出這種字間距的差异。如下圖所示:

第三,兩簡碴口并不能形成有效吻合,且碴口處的文字也不能有效復原。如下圖所示:

① 張文建:《肩水金關漢簡綴合三則》,簡帛網2017年1月22日,http://www.bsm.org.cn/show_article.php?id=2706。

綜上三點,73EJT6:173與73EJT6:175號簡不能綴合。

3. 73EJT9:64與73EJT9:49誤綴

張文建曾綴合73EJT9:64與73EJT9:49號簡,并給出綴合理由:"二簡材質相同,均爲木質;二簡寬度相同,均爲1.1cm;字形大小、書寫書寫風格一致;碴口吻合;文意可相接。"①

按:73EJT9:64與73EJT9:49號簡不能綴合。

第一,兩簡紋路不合。核查兩簡彩圖發現,73EJT9:49號簡的紋路較爲密集,而73EJT9:64號簡紋路則較爲粗疏。兩簡紋路不能形成關聯。如下圖所示:

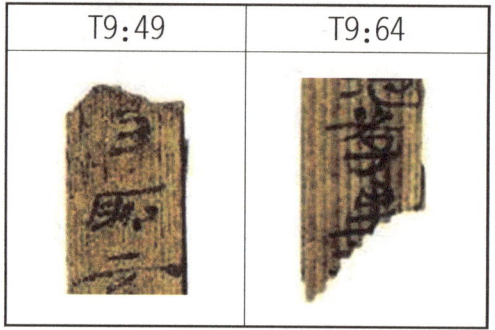

第二,經測量,兩簡碴口處寬度并不相同。73EJT9:49號簡碴口寬度爲1.1cm,而73EJT9:64號簡碴口寬度爲1.2cm。如下圖所示:

第三,兩簡字形大小、書寫風格、字間距也存在差异。73EJT9:64號簡書手畫寫時,字間距相對緊凑,而73EJT9:49號簡字間距則較寬。如截取同樣3cm長度的簡,便會清楚看出這種字間距的差异。如下圖所示:

---

① 張文建:《〈肩水金關漢簡(壹)〉再綴三則》,簡帛網2017年1月22日,http://www.bsm.org.cn/show_article.php?id=2707。文中"書寫書寫"當爲筆誤。

第四,兩簡碴口并不能形成有效吻合,且碴口處的文字也不能有效復原。如下圖所示:

第五,兩簡文意并不順暢,不能相接。73EJT9:64號簡所缺乃一個姓氏,而73EJT9:49號簡所殘非姓氏。由此,73EJT9:64與73EJT9:49文意上不能貫通。

綜上五點,73EJT9:64與73EJT9:49號簡不能綴合。

4. 73EJT9:287與73EJT9:288誤綴

張文建曾綴合73EJT9:287與73EJT9:288號簡,釋文作:

……水候□兼行丞事……縣里年姓

3EJT9:288+287①

然而,筆者檢索肩水金關漢簡、居延漢簡、居延新簡,未找到辭例支持。常見相關辭例如下:

……吏自言遣所葆爲家私使居延名縣里年姓如牒書出入如律令　　　　73EJT37:640+707

……宋敞自言與葆之觻得名縣里年姓如牒書到出入如律令　　　　　　73EJT37:1061

事謂關嗇夫吏吏所葆縣里年姓如牒書到出入盡十二月　　　　　　　　73EJT37:1519

也即"縣里年姓"前并不接"兼行丞事",兩者不存在語義上的銜接。細審之下,發現兩簡的紋路、削衣存在較大差异,截取相關圖片如下:

---

①張文建:《〈肩水金關漢簡(壹)〉再綴三則》,簡帛網2017年1月22日,http://www.bsm.org.cn/show_article.php?id=2707。

73EJT9:288+287	73EJT9:288		73EJT9:287	
碴口處紋路對比	簡上削衣	簡末紋路	簡上削衣	簡末紋路

　　對比可知，73EJT9:287、73EJT9:288兩簡均是8道紋路，碴口處紋路貫通，兩簡綴合自無問題，然兩簡上的削衣明顯不與紋路相合，73EJT9:288簡上削衣并無紋路，73EJT9:287簡上削衣是密集紋路，且超過了8道。由此可知整理者綴合在73EJT9:287、73EJT9:288兩簡上的削衣有誤。

　　73EJT9:287、73EJT9:288兩簡綴合後釋文當爲空，綴合在兩簡上的削衣也當重新編號。按照整理者對誤綴簡的處理，暫把73EJT9:287簡上削衣稱作73EJT9:287①，73EJT9:288簡上削衣稱作73EJT9:288②。此外，73EJT9:288號簡，何茂活認爲："缺釋二字分別爲'官''事'。前者稍顯模糊，後者僅存右上角，但可辨識。"①何茂活所補"事"字，可從；所釋"官"字圖版作􀀀，殘缺較多，字形與"官"字存在一定差异，且此字亦有是"肩水候"名字的可能，故從整理者做法，暫存疑。②

　　由此，釋文作：

……縣里年姓……（削衣）　　　　　　　　　　　　　　　　　　　　　　　　　　　73EJT9:287①

……水候□兼行丞事……（削衣）　　　　　　　　　　　　　　　　　　　　　　　73EJT9:288②

……

　　　　　　　　　　　　　　　　　　　　　　　　　　　　　　　　　　　　　　73EJT9:288+287

5. 73EJT9:292誤綴

☐☐☐弓一矢八十枚 ✓　　　　　　　　　　　　　　　　　　　　　　　　　　　73EJT9:292

　　按：整理者把兩則削衣綴合在73EJT9:292號簡上，形成了以上釋文。然而上下兩則削衣從紋路以及字間距看，并非同一枚簡，整理者明顯誤綴。仿照整理者對誤綴簡的處理，暫把上簡稱作73EJT9:292①，下簡稱作73EJT9:292②，圖版對比如下：

---

①何茂活：《〈肩水金關漢簡（壹）〉殘斷字釋補》，復旦大學出土文獻與古文字研究中心網2014年11月20日，http://www.gwz.fudan.edu.cn/Web/Show/2377。後發表於《中國文字（新四十二期）》，臺北：藝文印書館，2016年。②何茂活告知"從殘存筆迹看，好像還是應當看作'官'字，當然須排除殘斷茬口陰影的干擾"。

T9:292①	T9:292②	T9:292①	T9:292②	書寫對比
紋路對比圖	紋路對比圖	紅外圖	紅外圖	

二者之間差異很大。第一，紋路上，73EJT9:292①存在密集紋路，而73EJT9:292②則無紋路，説明兩者材質不同。73EJT9:292①雖然存在紋路，但不能與73EJT9:292號簡上的紋路形成貫通，也即兩簡紋路不吻合。第二，書寫布局上，73EJT9:292①與73EJT9:292②兩簡不在一條書寫中軸線上，73EJT9:292①在右，而73EJT9:292②則在左（見"書寫對比"）。第三，書寫特徵上，73EJT9:292①與73EJT9:292②差異較大，73EJT9:292①字間距較大，而73EJT9:292②字間距則較爲密集、書寫相對潦草且呈扁平狀，兩簡當非同一書手。第四，色澤上，73EJT9:292①與73EJT9:292②存在色澤差異，且73EJT9:292②與73EJT9:292色澤也不同。疑整理者把73EJT9:292①、73EJT9:292②兩則削衣直接貼在了73EJT9:292號簡上。

綜上，73EJT9:292①與73EJT9:292②并不能綴合，應是不同的兩枚簡。73EJT9:292①、73EJT9:292②也和73EJT9:292號簡不能綴合。釋文應作：

……   73EJT9:292

☐☐☐☐☐（削衣）   73EJT9:292①

☐弓一矢八十枚　丿（削衣）   73EJT9:292②

6. 73EJT10:11與73EJT10:317誤綴

73EJT10:11號簡整理者釋文作：

出粟小石二石五斗☐

73EJT10:317號簡整理者釋文作：

☐以食吏一人一月☐

沈思聰稱73EJT10:11與73EJT10:317兩簡可綴合，認爲"兩簡出於同一探方，簡寬、材質相同，茬口可銜接，可以拼綴"，并給出綴合釋文：

出粟小石二石五斗　以食吏一人一月☐   73EJT10:11+317[1]

按：73EJT10:11與73EJT10:317簡的綴合，恐不能成立。

第一，茬口不能銜接，茬口處文字不能有效復原。截取茬口處圖版如下：

[1] 沈思聰：《肩水金關漢簡人名索引與釋文校訂》，復旦大學碩士學位論文，2018年，第247頁。

彩圖	紅外圖	綴合後 復原文字

對比可知兩簡碴口不能吻合,且綴合後復原的文字"斗"之豎筆不能復原,不能形成有效的筆畫銜接。

第二,兩簡文意并不具備必然關係,不能相連。73EJT10:317號簡簡文爲"以食吏一人一月"。在T10中,"以食吏一人一月"的標準爲"小石三石",而非73EJT10:11號簡的"二石五斗",例證如下:

出粟小石三石　以食吏一人一月食　　　　　　　　　　　　　　　73EJT10:170

出粟小石三石　以食吏一人一月食　　　　　　　　　　　　　　　73EJT10:172

由此,773EJT10:11與73EJT10:317簡文意上不能貫通。

筆者在閱讀時發現了"73EJT10:84"號簡,此簡保存完好,沒有斷裂,釋文作:

出粟小石二石五斗　　　　　　　　　　　　　　　　　　　　　　73EJT10:84

73EJT10:84號簡內容與73EJT10:11號簡內容相同,爲探求73EJT10:11號簡的性質提供了可能。T10的這類稟食文書是可以編連在一起的,[1]它們關係密切,甚至有很多內容一致的文書,如:

第一組:

今餘穀五百卌九石四升　其二百八石八斗五升粟　三百卌石一斗九升糜　　73EJT10:89

今餘穀五百卌九石四升　其二百八石八斗五升粟　三百卌石一斗九升糜☐　73EJT10:96

第二組:

出粟小石六石六斗　以食御史張酒泉卒史二人　　　　　　　　　　73EJT10:75

出粟小石六石六斗　以食御史張卿酒泉卒史二人☐　　　　　　　　73EJT10:87

第三組:

出糜小石六石　史田卿乘張掖傳馬三匹往來五日食積十五匹=食四斗　　73EJT10:78

出粟小石六石　以食廷史田卿乘張掖傳馬三匹往來五日食積十五匹=食四斗　73EJT10:83

這類內容相同、書寫範式一致的文書,當是正本與副本的關係。[2]由此,73EJT10:84與73EJT10:11號簡是正、副本關係的可能性極大。73EJT10:11號簡雖然下部殘斷,但參照73EJT10:84號簡,其是獨立完整簡的可能是存在的,也即73EJT10:11號簡本身文意已經完整,所殘下部當是空白簡(或僅有"斗"之豎筆一部分)。

綜上,73EJT10:11與73EJT10:317簡碴口不能吻合、文意上亦不能貫通,不能綴合。

---

[1] 甘肅居延考古隊:《居延漢代遺址的發掘和新出土的簡冊文物》,《文物》1978年第1期;李均明:《通道廄考——與敦煌懸泉廄的比較研究》,《出土文獻》第2輯,上海:中西書局,2011年。[2] 邢義田:《漢代簡牘公文書的正本、副本、草稿和簽署問題》,《"中央研究院"歷史語言研究所集刊》2011年第82本第4分。

7. 73EJT10:211與73EJT10:238誤綴

張文建曾綴合簡73EJT10:211與73EJT10:238,并給出綴合理由:"二簡材質相同,均爲木質;字形大小、書寫書寫風格一致;碴口吻合;文意可相接。"①

按:簡73EJT10:211與73EJT10:238恐不能綴合。

第一,兩簡紋路不合。雖然兩簡都有紋路,但筆者核查兩簡彩圖發現,73EJT10:211號簡紋路較爲密集,而73EJT10:238號簡紋路相對較爲寬疏,兩簡紋路不能形成關聯。如下圖所示:

第二,經測量,兩簡寬度並不相同,走勢也不一致。73EJT10:211號簡簡首寬2.3cm,簡尾寬1.9cm,呈上寬下窄之走勢,而73EJT10:238號簡相對較爲規整,寬度在2.0—2.1cm間。如下圖所示:

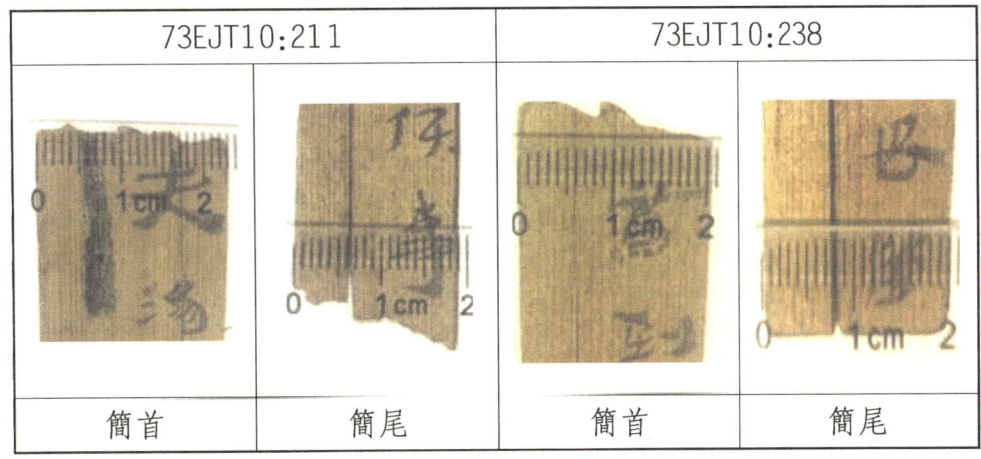

73EJT10:211		73EJT10:238	
簡首	簡尾	簡首	簡尾

第三,兩簡字形大小、書寫風格、字間距也存在差异。73EJT10:211號簡書風較爲靈活,字體較爲飄逸,而73EJT10:238號簡書風則不同,顯得較爲規整。對比如下:

---

① 張文建:《〈肩水金關漢簡(壹)〉再綴三則》,簡帛網2017年1月22日,http://www.bsm.org.cn/show_article.php?id=2707。原文衍"書寫"二字。

此外，我們也可以看出，同樣是四個字，73EJT10:211號簡共用4.6cm，而73EJT10:238號簡僅僅用了4.1cm，兩簡字間距差别也較大。

第四，兩簡碴口并不吻合。如下圖所示：

第五，兩簡文意并不順暢，不能相接。73EJT10:211號簡簡文爲"夫湯以小官印行候事"，常見相關句式選録如下：

以小官印行候事尉關吏遣卒徐宣

如律令　　　　　　　　　　　　　　　　　　　　　　　　　　　　　　　　　73EJT37:29

囗以小官印行候事謂關嗇　　　　　　　　　　　　　　　　　　　　　　　　　73EJF2:46

建始元年七月癸酉肩水關嗇夫賞以小官印行候事移橐他廣地　　　　　　　　　　73EJC:589

三月丙辰肩水關佐信以私印兼行候事敢言之謹移　　　　　　　　　　　　　　　73EJT29:29

三月癸酉廣地隧長尊以私印兼行候事移肩水金　　　　　　　　　　　　　　　　73EJT37:718

肩水關嗇夫放以小官印兼行候事移廣地候官就人　　　　　　　　　　　　　　　73EJT37:835

囗印行候事謂關嗇夫吏移居延縣索關　　　　　　　　　　　　　　　　　　　　73EJT37:1013

正月壬子橐他北部候長勳以私印行候事寫移書到出

……正月如律令

即"行候事"後常接"尉關吏""謂關嗇夫吏""移肩水金關""移廣地""寫移""謹移"等語句，並不直接跟

73EJT10:238號簡的"書到出入"。且從文意來看,73EJT10:211號簡與73EJT37:835較爲接近,簡文也當大致相同。73EJT10:238號簡簡文爲"書到出入毋留",常見相關句式選錄如下:

成宣等自言遣葆□□之官如牒書到出入如73EJT3:109

移肩金關居延卅井縣索關書到出入如律令73EJT24:237

六月己卯昭武長譚丞移肩水金關居延縣索關寫移書到出入所部

如律令　　/掾壽守□□73EJT26:94

五鳳元年十月丙戌朔辛亥居延守丞安世別上計移肩水金關居延都尉卒史居延平里徐通

自言繇之隴西還買騄得敬老里丁韋君大奴宜今疏書宜年長物色書到出入如律令73EJT37:522

建平三年五月庚戌朔甲子肩水候憲謂關嗇夫豐遣守令史敞

校郵書橐他書到出入如律令73EJT37:788

建平元年十二月己未朔辛酉橐他塞尉立移肩水金關候長宋敞自言

與葆之騄得名縣里年姓如牒書到出入如律令73EJT37:1061

可知"書到出入"之前常接"如牒""縣索關""年長物色"等語句,並無辭例直接跟73EJT10:211號簡的"行候事"。

由此,73EJT10:238與73EJT10:211文意上不能貫通。

綜上五點,筆者認爲73EJT10:238與簡73EJT10:211不能綴合。

8. 73EJT21:323與73EJT23:174誤綴

田炳炳曾綴合73EJT21:323與73EJT23:174號簡,給出的綴合理由是:"73EJT21:323號簡'年'下有明顯的痕迹  ,73EJT23:174號簡'六'上亦有痕迹 ,疑爲橫和一撇,且'邑'和庸'同邑'可以相連。"[①]

按:73EJT21:323與73EJT23:174恐不能綴合。

第一,兩簡紋路不合,材質不同。筆者核查兩簡彩圖發現,73EJT21:323號簡存在紋路且較爲密集,而73EJT23:174號簡則不存在紋路。兩簡材質不同,73EJT21:323號簡是松木,而73EJT23:174號簡是胡楊或紅柳。如下圖所示:

第二,經測量,兩簡碴口處寬度並不相同,73EJT21:323號簡爲0.9cm,而73EJT23:174號簡爲1.1cm,如下

[①] 田炳炳:《肩水金關漢簡綴合兩則》,簡帛網2014年9月1日,http://www.bsm.org.cn/show_article.php?id=2066。

圖所示：

73EJT21:323	73EJT23:174
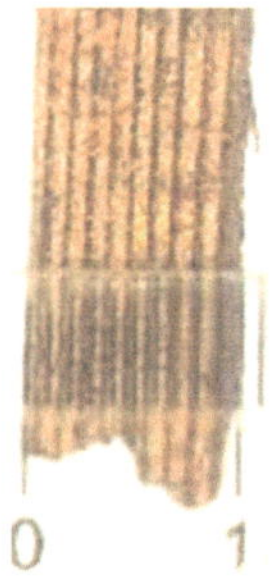	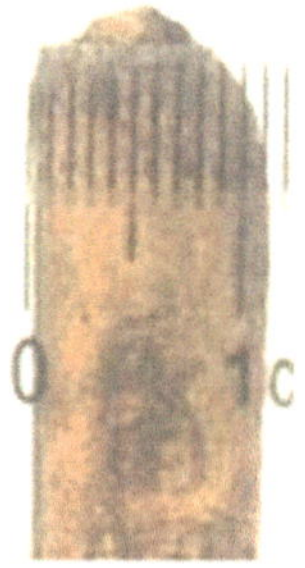

第三，兩簡字形大小、書寫風格等方面也存在差異。73EJT21:323號簡字形較寬，而73EJT23:174號簡字形則較長。如我們截取同樣3cm長度的簡，便會清晰地發現這種差異，如下圖所示：

73EJT21:323	73EJT23:174
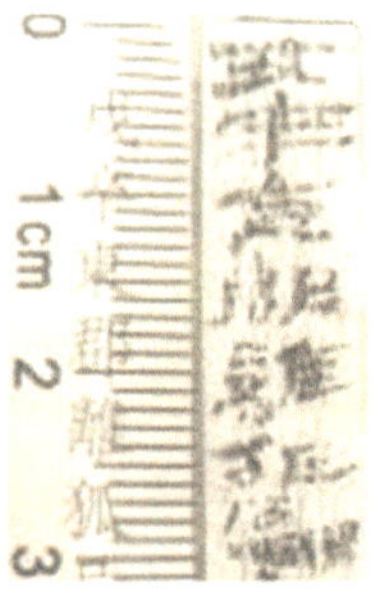	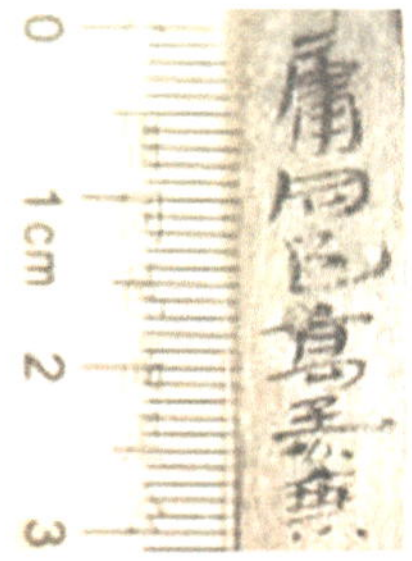

此外，兩簡同時出現的"里""年"兩字，書寫風格差異也很大，當非同一書手所寫，對比如下：

	里	年
73EJT21:323	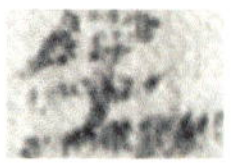	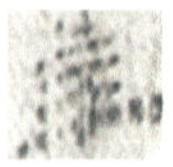
73EJT23:174	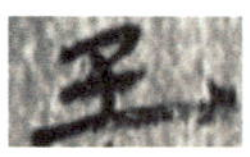	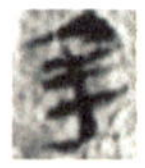

第四，兩簡碴口並不能吻合，斷裂原因也可能不相同。73EJT23:174號簡碴口處明顯有火燒形成的灰迹，有可能是火燒後斷裂，而73EJT21:323號簡碴口處則無火燒迹象。如下圖所示：

綜上四點,筆者認爲73EJT23:174與簡73EJT21:323不能綴合。

9. 73EJT24:147與73EJT24:765誤綴

田炳炳曾綴合73EJT24:147與73EJT24:765號簡,給出的綴合理由是:"從殘口的走勢來看,基本一致,故疑兩者可以綴合。"①

按:73EJT24:147與73EJT24:765不能綴合。

第一,兩簡紋路不合,材質不同。核查兩簡彩圖發現,73EJT24:147號簡不存在紋路,而73EJT24:765號簡存在紋路且較爲寬疏。由此,兩簡紋路不能形成關聯。兩簡材質不同,73EJT24:765號簡是松木,而73EJT24:147號簡是胡楊或紅柳。如下圖所示:

第二,兩簡字形大小、書寫風格、字間距等方面也存在差異。73EJT24:147號簡字間距相對緊湊,而73E-JT24:765號簡字間距則較寬。截取同樣3cm長度的簡,便會清晰地發現這種字間距的差異,如下圖所示:

① 田炳炳:《肩水金關漢簡綴合兩則》,簡帛網2014年9月1日,http://www.bsm.org.cn/show_article.php?id=2066。

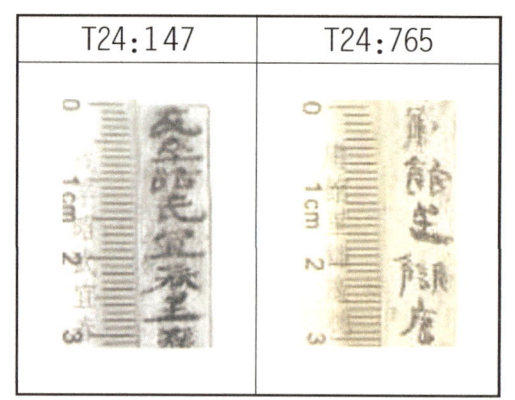

此外，兩簡同時出現的"里"字，書寫風格差異也很大，當非同一書手所寫。對比如下：

簡號	里
T24:147	
T24:765	

第三，兩簡碴口並不能吻合，且碴口處的文字也不能有效復原。如下圖所示：

綜上三點，73EJT24:147與73EJT24:765號簡不能綴合。

10. 73EJT25:72與73EJT25:80誤綴

伊強曾遙綴73EJT25:72與73EJT25:80號簡，認爲兩簡"可以遙綴，材質紋理一致，只是中間有闕文"，①釋文作：

本始二年六月甲申朔丙午[……]史賜池陽里李率公自言父舜爲故吏持
到居延□□□南樂里其[……]傳謁移過所縣邑以律令從事敢告尉史

細查之下，兩簡恐不能遙綴。原因如下：

---

① 伊強：《肩水金關漢簡綴合十四則》，簡帛網2015年1月19日，http://www.bsm.org.cn/show_article.php?id=2137。

第一,兩簡寬度並不一致。經測量,73EJT25:72號簡寬約1.5cm,而73EJT25:80號簡寬約1.2cm,相差太大。

第二,兩簡紋路並不相合。我們假設兩簡寬度一致,作圖如下:

73EJT25:80+72彩圖	73EJT25:80+72紅外圖

可見即使兩簡在寬度一致的情況下,紋路亦存在較大差異,不能相合。由彩色圖片可知,73EJT25:80號簡紋路相對較爲密集,而73EJT25:72號簡紋路相對舒緩;由紅外圖片可知,在兩簡結合處,73EJT25:80號簡右側有較爲清晰的紋路,而73EJT25:72號簡近似無紋路。

第三,辭例並不通順。以73EJT25:72號簡爲例,"傳謁移過所縣邑"句前常見語句如下:

……毋官獄徵事當得以令取傳謁移過所…… 73EJT10:253
……謹案辟兵毋官獄徵事當得以令取傳謁移過所…… 73EJT10:313
……獄徵事當得取傳謁移過所…… 73EJT21:31
……往遺衣用乘家所占畜馬二匹案毋官獄徵事當爲傳謁移過所縣邑…… 73EJT24:249
……案毋官獄徵事當爲傳謁移過所縣邑侯國以律令從事敢告尉史…… 73EJT25:7

對比可知,"傳謁移過所縣邑"句前常見語句格式是"案+某人+毋官獄徵事+當得以令取/當爲"。73EJT25:72與73EJT25:80號簡綴合後形成的簡文並不通順,和常見的格式差異較大。

綜上,兩簡寬度不一、紋路不合、語句不順,不可遙綴。

11. 73EJT30:238誤綴

☐☐☐當利隧☐   73EJT30:238

按:整理者把兩枚簡上下合并組成了73EJT30:238號簡,恐不妥。上下兩簡從紋路、書寫風格看,似不是同一枚簡,不能形成綴合。仿照整理者對誤綴簡的處理,暫把上簡稱作73EJT30:238①,下簡稱作73EJT30:238②,圖版對比如下:

73EJT30:238①	73EJT30:238②	73EJT30:238①	73EJT30:238②	整理者合并图
彩圖	彩圖	紅外圖	紅外圖	紅外圖

第一，紋路上，73EJT30:238①存在紋路，而73EJT30:238②則不存在紋路，即兩簡材質不同。

第二，布局上，兩簡不在一條書寫中軸綫上，73EJT30:238①在右，而73EJT30:238②則在左。

第三，書寫風格上，73EJT30:238①相對規整，而73EJT30:238②則相對潦草。

此外，73EJT30:238①號簡第一字圖版作 ，疑是"雲"字。

綜上，73EJT30:238①與73EJT30:238②並不能綴合，應是不同的兩枚簡，釋文作：

☒雲☒☒　　　　　　　　　　　　　　　　　　　　　　　　　　　73EJT30:238①

☒當利隧☒　　　　　　　　　　　　　　　　　　　　　　　　　　73EJT30:238②

12. 73EJT37:180與73EJT37:666、73EJT37:879誤綴

謝坤曾綴合73EJT37:180、73EJT37:666、73EJT37:879三簡，釋文作：

元康三年廣地吏　家符不用　　　　　　　　　　　　　　　　73EJT37:180+666+879①

按：三簡綴合存在一定的問題，73EJT37:666與73EJT37:879兩簡可綴合，②73EJT37:180號簡則不能與兩簡綴合。

第一，簡的材質存在差異，0紋路的疏密情況並不一致。73EJT37:666、73EJT37:879兩簡紋路清晰細密，紋間距較寬細；73EJT37:180號簡紋路則不清且較爲粗疏。三簡在紋路上不能貫通。如下圖所示：

①謝坤：《〈肩水金關漢簡（肆）〉綴合及考釋八則》，《簡帛》第14輯，上海：上海古籍出版社，2017年。
②磋口不能密合，紋路相合。

73EJT37:666與73EJT37:180	73EJT37:879與73EJT37:180

第二,綴合後,文字運筆時粗細的差異較爲明顯。綴合後的"元""康""三""年""家""符""不"等字不協調,形成的字有一定的違和感。對比如下:

字		問題
整體	局部	
(元)		筆畫不能貫通,左右粗細不一致
(康)		中間豎筆太靠左,不對稱,左右粗細不一致
(三)		筆畫不能貫通,左右粗細不一致
(年)		中間豎筆太靠左,不對稱,左右粗細不一致,四橫過長
(家)		左右粗細不一致
(符)		左右粗細不一致
(不)		左右粗細不一致

結合以上兩點,筆者認爲73EJT37:180號簡不能與73EJT37:666、73EJT37:879號簡綴合。釋文作:

元康三年廣地吏　家符不用☐　　　　　　　　　　　　　　　　　　　　　73EJT37:666+879

元康三年廣地吏　家符不用　　　　　　　　　　　　　　　　　　　　　　73EJT37:180

雖然不能綴合,但兩簡之間無疑存在緊密的關係。73EJT37:666+879簡上的文字與73EJT37:180號簡的文字可以形成對應,書風上又較爲相似。[1]由此,兩簡的關係存在兩種可能:爲文書的正、副本或內容近似的同類文書。內容近似的同類文書可參73EJT30:170、73EJT30:144、73EJT30:6號簡,伊强發現73EJT30:170與73EJT30:144綴合後"上部和73EJT30:6上部的'死罪屋蘭游徼'六字可大致拼合,但其他部分難以拼合,因此二者所屬原整簡可能內容上有相同之處"。[2]同一文書的正、副本可參73EJT37:1523+111、73EJT37:765號簡,兩簡內容、書寫的位置等都一致。[3]

73EJT37:180與73EJT37:666+879簡內容、書寫的位置較爲一致,故懷疑它們是正、副本的關係,謝坤是把正副本誤綴在了一起。

13. 73EJF1:112誤綴

☐卿孝君毋恚禄　累舉☐

☐☐籍☐　（削衣）　　　　　　　　　　　　　　　　　　　　　　　　　73EJF1:112

按:整理者把兩則削衣組成了73EJF1:112號簡,認爲當可綴合。然而兩則削衣並不是同一枚簡,文意也不通順,整理者明顯誤綴。仿照整理者對誤綴簡的處理,暫把上簡稱作73EJF1:112①,下簡稱作73EJF1:112②。圖版對比如下:

F1:112①	F1:112②	F1:112①	F1:112②	F1:112①/F1:112②
彩圖	彩圖	紅外圖	紅外圖	彩圖對比圖

對比可知,兩簡雖材質相同,均是松木,[4]但有三點不合。

第一,紋路上,73EJF1:112①相對較細密,73EJF1:112②則粗寬。

第二,字間距上,73EJF1:112①相對較大,73EJF1:112②則較小。

第三,書寫風格上,73EJF1:112①用筆較粗,73EJF1:112②則用筆較細。此外,如果從文本分析,兩簡也

[1]懷疑爲同一書手。[2]伊强:《肩水金關漢簡綴合五則》,簡帛網2014年7月10日,http://www.bsm.org.cn/show_article.php?id=2046。[3]姚磊:《〈肩水金關漢簡（肆）〉綴合考釋研究（十二則）》,《出土文獻》第9輯,上海:中西書局,2016年。[4]蒙甘肅簡牘博物館韓華告知。

無關聯,73EJF1:112①屬於書信,73EJF1:112②則有可能是簿籍。

綜上,73EJF1:112①與73EJF1:112②並不能綴合,應是不同的兩枚簡。釋文作:

☑卿孝君毋恙禄☑　（削衣）　　　　　　　　　　　　　　　　　73EJF1:112①

☑累舉☑

☑□籍☑　　　　　　　　　　　　　　　　　　　　　　　　　73EJF1:112②

第二章

自綴圖版與釋文

第1組

73EJT1:50+294

两簡色澤存在差異,但兩簡材質相同,紋路相合,且能形成貫通,字形、形制以及書寫風格等較爲一致,碴口吻合,文意相關,拼合後能復原"吳"字殘筆。由此,兩簡當可綴合。經測量,兩簡圖版碴口寬度存在一定的差異,73EJT1:50號簡寬0.8cm,而73EJT1:294號簡寬1.3cm,相差0.5cm。疑整理者在排版時,存在失誤。

紅外圖	彩圖	釋文
		□使同隧卒同郡縣棘里吳蓋 73EJT1:50+294

第2組

73EJT1:144+141

兩簡碴口不能吻合，但色澤相符，紋路相合，且可以形成貫通，書寫風格相同，均有一定的傾斜，字與字的間距較大。經測量，圖版碴口寬度一致，均是1.4cm。由此，兩簡疑可遙綴。

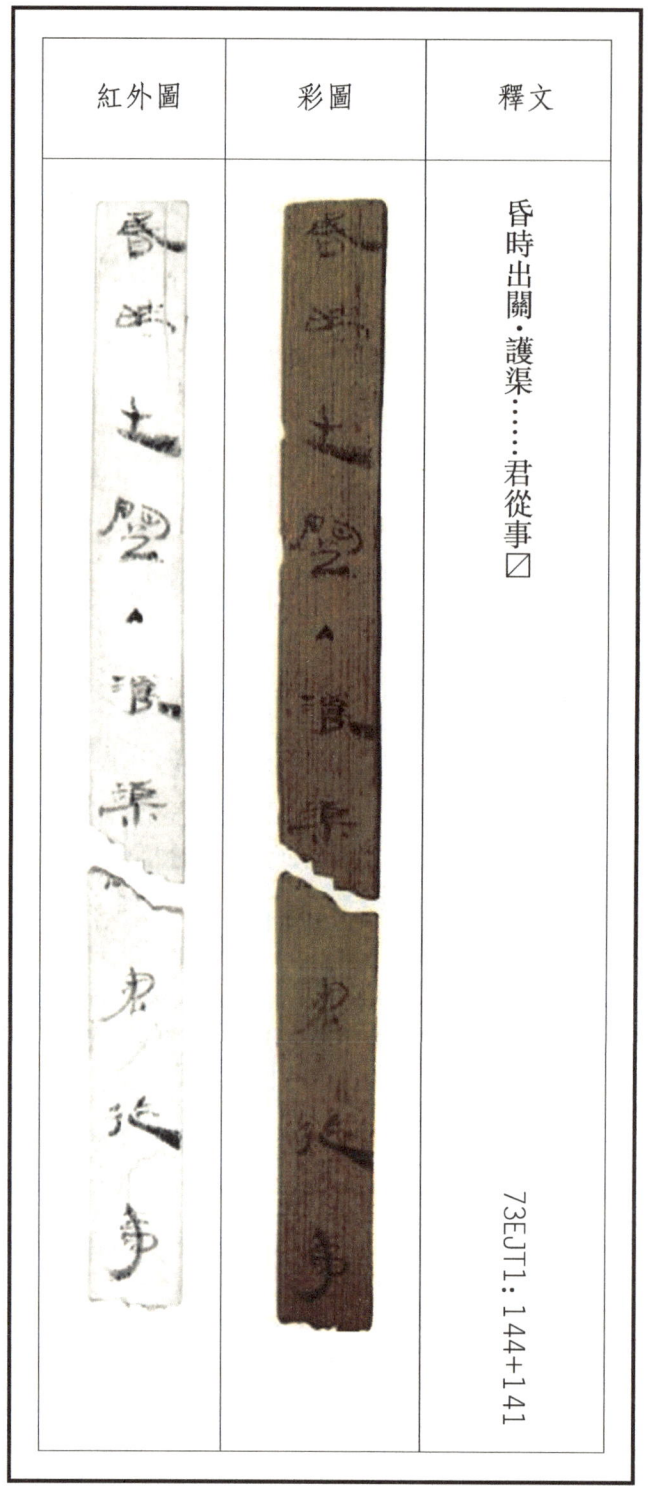

紅外圖	彩圖	釋文
		昏時出關·護渠……君從事☑

73EJT1:144+141

第3組

73EJT3∶23+73EJC∶361

两简探方不一致,但材質相同,色澤相符,字形、形制以及書寫風格等較爲一致,碴口吻合,紋路相合,文意相關,拼合後可復原"徵"字尾筆。經測量,兩簡圖版寬度均是 1.0cm。由此,兩簡當可綴合。

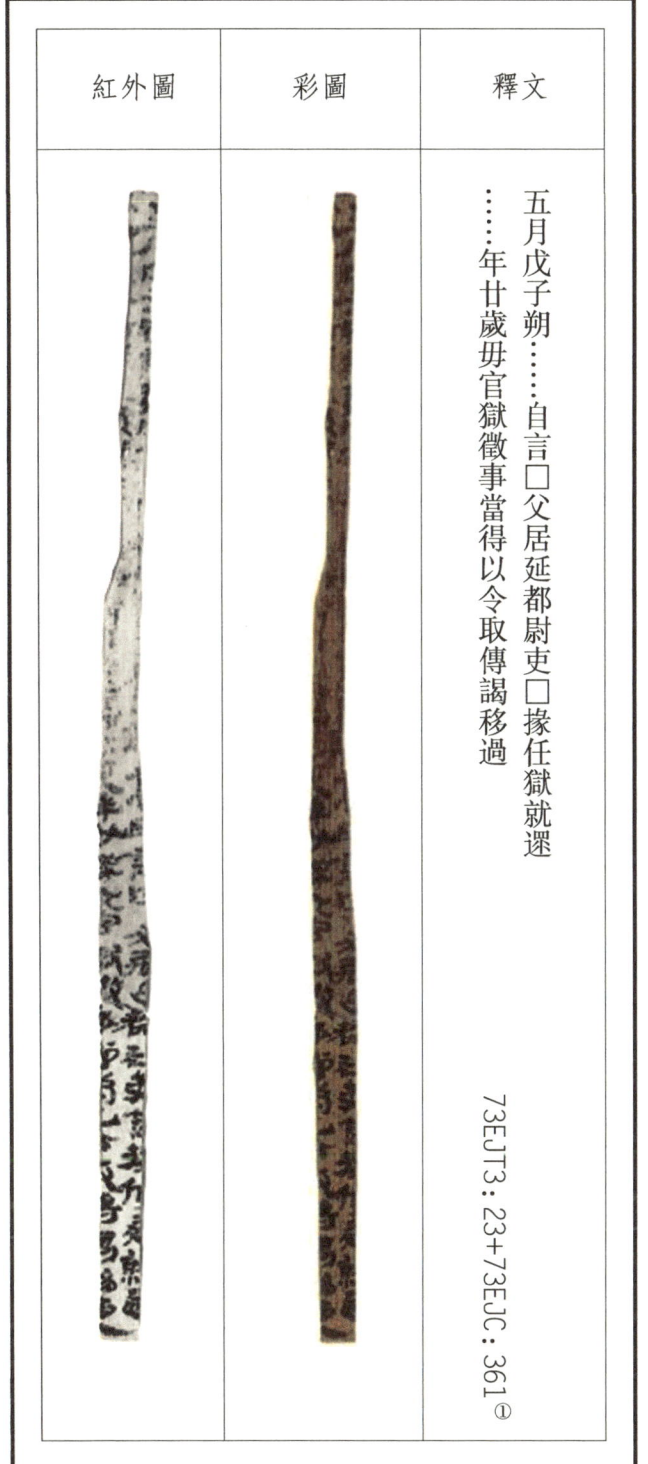

紅外圖	彩圖	釋文
		五月戊子朔……自言□父居延都尉吏□掾任獄就遝……年廿歲毋官獄徵事當得以令取傳謁移過 73EJT3∶23+73EJC∶361①

①張俊民有改釋,作"五月戊子朔……自言□父居延都尉夬曹掾何建就遝……不更年廿歲毋官獄徵事當得以令取傳謁就過"。(張俊民:《〈肩水金關漢簡(壹)綴合(十一)〉賸義》,簡帛網 2019 年 5 月 27 日,http://www.bsm.org.cn/show_article.php?id=3374。)

第4組

73EJT4:92+73EJT3:110+112

73EJT3:110 與 73EJT3:112 兩簡簡面均有粗疏紋路，木質相同，且簡色發黑，字形、形制以及書寫風格等較爲一致，紋路相合，字迹、字間距一致。經測量，圖版碴口寬度一致，均是1.2cm。由此，兩簡當可遙綴。73EJT3:110、73EJT4:92 兩簡探方不一致，但兩簡材質相同，色澤相符，字形、形制以及書寫風格等較爲一致，碴口吻合，紋路相合，文意相關，拼合後可復原"肩"字。由此，三簡當可綴合。

紅外圖	彩圖	釋文
		☒□月辛酉張掖肩水都尉步安謂監領關……馬寫移書到如……川中
		73EJT4:92A+73EJT3:110A+112A 73EJT4:92B+73EJT3:110B+112B

第5組

73EJT4:85+157

　　兩簡均屬於斜型碴口，碴口吻合，色澤、木質相同，字形、形制以及書寫風格等較爲一致，拼合後可復原"尉"字。經測量，圖版碴口寬度一致，均是0.9cm。由此，兩簡當可綴合。

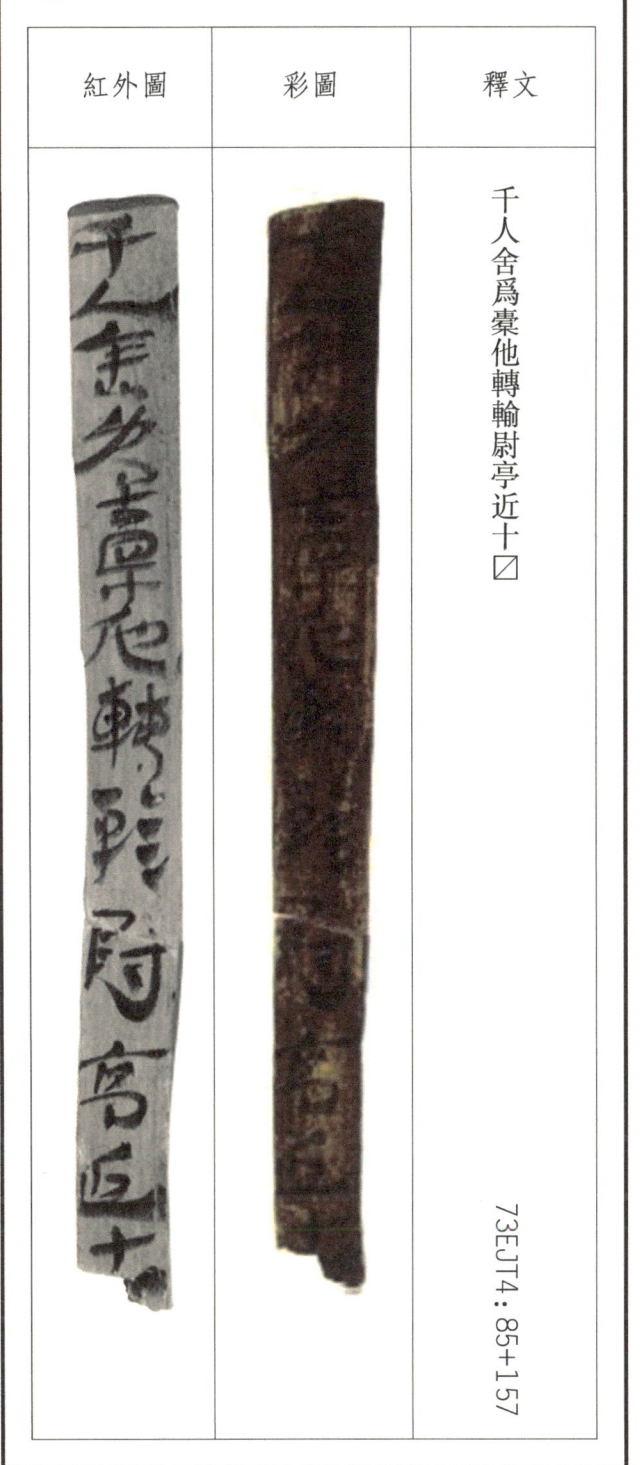

| 紅外圖 | 彩圖 | 釋文 |

千人舍爲橐他轉輸尉亭近十☐

73EJT4:85+157

第6組

73EJT4∶130+142

两簡簡面均有6道紋路,紋路相合,木質相同,字形、形制以及書寫風格等較爲一致,文意通順,具有連貫性。雖碴口不能密合,當可遥綴。

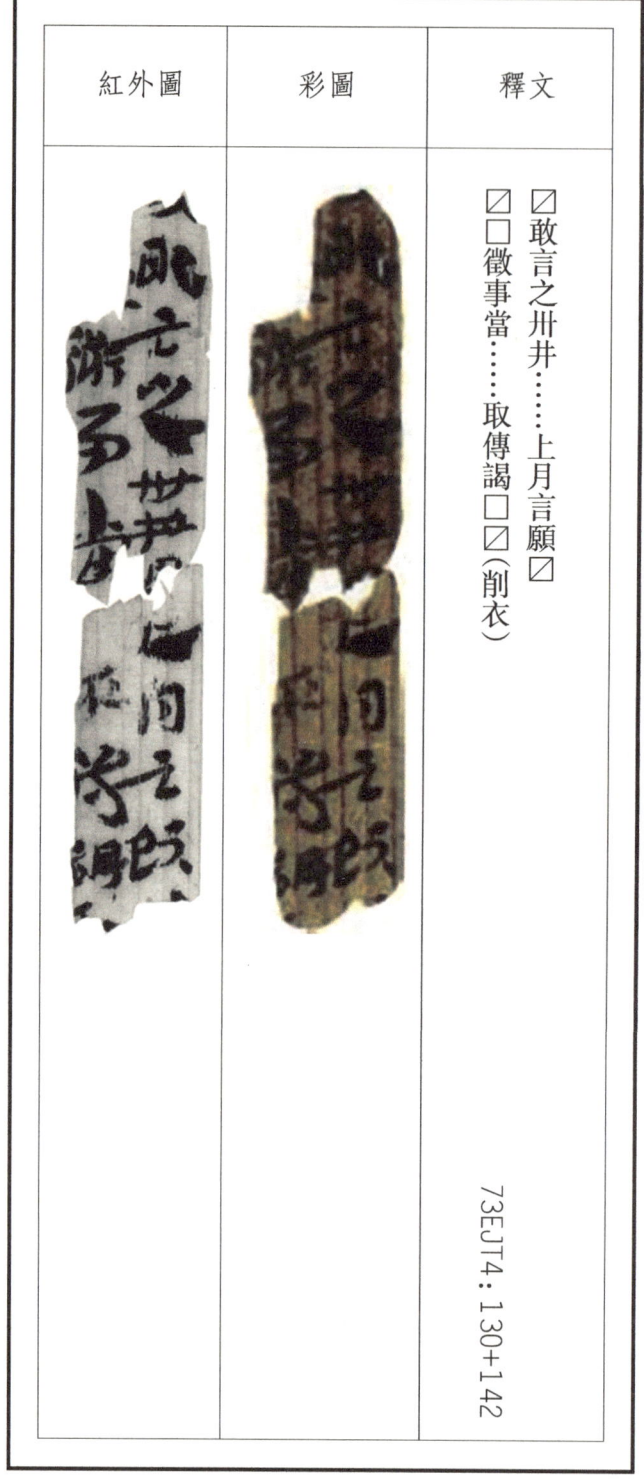

紅外圖	彩圖	釋文
		☒敢言之卅井……上月言願☒ ☒☒徵事當……取傳謁☒☒(削衣)

73EJT4∶130+142

第7組

73EJT4:182+64

兩簡色澤雖存在一定差異，但兩簡均是密集紋路，木質相同，紋路相合，書寫風格相同，字迹、字間距一致，碴口吻合，拼合後可復原"壽""歲"等字。經測量，圖版碴口寬度一致，均是1.4cm。由此，兩簡當可綴合。

紅外圖	彩圖	釋文
		☐頗知律令文觻得壽貴里家去大守府一里　產觻得縣 爲吏☐歲二月一日　　觻得縣人 73EJT4:182+64

第8組

73EJT4∶199+143

兩簡簡面均有1道紋路，紋路相合，木質相同，色澤相符，字形、形制以及書寫風格等較爲一致，碴口吻合。由此，兩簡當可綴合。

紅外圖	彩圖	釋文
		☐以爲意甚……宜以駕☐ ☐☐卒廩食……文理遇錢毋過入☐（削衣） 73EJT4∶199+143

第9組

73EJT5∶30+40

兩簡碴口雖然不能密合,但兩簡簡面均有 5 道紋路,木質相同,紋路相合,色澤相符,書寫風格相同,字迹、字間距一致。經測量,圖版碴口寬度一致,均是 1.1cm。由此,兩簡當可遙綴。

紅外圖	彩圖	釋文
		邊塞候長若候……越塞常日迹…… 73EJT5∶30+40

第10組

73EJT6:107+156

兩簡色澤雖然存在差異，但兩簡均是密集紋路，材質相同，紋路相合，書寫風格相同，字與字之間的間距均較大，碴口吻合，拼合後可復原"餔"字。經測量，圖版碴口寬度一致，均是 1.1cm。由此，兩簡當可綴合。

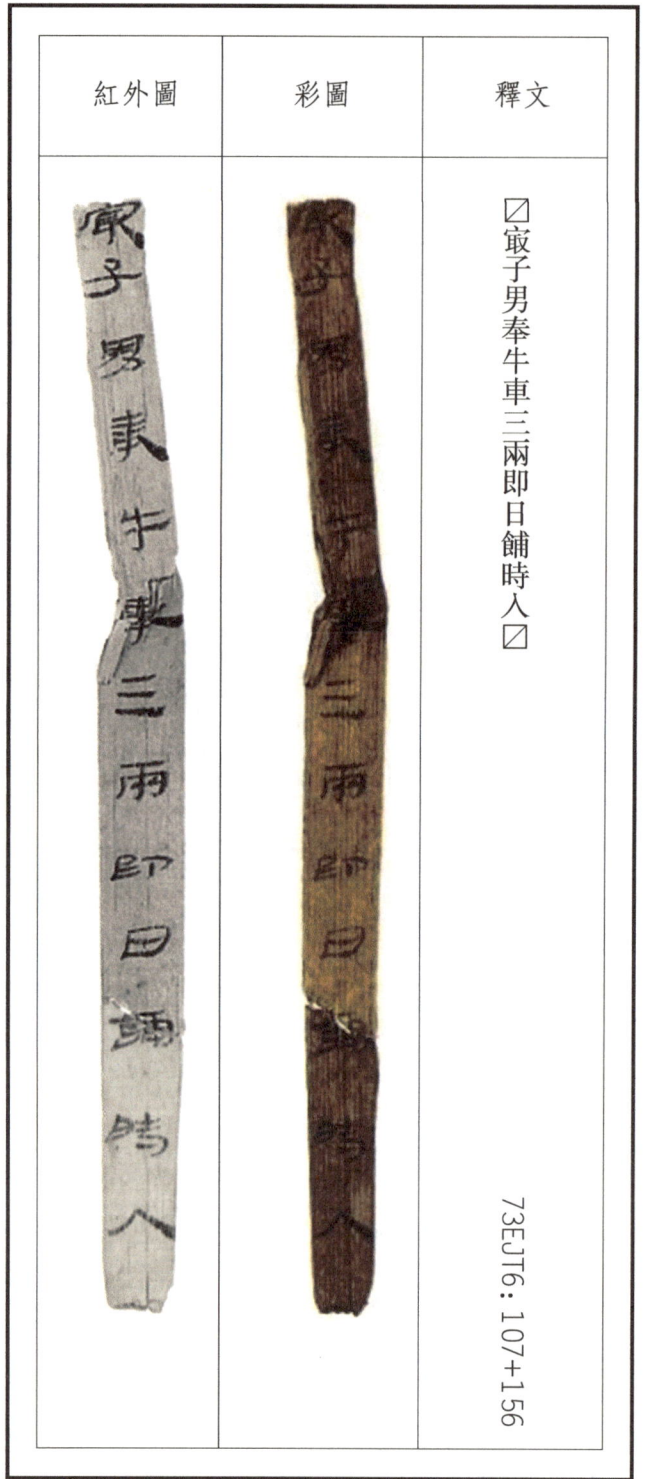

紅外圖	彩圖	釋文
		☐寁子男奉牛車三兩即日餔時入☐ 73EJT6:107+156

第11組

73EJT6:180+183

兩簡碴口雖然不能密合,但兩簡簡面均是密集紋路,木質相同,字形、形制以及書寫風格等較爲一致,色澤相符,紋路相合。由此,兩簡當可遙綴。

紅外圖	彩圖	釋文
		……☐長所不當得爲候聽蘭出關法……甚將軍言使☐……(削衣) 73EJT6:180+183

第12組

73EJT7:33+11

兩簡簡面均有細小紋路,木質相同。字形、形制以及書寫風格等較爲一致,色澤相符,紋路相合,碴口吻合,拼合後可復原"忠"字殘筆。經測量,圖版碴口寬度一致,均是1.0cm。由此,兩簡當可綴合。

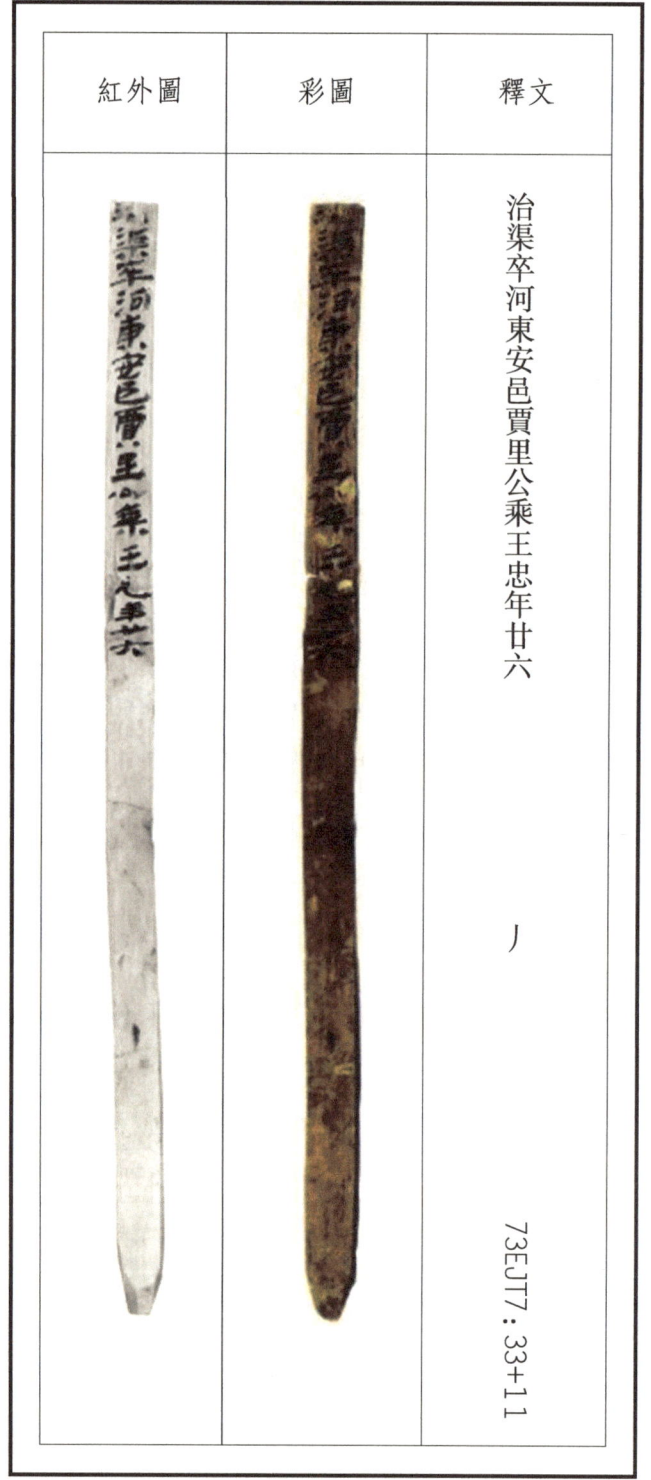

紅外圖	彩圖	釋文
		治渠卒河東安邑賈里公乘王忠年廿六　／　73EJT7:33+11

第13組

73EJT7:50+73EJF3:557

兩簡屬於不同探方,但木質相同,字形、形制以及書寫風格等較爲一致,色澤相符,書寫風格相同,字迹、字間距一致,磋口吻合,拼合後可復原"成"字。經測量,圖版磋口寬度一致,均是1.0cm。由此,兩簡當可綴合。

紅外圖	彩圖	釋文
		始建國三年正月癸亥執 東望隧卒成循盜隧布蓬一盜第六隧鎧□☑ 73EJT7:50+73EJF3:557

第14組

73EJT7:67+157

兩簡簡面均是密集紋路,木質相同。字形、形制以及書寫風格等較爲一致,色澤相符,紋路相合,碴口吻合,拼合後可復原"朔"字。經測量,圖版碴口寬度一致,均是0.7cm。由此,兩簡當可綴合。

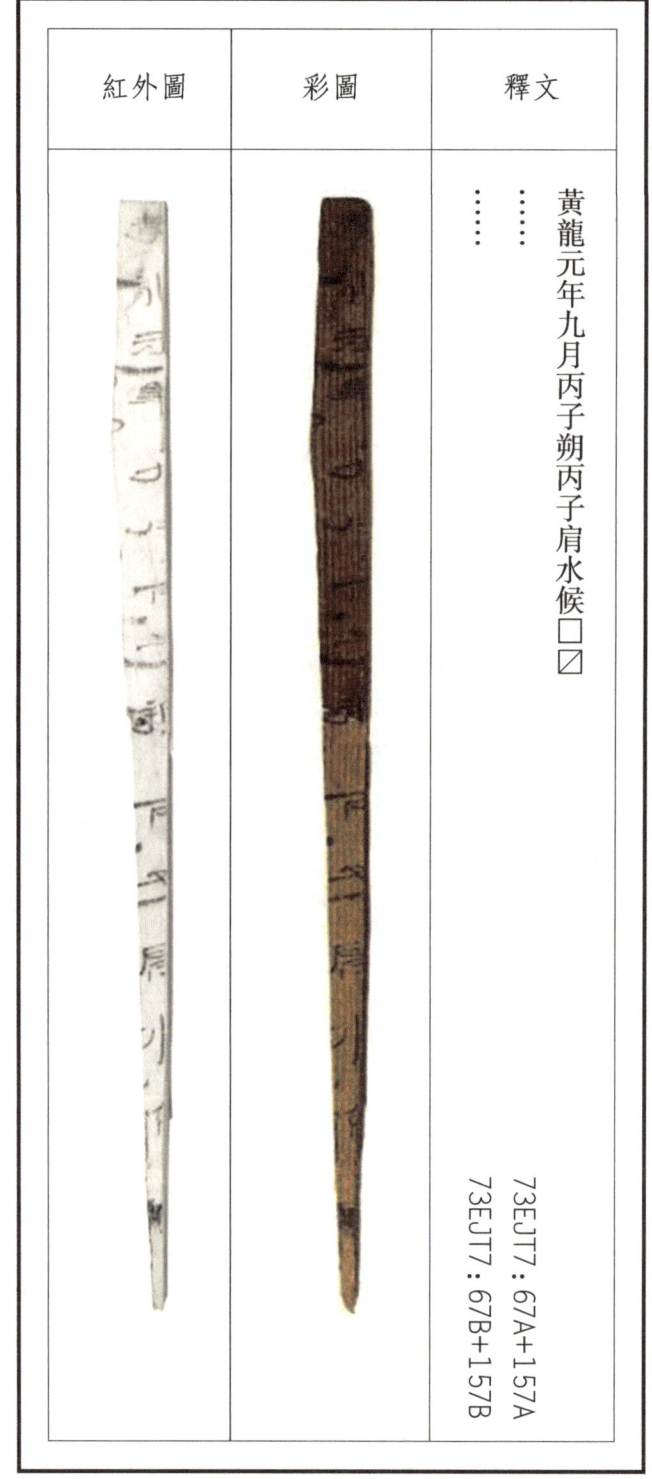

紅外圖	彩圖	釋文
		……黃龍元年九月丙子朔丙子肩水候☐☒ 73EJT7:67A+157A 73EJT7:67B+157B

第15組

73EJT7∶106+20

兩簡簡面均是密集紋路,木質相同,字形、形制以及書寫風格等較爲一致,兩簡色澤相符,紋路相合,磋口吻合。經測量,圖版磋口寬度一致,均是1.4cm。此外,73EJT7∶106號簡整理者只給出一列釋文,然簡左側還有墨迹,簡文當有兩列。由此,兩簡當可綴合。

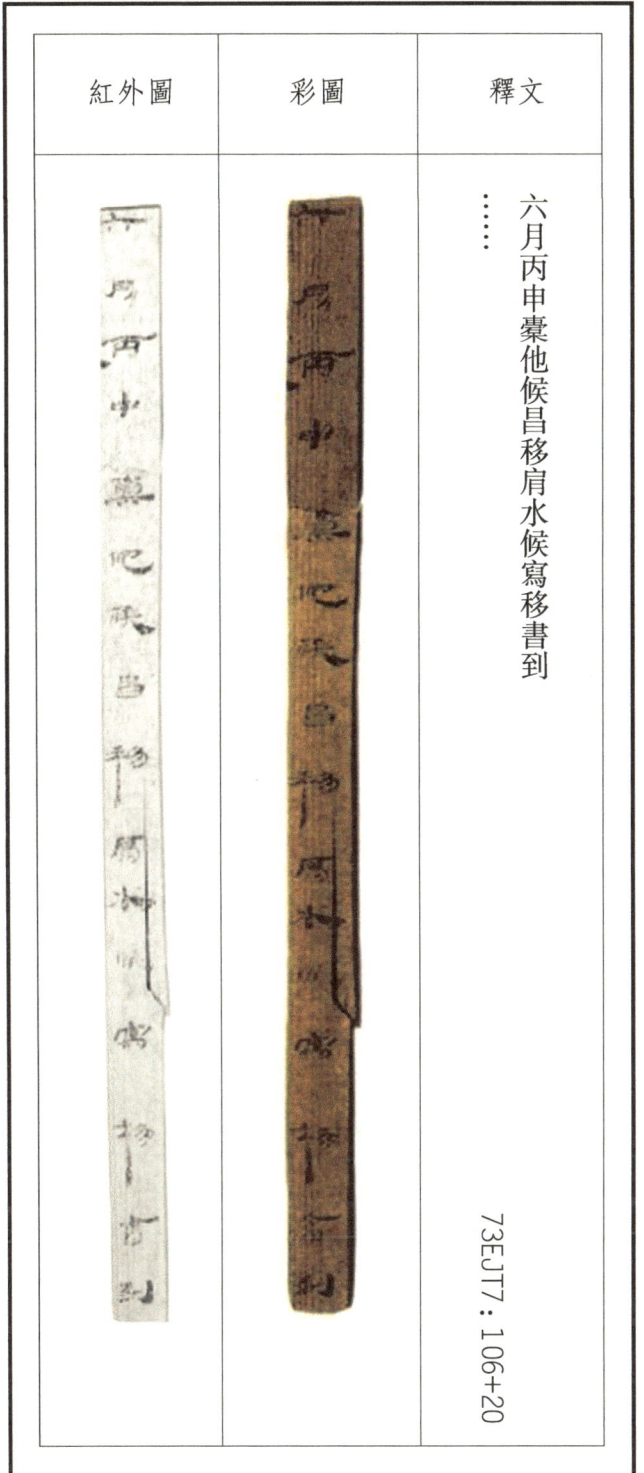

紅外圖	彩圖	釋文
		……六月丙申橐他候昌移肩水候寫移書到 73EJT7∶106+20

第16組

73EJT7∶183+155+193

三簡簡面均有紋路，木質相同，字形、形制以及書寫風格等較爲一致，色澤相符，73EJT7∶183 與 73EJT7∶155 兩簡碴口處 4 道紋路相合，73EJT7∶155 與 73EJT7∶193 兩簡碴口處 3 道紋路相合，碴口吻合，且文意相連，均出現了"六百五"，拼合後可復原"錢"字。經測量，圖版碴口寬度一致，約 0.9~1.0cm。由此，兩簡當可綴合。

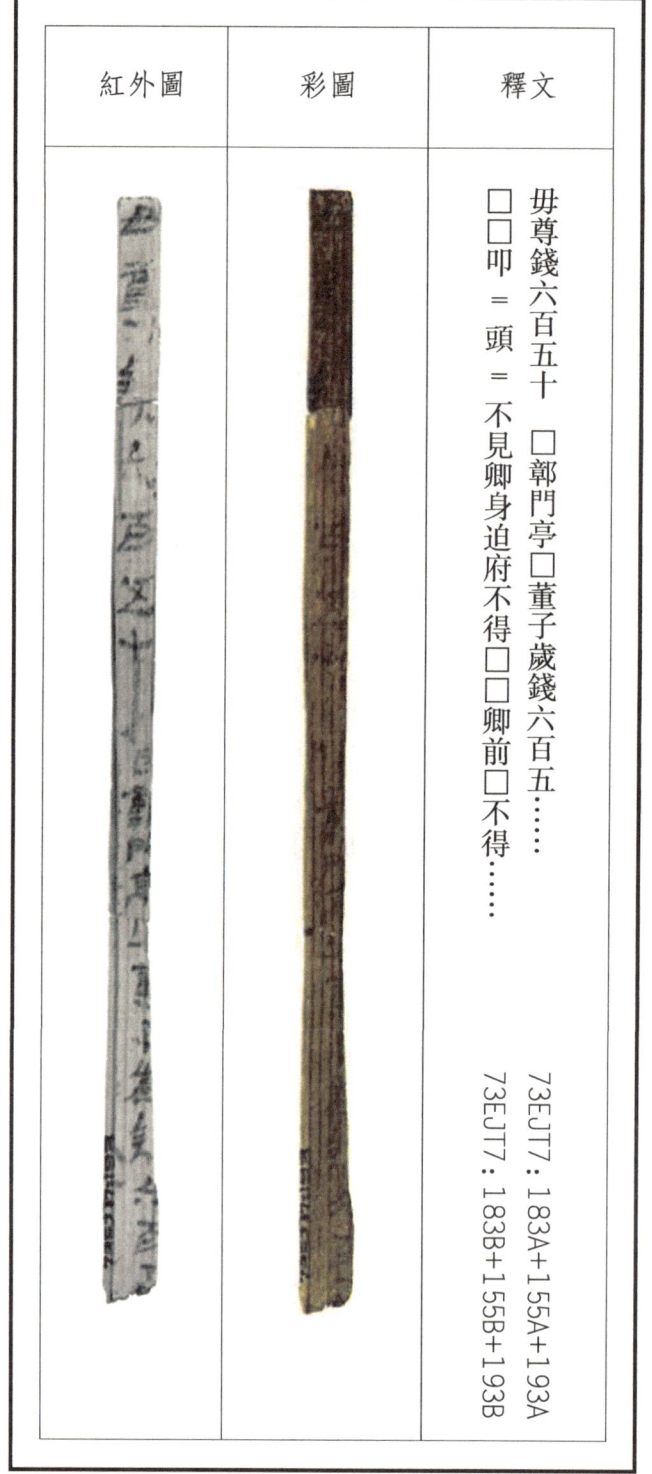

紅外圖	彩圖	釋文
		毋尊錢六百五十 □鄣門亭□董子歲錢六百五…… □□叩＝頭＝不見卿身迫府不得□□卿前□不得……

73EJT7∶183A+155A+193A
73EJT7∶183B+155B+193B

第17組

73EJT7∶205+73EJT28∶78

兩簡屬於不同探方、色澤存在差異,但兩簡均無紋路,材質相同,字形、形制以及書寫風格等較爲一致,碴口吻合,且兩簡連接處都有一個凹陷,可以貫通,兩簡文意相關,均是郵書刺。由此,兩簡當可綴合。經測量,兩簡圖版碴口寬度存在一定的差異,73EJT7∶205 簡寬 1.9cm,而 73EJT28∶78 號簡寬 1.7cm,相差 0.2cm。伊强綴合的 73EJT23∶496+1059+506 與張文建綴合的 73EJT6∶45+79 也存在這種碴口寬度不一致的情況。①前者 73EJT23∶496 與 73EJT23∶1059 簡寬差約 0.8cm,後者 73EJT6∶45 與 73EJT6∶79 簡寬差約 0.2cm。疑整理者在排版時存在失誤。

---

① 伊强:《〈肩水金關漢簡綴合十四則〉補充》,簡帛網 2015 年 6 月 17 日,http://www.bsm.org.cn/show_article.php?id=2260;張文建:《〈肩水金關漢簡(壹)〉綴合(二)》,簡帛網 2017 年 6 月 19 日,http://www.bsm.org.cn/show_article.php?id=2826。

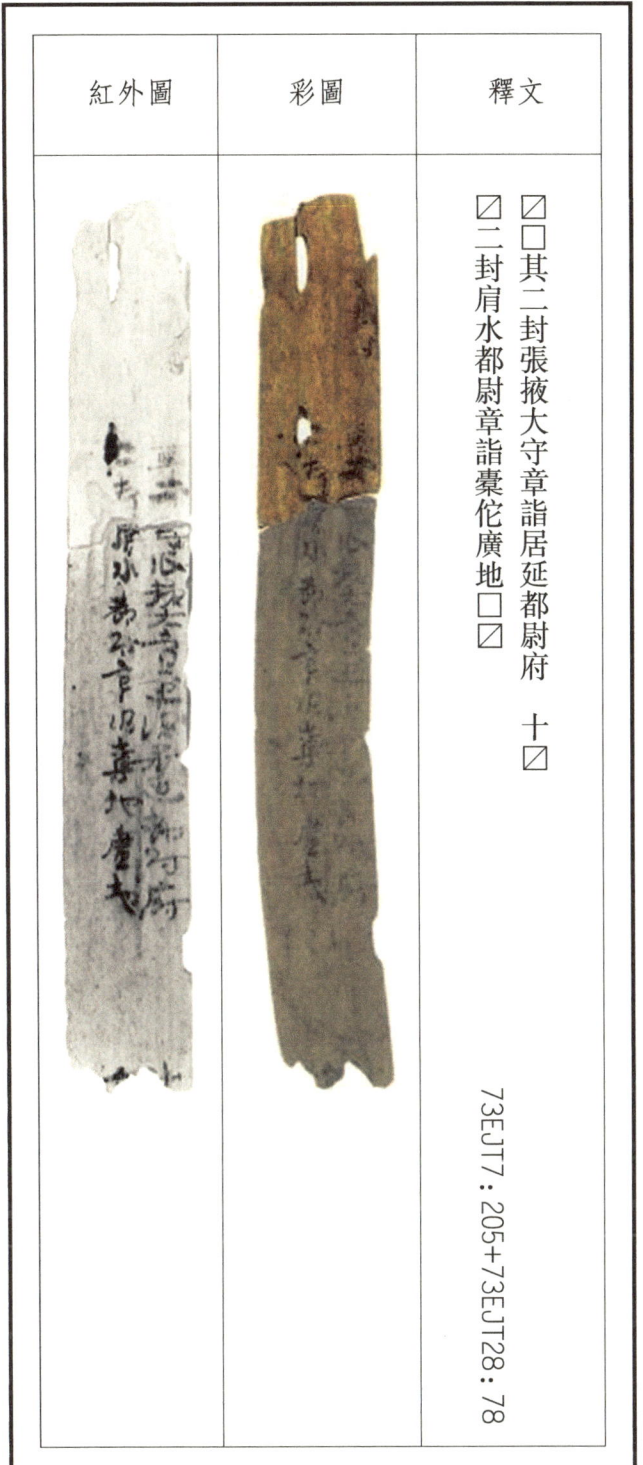

紅外圖	彩圖	釋文
		☒□其二封張掖大守章詣居延都尉府 ☒二封肩水都尉章詣橐佗廣地□☒ 十□

73EJT7∶205+73EJT28∶78

第18組

73EJT8:82+102

兩簡簡面是密集紋路,木質相同,字形、形制以及書寫風格等較爲一致,兩簡色澤相符,紋路相合,碴口吻合,拼合後可復原"寫""移""書""到""如""律""令""舉""再""拜"等字。由此,兩簡當可綴合。(文字釋讀見"考釋與研究"章)

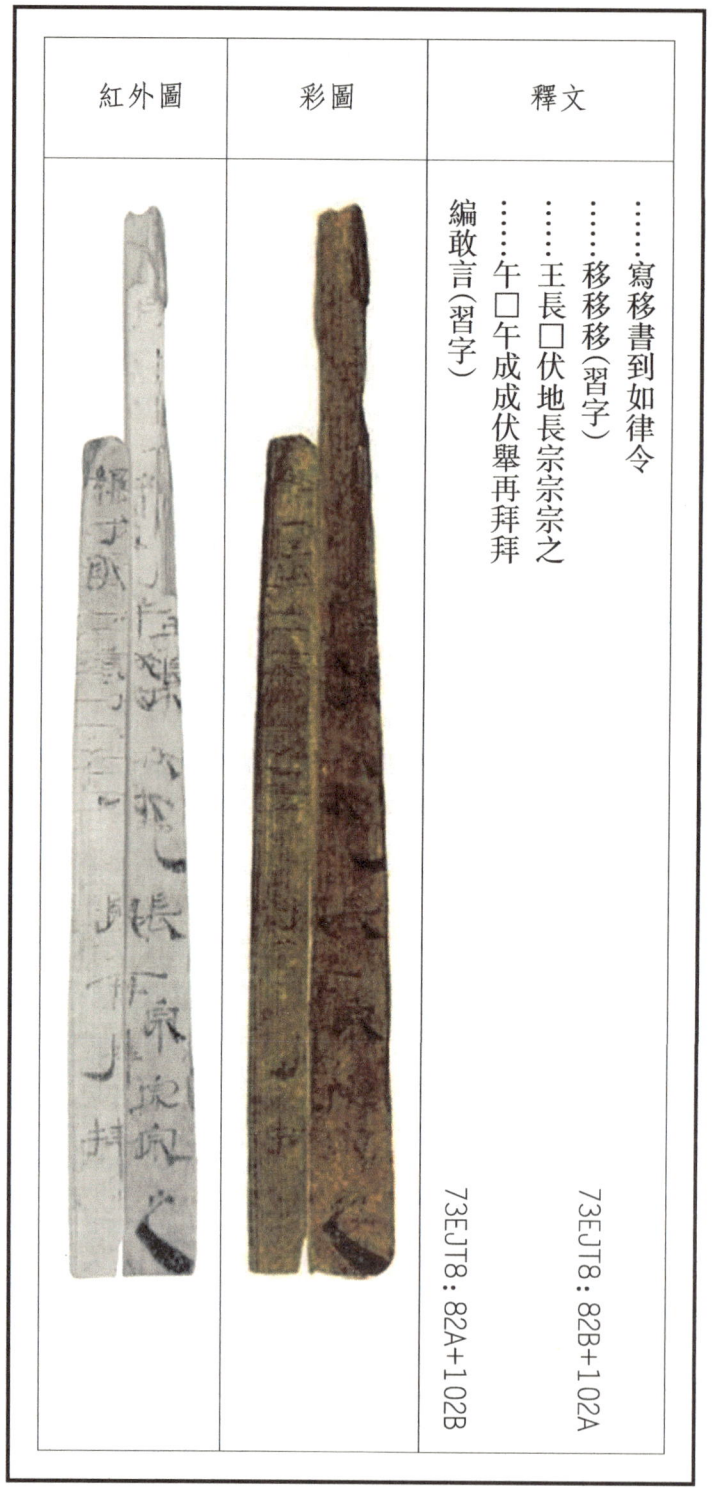

紅外圖	彩圖	釋文
		……寫移書到如律令
		……移移移(習字)
		……王長□伏地長宗宗宗宗之
		……午□午成成伏舉再拜拜
		編敢言(習字)
73EJT8:82B+102A	73EJT8:82A+102B	

第19組

73EJT9：5+15

兩簡簡面均是密集紋路，木質相同。字形、形制以及書寫風格等較爲一致，兩簡色澤相符，紋路相合，碴口吻合，拼合後可復原"移"字。經測量，圖版碴口寬度一致，均是 2.6cm。由此，兩簡當可綴合。

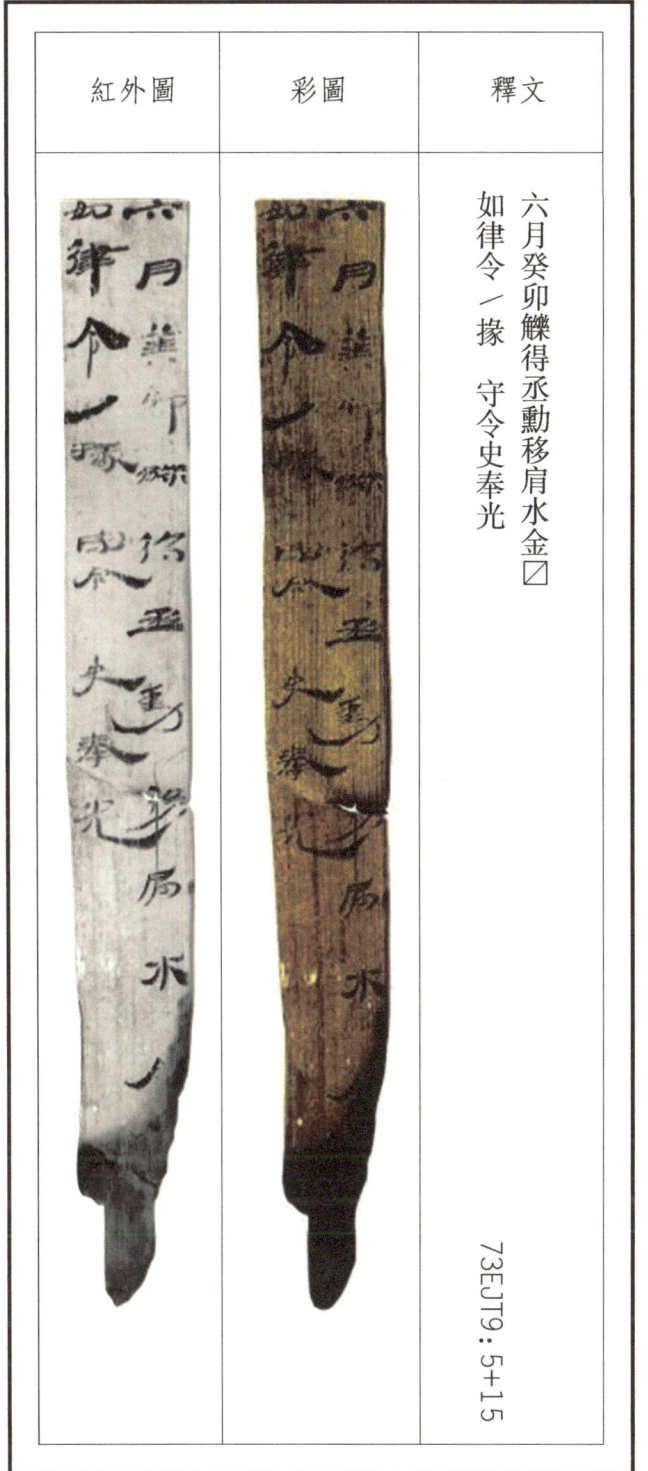

紅外圖	彩圖	釋文
		六月癸卯觻得丞勳移肩水金□ 如律令／掾 守令史奉光

73EJT9：5+15

第20組

73EJT9:212+207

兩簡不能直接拼合,但材質相同,色澤相符,字形、形制以及書寫風格等較爲一致,紋路相合,文意相關。由此,兩簡當可遙綴。

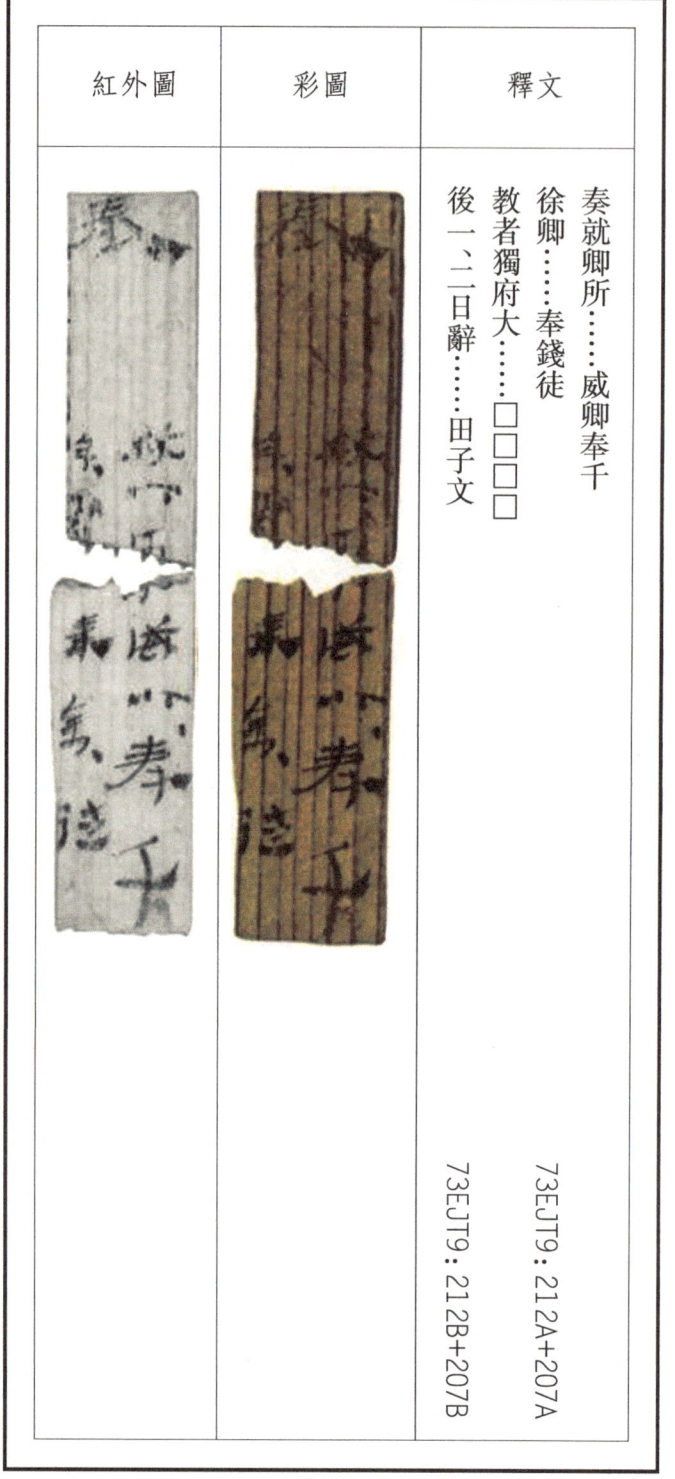

紅外圖	彩圖	釋文
		奏就卿所……威卿奉千 徐卿……奉錢徒 教者獨府大……□□□ 後一、二日辭……田子文
		73EJT9:212A+207A
		73EJT9:212B+207B

第21組

73EJT9:214+210

兩簡簡面均是密集紋路,木質相同,字形、形制以及書寫風格等較爲一致,兩簡色澤相符,紋路相合,碴口吻合,拼合後可復原"安"字。經測量,圖版碴口寬度一致,均是1.2cm。由此,兩簡當可綴合。

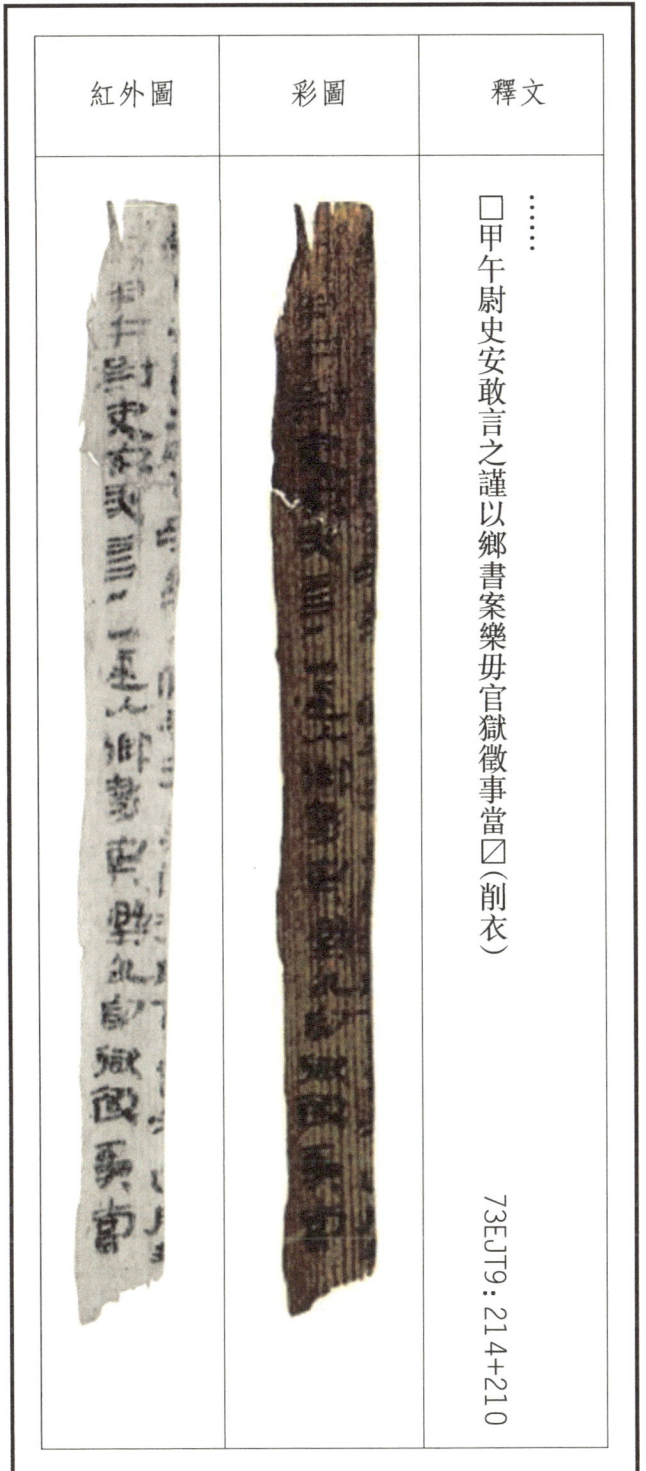

| 紅外圖 | 彩圖 | 釋文 |

……□甲午尉史安敢言之謹以鄉書案樂毋官獄徵事當□(削衣)

73EJT9:214+210

第22組

73EJT10:247+207

兩簡材質相同,色澤相符,字形、形制以及書寫風格等較爲一致,磋口吻合,文意相關。經測量,兩簡圖版寬度均爲 2.4~2.5cm。由此,兩簡當可綴合。

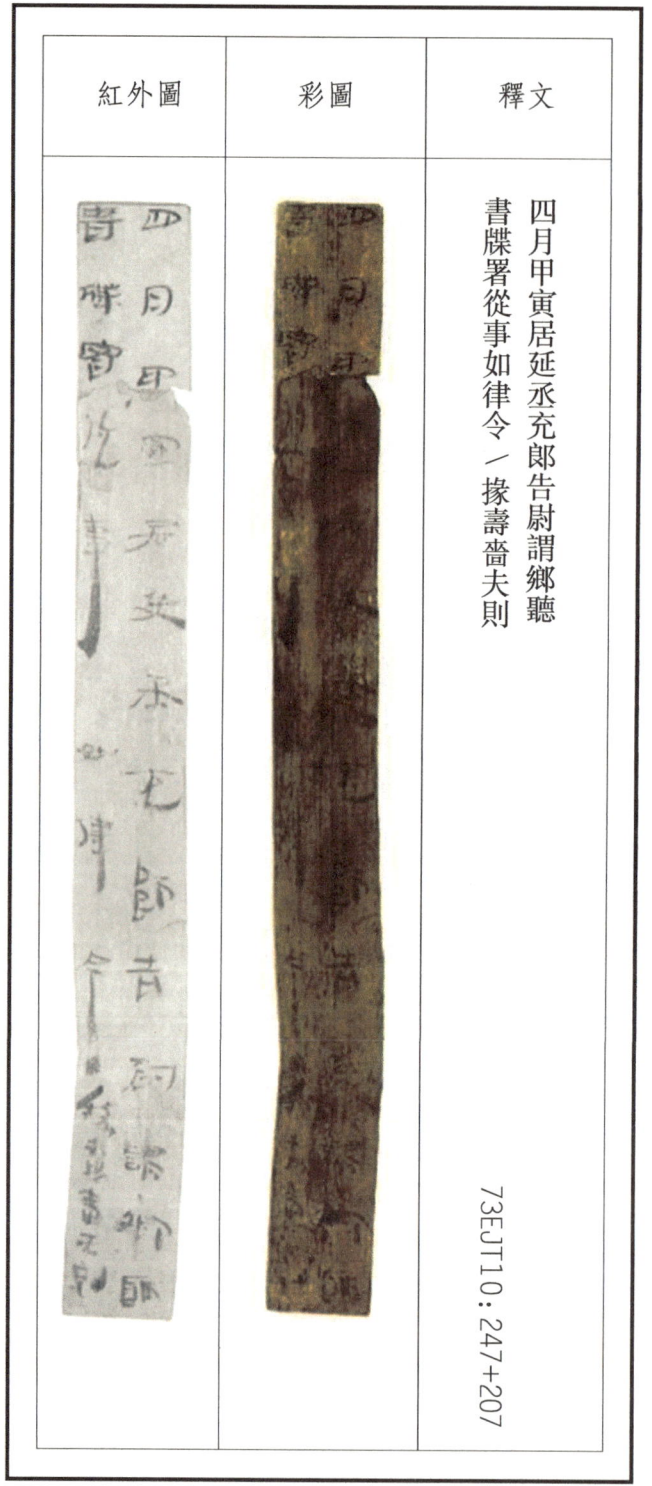

紅外圖	彩圖	釋文
		四月甲寅居延丞充郎告尉謂鄉聽書牒署從事如律令／掾壽嗇夫則

73EJT10:247+207

第23組

73EJT10:311+260

兩簡色澤雖存在差異,但兩簡材質相同,字形、形制以及書寫風格等較爲一致,碴口吻合,文意相關,均有"司御三人",且拼合後能復原"爲"字殘筆。從文意分析,"爲"字上一字疑爲"除"。經測量,兩簡圖版碴口寬度均是2.1cm。由此,兩簡當可綴合。

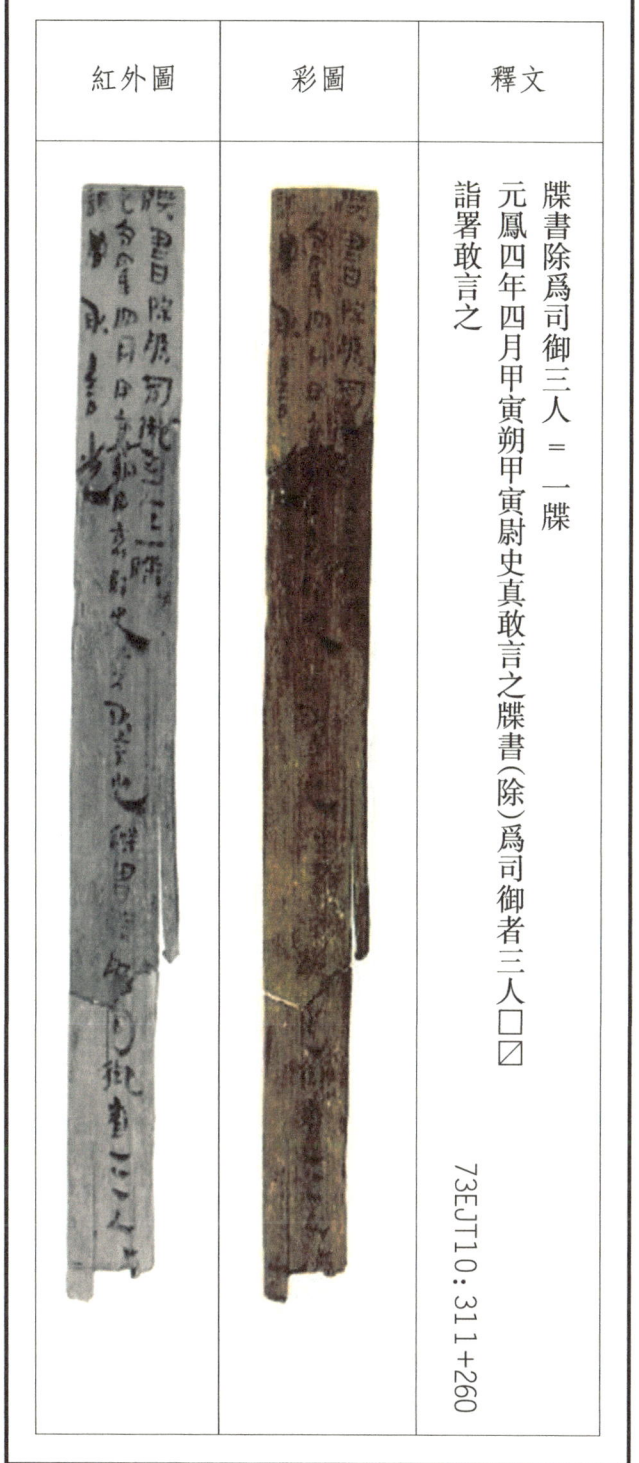

| 紅外圖 | 彩圖 | 釋文 |

牒書除爲司御三人＝一牒元鳳四年四月甲寅朔甲寅尉史眞敢言之牒書（除）爲司御者三人□☒詣署敢言之

73EJT10:311+260

第24組

73EJT10:318+351

兩簡簡面均是細密紋路，木質相同，字形、形制以及書寫風格等較爲一致，文意相關。經測量，圖版碴口寬度一致，均是 1.3cm。由此，兩簡當可綴合。

紅外圖	彩圖	釋文
		壬午迹盡界毋越塞出入迹
		73EJT10:318+351

第25組

73EJT10:345+496

兩簡簡面均是細密紋路,木質相同,字形、形制以及書寫風格等較爲一致,兩簡色澤相符,碴口吻合,拼合後可復原"斗"字。經測量,圖版碴口寬度一致,均是 1.1cm。由此,兩簡當可綴合。

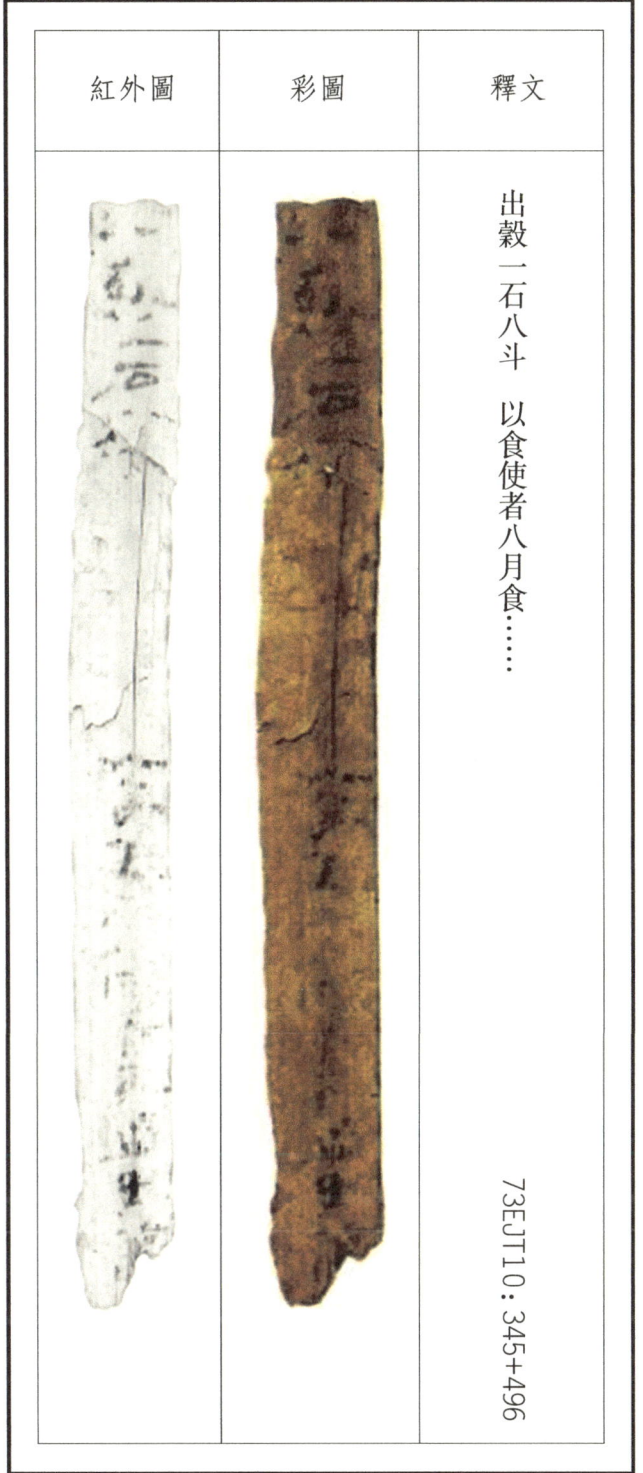

紅外圖	彩圖	釋文
		出穀一石八斗 以食使者八月食……

73EJT10:345+496

第26組

73EJT21:60+73EJT24:304

兩簡屬於不同探方、色澤有差異，但兩簡材質相同，碴口吻合，拼合後能復原出"過""官"兩字，文意相關，都有人物"並"。經測量，兩簡寬度一致，約爲2.4~2.6cm。由此，兩簡當可綴合。（相關考證見"考釋與研究"章。）

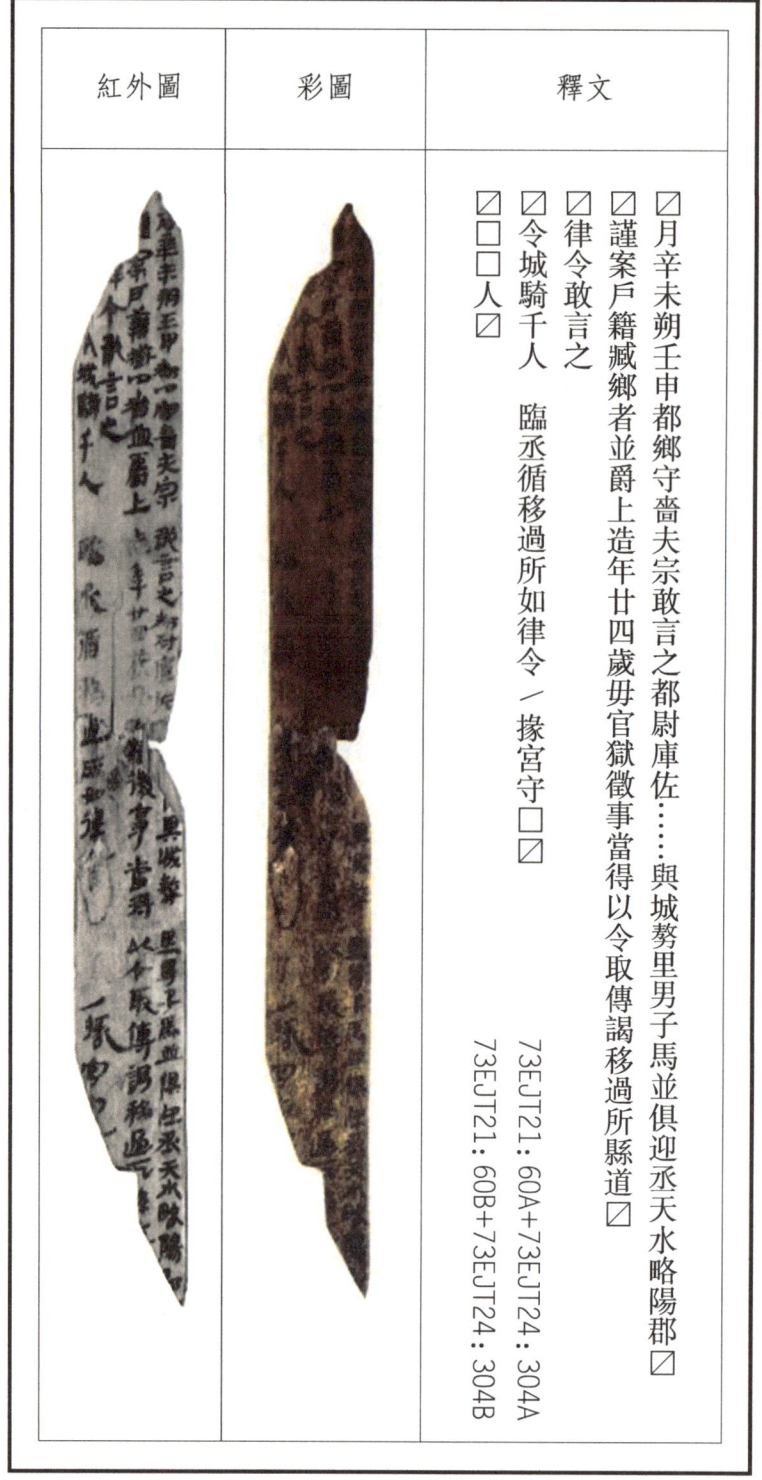

紅外圖	彩圖	釋文
		☒月辛未朔壬申都鄉守嗇夫宗敢言之……與城蓩里男子馬並俱迎丞天水略陽郡☒ ☒謹案戶籍臧鄉者並爵上造年廿四歲毋官獄徵事當得以令取傳謁移過所縣道☒ ☒律令敢言之 ☒　　　令城騎千人　　臨丞循移過所如律令／掾宮守☒☒ ☒☒人☒
		73EJT21:60A+73EJT24:304A 73EJT21:60B+73EJT24:304B

第27組

73EJT21:72+354

　　兩簡雖然色澤有差異,但簡面均是密集紋路,木質相同,字形、形制以及書寫風格等較爲一致,碴口吻合,拼合後可復原"肩""水""金""關"等字。由此,兩簡當可綴合。

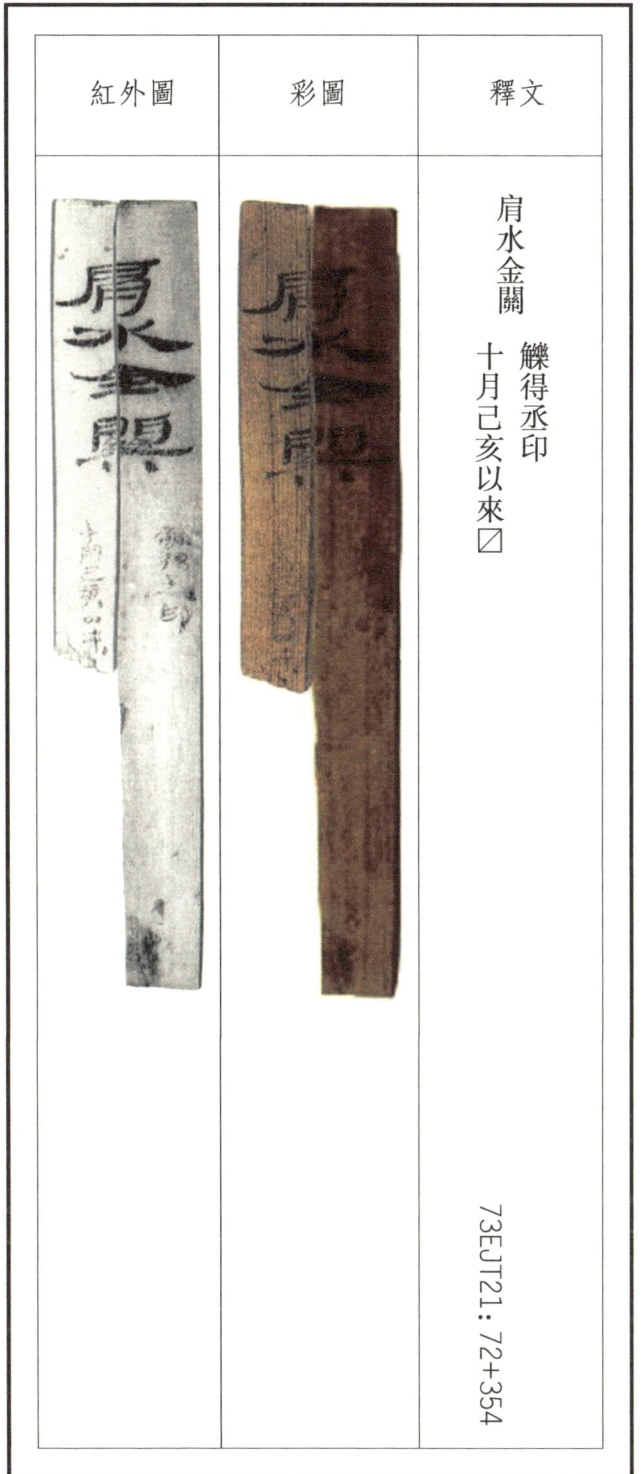

紅外圖	彩圖	釋文
		肩水金關 钀得丞印 十月己亥以來☐ 73EJT21:72+354

第28組

73EJT21:310+314+325

楊小亮曾綴合 73EJT21:310 與 73EJT21:314 號簡,然文意未完,還有進一步綴合的空間。筆者找到 73EJT21:325 號簡。此簡也是密集紋路,與 73EJT21:310、73EJT21:314 號簡木質相同,字形、形制以及書寫風格等較爲一致,紋路相合,碴口吻合,拼合後可復原"六"字。經測量,圖版碴口寬度一致,均是 1.1cm。由此,三簡當可綴合。

紅外圖	彩圖	釋文
		居延東鄉嗇夫陽里王青 未得元鳳五年正月盡三月積三月奉用錢千四百卌 已得河内第十六輩廿兩帛三匹二丈六尺七寸直九百六十 73EJT21:310+314+325

第29組

73EJT21:312+73EJT22:51

兩簡材質相同,色澤相符,字形、形制以及書寫風格等較爲一致,碴口吻合,文意相關,拼合後可復原"不""可""孫""下""今"等字。由此,兩簡當可綴合。

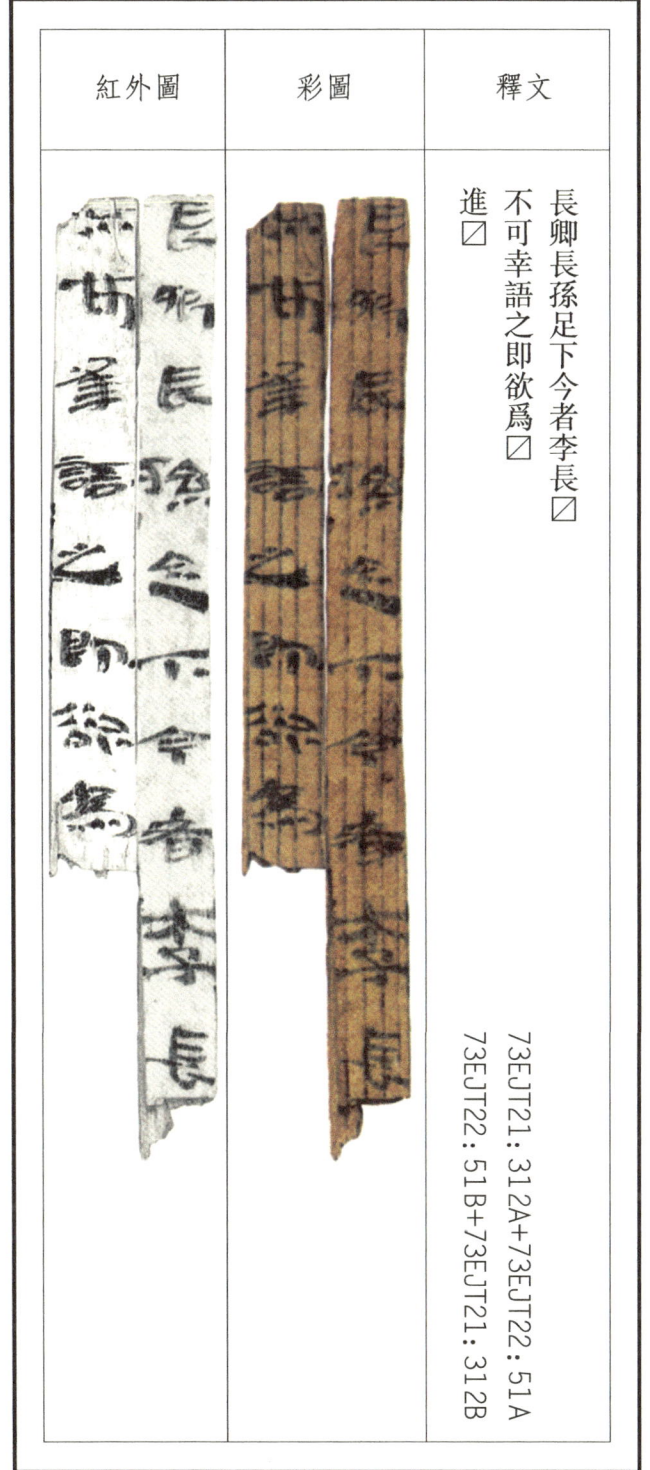

紅外圖	彩圖	釋文
		長卿長孫足下今者李長☐ 不可幸語之即欲爲 進☐
		73EJT21:312A+73EJT22:51A 73EJT22:51B+73EJT21:312B

第30組

73EJT21:327+317

　　兩簡簡面均是密集紋路，木質相同，均有6道紋路，紋路相合，字形、形制以及書寫風格等較爲一致，色澤相符，碴口吻合，拼合後可復原"日"字。經測量，圖版碴口寬度一致，均是0.9cm。由此，兩簡當可綴合。

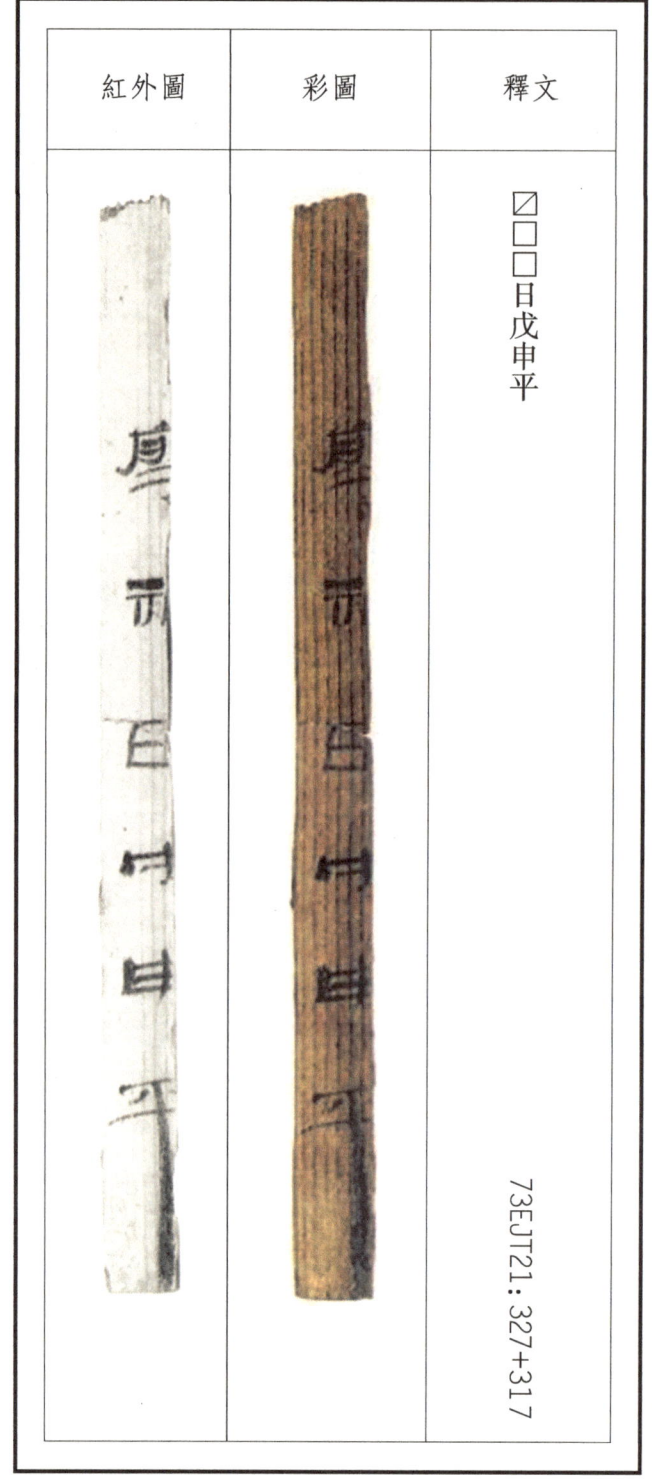

紅外圖	彩圖	釋文
		☒☐☐日戊申平　　　73EJT21:327+317

第31組

73EJT21:380+334

兩簡均是密集紋路，紋路較爲寬疏，材質相同，字形、形制以及書寫風格等較爲一致，碴口吻合，拼合後可復原"靳""干""幡"三字。由此，兩簡當可綴合。

紅外圖	彩圖	釋文
		五十
		蘭冠各三 服三 靳干幡各四 革甲鞮瞀各四
		73EJT21:380+334

第32組

73EJT21:396+343

兩簡簡面均是1道紋路，紋路相合，木質相同，字形、形制以及書寫風格等較爲一致，色澤相符，碴口吻合，拼合後可復原"年"字。經測量，圖版碴口寬度一致，均是0.6cm。由此，兩簡當可綴合。

紅外圖	彩圖	釋文
		陽夏馬成里周柱年卅三公乘　長七尺二寸黑色　↙　73EJT21:396+343

第33組

73EJT21∶401+459+451

楊小亮曾綴合 73EJT21∶451 與 73EJT21∶459 號簡,然文意未完,還有進一步綴合的空間。筆者找到 73EJT21∶401 號簡,此簡與 73EJT21∶451、73EJT21∶459 號簡木質相同,字形、形制以及書寫風格等較爲一致。把 73EJT21∶401 同 73EJT21∶451、73EJT21∶459 號簡拼合後,可見各簡色澤相符,書寫風格相同,字迹、字間距一致,碴口吻合。經測量,三簡圖版碴口寬度一致,均約 1.1cm。由此,三簡當可綴合。

紅外圖	彩圖	釋文
		易爲彊漢隧長從乘山隧卒李朔貰賣綺☒ 73EJT21∶401+459+451

第34組

73EJT21:423+431

兩簡簡面均是4道紋路，紋路相合，木質相同，字形、形制以及書寫風格等較爲一致，色澤相符，磋口吻合，拼合後可復原"王"字。經測量，圖版磋口寬度一致，均是1.0cm。由此，兩簡當可綴合。（相關考證見"考釋與研究"章）

紅外圖	彩圖	釋文
		守令史得意買脂廿四斤爲丞相掾王卿治兵簿 73EJT21:423+431

第35組

73EJT22:75+73EJT21:88

兩簡屬於不同探方,存在一定的色差,但兩簡均是密集紋路,材質相同,字形、形制以及書寫風格等較爲一致,碴口吻合,且紋路相符。經測量,圖版碴口寬度一致,均是 1.0cm。由此,兩簡當可綴合。(相關考證見"考釋與研究"章)

紅外圖	彩圖	釋文
		出麥六斗五月乙亥以食亭故吏偃乙亥盡甲申十日積十人=日□☒ 73EJT22:75+73EJT21:88

第36組

73EJT22:106+115

兩簡簡面均無紋路,木質相同,字形、形制以及書寫風格等較爲一致,兩簡色澤相符,碴口吻合,拼合後可復原"日"字。經測量,圖版碴口寬度一致,均是1.1cm。由此,兩簡當可綴合。

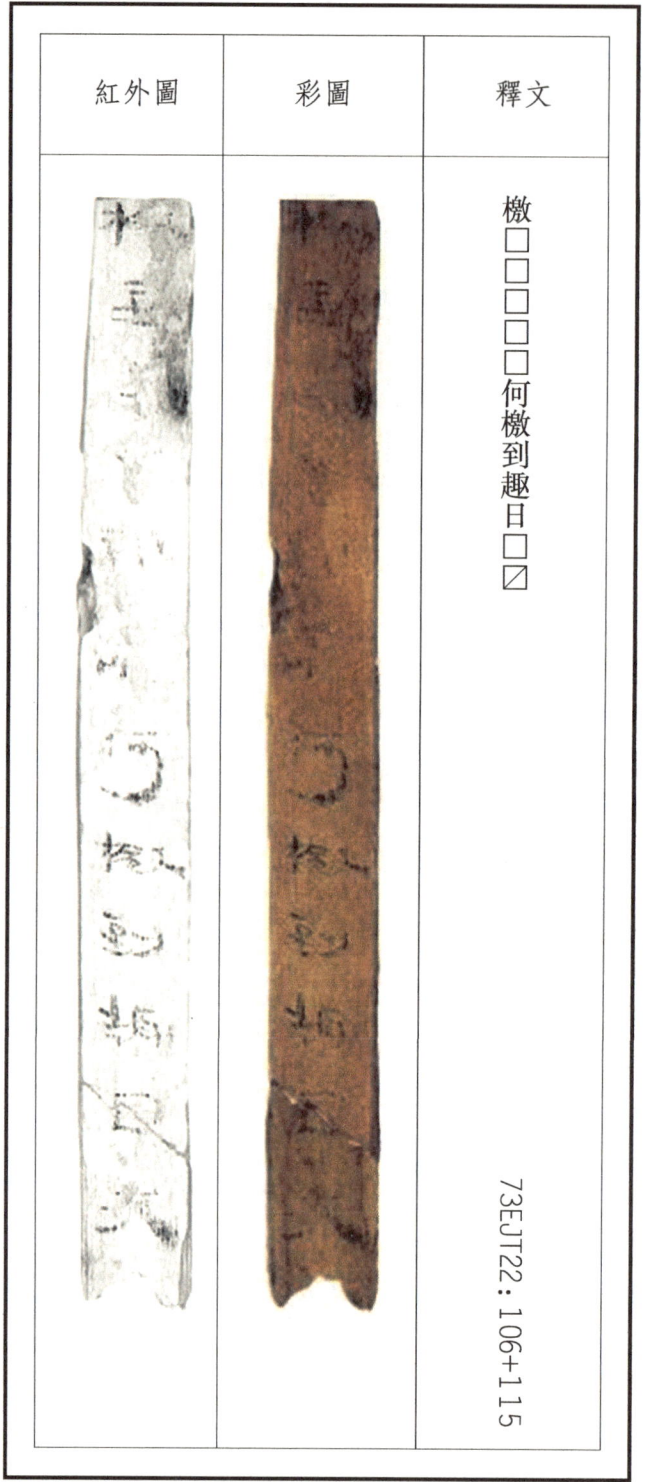

紅外圖	彩圖	釋文
		檄□□□□何檄到趣日□□☑ 73EJT22:106+115

第37組

73EJT22:116+126

兩簡碴口不能密合,但兩簡材質相同,紋路相合,書風相同,文意相關。肩水金關漢簡中亦有相似辭例可爲佐證。由此,兩簡當可遥綴。另外,73EJT22:126號簡整理者所釋"武"字恐非,當爲重文符號"="和"生"字。

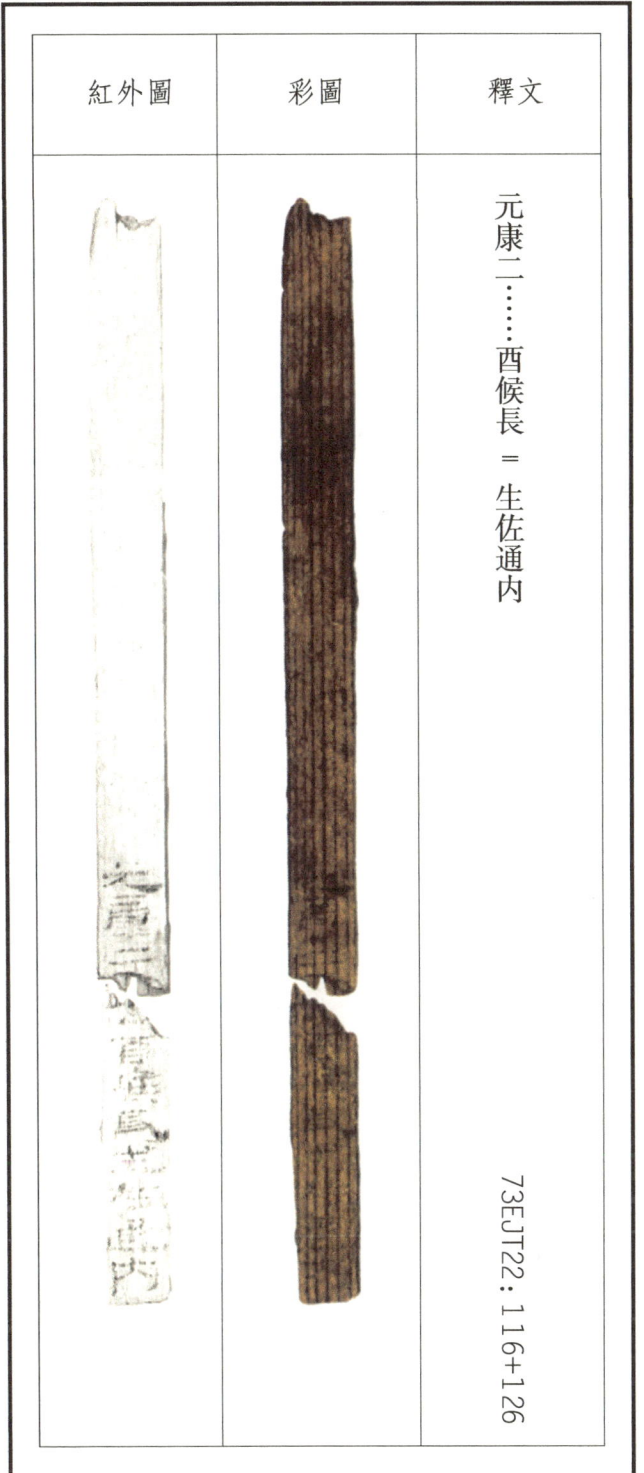

紅外圖	彩圖	釋文
		元康二……酉候長=生佐通内 73EJT22:116+126

第38組

73EJT23:2+633

　　兩簡色澤存在差異,但兩簡簡面均無紋路,木質相同,屬於斜型磋口,磋口吻合,字形、形制以及書寫風格等較爲一致,拼合後可復原"夜"字。經測量,圖版磋口寬度一致,均是1.0cm。由此,兩簡當可綴合。(文字考釋見"考釋與研究"章)

紅外圖	彩圖	釋文
		始建國五年六月戊午夜雞唯時平樂隧長忘付兼萬福彊□☑
		73EJT23:2+633

第39組

73EJT23∶5+37

两簡木質相同，字形、形制以及書寫風格等較爲一致，碴口吻合，拼合後可復原"夫"字殘筆。經測量，圖版碴口寬度一致，均是1.2cm。由此，两簡當可綴合。

紅外圖	彩圖	釋文
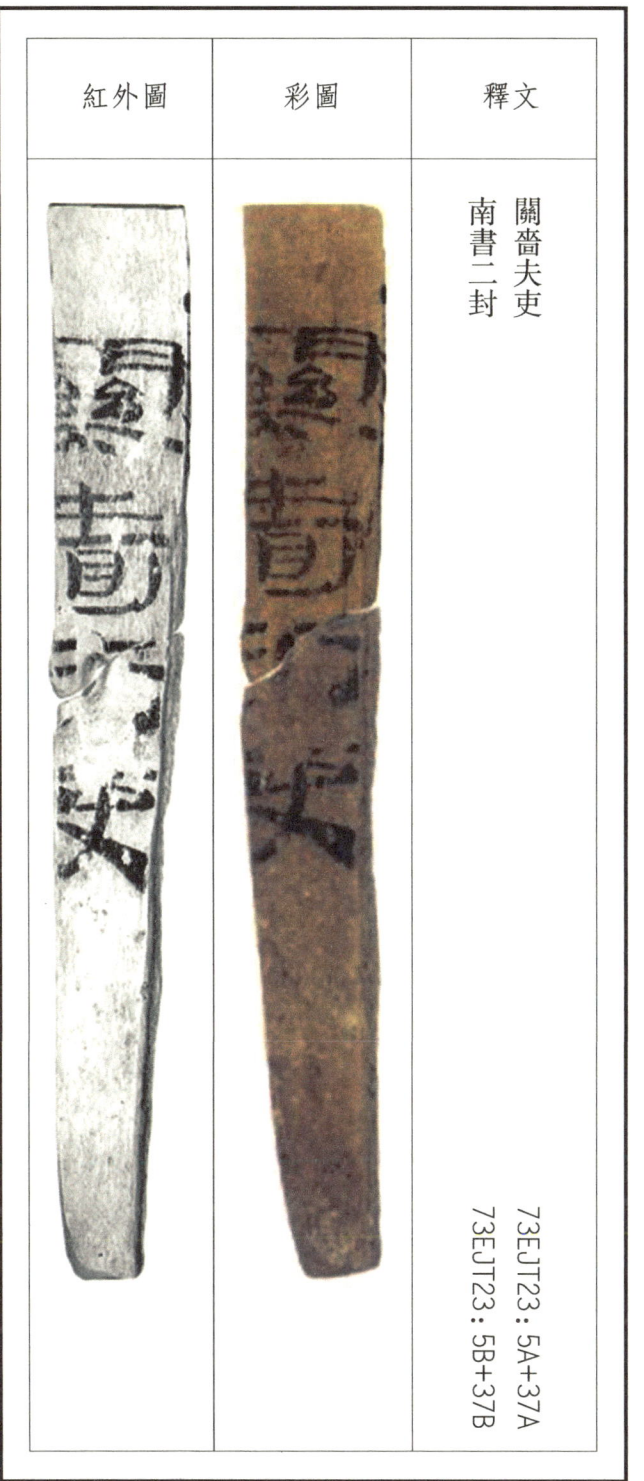		關嗇夫吏 南書二封 73EJT23∶5A+37A 73EJT23∶5B+37B

第40組

73EJT23:8+164

兩簡簡面均無紋路，木質相同，字形、形制以及書寫風格等較爲一致，兩簡色澤相符，碴口吻合，拼合後可復原"封"字殘筆。經測量，圖版碴口寬度一致，均是1.5cm。由此，兩簡當可綴合。

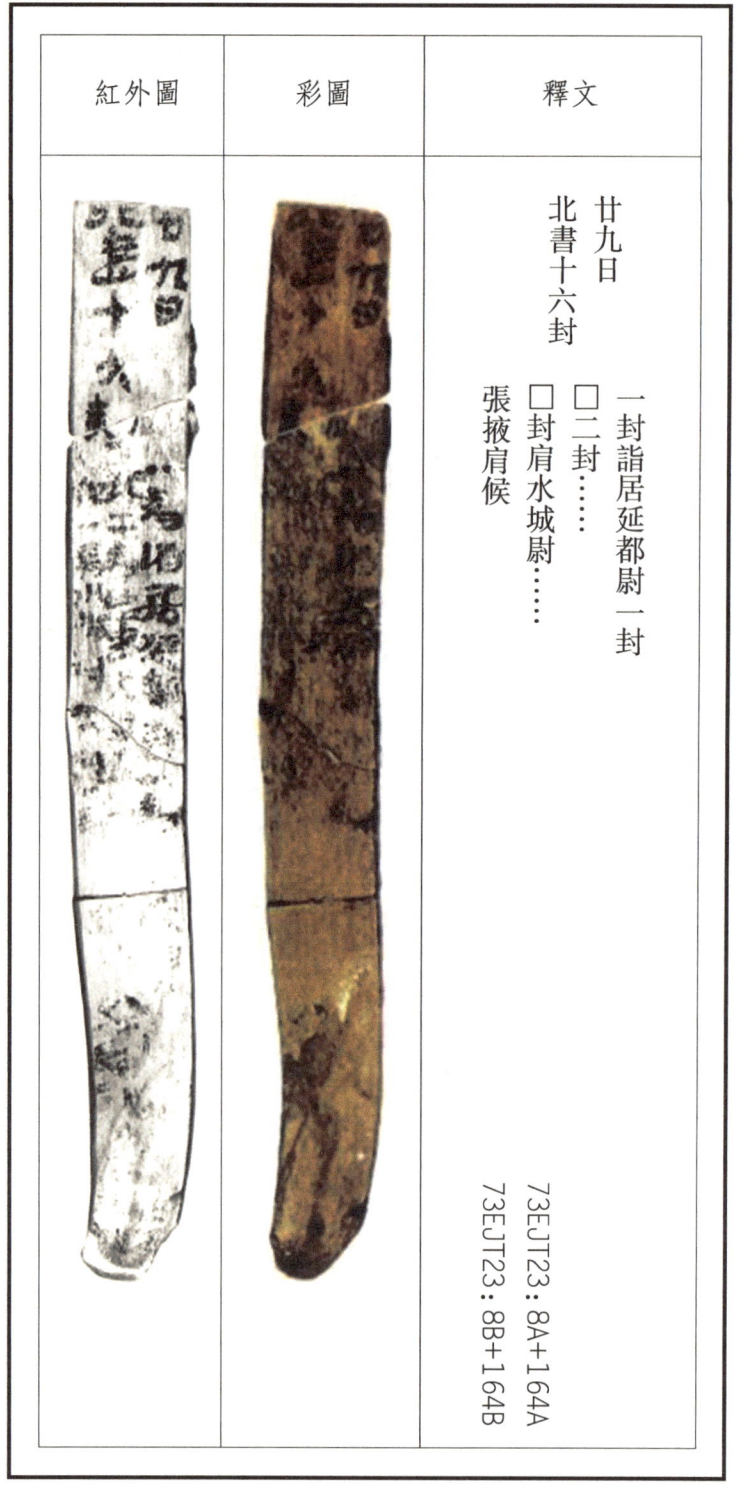

紅外圖	彩圖	釋文
		廿九日 北書十六封 一封詣居延都尉一封 □二封…… □封肩水城尉…… 張掖肩候 73EJT23:8A+164A 73EJT23:8B+164B

第41組

73EJT23:41+42

兩簡木質相同,簡號相鄰,字形、形制以及書寫風格等較爲一致,兩簡色澤相符,碴口吻合,拼合後可復原"夫"字。經測量,圖版碴口寬度一致,均是1.1cm。由此,兩簡當可綴合。

紅外圖	彩圖	釋文
		□申北嗇夫出 73EJT23:41+42

第42組

73EJT23:91+418+821+429

雷海龍曾綴合 73EJT23:418 與 73EJT23:821 號簡,然文意未完,還有進一步綴合的空間。筆者找到 73EJT23:91、73EJT23:429 兩簡。兩簡均是密集紋路,與 73EJT23:418、73EJT23:821 號簡木質相同,字形、形制以及書寫風格等較爲一致,色澤相符,紋路相合,書寫風格相同,字迹、字間距一致,碴口吻合,拼合後可復原"並""黑"等字。經測量,圖版碴口寬度一致,約 1.1~1.2cm。由此,四簡當可綴合。

紅外圖	彩圖	釋文
		☐成漢里公乘儀並年五十一黑色 字子真 六月辛卯入 車一兩牛二皆黑犗齒八歲 73EJT23:91+418+821+429

第43組

73EJT23:110+222

兩簡簡面均是 6 道紋路，紋路相合，木質相同，字形、形制以及書寫風格等較爲一致，碴口吻合，拼合後可復原"卒"字。由此，兩簡當可綴合。

紅外圖	彩圖	釋文
		□縣道津關遣卒史王惲 73EJT23:110+222

第44組

73EJT23:119+116

兩簡簡面均是密集紋路，木質相同，且色澤發黑，顔色相符，字形、形制以及書寫風格等較爲一致，碴口吻合，經測量，圖版碴口寬度一致，均是1.1cm。由此，兩簡當可綴合。

紅外圖	彩圖	釋文
		出鹽斗二升　廩窮寇卒孫　73EJT23:119+116

第45組

73EJT23:128+127

兩簡均是密集紋路，材質相同，字形、形制以及書寫風格等較爲一致，色澤相符，紋路相合，碴口吻合，經測量，兩簡碴口寬度趨同，爲1.0~1.1cm。由此，兩簡當可綴合。

紅外圖	彩圖	釋文
		……守令史尊

73EJT23:128+127

第46組

73EJT23:166+195

两簡簡面紋路都較爲舒緩,木質相同,且簡體彎曲,字形、形制以及書寫風格等較爲一致,色澤相符,紋路相合,磋口吻合,均存在一定殘損。經測量,圖版磋口寬度一致,均是0.9cm。由此,兩簡當可綴合。

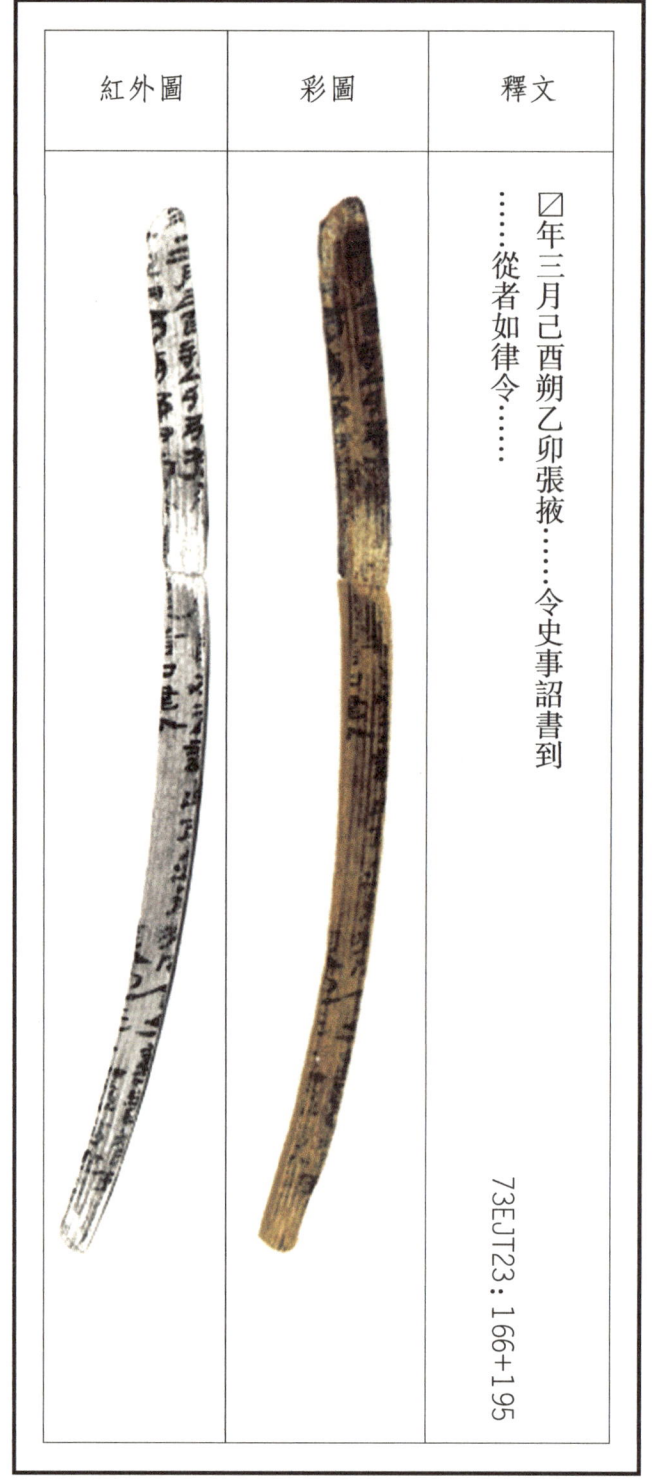

紅外圖	彩圖	釋文
		☐年三月己酉朔乙卯張掖……令史事詔書到……從者如律令…… 73EJT23:166+195

第47組

73EJT23:141+133

两簡存在一定的色差,且 73EJT23:133 號簡被燒斷,兩簡不能直接拼綴。但仔細觀察,兩簡均有紋路,木質相同,字形、形制以及書寫風格等較爲一致,兩簡重合後紋路形成貫通(見兩簡重合彩圖)。

此外,兩簡書寫風格相同,比如"延"字, 、 (73EJT23:141), (73EJT23:133),起筆、運筆、布局較爲相似。經測量,兩簡字間距亦趨於一致。由此,疑兩簡屬同一枚簡牘,可遥綴。

紅外圖	彩圖	釋文
		元延二年五月壬午朔癸……移居延卅井縣索令 元延毋它急……勝言之
	(兩簡重合)	73EJT23:141A+133A 73EJT23:141B+133B

第48組

73EJT23:212+224

两簡簡面均是密集紋路,木質相同,且均左側殘斷,字形、形制以及書寫風格等較爲一致,色澤相符,紋路相合,碴口吻合。經測量,圖版寬度一致,均是0.8cm。由此,兩簡當可綴合。

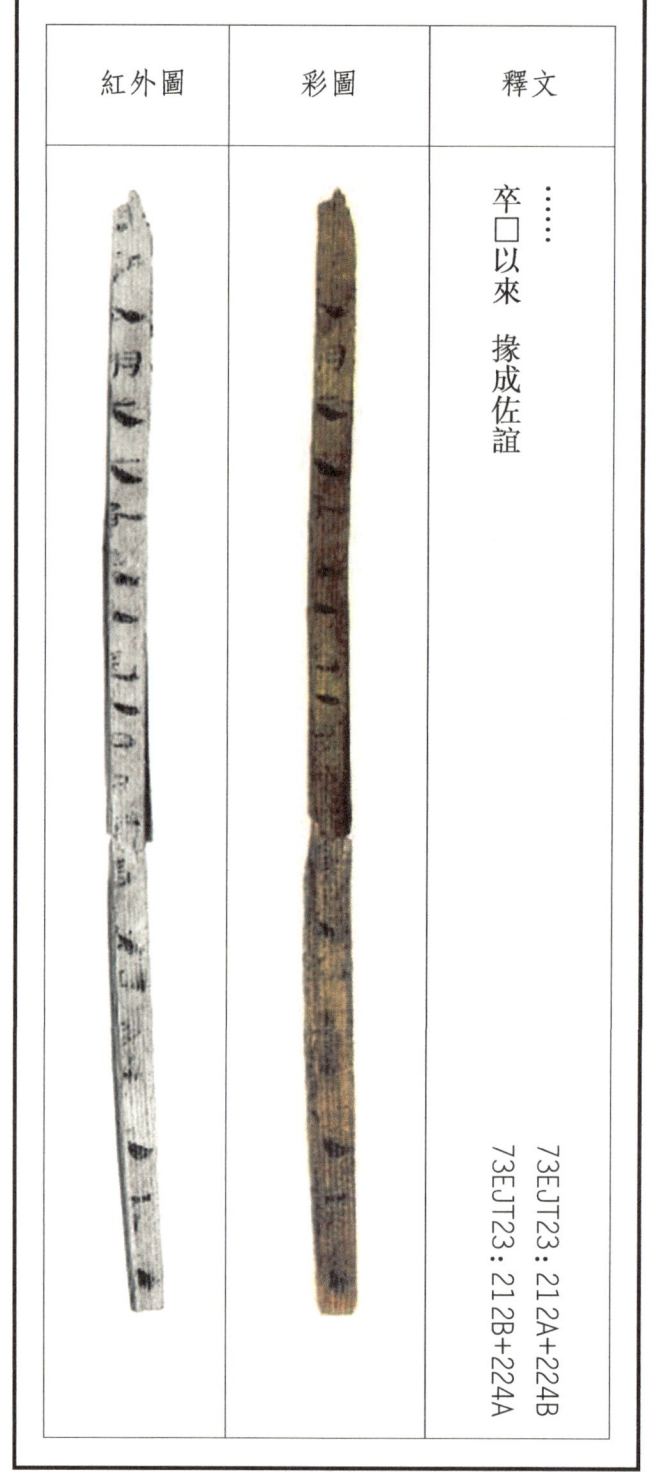

紅外圖	彩圖	釋文
		……卒□以來　掾成佐誼 73EJT23:212A+224B 73EJT23:212B+224A

第49組

73EJT23:341+813

兩簡簡面均是7道紋路,紋路相合,木質相同,字形、形制以及書寫風格等較爲一致,碴口吻合,拼合後可復原"胥"字。經測量,圖版碴口寬度一致,均是1.1cm。由此,兩簡當可綴合。

紅外圖	彩圖	釋文
		觻得千乘里孫陽廿五觻得丞印 弟胥年十八 右二人 鄭程葆 73EJT23:341+813

第50組

73EJT23:351+452

兩簡簡面均無紋路,木質相同,較爲光滑,字形、形制以及書寫風格等較爲一致,兩簡色澤相符,磋口吻合,拼合後可復原"月"字。由此,兩簡當可綴合。

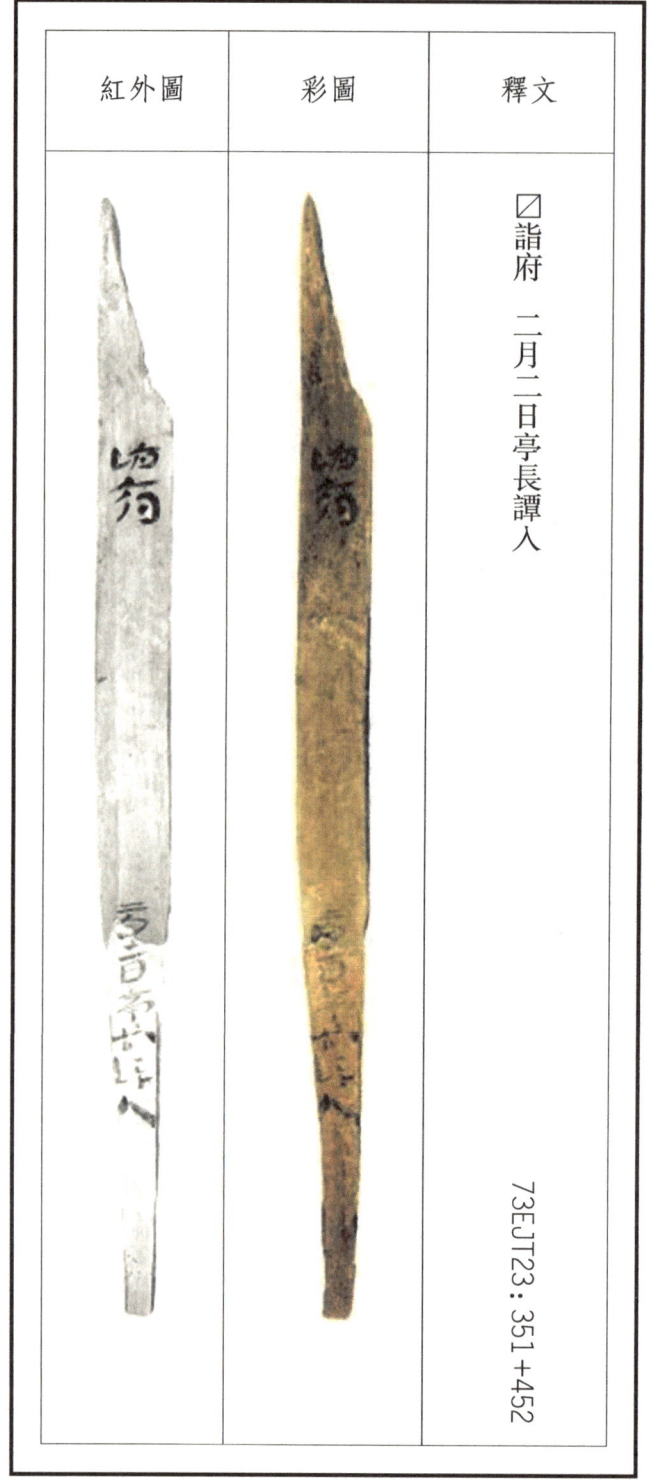

紅外圖	彩圖	釋文
		☐詣府 二月二日亭長譚入

73EJT23:351+452

第51組

73EJT23:354+478

兩簡雖存在一定的色差,但書寫風格相同,字迹、字間距一致,碴口吻合,木質相同,拼合後可復原"肩"字尾筆。經測量,圖版碴口寬度一致,均是1.4cm。由此,兩簡當可綴合。

紅外圖	彩圖	釋文
		☒☐里公乘虞廣年廿二肩水☐☒ 凡四通 日食時表一通 日東中時表一通☒ 日西中時表一通☒
73EJT23:354A+478A	73EJT23:354B+478B	

第52組

73EJT23:359+807

兩簡材質相同,色澤相符,字形、形制以及書寫風格等較爲一致,碴口吻合,文意相關。由此,兩簡當可綴合。

紅外圖	彩圖	釋文
		孫賞叩頭言 宋巨卿坐前毋恙頃久不望見舍中起居得毋有它先日數累左右毋它＝欲伏前面相見加以新來毋器物幸 巨卿時力過府君行事毋它欲往會病心腹支滿甚☐注以故至今請少☐詣前叩頭壹數☐ ……☐疾之比得左右願叩頭因白官移記諸部令移☐ ……☐言君 ……史賞致此書 置佐宋巨卿　賞叩頭幸＝甚＝ 73EJT23:359A+807A 73EJT23:359B+807B

第53組

73EJT23：370+358

對比可知，兩簡材質相同，色澤相符，字形、形制以及書寫風格等較爲一致，碴口吻合，文意相關。由此，兩簡當可綴合。

紅外圖	彩圖	釋文
		☐正月奉六百以付 ☐爲言 乃

73EJT23：370+358①

① 張俊民告知"言"當爲"信"字。

第54組

73EJT23∶489+73EJH2∶27

兩簡屬於不同探方，色澤存在差異，碴口不能吻合，但兩簡紋路相合，材質相同，字形、形制、書寫風格以及字間距等較爲一致，且字體均有傾斜。經測量，圖版碴口寬度爲 0.9~1.0cm。由此，兩簡疑可綴合。

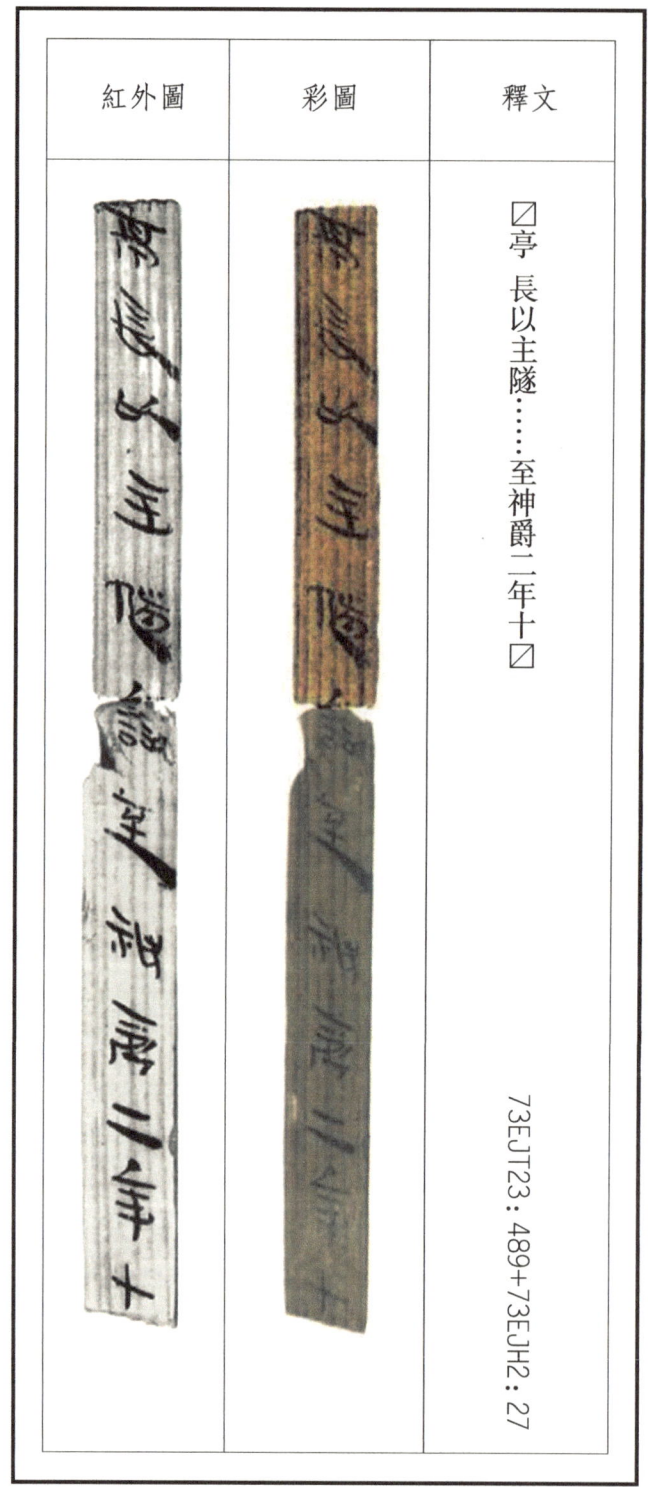

紅外圖	彩圖	釋文
		☐亭 長以主隧……至神爵二年十☐

73EJT23∶489+73EJH2∶27

第55組

73EJT23:491+492+525+947+1038+515

楊小亮曾綴合 73EJT23:491、73EJT23:492、73EJT23:525、73EJT23:947、73EJT23:1038 五簡，然文意未完，還有進一步綴合的空間。筆者找到 73EJT23:515 號簡。該簡也是密集紋路，與73EJT23:491、73EJT23:492、73EJT23:525、73EJT23:947、73EJT23:1038 五簡木質相同，字形、形制以及書寫風格等較爲一致，色澤相符，紋路相合，且 73EJT23:515 與 73EJT23:525 號簡拼合後碴口吻合。經測量，圖版碴口寬度一致，均是 1.1cm。由此，六簡當可綴合。

紅外圖	彩圖	釋文
		告執適隧長宣平樂隧長遂昨日南盡☑ 發省卒會昨莫至今未到宣└隧☑ 如卒至今未來記到宣等趣遣令☑ 月食會今毋得以它爲解‧將作☑
		73EJT23:491B+492B+525A-947B+1038B+515A 73EJT23:491A+492A+525B-947A+1038A+515B

第56組

73EJT23:503+925

兩簡簡面均無紋路，木質相同，字形、形制以及書寫風格等較爲一致，色澤相符，碴口吻合，拼合後可復原"使"字尾筆。經測量，圖版碴口寬度一致，均是1.1cm。由此，兩簡當可綴合。（相關考證見"考釋與研究"章）

紅外圖	彩圖	釋文
		☐中故水門隧長尹野使水門隧卒成弱郭徒毋何貫賈皁布一匹直三百 73EJT23:503+925

第57組

73EJT23:530+514

兩簡簡面均無紋路,木質相同,且都有斑點,字形、形制以及書寫風格等較爲一致,色澤相符,碴口吻合,拼合後可復原"十"字。經測量,圖版寬度一致,約 0.8~0.9cm。由此,兩簡當可綴合。

紅外圖	彩圖	釋文
		☐弓一櫝丸一箭五十△ 73EJT23:530+514

第58組

73EJT23:542+539

　　兩簡簡面均無紋路,木質相同,字形、形制以及書寫風格等較爲一致,色澤相符,碴口吻合,經測量,圖版碴口寬度一致,均是 0.9cm。由此,兩簡當可綴合。

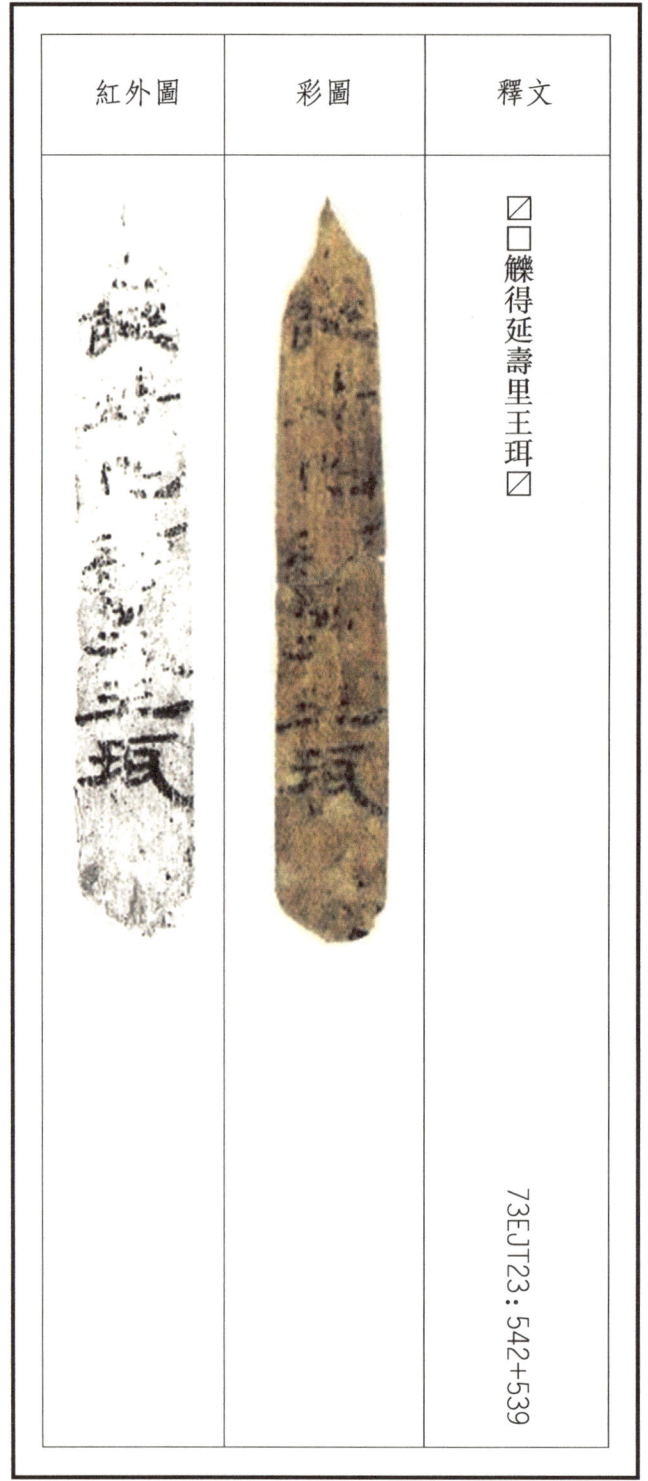

紅外圖	彩圖	釋文
		☐☐鱳得延壽里王珥☐
		73EJT23:542+539

第59組

73EJT23:561+577

兩簡簡面兩側皆有兩道紋路,紋路相合,木質相同,字形、形制以及書寫風格等較爲一致,色澤相符,碴口吻合,拼合後可復原"置"字。經測量,圖版寬度一致,均是1.2cm。由此,兩簡當可綴合。

紅外圖	彩圖	釋文
		出麥十八石合□卩 居攝元年六月癸未置佐玄付乘　胡隧長放 73EJT23:561+577

第60組

73EJT23:566+689

兩簡屬於同一探方,材質相同,書風相同,字迹、字間距一致,碴口吻合,文意相關,拼合後能復原出"一"字殘筆。經測量,圖版碴口寬度一致,均是1.1cm。由此,兩簡當可綴合。

紅外圖	彩圖	釋文
		☐者雖不爲盜賊一人當小盜一人爲郡中冣☐ 　73EJT23:566+689

第61組

73EJT23:568+846

　　兩簡簡面均是密集紋路,紋路相合,木質相同,字形、形制以及書寫風格等較爲一致,色澤相符,碴口吻合。經測量,圖版寬度一致,均是0.7cm。由此,兩簡當可綴合。(相關考釋見"考釋與研究"章)

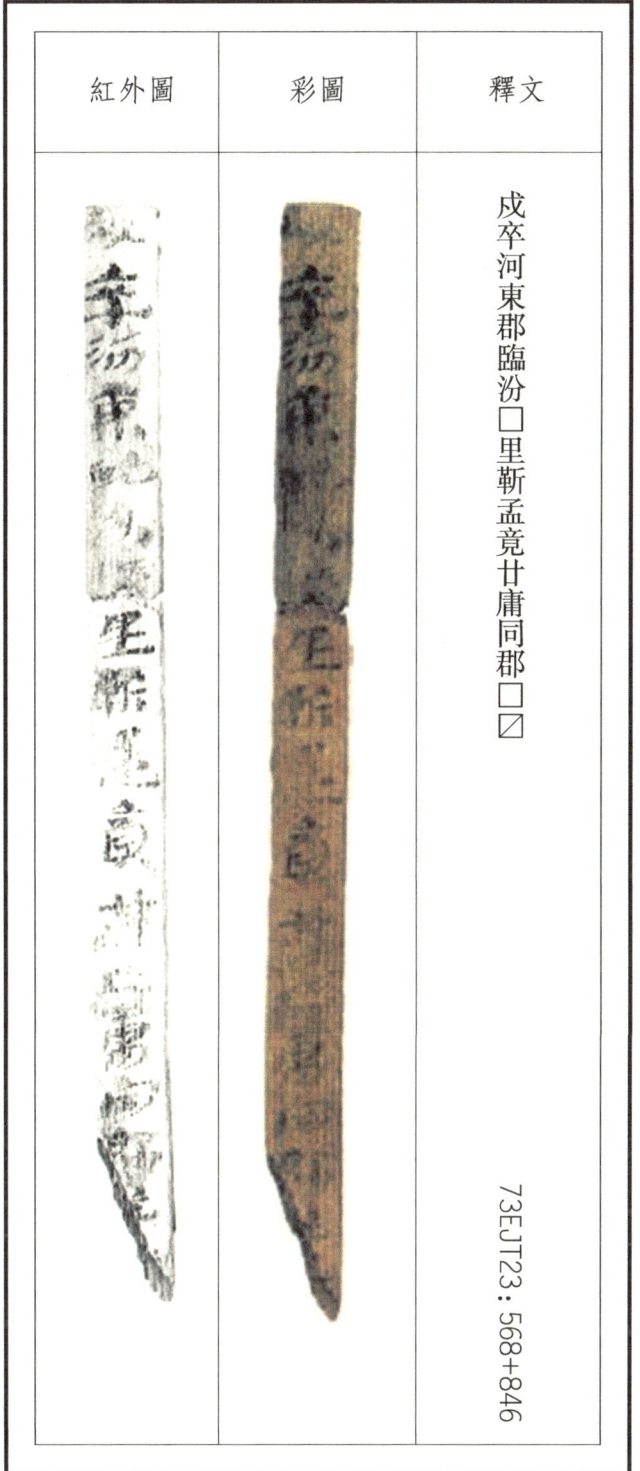

紅外圖	彩圖	釋文
		戍卒河東郡臨汾□里靳孟竟廿庸同郡□☑
		73EJT23:568+846

第62組

73EJT23:570+575

　　兩簡雖由於保存條件不同,色澤有一定差異,然兩簡簡面均存在較寬大紋路,紋路相合,書寫風格相同,字迹、字間距一致,碴口吻合,拼合後可復原"名"字。經測量,圖版碴口寬度一致,均是1.2cm。由此,兩簡當可綴合。(文字考釋見"考釋與研究"章)

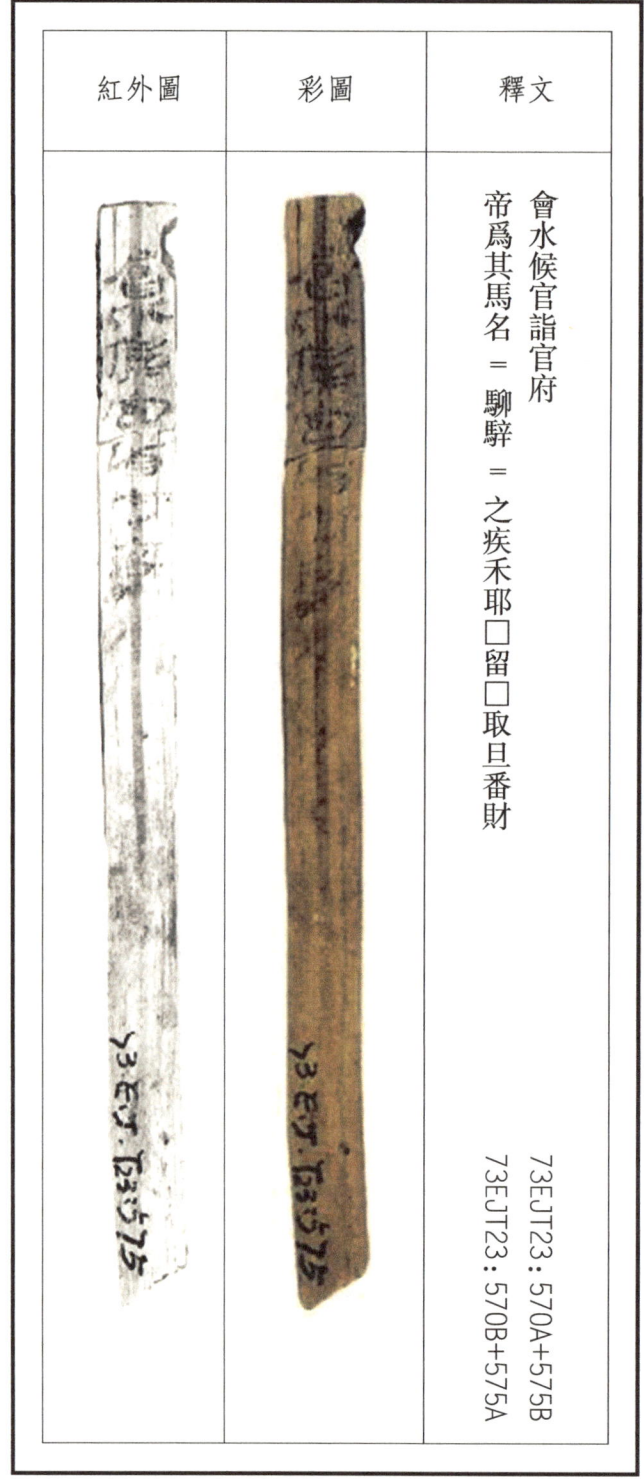

紅外圖	彩圖	釋文

會水候官詣官府
帝爲其馬名＝騆駼＝之疾禾耶□留□取旦番財

73EJT23：570A+575B
73EJT23：570B+575A

第63組

73EJT23:585+598

兩簡雖由於保存條件的原因，存在一定的色差，但兩簡簡面均爲4道紋路，紋路相合，木質相同，字形、形制以及書寫風格等較爲一致，風格相同，字迹、字間距一致，碴口吻合。經測量，圖版碴口寬度一致，均是1.0cm。由此，兩簡當可綴合。

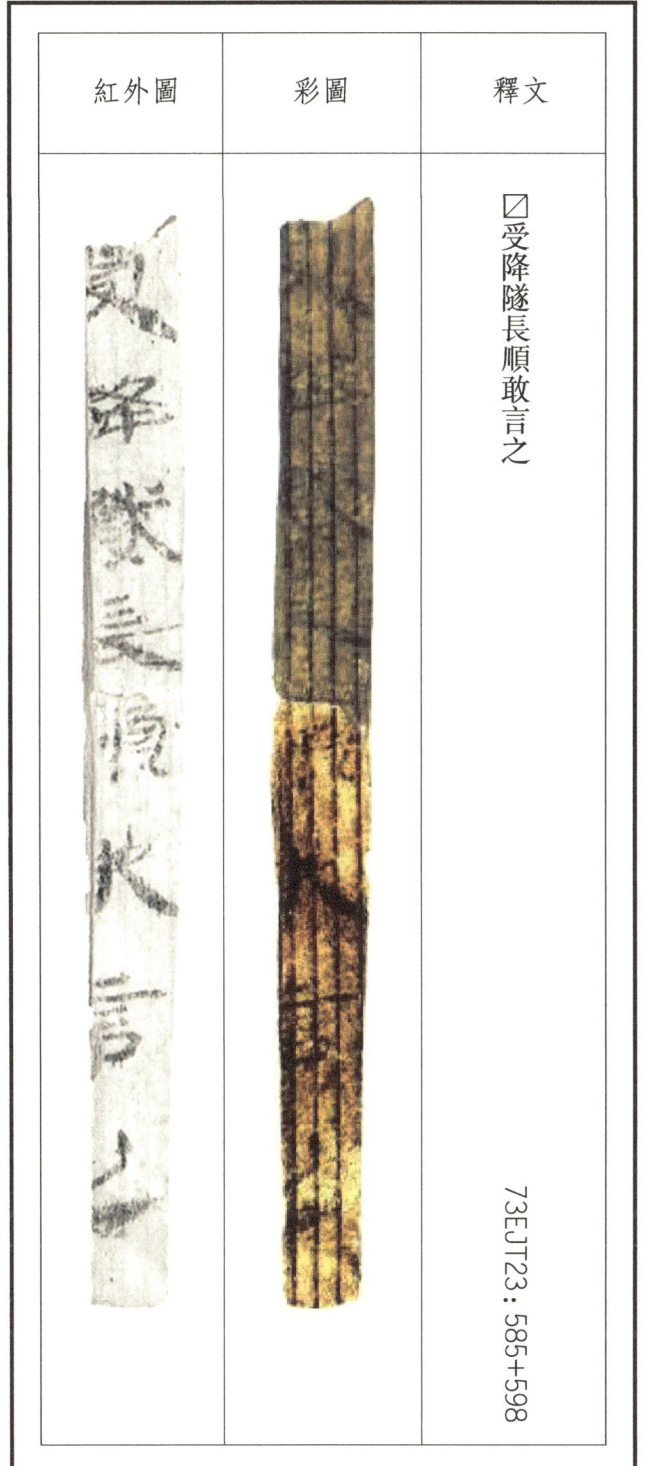

紅外圖	彩圖	釋文
		☐受降隧長順敢言之

73EJT23:585+598

第64組

73EJT23:608+673

两簡雖由於保存條件的原因，存在一定的色差，但兩簡簡面均存在3道紋路，木質相同，且都右側殘缺，書寫風格相同，字迹、字間距一致，碴口雖略有殘缺不能直接拼合，但紋路相符。經測量，圖版碴口寬度一致，爲0.7~0.8cm。由此，兩簡當可綴合。

紅外圖	彩圖	釋文
		河東戍卒第十六車　黑犅牛一頭齒八歲　車父□□□☑　73EJT23：608+673

第65組

73EJT23:612+829

两简纹路密集,木质相同,色澤相符,纹路相合,書寫風格相同,字迹、字間距一致,碴口吻合,拼合後可復原"善"字。經測量,圖版寬度一致,均是0.9cm。由此,兩簡當可綴合。

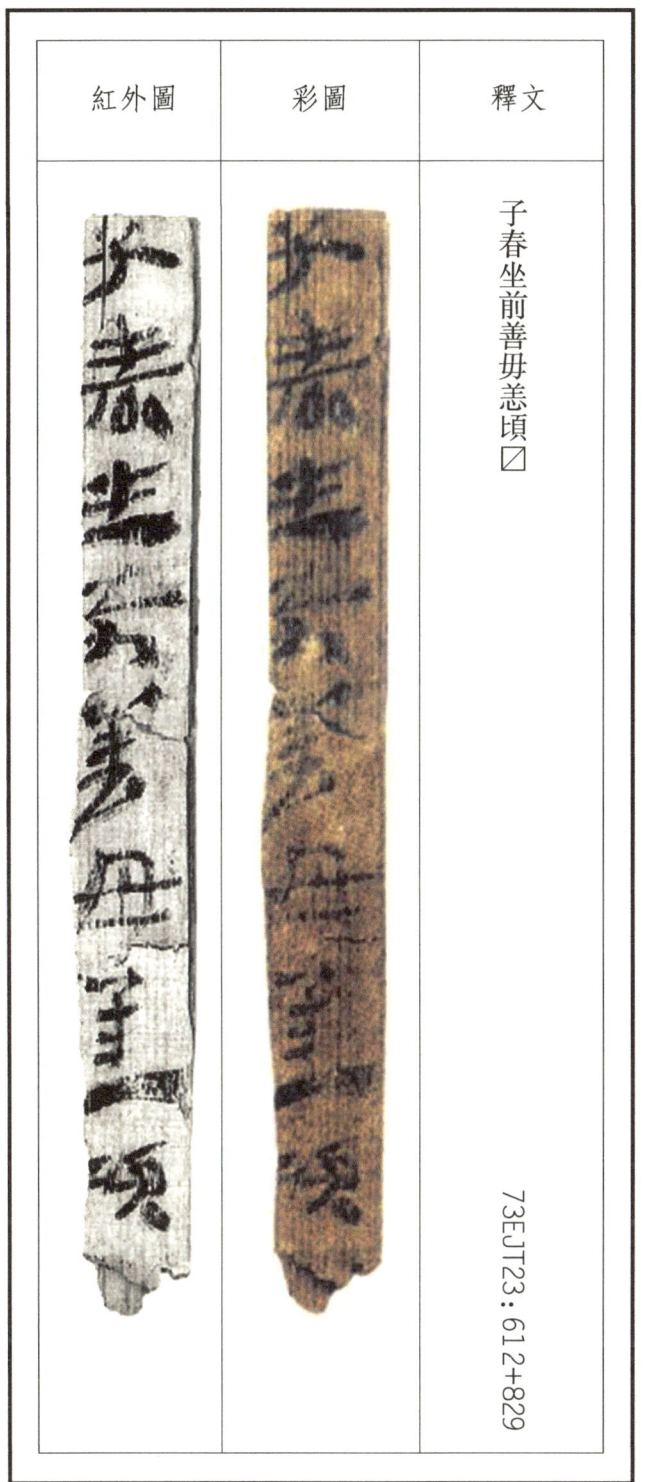

第66組

73EJT23:659+376

兩簡存在一定的色差,但兩簡簡面均是密集紋路,木質相同,且簡面中間均存在一條較爲明顯的紋路,字形、形制以及書寫風格等較爲一致,碴口吻合,且紋路相符。經測量,圖版碴口寬度一致,均是 1.3cm。由此,兩簡當可綴合。

紅外圖	彩圖	釋文

富里公乘呂昌年廿九　黑色　長七尺三寸　牛車一兩牛二　正月入□出

73EJT23：376+659

第67組

73EJT23:663+321+993+294

伊强曾綴合 73EJT23:321 與 73EJT23:294 號簡,何茂活曾綴合 73EJT23:321、73EJT23:294 與 73EJT23:993 號簡,但仍有綴合空間。筆者找到了 73EJT23:663 號簡。四簡材質相同,色澤相符,字形、形制以及書寫風格等較爲一致,碴口吻合,文意相關,拼合後可復原碴口處諸字。由此,四簡當可綴合。(相關考證見"考釋與研究"章)

紅外圖	釋文
	日計　酒二石直二百卅　□一直十八　脯一束直十 算一直十八　枲一斤直十　米四斗直六十六　肉四斤直廿六　豚一直六十 贛□一直六十　□卅五□枚 ⋯⋯當所市 ⋯⋯鹽二升直廿六　麴三斗直十八　□二半七　麗實一半三錢 ⋯⋯□米一斗□　□一斗卅　生□一兩廿五 ⋯⋯□三斤直卅　□一石直卅 ⋯⋯□直 73EJT23：663A+321A+993A+294A 73EJT23：294B+993B+321B+663B

第68組

73EJT23:677+658

兩簡雖由於保存條件的差異,存在一定的色差,但兩簡簡面均是密集紋路,且紋路相符,木質相同,且簡面都發黑,書寫風格相同,字迹、字間距一致,磋口吻合。經測量,圖版磋口寬度一致,均是0.7cm。由此,兩簡當可綴合。

紅外圖	彩圖	釋文
		讕不予或逃匿不可見乃自言丞□御＝史＝爲趣郡收責不能備得所責主名縣或報毋令 73EJT23:677+658

第69組

73EJT23:678+669

兩簡材質相同,色澤相符,字形、形制以及書寫風格等較爲一致,文意相關,碴口吻合,拼合後可復原"酉"字。由此,兩簡當可綴合。另,從文意和字形分析,73EJT23:669B 號簡整理者所釋"甲"當爲"申"。

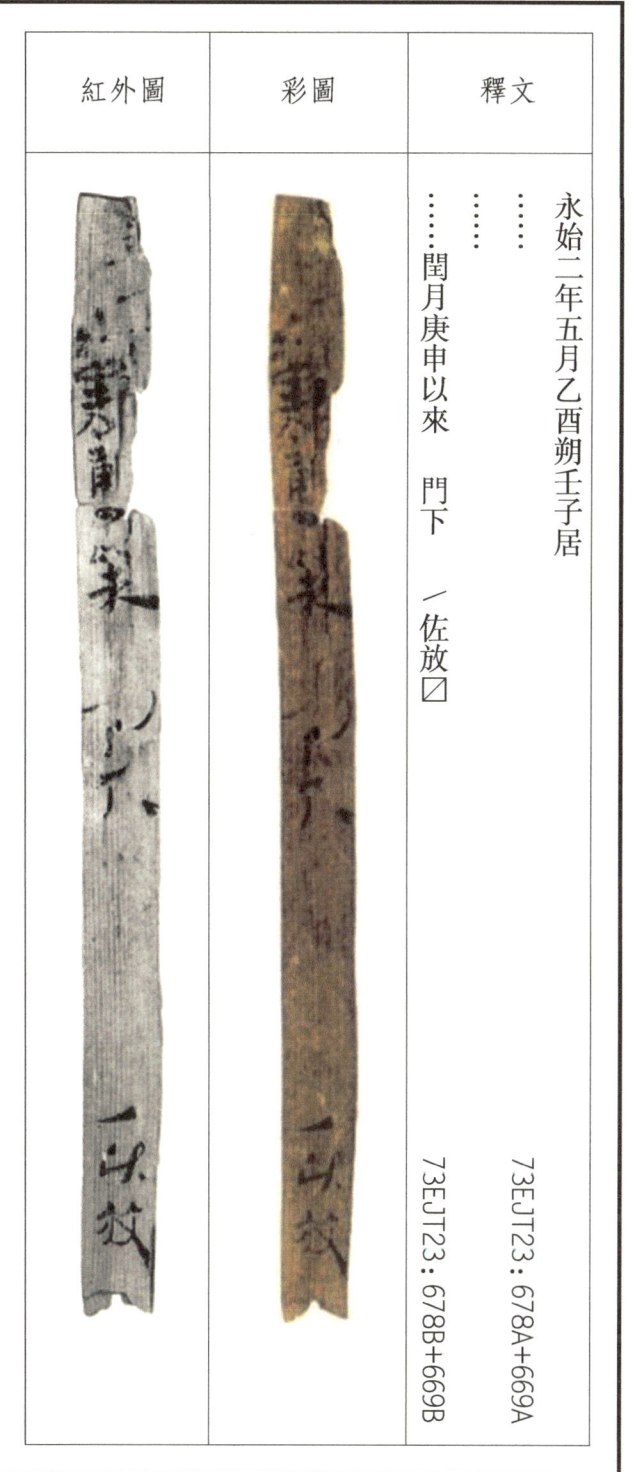

紅外圖	彩圖	釋文
		永始二年五月乙酉朔壬子居 …… ……閏月庚申以來　門下　／佐放☒
		73EJT23:678A+669A 73EJT23:678B+669B

第70組

73EJT23:688+109

兩簡簡面均是寬疏紋路,木質相同,均存在殘損,色澤偏黑,色澤相符,紋路相合,書寫風格相同,字迹、字間距一致,碴口吻合,拼合後可復原標識符號"卩"。經測量,圖版寬度一致,均是 0.9cm。由此,兩簡當可綴合。

紅外圖	彩圖	釋文
		出粟二石 卩 廩□☑

73EJT23:688+109

第71組

73EJT23:696+725

兩簡簡面均無紋路，木質相同，且簡面發黑，字形、形制以及書寫風格等較爲一致，碴口吻合，拼合後可復原"陽"字。經測量，圖版碴口寬度一致，均是0.8cm。由此，兩簡當可綴合。

紅外圖	彩圖	釋文
		十二月丁酉大司徒下京兆尹濟陰山陽大守丞書從事下當用　73EJT23:696+725

第72組

73EJT23:939+1031

兩簡碴口雖不能完全密合，但兩簡簡面均是密集紋路，木質相同，色澤相符，紋路相合，書寫風格相同，均向右傾斜，字迹、字間距一致。經測量，圖版碴口寬度一致，均是1.1cm。由此，兩簡當可綴合。

紅外圖	彩圖	釋文
		田卒梁國蒙市陰里季豎年廿四☐　73EJT23:939+1031

第73組

73EJT23∶954+526

兩簡材質相同,色澤相符,字形、形制以及書寫風格等較爲一致,文意相關,碴口吻合,拼合後可復原"所"字。經測量,圖版碴口寬度一致,均是1.3cm。由此,兩簡當可綴合。

紅外圖	彩圖	釋文
		☒伏地言田卿足下☒見不久不得言前田卿所取計今☒☒ ☒☒☒計行省持來不可=已=
		73EJT23∶954A+526A 73EJT23∶954B+526B

第74組

73EJT23:979+1017

兩簡材質相同,色澤相符,字形、形制以及書寫風格等較爲一致,文意相關,碴口吻合,拼合後可復原"到"字。經測量,圖版碴口寬度一致,均是1.9cm。由此,兩簡當可綴合。

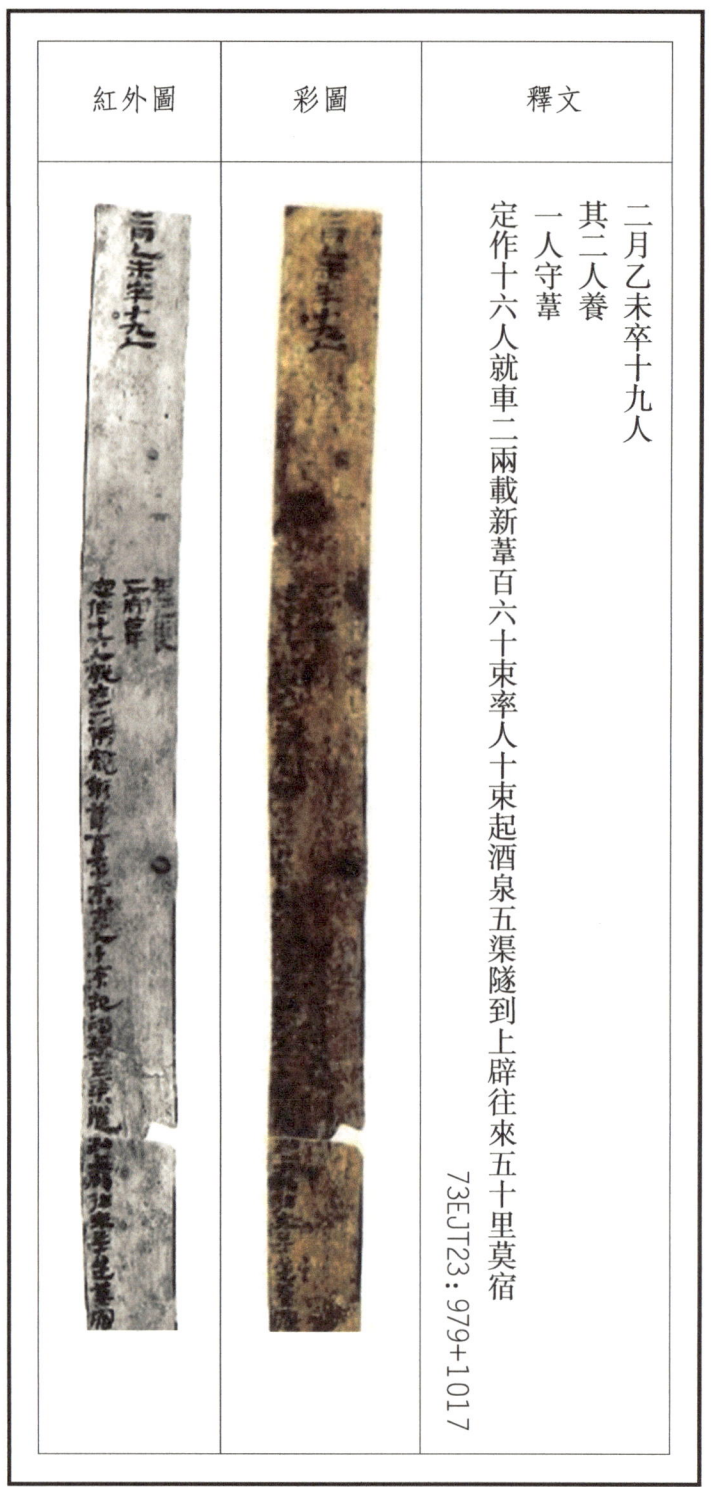

釋文	彩圖	紅外圖
二月乙未卒十九人 其二人養 一人守葦 定作十六人就車二兩載新葦百六十束率人十束起酒泉五渠隧到上辟往來五十里莫宿 73EJT23:979+1017		

第75組

73EJT23∶990+721

兩簡雖由於保存條件的差異,存在一定的色差,但兩簡簡面均無紋路,木質相同,簡面發黑,字形、形制以及書寫風格等較爲一致,碴口吻合。經測量,圖版碴口寬度一致,均是 1.0cm。由此,兩簡當可綴合。(相關考釋見"考釋與研究"章)

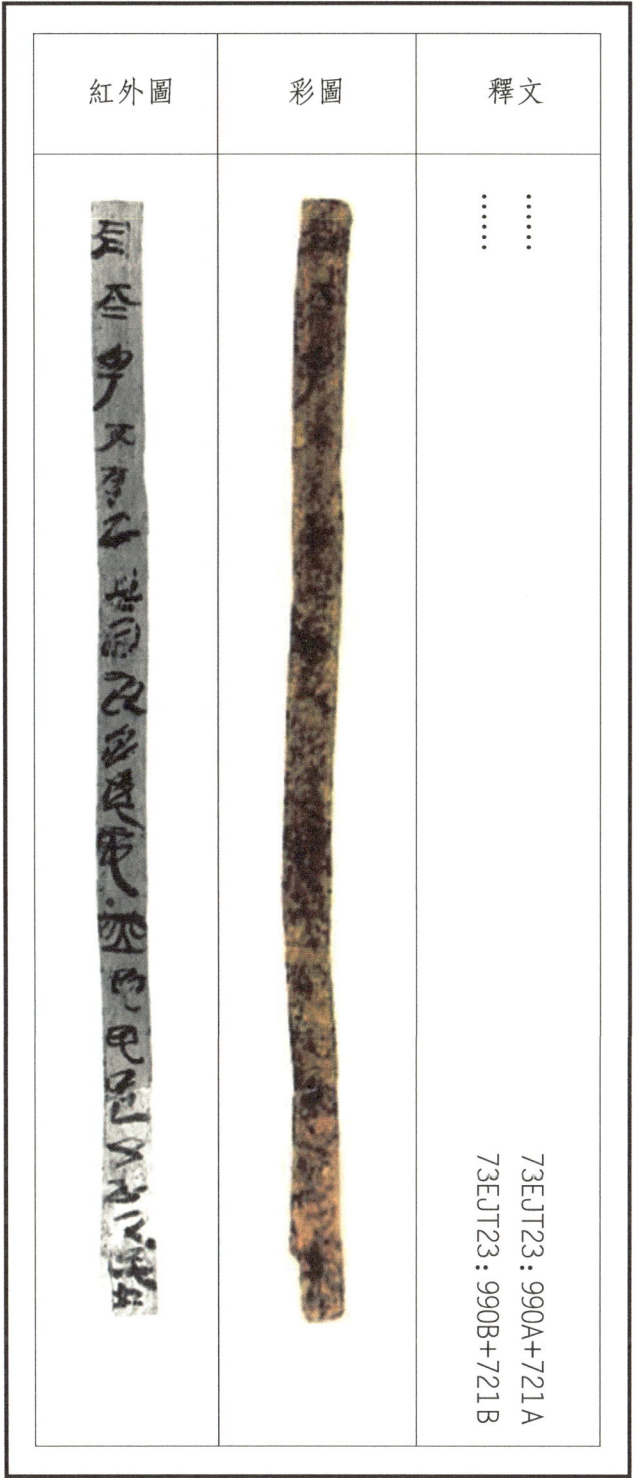

紅外圖	彩圖	釋文
		…… …… 73EJT23∶990A+721A 73EJT23∶990B+721B

111

第76組

73EJT23:1023+1016

兩簡雖由於保存條件的差異，存在一定的色差，但書寫風格相同，字迹、字間距一致，磋口吻合，拼合後可復原"中"字。經測量，圖版磋口寬度一致，均是1.1cm。由此，兩簡當可綴合。

紅外圖	彩圖	釋文
		肩水候官主關隧長公乘郭克中勞一歲六月七能書會計治官民頗知☑　73EJT23:1023+1016

第77組

73EJT23:1026+1047

两簡簡面均是密集紋路,木質相同,字形、形制以及書寫風格等較爲一致,色澤相符,碴口吻合,拼合後可復原"遣"字。經測量,圖版碴口寬度一致,均是1.0cm。由此,兩簡當可綴合。

紅外圖	彩圖	釋文
		☒……正月辛丑朔丁未千人令史袁昌敢言之遣令史廣與從者居延☒☒里記萬富里公孫世俱來　73EJT23:1026+1047

第78組

73EJT23:1048+1056

兩簡碴口不能吻合，但兩簡屬於同一探方，材質相同，色澤相同，且兩簡都有切削後突出的一部，字形、形制、書寫風格等較爲一致，文意相關。肩水金關漢簡中有相似辭例可爲佐證。由此，兩簡當可遙綴。

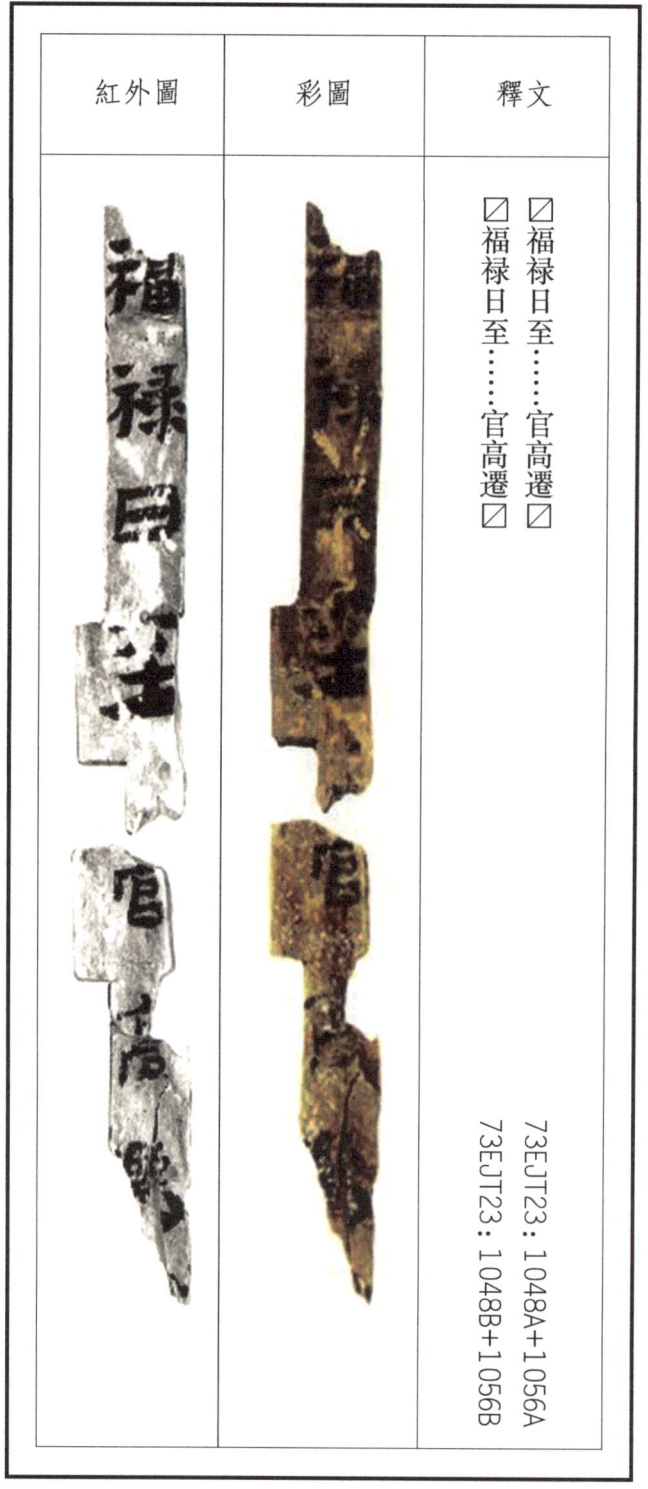

紅外圖	彩圖	釋文
		☒福祿日至……官高遷☒ ☒福祿日至……官高遷☒ 73EJT23:1048A+1056A 73EJT23:1048B+1056B

第79組

73EJT24∶59+312

兩簡材質相同,色澤相符,字形、形制以及書寫風格等較爲一致,碴口吻合,拼合後可復原"會""地""言"等字。由此,兩簡當可綴合。

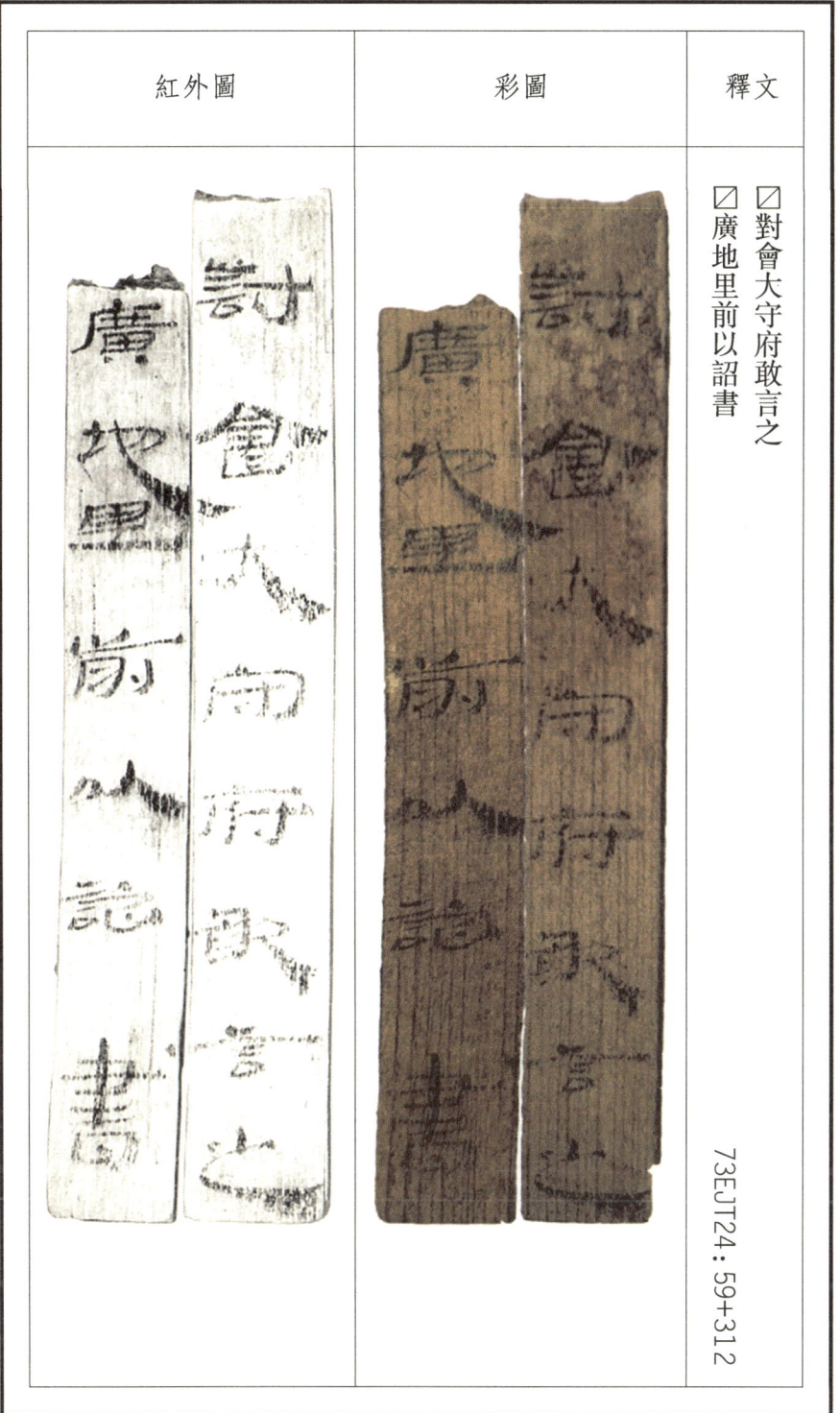

| 紅外圖 | 彩圖 | 釋文 |

□對會大守府敢言之
□廣地里前以詔書

73EJT24∶59+312

第80組

73EJT24:79+84

两簡碴口不能吻合,但两簡屬於同一探方,材質相同,色澤相符,字形、形制、書寫風格等較爲一致,文意相連。肩水金關漢簡中有相似辭例可爲佐證。經測量,圖版碴口寬度一致,均是1.0cm。由此,两簡當可遥綴。

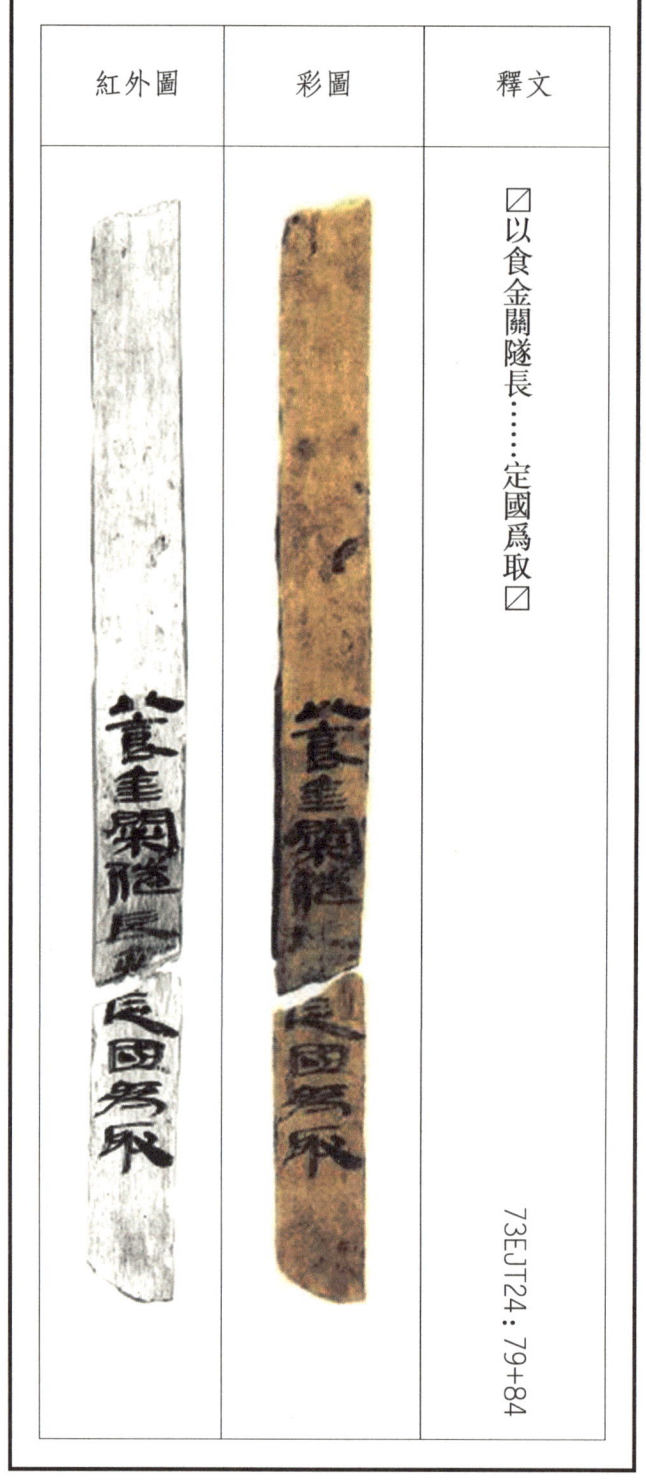

紅外圖	彩圖	釋文
		☐以食金關隧長……定國爲取☐ 73EJT24:79+84

第81組

73EJT24:91+119

兩簡雖由於保存條件的差異,存在一定的色差,但兩簡簡面均較爲光滑,木質相同,且簡面兩側都有2道紋路,紋路相符,字形、形制以及書寫風格等較爲一致,碴口吻合。經測量,圖版碴口寬度一致,均是1.0cm。由此,兩簡當可綴合。

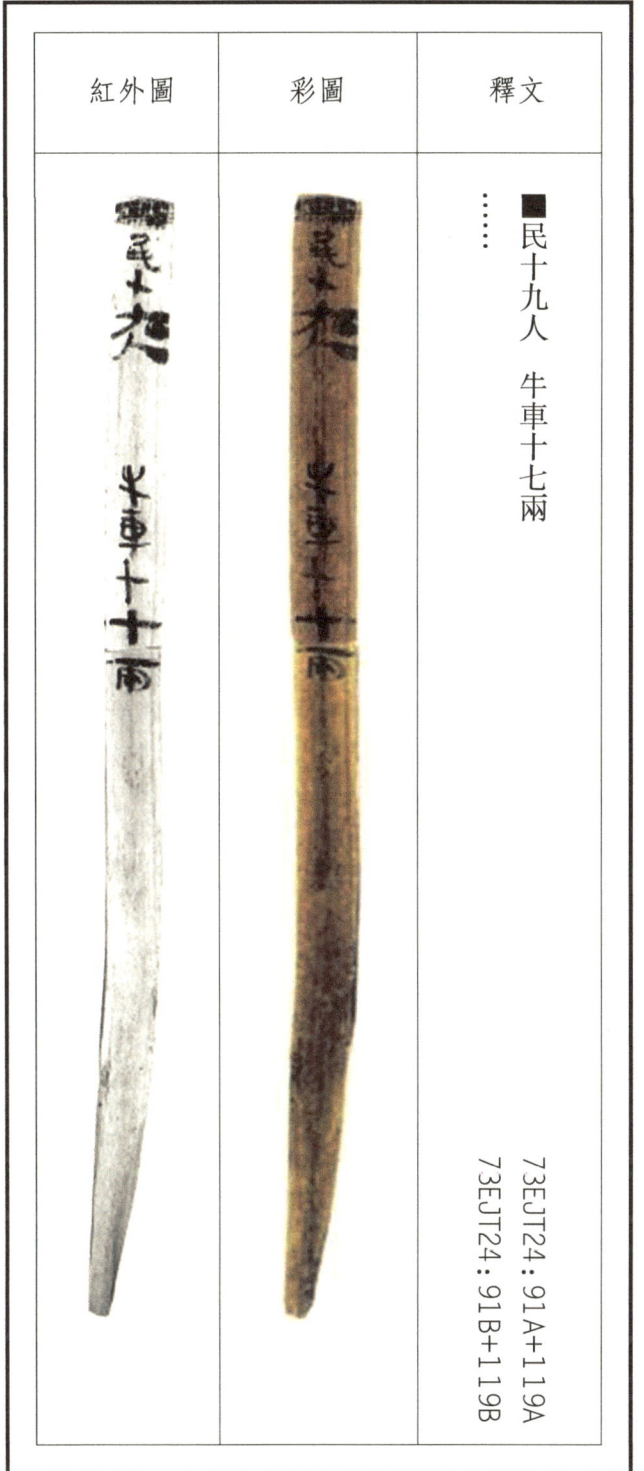

紅外圖	彩圖	釋文
		■民十九人 牛車十七兩 …… 73EJT24:91A+119A 73EJT24:91B+119B

第82組

73EJT24:93+137

兩簡材質相同,色澤相符,紋路相合,字形、形制以及書寫風格等較爲一致,文意相關,碴口吻合,拼合後可復原"起"字。經測量,圖版碴口寬度均爲1.1cm。由此,兩簡當可綴合。

紅外圖	彩圖	釋文
		□記月廿五日食時起逆寇隧行者走盡東部候□ □□候長□□部中□□延袤□□ 73EJT24:93A+137A 73EJT24:93B+137B①

---

① "行者走""延袤"爲何茂活補釋,見何茂活:《〈肩水金關漢簡(貳)〉釋文訂補》,《敦煌研究》2018年第4期。

第83組

73EJT24:97+73EJT30:64+11

73EJT24:97 號簡與 73EJT30:64、73EJT30:11 號簡屬於不同探方。73EJT24:97 與 73EJT30:64 號簡紋路相合，碴口吻合，上下拼合後能復原出"中""與"兩字，簡寬一致，均是 1.3cm，兩簡當可綴合；73EJT24:97 與 73EJT30:11 號簡，左右拼合後能復原出"取""傳""田""畜""張""掖""居""延""界""中"等字，①兩簡當可綴合；73EJT30:64 與 73EJT30:11 號簡左右拼合後能復原出"與""大""奴""便"等字，兩簡當可綴合。由此，三簡當可綴合。（相關考證見"考釋與研究"章）

---

①"田""畜"兩字爲張俊民釋出。

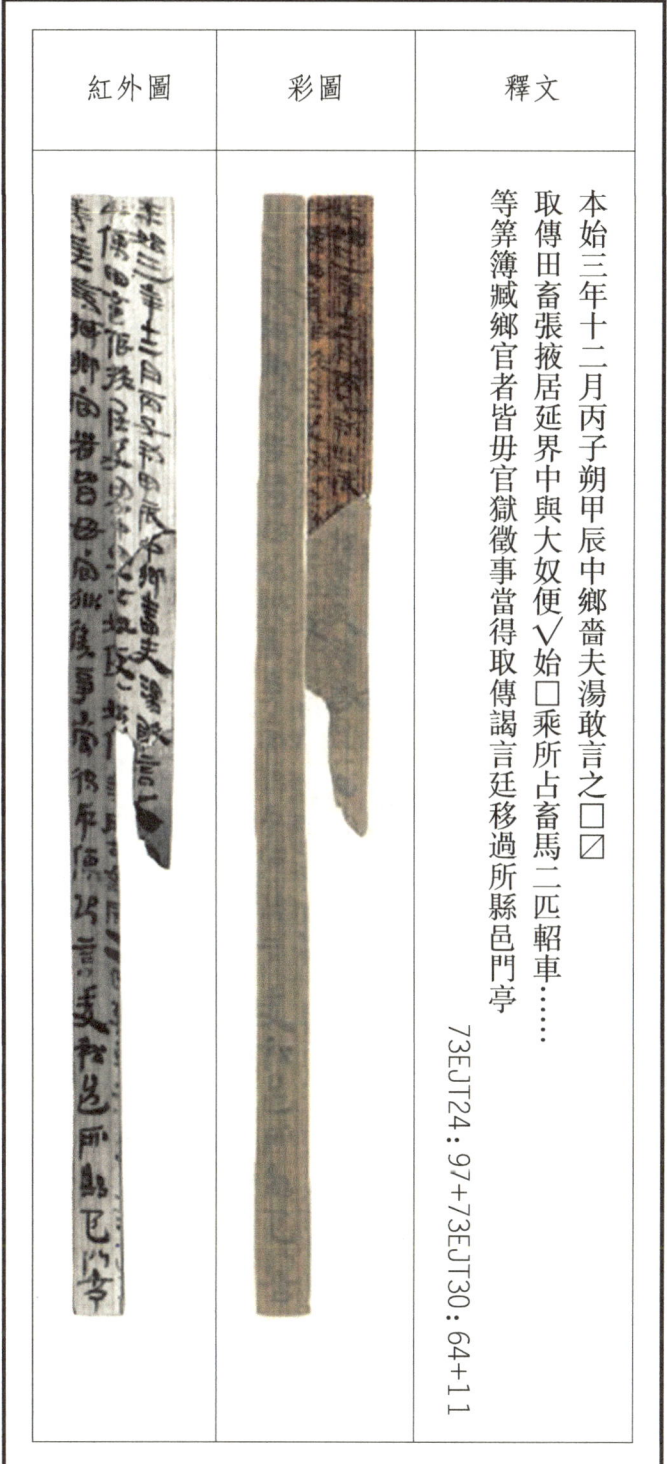

紅外圖	彩圖	釋文
		本始三年十二月丙子朔甲辰中鄉嗇夫湯敢言之☒☒取傳田畜張掖居延界中與大奴便∨始☒乘所占畜馬二匹軺車……等筭簿臧鄉官者皆毋官獄徵事當得取傳謁言廷移過所縣邑門亭　73EJT24:97+73EJT30:64+11

第84組

73EJT24:135+128+73EJT30:167

73EJT30:167 與 73EJT24:135 和 73EJT24:128 分屬不同探方,但材質相同,拼合後能復原出"入""候""人""元""六"等字,文意相關,書風相同,碴口吻合。由此,三簡當可綴合。

紅外圖	彩圖	釋文
		入 候正月二人一人任憙物 候四月二人 候五月一人☐ 候六月一人 黃樂 元康二年六月戊戌朔辛亥肩水司馬令史☐☒(右齒) ☐光連‧馮延年六月連☒ 73EJT24:135A+128A+73EJT30:167A① 73EJT24:135B+128B+73EJT30:167B

① 張俊民認爲"正月二人"中"'二人'應釋作'吏'","'葉'後一字,可作'漢'字。"(簡帛網簡帛論壇,2018年7月17日,http://www.bsm.org.cn/bbs/read.php?tid=4328)

第85組

73EJT24:146+430

　　兩簡簡面均是密集紋路,木質相同,字形、形制以及書寫風格等較爲一致,色澤相符,紋路相合,碴口吻合,拼合後可復原"用"字。經測量,圖版碴口寬度一致,均是1.1cm。由此,兩簡當可綴合。

紅外圖	彩圖	釋文
		後城司馬令史吳詡　用馬一匹駹牡齒七歲　73EJT24:146+430

第86組

73EJT24:156+482+158

三簡簡面均是密集紋路,木質相同,字形、形制以及書寫風格等較爲一致,紋路相合,碴口吻合,拼合後可復原"長""三"等字。經測量,圖版碴口寬度一致,均是1.0cm。由此,三簡當可綴合。

紅外圖	彩圖	釋文
		表是禾里公乘王利親年廿一長七尺三寸黑色十一月戊寅☐ 73EJT24:156+482+158

第87組

73EJT24∶330+73EJT21∶482

兩簡材質相同,色澤相符,紋路相合,字形、形制以及書寫風格等較爲一致,碴口吻合。經測量,圖版碴口寬度一致,均是1.2cm。由此,兩簡當可綴合。

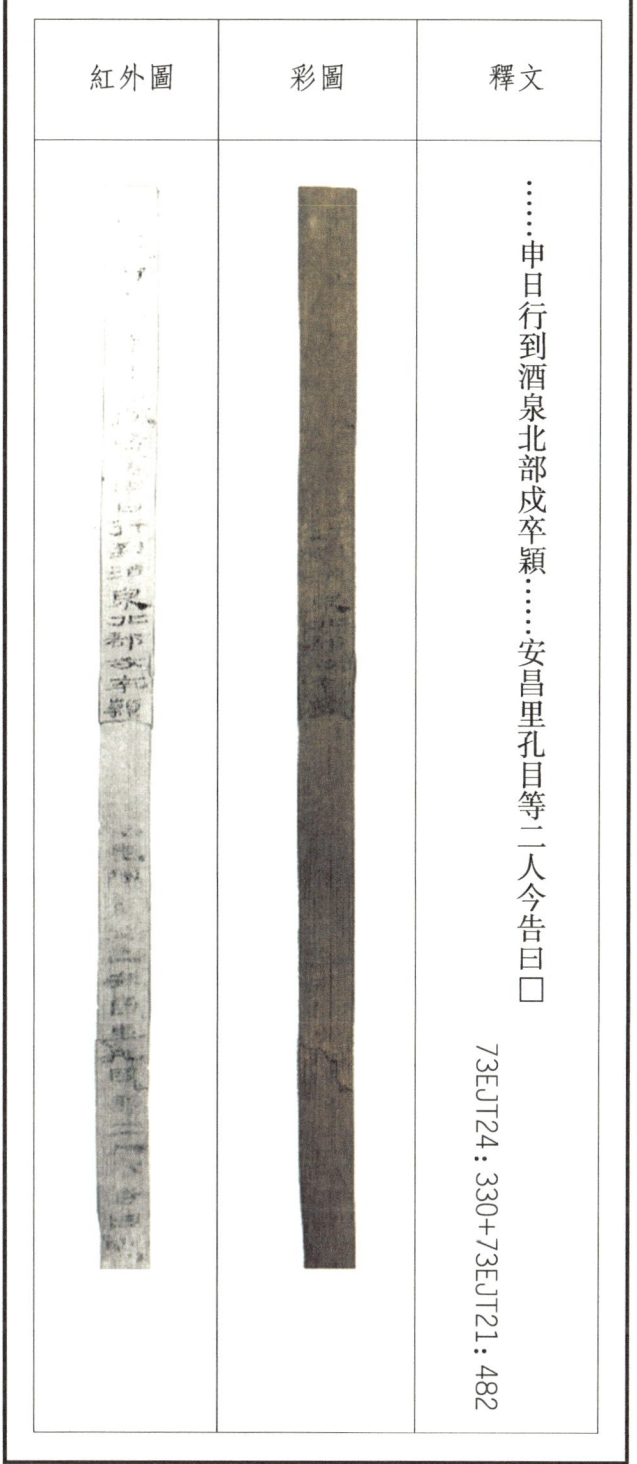

紅外圖	彩圖	釋文
		……申日行到酒泉北部戍卒穎……安昌里孔目等二人今告曰□ 73EJT24∶330+73EJT21∶482

第88組

73EJT24:333+73EJT23:818

　　兩簡屬於不同探方,但均是密集紋路,木質相同,字形、形制以及書寫風格等較爲一致,紋路相合,色澤相符,碴口吻合,拼合後可復原"里"字。經測量,圖版碴口寬度一致,均是1.1cm。由此,兩簡當可綴合。

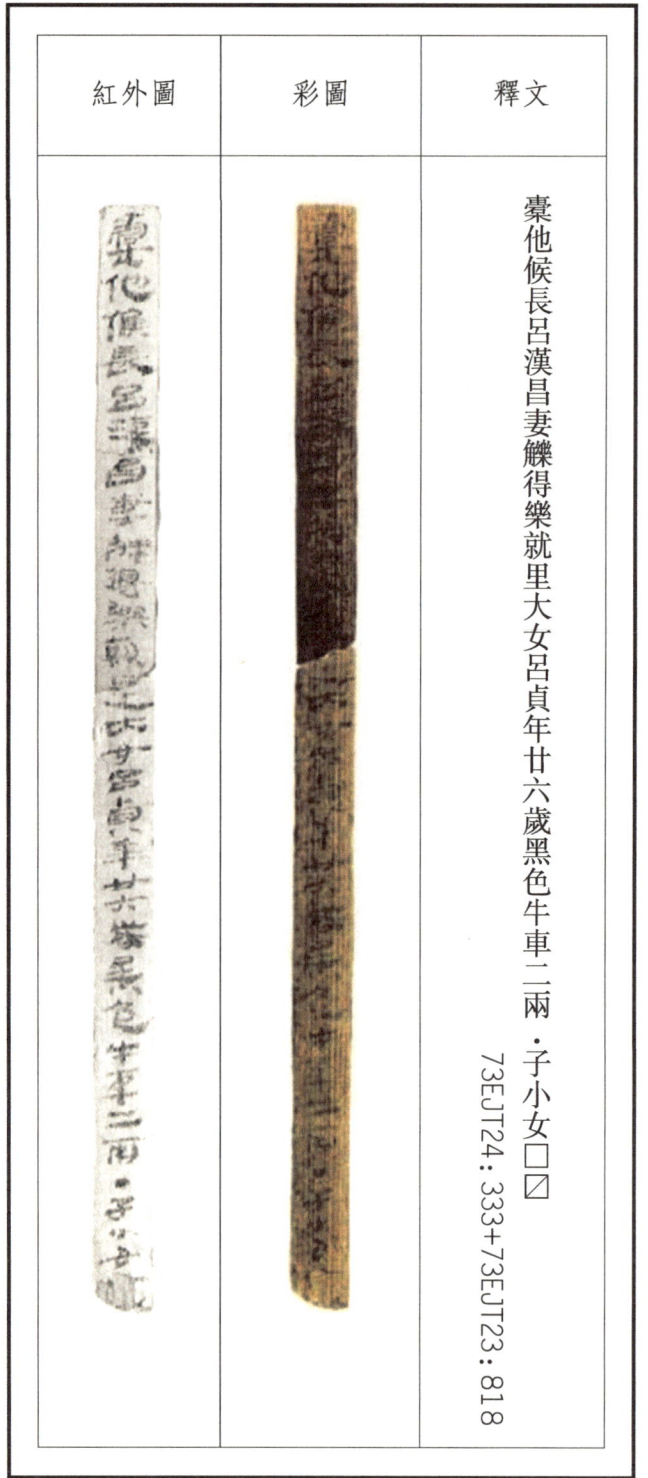

紅外圖	彩圖	釋文
		橐他候長呂漢昌妻鰈得樂就里大女呂貞年廿六歲黑色牛車二兩・子小女□☒ 73EJT24:333+73EJT23:818

第89組

73EJT24:343+322

兩簡碴口雖不能完全密合,但兩簡簡面均無紋路,木質相同,字形、形制以及書寫風格等較爲一致,色澤相符,簡文内容一致。經測量,圖版寬度一致,爲 1.1~1.2cm。由此,兩簡當可綴合。

紅外圖	彩圖	釋文
		延一 帚一 □帚一 筍一合 于二 大杯三 小杯三 □素案一 □□間一 筍一合□爲東

73EJT24:343+322

第90組

73EJT24:359+222

兩簡簡面均無紋路，木質相同，且簡面都發黑，字形、形制以及書寫風格等較爲一致，色澤相符，碴口吻合，拼合後可復原"樂"字。經測量，圖版寬度一致，均是1.2cm。由此，兩簡當可綴合。

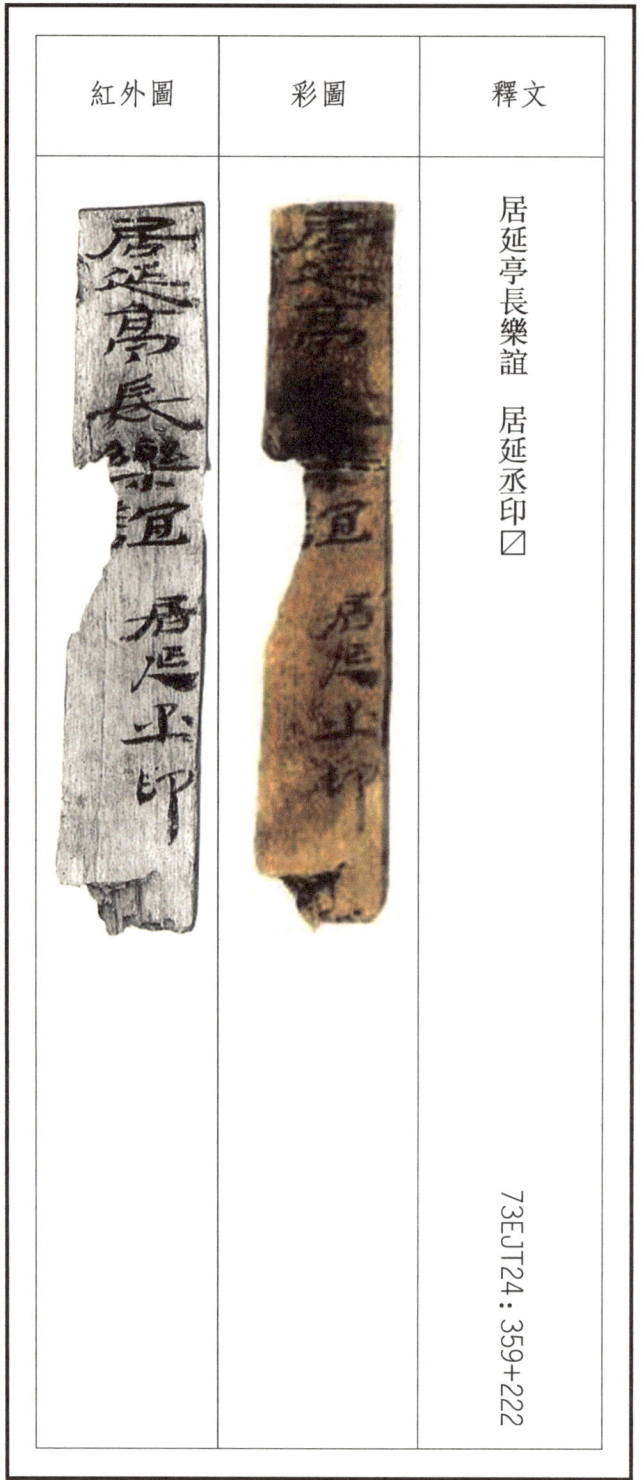

紅外圖	彩圖	釋文
		居延亭長樂誼　居延丞印☒

73EJT24:359+222

第91組

73EJT24∶367+509

两簡屬於同一探方,材質相同,紋路相合,文意相關,碴口吻合,拼合後能復原出"徐""君"兩字。經測量,兩簡碴口寬度一致,均是1.9cm。由此,兩簡當可綴合。

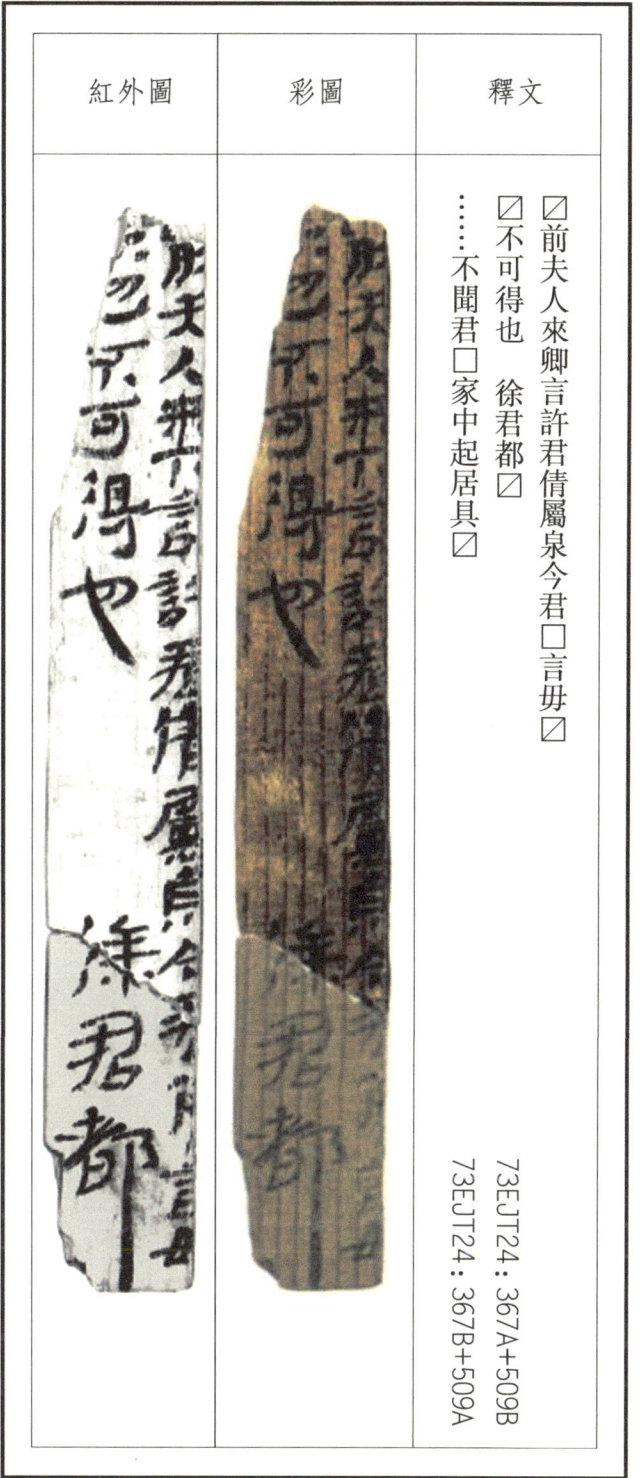

紅外圖	彩圖	釋文
		☒前夫人來卿言許君倩屬泉今君☒言毋☒ ☒不可得也　徐君都 ……不聞君☒家中起居具☒ 73EJT24∶367A+509B 73EJT24∶367B+509A

第92組

73EJT24:411+150

　　兩簡簡面均是密集紋路,木質相同,字形、形制以及書寫風格等較爲一致,色澤相符,碴口吻合,拼合後可復原"賢"字。經測量,圖版寬度一致,均是1.1cm。由此,兩簡當可綴合。

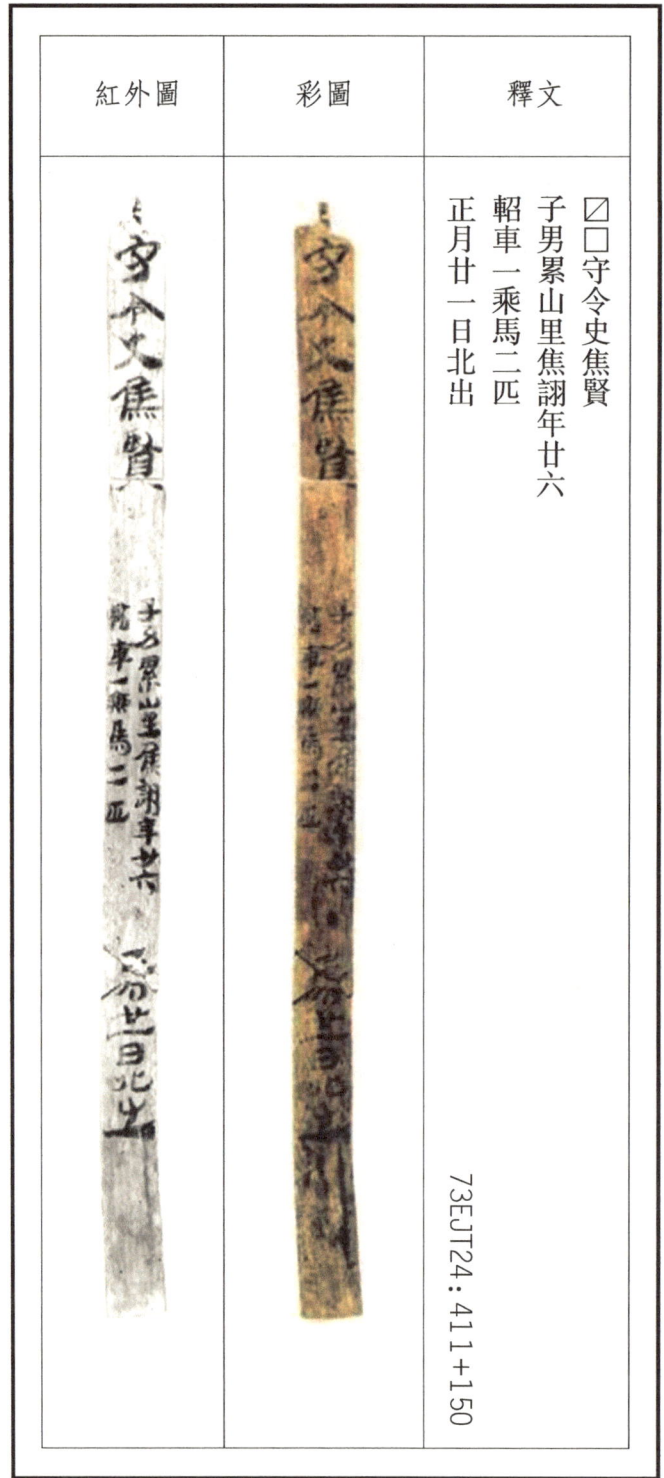

紅外圖	彩圖	釋文
		☒☐守令史焦賢子男累山里焦詡年廿六軺車一乘馬二匹正月廿一日北出 73EJT24:411+150

第93組

73EJT24:436+404

兩簡材質相同,色澤相符,紋路相合,字形、形制以及書寫風格等較爲一致,文意相關,碴口吻合。經測量,圖版碴口寬度均爲1.3cm。由此,兩簡當可綴合。

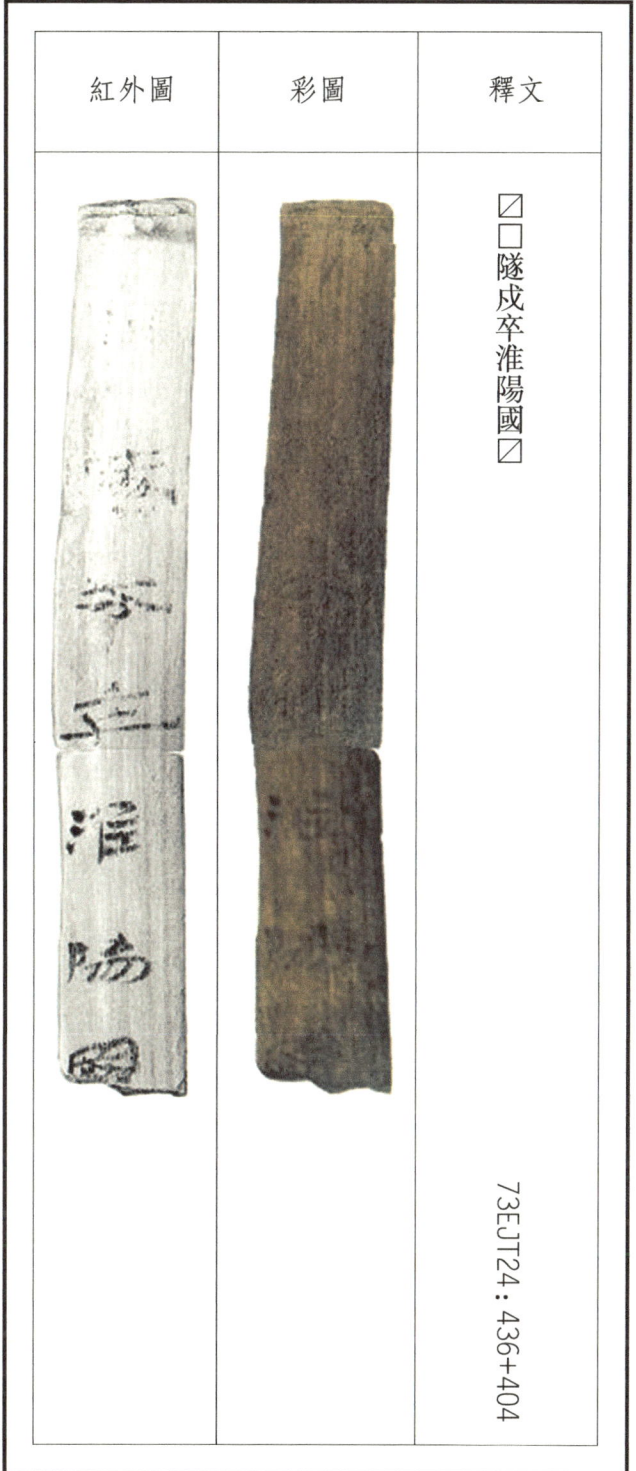

紅外圖	彩圖	釋文
		☐☐隧戍卒淮陽國☐ 73EJT24:436+404

第94組

73EJT24:523+521

　　兩簡碴口雖不能密合,但色澤相符,木質相同,字形、形制以及書寫風格等較爲一致。經測量,圖版碴口寬度一致,爲1.1~1.2cm。由此,兩簡當可遙綴。

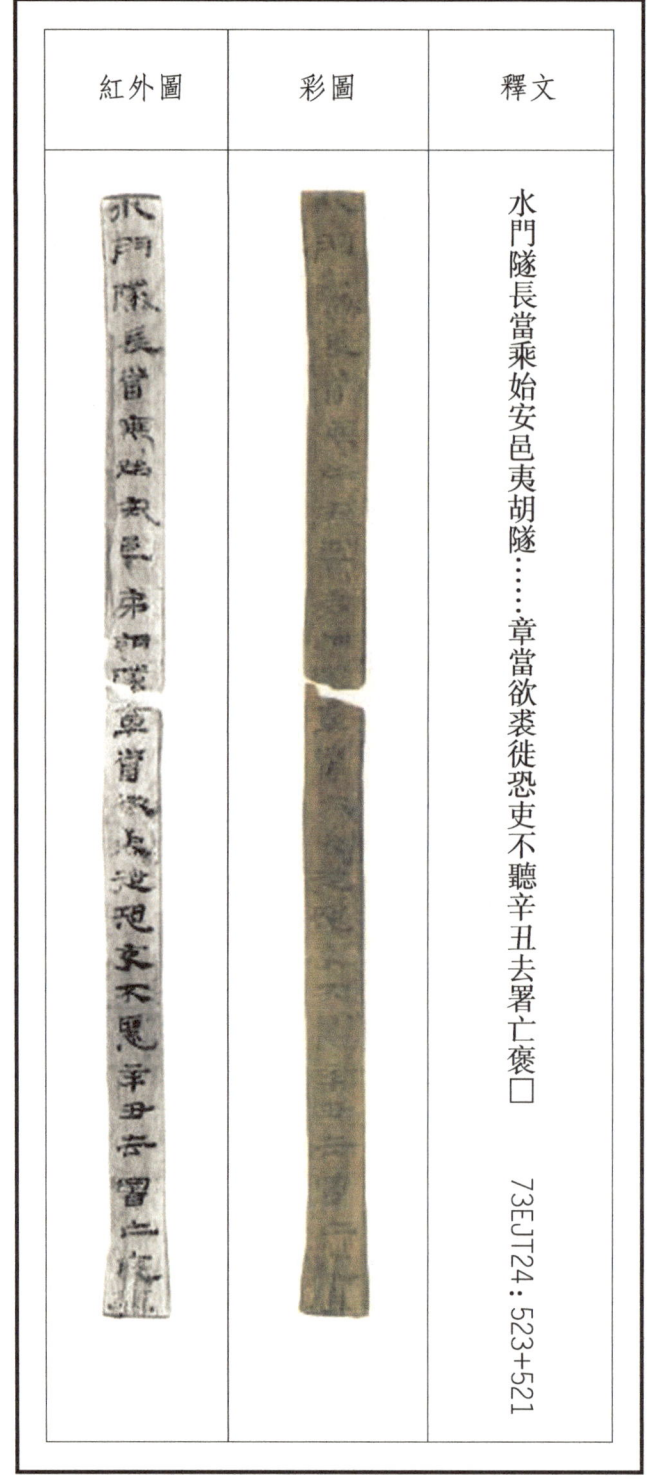

紅外圖	彩圖	釋文
		水門隧長當乘始安邑夷胡隧……章當欲裘徙恐吏不聽辛丑去署亡褒□　73EJT24:523+521

第95組

73EJT24:596+611

兩簡簡面均是密集紋路,木質相同,字形、形制以及書寫風格等較爲一致,碴口吻合,拼合後可復原"屯"字。經測量,圖版碴口寬度一致,均是1.0cm。由此,兩簡當可綴合。

紅外圖	彩圖	釋文
		隧長屯詡九☒　　73EJT24:596+611

第96組

73EJT24:606+600

兩簡屬於同一探方,簡號相鄰,材質、色澤相同,書風相同,文意相關,拼合後能復原出"稟"字殘筆,碴口吻合。經測量,圖版碴口寬度均爲1.1cm。由此,兩簡當可綴合。

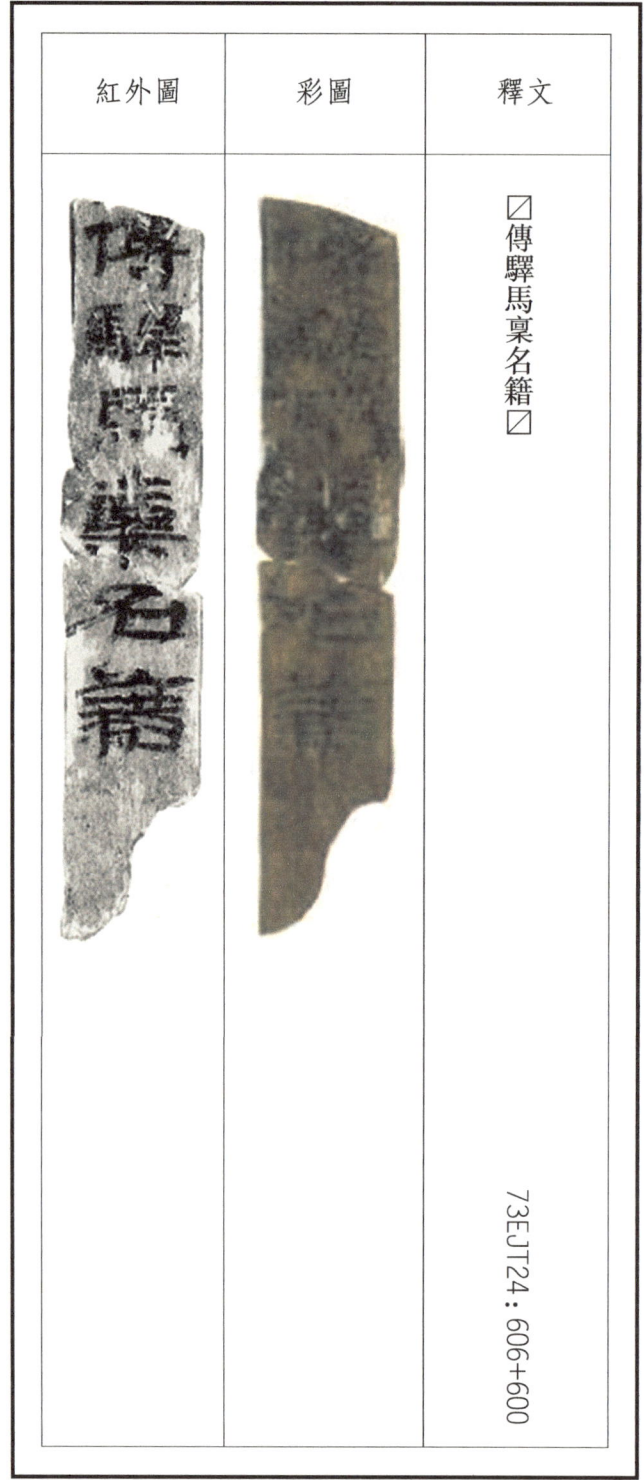

第97組

73EJT24:681+658

兩簡簡面均是密集紋路,木質相同,紋路相合,色澤相符,書寫風格相同,均呈右傾狀,字迹、字間距一致,碴口吻合,拼合後可復原"便""從"兩字。經測量,圖版碴口寬度一致,均是1.0cm。由此,兩簡當可綴合。

紅外圖	彩圖	釋文
		…… 騎士便里李☐ 趙林家從者廣明☐ 73EJT24:681A+658B 73EJT24:681B+658A

第98組

73EJT24:739+784+785

　　73EJT24:739 與 73EJT24:784 兩簡簡面均是密集紋路,木質相同,字形、形制以及書寫風格等較爲一致,色澤相符,紋路相合,碴口吻合,拼合後可復原"妻"字。經測量,圖版碴口寬度一致,均是1.4cm。由此,兩簡當可綴合。綴合後文意未完,仍有進一步綴合的可能。筆者找到 73EJT24:785 號簡,此簡與 73EJT24:739、73EJT24:784 兩簡均是密集紋路,書寫風格極爲接近,文意也有一定的關聯,具有連貫性,雖然碴口不能密合,但疑可遙綴。

第99組

73EJT24:749+983

兩簡簡面均是密集紋路,木質相同,字形、形制以及書寫風格等較爲一致,色澤相符,紋路相合,磋口吻合,拼合後可復原"候"字。經測量,圖版磋口寬度一致,均是1.5cm。由此,兩簡當可綴合。

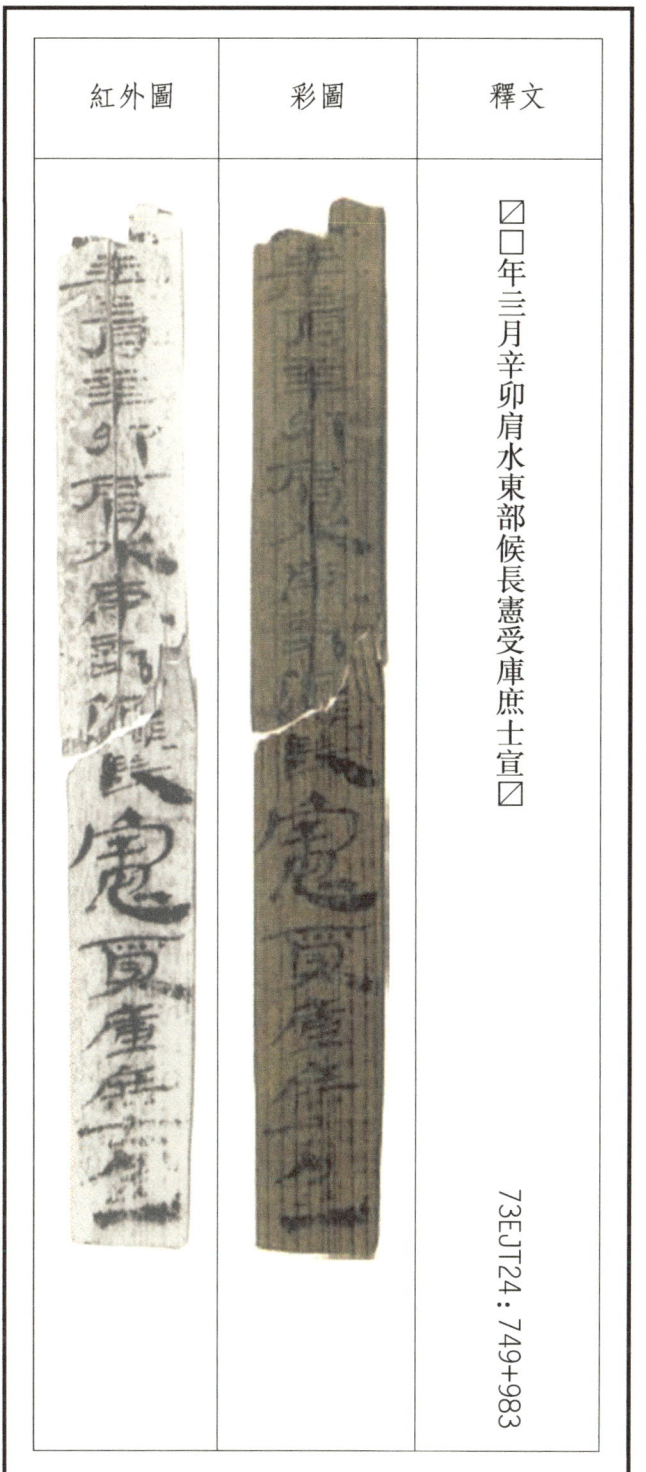

紅外圖	彩圖	釋文
		☒☐年三月辛卯肩水東部候長憲受庫庶士宣☒　73EJT24:749+983

第100組

73EJT24:771+913

兩簡雖存在一定的色差，但兩簡簡面均是密集紋路，木質相同，字形、形制以及書寫風格等較爲一致，碴口吻合，且紋路相符，拼合後可復原"賜"字殘筆。經測量，圖版碴口寬度一致，均是 1.2cm。由此，兩簡當可綴合。

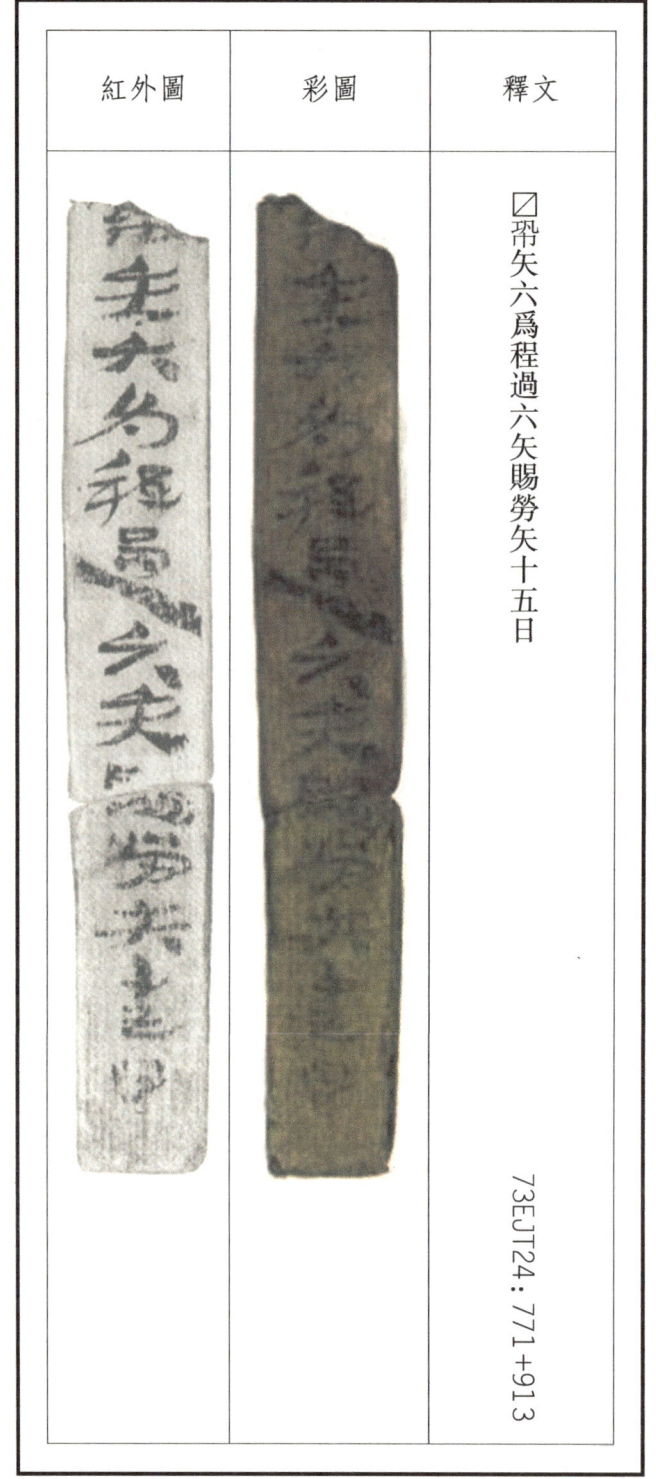

紅外圖	彩圖	釋文
		☒弩矢六爲程過六矢賜勞矢十五日

73EJT24:771+913

第101組

73EJT24:773+769

两簡木質相同,且簡面都發黑,色澤相符,書寫風格相同,字迹、字間距一致,碴口吻合,經測量,圖版碴口寬度一致,均是1.0cm。由此,兩簡當可綴合。

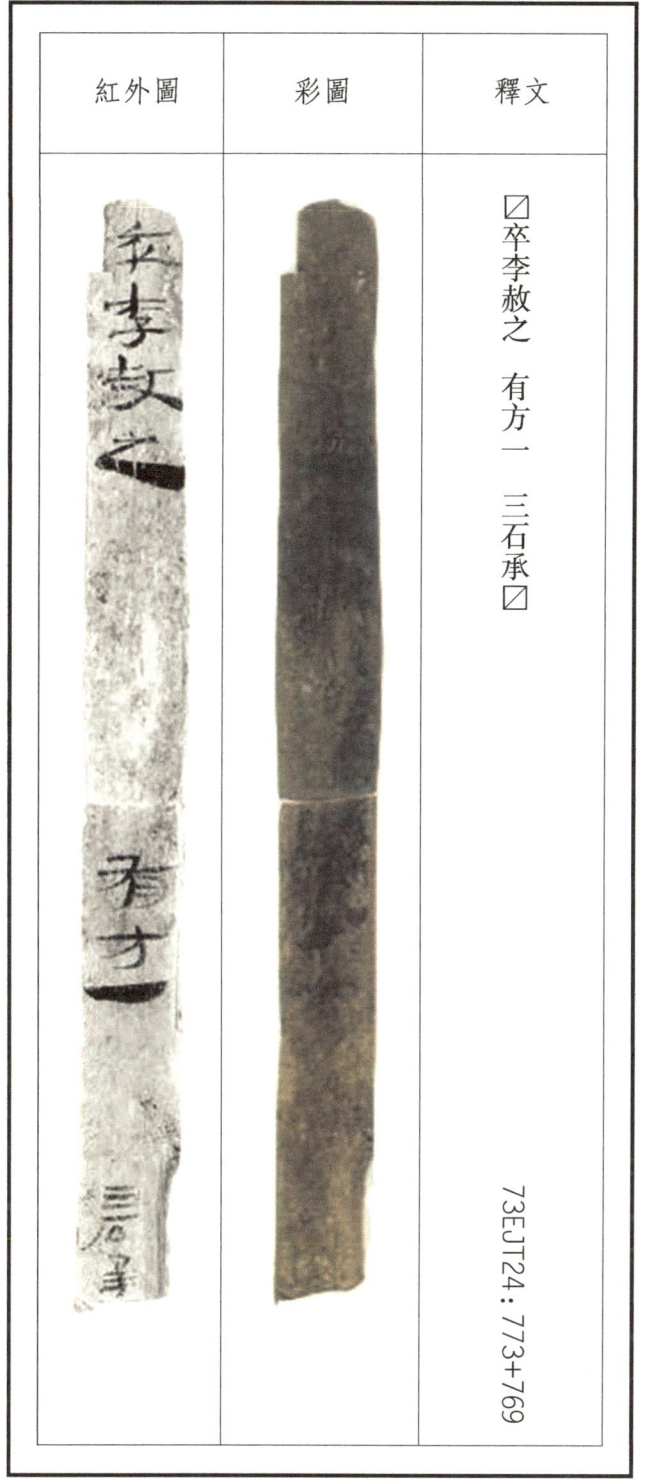

紅外圖	彩圖	釋文
		☐卒李赦之 有方一 三石承☐
		73EJT24:773+769

第102組

73EJT24:786+692

兩簡木質相同，字形、形制以及書寫風格等較爲一致，色澤相符，碴口吻合，拼合後可復原"受"字尾筆。經測量，圖版碴口寬度一致，均是 1.0cm。由此，兩簡當可綴合。

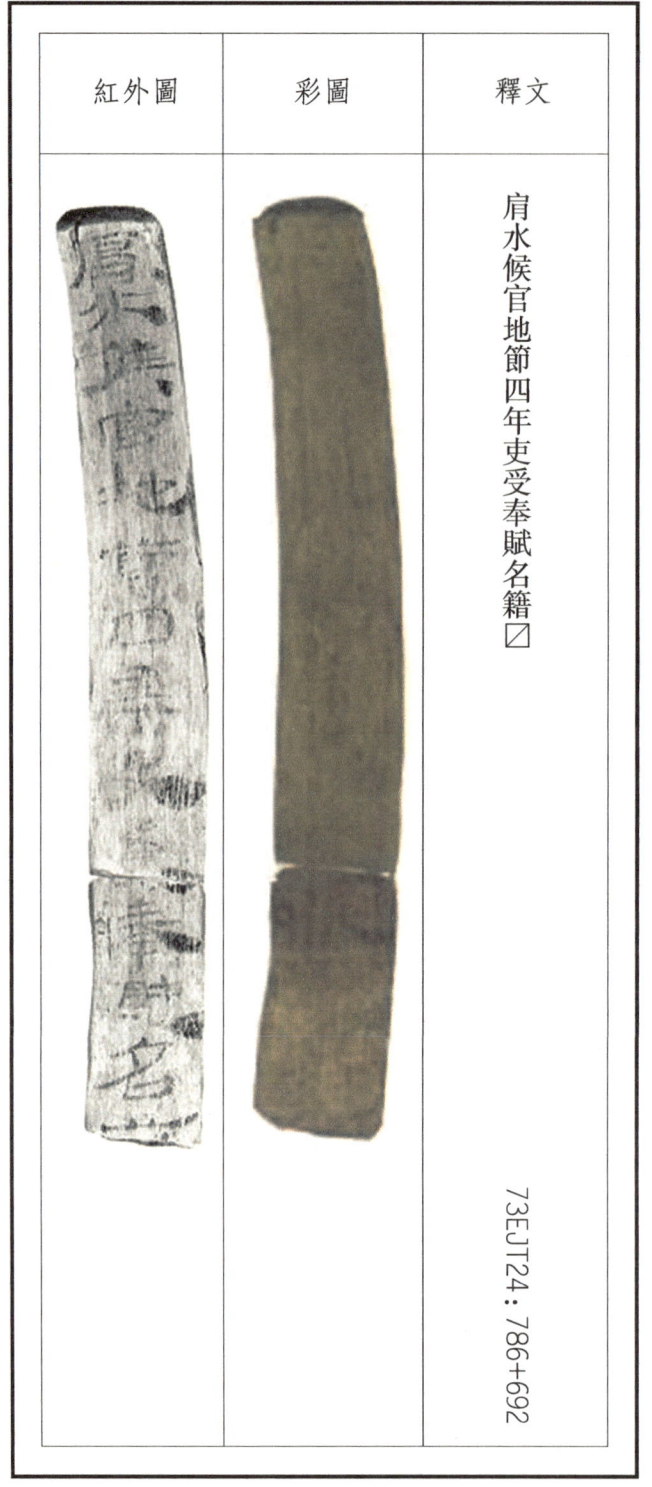

紅外圖	彩圖	釋文
		肩水候官地節四年吏受奉賦名籍☐

73EJT24：786+692

第103組

73EJT24:874+871+805

　　三簡簡面均是密集紋路，木質相同，色澤相符，紋路相合，書寫風格相同，均呈右傾狀，字迹、字間距一致，碴口吻合，拼合後可復原"里""然"兩字殘筆。經測量，圖版碴口寬度一致，均是 1.0cm。由此，兩簡當可綴合。

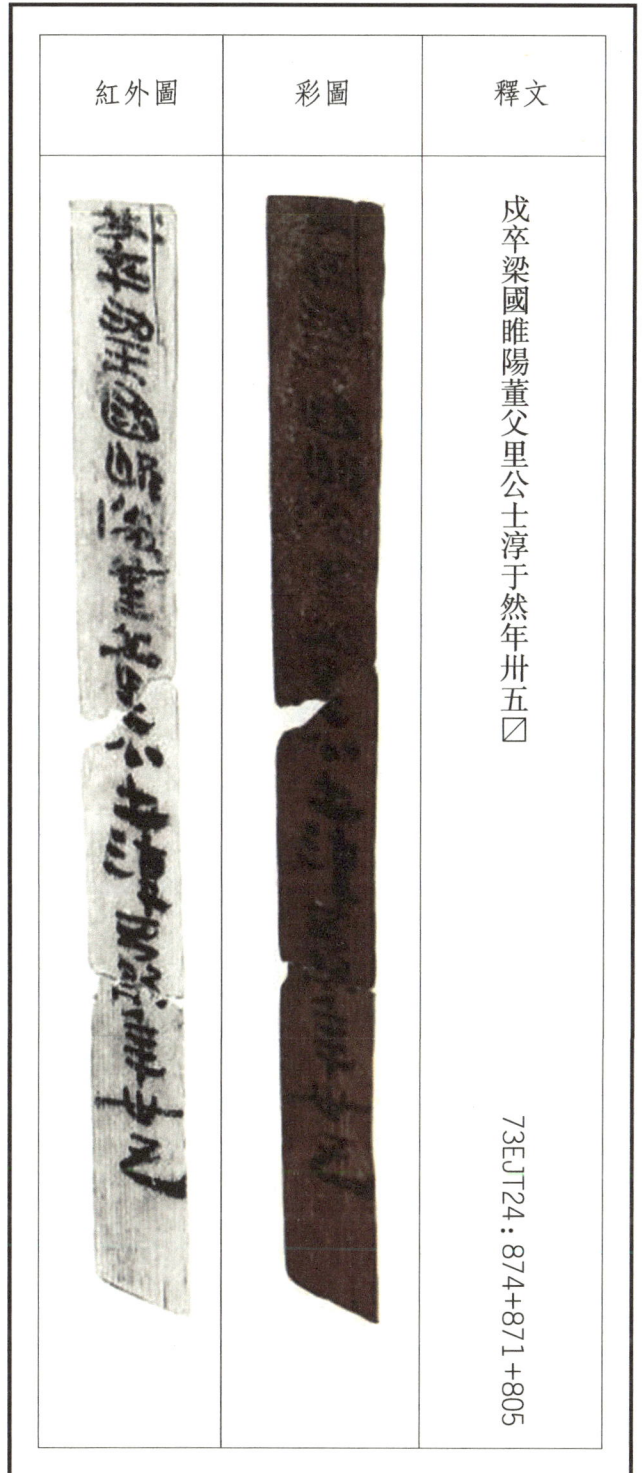

第104組

73EJT24:887+909

兩簡簡面均無紋路,木質相同,字形、形制以及書寫風格等較爲一致,色澤相符,碴口吻合,拼合後可復原"呂"字。經測量,圖版碴口寬度一致,爲 1.0~1.1cm。由此,兩簡當可綴合。

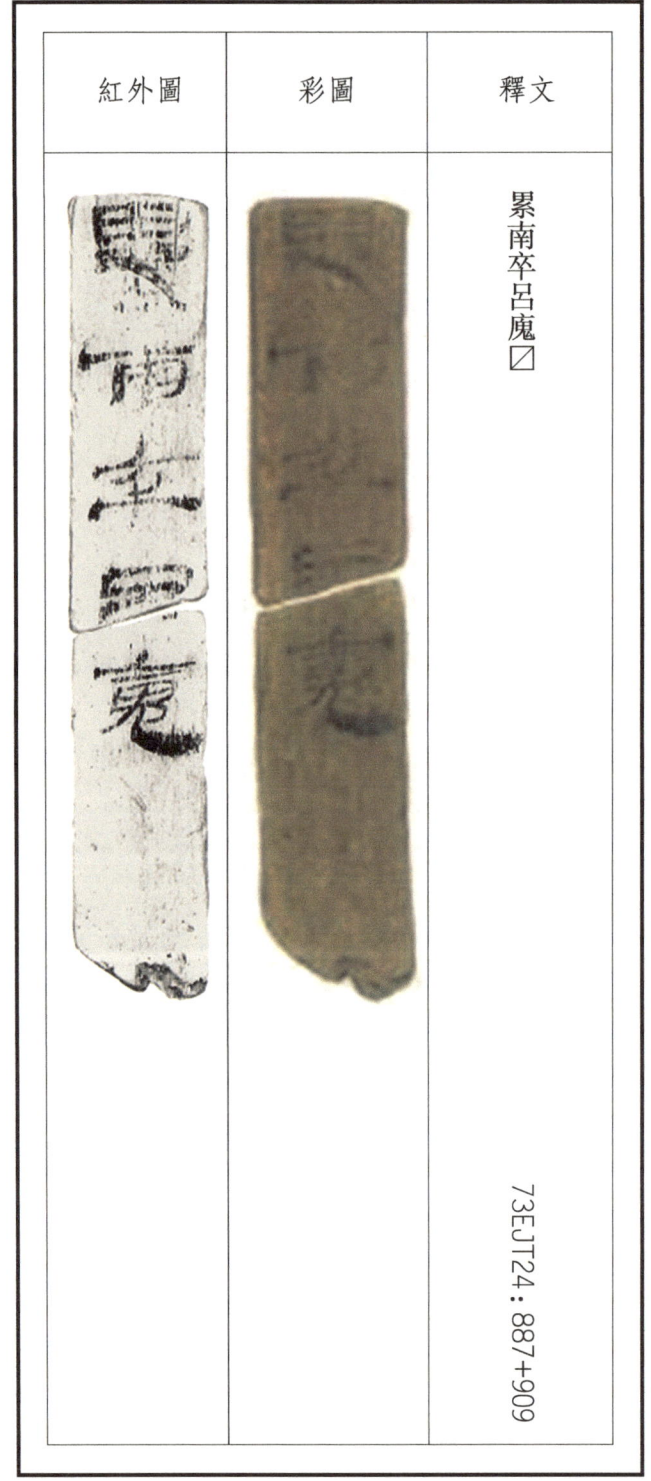

紅外圖	彩圖	釋文
		累南卒呂虎☒

73EJT24:887+909

第105組

73EJT24:900+691

　　兩簡簡面均無紋路,木質相同,字形、形制以及書寫風格等較爲一致,色澤相符,碴口吻合,拼合後可復原"奉"字。經測量,圖版碴口寬度一致,均是0.9cm。由此,兩簡當可綴合。

第106組

73EJT24:908+73EJC:498

　　兩簡屬於不同探方,色澤存在差異,但兩簡材質相同,且簡面左側殘存的紋路走向相合,字形、形制、書寫風格等較爲一致,碴口吻合,文意相關。經測量,圖版寬度一致,均是1.1cm。由此,兩簡當可綴合。

紅外圖	彩圖	釋文
		劾狀解何=□☒

73EJT24:908+73EJC:498

第107組

73EJT24:925+869

兩簡簡面均是密集紋路,木質相同,字形、形制以及書寫風格等較爲一致,色澤相符,碴口吻合,拼合後可復原"關"字。經測量,圖版碴口寬度一致,均是 0.9cm。由此,兩簡當可綴合。

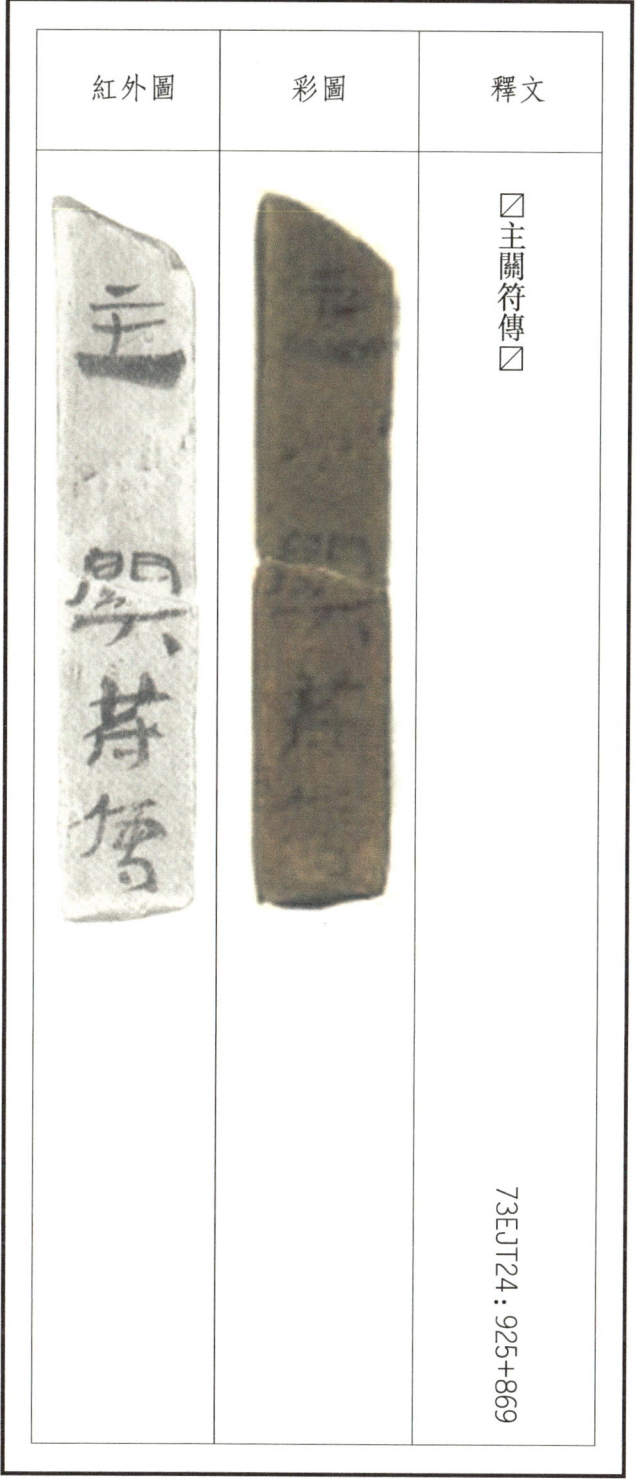

第108組

73EJT24:932+802

兩簡屬於同一探方,材質相同,紋路相合且能貫通,字形、形制、書寫風格等較爲一致,文意相關,色澤相同,碴口吻合,拼合後能復原"毋"字。經測量,圖版寬度一致,均是 1.2cm。由此,兩簡當可綴合。(內容解讀見"考釋與研究"章)

紅外圖	彩圖	釋文
		☐☐之人毋遠慮必有近憂☐

73EJT24:932+802

第109組

73EJT24:941+73EJC:492

兩簡屬於不同探方,色澤存在差異,但兩簡紋路相合,材質相同,字形、形制、書寫風格以及字間距等較爲一致,文意相關,碴口吻合。經測量,圖版寬度一致,均是1.2cm。由此,兩簡當可綴合。

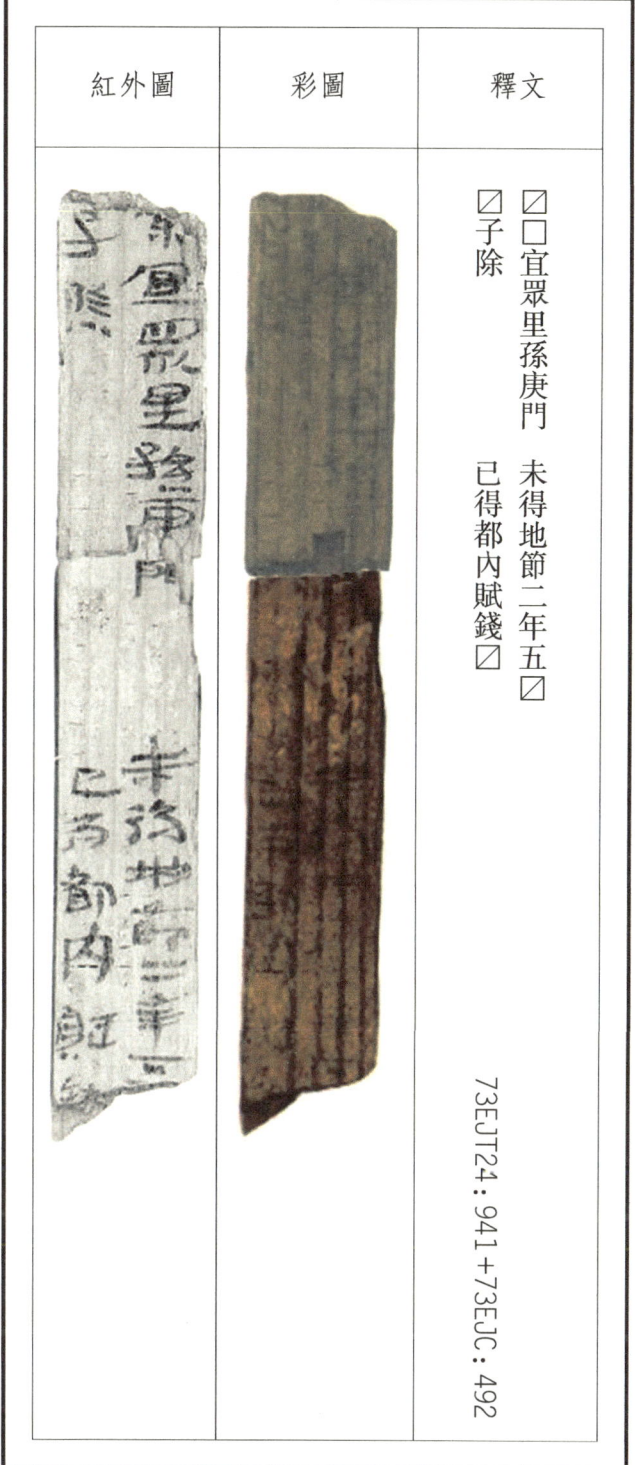

紅外圖	彩圖	釋文
		☐☐宜眾里孫庚門 未得地節二年五☐ ☐子除 已得都內賦錢☐

73EJT24:941+73EJC:492

第110組

73EJT24:945+534

两簡簡面均是密集紋路,木質相同,字形、形制以及書寫風格等較爲一致,色澤相符,紋路相合,碴口吻合,拼合後可復原"年""隧"兩字。經測量,圖版碴口寬度一致,均是1.6cm。由此,兩簡當可綴合。

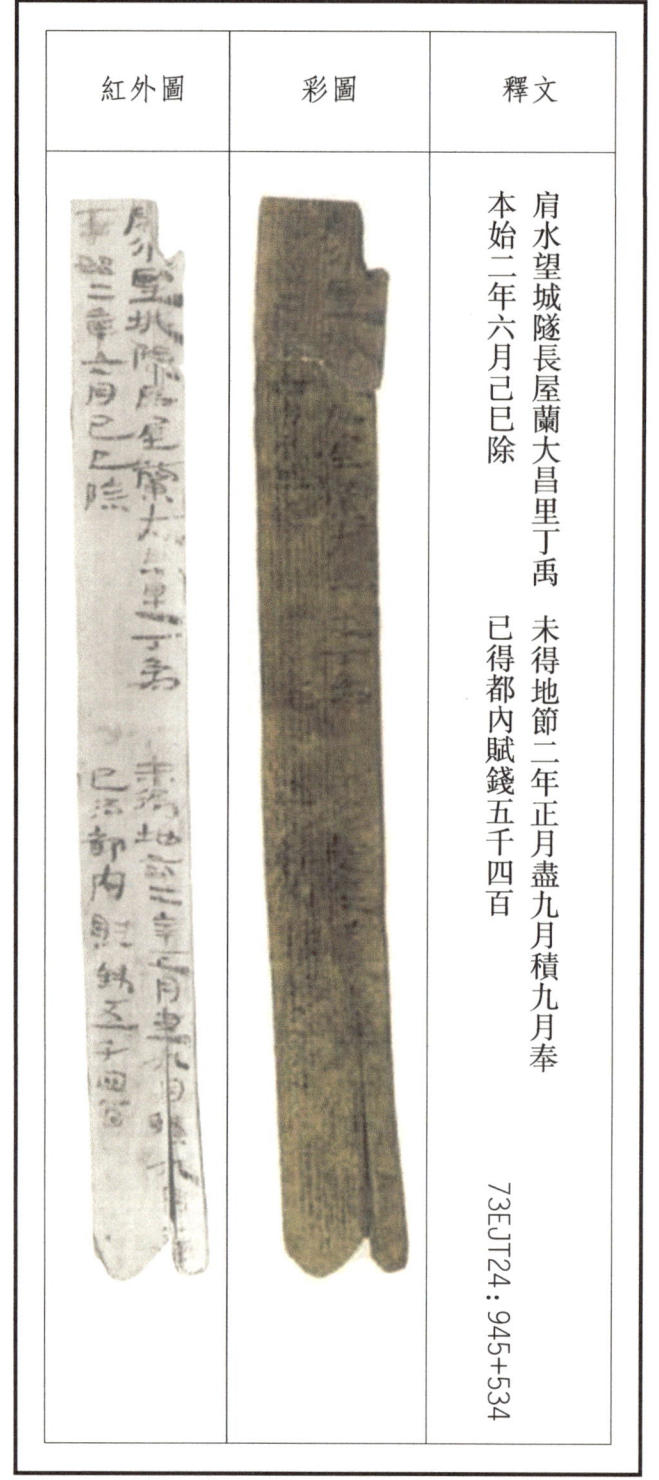

紅外圖	彩圖	釋文
		肩水望城隧長屋蘭大昌里丁禹 未得地節二年正月盡九月積九月奉 本始二年六月己巳除 已得都内賦錢五千四百 73EJT24:945+534

第111組

73EJT24:950+949

兩簡碴口不能密合,但兩簡簡號相鄰,材質相同,紋路相合,書風相同,文意相關。由此,兩簡當可遙綴。

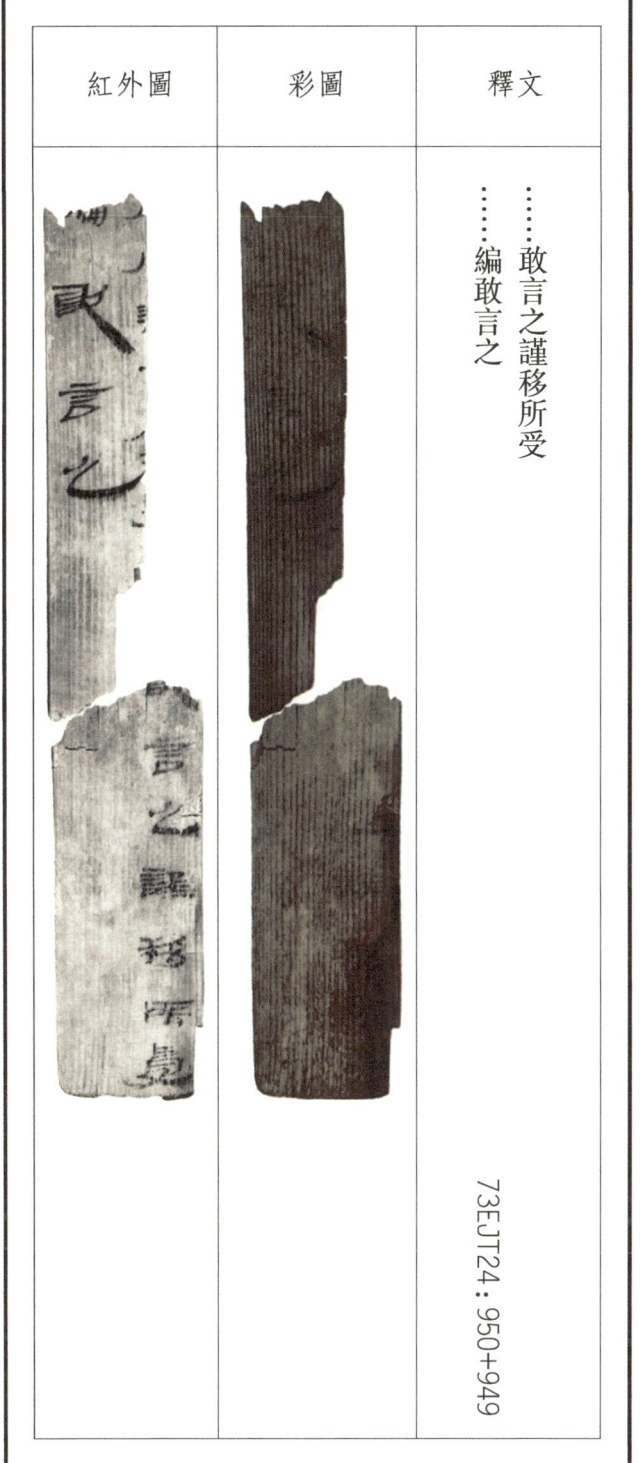

| 紅外圖 | 彩圖 | 釋文 |

……敢言之謹移所受
……編敢言之

73EJT24:950+949

第112組

73EJT24:955+911

兩簡簡面均是密集紋路,木質相同,字形、形制以及書寫風格等較爲一致,色澤相符,碴口吻合。經測量,圖版碴口寬度一致,均是1.0cm。由此,兩簡當可綴合。

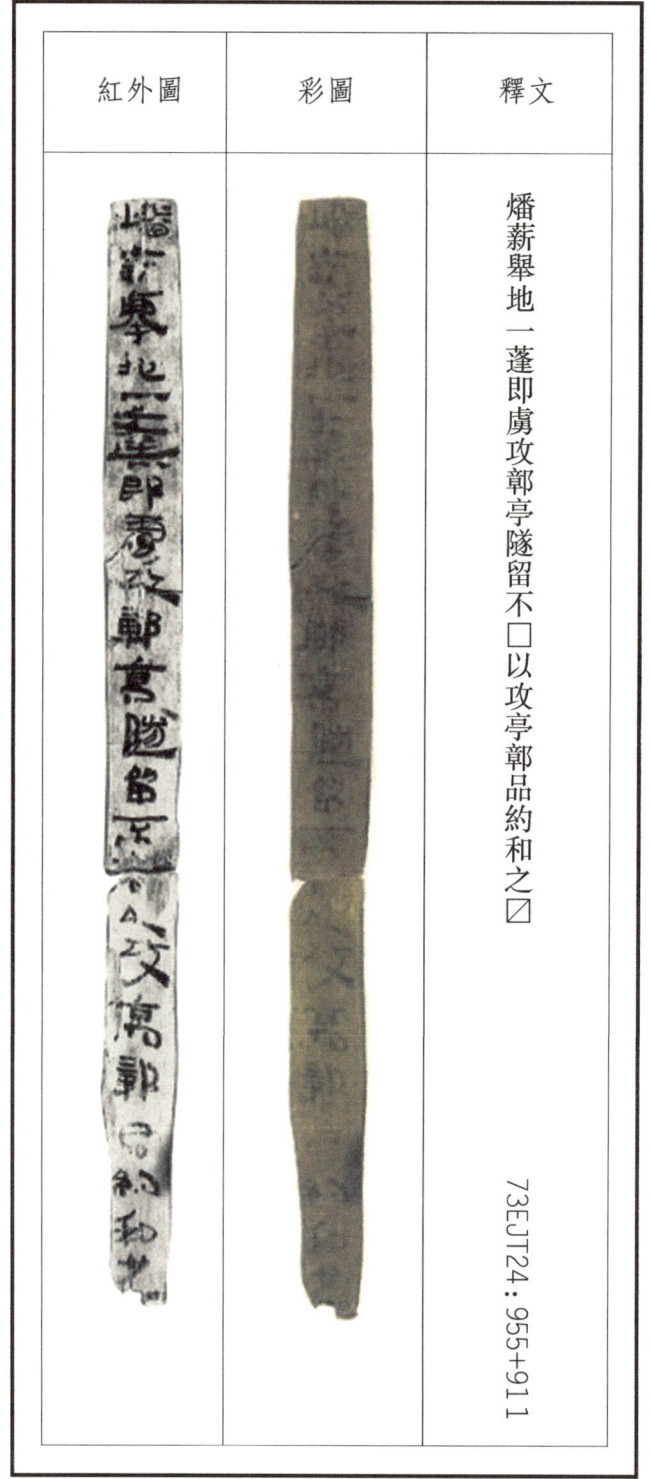

紅外圖	彩圖	釋文
		燔薪舉地一蓬即虜攻鄣亭隧留不☒以攻亭鄣品約和之☒ 73EJT24:955+911

第113組

73EJT25∶86+17

两簡簡面發黑，色澤相同，適合利用色澤信息綴合。此外，兩簡簡面均是密集紋路，材質相同，字形、形制以及書寫風格等較爲一致，碴口吻合，拼合後可復原"千"字殘筆。由此，兩簡當可綴合。（相關考證見"考釋與研究"章）

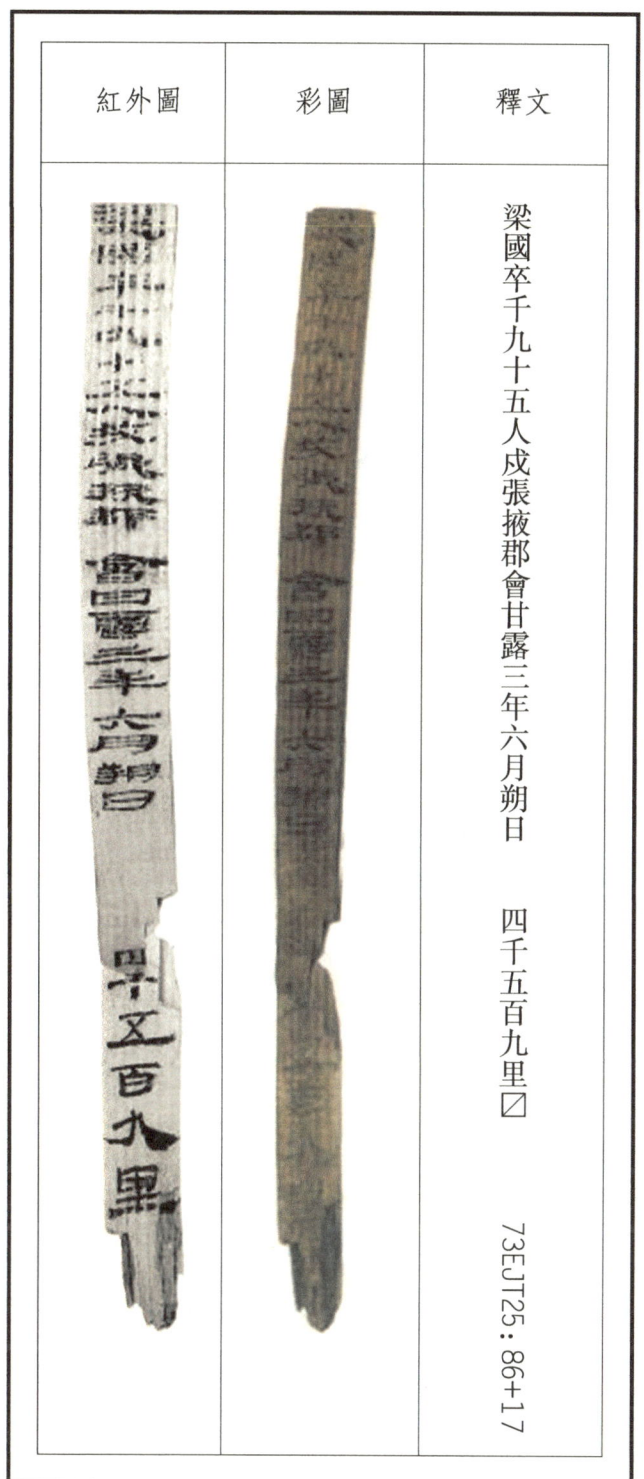

紅外圖	彩圖	釋文
		梁國卒千九十五人戍張掖郡會甘露三年六月朔日　四千五百九里☒　73EJT25∶86+17

第114組

73EJT25:156+174+122

三簡簡面均是密集紋路,木質相同,字形、形制以及書寫風格等較爲一致,色澤相符,紋路相合,碴口吻合,拼合後可復原"道""戊"兩字。經測量,三簡圖版碴口寬度一致,均是 0.9cm。由此,三簡當可綴合。

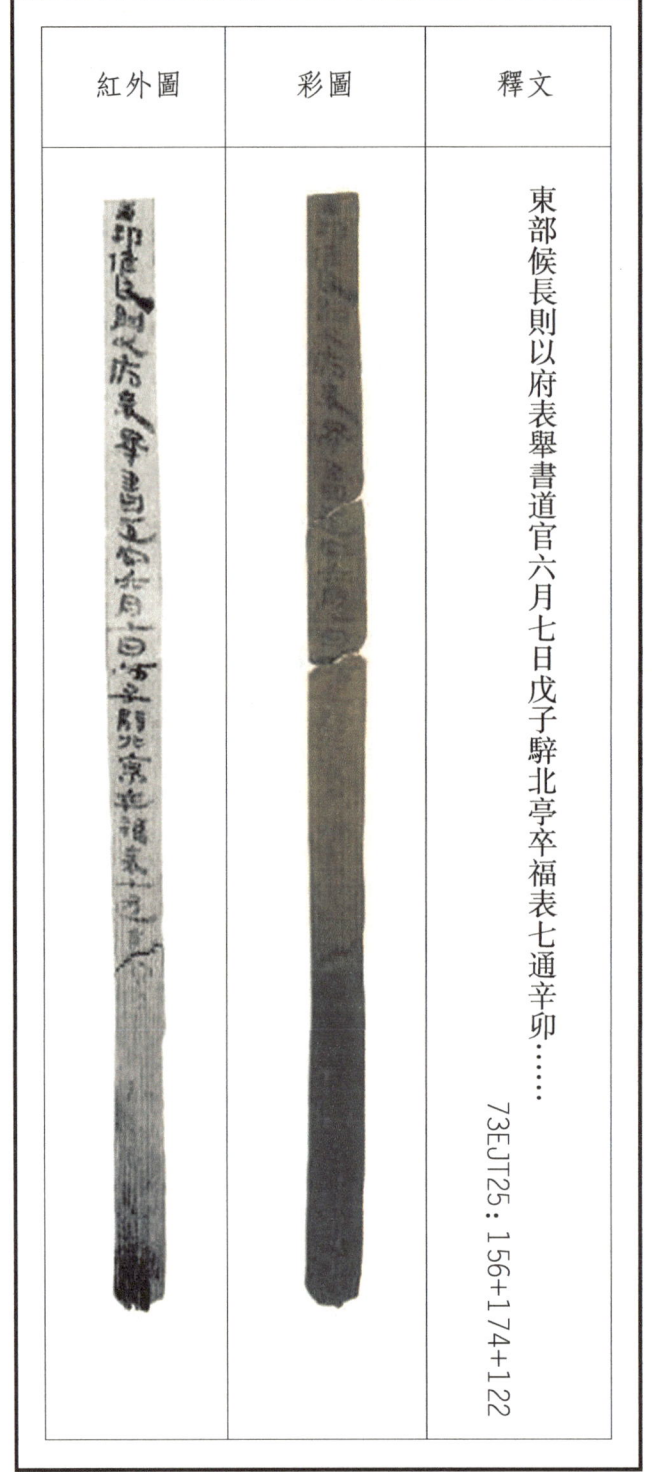

紅外圖	彩圖	釋文
		東部候長則以府表舉書道官六月七日戊子驛北亭卒福表七通辛卯…… 73EJT25:156+174+122

第115組

73EJT25:186+155

两简简面均是密集纹路,木质相同,字形、形制以及书写风格等较为一致,色泽相符,纹路相合,碴口吻合,拼合后可复原"毋"字残笔。经测量,图版碴口宽度一致,均是1.0cm。由此,两简当可缀合。

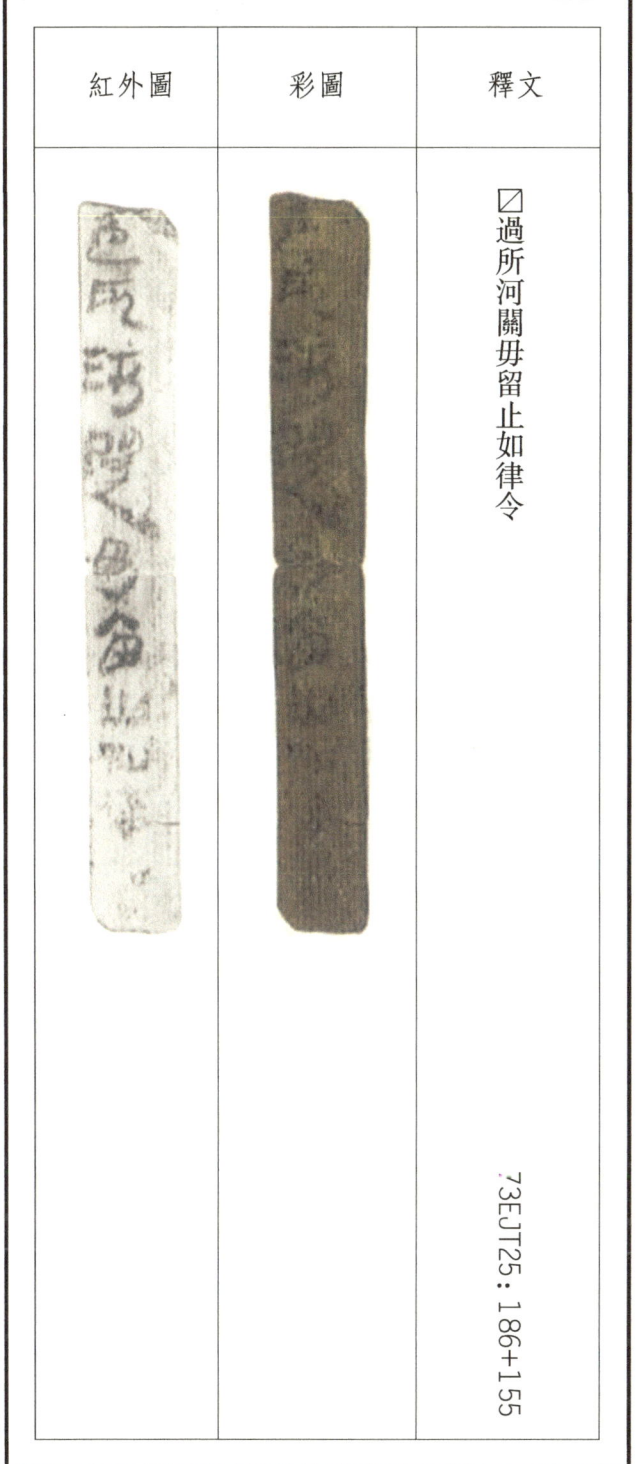

红外图	彩图	释文
		□過所河關毋留止如律令 73EJT25:186+155

第116組

73EJT25:244+243+157

何茂活曾綴合 73EJT25:244 和 73EJT25:243 號簡,綴合後文意未完,仍有進一步綴合的空間。筆者找到 73EJT25:157 號簡。73EJT25:243 與 73EJT25:157 兩簡屬於同一探方,材質相同,紋路相合,碴口吻合,書風相同,文意相關。經測量,三簡圖版寬度爲 1.0~1.1cm。由此,三簡當可綴合。

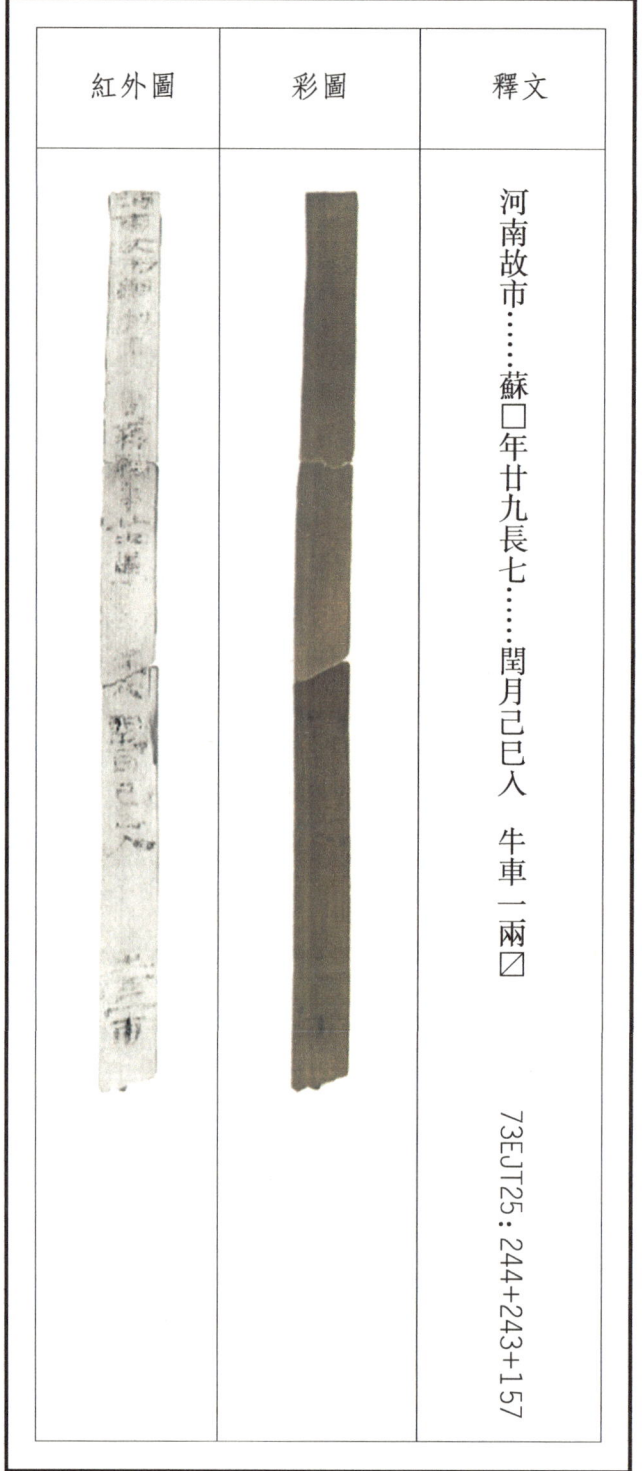

紅外圖	彩圖	釋文
		河南故市……蘇□年廿九長七……閏月己巳入　牛車一兩☒ 73EJT25：244+243+157

第117組

73EJT26:75+36

兩簡屬於同一探方,材質相同,書風相同,文意相關,碴口吻合,拼合後能復原出"乘"字殘筆。經測量,圖版碴口寬度均爲1.3cm。由此,兩簡當可綴合。

紅外圖	彩圖	釋文
		溫西市北里公乘鄭業年六十二 乘方箱一乘牡馬一匹齒十八歲　入　字長實二月庚子 73EJT26:75+36

第118組

73EJT26:142+272

兩簡簡面均無紋路,木質相同,字形、形制以及書寫風格等較爲一致,色澤相符,碴口吻合。經測量,圖版碴口寬度一致,約爲 0.8~0.9cm。由此,兩簡當可綴合。(相關考證見"考釋與研究"章)

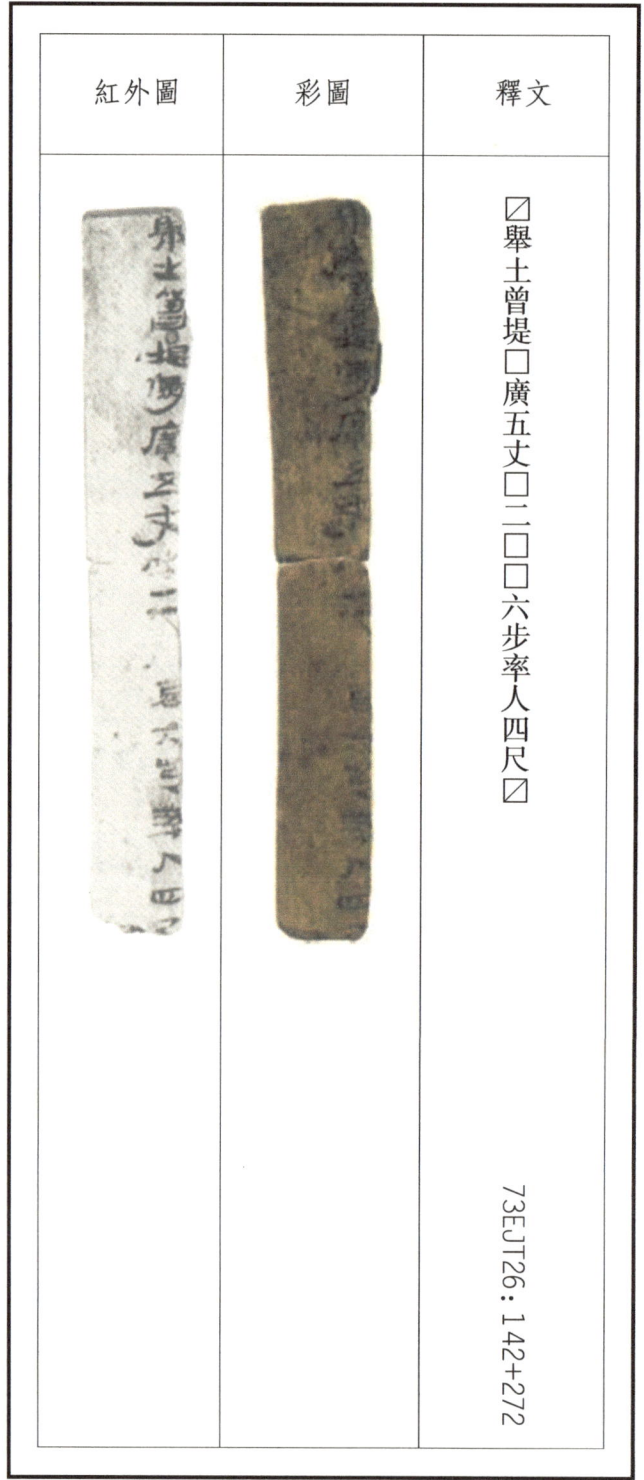

紅外圖	彩圖	釋文
		☐舉土曾堤☐廣五丈☐二☐☐六步率人四尺☐ 73EJT26:142+272

第119組

73EJT26:144+182

两简简面均有纹路,木质相同,且简色均发黑,字形、形制以及书写风格等较为一致,色泽相符,纹路相合,碴口吻合,拼合后可复原"盡"字(何有祖释)。经测量,图版碴口宽度一致,均是1.1cm。由此,两简当可缀合。

---

①整理者所释"買"字,何有祖改释作"骨",可从;73EJT26:182號简整理者所释"驛"字,黄浩波改释作"騨",可从。

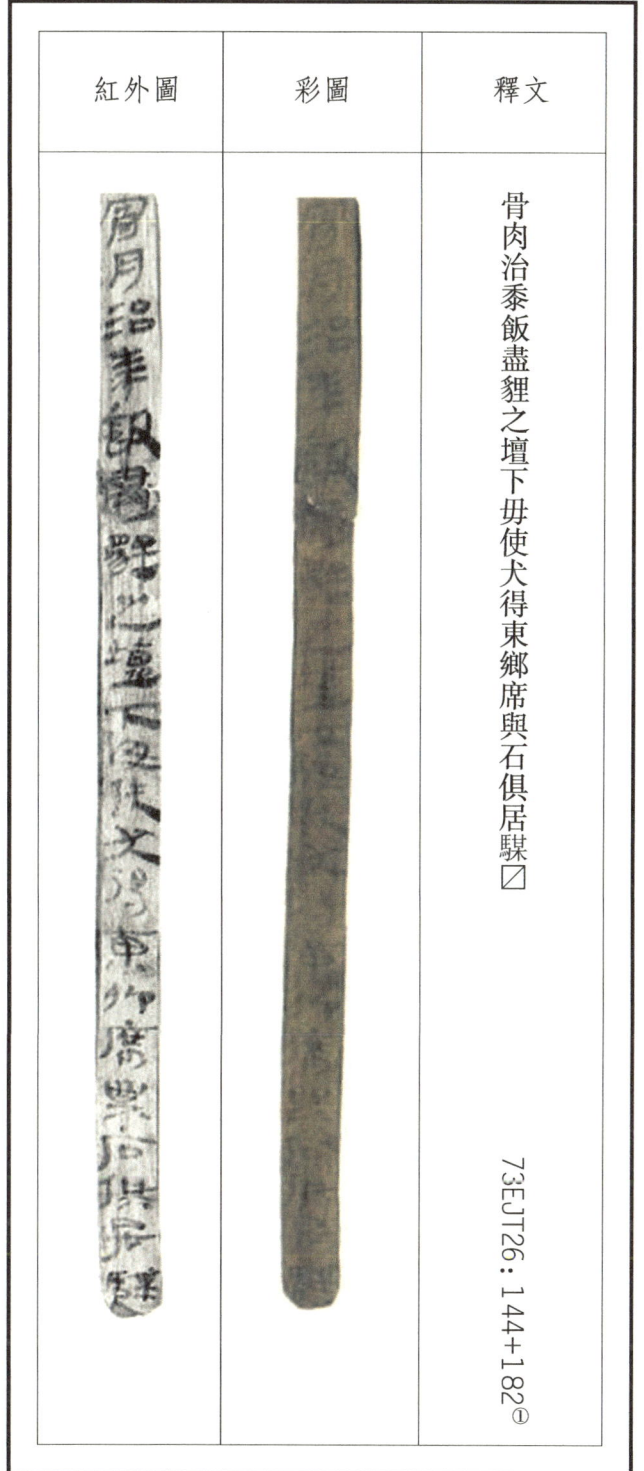

| 紅外圖 | 彩圖 | 釋文 |

骨肉治黍飯盡貍之壇下毋使犬得東鄉席與石俱居騨☑

73EJT26:144+182①

第120組

73EJT26:167+201+296

整理者曾綴合 73EJT26:167 與 73EJT26:201 號簡,然文意未完,還有進一步綴合的可能。筆者找到 73EJT26:296 號簡,發現 73EJT26:296 號簡與 73EJT26:167 號簡內容有一定的關聯性,字形、形制以及書寫風格等較爲一致,色澤相符,紋路相合,碴口吻合,拼合後可復原"吏""入""官""視""事""日""取""陽""前""辰""陰""前""日"等字。由此,三簡當可綴合。

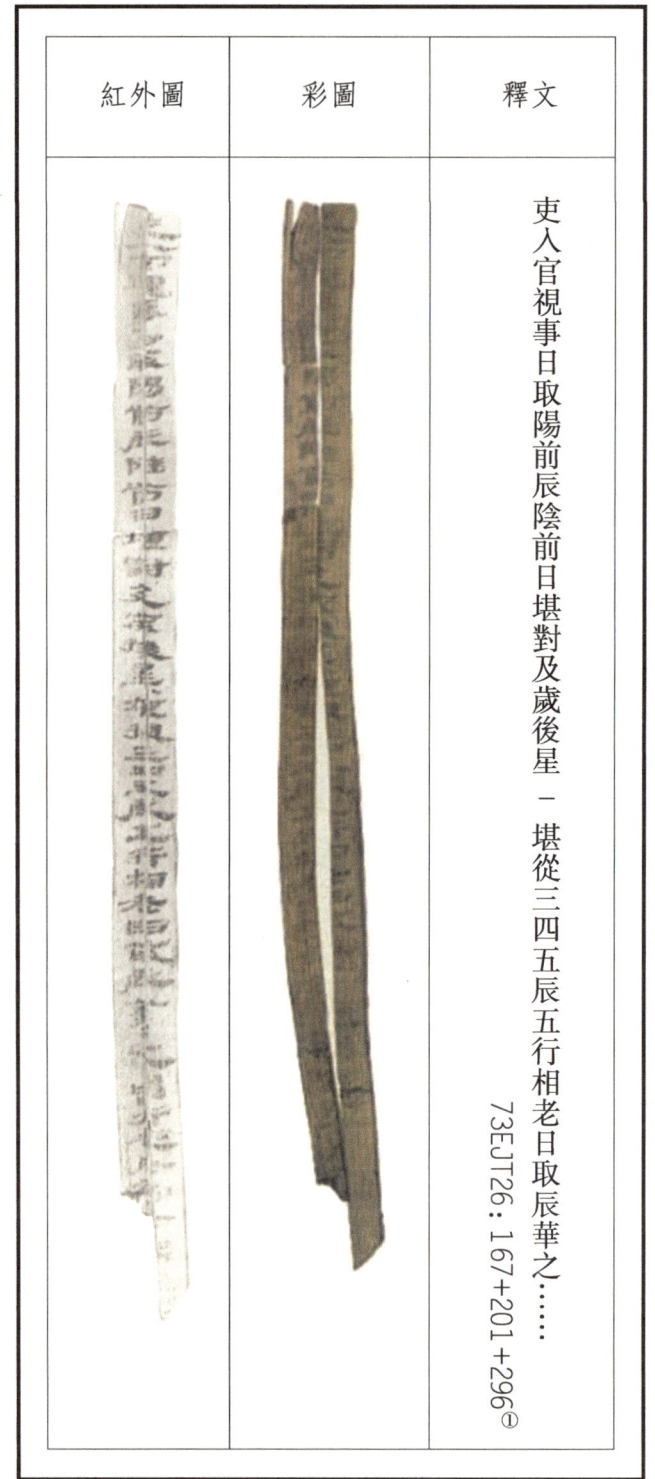

紅外圖	彩圖	釋文
		吏入官視事日取陽前辰陰前日堪對及歲後星 一 堪從三四五辰五行相老日取辰華之……　73EJT26:167+201+296①

① 入、官、視、事、陰、堪(整理者作"婢")、日,黄浩波釋;吏、取(整理者作"發")、陽、辰、華、之,姚磊釋;歲(整理者作"前")、星、老(整理者作"巷"),何有祖釋。

第121組

73EJT26:186+135

兩簡簡面均是 4 道紋路,紋路相合,書寫風格相同,字迹、字間距一致,木質相同,色澤相符,碴口吻合。經測量,圖版碴口寬度一致,均是 1.1cm。由此,兩簡當可綴合。

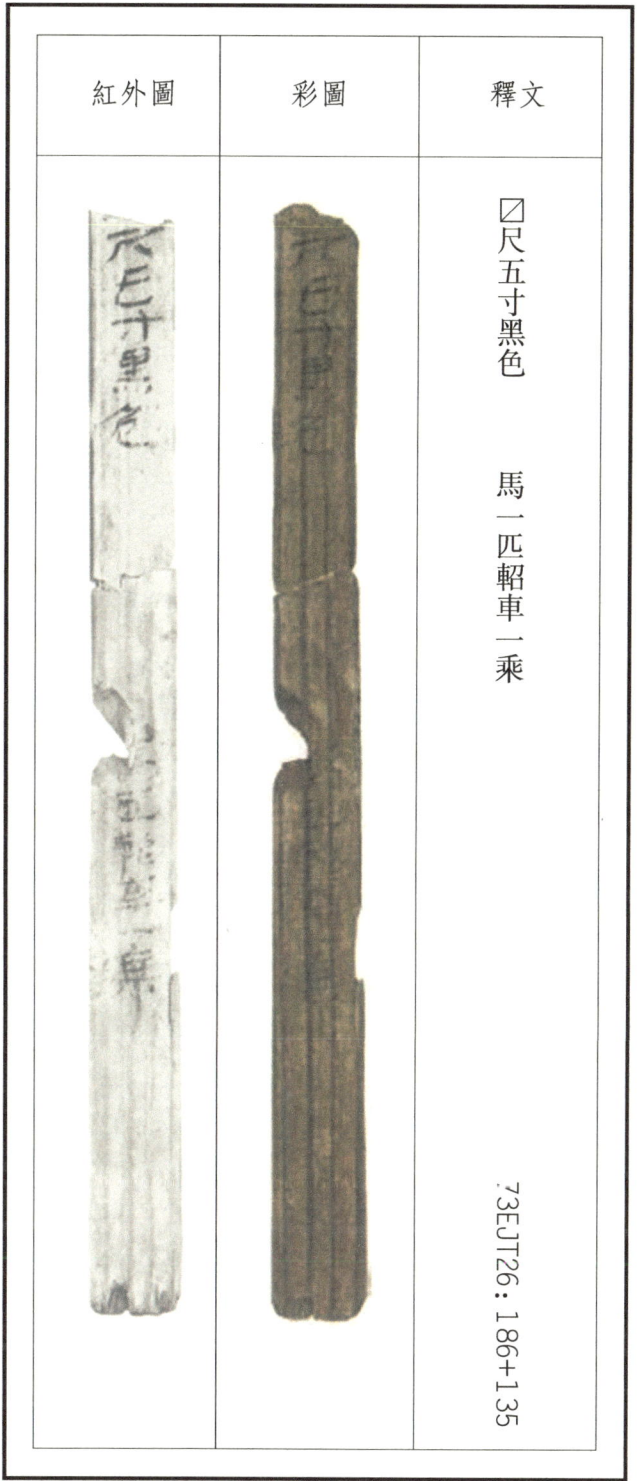

紅外圖	彩圖	釋文
		□尺五寸黑色　馬一匹軺車一乘　73EJT26:186+135

第122組

73EJT26:218+293

兩簡屬於同一探方,材質相同,碴口吻合,書風相同,文意相關,簡面上從上至下的一道褶皺紋路走嚮一致。經測量,圖版碴口寬度均爲1.1cm。由此,兩簡當可綴合。①

①程少軒認爲73EJT26:218、73EJT26:178兩簡屬於同一部曆書。(程少軒:《〈肩水金關漢簡(叁)〉數術類簡牘初探》,《簡帛研究》2015秋冬卷,桂林:廣西師範大學出版社,2015年)由此,綴合後三簡當可歸爲一類研究。

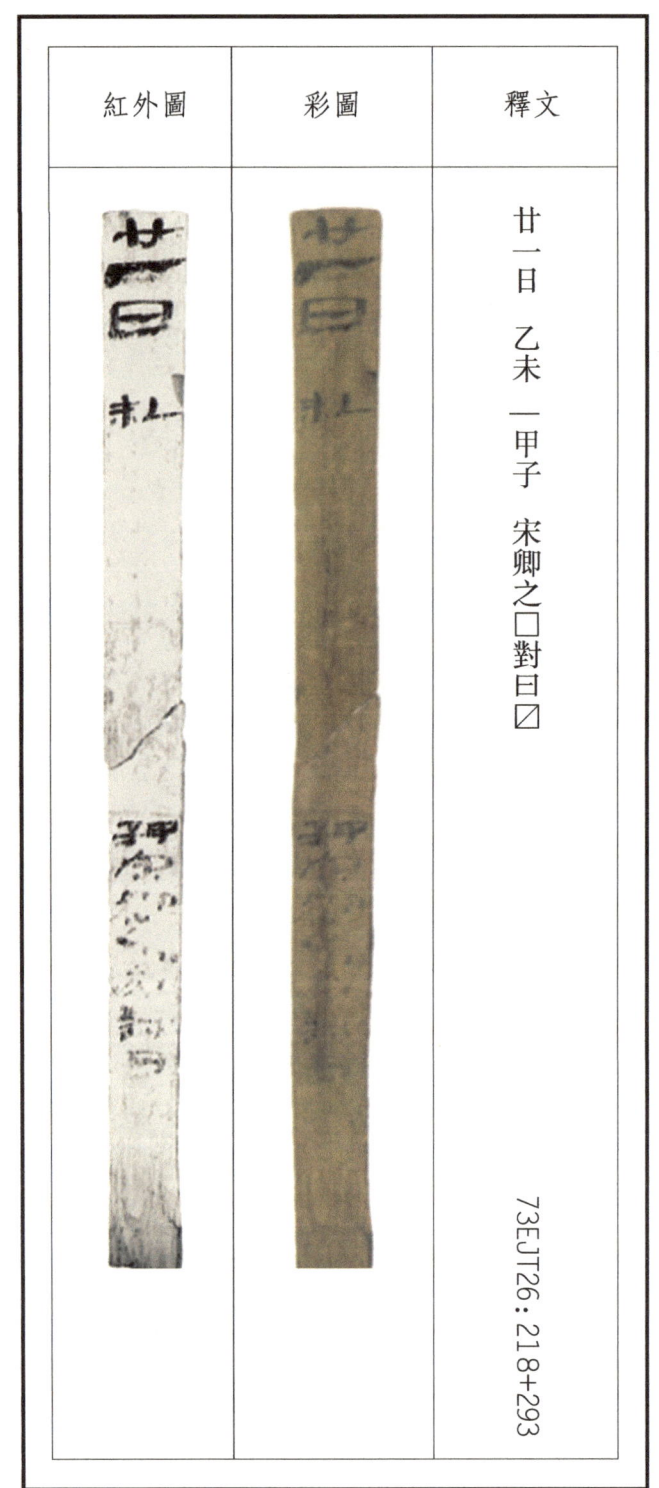

紅外圖	彩圖	釋文
		廿一日 乙未 一甲子 宋卿之□對曰☒

73EJT26:218+293

第123組

73EJT26:245+26

兩簡簡面均是密集紋路,木質相同,字形、形制以及書寫風格等較爲一致,色澤相符,碴口吻合,拼合後可復原"食"字。經測量,圖版碴口寬度一致,均是1.4cm。由此,兩簡當可綴合。

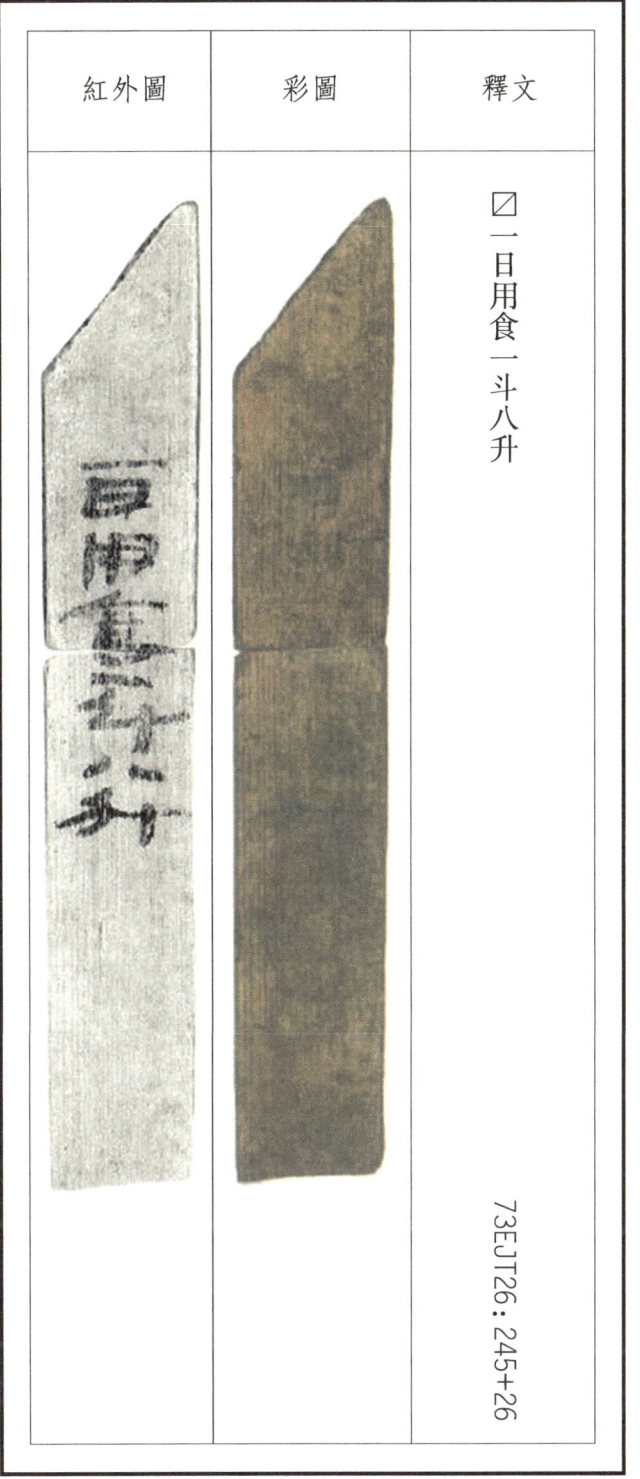

第124組

73EJT26:256+157

兩簡色澤雖然存在一定差異,但紋路相合,木質相同,書寫風格相同,字迹、字間距一致,碴口吻合。經測量,圖版碴口寬度一致,均是1.3cm。由此,兩簡當可綴合。

紅外圖	彩圖	釋文
		☒一月用食五石四斗 73EJT26:256+157

第125組

73EJT26:258+248

兩簡屬於同一探方,材質相同,書風相同,文意相關,簡面殘損痕迹一致,碴口吻合。經測量,圖版碴口寬度爲0.7~0.8cm。由此,兩簡當可綴合。

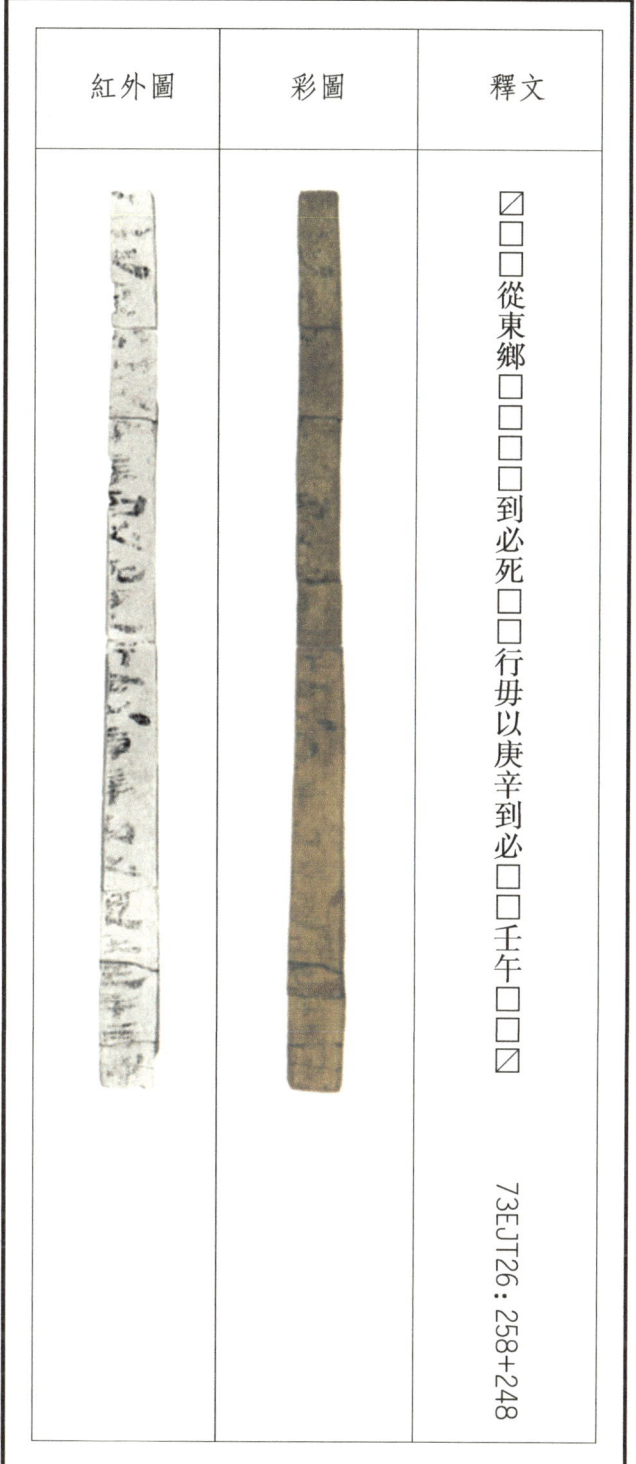

紅外圖	彩圖	釋文
		☐☐☐從東鄉☐☐☐到必死☐☐行毋以庚辛到必☐☐壬午☐☐☐ 73EJT26:258+248

第126組

73EJT27:72+73EJT25:49

兩簡雖然不屬同一探方,但材質、色澤相同,紋路相合,書風相同,文意相關,碴口吻合,拼合後可復原"令"字。經測量,圖版碴口寬度均是1.2cm。由此,兩簡當可綴合。

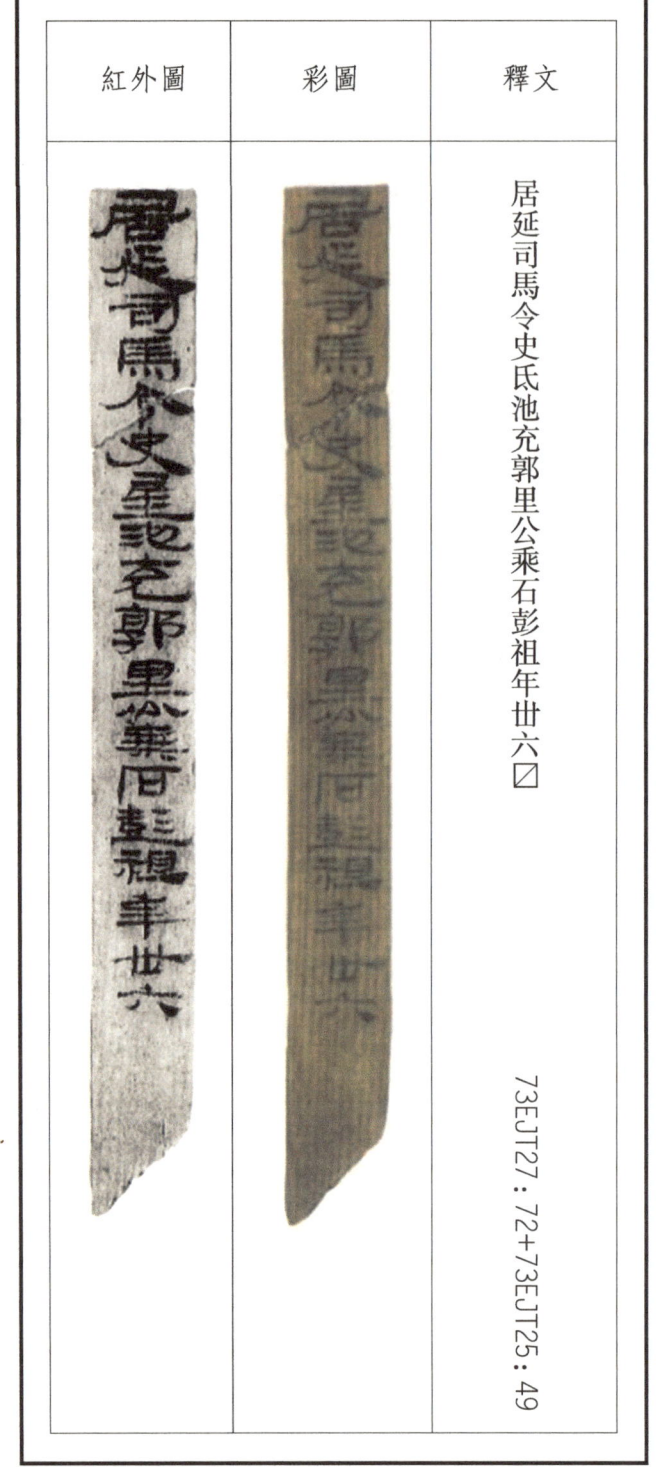

紅外圖	彩圖	釋文
		居延司馬令史氏池充郭里公乘石彭祖年卅六☐ 73EJT27:72+73EJT25:49

第127組

73EJT27：103+101

兩簡簡面均是密集紋路，木質相同，字形、形制以及書寫風格等較爲一致，色澤相符，紋路相合，碴口吻合。由此，兩簡當可綴合。

紅外圖	彩圖	釋文
		……士吏☑☑ ……得子明力詳察諸☑ ……明數教督迫不及☑☑ ……再＝拜☑（削衣） 73EJT27：103+101

第128組

73EJT28:27+93

　　兩簡簡面均無紋路,木質相同,且簡色均發黑,色澤相符,書寫風格相同,字迹、字間距一致,碴口吻合。經測量,圖版碴口寬度一致,均是1.1cm。由此,兩簡當可綴合。

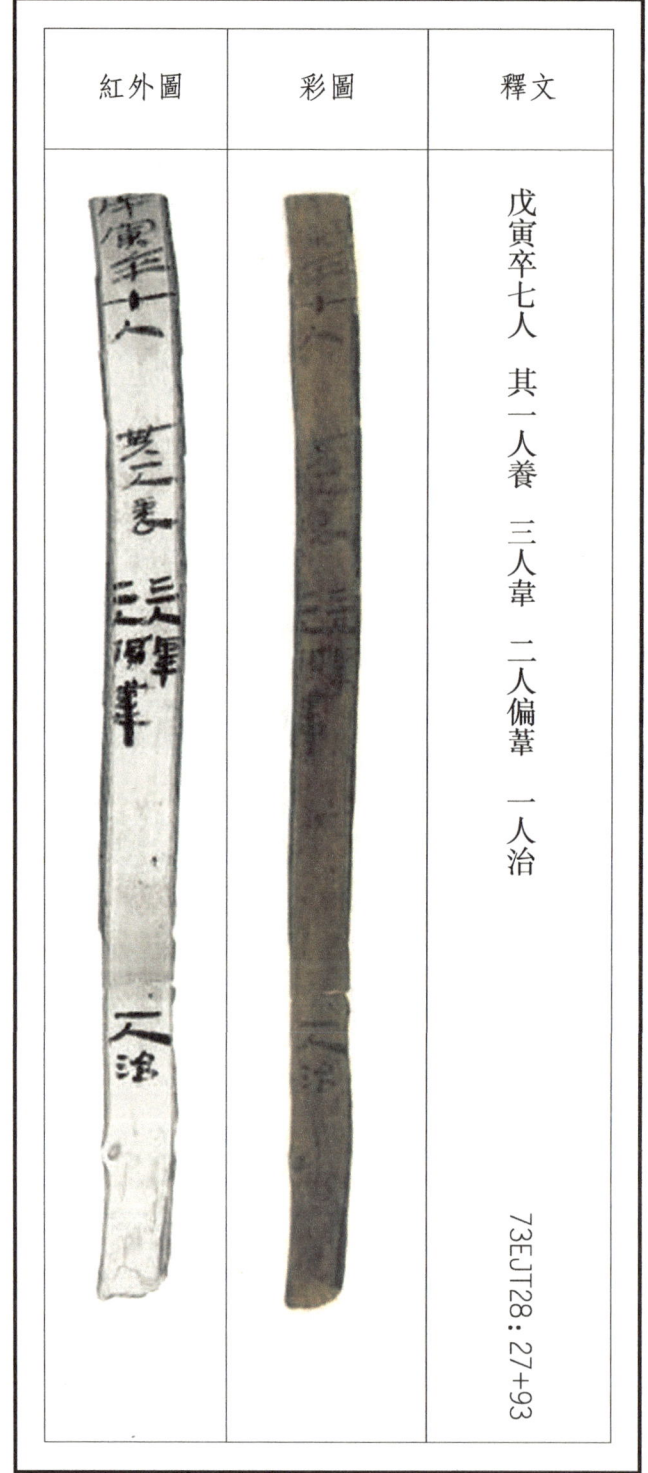

紅外圖	彩圖	釋文
		戊寅卒七人 其一人養 三人葦 二人偏葦 一人治 73EJT28:27+93

第129組

73EJT28∶29+92

兩簡均是密集紋路，木質相同，色澤相符，紋路相合，書寫風格相同，字迹、字間距一致，碴口吻合。經測量，圖版碴口寬度一致，均是1.0cm。由此，兩簡當可綴合。（時間考證見"考釋與研究"章）

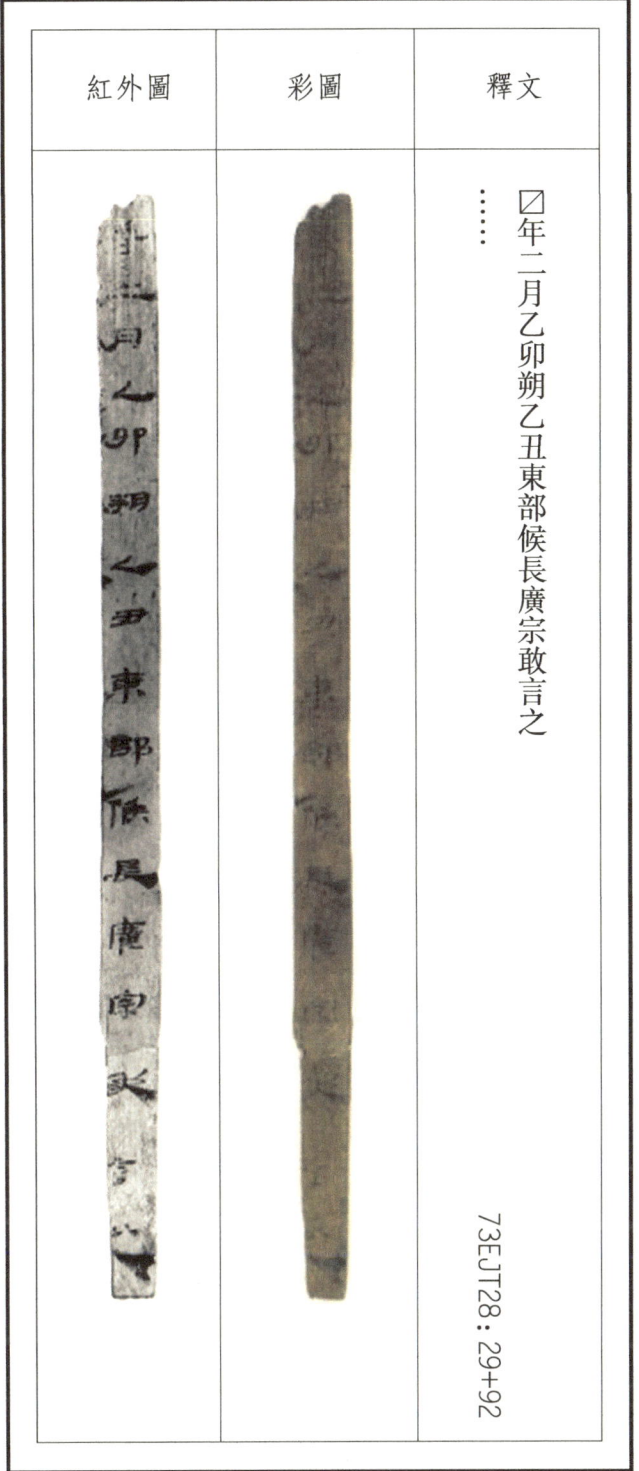

紅外圖	彩圖	釋文
		☐年二月乙卯朔乙丑東部候長廣宗敢言之…… 73EJT28∶29+92

第130組

73EJT28:51+49

兩簡簡號相鄰,簡面均是密集紋路,木質相同。字形、形制以及書寫風格等較爲一致,色澤相符,紋路相合。經測量,圖版寬度一致,均是 1.5cm。雖然碴口不能密合,但疑可遙綴。

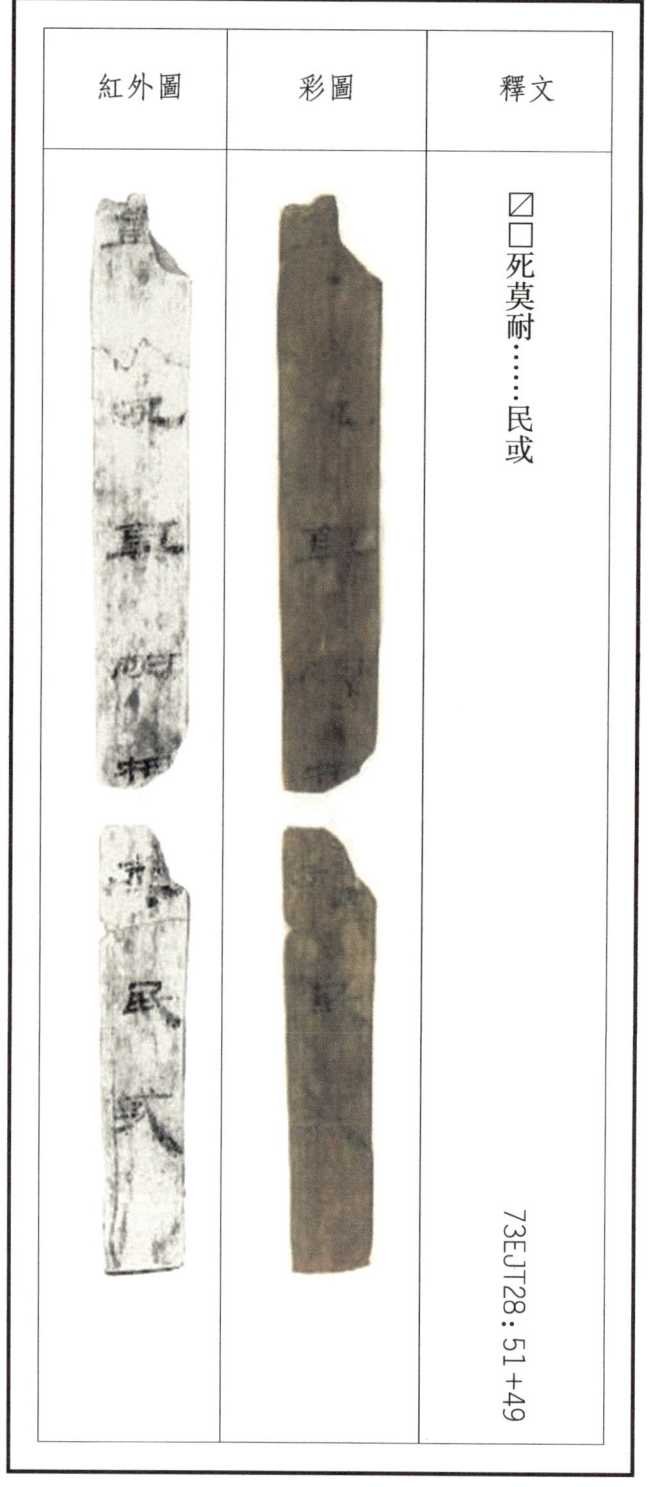

紅外圖	彩圖	釋文
		☐☐死莫耐……民或

73EJT28:51+49

第131組

73EJT28:55+44

两简简面均无纹路,木质相同,且简色发黑,色泽相符,书写风格相同,字迹、字间距一致。经测量,图版碴口宽度一致,均是1.4cm。简文文意通顺,具有连贯性,虽然碴口不能密合,当可遥缀。

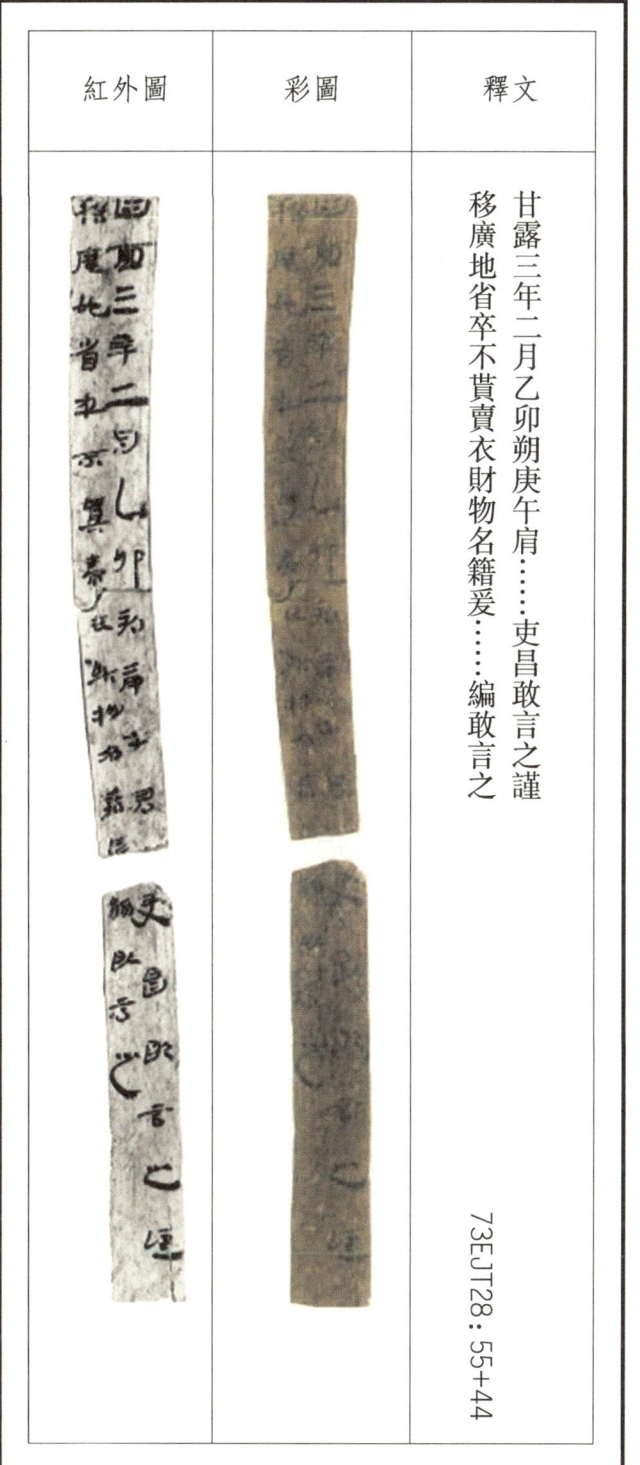

红外图	彩图	释文
		甘露三年二月乙卯朔庚午肩⋯⋯吏昌敢言之谨移廣地省卒不賷賣衣財物名籍爰⋯⋯編敢言之 73EJT28:55+44

第132組

73EJT28:81+28

兩簡簡面均是密集紋路，木質相同，字形、形制以及書寫風格等較爲一致，色澤相符，紋路相合，碴口吻合。經測量，圖版碴口寬度一致，均是0.9cm。由此，兩簡當可綴合。

紅外圖	彩圖	釋文
		迺甲寅病見卒一人亭四道行書南去沙頭十一里去金關隧六百卅步去莫當隧四里 73EJT28:81+28

第133組

73EJT28:125+142

兩簡簡面均是密集紋路,木質相同,字形、形制以及書寫風格等較爲一致,色澤相符,紋路相合,碴口吻合。由此,兩簡當可綴合。

紅外圖	彩圖	釋文
		☐日☐幼☐☐ ☐計唯毋羔☐（削衣） 73EJT28:125+142

第134組

73EJT29:10+19

兩簡屬於同一探方,材質相同,書風相同,碴口吻合,拼合後能復原出碴口處"能""市""橐""謹""與""趙""子""路""入""收""記"等字,文意相關。由此,兩簡當可綴合。

紅外圖	彩圖	釋文
		……數辱賜記二封錢二百 ……能市橐謹與趙子路入 ……唯少孫爲子路約其記 ……少孫毋已時死不敢 73EJT29:10A+19A 73EJT29:19B+10B

第135組

73EJT29:14+41

兩簡簡面均無紋路,木質相同,字形、形制以及書寫風格等較爲一致,色澤相符,碴口吻合,拼合後可復原"己"字殘筆。經測量,圖版碴口寬度一致,均是1.1cm。由此,兩簡當可綴合。

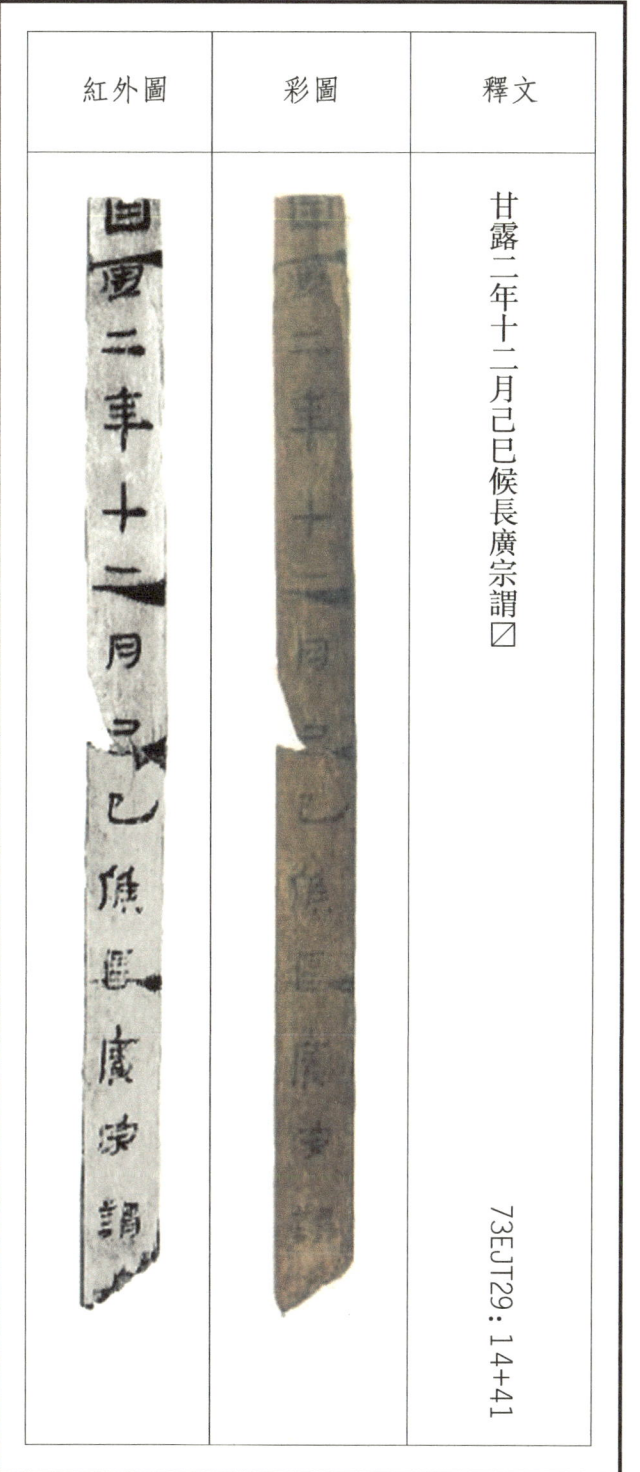

| 紅外圖 | 彩圖 | 釋文 |

甘露二年十二月己巳候長廣宗謂☐

73EJT29:14+41

第136組

73EJT29∶34+36

兩簡簡面均是密集紋路，木質相同，字形、形制以及書寫風格等較爲一致，文意通順，具有連貫性，色澤相符，紋路相合，碴口吻合。由此，兩簡當可綴合。

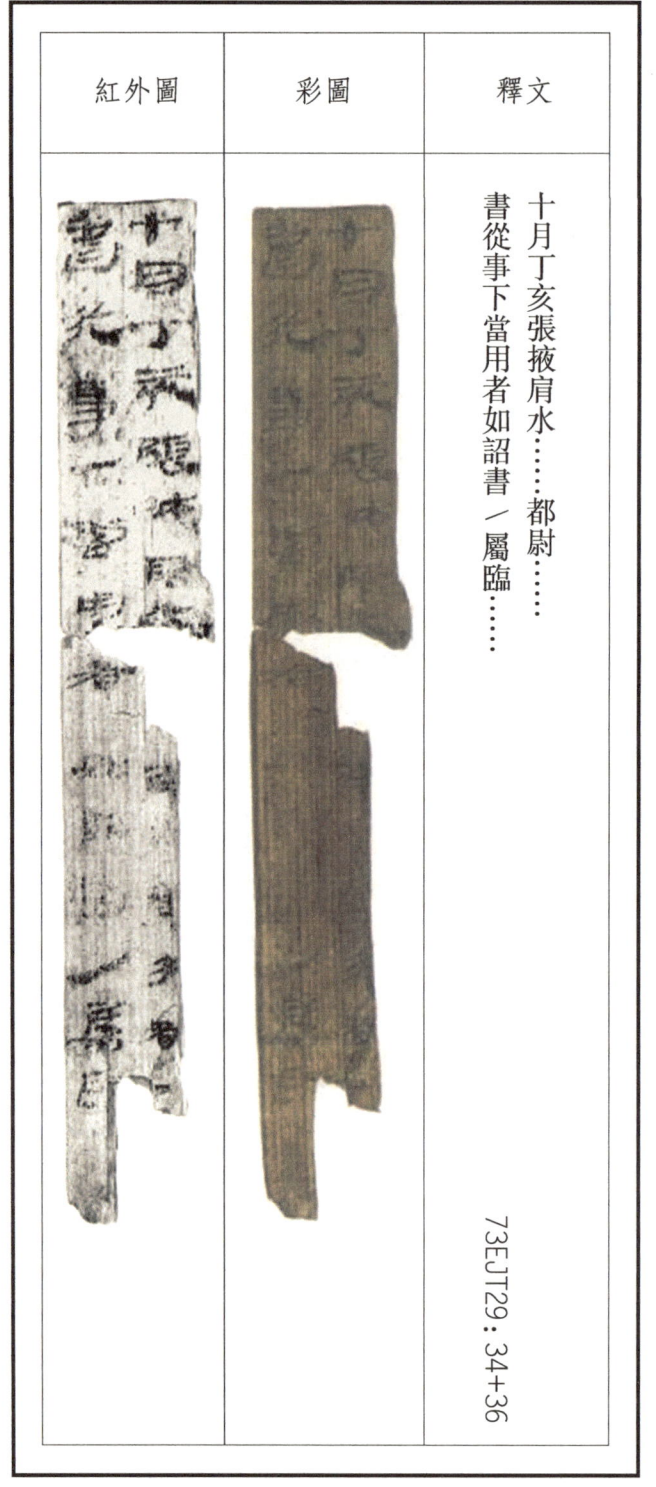

| 紅外圖 | 彩圖 | 釋文 |

十月丁亥張掖肩水……都尉書從事下當用者如詔書／屬臨……

73EJT29∶34+36

第137組

73EJT29∶43+33

兩簡簡面均是密集紋路，木質相同，字形、形制以及書寫風格等較爲一致，色澤相符，紋路相合，碴口吻合。經測量，圖版碴口寬度一致，均是1.6cm。由此，兩簡當可綴合。

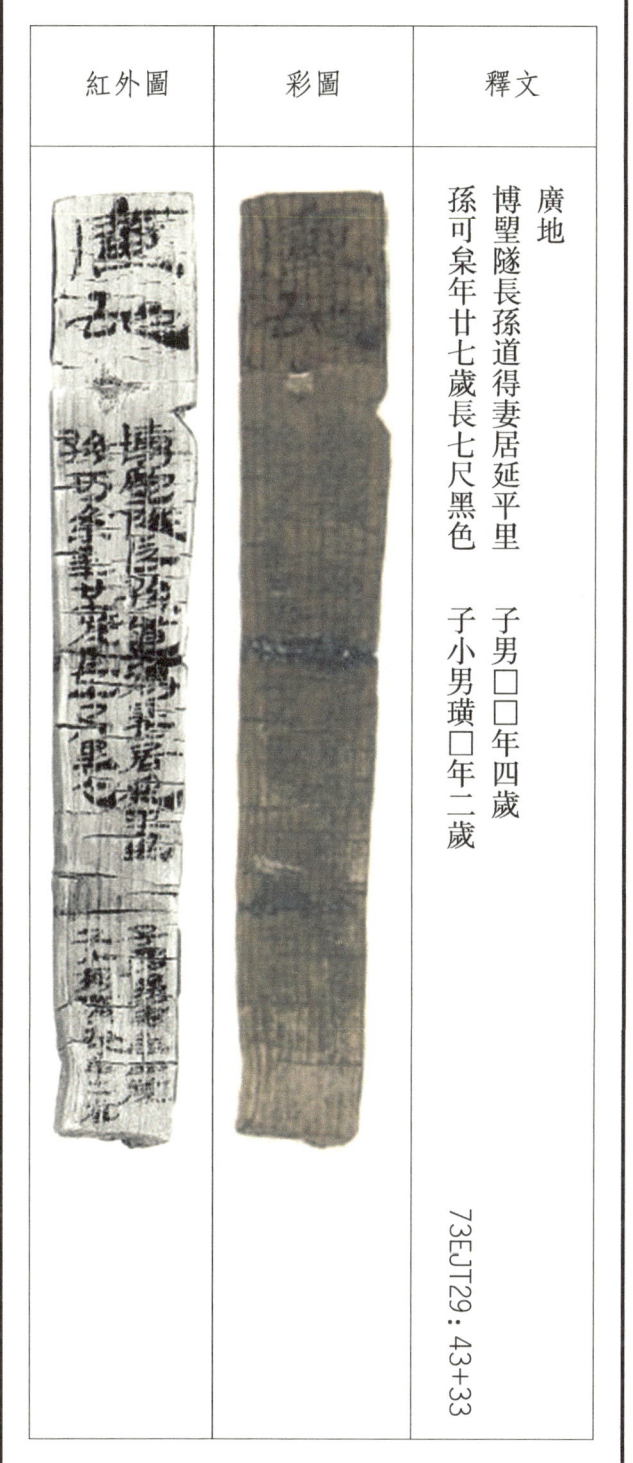

紅外圖	彩圖	釋文
		廣地 博望隧長孫道得妻居延平里 孫可枲年廿七歲長七尺黑色　子男□□年四歲 　子小男璜□年二歲 73EJT29∶43+33

第138組

73EJT30:16+254

兩簡簡面均有紋路，且都較爲寬疏，木質相同，字形、形制以及書寫風格等較爲一致，碴口吻合，拼合後可復原"日""備""謁""移""縣""國""津""關"等字。由此，兩簡當可綴合。

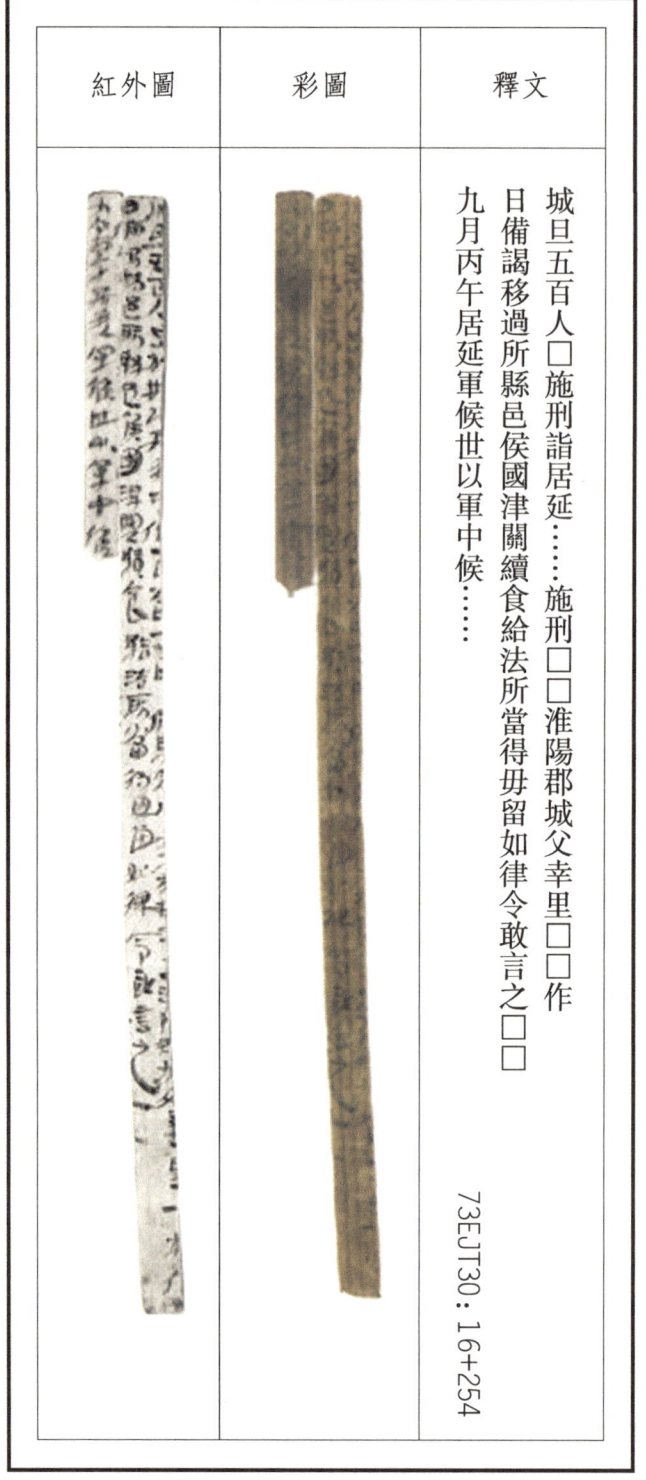

紅外圖	彩圖	釋文
		城旦五百人☐施刑詣居延……施刑☐☐淮陽郡城父幸里☐☐作日備謁移過所縣邑侯國津關續食給法所當得毋留如律令敢言之☐☐九月丙午居延軍候世以軍中候……

73EJT30:16+254

第139組

73EJT30:46+73EJT25:175

兩簡屬於不同探方,但均無紋路,材質相同,字形、形制以及書寫風格等較爲一致,色澤相同,文意相關,碴口吻合,拼合後可復原"來"字。經測量,圖版碴口寬度一致,均是1.0cm。由此,兩簡當可綴合。

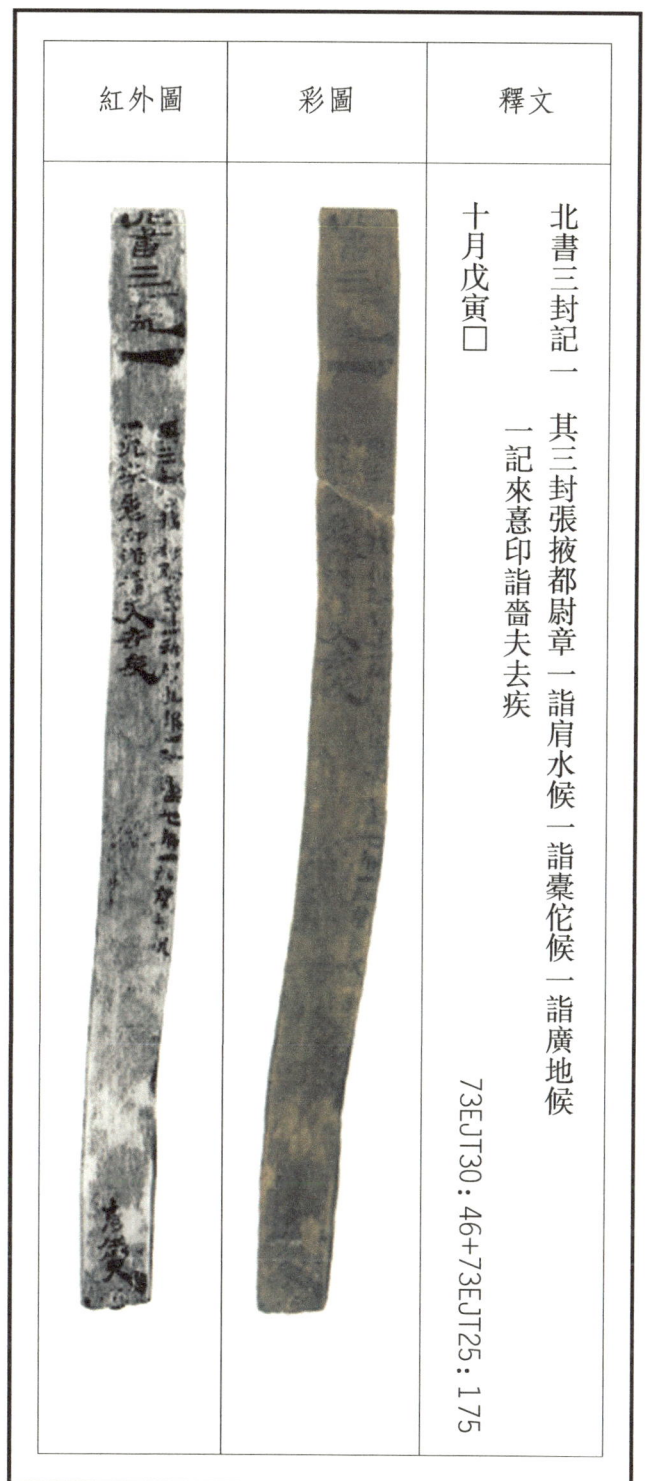

紅外圖	彩圖	釋文
		北書三封記一 其三封張掖都尉章 一詣肩水候 一詣橐佗候 一詣廣地候 一記來憙印詣當夫去疾 十月戊寅□
		73EJT30:46+73EJT25:175

第140組

73EJT30:90+68

兩簡屬於同一探方，材質相同，碴口吻合，書風相同，文意相關，拼合後能復原出碴口處"史"字。由此，兩簡當可綴合。（相關考證見"考釋與研究"章）

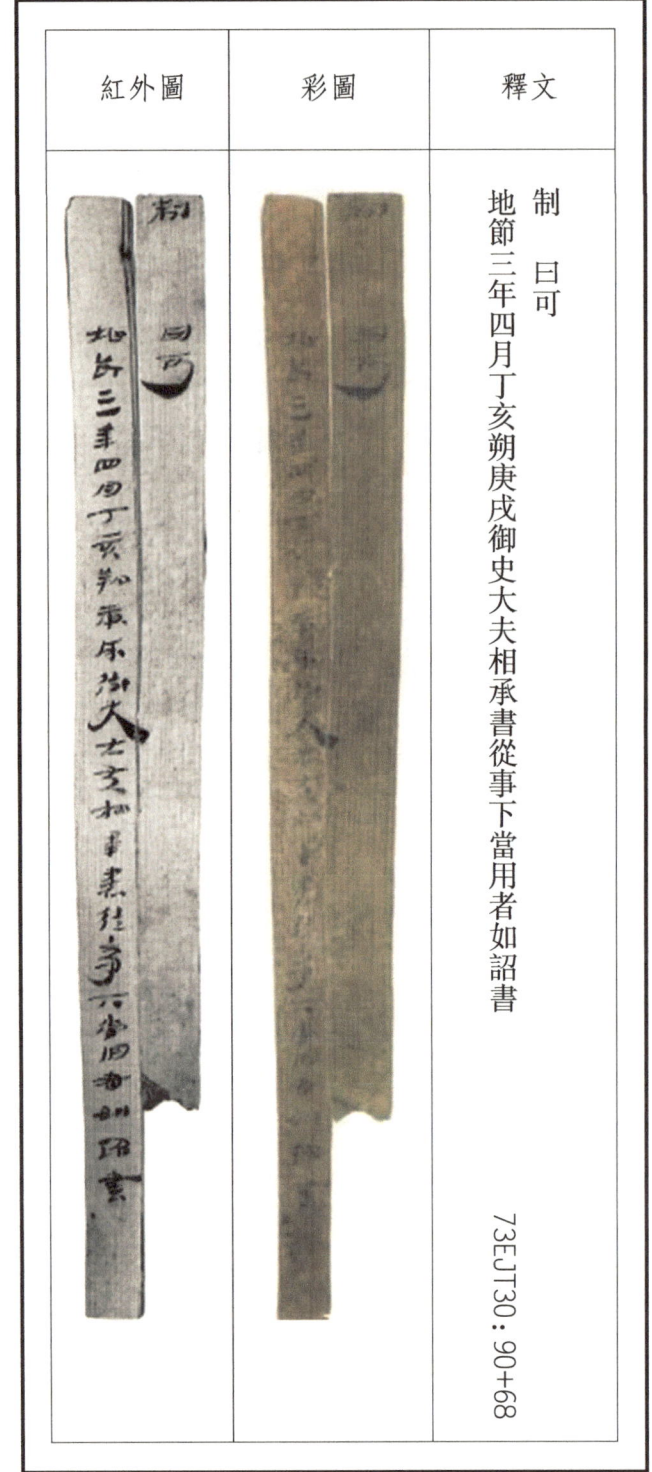

第141組

73EJT30∶133+73EJT24∶102

兩簡屬於不同探方,色澤存在差異,但兩簡材質相同,紋路相合且能貫通,文意相關,碴口吻合。經測量,碴口寬度一致,均是1.2cm。由此,兩簡當可綴合。

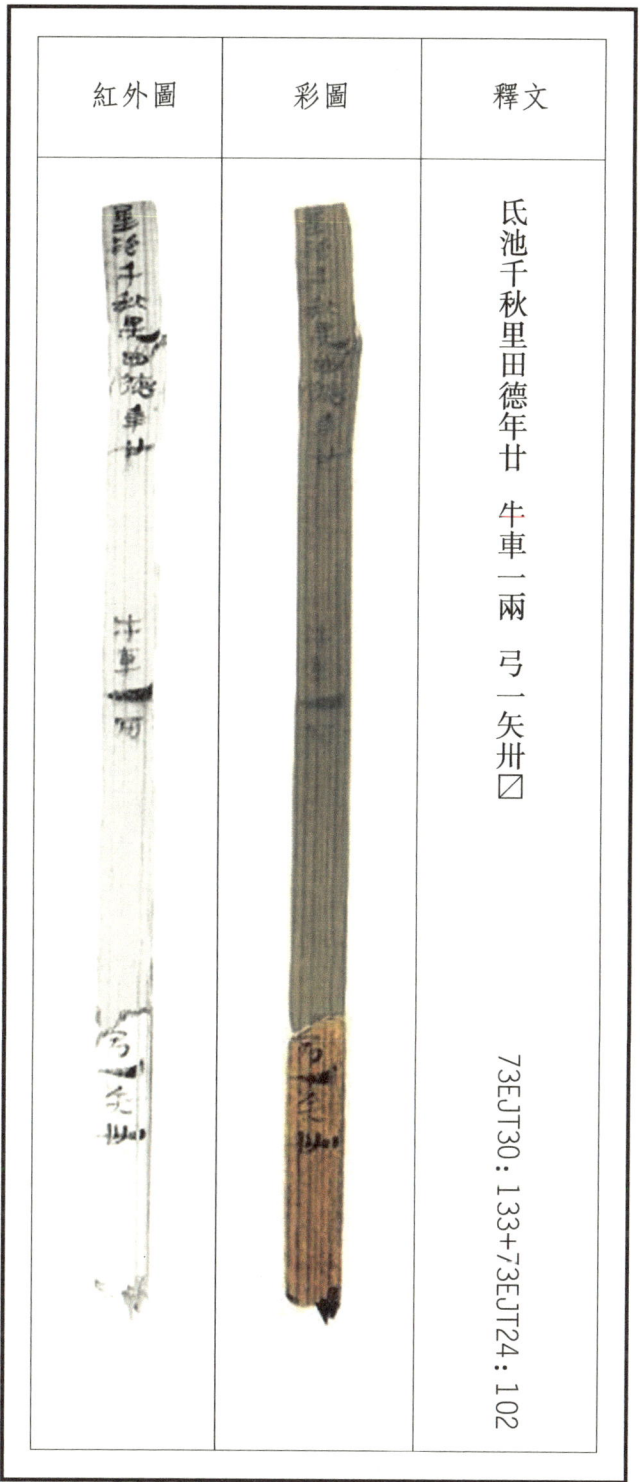

紅外圖	彩圖	釋文
		氐池千秋里田德年廿　牛車一兩　弓一矢卅☒　73EJT30∶133+73EJT24∶102

第142組

73EJT30∶179+180

两簡簡面均無紋路，木質相同，字形、形制以及書寫風格等較爲一致，色澤相符。經測量，圖版磋口寬度一致，均是 1.1cm。簡文文意通順，俱出現"牛放""趙君"等人名。雖然磋口不能密合，當可遙綴。

紅外圖	彩圖	釋文
		十月戊辰詐封致與關詐罪當俱出關以責士吏牛放爲名……趙君候以日出五干所出關日食時牛放 與趙君男孺卿俱來入關候故行至官以戊辰卿……官士吏王當皆夜見謁　73EJT30∶179+180

第143組

73EJT31:21+155

两簡簡面均是密集紋路,木質相同,字形、形制以及書寫風格等較爲一致,色澤相符,紋路相合,碴口吻合。經測量,圖版碴口寬度一致,均是1.0cm。由此,兩簡當可綴合。

紅外圖	彩圖	釋文
		☒□縣邑遣河北陽成倉丞□忠送卒張掖居延當舍傳舍從者如律令／掾咸守屬德守書佐 73EJT31:21+155

第144組

73EJT31:129+82

兩簡簡面均無紋路,木質相同,字形、形制以及書寫風格等較爲一致,色澤相符,碴口吻合,拼合後可復原"長"字。經測量,圖版碴口寬度一致,均是1.1cm。由此,兩簡當可綴合。

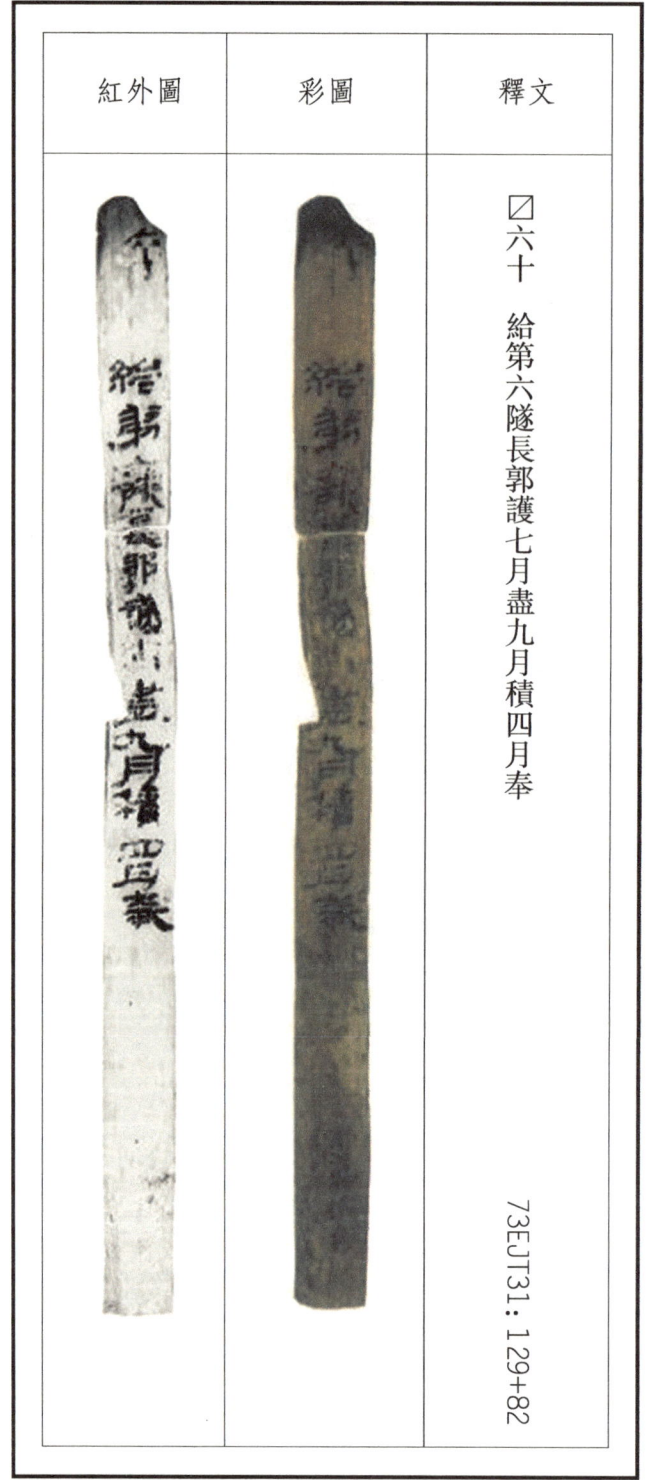

紅外圖	彩圖	釋文
		☐六十 給第六隧長郭護七月盡九月積四月奉 73EJT31:129+82

第145組

73EJT32:45+22

兩簡雖然色澤存在一定差異,但紋路相合,書寫風格相同,字迹、字間距一致,木質相同,磋口吻合,拼合後可復原"敢"字。由此,兩簡當可綴合。

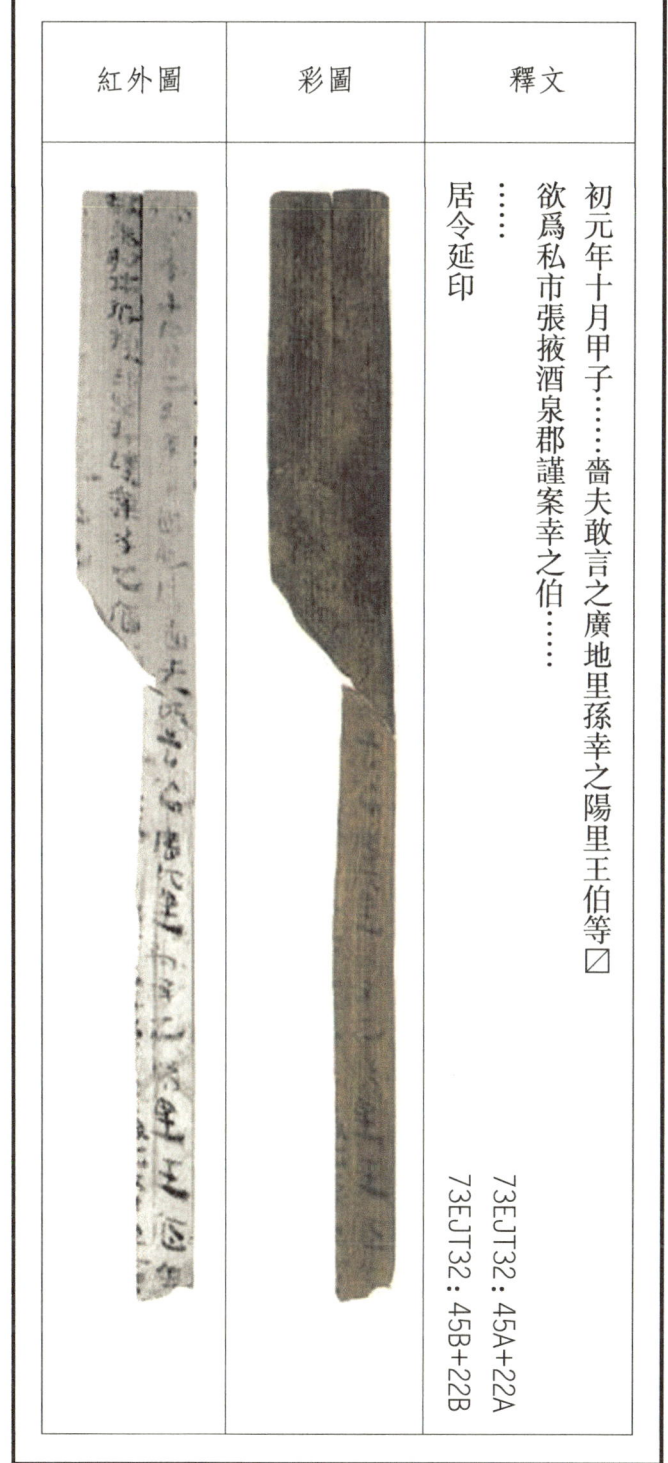

紅外圖	彩圖	釋文
		初元年十月甲子⋯⋯嗇夫敢言之廣地里孫幸之陽里王伯等欲爲私市張掖酒泉郡謹案幸之伯⋯⋯ ⋯⋯居令延印 73EJT32:45A+22A 73EJT32:45B+22B

第146組

73EJT32∶59+66

兩簡簡面均是密集紋路,木質相同,字形、形制以及書寫風格等較爲一致,色澤相符,且磑口處尾筆可以連通。由此,兩簡當可綴合。

紅外圖	彩圖	釋文
		☐☐午朔辛☐ ☐即日病頭☐

73EJT32∶59+66

第147組

73EJT37:4+1172

兩簡字迹、字間距一致,書寫風格相符,碴口吻合,拼合後可復原"等"字尾筆。經測量,圖版寬度一致,均是 1.7cm。由此,兩簡當可綴合。

紅外圖	彩圖	釋文
		毋官獄徵事謁□書嬰齊等年長物色謁移肩水金關以致籍出來復傳入如律令敢言之 73EJT37:4+1172

第148組

73EJT37:28+653+1133

三簡色澤、紋路相符,書寫風格相同,字迹、字間距一致,碴口吻合。綴合後,73EJT37:28 與73EJT37:653 號簡可復原"敢言之"三字,73EJT37:653 與73EJT37:1133 號簡可復原"長誼逐市張掖酒泉郡中與從者西道"等字。由此,知整理者釋文存有一定錯誤,原釋"張誼"當爲"長誼"。由此,三簡當可綴合。(相關考證見"考釋與研究"章)

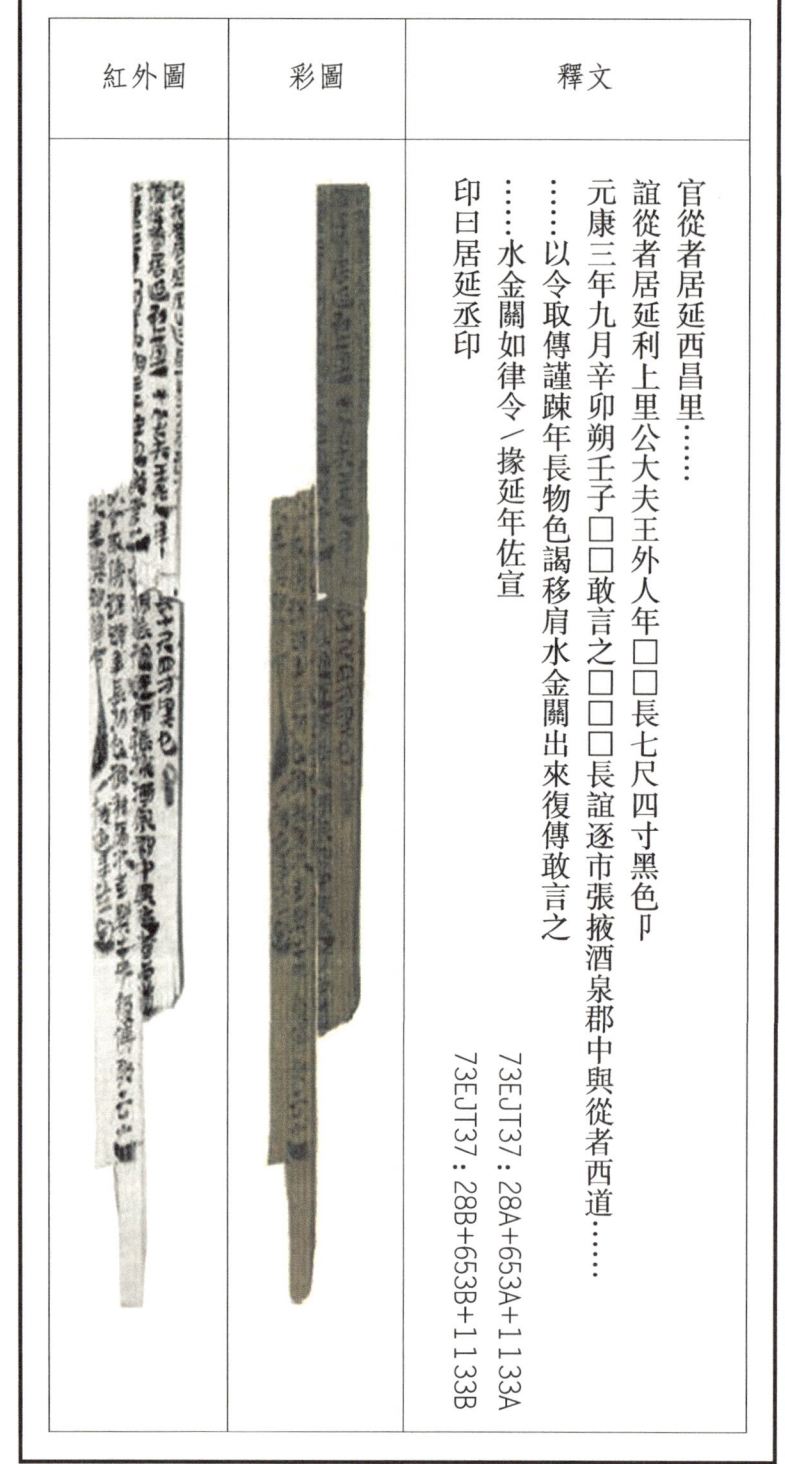

紅外圖	彩圖	釋文
		官從者居延西昌里…… 誼從者居延利上里公大夫王外人年□□長七尺四寸黑色卩 元康三年九月辛卯朔壬子□□敢言之□□□長誼逐市張掖酒泉郡中與從者西道…… 以令取傳謹疎年長物色謁移肩水金關出來復傳敢言之 ……水金關如律令／掾延年佐宣 印曰居延丞印
		73EJT37:28A+653A+1133A 73EJT37:28B+653B+1133B

第149組

73EJT37:39+691

兩簡碴口雖不能密合,但色澤相符,簡面殘損(馬智全認爲是因虫蝕),兩列文字,字迹、字間距一致。經測量,圖版寬度一致,均是 2.0cm。由此,兩簡疑可遙綴。(相關考釋見"考釋與研究"章)

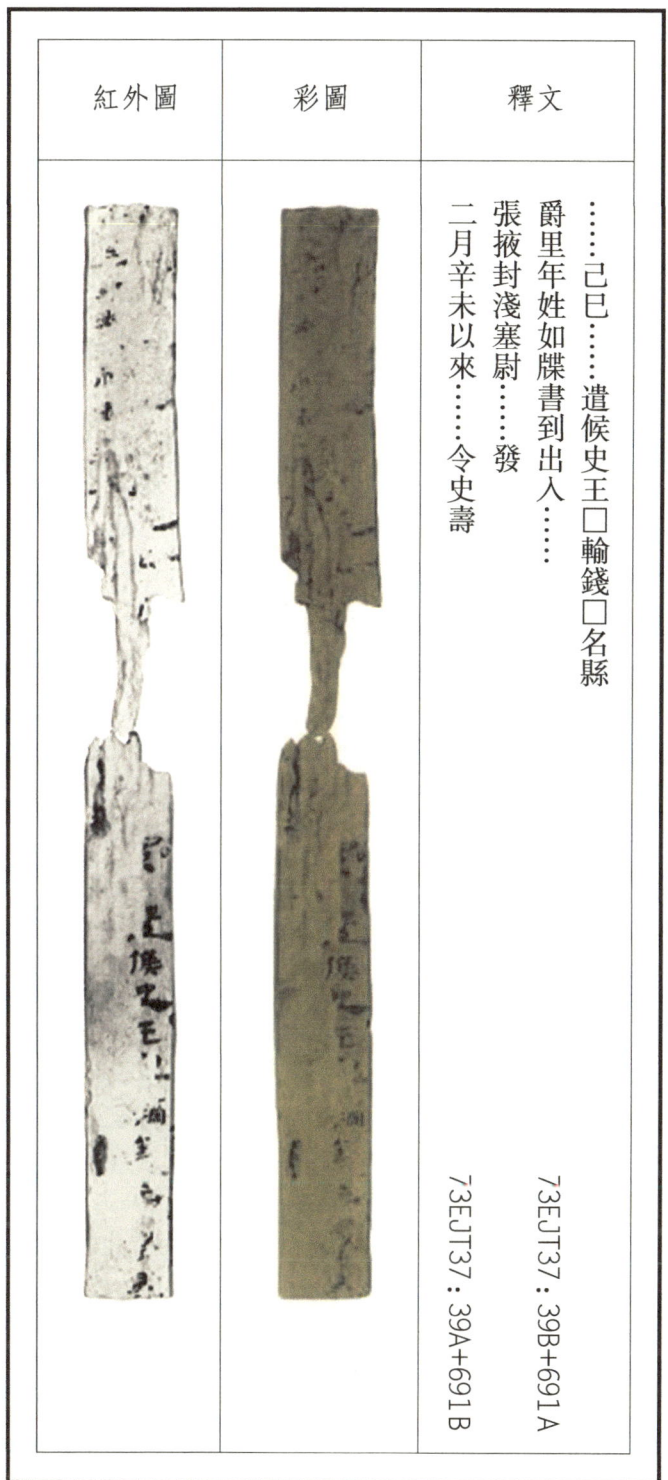

紅外圖	彩圖	釋文
		……已巳……遣候史王□輸錢□名縣爵里年姓如牒書到出入……張掖封淺塞尉……發二月辛未以來……令史壽
		73EJT37:39B+691A 73EJT37:39A+691B

第150組

73EJT37:43+1485

兩簡色澤、紋路相符，碴口吻合。經測量，圖版碴口寬度一致，均是 1.3cm。由此，兩簡當可綴合。

紅外圖	彩圖	釋文
		雍臨市里張年五十二 八月辛亥出　73EJT37:43+1485①

① "雍"字爲高一致改釋。

第151組

73EJT37:59+471

兩簡字迹、字間距一致,色澤、紋路相符,碴口吻合,拼合後可復原"章"字(何有祖釋)。經測量,圖版寬度一致,均是1.2cm。由此,兩簡當可綴合。

紅外圖	彩圖	釋文
		元延四年十一月丁丑朔乙未西鄉嗇夫竟佐政敢言之利貴里男子賈章自言爲家私使之張掖居延願以律取傳謹案章年姓如牒毋官獄徵事當得取…… 73EJT37:59+471

第152組

73EJT37:105+791

兩簡字迹、字間距一致，書寫風格相似，碴口吻合，綴合後可復原"年"字。經測量兩簡寬度相同，均是1.1cm。由此，兩簡當可綴合。（相關考釋見"考釋與研究"章）

紅外圖	彩圖	釋文
		都內長□漢成里大夫吳輔年卅八長七尺二寸黑色　十月戊寅入　軺車一乘弓一矢　五□　73EJT37：105+791

第153組

73EJT37:107+60

兩簡均無紋路,字形、形制以及書寫風格等較爲一致,色澤相符,碴口吻合。經測量,圖版碴口寬度一致,均是 0.9cm。由此,兩簡當可綴合。(相關考釋見"考釋與研究"章第 1 則)

紅外圖	彩圖	釋文
		平陵宜利里公乘韓則年卅五 軺車一乘馬一匹 字子師 皆十二月己酉入 73EJT37:107+60

第154組

73EJT37:120+333

兩簡均有紋路，紋路相合，材質相同，字形、形制以及書寫風格等較爲一致，文意相關，色澤相符，碴口吻合。經測量，圖版碴口寬度一致，均是1.0cm。由此，兩簡當可綴合。

紅外圖	彩圖	釋文
		出錢八百七十 ╱以給庫嗇夫馬始昌七月奉食　73EJT37：120+333

第155組

73EJT37:139+391

兩簡均有紋路,紋路相合,材質相同,字形、形制以及書寫風格等較爲一致,文意相關,色澤相符,碴口吻合,綴合後可復原"丁"字。經測量,圖版碴口寬度一致,均是 1.1cm。由此,兩簡當可綴合。(相關考釋見"考釋與研究"章)

| 紅外圖 | 彩圖 | 釋文 |

建平元年十一月丁酉張掖居延 ＝ 水丞……

73EJT37:139+391

第156組

73EJT37:143+729

兩簡均是密集紋路，簡的左側一列文字殘缺不全，字形、形制以及書寫風格等較爲一致。紋路相符，碴口吻合。經測量，圖版碴口寬度一致，爲0.9~1.0cm。由此，兩簡當可綴合。

紅外圖	彩圖	釋文
		元延三年三月丙辰朔甲子肩水守城尉計移肩水金關士吏□宣自言　73EJT37:143A+729A ……□嗇夫□　73EJT37:143B+729B

第157組

73EJT37:146+1561

两簡字形、形制以及書寫風格等較爲一致,字間距一致,且均有5道紋路,紋路相符,碴口吻合,綴合後,可復原"肩""未"兩字。經測量,圖版碴口寬度一致,均是0.8cm。由此,兩簡當可綴合。(相關考釋見"考釋與研究"章)

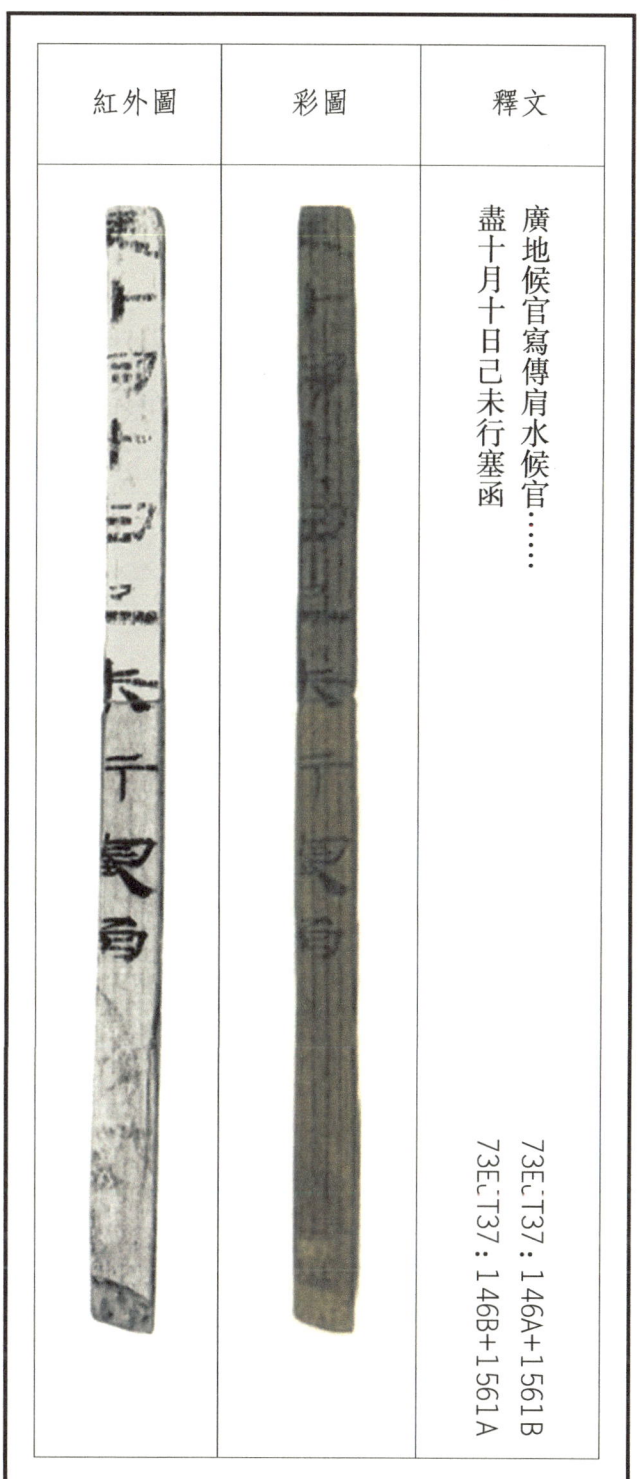

紅外圖	彩圖	釋文
		廣地候官寫傳肩水候官……盡十月十日己未行塞函
		73EJT37:146A+1561B 73EJT37:146B+1561A

第158組

73EJT37:147+417+974+1252

整理者曾綴合 73EJT37:147 與 73EJT37:417 號簡,然而該簡文意未完,還有進一步綴合的可能。73EJT37:974 與 73EJT37:1252 兩簡的字形、形制以及書寫風格都同 73EJT37:147、73EJT37:417 號簡一致,色澤、紋路相符,文意相關,碴口吻合。由此,四簡當可連綴。(相關考釋見"考釋與研究"章)

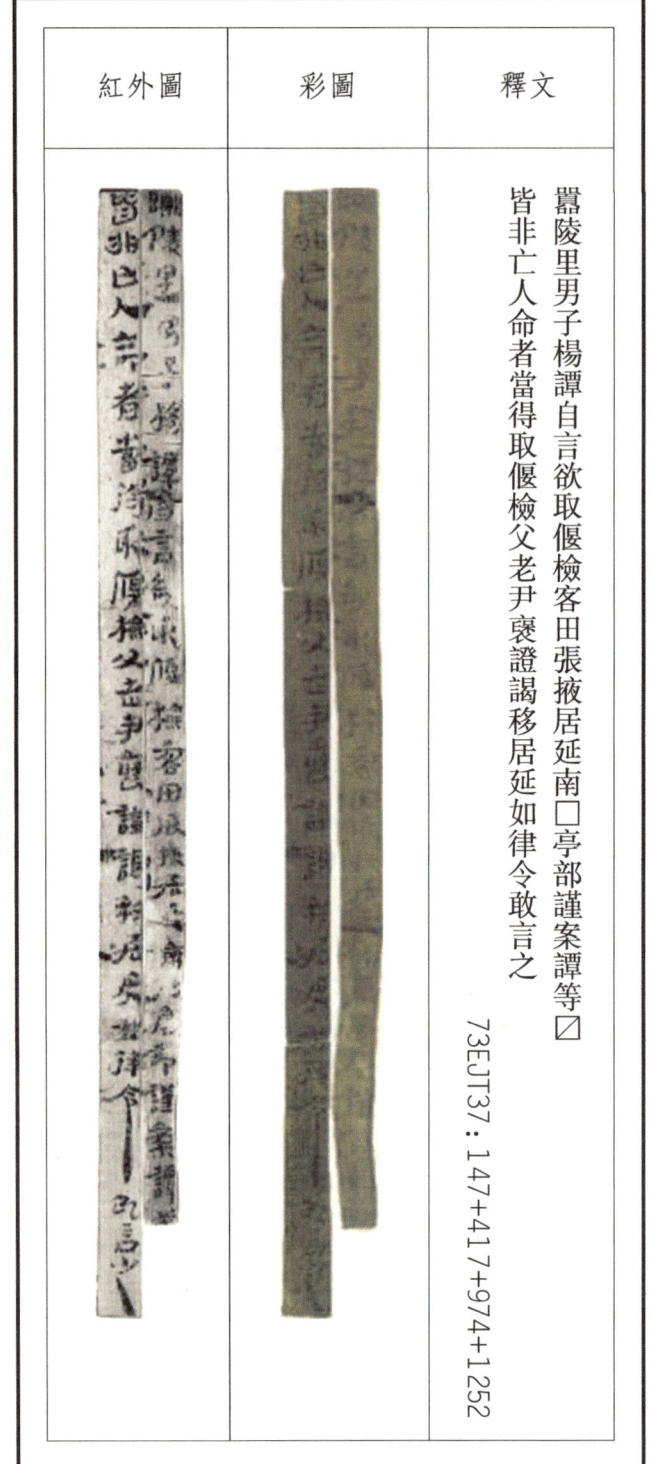

紅外圖	彩圖	釋文
		囂陵里男子楊譚自言欲取偃檢客田張掖居延南□亭部謹案譚等皆非亡人命者當得取偃檢父老尹襃證謁移居延如律令敢言之 □ 73EJT37:147+417+974+1252

第159組

73EJT37:148+422

两簡均是 4 道紋路，字形、形制以及書寫風格都較爲一致，色澤、紋路相符，碴口吻合。經測量，圖版碴口寬度一致，均是 1.0cm。由此，兩簡當可綴合。（相關考釋見"考釋與研究"章）

紅外圖	彩圖	釋文
		綏和二年閏月丁酉朔乙丑廣地守候番和尉常移金關遣□北□☑　73EJT37：148+422

第160組

73EJT37:153+269

兩簡均無紋路,字形、形制以及書寫風格等都較爲一致,色澤相符,碴口吻合,拼合後,可復原"十""車"等字。經測量,圖版碴口寬度一致,均是1.6cm。由此,兩簡當可綴合。(相關考釋見"考釋與研究"章)

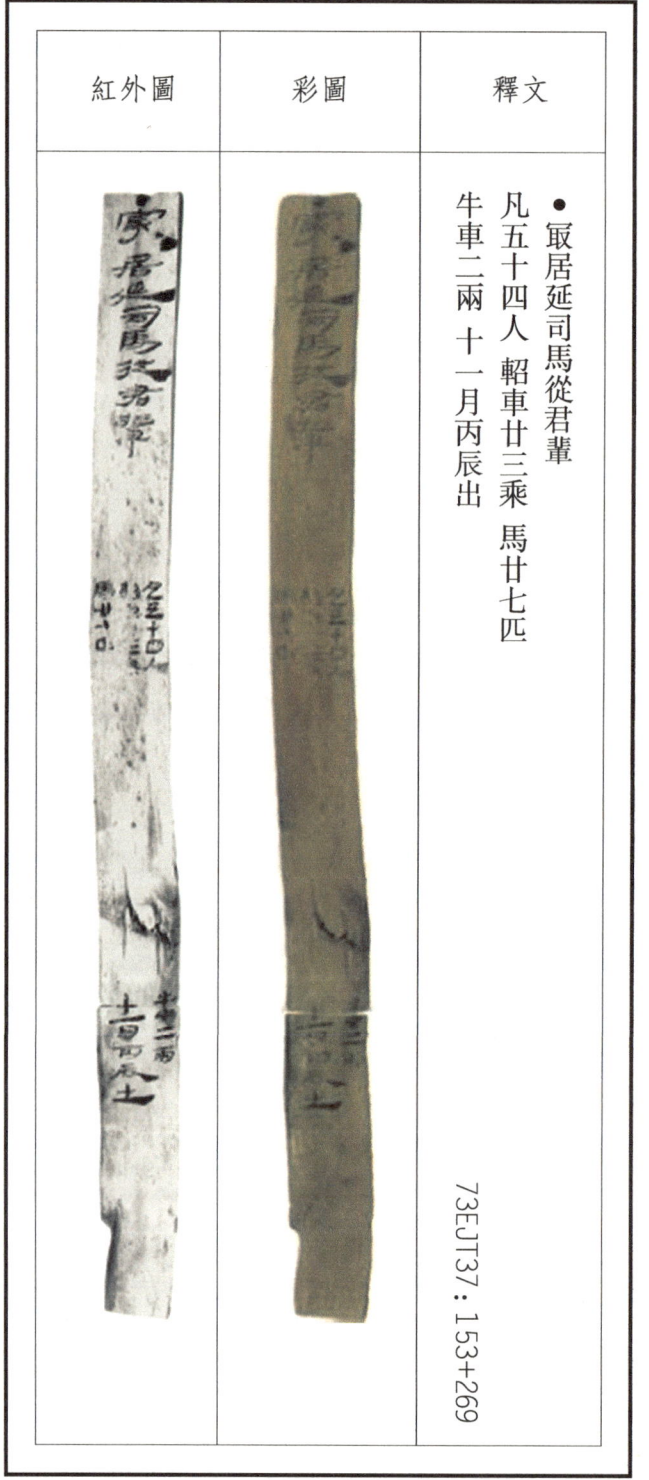

紅外圖	彩圖	釋文
		·冣居延司馬從君輩凡五十四人 軺車廿三乘 馬廿七匹 牛車二兩 十一月丙辰出

73EJT37:153+269

第161組

73EJT37∶170+365

兩簡均有紋路，字迹較淡，字形、形制以及書寫風格都較爲一致，色澤、紋路相符，碴口吻合。經測量，圖版碴口寬度一致，均是1.0cm。由此，兩簡當可綴合。

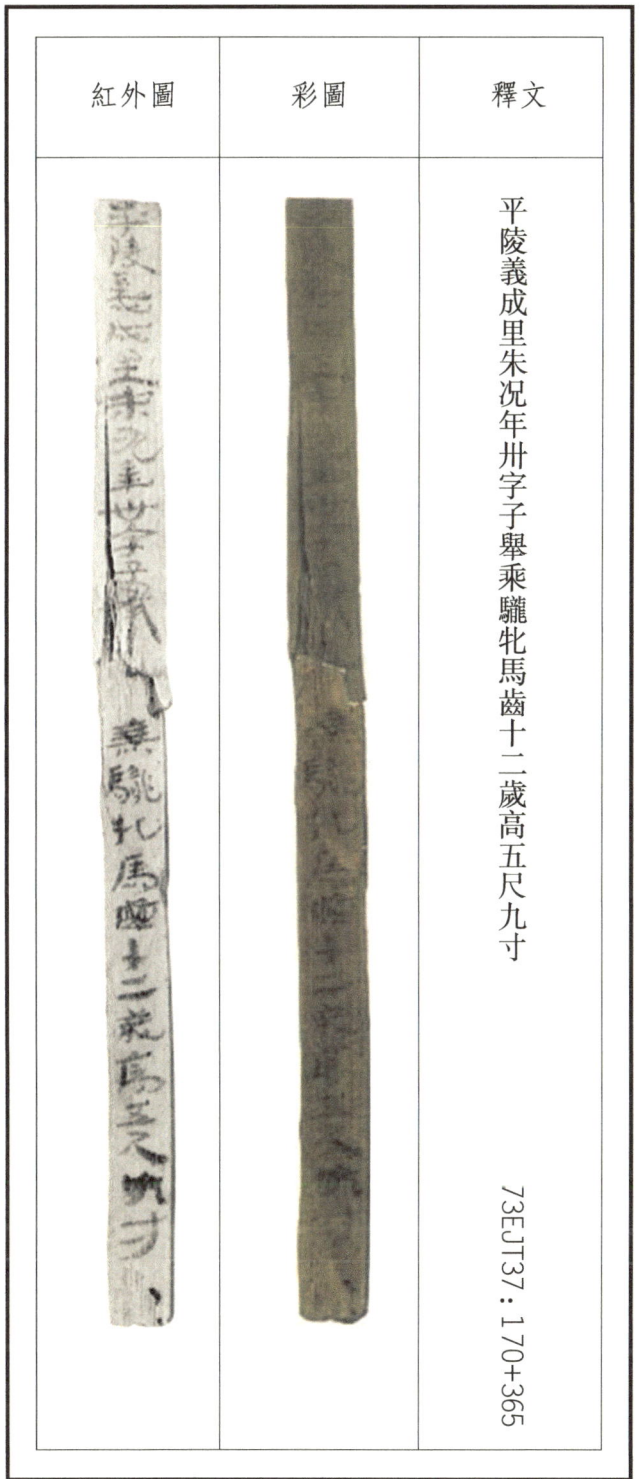

紅外圖	彩圖	釋文
		平陵義成里朱況年卅字子舉乘驪牝馬齒十二歲高五尺九寸　73EJT37∶170+365

第162組

73EJT37:177+687

兩簡內容上同屬家屬符,紋路都較爲粗疏,字形、形制以及書寫風格等較爲一致,色澤、紋路相符,碴口吻合,綴合後,可復原"入""盡""小""男""二"等字。由此,兩簡當可綴合。(相關考釋見"考釋與研究"章)

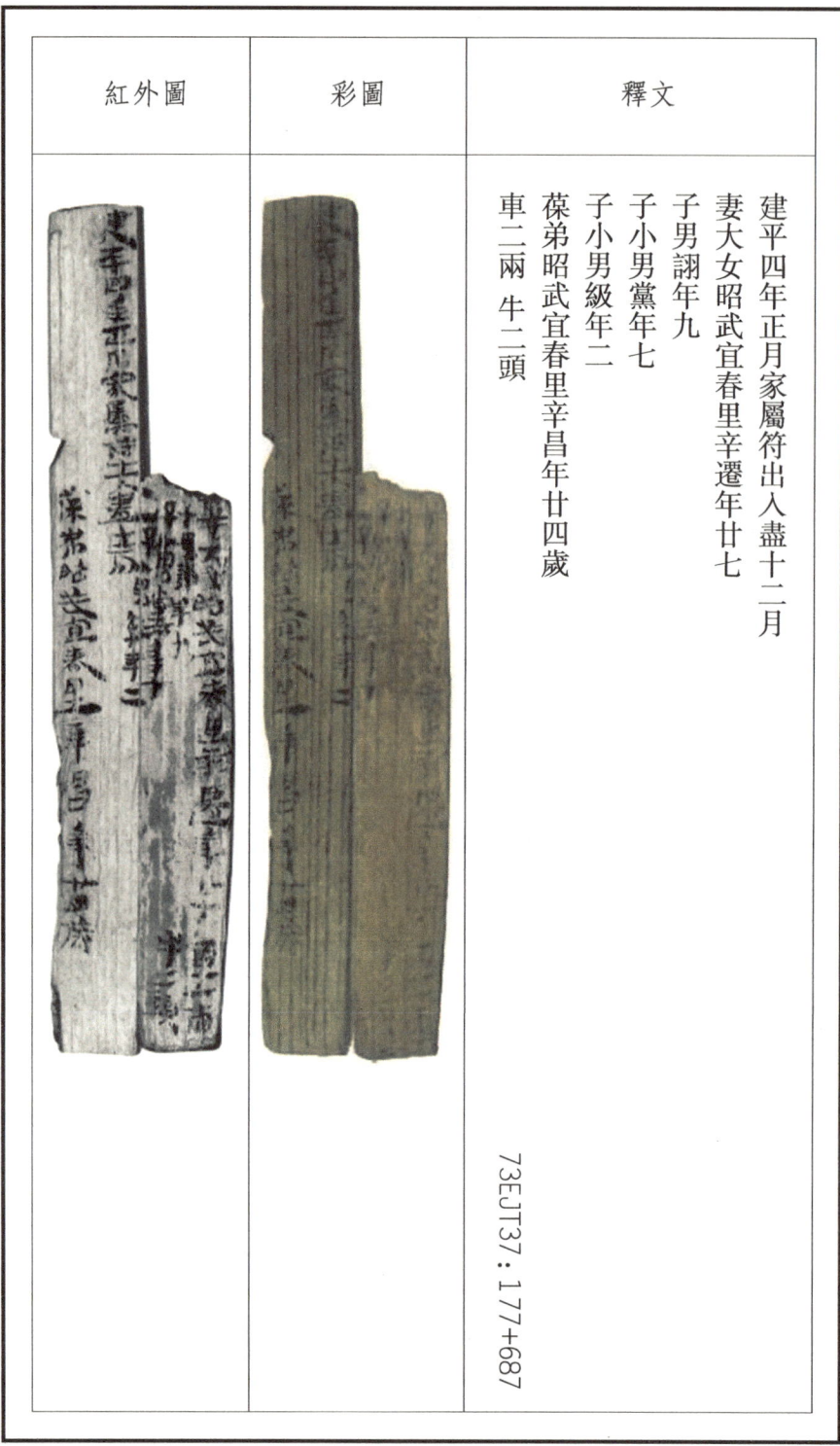

釋文	彩圖	紅外圖
建平四年正月家屬符出入盡十二月 妻大女昭武宜春里辛遷年廿七 子男詡年九 子小男黨年七 子小男級年二 葆弟昭武宜春里辛昌年廿四歲 車二兩 牛二頭		

73EJT37:177+687

第163組

73EJT37:182+1532

兩簡均無紋路,中間斷裂,字形、形制以及書寫風格等較爲一致,色澤相符,字迹、字間距一致,磋口吻合。綴合後,可復原"就""迎""鐵""器""大""司""農""府""移""肩""水""金""關""遣""就"等字。由此,兩簡當可綴合。(相關考釋見"考釋與研究"章)

紅外圖	彩圖	釋文
		延=水丞就迎鐵器大司農府移肩水金關遣就人名籍如牒　73EJT37:182A+1532A 候史丹發 君前　嗇夫豐　73EJT37:182B+1532B

第164組

73EJT37:207+867

　　兩簡內容上同屬家屬符,紋路都較爲粗疏,字形、形制以及書寫風格等較爲一致,色澤、紋路相符,字迹、字間距一致,碴口吻合。綴合後,可復原"入""盡""小""男""二"等字。由此,兩簡當可綴合。(相關考釋見"考釋與研究"章)

紅外圖	彩圖	釋文
		居延都尉從史平樂里公乘彭賜之年□☒

73EJT37:207+867

第165組

73EJT37:209+213+1285+1297

73EJT37:209、73EJT37:213號簡均有4道紋路,字迹、字間距一致,字形、形制以及書寫風格等較爲一致,紋路相符,碴口吻合。經測量,圖版碴口寬度一致,均是0.9cm。由此,兩簡當可綴合。整理者綴合了73EJT37:1285與73EJT37:1297號簡。經查,73EJT37:213與73EJT37:1285號簡字形、形制以及書寫風格等較爲一致,色澤、紋路相符,字迹一致,碴口吻合,拼合後可復原"書"字。經測量,圖版碴口寬度一致,均是0.9cm。由此,兩簡當可綴合。綜上,73EJT37:209、73EJT37:213、73EJT37:1285、73EJT37:1297四簡可互綴。(相關考釋見"考釋與研究"章)

紅外圖	彩圖	釋文
		告歸平陵名縣爵里年姓如牒書到出入如律令 張掖廣地候卩　□□發 73EJT37:209B+213A+1285A+1297A 73EJT37:209A+213B+1285B+1297B

第166組

73EJT37:220+174

兩簡均是舒緩紋路,大約有 8 道,字形、形制以及書寫風格等較爲一致,紋路相符,碴口吻合。經測量,圖版碴口寬度一致,均是 0.7cm。由此,兩簡當可綴合。

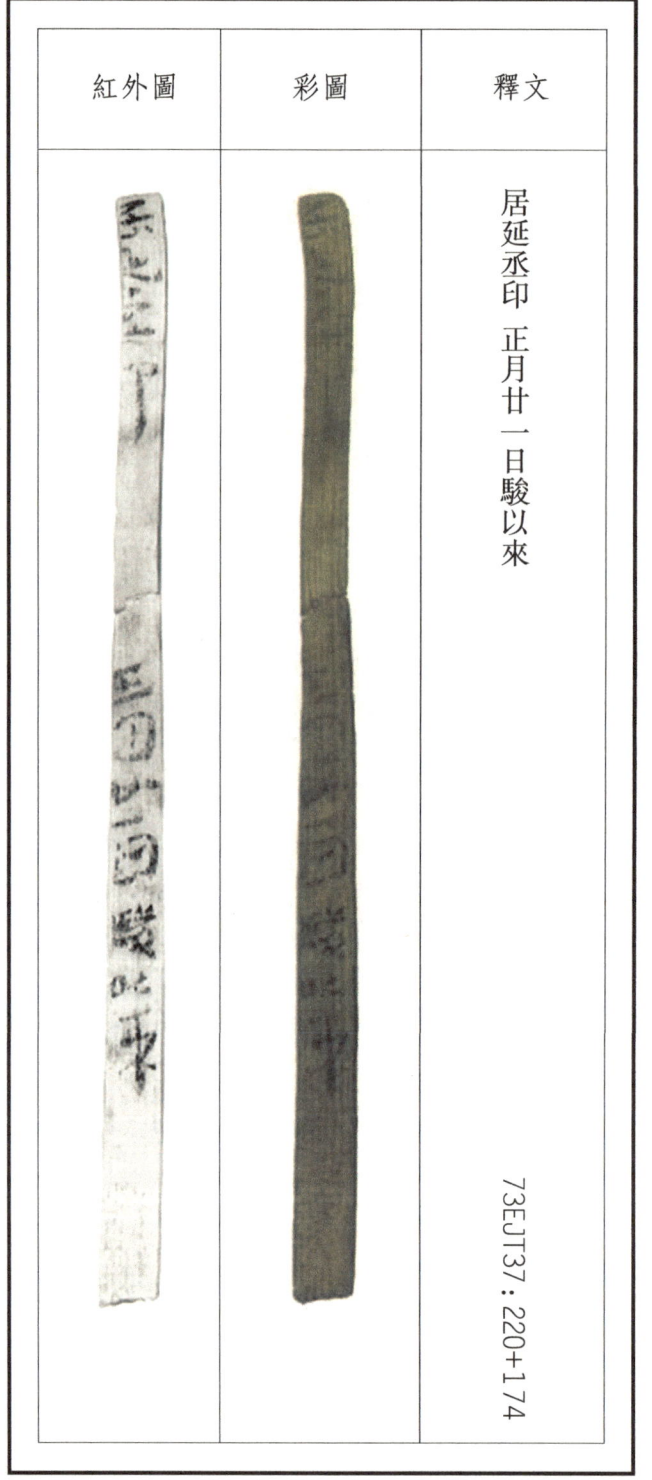

紅外圖	彩圖	釋文
		居延丞印 正月廿一日駿以來 73EJT37:220+174

第167組

73EJT37∶242+138

兩簡木質相同,文意相關,碴口吻合。經測量,兩簡圖版碴口寬度均是 1.1cm。由此,兩簡當可綴合。

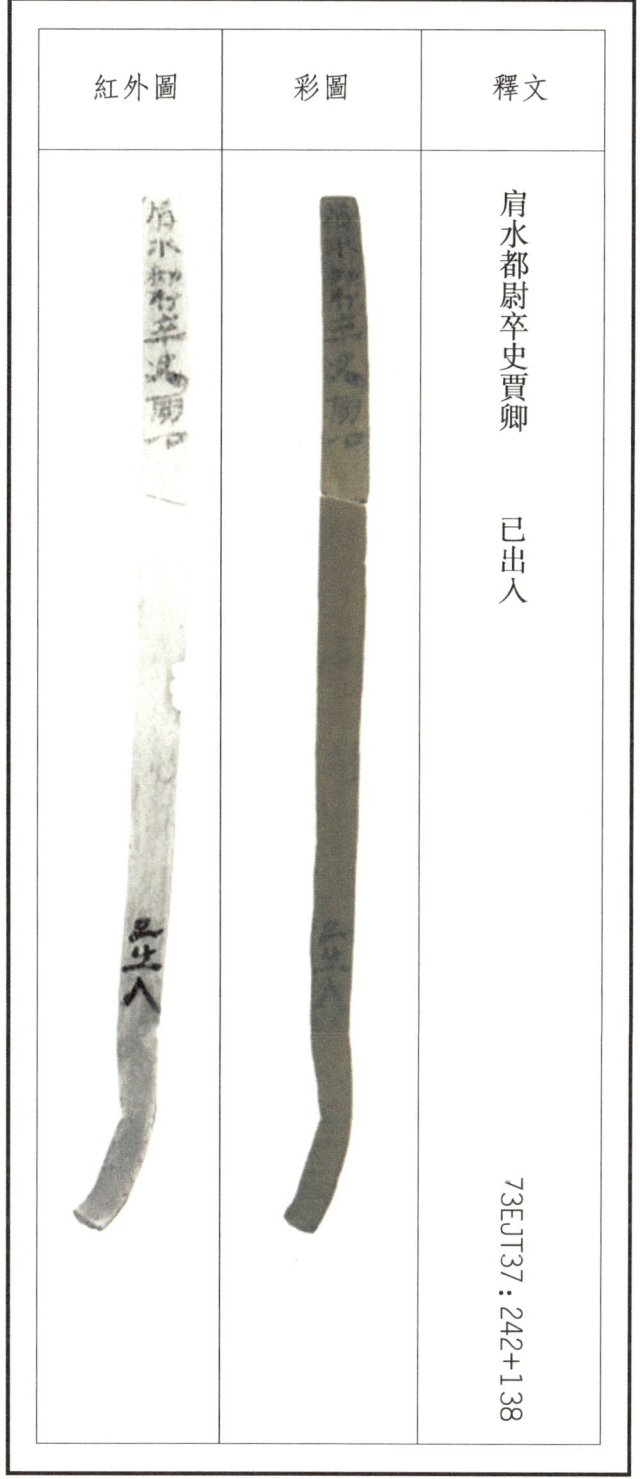

紅外圖	彩圖	釋文
		肩水都尉卒史賈卿　已出入　73EJT37∶242+138

第168組

73EJT37:243+73EJC:469

兩簡碴口不能密合,但兩簡材質相同,色澤相符,字形、形制以及書寫風格等較爲一致,均靠右側書寫,且右側斷裂,文意相關。經測量,兩簡圖版碴口寬度均是1.0cm。由此,兩簡疑可遥綴。

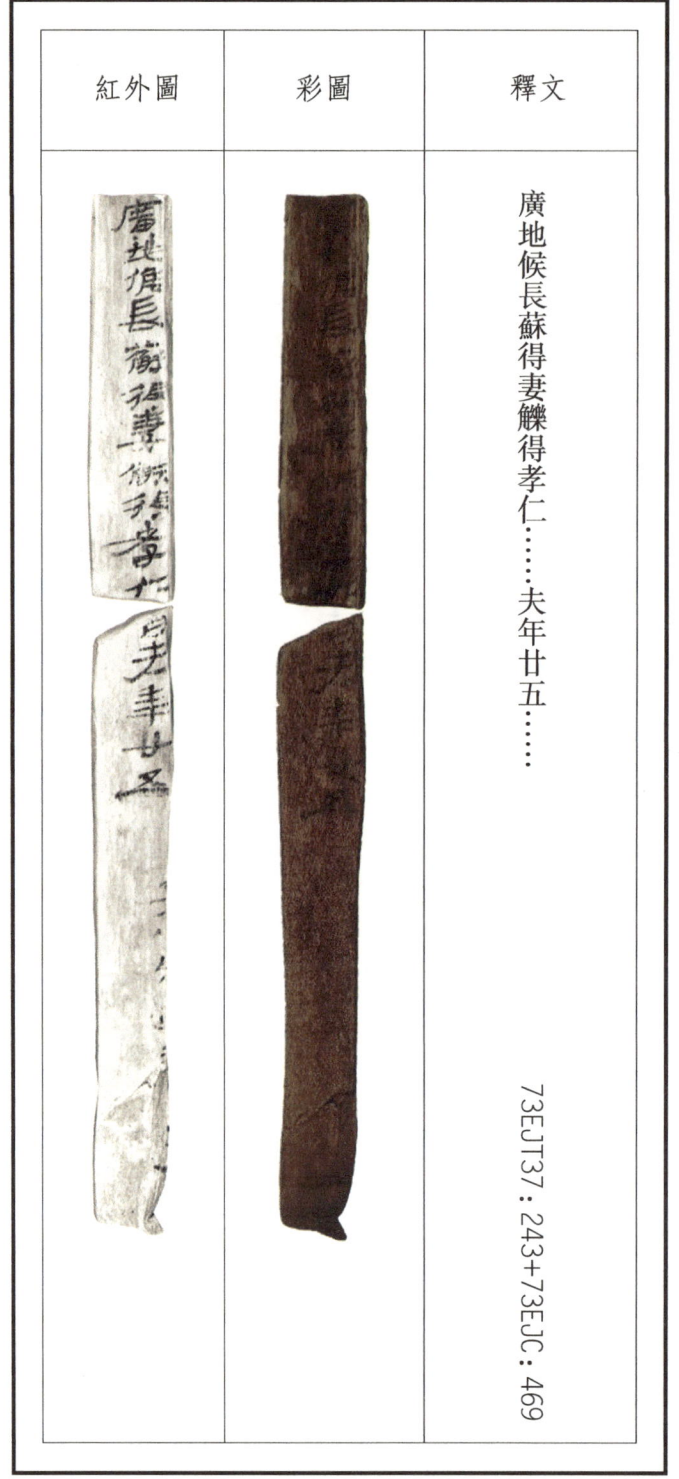

紅外圖	彩圖	釋文
		廣地候長蘇得妻䑛得孝仁……夫年廿五…… 73EJT37:243+73EJC:469

第169組

73EJT37:246+61

兩簡色澤雖然存在一定差異,但均是細小紋路,在簡的右側有一道較爲明顯的紋路,紋路相符,書寫風格相同,字迹、字間距一致,碴口吻合,碴口處的墨迹亦可以重合。經測量,圖版碴口寬度一致,均是0.9cm。由此,兩簡當可綴合。①

---

① 顏世鉉在此綴合基礎上將73EJT37:1560號簡與73EJT37:246、73EJT37:61兩簡綴合,形成新的綴合,可從。見顏世鉉:《〈肩水金關漢簡〉(肆)綴合第13組》,簡帛網2016年7月31日,http://www.bsm.org.cn/show_article.php?id=2600。

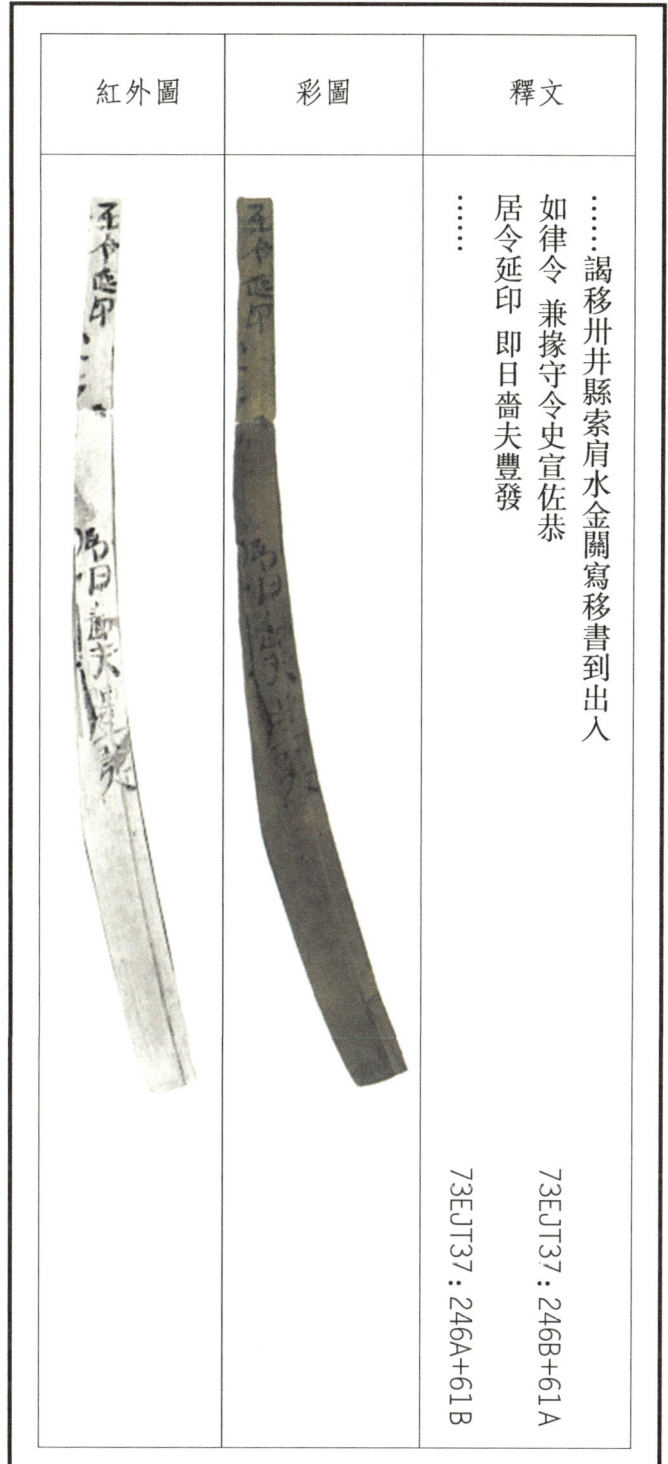

紅外圖	彩圖	釋文
		……謁移卅井縣索肩水金關寫移書到出入如律令 兼掾守令史宣佐恭 居令延印 即日齎夫豐發……
73EJT37:246B+61A	73EJT37:246A+61B	

第170組

73EJT37:247+808

兩簡均無紋路，且左右兩側存在不同程度的刮削，字形、形制以及書寫風格等較爲一致，色澤相符，字迹、字間距一致，碴口吻合。由此，兩簡當可綴合。

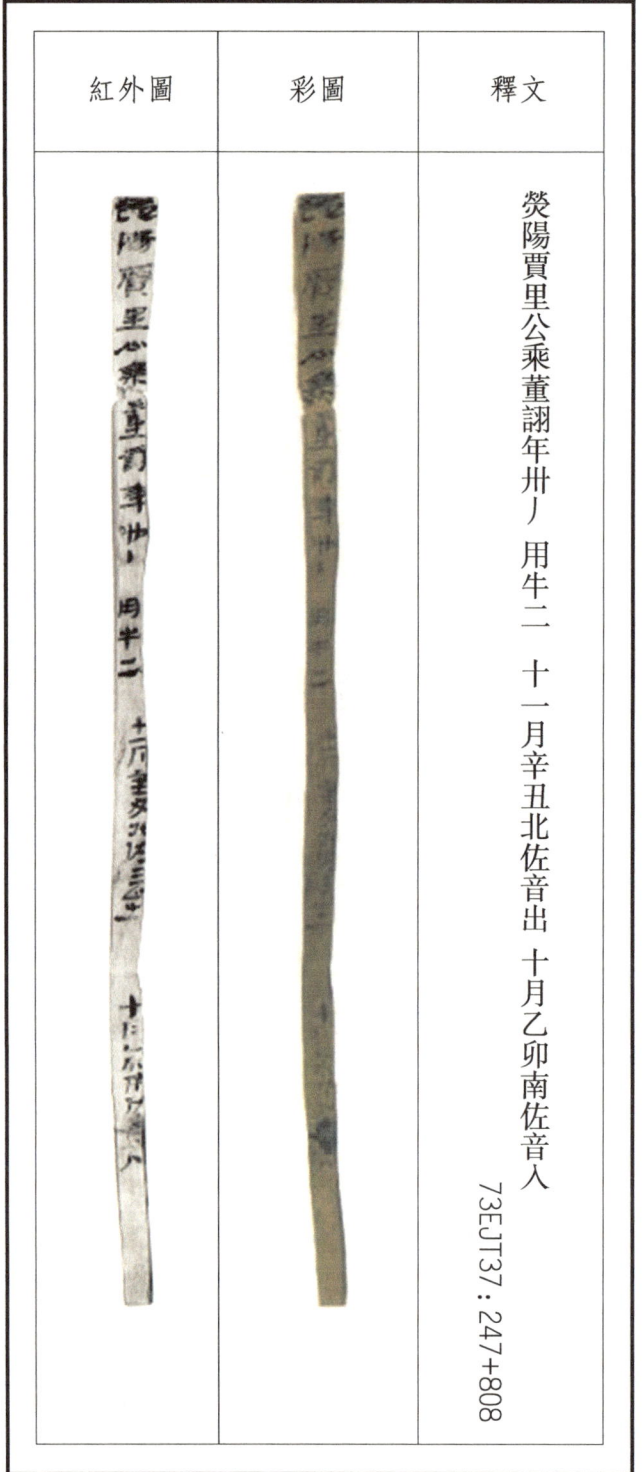

紅外圖	彩圖	釋文
		熒陽賈里公乘董詡年卅丿 用牛二 十一月辛丑北佐音出 十月乙卯南佐音入 73EJT37:247+808

第171組

73EJT37:275+248+7+301

　　許名瑲曾綴合 73EJT37:275 與 73EJT37:248 號簡，①謝坤曾綴合 73EJT37:275 與 73EJT37:301 號簡。②綴合後簡文仍不完整，還有進一步綴合的可能。筆者發現 73EJT37:7 與 73EJT37:248 號簡字形、形制以及書寫風格等較爲一致，色澤相符，字迹、字間距一致，碴口吻合，拼合後可復原"長"字。由此，四簡當可連綴。

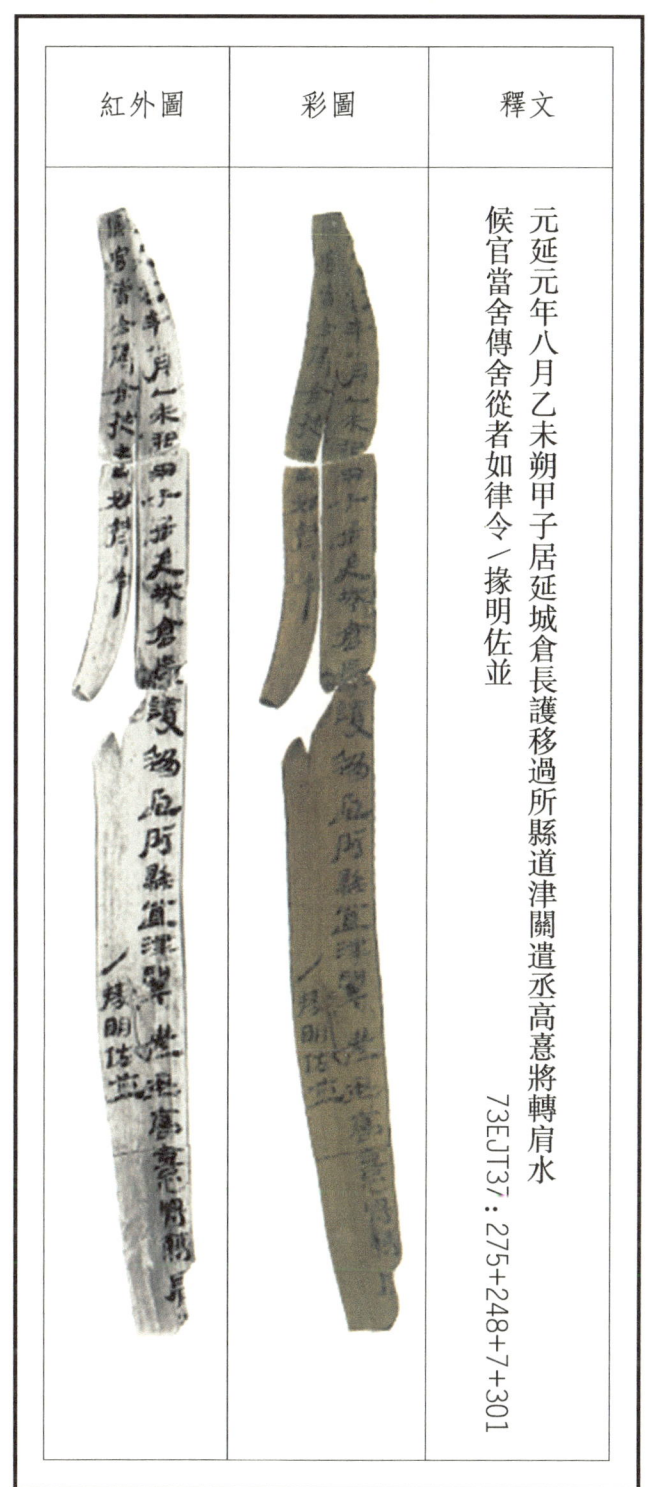

紅外圖	彩圖	釋文
		元延元年八月乙未朔甲子居延城倉長護移過所縣道津關遣丞高憙將轉肩水候官當舍傳舍從者如律令／掾明佐並　　73EJT37:275+248+7+301

---

① 許名瑲:《〈肩水金關漢簡〉（肆）綴合七則》，簡帛網 2016 年 1 月 12 日，http://www.bsm.org.cn/show_article.php?id=2425。

② 謝坤:《〈肩水金關漢簡（肆）〉綴合及考釋八則》，《簡帛》第 14 輯，上海：上海古籍出版社，2017 年。

第172組

73EJT37:276+1501

兩簡均無紋路,兩列文字,字形、形制以及書寫風格等較爲一致。兩簡拼合後碴口不能密合,中間存有空隙,但細察之下發現文意貫通,且字體、字形、字間距一致,書風蒼勁有力,明顯出於同一人之手。由此,當可遙綴。

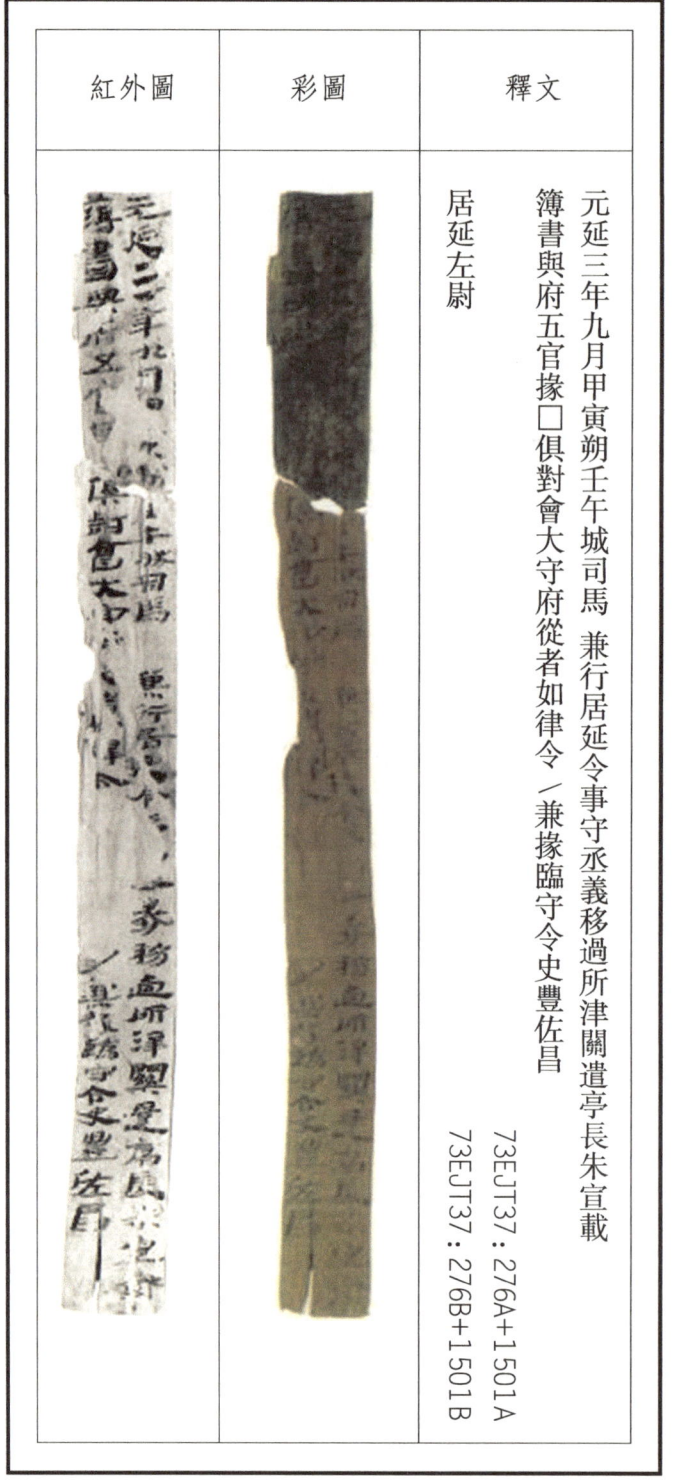

紅外圖	彩圖	釋文
		元延三年九月甲寅朔壬午城司馬兼行居延令事守丞義移過所津關遣亭長朱宣載簿書與府五官掾□俱對會大守府從者如律令／兼掾臨守令史豐佐昌 居延左尉 73EJT37:276A+1501A 73EJT37:276B+1501B

第173組

73EJT37:279+287

兩簡均是密集紋路，形制、筆迹相近，字形以及書寫風格等較爲一致，磋口吻合，拼合後可復原"印"字。由此，兩簡當可綴合。73EJT37:279+287兩簡綴合後，林宏明曾依據辭例補綴73EJT37:325號簡："'西鄉'之下尚有'嗇'字的殘筆，綴合後正面'西鄉嗇夫'常見，如73EJT25-204、73EJT33-039等。"①可參。

---

①林宏明：《漢簡試綴第六則》，先秦史研究室網站2016年11月29日，http://www.xianqin.org/blog/archives/7582.html。

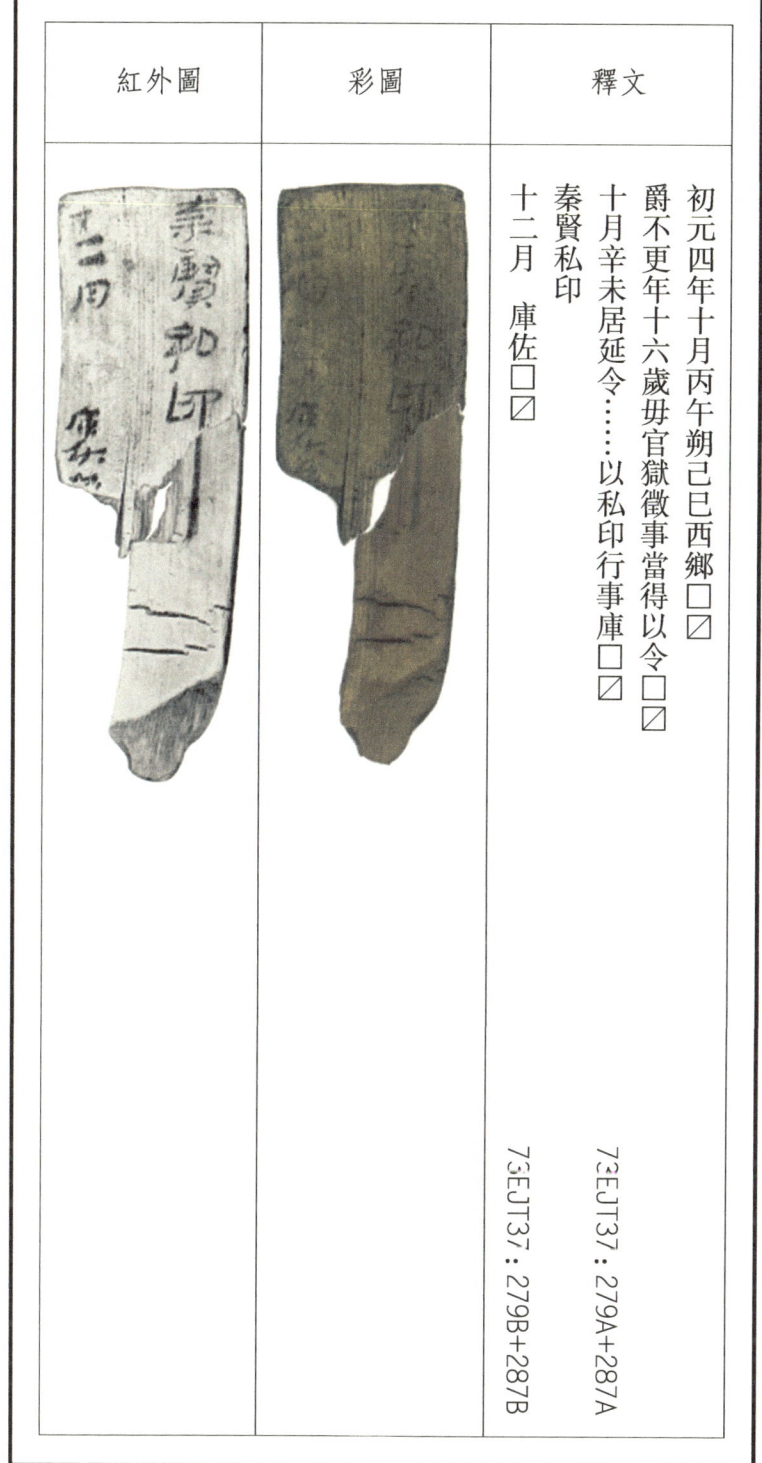

紅外圖	彩圖	釋文
		初元四年十月丙午朔己巳西鄉□ 爵不更年十六歲毋官獄徵事當得以令 十月辛未居延令……以私印行事庫□ 秦賢私印 十二月　庫佐□ □
		73EJT37：279A+287A
		73EJT37：279B+287B

第174組

73EJT37:282+819

兩簡色澤、木質相同,書寫風格相同,字迹、字間距一致,屬於斜型磋口,磋口吻合,拼合後可復原"令"字。經測量,圖版磋口寬度一致,均是1.1cm。由此,兩簡當可綴合。(時間考釋見"考釋與研究"章)

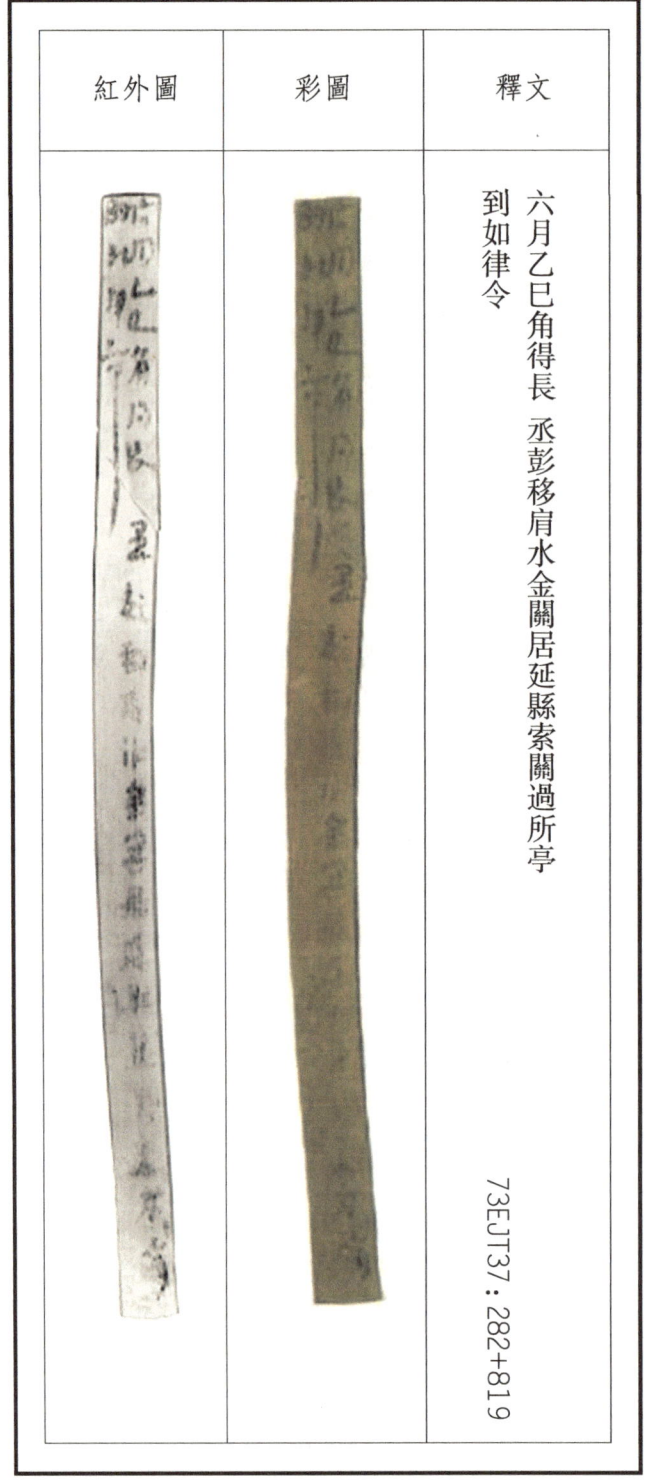

紅外圖	彩圖	釋文
		六月乙巳角得長 丞彭移肩水金關居延縣索關過所亭到如律令 73EJT37:282+819

第175組

73EJT37:284+324+278

三簡材質相同,色澤相符,紋路相合,字形、形制以及書寫風格等較爲一致,文意相關,碴口吻合,拼合後可復原"令"字殘筆。經測量,三簡圖版碴口寬度均爲1.7cm~1.8cm。由此,三簡當可綴合。

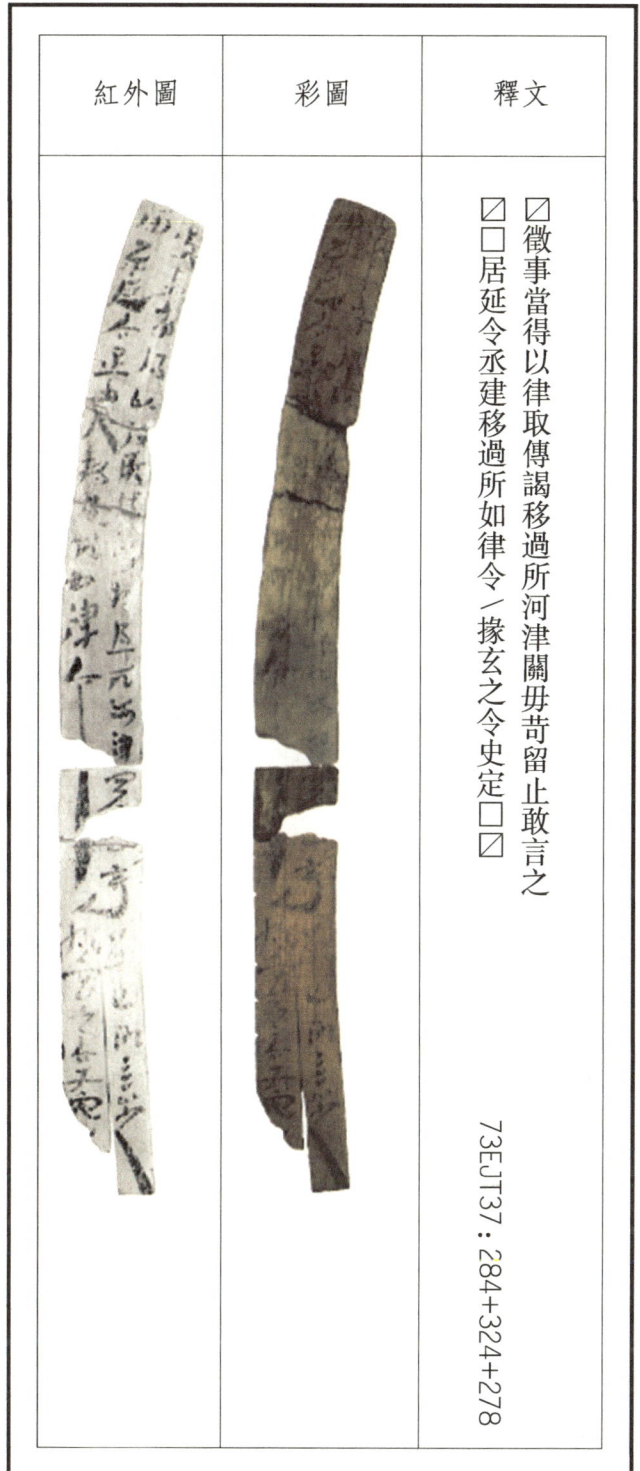

紅外圖	彩圖	釋文
		☐徵事當得以律取傳謁移過所河津關毋苛留止敢言之 / ☑☐居延令丞建移過所如律令／掾玄之令史定☐☑

73EJT37:284+324+278

第176組

73EJT37:306+267

兩簡均無紋路,形制、筆迹相近,字形以及書寫風格等較爲一致,文意相關,磋口吻合。經測量,圖版寬度一致,均是0.8cm。由此,兩簡當可綴合。

紅外圖	彩圖	釋文
		戍卒濟陰郡冤句義陽里大夫晉橫年卅　長☐

73EJT37:306+267

第177組

73EJT37:309+1305

兩簡均有紋路,且都是右側殘缺,字形、形制以及書寫風格都較爲一致,色澤、紋路相符,字迹、字間距一致,磋口吻合,可復原"年"字。經測量,圖版磋口寬度一致,均是 0.5cm。由此,兩簡當可綴合。

紅外圖	彩圖	釋文
		戍卒昭武便處里士伍犂□年卅一 73EJT37:309+1305

第178組

73EJT37:315+1507

兩簡均無紋路,字迹偏黑,字形、形制以及書寫風格等較爲一致,色澤相符,碴口吻合。經測量,圖版碴口寬度一致,均是1.0cm。由此,兩簡當可綴合。

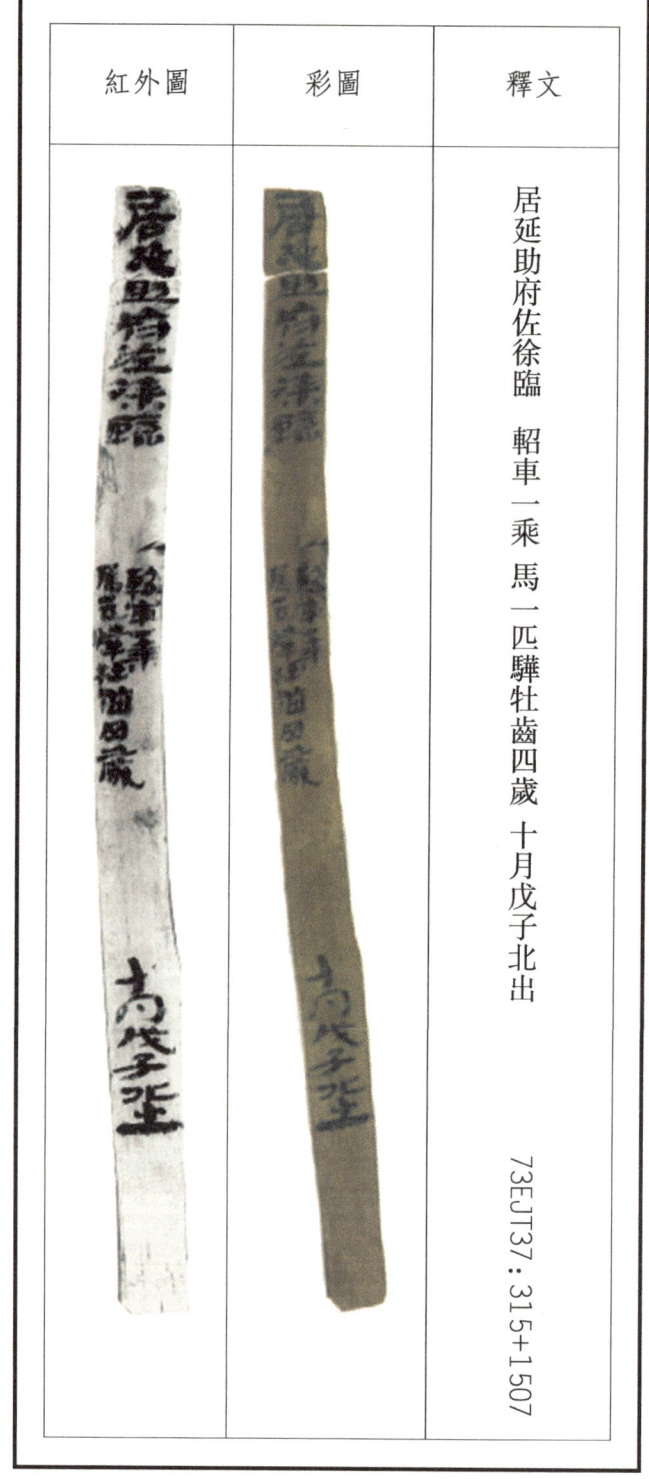

紅外圖	彩圖	釋文
		居延助府佐徐臨 軺車一乘 馬一匹驊牡齒四歲 十月戊子北出 73EJT37:315+1507

第179組

73EJT37:355+56

兩簡均無紋路,字形、形制以及書寫風格等較爲一致,色澤相符,字迹、字間距一致,碴口吻合,拼合後可復原"除"字。經測量,圖版碴口寬度一致,均是1.3cm。由此,兩簡當可綴合。(相關考釋見"考釋與研究"章)

紅外圖	彩圖	釋文
		五月戊戌除補肩水中部候史以主領吏卒徼迹備盜賊 73EJT37:355+56

第二章 白綴圖版與釋文

第180組

73EJT37:358+1483

兩簡紋路清晰密集,較爲規整,字形、形制以及書寫風格等較爲一致,色澤、紋路相符,字迹、字間距一致,碴口吻合,拼合後可復原"令"字尾筆。經測量,圖版碴口寬度一致,均是1.3cm。由此,兩簡當可綴合。

紅外圖	彩圖	釋文
		七月甲申居延丞忠移過所如律令 令史長 七月戊子入

73EJT37:358+1483

第181組

73EJT37:364+211

兩簡均有 2 道紋路,字形、形制以及書寫風格等較爲一致,色澤、紋路相符,字迹、字間距一致,碴口吻合,拼合後可復原"二"字。經測量,圖版碴口寬度一致,均是0.7cm。由此,兩簡當可綴合。

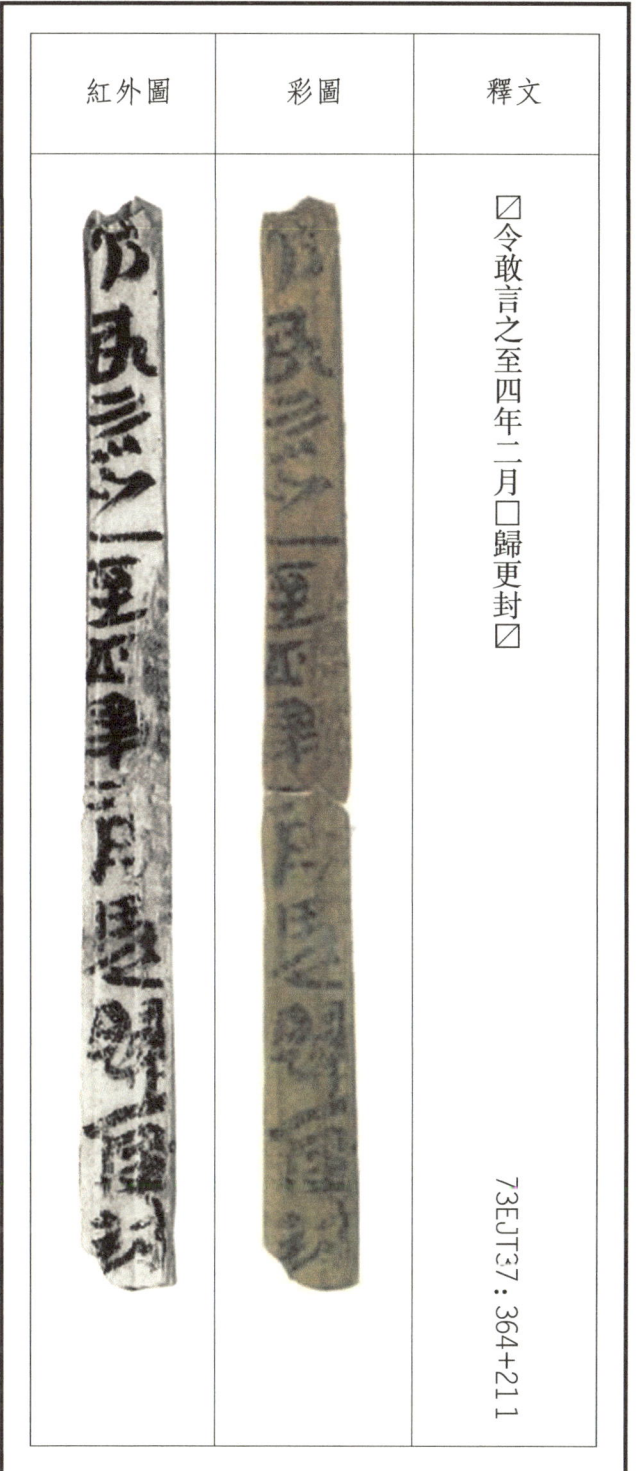

紅外圖	彩圖	釋文
		☐令敢言之至四年二月☐歸更封☐ 73EJT37:364+211

第182組

73EJT37:386+395

两簡均是密集紋路,紋路相符,簡面殘損,字形、形制以及書寫風格等較爲一致,字迹、字間距一致,文意貫通。由此,兩簡當可綴合。

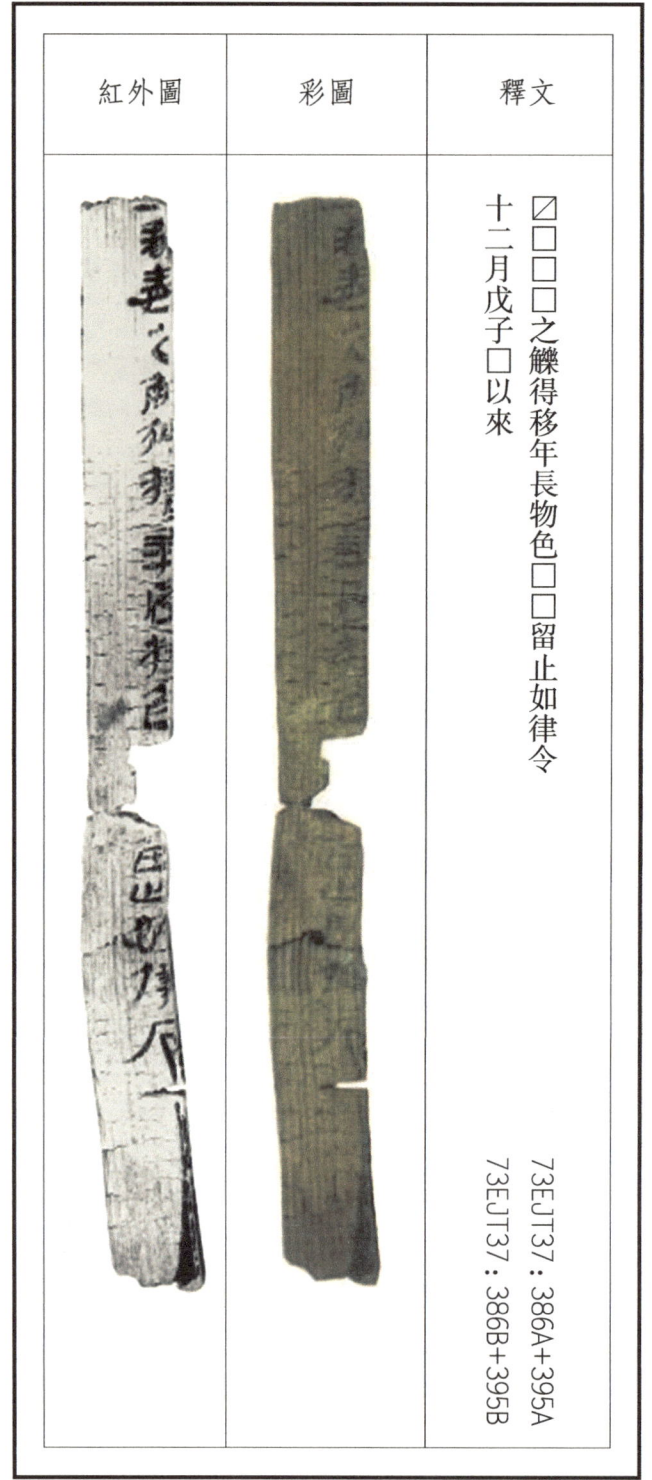

釋文	彩圖	紅外圖
☒□□之鱳得移年長物色□□留止如律令 十二月戊子□以來		
73EJT37:386A+395A 73EJT37:386B+395B		

第183組

73EJT37∶393+1290

兩簡均有紋路,且簡面殘損較大,字形、形制以及書寫風格等較爲一致,色澤、紋路相符,字迹、字間距一致,碴口吻合,拼合後可復原"夫"字。經測量,圖版碴口寬度一致,均是 1.1cm。由此,兩簡當可綴合。

紅外圖	彩圖	釋文
		從者居延雜里官大夫所勳年廿六四……長六尺……
		73EJT37∶393+1290

第184組

73EJT37:394+685

两簡紋路都較爲密集,簡面殘損,字形、形制以及書寫風格等較爲一致,色澤相符,字迹、字間距一致,字體均傾斜,碴口吻合。經測量,圖版碴口寬度一致,均是1.1cm。由此,兩簡當可綴合。

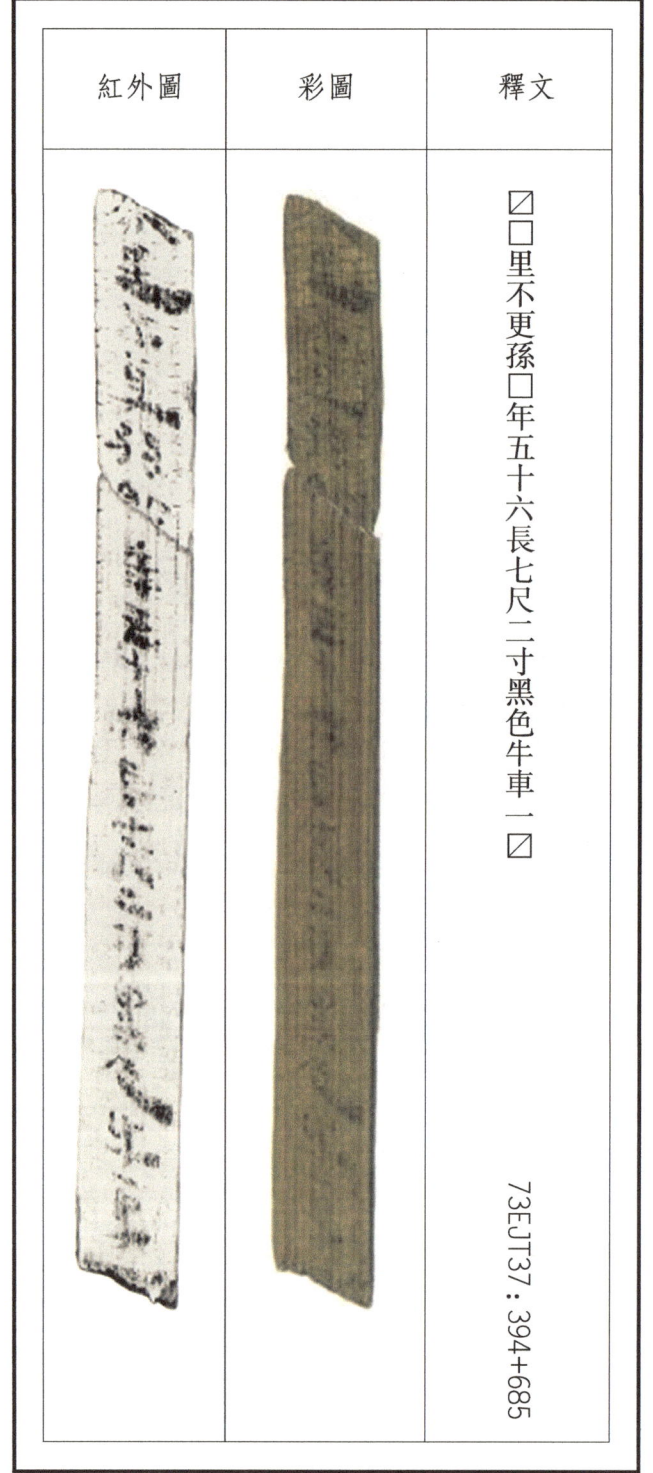

紅外圖	彩圖	釋文
		☐☐里不更孫☐年五十六長七尺二寸黑色牛車一☐ 73EJT37:394+685

第185組

73EJT37:401+857+1473

謝坤曾綴合 73EJT3:401 與 73EJT37:857 號簡，綴合確實可信。①然文意未完，還有進一步綴合的可能。筆者找到 73EJT37:1473 號簡，此簡字形、形制以及書寫風格等與 73EJT37:857 號簡較爲一致，色澤相符，字迹、字間距一致，磋口吻合，拼合後，可復原"朔""戊""寅""東""鄉""嗇""夫"等字。由此，兩簡當可綴合。（時間考釋見"考釋與研究"章）

---

① 謝坤：《讀肩水金關漢簡札記（四）》，簡帛網 2016 年 1 月 14 日，http://www.bsm.org.cn/show_article.php?id=2432。

紅外圖	彩圖	釋文
		……年□月□子朔戊寅東鄉嗇夫宗敢言之富里周護自言爲金城允吾左尉樊立葆願……與立俱之官謹案戶籍護士伍年廿五毋官獄徵事當得以令……居延丞印　73EJT37:401B+857A+1473A　73EJT37:401A+857B+1473B

第186組

73EJT37:427+298

兩簡均是密集紋路,兩列文字,字形、形制以及書寫風格等較爲一致,色澤、紋路相符,字迹、字間距一致,碴口吻合,拼合後可復原"里""得"等字。經測量,圖版碴口寬度一致,均是 1.0cm。由此,兩簡當可綴合。

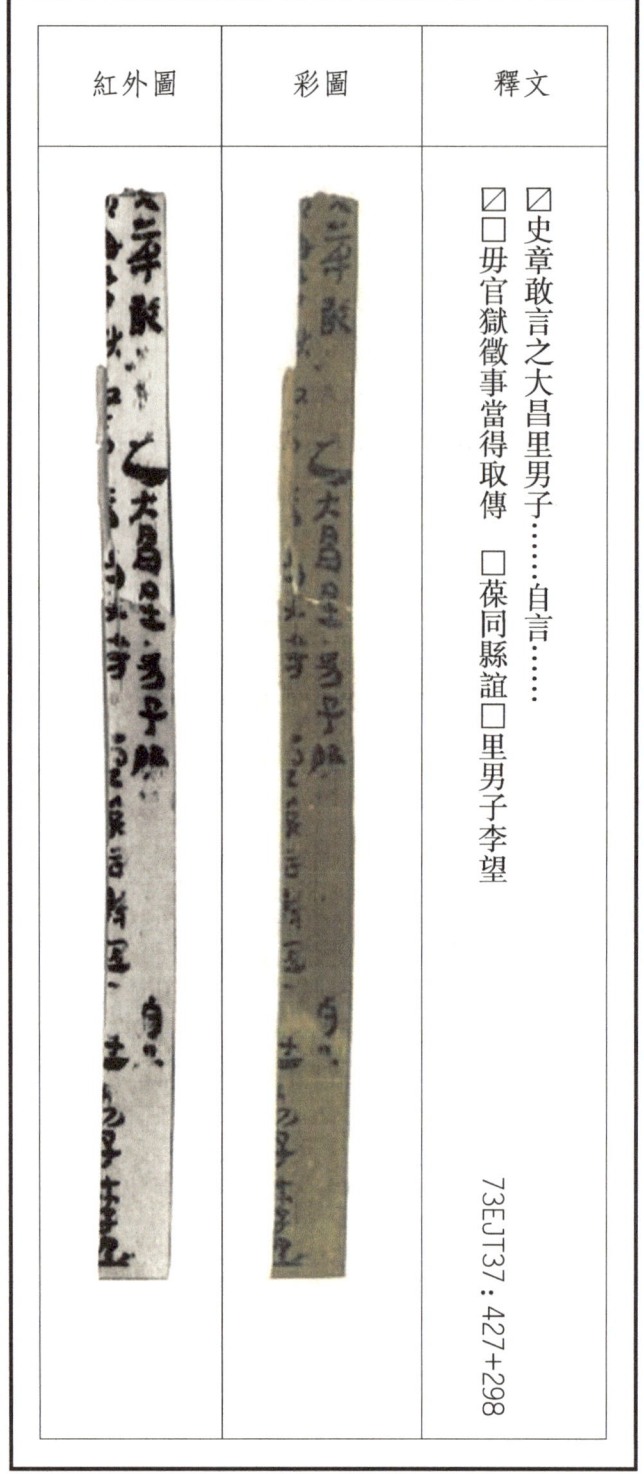

紅外圖	彩圖	釋文
		☑史章敢言之大昌里男子……自言…… ☑毋官獄徵事當得取傳　　☐葆同縣誼☐里男子李望

73EJT37:427+298

第187組

73EJT37:436+380

兩簡均是密集紋路,緊靠簡右側書寫,字形、形制以及書寫風格等較爲一致,色澤、紋路相符,字迹、字間距一致,碴口吻合。經測量,圖版碴口寬度一致,均是0.7cm。由此,兩簡當可綴合。

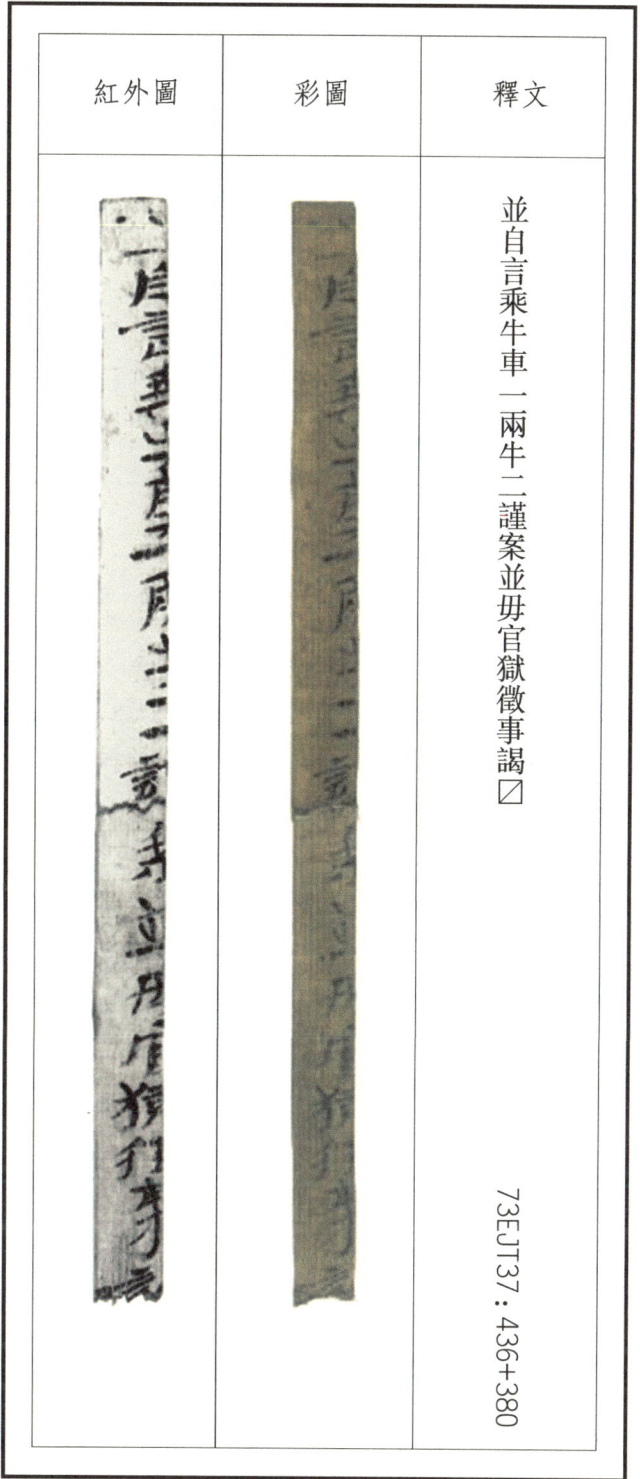

紅外圖	彩圖	釋文
		並自言乘牛車一兩牛二謹案並毋官獄徵事謁☐

73EJT37:436+380

第188組

73EJT37:447+1176

兩簡雖碴口無法密合,但均是密集紋路,字形、形制以及書寫風格等較爲一致,色澤、紋路相符,字迹、字間距一致,文意相關。由此,兩簡當可遙綴。

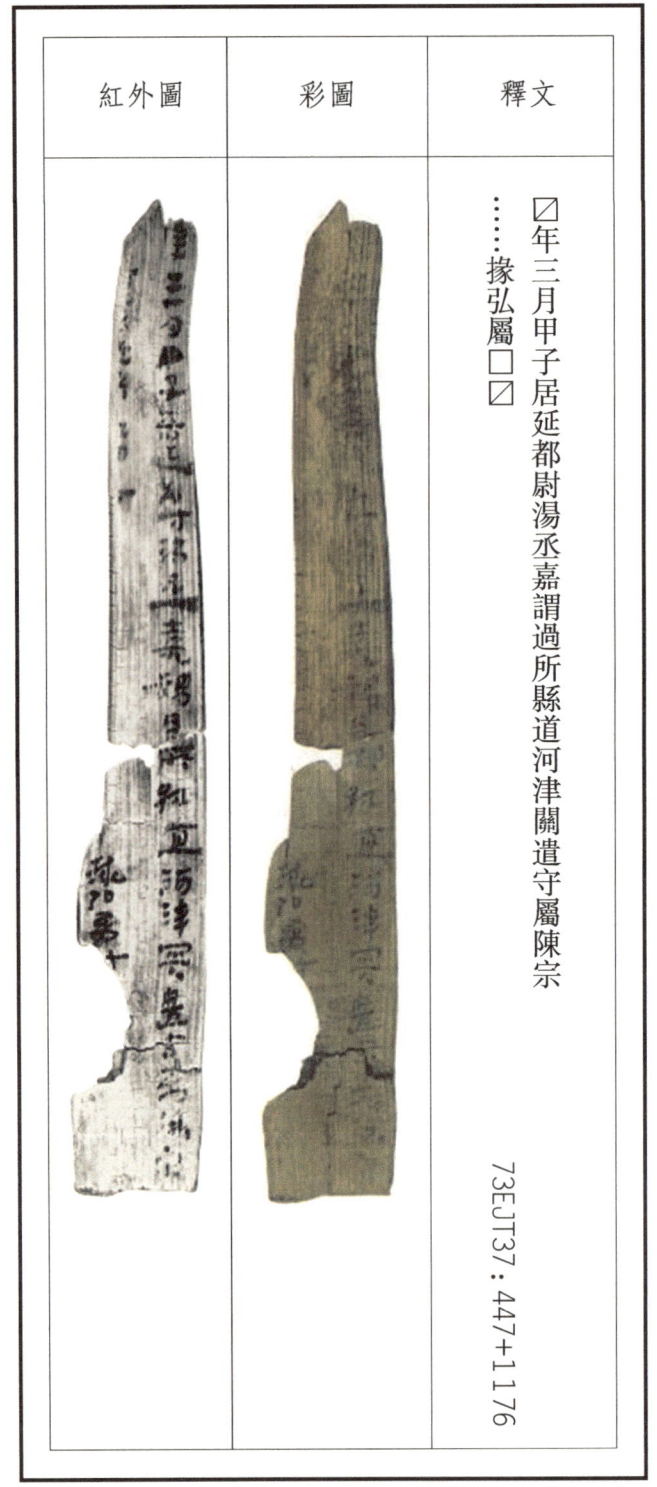

第189組

73EJT37:459+1174

兩簡碴口雖不能密合，但均是密集紋路，字形、形制以及書寫風格等較爲一致，色澤、紋路相符，字迹、字間距一致。經測量，圖版寬度一致，爲1.2~1.3cm。此外，從文意看，程忠遣弟程普亦通。由此，兩簡疑可遥綴。

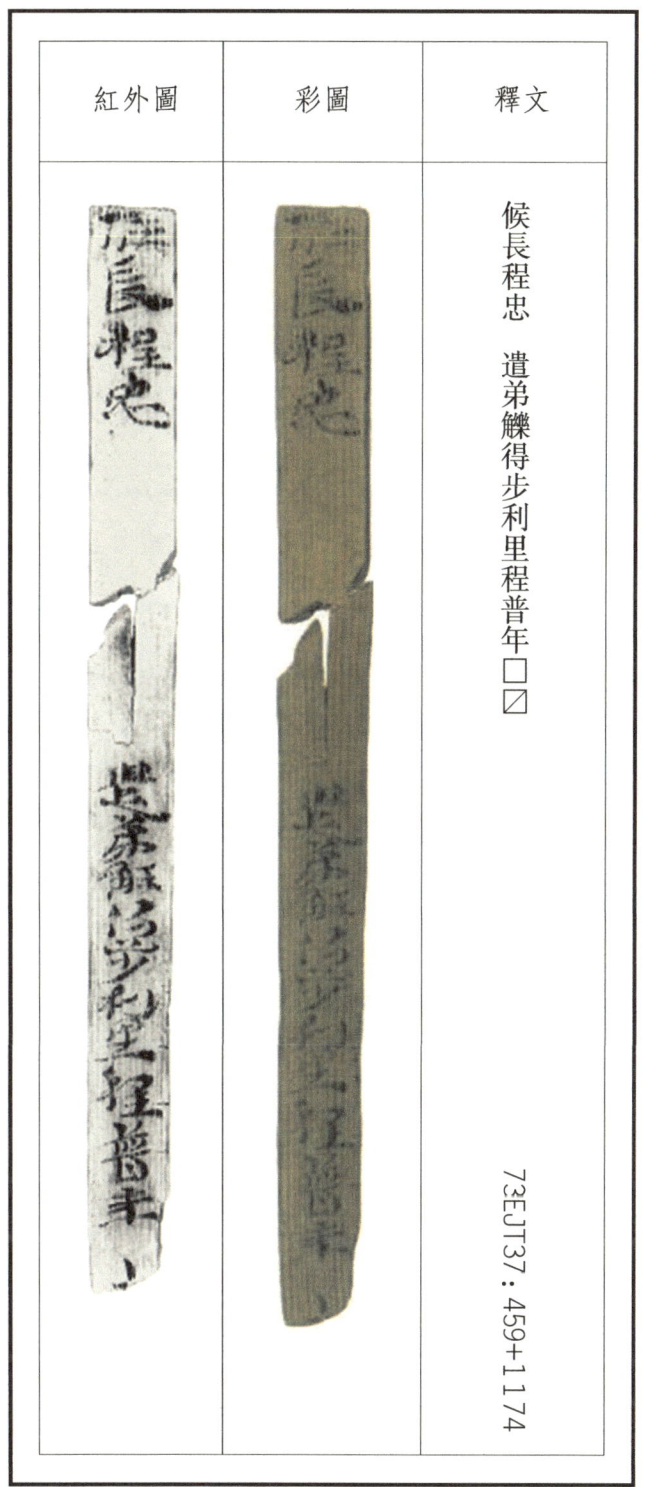

紅外圖	彩圖	釋文
		候長程忠　遣弟䩛得步利里程普年□☒

73EJT37:459+1174

第190組

73EJT37:468+925

兩簡紋路都較爲密集,字形、形制以及書寫風格等較爲一致,色澤、紋路相符,字迹、字間距一致,碴口吻合,拼合後,可復原"君"字。經測量,圖版碴口寬度一致,均是1.4cm。由此,兩簡當可綴合。

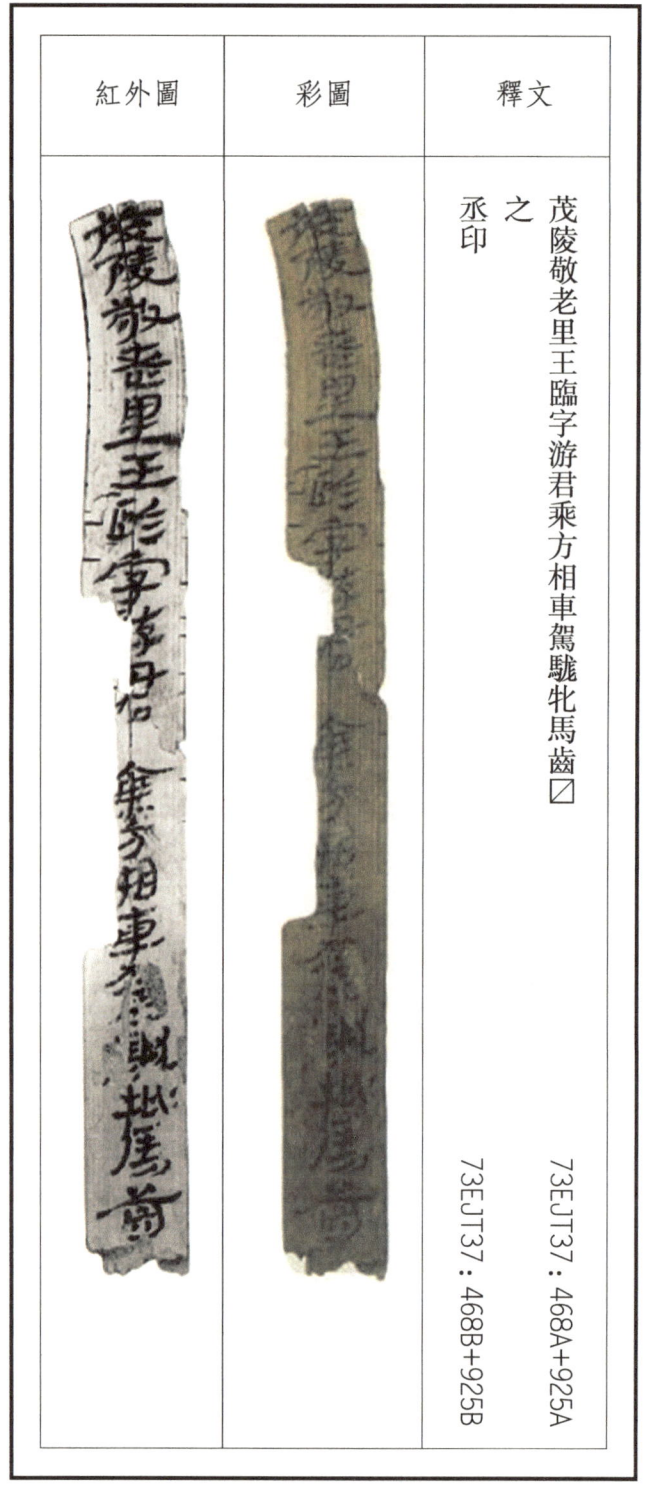

紅外圖	彩圖	釋文
		茂陵敬老里王臨字游君乘方相車駕騩牝馬齒☐ 之丞印 73EJT37:468A+925A 73EJT37:468B+925B

第191組

73EJT37:473+507

兩簡均無紋路，字形、形制以及書寫風格等較爲一致，色澤相符，字迹、字間距一致，碴口吻合，拼合後，可復原碴口處筆劃。經測量，圖版碴口寬度一致，均是0.6cm。由此，兩簡當可綴合。整理者並未提供73EJT37:507B面，其是否有字不得而知。然而73EJT37:473A面有字，與之文意連貫的73EJT37:507B面也當有字。據此，筆者請甘肅省簡牘博物館的馬智全核對了原簡，核實確有字，可惜由於簡面殘損，無法對文字進行識別。

紅外圖	彩圖	釋文
		王□報□卿…… □之□=□=□…… 73EJT37：473A+507B 73EJT37：473B+507A

第192組

73EJT37:479+1131

两簡均有2道紋路,紋路相符,字形、形制以及書寫風格等較爲一致,字迹、字間距一致,均靠左書寫,碴口吻合,拼合後可復原"乘"字。經測量,圖版寬度一致,均是0.7cm。由此,兩簡當可綴合。

紅外圖	彩圖	釋文
		☐☐☐☐里蔡☐字君☐ 乘軺車駕騮牡馬一匹齒六歲 三月戊寅☒ 73EJT37:479+1131

第193組

73EJT37:480+894

兩簡均有 5 道紋路,字體扁平,字形、形制以及書寫風格等較爲一致,色澤、紋路相符,字迹、字間距一致,碴口吻合,拼合後可復原"延"字。經測量,圖版碴口寬度一致,均是 0.9cm。此外,馬智全核查原簡,73EJT37:894 號簡 B 面亦無字。由此,兩簡當可綴合。(時間考釋見"考釋與研究"章)

紅外圖	彩圖	釋文
		☑☐庚寅朔己亥張掖居延都尉雲城騎千人臨尉☐ ☐☐舍從者如律令 都尉　73EJT37:480A+894A 73EJT37:480B+894B

第194組

73EJT37:484+481

兩簡均是密集紋路,兩列文字,字形、形制以及書寫風格等較爲一致,色澤、紋路相符,字迹、字間距一致,碴口吻合,拼合後可復原"出""見"等字。經測量,圖版碴口寬度一致,均是1.0cm。由此,兩簡當可綴合。(相關考釋見"考釋與研究"章)

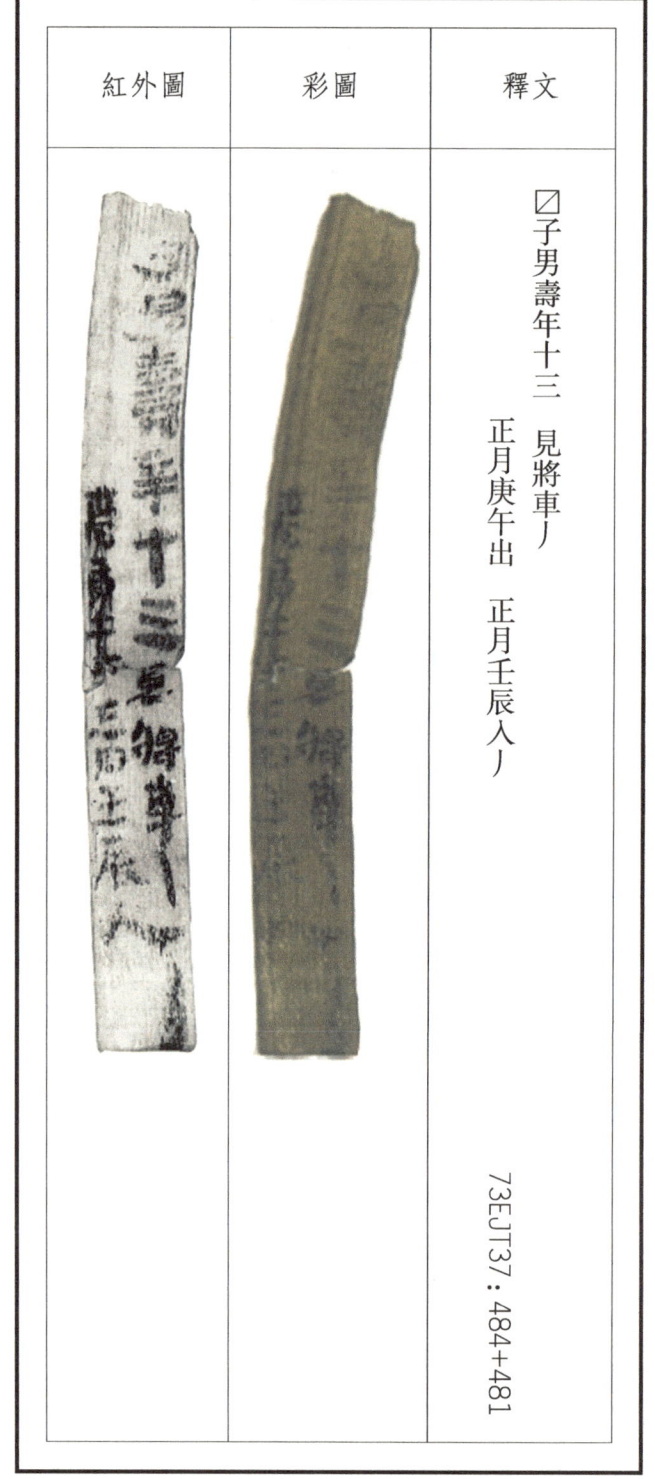

紅外圖	彩圖	釋文
		☒子男壽年十三　見將車 ノ 正月庚午出　正月壬辰入 ノ 73EJT37:484+481

第195組

73EJT37:485+544

兩簡均無紋路,字形、形制以及書寫風格等較爲一致,色澤相符,字迹、字間距一致,文意相關,碴口吻合,拼合後可復原"月"字。由此,兩簡當可綴合。(相關考釋見"考釋與研究"章)

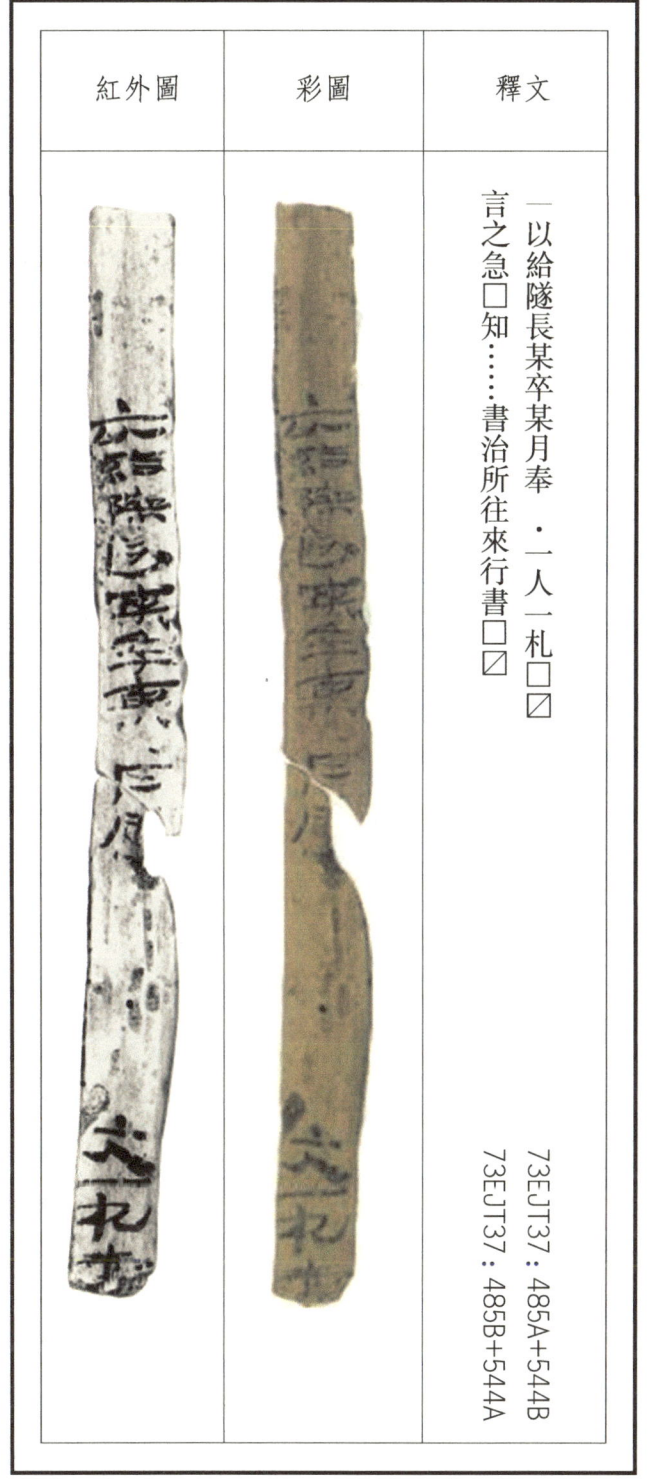

紅外圖	彩圖	釋文
		以給隧長某卒某月奉 ・二人一札□□ 言之急□知……書治所往來行書□□
		73EJT37:485A+544B 73EJT37:485B+544A

第196組

73EJT37:491+482

兩簡均無紋路,字形、形制以及書寫風格等較爲一致,色澤相符,字迹、字間距一致,碴口吻合,拼合後可復原碴口部位筆畫。經測量,圖版碴口寬度一致,均是0.9cm。由此,兩簡當可綴合。

紅外圖	彩圖	釋文
		弟齋年七歲 ノ 作者鑱得孝□里于破胡年卅八□☑

73EJT37:491+482

第197組

73EJT37:503+1040

兩簡均有紋路,字形、形制以及書寫風格都較爲一致,色澤、紋路相符,字迹、字間距一致,磋口吻合,拼合後可復原"道""傳"等字。由此,兩簡當可綴合。(相關考釋見"考釋與研究"章)

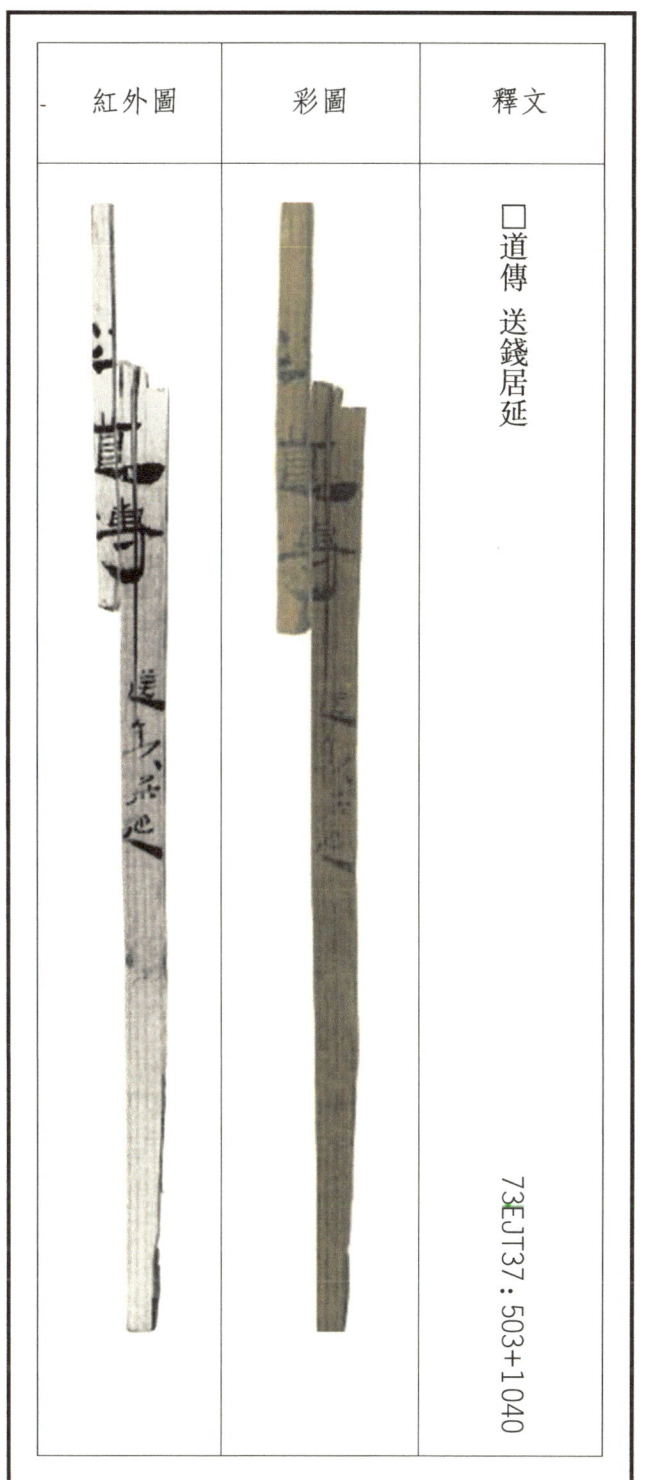

紅外圖	彩圖	釋文
		□道傳 送錢居延

73EJT37:503+1040

第198組

73EJT37:533+1579

兩簡均無紋路,字形、形制以及書寫風格等較爲一致,色澤相符,字迹、字間距一致,碴口吻合,拼合後可復原"以"字。經測量,圖版碴口寬度一致,均是0.7cm。由此,兩簡當可綴合。

紅外圖	彩圖	釋文
		☒元年三月癸巳朔乙巳安定左騎千人況以近秩次行大守☐ ☐☐

73EJT37:533A+1579A
73EJT37:533B+1579B

第199組

73EJT37:536+810

兩簡材質相同，色澤相符，紋路相合，字形、形制以及書寫風格等較爲一致，文意相關，碴口吻合，拼合後可復原"弟"字殘筆。經測量，兩簡圖版碴口寬度均是 1.0cm。由此，兩簡當可綴合。

紅外圖	彩圖	釋文
		鱳得安國里公乘李鳳年卅〻 弟豐年十七〻 字少平　八月乙酉北出　73EJT37：536+810

第200組

73EJT37:621+50

兩簡材質相同,色澤相符,紋路相合,字形、形制以及書寫風格等較爲一致,文意相關,碴口吻合。拼合後可復原"丿"字殘筆。經測量,兩簡圖版碴口寬度均是1.1cm。由此,兩簡當可綴合。(相關考釋見"考釋與研究"章)

紅外圖	彩圖	釋文
		觻得昌平里公乘鄭襃年卅五丿 第豐年廿八丿 八月乙亥北出 73EJT37:621+50①

①張俊民認爲整理者所釋"廿"與"廿"寬度不一,當爲"卅","第"當爲"弟"。

第201組

73EJT37:537+948

兩簡均是 7 道紋路，字形、形制以及書寫風格等較爲一致，色澤、紋路相符，字迹、字間距一致，磋口吻合。經測量，圖版寬度一致，爲 0.8~0.9cm。由此，兩簡當可綴合。

紅外圖	彩圖	釋文
		□葆俱之角得對大司空史願以律取傳謹案 73EJT37:537+948

第202組

73EJT37:547+593

兩簡材質相同,色澤相符,字形、形制以及書寫風格等較爲一致,文意相關,碴口吻合,拼合後可復原"里"字殘筆。經測量,兩簡圖版碴口寬度均是0.8cm。由此,兩簡當可綴合。

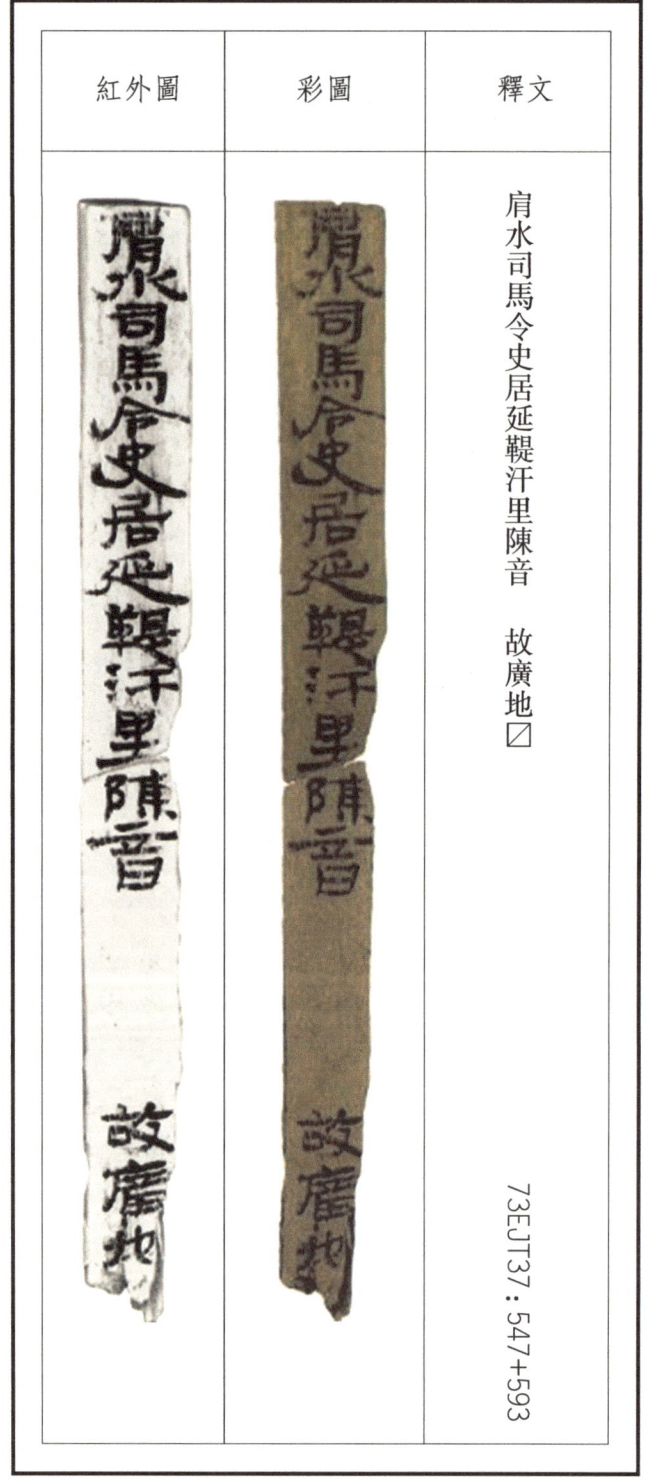

紅外圖	彩圖	釋文
		肩水司馬令史居延鞮汗里陳音　故廣地☒　73EJT37:547+593

第203組

73EJT37∶552+623

兩簡均是密集紋路，字形、形制以及書寫風格等較爲一致，字迹、字間距一致，文意相關，磋口吻合。經測量，磋口寬度一致，均是 1.0cm。由此，兩簡當可綴合。

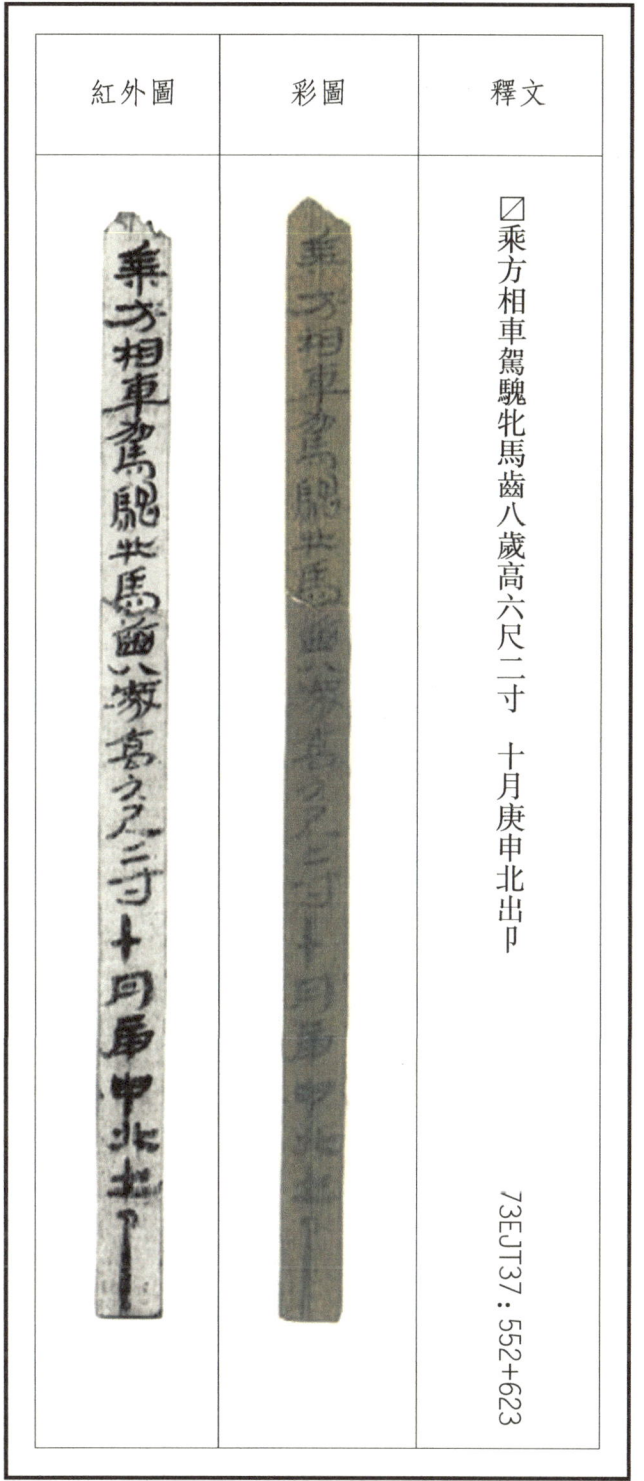

紅外圖	彩圖	釋文
		☐乘方相車駕騾牝馬齒八歲高六尺二寸 十月庚申北出卩 73EJT37∶552+623

第204組

73EJT37:581+1261

兩簡均有紋路，兩列文字，字形、形制以及書寫風格等較爲一致，簡形以及字體相同，內容也有一定關聯。由此，兩簡當可遙綴。

釋文	彩圖	紅外圖
初元三年十月壬午朔乙巳都鄉嗇夫……爲家私市張掖酒泉……取傳謁移過所縣道河津 73EJT37:581+1261		

第205組

73EJT37∶597+654+734

兩簡材質相同,色澤相符,字形、形制以及書寫風格等較爲一致,文意相關,碴口吻合,拼合後可復原"孝""夫""足"等字。由此,兩簡當可綴合。

紅外圖	彩圖	釋文
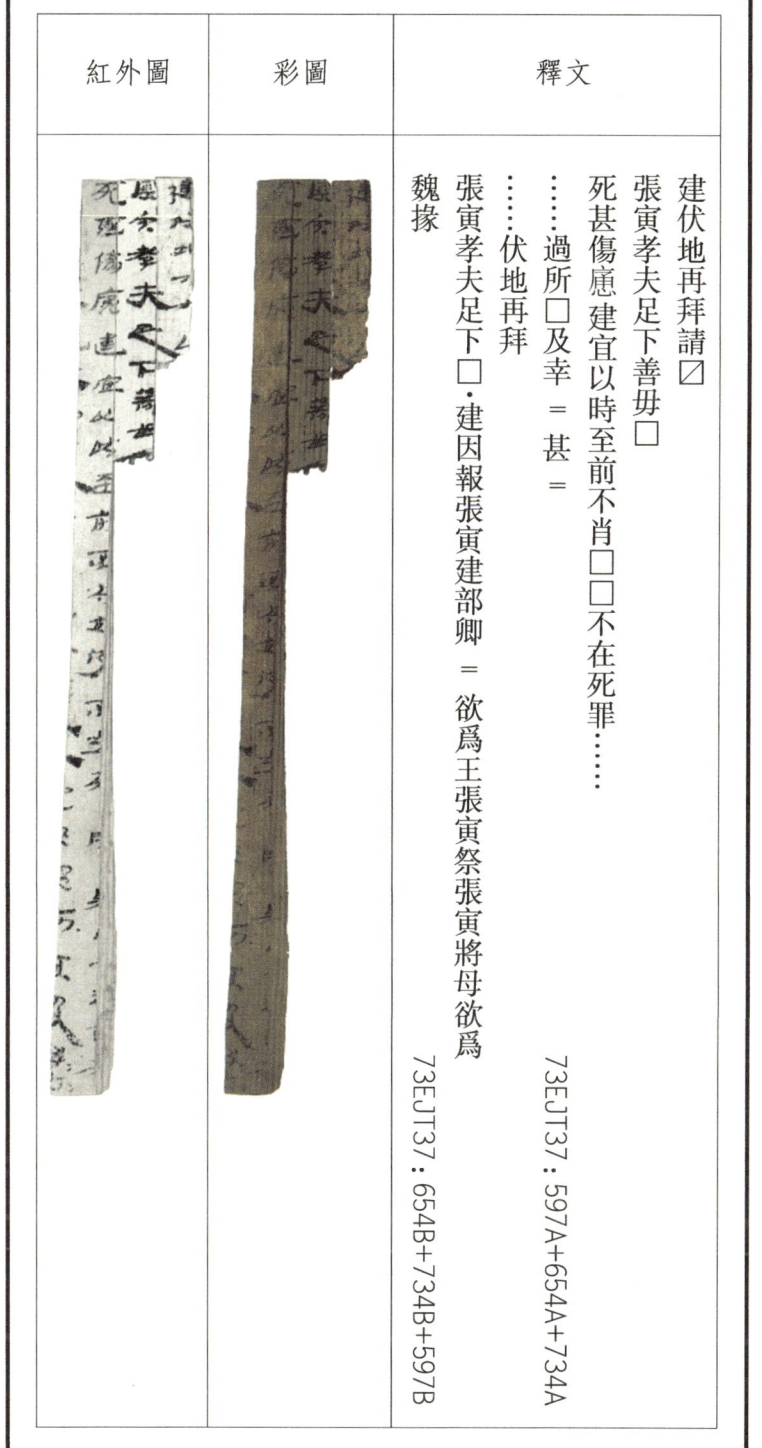		建伏地再拜請☑ 張寅孝夫足下善毋☑ 死甚傷虒建宜以時至前不肖☑☑不在死罪…… ……過所☑及幸 = 甚 = ……伏地再拜 張寅孝夫足下☑·建因報張寅建部卿 = 欲爲王張寅祭張寅將母欲爲 魏掾 73EJT37∶597A+654A+734A 73EJT37∶654B+734B+597B

第206組

73EJT37:608+683

兩簡均無紋路,字形、形制以及書寫風格等較爲一致,色澤相符,字迹、字間距一致,碴口吻合,拼合後可復原"用""月""辛"等字。由此,兩簡當可綴合。(相關考釋見"考釋與研究"章)

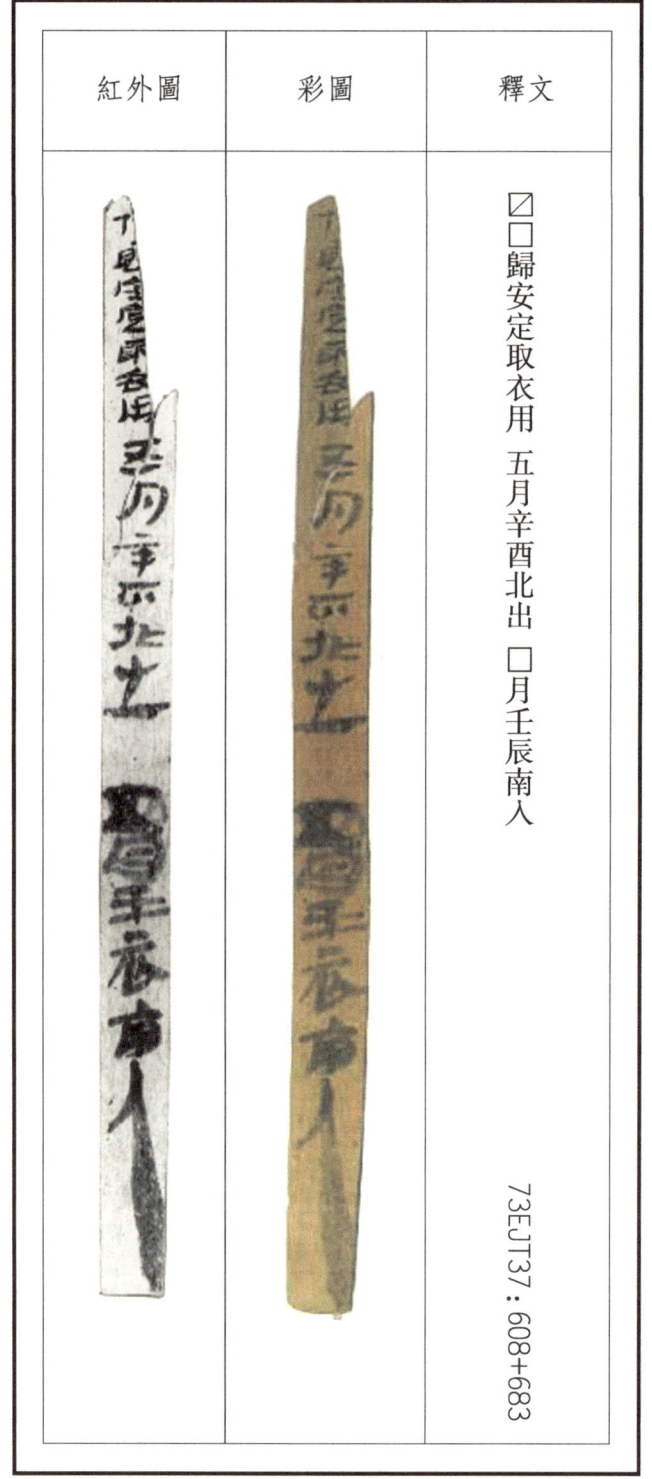

紅外圖	彩圖	釋文
		□□歸安定取衣用 五月辛酉北出 □月壬辰南入　73EJT37:608+683

第207組

73EJT37:611+554+559+904

    顔世鉉綴合了 73EJT37:554 與 73EJT37:559 號簡,①但釋文尚不完整。筆者發現 73EJT37:611 與 73EJT37:554 號簡字迹、書寫風格一致,色澤相符,碴口吻合。經測量,兩簡寬度一致,均是 1.0cm,拼合後可復原"得"字,當可綴合。此外,73EJT37:559 與 73EJT37:904 號簡字形、形制以及書寫風格等較爲一致,色澤相符,碴口吻合。經測量,兩簡寬度一致,均是 1.0cm,當可綴合。由此,四簡當可連綴,形成完整的一枚簡。

---

① 顔世鉉:《〈肩水金關漢簡〉(肆)綴合第 3—4 組》,簡帛網2016年1月13日,http://www.bsm.org.cn/show_article.php?id=2430。

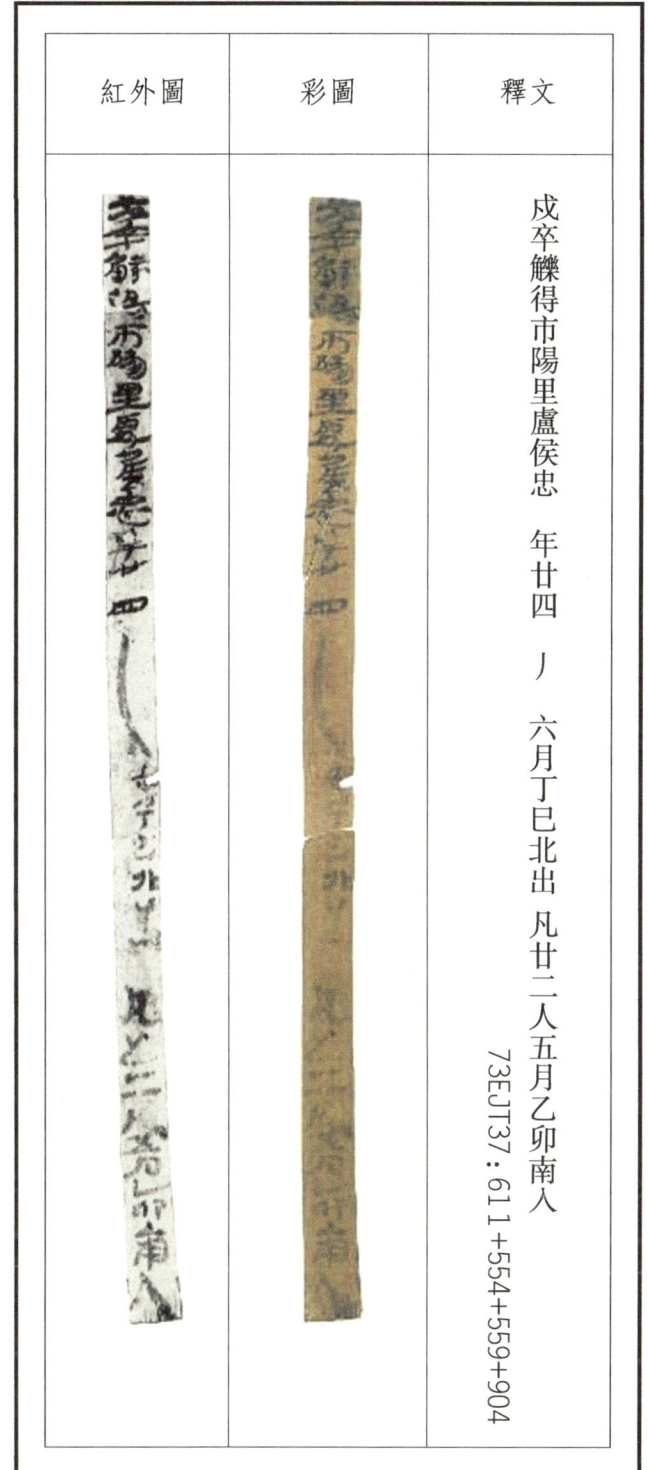

紅外圖	彩圖	釋文
		戍卒觻得市陽里盧侯忠 年廿四 ⼃ 六月丁巳北出 凡廿二人五月乙卯南入 73EJT37:611+554+559+904

第208組

73EJT37:615+494

兩簡均無紋路,簡面殘損,字形、形制以及書寫風格等較爲一致,字迹、字間距一致,色澤相符,碴口吻合,拼合後可復原"律"字。由此,兩簡當可綴合。

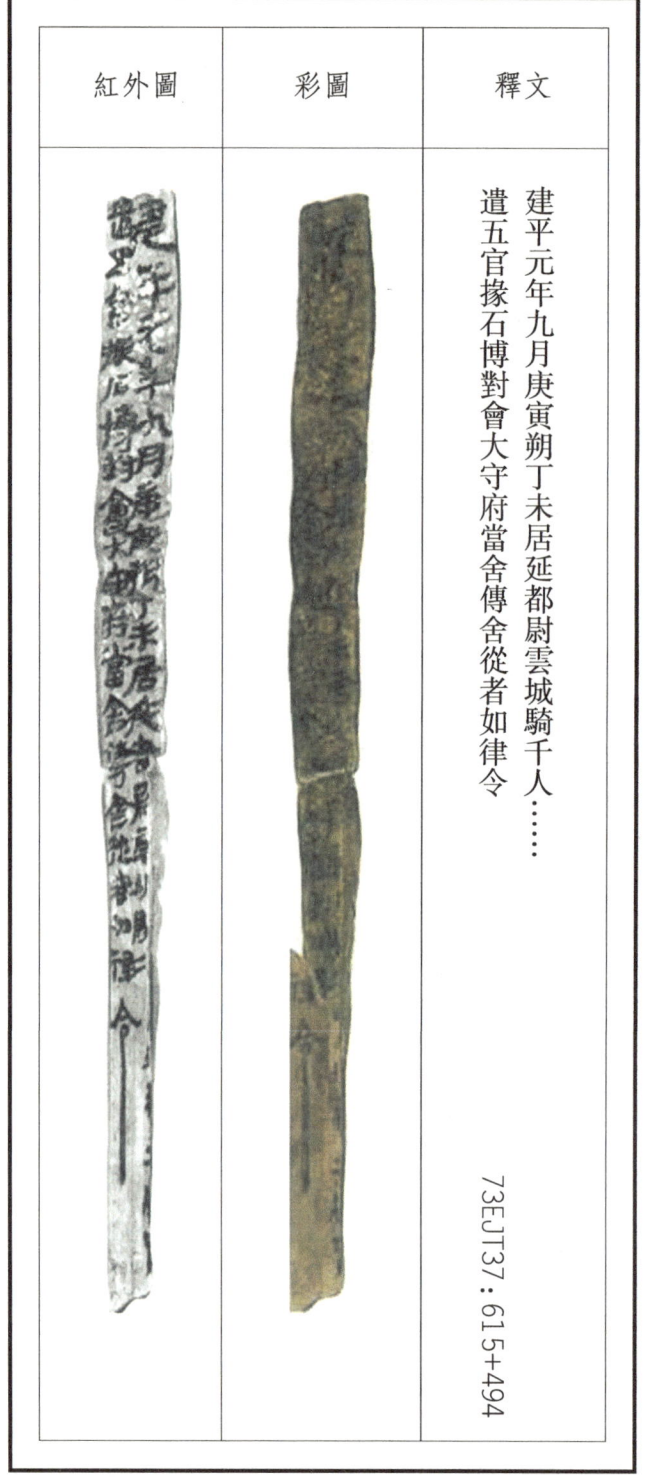

紅外圖	彩圖	釋文
		建平元年九月庚寅朔丁未居延都尉雲城騎千人⋯⋯遣五官掾石博對會大守府當舍傳舍從者如律令 73EJT37:615+494

第209組

73EJT37:616+542

兩簡材質相同,色澤相符,字形、形制以及書寫風格等較爲一致,文意相關,碴口吻合,拼合後可復原"佐"字殘筆。經測量,兩簡圖版碴口寬度均是 1.0cm。由此,兩簡當可綴合。

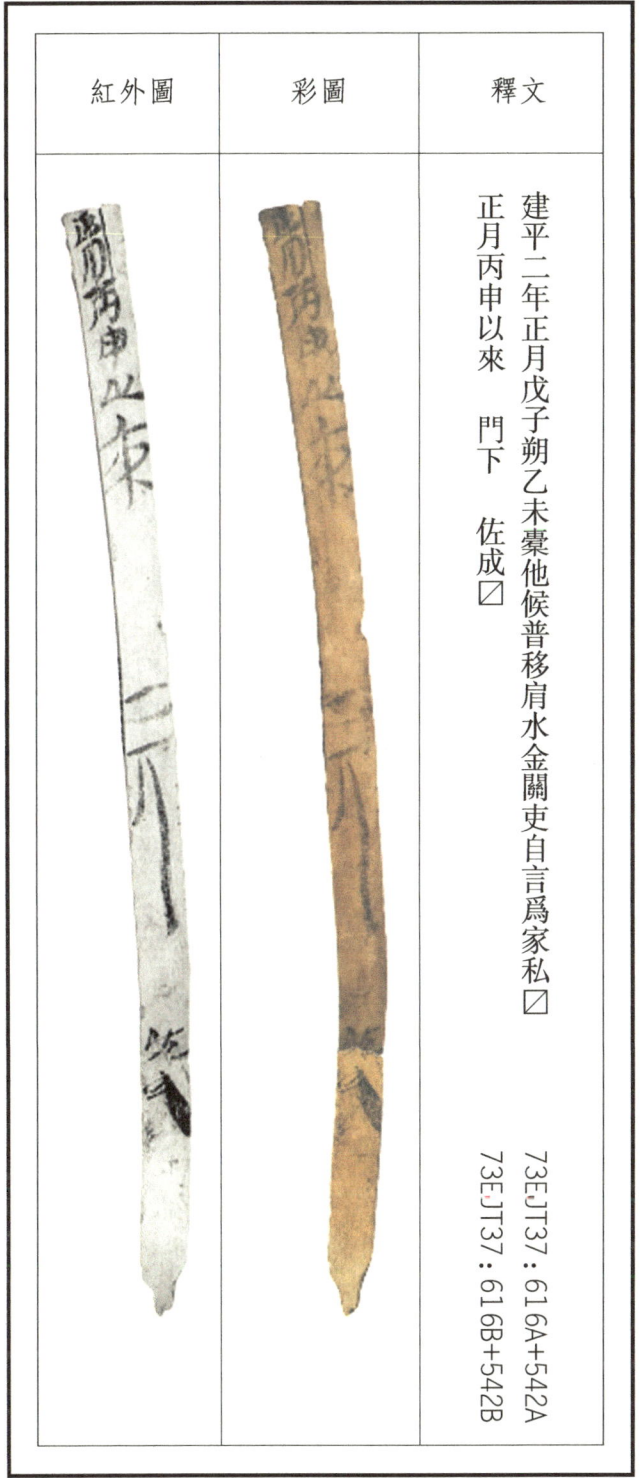

紅外圖	彩圖	釋文

釋文:建平二年正月戊子朔乙未橐他候普移肩水金關吏自言爲家私☑
正月丙申以來　門下　佐成☑

73EJT37:616A+542A
73EJT37:616B+542B

第210組

73EJT37∶617+1047

兩簡材質相同,色澤相符,字形、形制以及書寫風格等較爲一致,文意相關,均出現了"市陽里""張請君",且拼合後可復原"臧""陽""里""言"字。由此,兩簡當可綴合。

紅外圖	彩圖	釋文
		建平元年十二月己未朔丁卯西鄉嗇夫襃敢言之市陽里張請君自言☑ 謹案戶籍臧鄉者市陽里有大女張請君年卅七子女襃年廿子男可丘年三葆富里許 ☑ 昭武長印 73EJT37∶617A+1047A① 73EJT37∶1047B+617B

①張俊民告知"臧作臧""襃與衺一個字""富里下一字許"。

第211組

73EJT37:627+119

兩簡雖碴口無法密合,但均無紋路,字形、形制以及書寫風格等較爲一致,字體相近,字迹、字間距一致。經測量,兩簡寬度一致,均是1.0cm。由此,兩簡當可遙綴。(相關考釋見"考釋與研究"章)

紅外圖	彩圖	釋文
		明廷不忍數哀憐……死過得令至今□☑ 73EJT37:627+119

第212組

73EJT37:631+113

两簡均無紋路,字形、形制以及書寫風格等較爲一致,两簡字迹、字間距一致,色澤相符,碴口吻合。經測量,圖版碴口寬度一致,均是1.2cm,由此,两簡當可綴合。

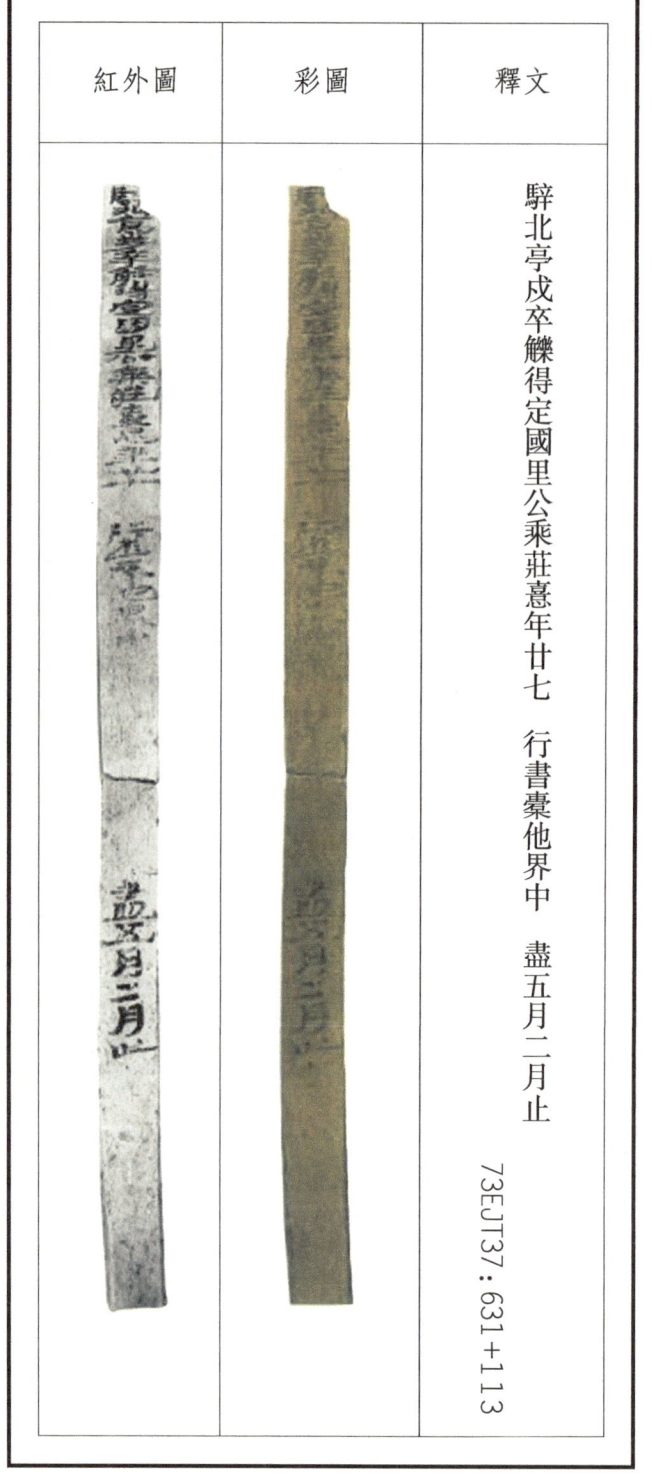

紅外圖	彩圖	釋文
		騂北亭戍卒䥽得定國里公乘莊憙年廿七　行書橐他界中　盡五月二月止　73EJT37:631+113

第213組

73EJT37:634+1030

兩簡紋路都較爲粗疏，字形、形制以及書寫風格等較爲一致，色澤、紋路相符，字迹、字間距一致，碴口吻合，拼合後可復原"九"字尾筆。經測量，圖版碴口寬度一致，均是0.9cm。由此，兩簡當可綴合。

紅外圖	彩圖	釋文
		河南郡熒陽臨豪里趙宗年廿九長七尺二寸黑色皆十一月丙戌入　73EJT37:634+1030

第214組

73EJT37:638+172

兩簡均無紋路,字形、形制以及書寫風格等較爲一致,字迹、字間距一致,色澤相符,碴口吻合,文意相關,拼合後可復原"出"字尾筆。經測量,碴口寬度一致,均是1.1cm。由此,兩簡當可綴合。

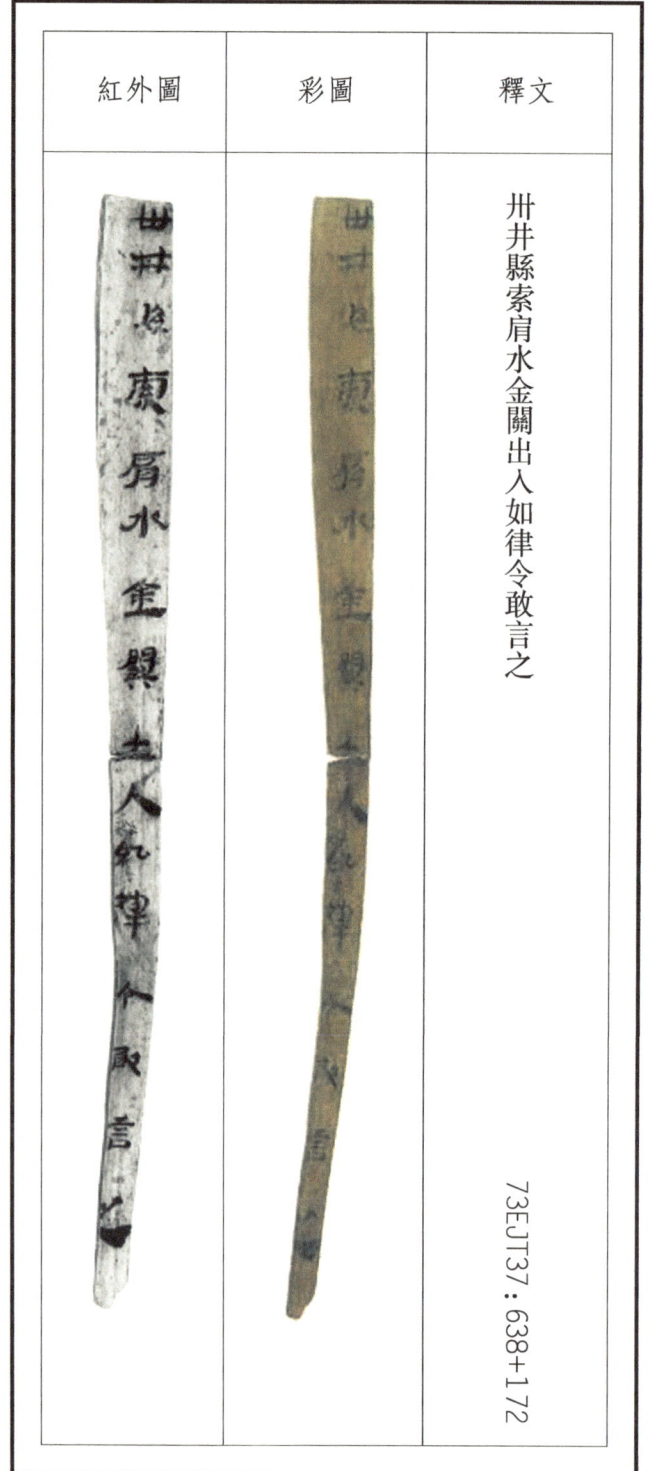

紅外圖	彩圖	釋文
		卅井縣索肩水金關出入如律令敢言之

73EJT37:638+172

第215組

73EJT37:651+727+716

顏世鉉曾綴合 73EJT37:651 與 73EJT37:727 號簡,①但簡仍不完整,還有進一步綴合的可能。筆者發現 73EJT37:716 號簡字形、形制以及書寫風格都同 73EJT37:727 號簡一致,色澤相符,碴口吻合,拼合後可復原"候""史""丹""發"等字。由此,三簡當可綴合。

紅外圖	彩圖	釋文
		建平二年六月丙辰朔甲戌廣地鱳得守塞尉博兼行候事移肩水金關 候長趙審寧歸屋蘭名縣爵里年姓如牒書到出入如 鱳得塞尉印　候史丹發　君前　守令史忠 73EJT37:651A+716A+727A 73EJT37:651B+716B+727B

① 顏世鉉:《〈肩水金關漢簡〉(肆)綴合第 10 組》,簡帛網 2016 年 1 月 16 日,http://www.bsm.org.cn/show_article.php?id=2441。

第216組

73EJT37:662+613

两简约8道纹路,简面残损,呈现节状,字形、形制以及书写风格等较为一致,色泽、纹路相符,字迹、字间距一致,碴口吻合。经测量,图版碴口宽度一致,均是1.0cm。由此,两简当可缀合。

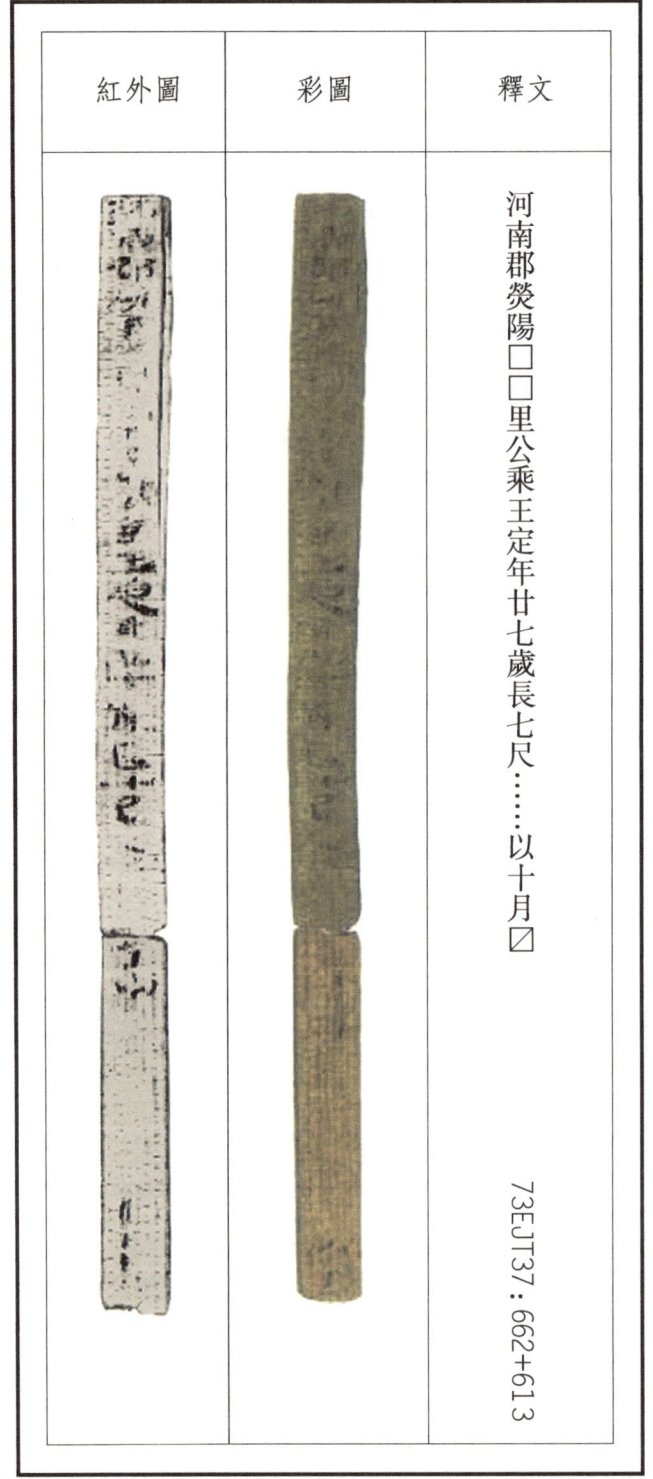

红外图	彩图	释文
		河南郡滎陽□□里公乘王定年廿七歲長七尺……以十月☒ 73EJT37:662+613

第217組

73EJT37:671+1009

兩簡均是密集紋路,字形、形制以及書寫風格等較爲一致,色澤、紋路相符,字迹、字間距一致,碴口吻合,拼合後可復原"延"字。經測量,圖版碴口寬度一致,均是1.1cm。由此,兩簡當可綴合。

紅外圖	彩圖	釋文
		·肩水候官建始元年七月盡九月居延　吏出入關名籍 73EJT37:671+1009

第218組

73EJT37：675+688

兩簡均無紋路，形制較爲一致，色澤相符，書寫風格相同，字體規整，字迹、字間距一致，碴口吻合。經測量，圖版寬度一致，均是 1.2cm。由此，兩簡當可綴合。

紅外圖	彩圖	釋文
		·循客張掖和平里孫立字君功年卅四五短壯黑色細身小頭方面小髭少須身端直初亡時黑幘　73EJT37：675+688

第219組

73EJT37:713+624

兩簡紋路都較爲細密，字形、形制以及書寫風格等較爲一致，色澤、紋路相符，碴口吻合。經測量，圖版碴口寬度一致，均是1.2cm。由此，兩簡當可綴合。

紅外圖	彩圖	釋文
		河南雒陽芷陽里大夫菅從年卅五長七尺二寸黑色 五月辛未出 六月乙巳入 牛二車一兩弩一矢五十 73EJT37:713+624

第220組

73EJT37:721+26

兩簡均是三段紋路,字體較大,字形、形制以及書寫風格等較爲一致,色澤、紋路相符,字迹、字間距一致,碴口吻合。經測量,圖版碴口寬度一致,均是0.9cm。由此,兩簡當可綴合。(相關考釋見"考釋與研究"章)

紅外圖	彩圖	釋文
		……移縣索金關毋苛留敢言之十一月癸卯酒泉羌騎千人兼祿福長守丞沙頭尉章移居……守令史房 73EJT37:721+26

第221組

73EJT37:740+1

兩簡材質相同,色澤相符,字形、形制以及書寫風格等較爲一致,文意相關,碴口吻合,拼合後可復原"爲""之"兩字。由此,兩簡當可綴合。

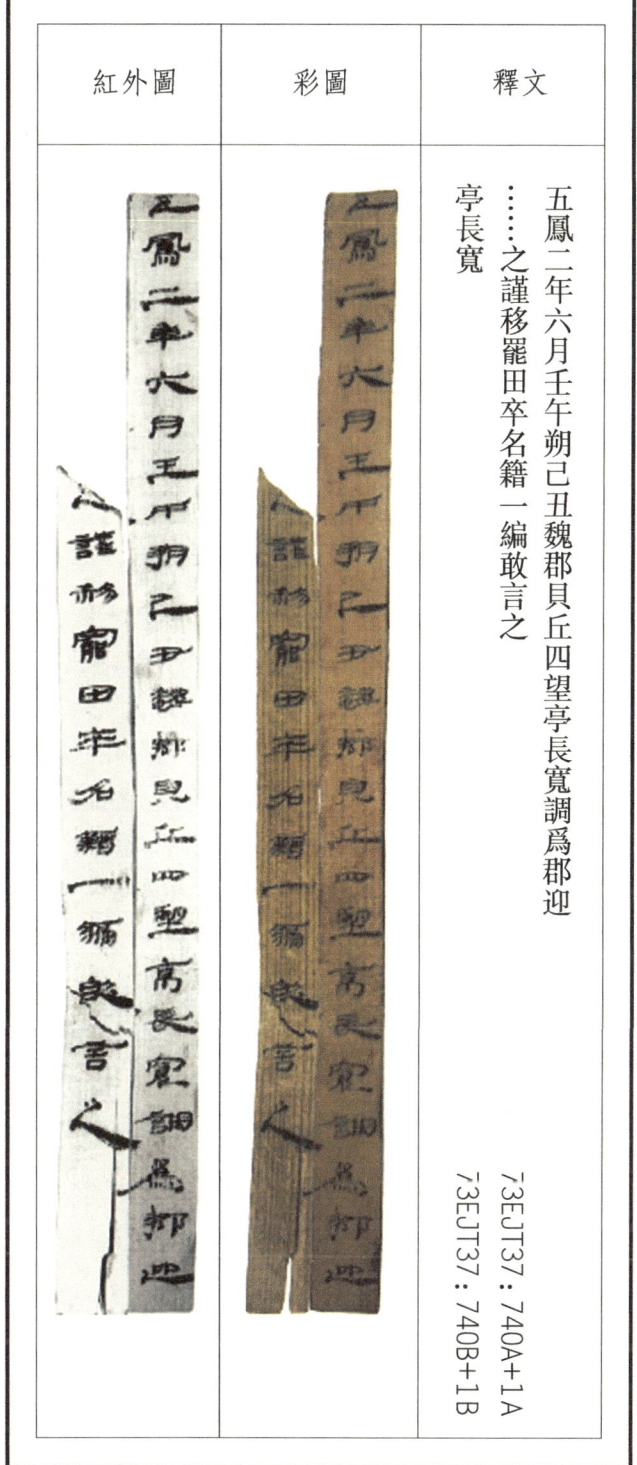

紅外圖	彩圖	釋文
		五鳳二年六月壬午朔己丑魏郡貝丘四望亭長寬調爲郡迎……之謹移罷田卒名籍一編敢言之亭長寬　73EJT37：740A+1A　73EJT37：740B+1B

第222組

73EJT37:782+836+1255

三簡字形、形制以及書寫風格等較爲一致,色澤、紋路相符,字迹、字間距一致,碴口吻合,拼合後,可復原"移""簿""丞""相""府""所""占""用""舍""傳""如""律""令""事""佐""忠"等字。經測量,73EJT37:1255 與 73EJT37:836 圖版碴口寬度一致,均是 1.2cm。由此,三簡當可綴合。(相關考釋見"考釋與研究"章)

紅外圖	彩圖	釋文
		五鳳四年十一月戊辰朔己丑居延都尉德丞延壽謂過所縣道津關遣屬常樂與行邊兵丞相史楊卿從事移簿丞相府乘所占用馬二匹當舍傳舍從者如律令/掾仁屬守長壽給事佐忠居延都尉章 73EJT37:782A+836A+1255A 73EJT37:782B+836B+1255B

第223組

73EJT37:798+643

　　兩簡均無紋路,字間距較大,字形、形制以及書寫風格等較爲一致,色澤相符,字迹、字間距一致,碴口吻合,拼合後可復原"對"字。經測量,碴口寬度一致,均是 0.9cm。由此,兩簡當可綴合。

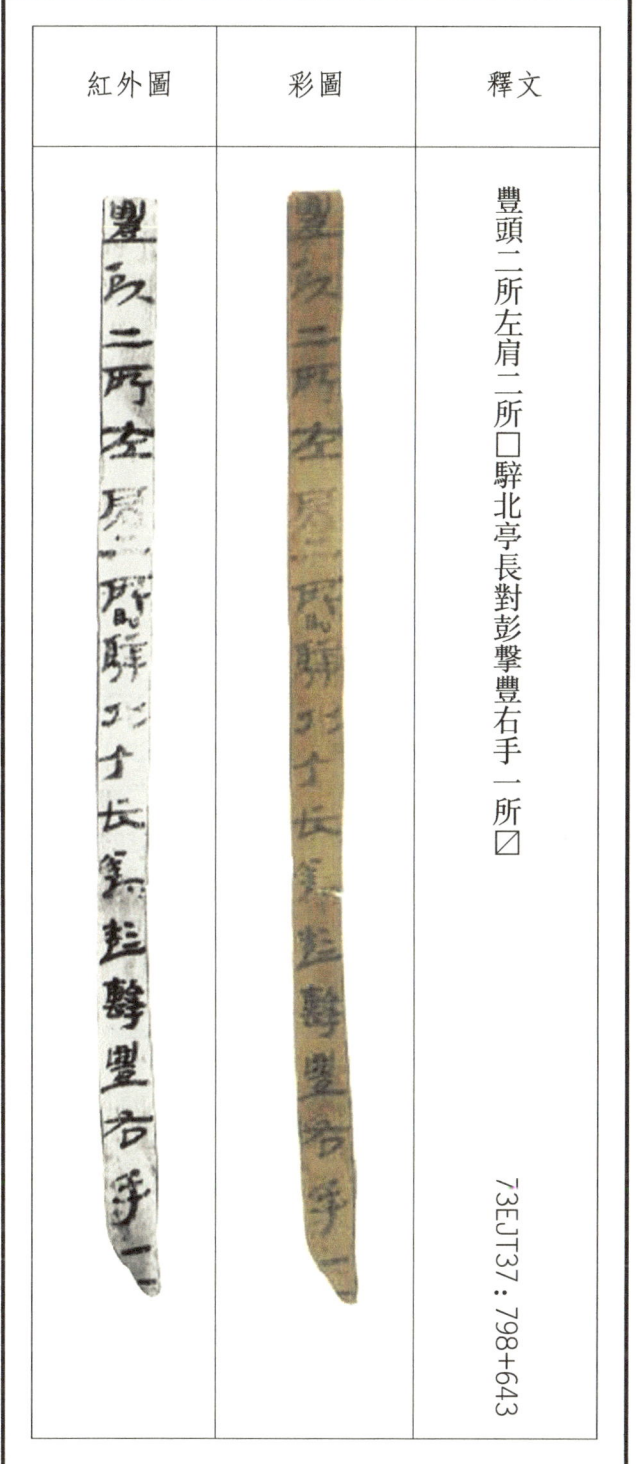

紅外圖	彩圖	釋文
		豐頭二所左肩二所□驛北亭長對彭擊豐右手一所□ 73EJT37:798+643

第224組

73EJT37:805+535+73EJF3:599

三簡均是密集紋路,字間距較大,字形、形制以及書寫風格等較爲一致,色澤、紋路相符,字迹、字間距一致,碴口吻合,73EJF3:599 與 73EJT37:805+535 號簡拼合後,可復原"正""月""已""得""賦""錢""萬""八""千"等字。經測量,73EJT37:535、73EJT37:805 兩簡圖版碴口寬度一致,均是1.2cm。由此,三簡當可綴合。(相關考釋見"考釋與研究"章)

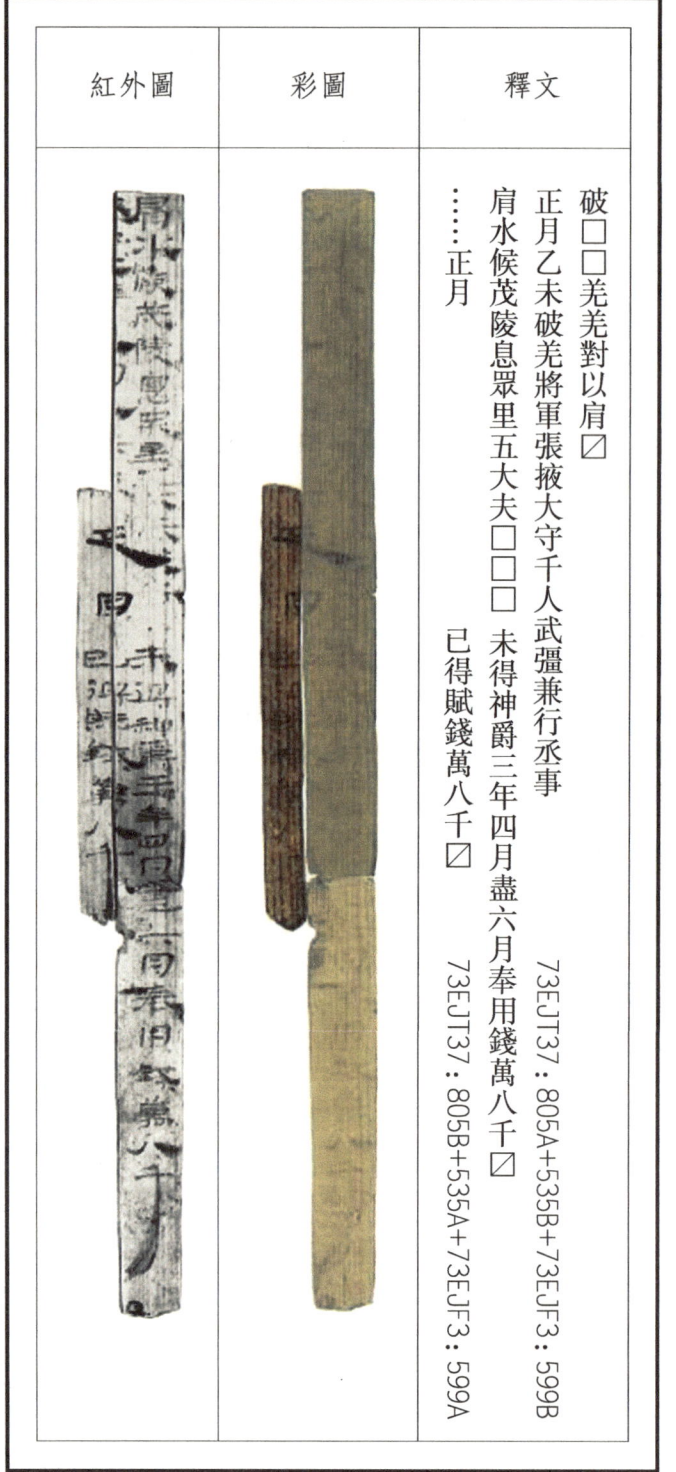

紅外圖	彩圖	釋文
		破□□羌羌對以肩□ 正月乙未破羌將軍張掖大守千人武彊兼行丞事 肩水候茂陵息衆里五大夫□□□ ……正月 未得神爵三年四月盡六月奉用錢萬八千□ 已得賦錢萬八千□ 73EJT37:805A+535B+73EJF3:599B 73EJT37:805B+535A+73EJF3:599A

第225組

73EJT37:832+811

两簡均是密集紋路,且簡面均存在刮削的現象,色澤相符,碴口吻合。經測量,圖版碴口寬度一致,均是 1.2cm。由此,兩簡當可綴合。

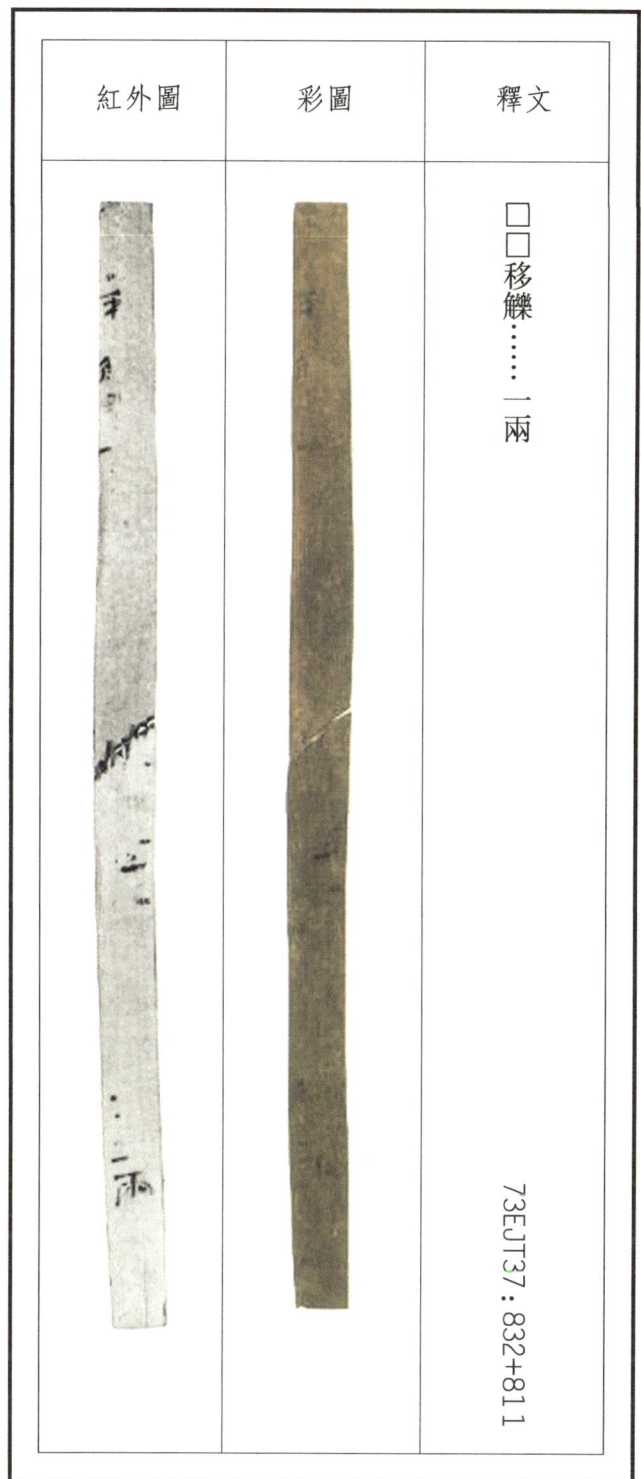

紅外圖	彩圖	釋文
		□□移䑛……一兩
		73EJT37:832+811

第226組

73EJT37:842+946

　　兩簡屬於同一探方,色澤相同,紋路相合,材質相同,簡的左側均存在殘缺,字形、形制以及書寫風格等較爲一致,文意相關,碴口吻合,拼合後可復原"關"字殘筆。經測量,圖版碴口寬度一致,均是1.0cm。由此,兩簡當可綴合。

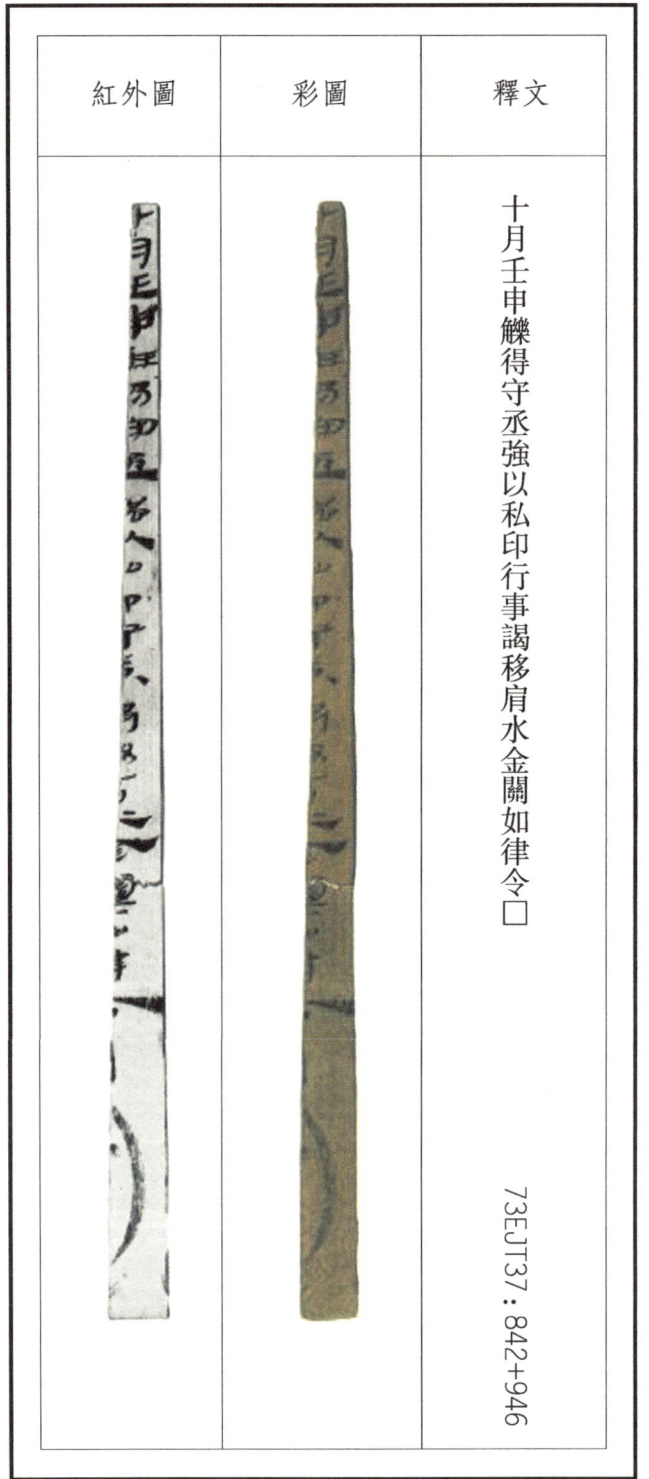

紅外圖	彩圖	釋文
		十月壬申觻得守丞強以私印行事謁移肩水金關如律令□
		73EJT37:842+946

第227組

73EJT37:850+35

两简均是密集纹路，字形、形制以及書寫風格等較爲一致，两简色澤、紋路相符，字迹、字間距一致，磋口吻合，拼合後可復原"都"字。經測量，圖版磋口寬度一致，均是1.2cm。由此，两简當可綴合。（相關考釋見"考釋與研究"章）

紅外圖	彩圖	釋文
		肩水橐他候長勇士隧長□□孫宏肩水都尉君司馬莊行丞事以詔書增宏勞十二月廿四日 73EJT37：850+35

第228組

73EJT37:862+136

兩簡均無紋路，字形、形制以及書寫風格等較爲一致，色澤相符，字迹、字間距一致，碴口吻合，拼合後可復原"四"字。經測量，圖版碴口寬度一致，均是1.1cm。由此，兩簡當可綴合。

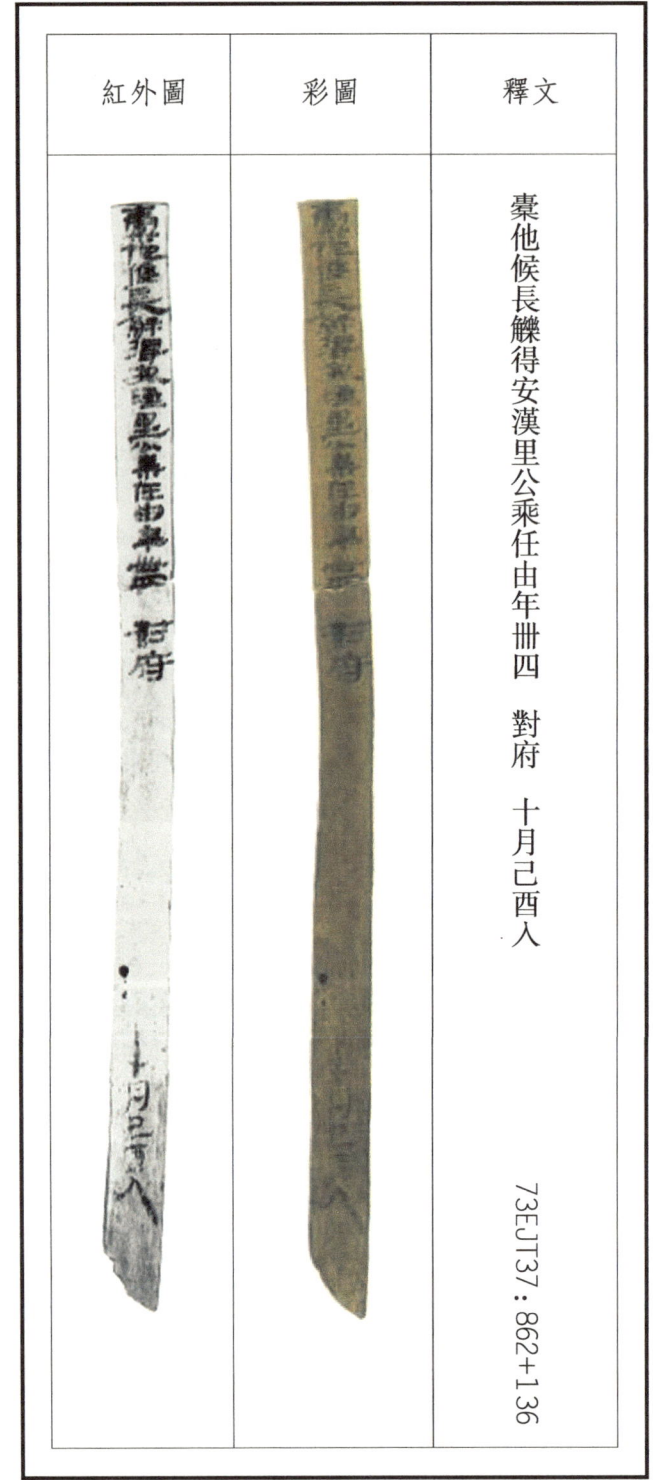

紅外圖	彩圖	釋文

橐他候長鰈得安漢里公乘任由年卅四　對府　十月己酉入

73EJT37:862+136

第229組

73EJT37:863+592

兩簡均是密集紋路,兩列文字,字形、形制以及書寫風格等較爲一致,色澤、紋路相符,字迹、字間距一致,碴口吻合,拼合後可復原"奉""邑"等字。經測量,圖版碴口寬度一致,均是0.8cm。由此,兩簡當可綴合。

紅外圖	彩圖	釋文
		☒謹案☐☐☐☐毋官獄徵事謁移過所縣邑侯國門亭河津毋苛留如律令敢言之 ☒☐移過所如律令／掾賢守令史奉 73EJT37:863+592

第230組

73EJT37:866+580

兩簡均無紋路,字形、形制以及書寫風格等較爲一致,色澤相符,字迹、字間距一致,碴口吻合,拼合後可復原"大"字。經測量,圖版寬度一致,均是1.1cm。由此,兩簡當可綴合。

紅外圖	彩圖	釋文
		戍卒淮陽國甯平宜春里大夫宋善年廿長七尺二寸黑色马☒ 73EJT37:866+580

第231組

73EJT37∶877+73EJT21∶392

兩簡屬於不同探方,色澤存在差異,但兩簡均無紋路,材質相同,字形、形制以及書寫風格等較爲一致,文意相關,且簡的右側均存在斷裂,碴口吻合,拼合後可復原"如"字殘筆。經測量,圖版碴口寬度一致,均是1.3cm。由此,兩簡當可綴合。

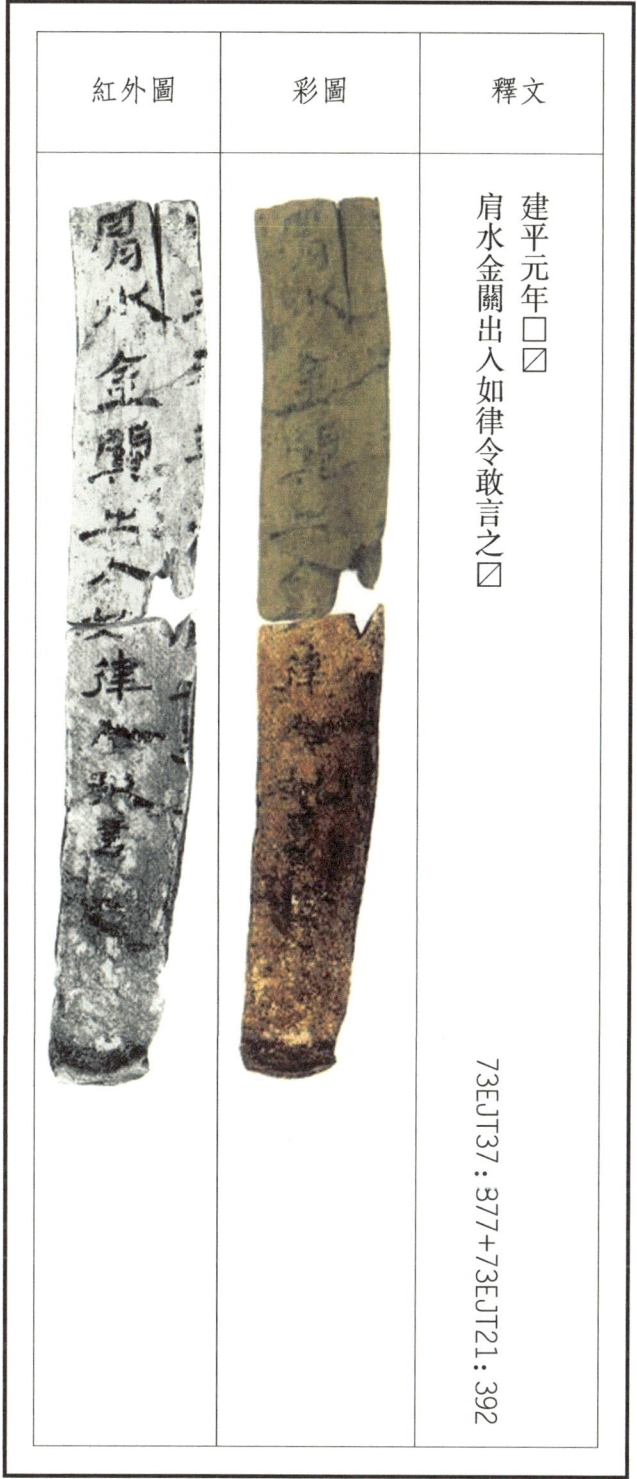

紅外圖	彩圖	釋文
		建平元年□☑ 肩水金關出入如律令敢言之☑

73EJT37∶877+73EJT21∶392

第232組

73EJT37:878+692

兩簡均是密集紋路,三列文字,字形、形制以及書寫風格等較爲一致,色澤、紋路相符,字迹、字間距一致,碴口吻合,拼合後可復原"亥"字。經測量,圖版碴口寬度一致,均是2.4cm。由此,兩簡當可綴合。

釋文	彩圖	紅外圖
☐朔乙酉屍鄉守有秩合衆敢告尉史昌武里公乘郭弘年廿七自言爲家私市張掖郡☐事當爲傳謁移過所縣邑毋何留七月丙戌右尉光敢言之謹案弘年爵如書毋☐移過所縣邑毋何留／尉史霸七月丁亥偃師長湯移過所縣邑津關毋何留如律令／掾☐恩令史安☐郭以來		
73EJT37:878A+692A 73EJT37:878B+692B		

第233組

73EJT37:881+612

兩簡均是密集紋路,簡面殘損,字形、形制以及書寫風格等較爲一致,色澤、紋路相符,字迹、字間距一致,碴口吻合,拼合後可復原"國"字。由此,兩簡當可綴合。

紅外圖	彩圖	釋文
		☐長樂充國爲縣☐ ☐如律令敢言☐

73EJT37:881+612

第234組

73EJT37:885+636

兩簡均有紋路,字間距、字形、形制以及書寫風格等較爲一致,文意通順,紋路、碴口吻合。經測量,圖版碴口寬度一致,均是1.1cm。由此,兩簡當可綴合。

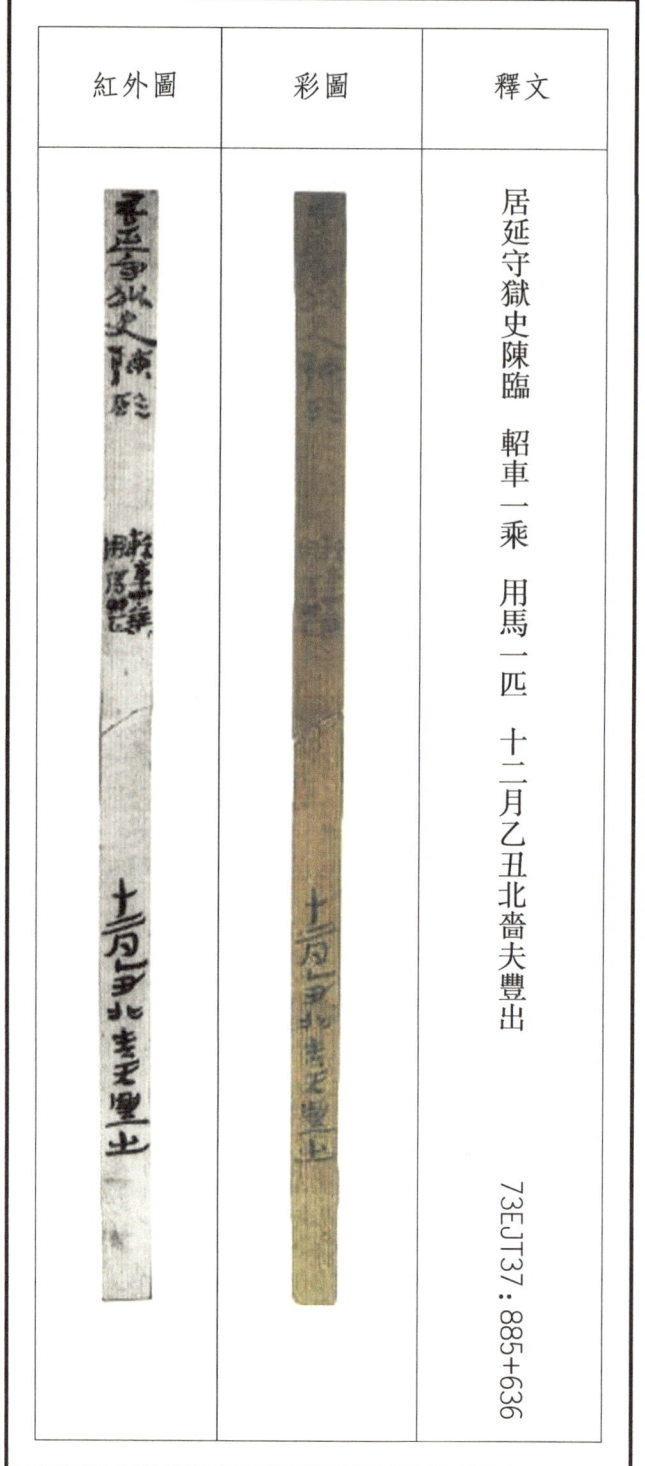

紅外圖	彩圖	釋文
		居延守獄史陳臨　軺車一乘　用馬一匹　十二月乙丑北嗇夫豐出 73EJT37:885+636

第235組

73EJT37:896+903

兩簡均是密集紋路，字形、形制以及書寫風格等較爲一致，色澤、紋路相符，字迹、字間距一致，碴口吻合，拼合後可復原"寸"字。經測量，圖版碴口寬度一致，均是0.9cm。由此，兩簡當可綴合。

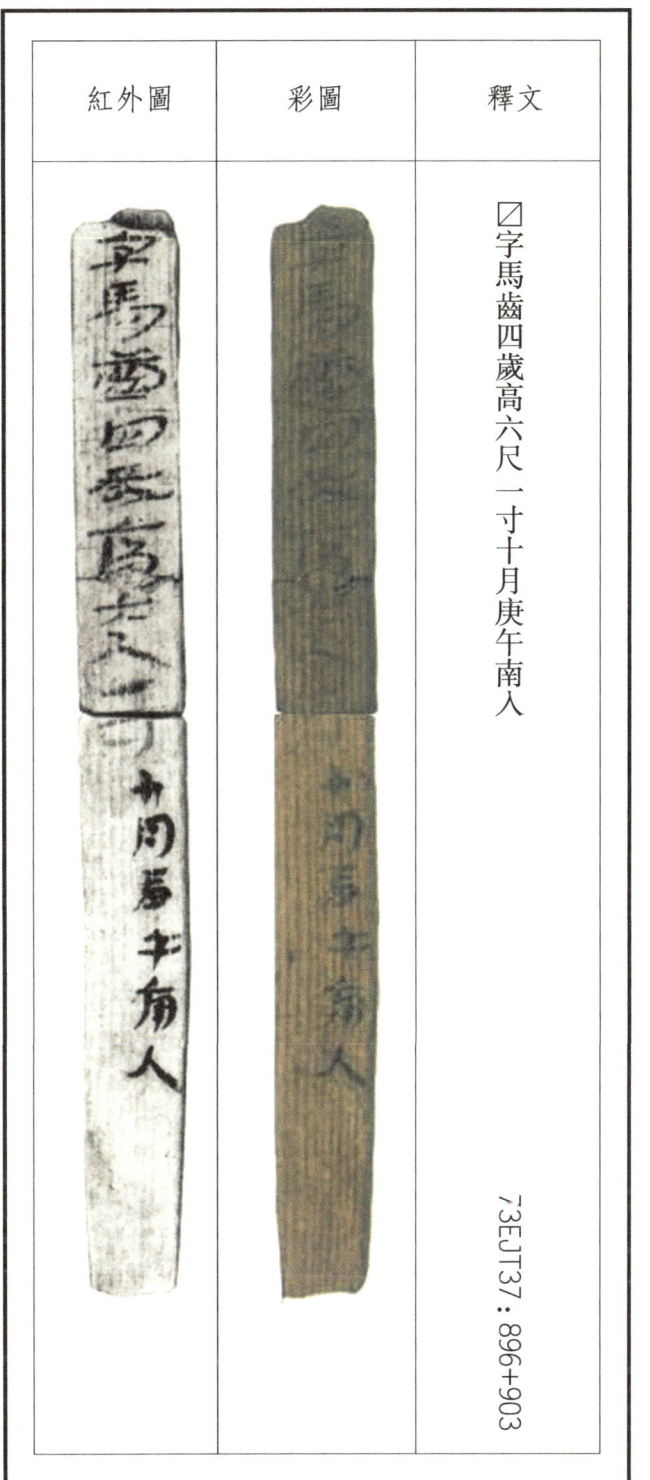

紅外圖	彩圖	釋文
		☐字馬齒四歲高六尺一寸十月庚午南入 73EJT37:896+903

第236組

73EJT37:901+660

兩簡雖由於保存環境不同,有一定的色差,但均存在左右兩列紋路,字形、形制以及書寫風格等較爲一致,紋路相符,字迹、字間距一致,碴口吻合。經測量,圖版碴口寬度一致,均是1.2cm。由此,兩簡當可綴合。

紅外圖	彩圖	釋文
		☒雲陽不審里汝雲年卅六七中壯板身汙面短髯長三寸所衣白布單衣☒ 73EJT37:901+660

第237組

73EJT37:909+906

兩簡均無紋路,字形、形制以及書寫風格等較爲一致,色澤相符,碴口吻合。經測量,圖版碴口寬度一致,均是 1.1cm。由此,兩簡當可綴合。

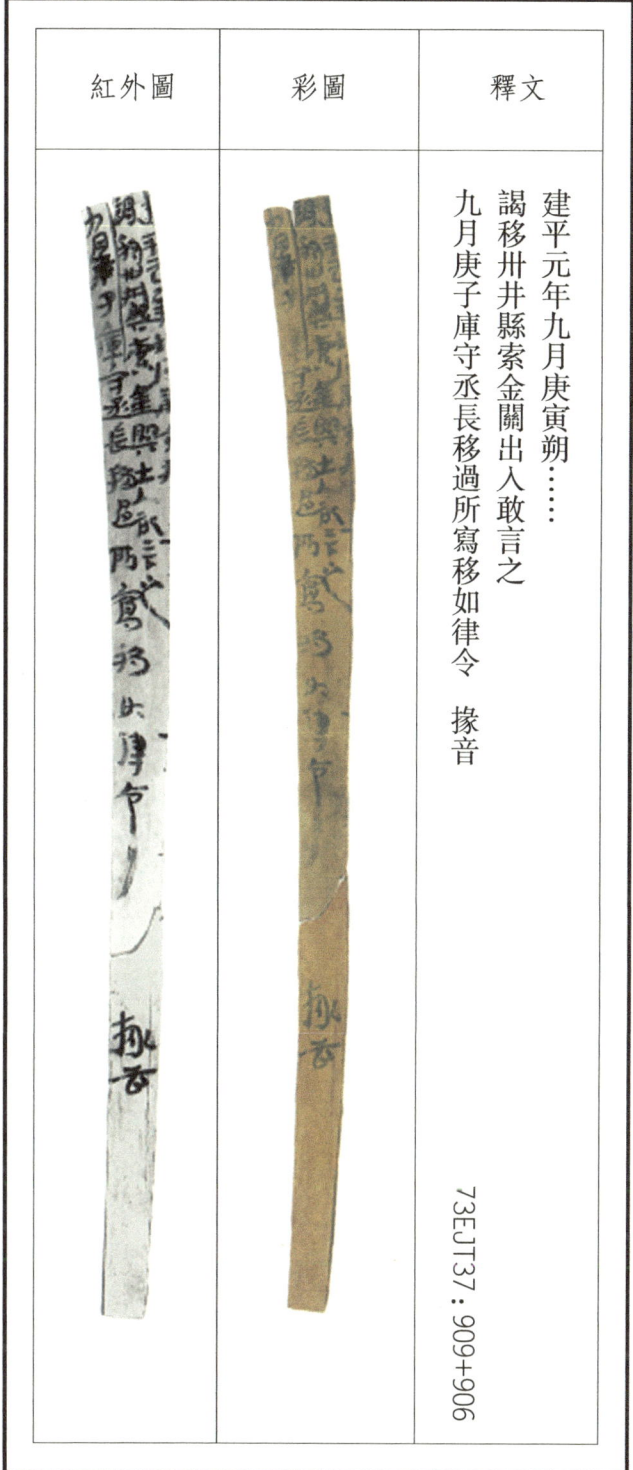

紅外圖	彩圖	釋文
		建平元年九月庚寅朔……謁移卅井縣索金關出入敢言之 九月庚子庫守丞長移過所寫移如律令　掾音 73EJT37:909+906

第238組

73EJT37:918+1517

  兩簡均是密集紋路,磁口處兩列文字,字形、形制以及書寫風格等較爲一致,紋路相符,字迹、字間距一致,磁口吻合。經測量,圖版磁口寬度一致,均是1.1cm。由此,兩簡當可綴合。(相關考釋見"考釋與研究"章)

紅外圖	彩圖	釋文
		入亡人赤表函二 其一起廣地守林隧 一起橐他高顯隧 元延三年七月丁巳夜食五分驛北卒賀受莫當隧他卒同 73EJT37:918+1517

第239組

73EJT37:929+1572

兩簡均無紋路，兩列文字，字體較大，書寫潦草，字形、形制以及書寫風格等較爲一致，當屬同一枚簡。但兩簡殘損較大，拼綴存在困難，左右綴合、上下綴合均有可能，暫以左右綴合制圖。

紅外圖	彩圖	釋文
		…… ☒橐他☒ ☒爲☒☒☒ ☒☒寧北至☒

73EJT37:929+1572

第240組

73EJT37:930+1407

兩簡均是密集紋路,字間距較大,字形、形制以及書寫風格等較爲一致,色澤、紋路相符,字迹、字間距一致,碴口吻合。經測量,圖版碴口寬度一致,均是1.2cm。由此,兩簡當可綴合。

紅外圖	彩圖	釋文
		七月丙子橐他候昌寫移肩水候官書到 橐他候印 73EJT37:930A+1407A 73EJT37:930B+1407B

第241組

73EJT37:949+1349

兩簡均無紋路，字形、形制以及書寫風格等較爲一致，色澤相同，字體、字迹一致，文意通順，碴口吻合，拼合後可復原"界"字。經測量，圖版碴口寬度一致，均是0.9cm。由此，兩簡當可綴合。

紅外圖	彩圖	釋文
		☐☐客校郵書橐他界中　　73EJT37:949+1349

第242組

73EJT37∶964+1352+1124

顏世鉉曾綴合 73EJT37∶1124 與 73EJT37∶877 兩簡，①然核查圖版知兩簡不能綴合。筆者發現 73EJT37∶1124 與 73EJT37∶1352、73EJT37∶964 號簡均無紋路，字形、形制以及書寫風格等較爲一致，字迹、字間距一致，碴口吻合，拼合後可復原碴口處"建""元""月""廣""地""候""移"等字。由此，三簡當可連綴。（顏世鉉誤綴原因見"考釋與研究"章）

---

① 顏世鉉：《〈肩水金關漢簡〉（肆）綴合第 11—12 組》，簡帛網2016年1月19日，http://www.bsm.org.cn/show_article.php?id=2447。

紅外圖	彩圖	釋文
		建平元年十月庚申朔戊子廣地候移肩水金關遣候長趙審爲官市名縣爵里年姓如牒書到出入如律令　十一月辛卯……並入令史嘉 73EJT37∶964A+1352A+1124A 73EJT37∶964B+1352B+1124B

第243組

73EJT37:1022+314+359

三簡均是密集紋路,紋路相符,字形、形制以及書寫風格等較爲一致,字迹、字間距一致,文意順暢無礙,磋口吻合,拼合後可復原"馬"字。經測量,圖版磋口寬度一致,均是1.1cm。由此,三簡當可綴合。

紅外圖	彩圖	釋文
		長安大京里王賞年卅字子阿乘方箱車駕駹牝馬齒八歲高六尺 73EJT37:1022+314+359

第244組

73EJT37:1026+1515

兩簡均無紋路,字形、形制以及書寫風格等較爲一致,色澤相符,字迹、字間距一致,碴口吻合。經測量,圖版寬度一致,均是1.1cm。由此,兩簡當可綴合。

紅外圖	彩圖	釋文
		南部候史居延安故里郭循年廿八　追亡卒　□月辛卯兼亭長並出　73EJT37:1026+1515

第245組

73EJT37:1027+186

兩簡均無紋路,簡面偏黑,色澤相符,字形、形制以及書寫風格等較爲一致,字迹、字間距一致,碴口吻合,拼合後可復原"年"字。經測量,圖版碴口寬度一致,均是1.1cm。由此,兩簡當可綴合。

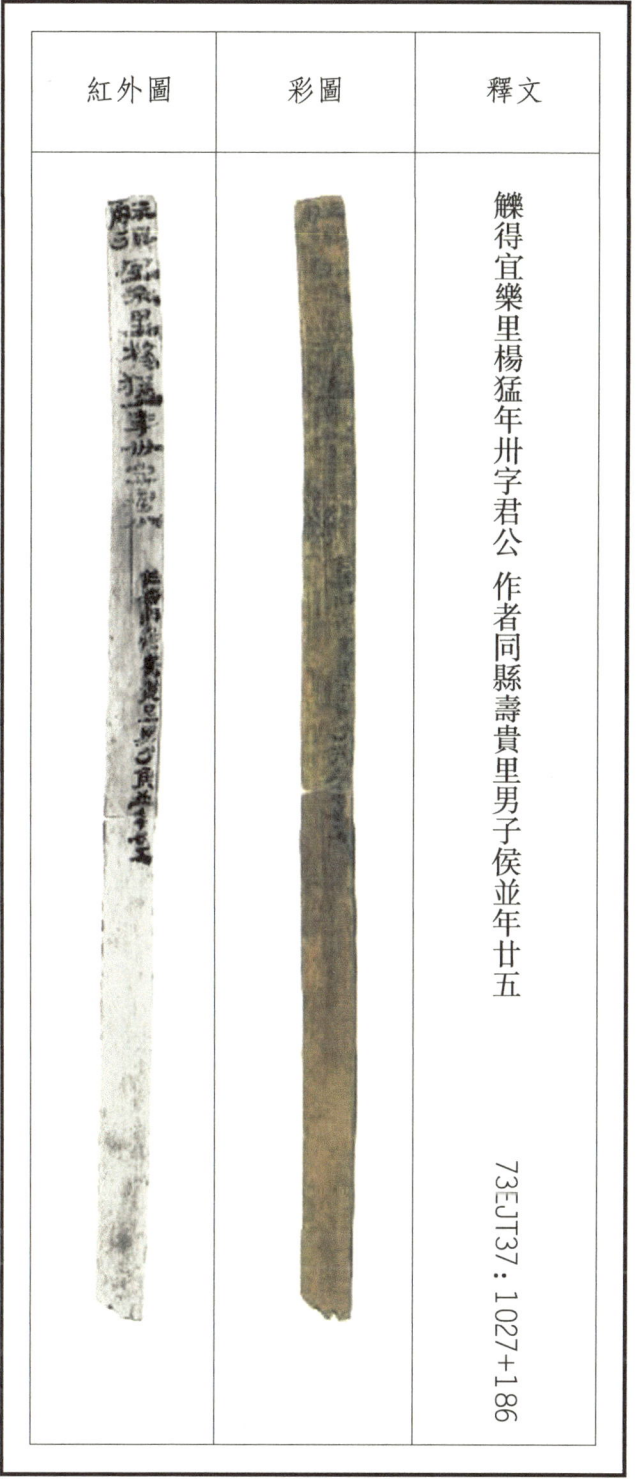

紅外圖	彩圖	釋文
		觻得宜樂里楊猛年卅字君公 作者同縣壽貴里男子侯並年廿五 73EJT37:1027+186

第246組

73EJT37：1028+1208+371

三簡均是密集紋路，字形、形制以及書寫風格等較爲一致，形制、字跡一致，文意通順無礙，紋路、碴口吻合，拼合後可復原"小""長"等字。經測量，圖版寬度一致，均是1.1cm。由此，三簡當可綴合。

紅外圖	彩圖	釋文
		觻得樂就里女子徐女止年十八　長七尺黑色　子小女來卿年二歲　乚 73EJT37：1028+1208+371

第247組

73EJT37:1052+268

两簡均無紋路,兩列文字,字間距均較大,字形、形制以及書寫風格等較爲一致,色澤相符,碴口吻合,拼合後可復原"奉""不"兩字。由此,兩簡當可綴合。

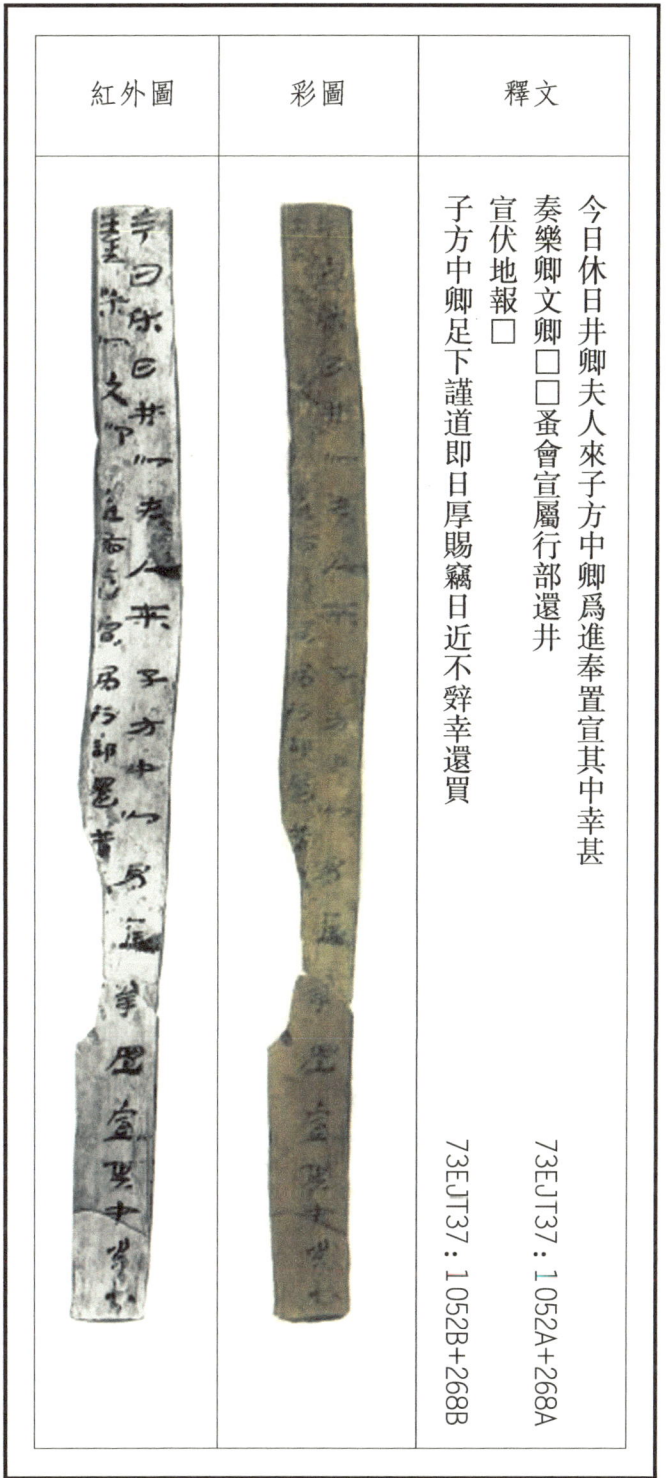

釋文	彩圖	紅外圖
今日休日井卿夫人來子方中卿爲進奉置宣其中幸甚 奏樂卿文卿□□蚕會宣屬行部還井 宣伏地報□ 子方中卿足下謹道即日厚賜竊日近不辤幸還買 73EJT37:1052A+268A 73EJT37:1052B+268B		

第248組

73EJT37:1100+271

兩簡均無紋路,兩列文字,字形、形制以及書寫風格等較爲一致,色澤相符,字迹、字間距一致,碴口吻合,拼合後可復原"與"字。由此,兩簡當可綴合。

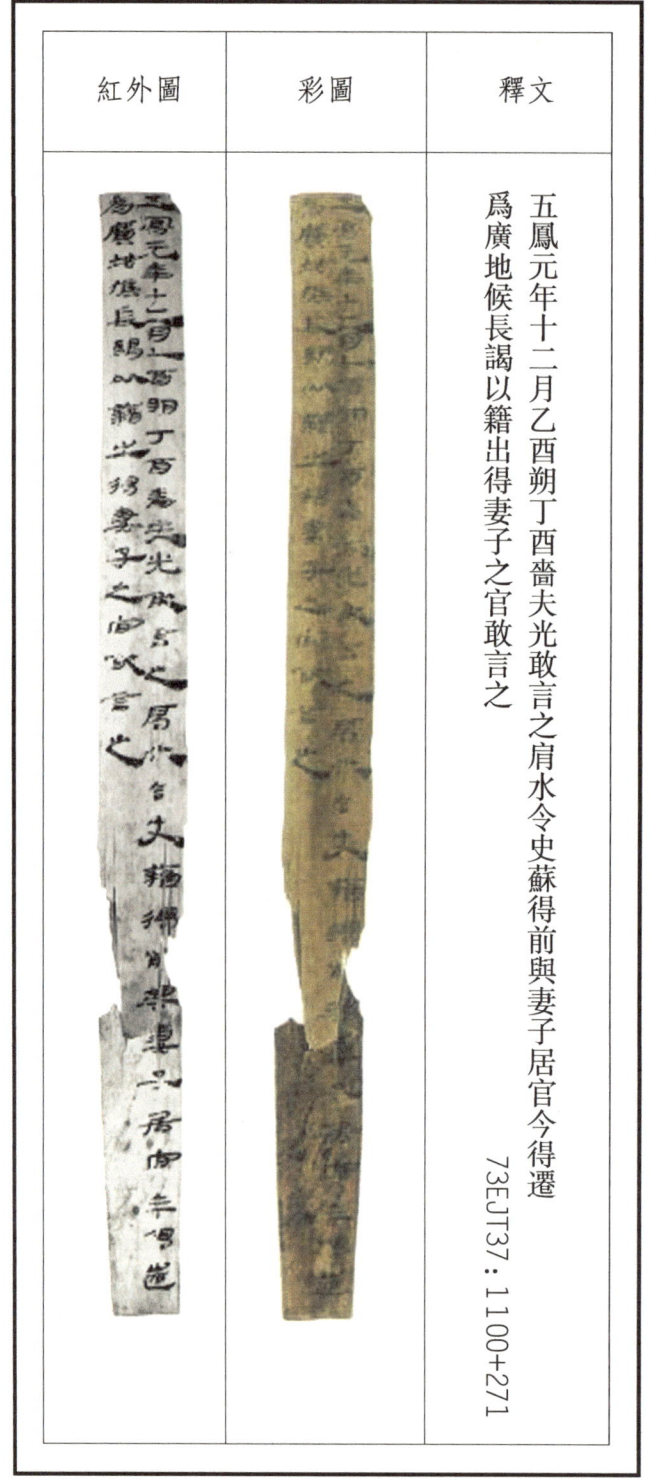

紅外圖	彩圖	釋文
		五鳳元年十二月乙酉朔丁酉嗇夫光敢言之肩水令史蘇得前與妻子居官今得遷爲廣地候長謁以籍出得妻子之官敢言之 73EJT37:1100+271

第249組

73EJT37:1109+1179

兩簡均是密集紋路,單列文字,字形、形制以及書寫風格等較爲一致,色澤、紋路相符,碴口吻合,拼合後可復原"曼"字。經測量,圖版寬度一致,均是1.0cm。由此,兩簡當可綴合。

紅外圖	彩圖	釋文

河南郡雒陽段里公乘封曼□字偉君　四月甲□

73EJT37:1109+1179

第250組

73EJT37∶1117+1107

兩簡均是密集紋路，單列文字，字形、形制以及書寫風格等較爲一致，色澤、紋路相符，字迹相近，拼合後文意順暢，"仁"字左側的"亻"之尾筆亦可復原。經測量，圖版寬度一致，均是1.3cm。由此，兩簡當可綴合。

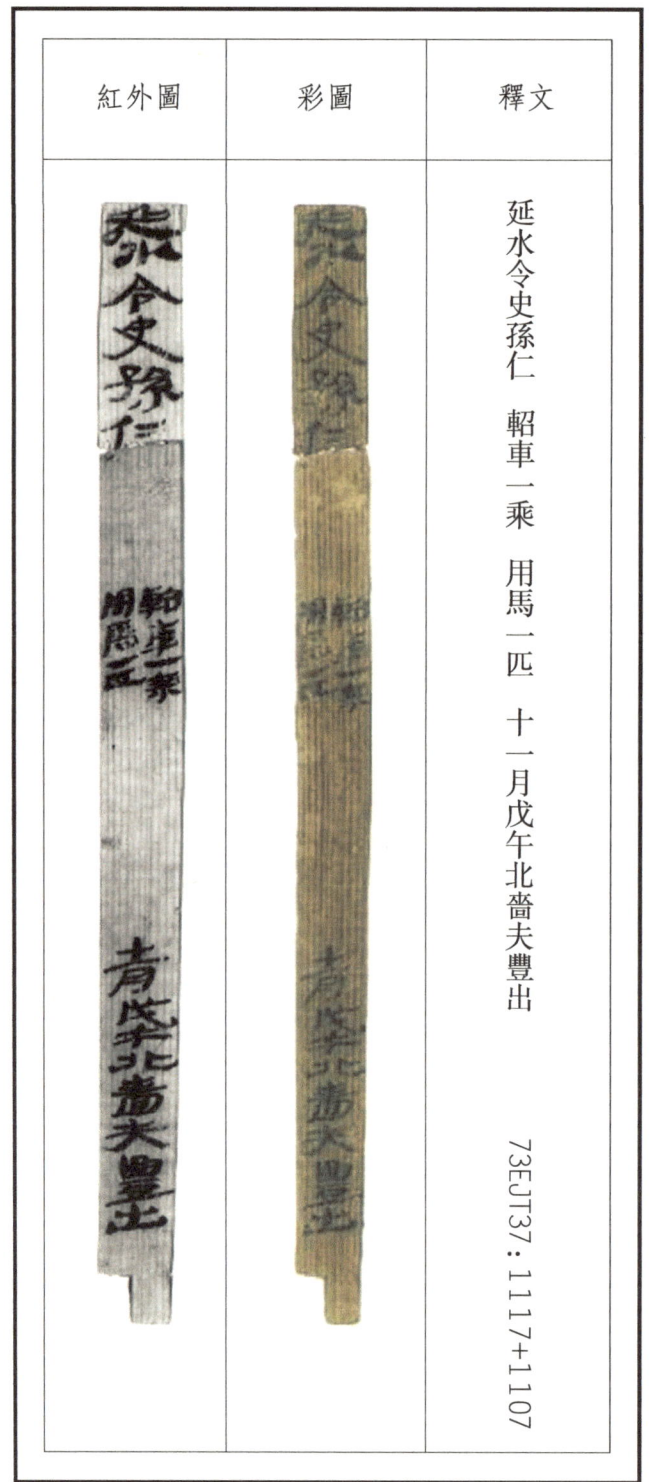

紅外圖	彩圖	釋文
		延水令史孫仁 軺車一乘 用馬一匹 十一月戊午北嗇夫豐出

73EJT37∶1117+1107 |

第251組

73EJT37:1182+490+8

三簡均是4道紋路,單列文字,字形、形制以及書寫風格等較爲一致,字迹、字間距一致,色澤、紋路相符,碴口吻合,拼合後可復原"地""巳"兩字。經測量,圖版碴口寬度一致,均是1.1cm。由此,三簡當可綴合。

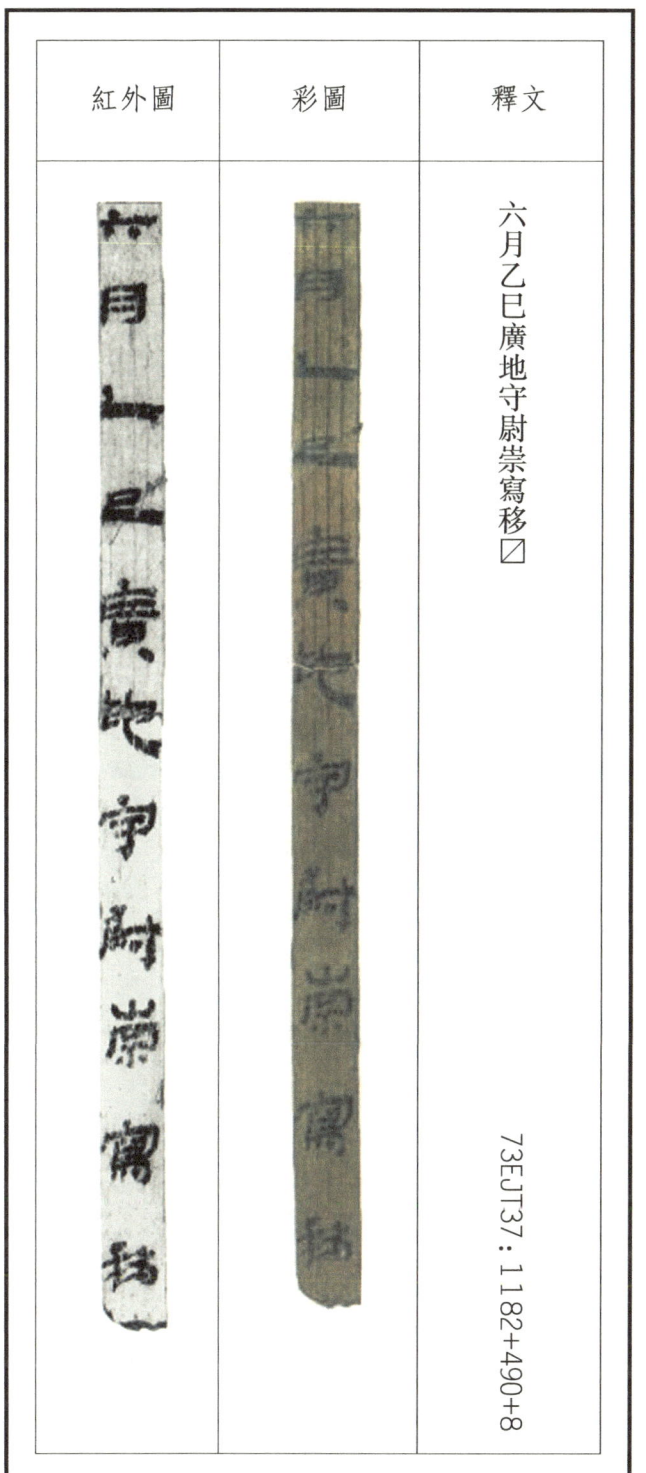

第252組

73EJT37:1206+872

兩簡均是密集紋路，單列書寫，字形、形制以及書寫風格等較爲一致，色澤、紋路相符，碴口吻合，拼合後可復原"里"字，文意通順。經測量，碴口寬度一致，均是1.1cm。由此，兩簡當可綴合。

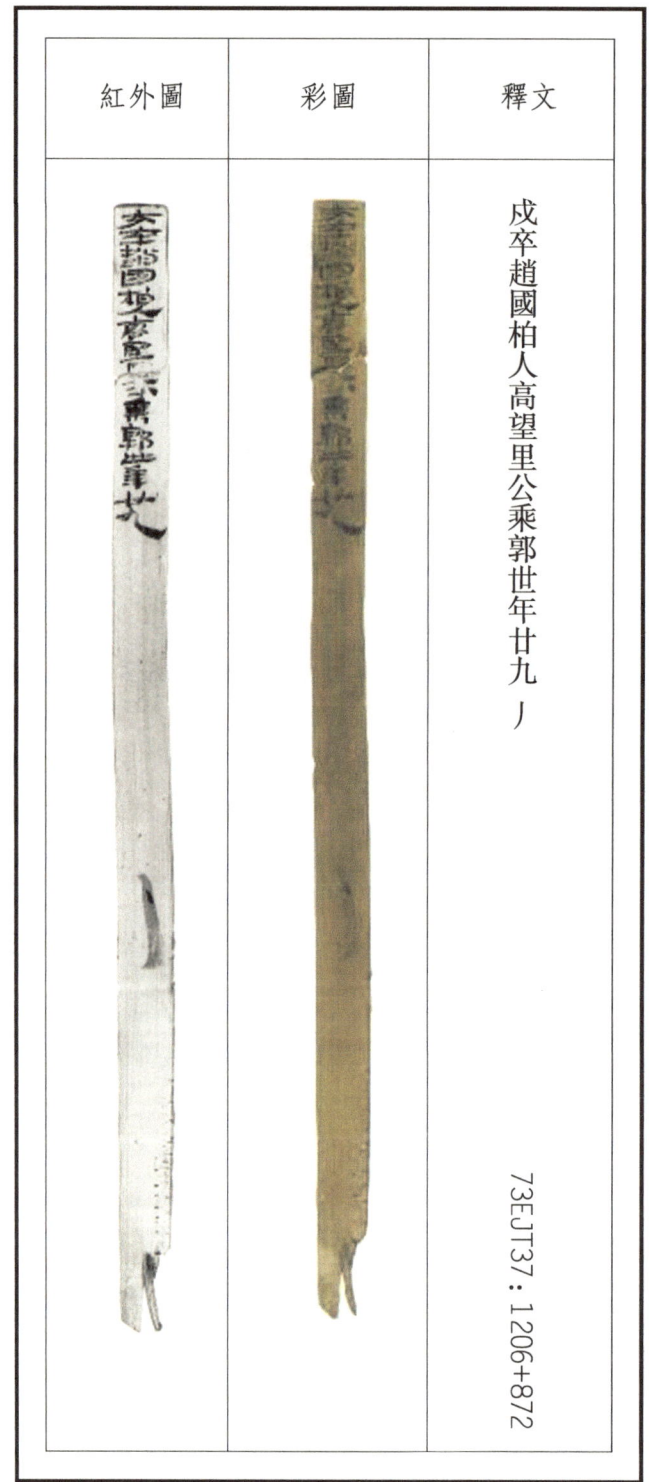

紅外圖	彩圖	釋文
		戍卒趙國柏人高望里公乘郭世年廿九　ノ

73EJT37:1206+872

第253組

73EJT37:1207+806+816

整理者曾綴合 73EJT37:806 與 73EJT37:816 號簡,簡文文意未完,還有進一步綴合的可能。筆者找到 73EJT37:1207 號簡。該簡與 73EJT37:816 號簡均是密集紋路,兩列文字,字形、形制以及書寫風格等較爲一致,碴口雖不能密合,但色澤、紋路相符,字迹、字間距一致。經測量,圖版寬度一致,均是 0.9cm。由此,兩簡當可遙綴。

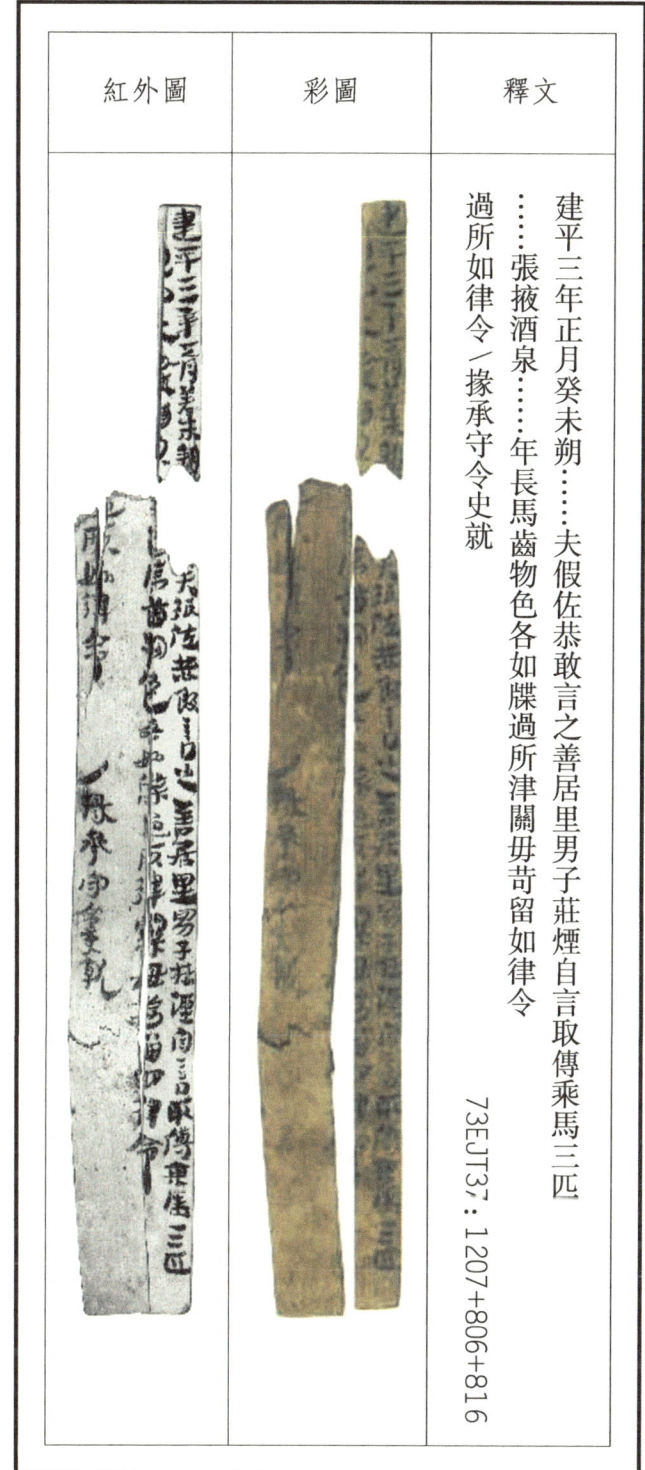

| 紅外圖 | 彩圖 | 釋文 |

建平三年正月癸未朔……夫假佐恭敢言之善居里男子莊煙自言取傳乘馬三匹……張掖酒泉……年長馬齒物色各如牒過所津關毋苛留如律令過所如律令／掾承守令史就

73EJT37:1207+806+816

第254組

73EJT37:1217+1140

兩簡紋路清晰密集,均為 8 道紋路,紋路相符,字形、形制以及書寫風格等較為一致,碴口吻合。經測量,圖版碴口寬度一致,均是 1.3cm。由此,兩簡當可綴合。

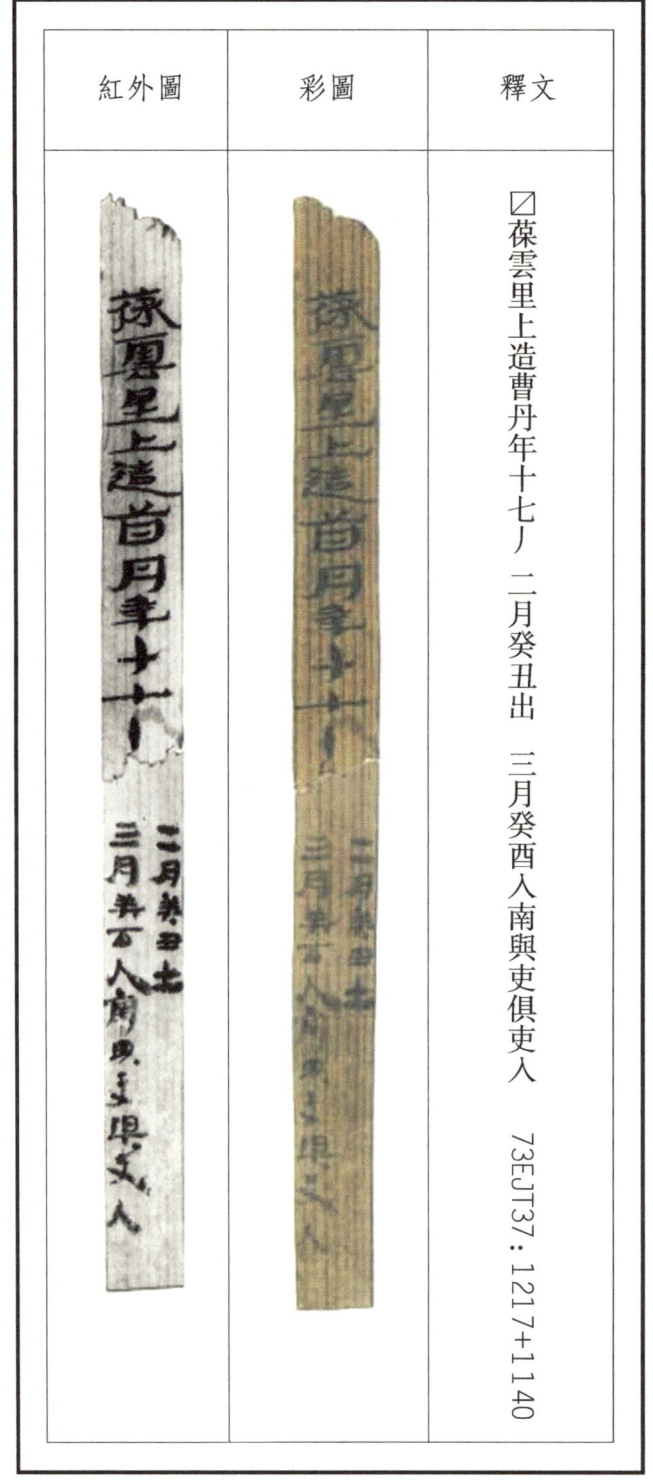

紅外圖	彩圖	釋文
		☐葆雲里上造曹丹年十七／二月癸丑出 三月癸酉入南與吏俱吏人 73EJT37:1217+1140

第255組

73EJT37∶1224+108

兩簡雖然色澤存在一定差異，但均是密集紋路，字形、形制以及書寫風格等較爲一致，字體、字間距一致，紋路、磋口吻合，拼合後且可復原"長"字。經測量，圖版磋口寬度一致，均是1.0cm。由此，兩簡當可綴合。

紅外圖	彩圖	釋文
		觻得千秋里不更李齋年卅二長七尺二寸黑色牛車一兩☒ 73EJT37∶1224+108

第256組

73EJT37:1232+1570

兩簡材質相同,色澤相符,字形、形制以及書寫風格等較爲一致,碴口吻合,紋路相合,文意相關。經測量,兩簡圖版碴口寬度均是1.0cm。由此,兩簡當可綴合。

紅外圖	彩圖	釋文
		定伏地言……願報謁之敞盡府 …… 侯掾 魏長兄 73EJT37:1232A+1570A① 73EJT37:1232B+1570B

---

① 張俊民認爲"願報謁"可能是"贛報得"。

第257組

73EJT37:1238+1323

　　兩簡均有紋路,字形、形制以及書寫風格等較爲一致,色澤、紋路相符,字體、字間距一致,碴口吻合,拼合後可復原"里"字。經測量,圖版寬度一致,均是1.4cm。由此,兩簡當可綴合。

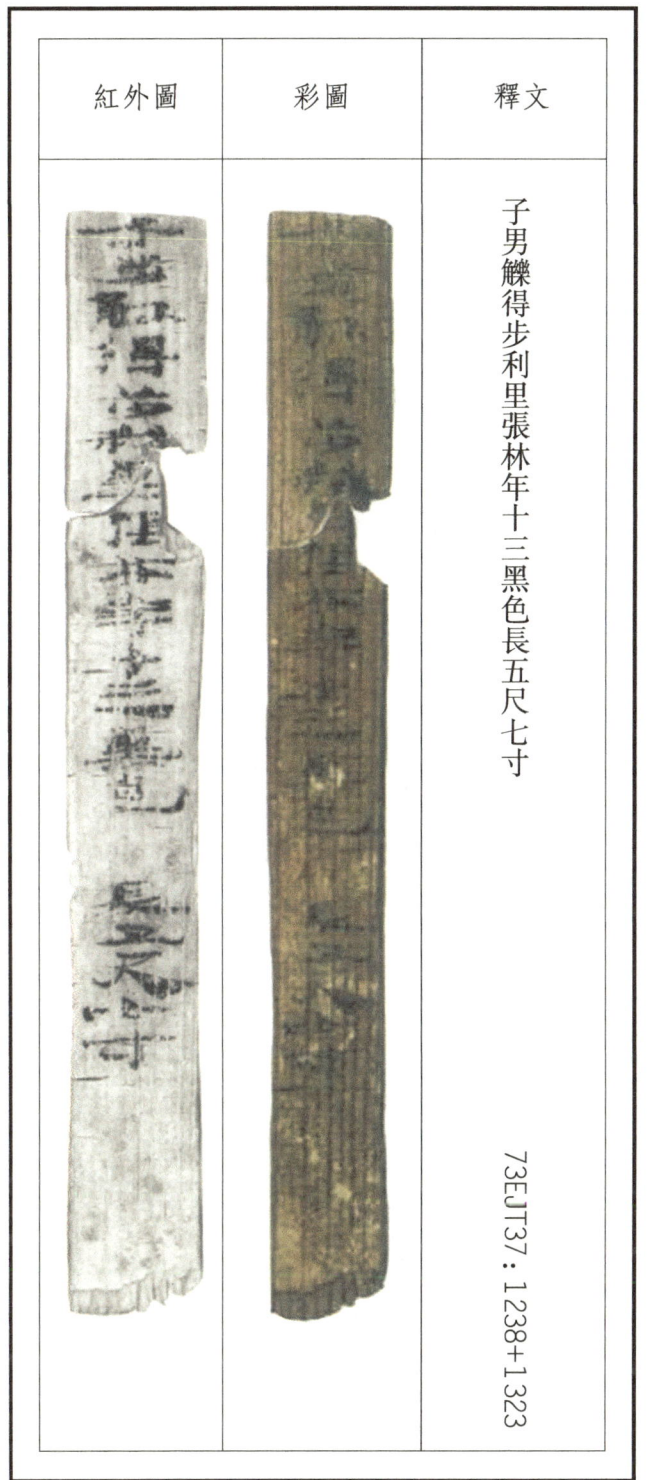

紅外圖	彩圖	釋文
		子男䑕得步利里張林年十三黑色長五尺七寸
		73EJT37:1238+1323

第258組

73EJT37:1240+1311+1233

三簡均無紋路，兩列文字，字形、形制以及書寫風格等較爲一致，尤其是字體優美，書手當具有較高的書法造詣。三簡碴口吻合，拼合後簡文文意連貫、完整。經測量，圖版寬度一致，爲1.6~1.7cm。由此，三簡當可遥綴。（相關考釋見"考釋與研究"章）

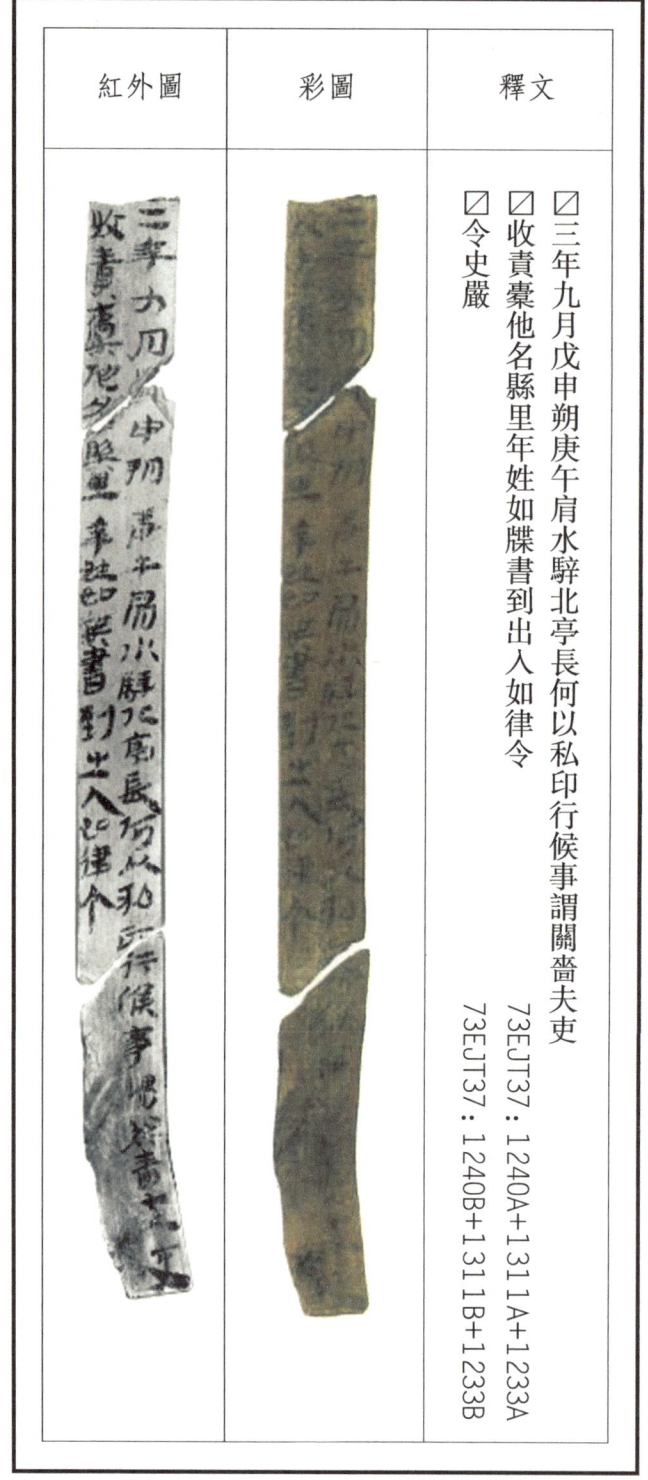

紅外圖	彩圖	釋文
		☐三年九月戊申朔庚午肩水驛北亭長何以私印行候事謂關嗇夫吏 ☐收責橐他名縣里年姓如牒書到出入如律令 ☐令史嚴 73EJT37：1240A+1311A+1233A 73EJT37：1240B+1311B+1233B

第259組

73EJT37:1242+20

兩簡均有紋路,字形、形制以及書寫風格等較爲一致,色澤雖存在差異,但紋路相合,且非常清晰,字迹、字間距一致,碴口吻合。經測量,圖版碴口寬度一致,均是1.3cm。此外,簡文文意相關,73EJT37:1242號簡的"左戎"與73EJT37:20號簡兄子"左襃"亦能形成印證。由此,兩簡當可綴合。

紅外圖	彩圖	釋文
		☐更左戎年廿五 兄子☐樂里左襃年十七 軺車一乘二月乙卯出 馬一匹騮牡齒七歲高五尺一寸 73EJT37:1242+20

第260組

73EJT37:1245+383+409

三簡均有紋路，字體較爲飄逸，靠右側書寫，字形、形制以及書寫風格等較爲一致，紋路相符，字迹、字間距一致，碴口吻合。73EJT37:383 與 73EJT37:1245 號簡拼合後可復原"建"字。經測量，圖版碴口寬度一致，均是 0.7cm。由此，三簡當可綴合。

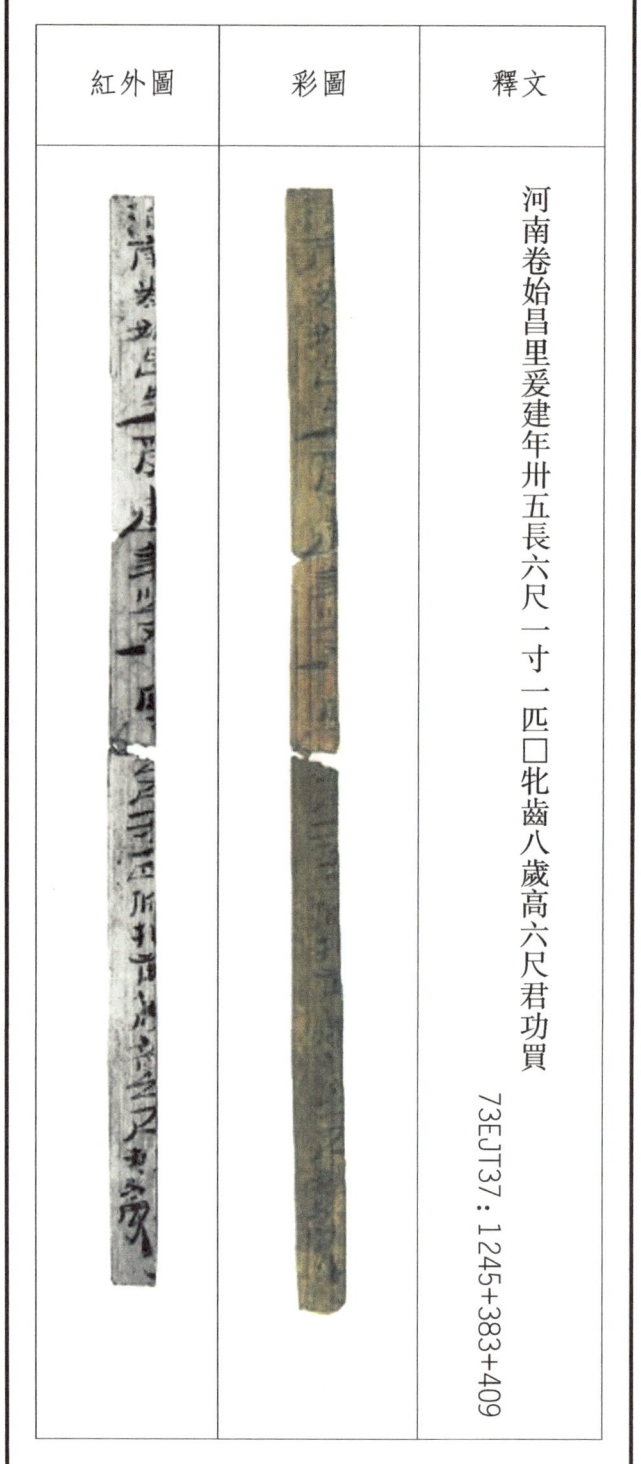

紅外圖	彩圖	釋文
		河南卷始昌里爰建年卅五長六尺一寸一匹□牝齒八歲高六尺君功買 73EJT37：1245+383+409

第261組

73EJT37：1247+1235

　　兩簡均無紋路，字形、形制以及書寫風格等較爲一致，字迹、字體一致，色澤相符，碴口吻合，文意通順。經測量，圖版碴口寬度一致，均是1.0cm。由此，兩簡當可綴合。

紅外圖	彩圖	釋文
		□豐佐仁送客行書橐他界中出入盡十二月□

73EJT37：1247+1235

第262組

73EJT37:1251+1328

　　兩簡均無紋路，單列文字，簡面都存在刮削脫落現象，字形、形制以及書寫風格等較爲一致，色澤相符，字迹、字間距一致，且磋口均存在脫落現象。經測量，圖版磋口寬度一致，均是0.9cm。由此，兩簡當可綴合。

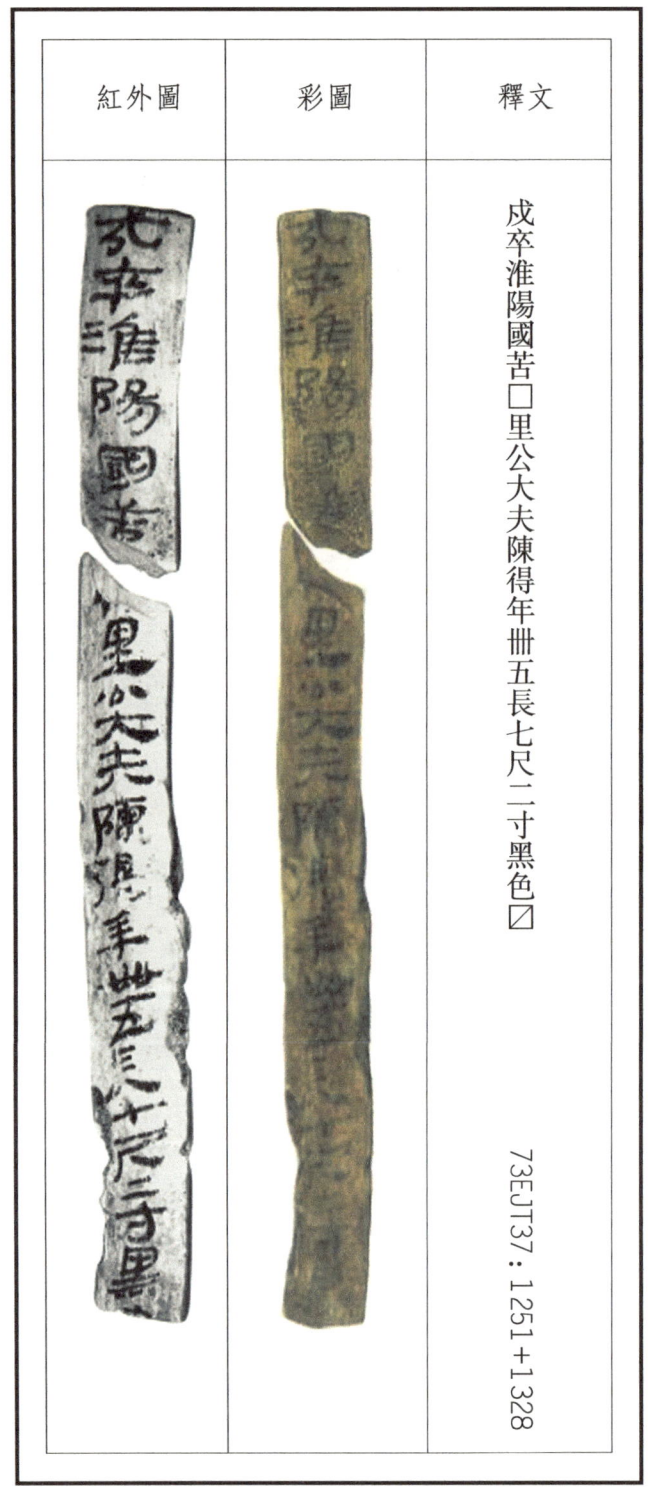

第263組

73EJT37:1258+1291+1392

　　整理者曾綴合了 73EJT37:1258 與 73EJT37:1291 兩枚簡,但釋文仍不完整。筆者發現73EJT37:1392 號簡上部殘斷,簡牘形制、書寫風格與上兩簡一致,色澤、紋路相符,字跡、字間距一致,碴口吻合,拼合後可復原"邑"字。經測量,圖版碴口寬度一致,均是 0.6cm。由此,三簡當可綴合。

紅外圖	彩圖	釋文
		田卒河南郡密邑長明里杜賢年卅 ア 73EJT37:1258+1291+1392

第264組

73EJT37:1263+1300

兩簡均無紋路,單列文字,字形、形制以及書寫風格等較爲一致,字迹、字間距一致,色澤相符,碴口吻合,拼合後可復原"年"字。經測量,圖版碴口寬度一致,均是1.0cm。由此,兩簡當可綴合。

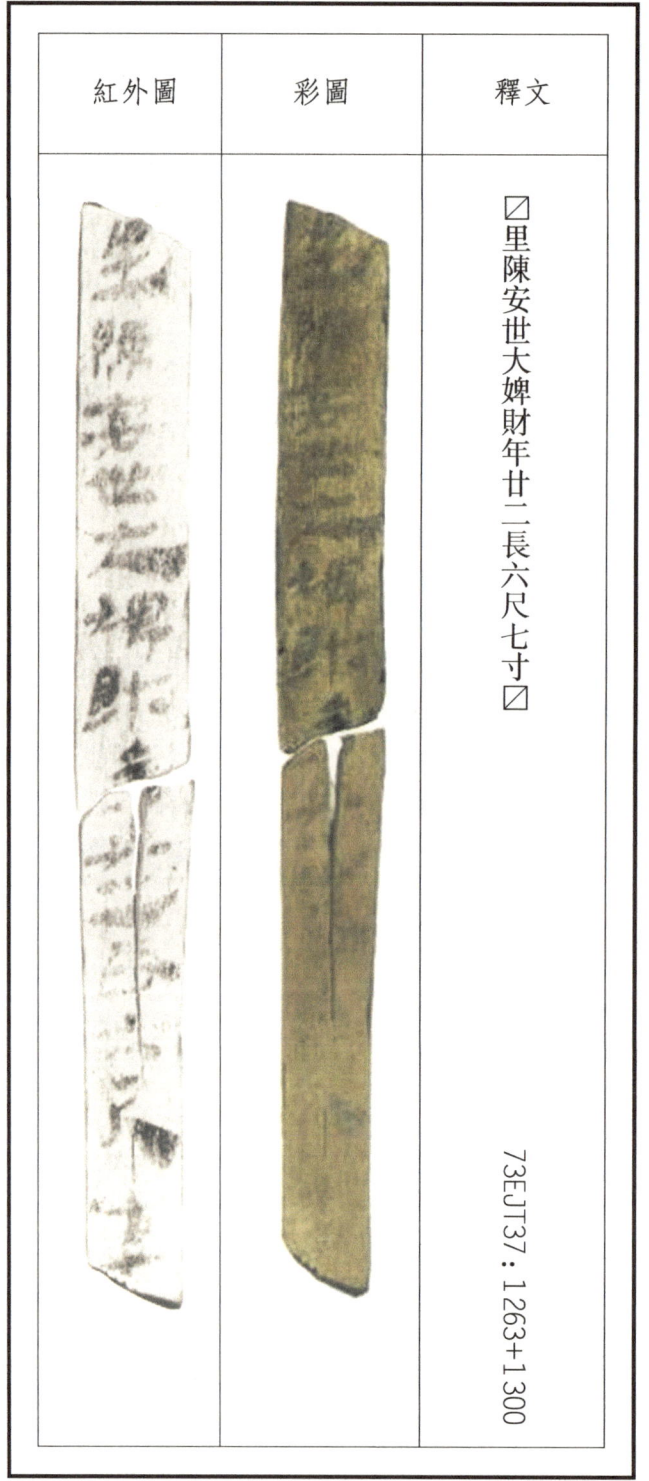

紅外圖	彩圖	釋文
		☐里陳安世大婢財年廿二長六尺七寸☐

73EJT37:1263+1300

第265組

73EJT37:1268+1089

兩簡均無紋路，單列文字，字形、形制以及書寫風格等較爲一致，字迹、字體一致，色澤相符，碴口吻合。經測量，圖版碴口寬度一致，均是 1.0cm。由此，兩簡當可綴合。

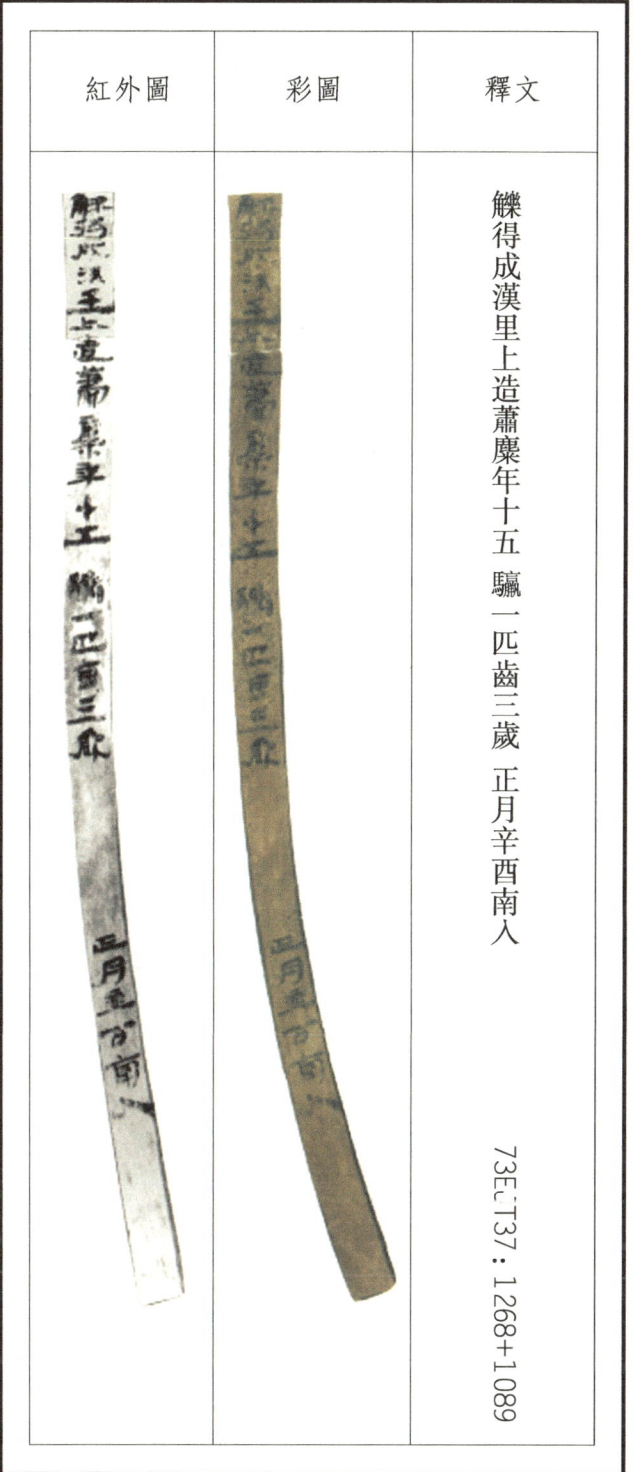

紅外圖	彩圖	釋文

觻得成漢里上造蕭糜年十五 驪一匹齒三歲 正月辛酉南入

73EJT37:1268+1089

第266組

73EJT37:1271+1340

两簡均是密集紋路，字形、形制以及書寫風格等較爲一致，色澤、紋路相符，字迹、字間距一致，碴口吻合，拼合後可復原"吏"字。經測量，圖版碴口寬度一致，均是1.2cm。由此，兩簡當可綴合。

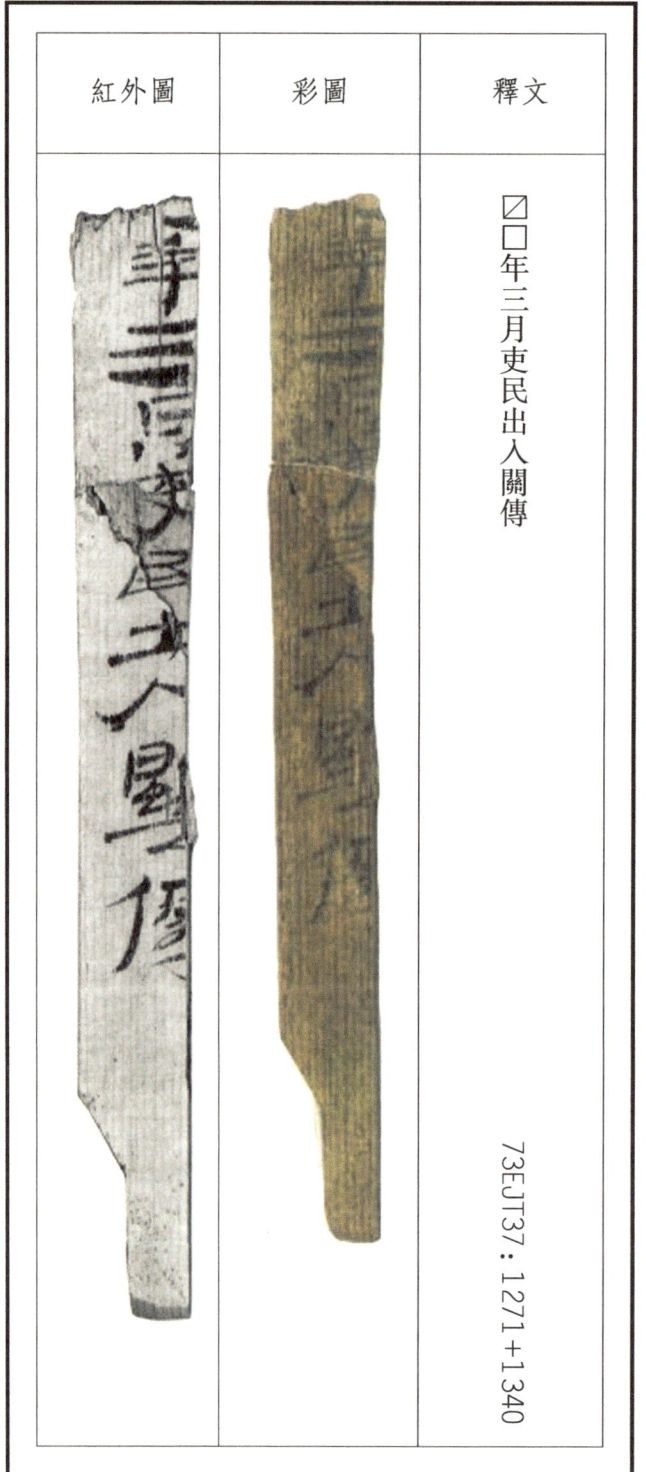

紅外圖	彩圖	釋文
		☐☐年三月吏民出入關傳
		73EJT37：1271+1340

第267組

73EJT37:1294+737

兩簡均有紋路,且均存在刮削導致的殘字情況,字形、形制以及書寫風格等較爲一致,色澤、紋路相符,字迹、字間距一致,碴口吻合。經測量,圖版碴口寬度一致,均是0.9cm。由此,兩簡當可綴合。

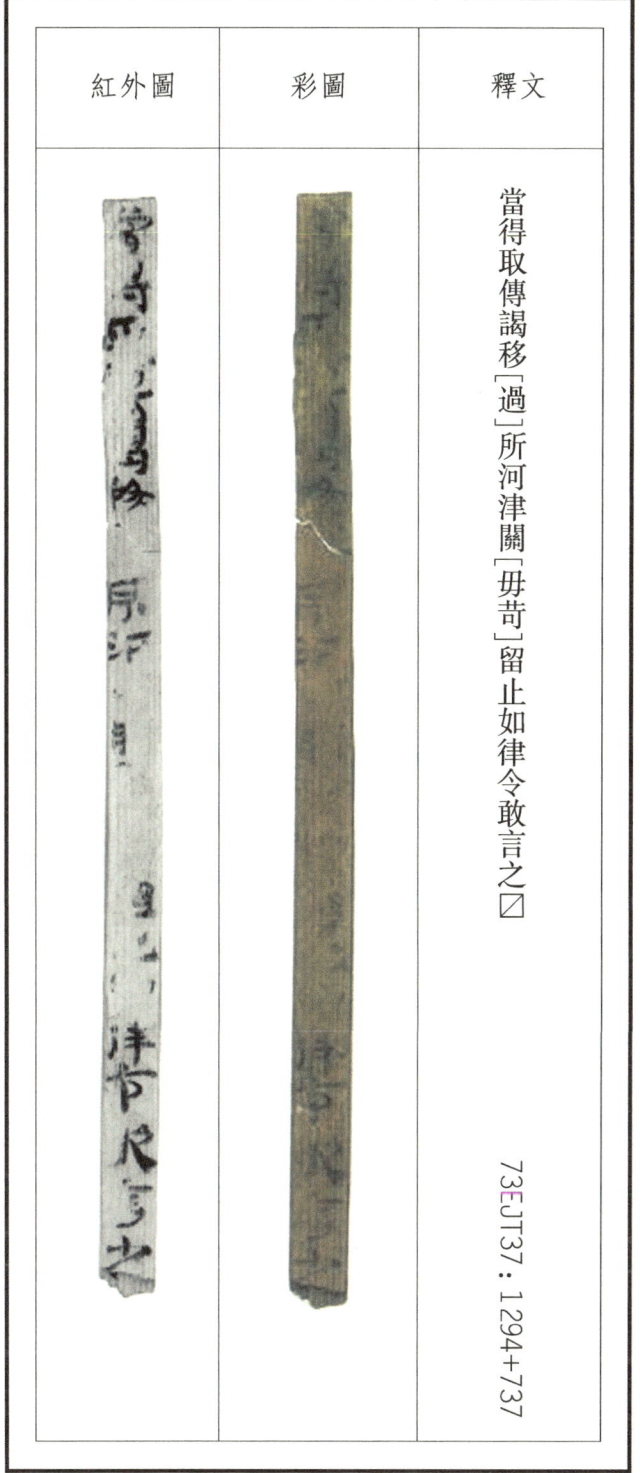

紅外圖	彩圖	釋文
		當得取傳謁移[過]所河津關[毋苛]留止如律令敢言之☐ 73EJT37:1294+737

第268組

73EJT37:1308+1277

兩簡均無紋路,字形、形制以及書寫風格等較爲一致,色澤相符,字迹、字間距一致,碴口吻合,拼合後可復原"十"字殘筆。經測量,圖版寬度一致,爲1.2~1.3cm。由此,兩簡當可綴合。

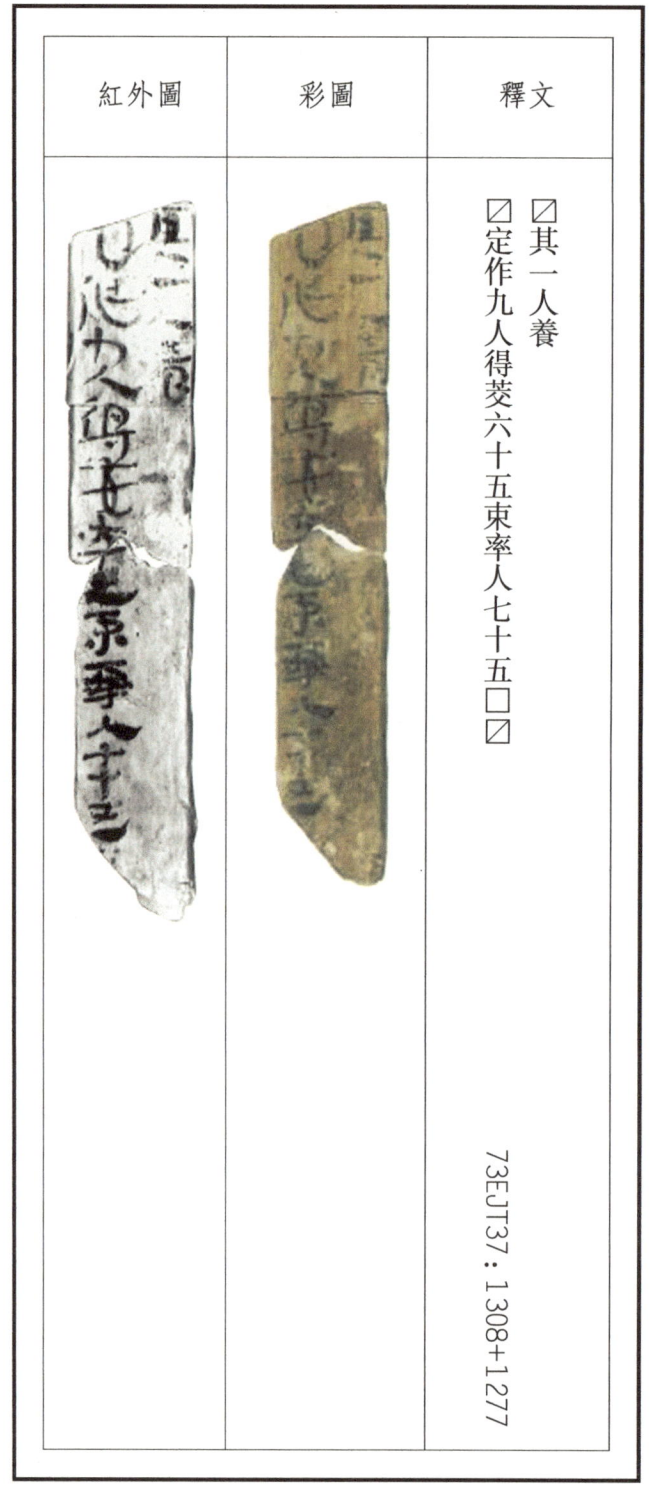

紅外圖	彩圖	釋文
		☒其一人養☒定作九人得茭六十五束率人七十五☒☒

73EJT37:1308+1277

第269組

73EJT37:1335+1359

兩簡均無紋路,字體較大,字形、形制以及書寫風格等較爲一致,色澤相符,字迹、字間距一致,碴口吻合,文意相關。經測量,圖版寬度一致,均是0.8cm。由此,兩簡當可綴合。

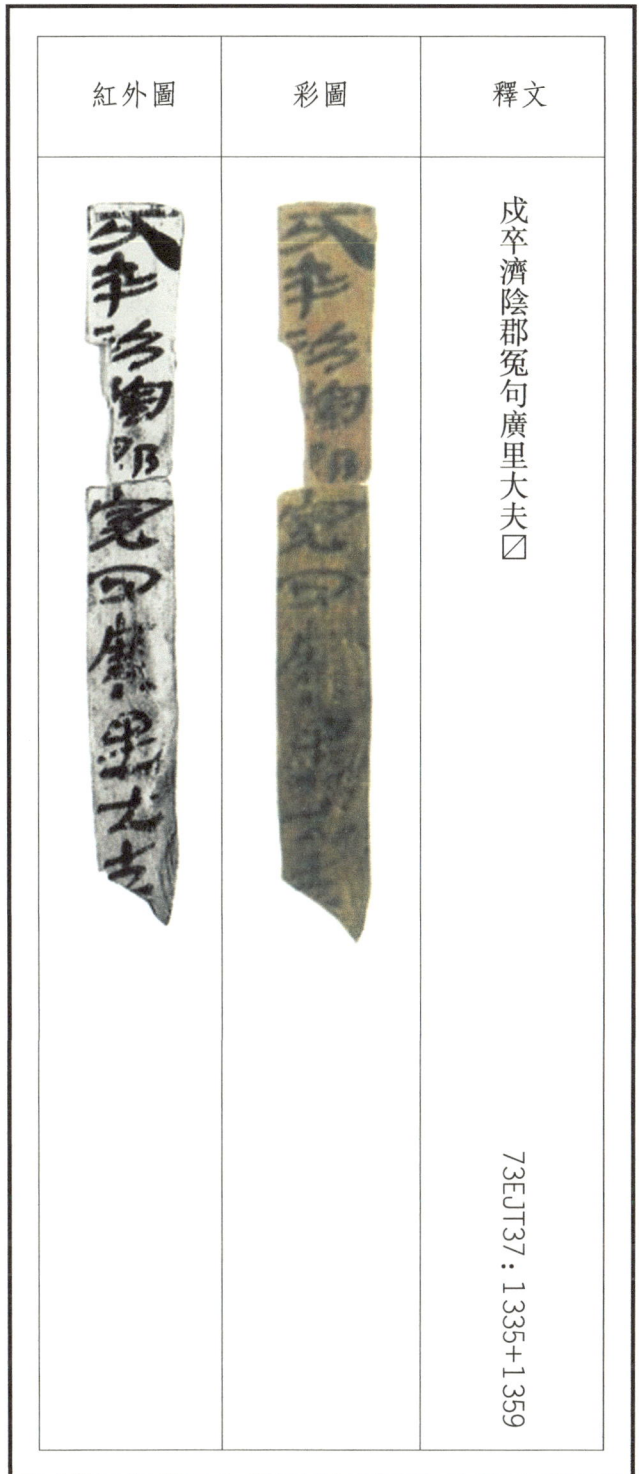

紅外圖	彩圖	釋文
		戍卒濟陰郡冤句廣里大夫☒

73EJT37:1335+1359

第270組

73EJT37:1355+682

  兩簡碴口不能密合,但材質相同,色澤相符,紋路相合,且兩簡的兩側均呈規整斷裂狀,字形、形制以及書寫風格等較爲一致,字體優美,顯示書手善於拖筆,具有較高的書法造詣。經測量,兩簡圖版碴口寬度均是 1.1cm。由此,兩簡疑可綴合。

---

① 張俊民認爲"鳳"也可以作"鳳",右行後仍有"亡罪"二字。

紅外圖	彩圖	釋文
		……仁罪容姦力以□鳳不以爲意……亡罪　　73EJT37:1355+682①

第271組

73EJT37:1361+1353+1358

整理者曾遥綴了 73EJT37:1353 與 73EJT37:1358 兩枚簡,然文意未完。筆者發現此簡與 73EJT37:1353 號簡風格較爲一致,色澤相符,字迹、字間距一致,磋口吻合,拼合後可復原"塞"字。經測量,圖版磋口寬度一致,均是 1.1cm。由此,三簡當可綴合。

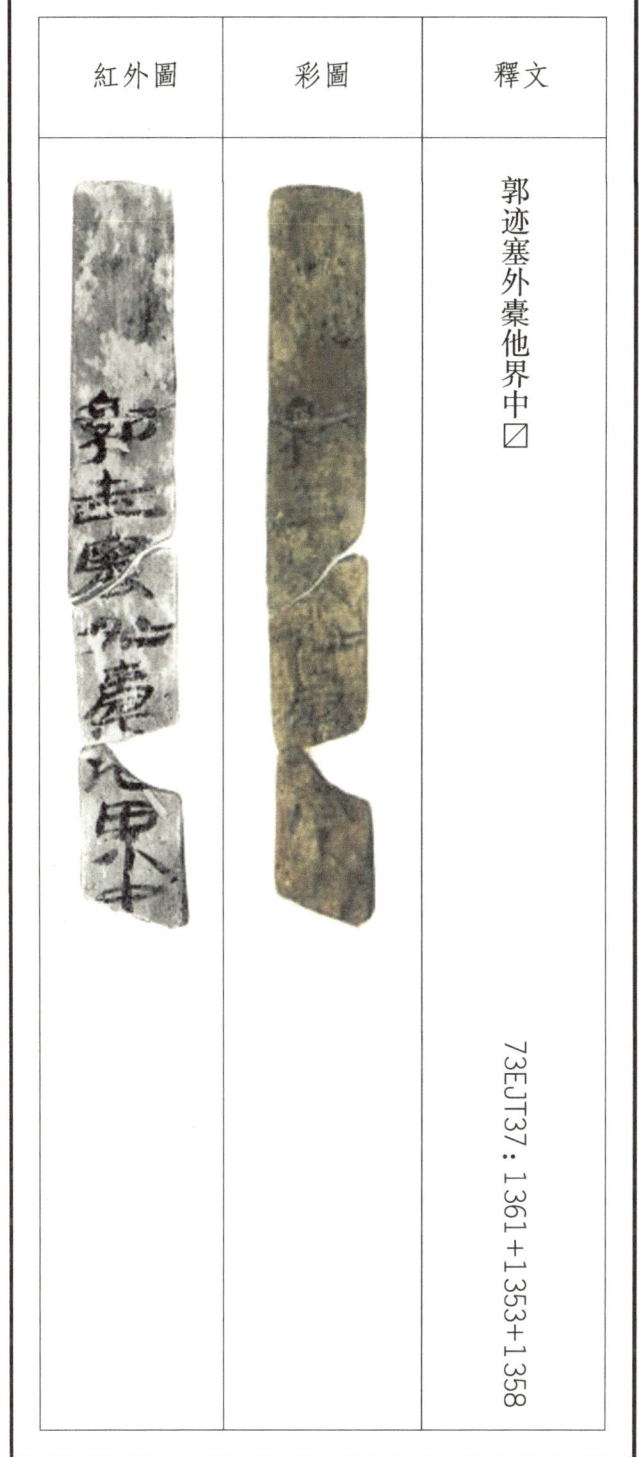

紅外圖	彩圖	釋文
		郭迹塞外橐他界中☐

73EJT37:1361+1353+1358

第272組

73EJT37:1378+1134

兩簡均無紋路,兩列文字,字形、形制以及書寫風格較爲一致,字迹一致,碴口吻合。經測量,圖版寬度一致,均是1.5cm。由此,兩簡當可綴合。

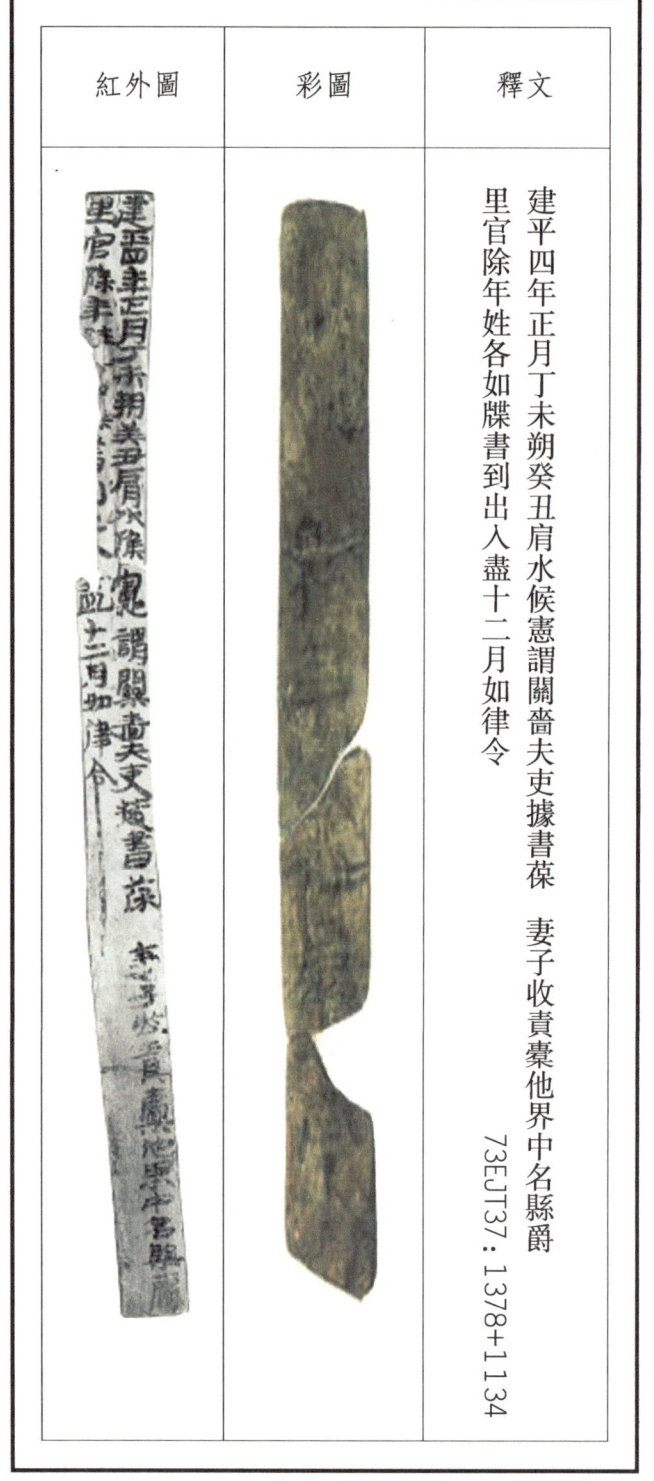

紅外圖	彩圖	釋文
		建平四年正月丁未朔癸丑肩水候憲謂關嗇夫吏據書葆 妻子收責橐他界中名縣爵里官除年姓各如牒書到出入盡十二月如律令 73EJT37:1378+1134

第273組

73EJT37:1386+1138

兩簡均無紋路,字體飄逸,字形、形制以及書寫風格等較爲一致,色澤相符,字間距一致,文意相關。經測量,圖版寬度一致,均是1.1cm。由此,兩簡當可遙綴。

紅外圖	彩圖	釋文
		河南落陽東鄉上言里趙武年廿九馬一匹騮白牡齒四歲高六尺三月□□入　73EJT37:1386+1138

第274組

73EJT37:1391+883

兩簡均有紋路，字形、形制以及書寫風格等較爲一致，色澤、紋路相符，字體相同，且均有相同的傾斜度，碴口吻合。經測量，圖版碴口寬度一致，均是1.1cm。由此，兩簡當可綴合。

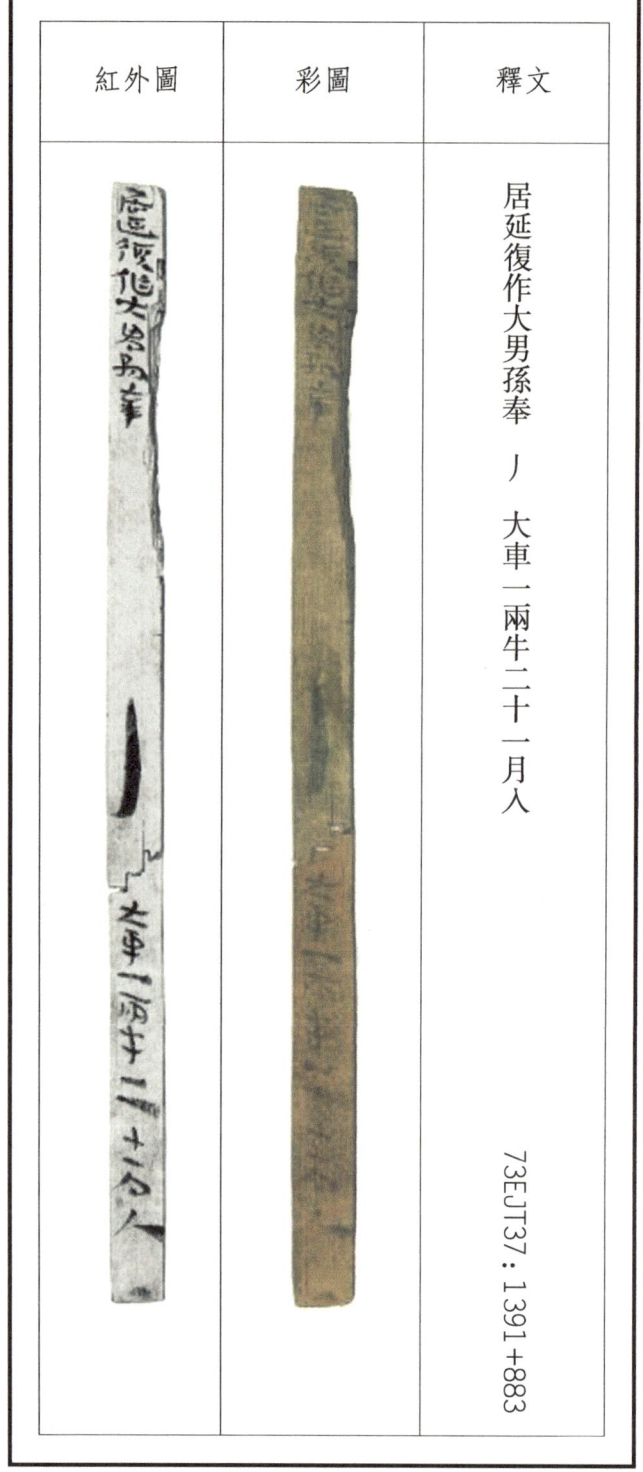

紅外圖	彩圖	釋文
		居延復作大男孫奉 ∕ 大車一兩牛二十一月入 73EJT37:1391+883

第275組

73EJT37：1410+1480

兩簡材質相同，字形、形制以及書寫風格等較爲一致，紋路相合，色澤相符，文意相關，且兩簡的右側均有斷裂，碴口吻合。經測量，兩簡圖版碴口寬度均是0.8cm。由此，兩簡當可綴合。

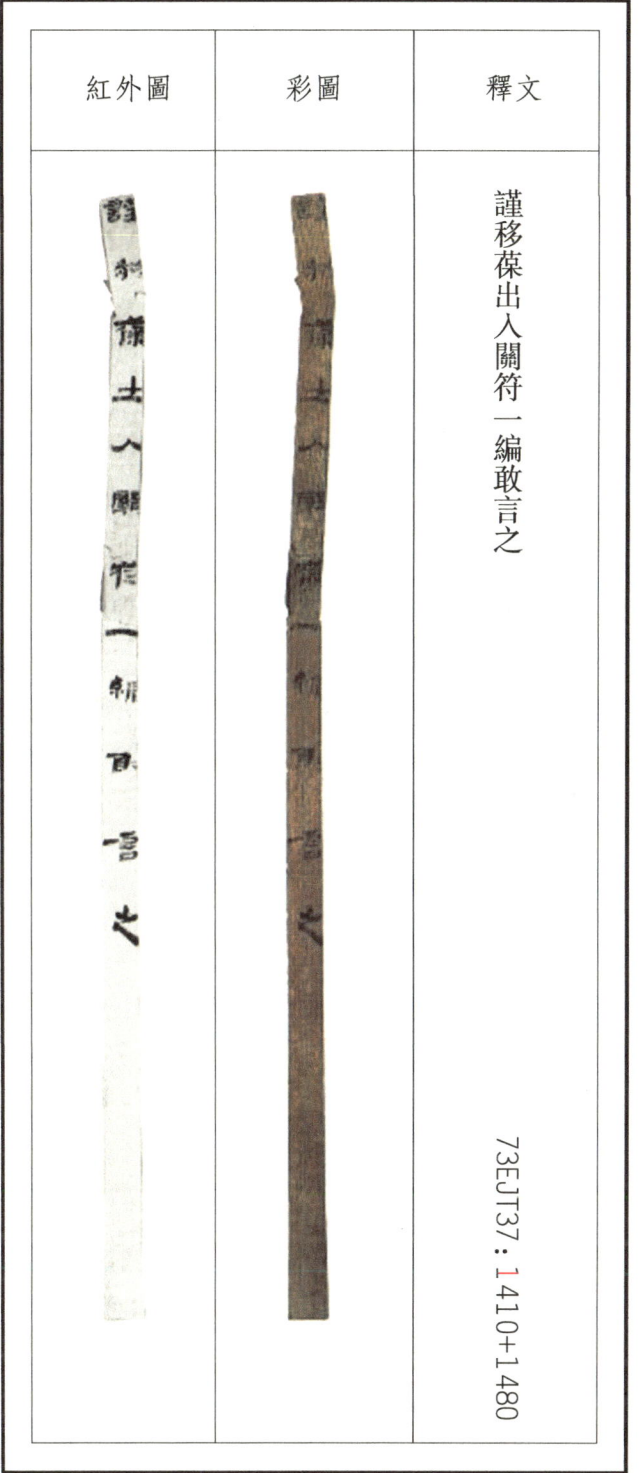

紅外圖	彩圖	釋文
		謹移葆出入關符一編敢言之

73EJT37：1410+1480

第276組

73EJT37:1413+1190

　　兩簡均是密集紋路，字形、形制以及書寫風格等較爲一致，色澤、紋路相符，字迹、字間距一致，磋口吻合，拼合後可復原"乘"字。經測量，圖版磋口寬度一致，均是1.0cm。由此，兩簡當可綴合。

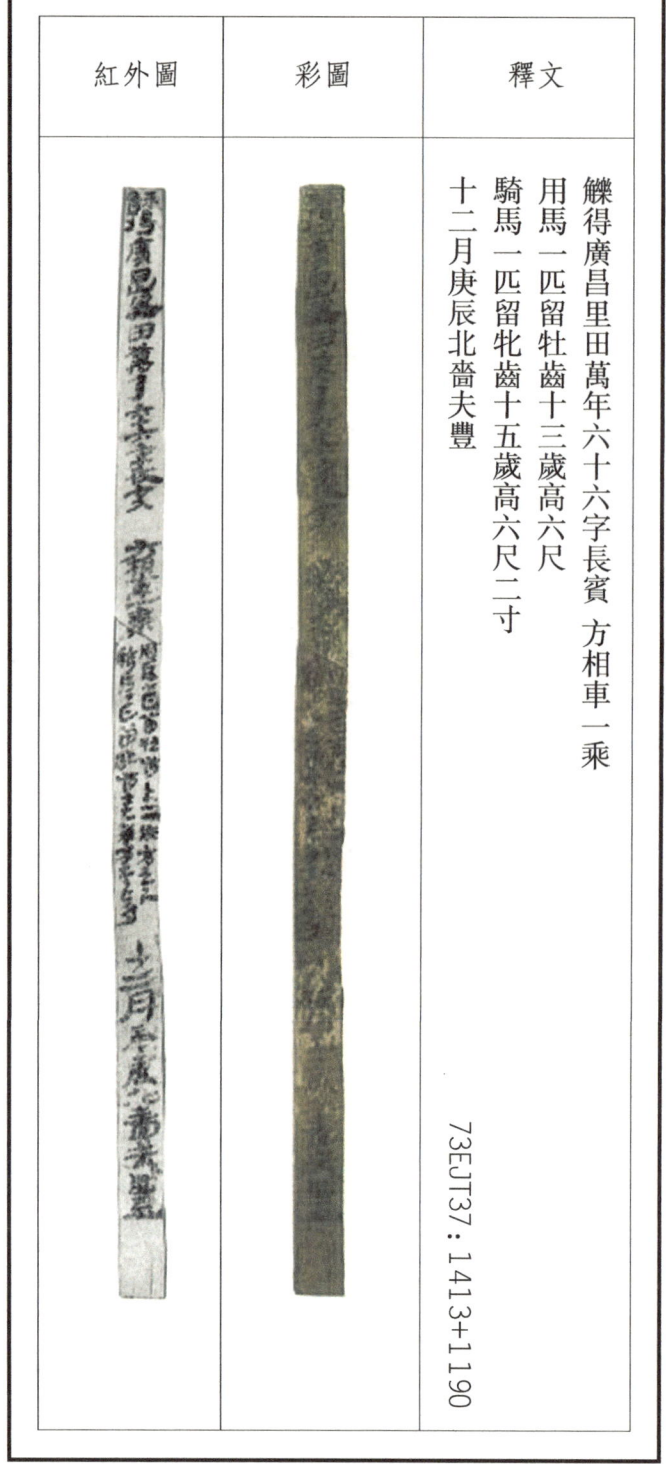

紅外圖	彩圖	釋文
		觻得廣昌里田萬年六十六字長賓 方相車一乘 用馬一匹留牡齒十三歲高六尺 騎馬一匹留牝齒十五歲高六尺二寸 十二月庚辰北嗇夫豐

73EJT37:1413+1190

第277組

73EJT37:1414+1044+369

三簡均是密集紋路,字形、形制以及書寫風格等較爲一致,書寫存在傾斜,色澤、紋路相符,字迹、字間距一致,碴口吻合,拼合後可復原"三""元"等字。經測量,三簡圖版碴口寬度一致,均是0.9cm。由此,三簡當可互綴。(相關考釋見"考釋與研究"章)

紅外圖	彩圖	釋文
		觻得宜產里大夫王多牛年廿三長七尺二寸黑色牛車一兩以元康三年五月中出　73EJT37:1414+1044+369

第278組

73EJT37:1416+1177

两簡均有 4 條清晰的紋路，字形、形制以及書寫風格等較爲一致，字迹相近，色澤相符，紋路相合，碴口吻合，拼合後可復原"勿"字。經測量，圖版寬度一致，均是 1.0cm。由此，兩簡當可綴合。

紅外圖	彩圖	釋文
		八月庚午匽師丞義移過所河津門亭勿苛留如律令／掾廣令史彭 73EJT37:1416+1177

第279組

73EJT37:1418+664+609

謝坤曾綴合 73EJT37:1418 與 73EJT37:664 號簡，①然釋文仍不完整，還有進一步綴合的可能。筆者發現 73EJT37:609 號簡與 73EJT37:664 號簡在字形、形制以及書寫風格上比較一致，色澤相符，字跡、字間距一致，碴口吻合，拼合後可復原"日"字。經測量，圖版碴口寬度一致，均是 1.0cm。由此，三簡當可綴合。（相關考釋見"考釋與研究"章）

---

① 謝坤:《〈肩水金關漢簡（肆）〉綴合六則》，《出土文獻》第 9 輯，上海：中西書局，2016 年。

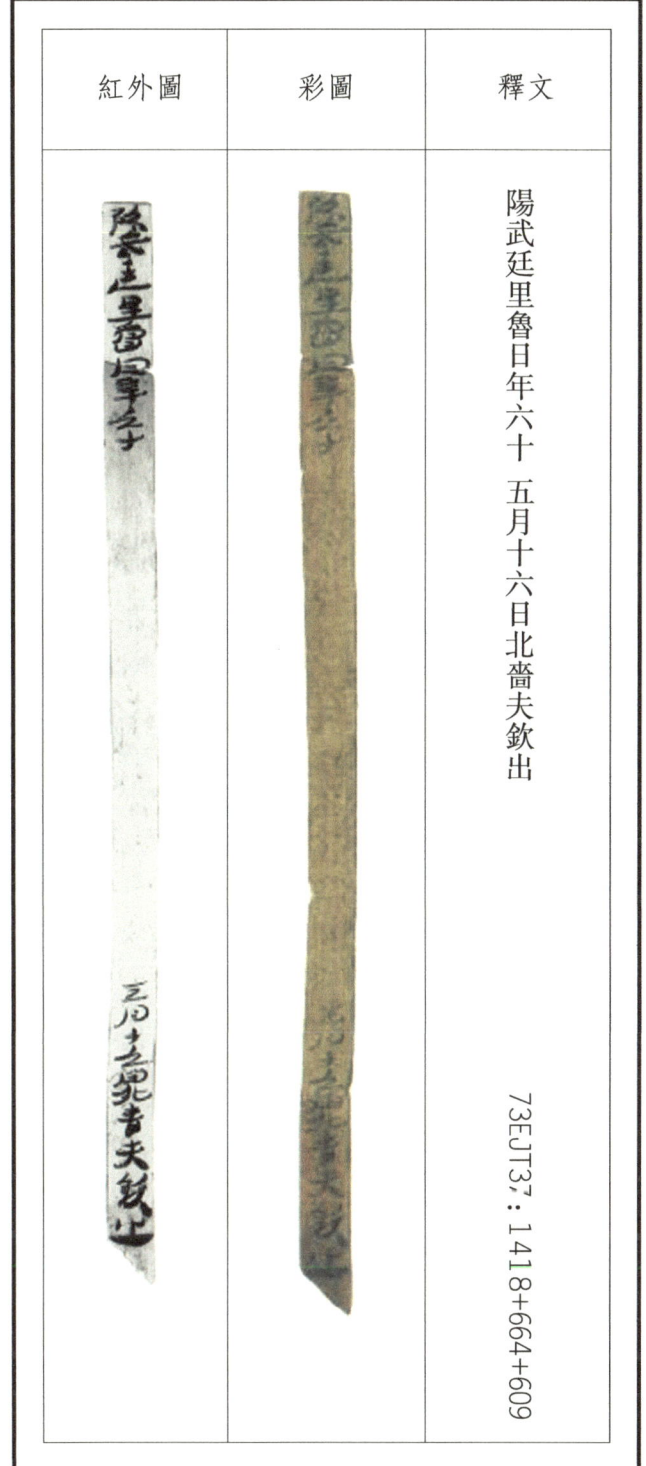

紅外圖	彩圖	釋文
		陽武廷里魯日年六十 五月十六日北嗇夫欽出　73EJT37:1418+664+609

第280組

73EJT37：1425+1347+1142

三簡有共同的特徵，紋路較粗疏，字間距較大，色澤、紋路相符，字迹一致，文意相關，碴口吻合。經測量，圖版寬度一致，均是 1.0cm。由此，三簡當可綴合。（相關考釋見"考釋與研究"章）

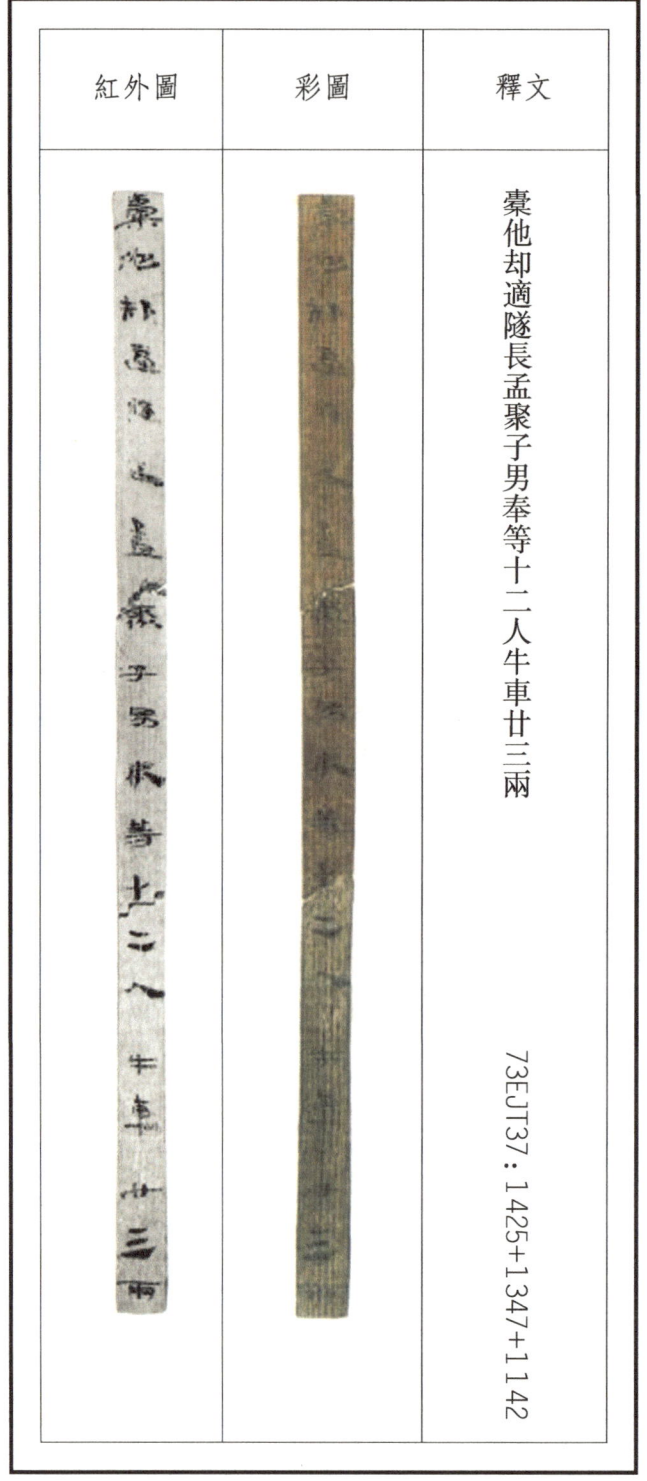

紅外圖	彩圖	釋文
		橐他却適隧長孟聚子男奉等十二人牛車廿三兩 73EJT37：1425+1347+1142

第281組

73EJT37:1444+12

　　兩簡均是密集紋路,單列文字,字形、形制以及書寫風格等較爲一致,紋路相符,字迹、字間距一致,碴口吻合。經測量,圖版碴口寬度一致,均是1.4cm。由此,兩簡當可綴合。

紅外圖	彩圖	釋文
		南陽宛北當陽里公乘范有年卅長七尺二寸黑色 牛車一兩　∫　73EJT37:1444+12

第282組

73EJT37:1447+922

兩簡均是密集紋路,單列文字,字形、形制以及書寫風格等較爲一致,字體、字迹一致,文意通順,紋路、碴口吻合,且拼合後可復原"黑"字。經測量,圖版碴口寬度一致,均是1.2cm。由此,兩簡當可綴合。

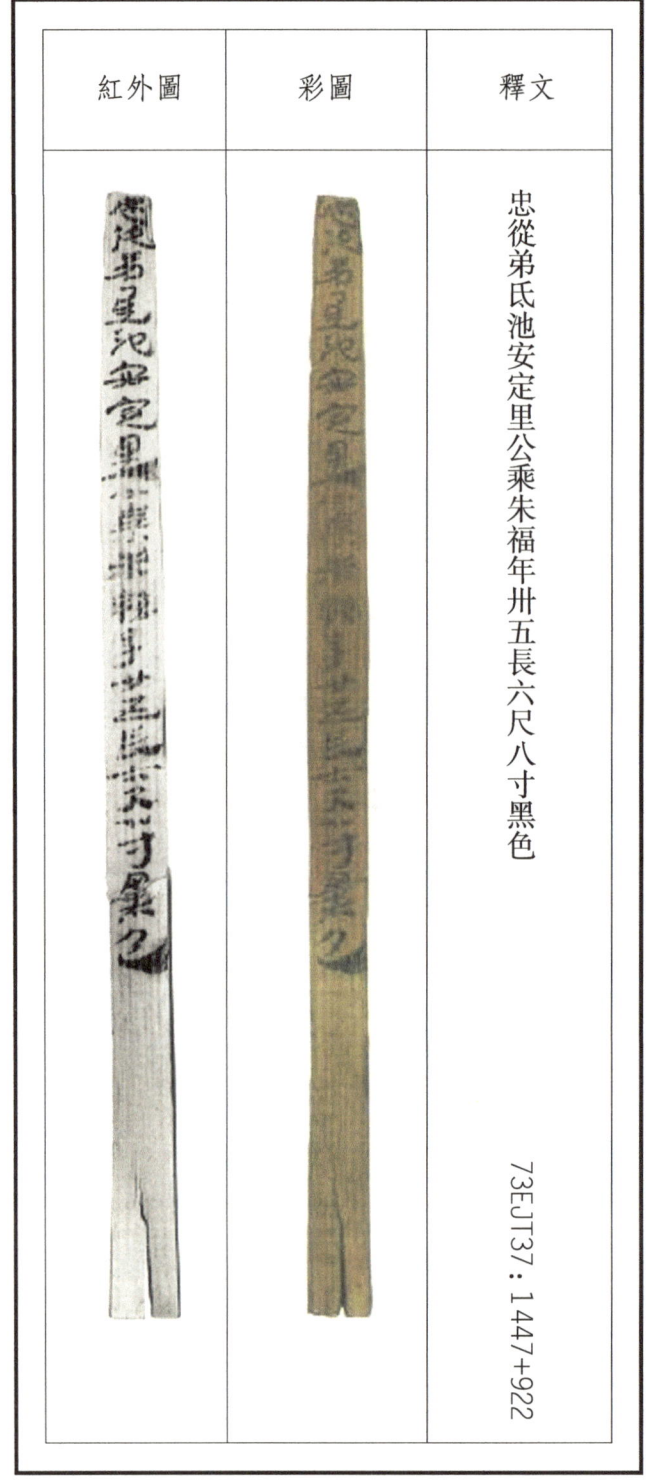

紅外圖	彩圖	釋文
		忠從弟氏池安定里公乘朱福年卅五長六尺八寸黑色

73EJT37:1447+922

第283組

73EJT37:1450+1402

兩簡均有紋路，字形、形制以及書寫風格等較爲一致，色澤、紋路相符，字迹、字間距一致，碴口吻合，拼合後可復原"津"字。經測量，圖版寬度一致，均是1.8cm。由此，兩簡當可綴合。

紅外圖	彩圖	釋文
		元延二年三月壬戌朔丁丑居延延卅井候譚移過縣道河津關遣掾孫萬爲官市上書具籤得當舍傳舍從者如律令　尉史忠 73EJT37:1450+1402

第284組

73EJT37:1463+402

兩簡均無紋路,存在刮削情況,字形、形制以及書寫風格等較爲一致,色澤相符,字迹、字間距一致,碴口吻合,拼合後可復原"車""牛"兩字。經測量,圖版碴口寬度一致,均是1.0cm。由此,兩簡當可綴合。(相關考釋見"考釋與研究"章)

紅外圖	彩圖	釋文
		橐他隧長吾惠葆　妻屋蘭宜春里大女吾阿年卅 阿父昭武萬歲里大男胡良年六十九 車二兩 牛二頭 十一月己酉□出□ □

73EJT37:1463+402

第285組

73EJT37:1468+347

兩簡簡面均是密集紋路,木質相同,字間距較大,字形、形制以及書寫風格等較爲一致,色澤相同,紋路相符,碴口吻合,拼合後可復原"尚"字。由此,兩簡當可綴合。(相關考釋見"考釋與研究"章)

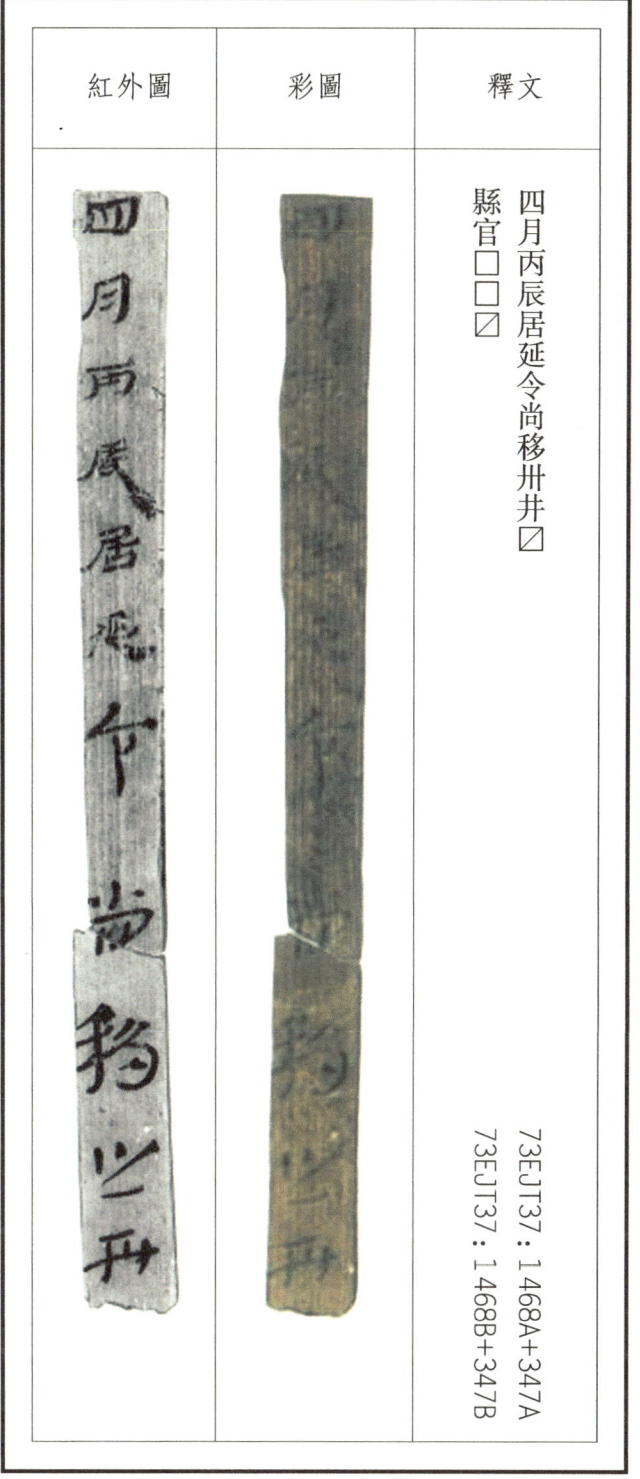

紅外圖	彩圖	釋文
		四月丙辰居延令尚移卅井☐ 縣官☐☐☒
		73EJT37:1468A+347A 73EJT37:1468B+347B

第286組

73EJT37:1478+406

兩簡均是密集紋路,單列書寫,字形、形制以及書寫風格等較爲一致,字迹一致,碴口吻合,拼合後可復原"關"字。經測量,碴口寬度一致,均是0.8cm。由此,兩簡當可綴合。

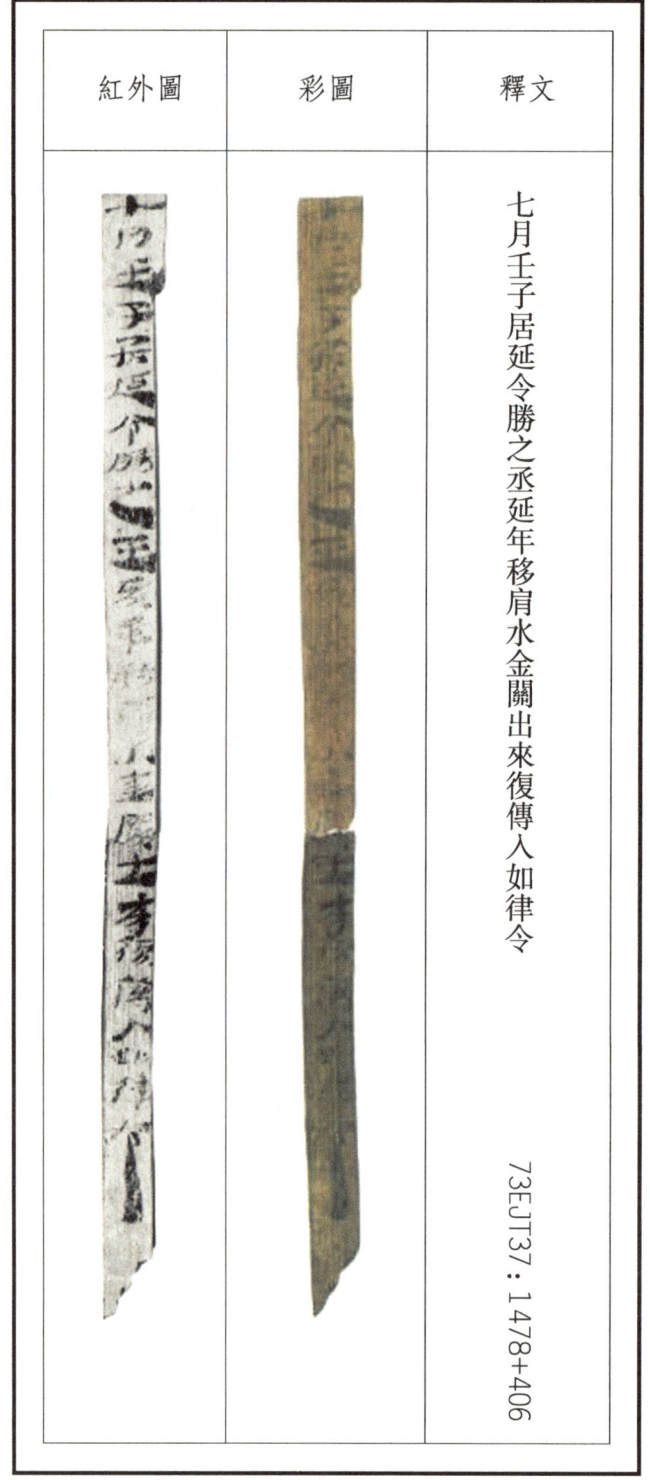

紅外圖	彩圖	釋文
		七月壬子居延令勝之丞延年移肩水金關出來復傳入如律令
		73EJT37:1478+406

第287組

73EJT37:1482+1010

兩簡均有紋路,兩列文字,形制以及書寫風格較爲一致,色澤、紋路相符,字迹、字間距一致,碴口吻合,拼合後可復原"印"字。經測量,圖版碴口寬度一致,均是1.5cm。由此,兩簡當可綴合。

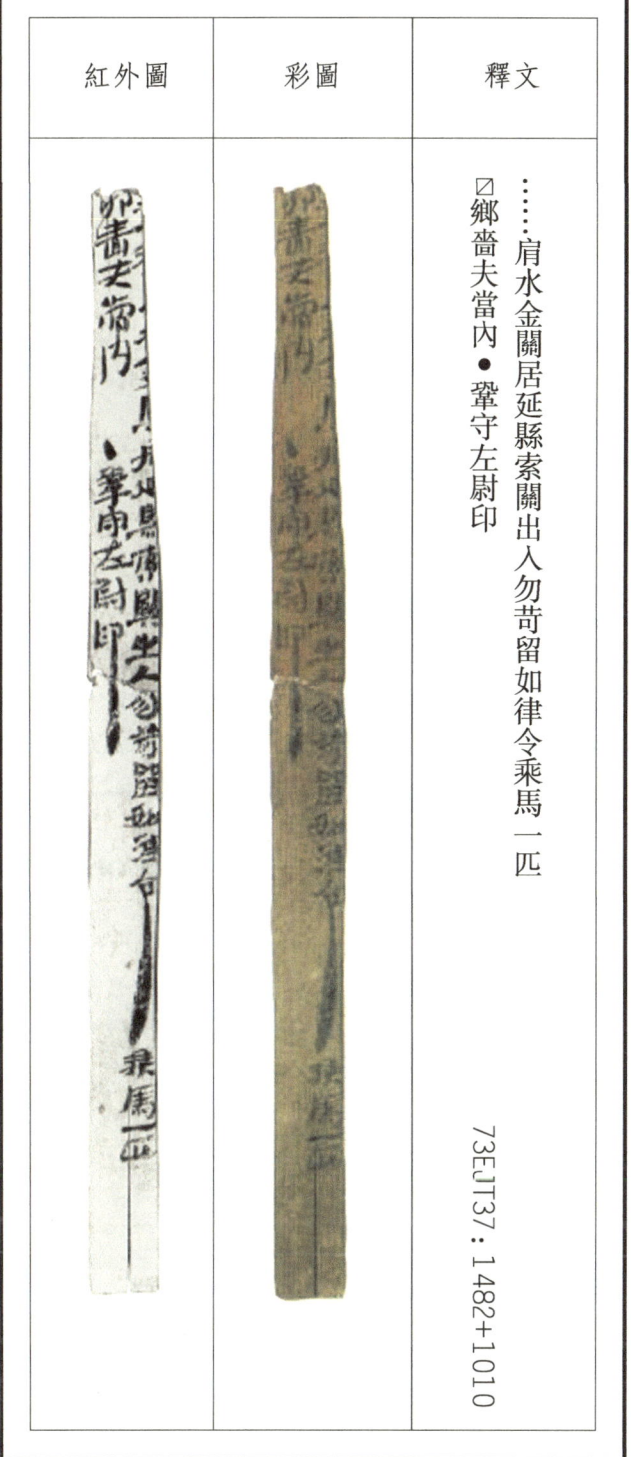

紅外圖	彩圖	釋文
		……肩水金關居延縣索關出入勿苛留如律令乘馬一匹 ☐鄉嗇夫當内 ●鞏守左尉印 73EJT37:1482+1010

第288組

73EJT37:1484+30

兩簡均有紋路,兩列文字,且右列文字均存在殘損,色澤相符,書寫風格相同,字迹、字間距一致,碴口吻合,拼合後可復原"律""金"等字。經測量,圖版碴口寬度一致,均是1.1cm。由此,兩簡當可綴合。

紅外圖	彩圖	釋文
		……取傳謁移肩水金關居延縣索關出入毋苛留敢言之 七月庚戌觻得長□丞臨移過所亭□如律令　／掾陽令史竟 觻得長印 73EJT37:1484A+30A 73EJT37:1484B+30B

第289組

73EJT37:1487+421

兩簡均有 5 道紋路,字間距較大,書寫風格相同,字迹一致,色澤、紋路相符,碴口吻合。經測量,圖版碴口寬度一致,均是 0.8cm。由此,兩簡當可綴合。

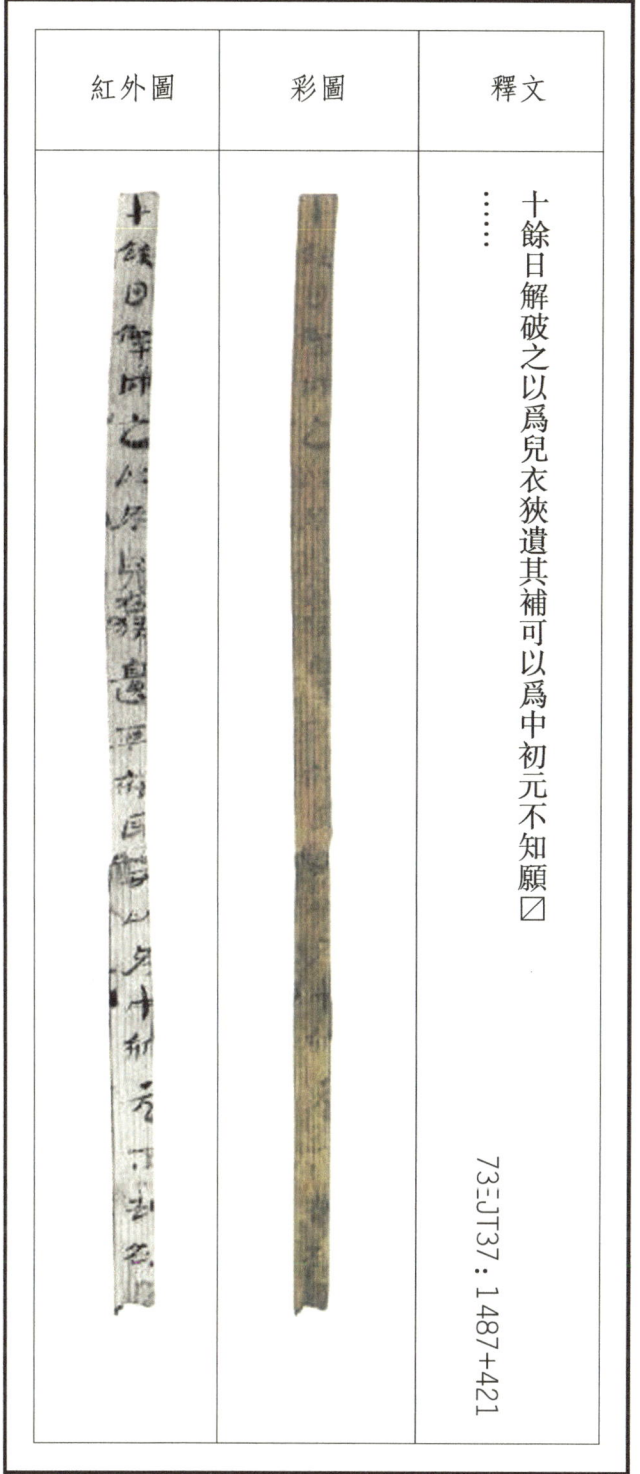

紅外圖	彩圖	釋文
		……十餘日解破之以爲兒衣狹遺其補可以爲中初元不知願☐ 73EJT37:1487+421

第290組

73EJT37:1510+313

兩簡均無紋路,字形、形制以及書寫風格等較爲一致,字體、字迹一致,碴口吻合,拼合後可復原"夫"字。經測量,圖版碴口寬度一致,均是1.1cm。由此,兩簡當可綴合。(相關考釋見"考釋與研究"章)

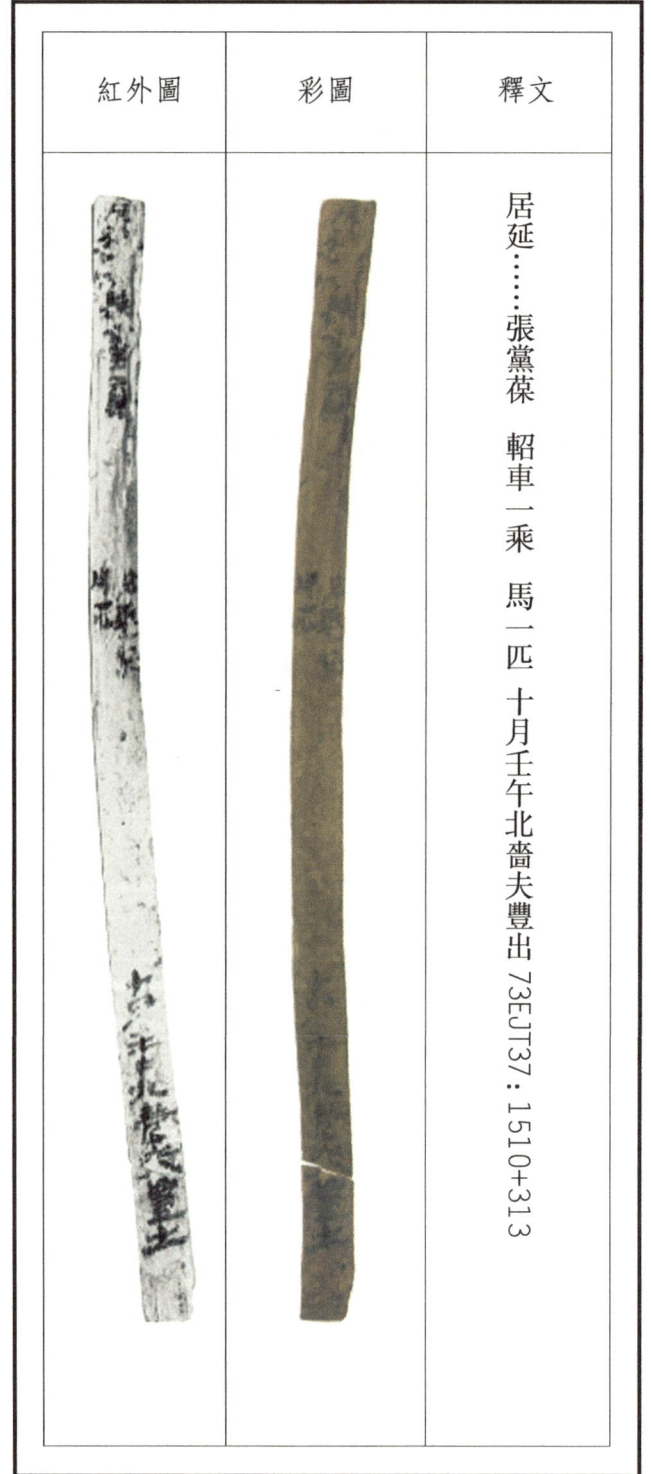

第291組

73EJT37:1518+234

兩簡均是密集紋路，字形、形制以及書寫風格等較爲一致，色澤、紋路相符，字迹、字間距一致，碴口吻合。經測量，圖版碴口寬度一致，均是1.1cm。由此，兩簡當可綴合。（相關考釋見"考釋與研究"章）

紅外圖	彩圖	釋文
		九月丙子氐池守長昭武尉異眾丞丹移肩水金關居延縣索寫移如律令／掾登令史光 73EJT37:1518+234

第292組

73EJT37∶1523+111

兩簡均無紋路，字形、形制以及書寫風格等較爲一致，色澤相符，字迹、字間距一致，碴口吻合，且兩簡中間斷裂的細縫也可貫通連接，拼合後可復原"里"字。經測量，圖版碴口寬度一致，均是1.0cm。由此，兩簡當可綴合。（相關考釋見"考釋與研究"章）

紅外圖	彩圖	釋文

昭武都田嗇夫居延長樂里石襄　馬一匹

73EJT37∶1523+111

第293組

73EJT37:1526+281

兩簡均無紋路,簡面均不平整,字間距較大,字形、形制以及書寫風格等較為一致,尤其是"界"字,兩簡書寫趨同。經測量,圖版碴口寬度一致,均是1.0cm。由此,兩簡當可遙綴。

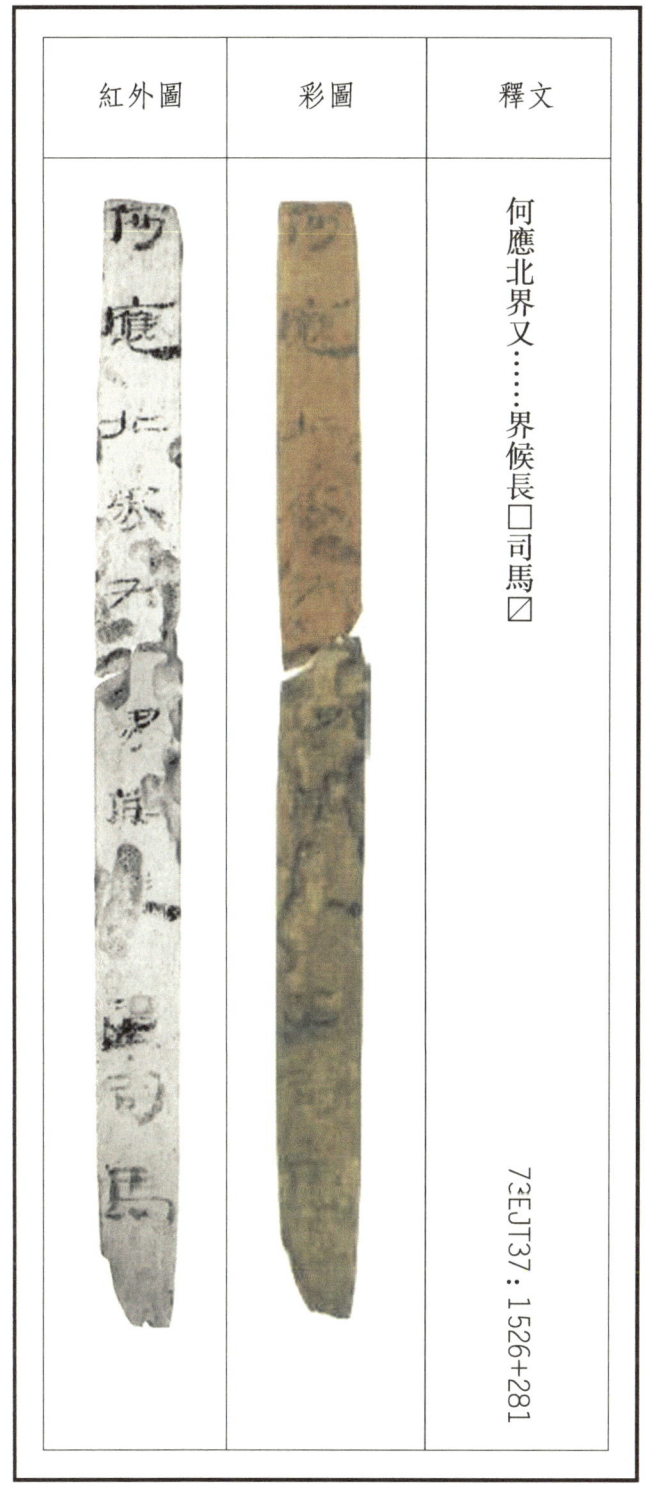

紅外圖	彩圖	釋文
		何應北界又……界候長□司馬□

73EJT37:1526+281

第294組

73EJT37:1528+280+1457

顏世鉉曾綴合 73EJT37:1528 與 73EJT37:280 兩簡，①然文意未完，還有進一步綴合的空間。筆者發現 73EJT37:1457 號簡與 73EJT37:1528、73EJT37:280 兩簡字形、形制以及書寫風格等較爲一致。三簡紋路、色澤相符，字迹、字間距一致，碴口吻合，拼合後可復原"橐""他""中""部""候""長""程""忠"等字。由此，三簡當可連綴。

---

① 顏世鉉：《〈肩水金關漢簡〉（肆）綴合第 9 組》，簡帛網 2016 年 1 月 15 日，http://www.bsm.org.cn/show_article.php?id=2440。

紅外圖	彩圖	釋文
		橐他中部候長程忠　建平四年正月家屬出入盡十二月符 妻大女鱳得富安□里程昭年廿八　子小女買年八歲　子小女遷年三歲 子小女來卿年二歲　弟小男音年十八 …… 小奴滿 牛車一兩牛二頭 軺車一用馬二匹 73EJT37：1528+280+1457

第295組

73EJH1:13+61

兩簡紋路間距較寬,具有趨同性,字形、形制以及書寫風格等較爲一致,色澤、紋路相符,字迹、字間距一致,磴口吻合,拼合後可復原"罷"字。由此,兩簡當可綴合。

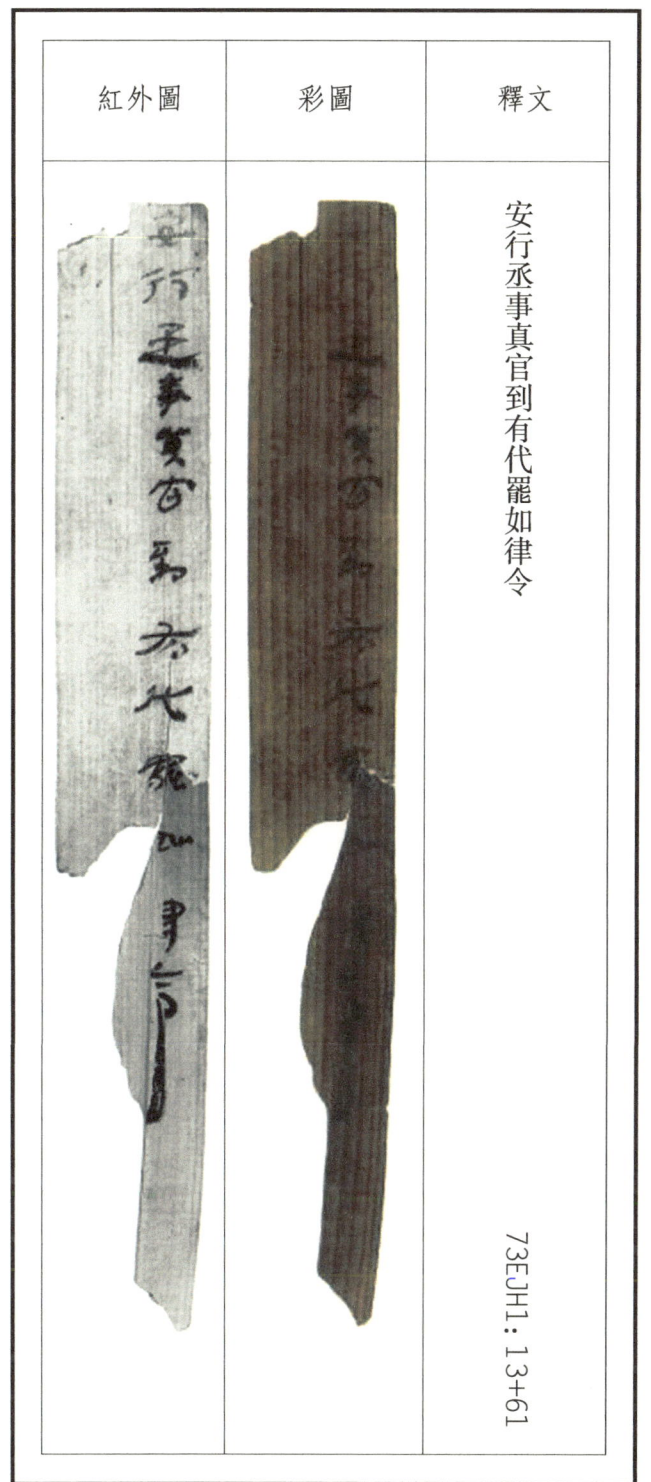

紅外圖	彩圖	釋文
		安行丞事真官到有代罷如律令 73EJH1:13+61

第296組

73EJH1:23+49

兩簡均是密集紋路,簡牘形制相近,色澤相符,碴口吻合,拼合後可復原"色"字。經測量,圖版碴口寬度一致,均是0.9cm。由此,兩簡當可綴合。

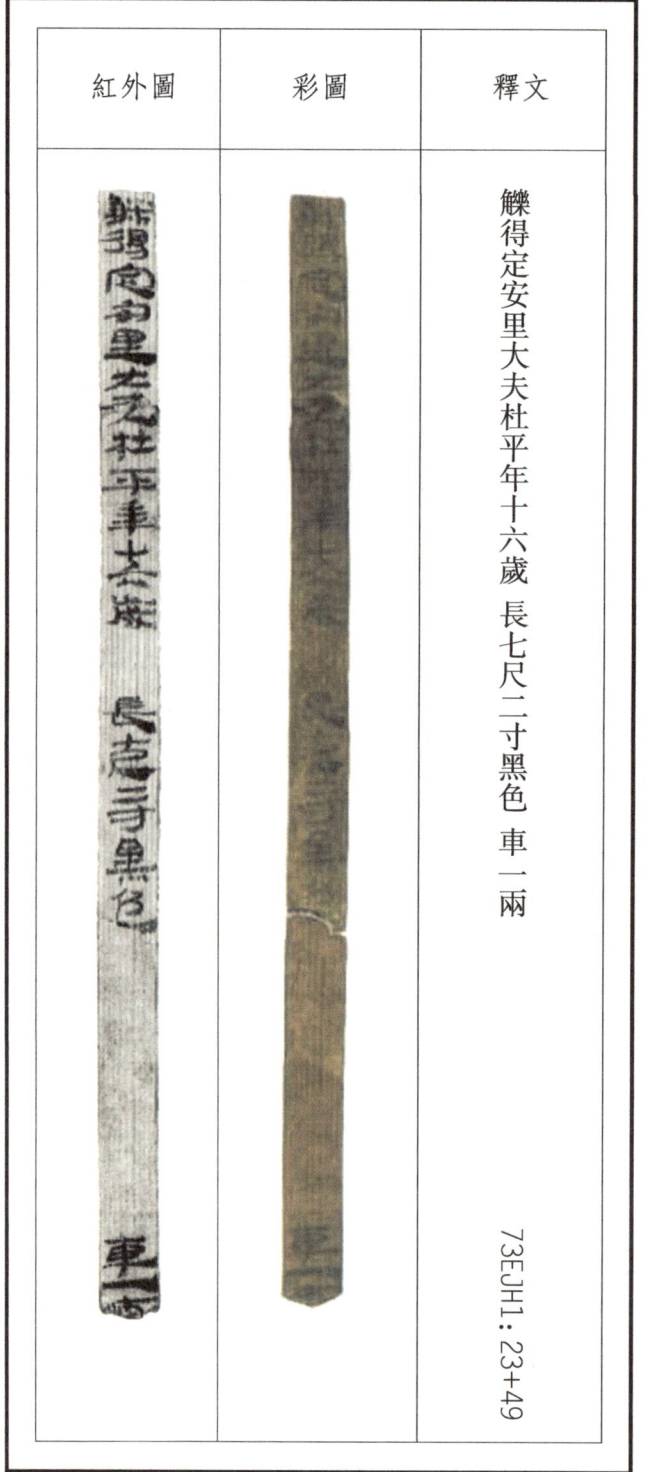

紅外圖	彩圖	釋文
		觻得定安里大夫杜平年十六歲 長七尺二寸黑色 車一兩 73EJH1:23+49

第297組

73EJH2:7+85

　　兩簡均是密集紋路，字形、形制以及書寫風格等較爲一致，色澤、紋路相符，字迹、字間距一致，磋口吻合，拼合後，可復原"月"字。經測量，圖版磋口寬度一致，均是1.1cm。由此，兩簡當可綴合。

紅外圖	彩圖	釋文
		出錢千八百 其六百都君取 給安農隧長李賜之七月八月九月奉 自取 73EJH2:7+85

第298組

73EJH2:15+83+34

三簡均有紋路,字形、形制以及書寫風格等較爲一致,73EJH2:15、73EJH2:83 兩簡紋路相合,且可以貫通,字迹、字間距一致,磋口吻合,拼合後可復原"丁"字。經測量,圖版磋口寬度一致,均是0.9cm。由此,兩簡當可綴合。73EJH2:34 號簡與73EJH2:83 號簡墨迹有重合,拼合後可復原"爲""家""私"三字,且73EJH2:34 號簡出現的"嗇夫賢""仁"又同時出現在73EJH2:15、73EJH2:83 兩簡中,即三簡文意亦相關。由此,三簡當可綴合。

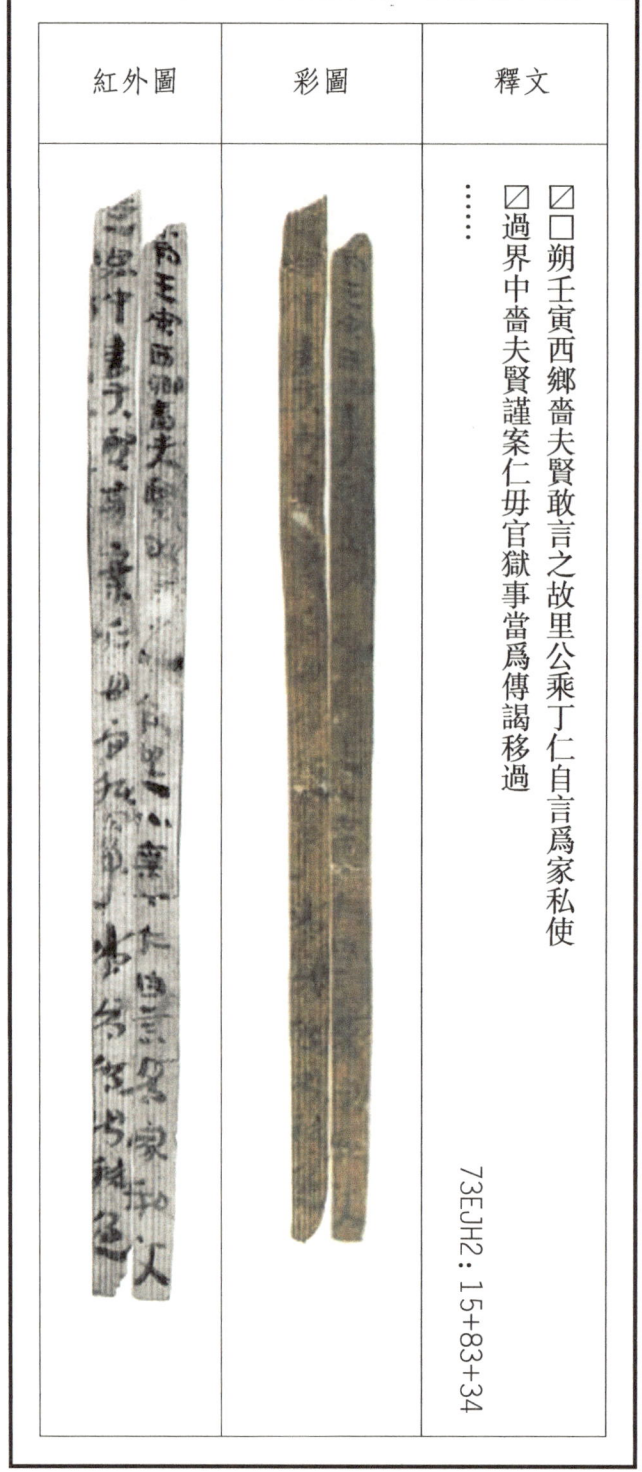

紅外圖	彩圖	釋文
		☐☐朔壬寅西鄉嗇夫賢敢言之故里公乘丁仁自言爲家私使☐過界中嗇夫賢謹案仁毋官獄事當爲傳謁移過 ……

73EJH2:15+83+34

第299組

73EJH2∶22+102

兩簡材質相同,碴口吻合,色澤相符,字形、形制以及書寫風格等較爲一致,拼合後可呈現逐漸向右側書寫的趨勢。經測量,兩簡圖版碴口寬度均是1.1cm。由此,兩簡當可綴合。

紅外圖	彩圖	釋文
		☐日十日所即復來歸捐亦心恐即應 73EJH2∶22+102

第300組

73EJH2∶67+32

两簡均是密集紋路,紋路細小,紋路相符,簡牘形制相近,碴口吻合。經測量,圖版碴口寬度一致,均是1.2cm。由此,兩簡當可綴合。

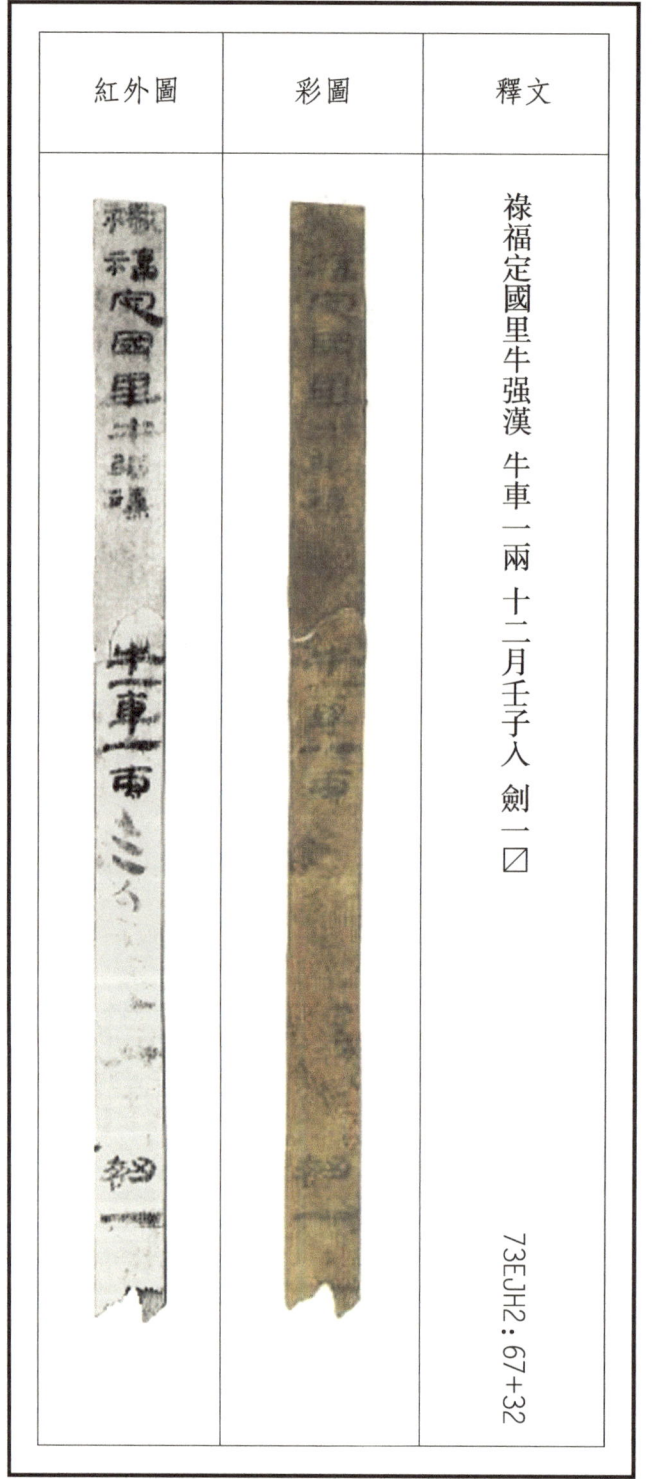

第301組

73EJH2:91+65

兩簡材質相同,色澤相符,字形、形制以及書寫風格等較爲一致,磋口吻合,紋路相合,文意相關。漢簡中亦有相似辭例可爲佐證,這也是當時劾文书的常見格式。經測量,圖版磋口寬度一致,均是1.0cm。由此,兩簡當可綴合。

紅外圖	彩圖	釋文
		☐卅歲姓殷氏定☐捐逎甘露☐

73EJH2:91+65

第302組

73EJF1:122+120

兩簡材質相同,均是竹簡,且紋路密集,簡牘形制相近,書寫風格相同。經測量,圖版碴口寬度一致,均為 0.8~0.9cm。兩簡雖然碴口不能吻合,但當可遙綴。

紅外圖	彩圖	釋文
		戍卒上黨郡壺關上瓦里□伐　卩(竹簡)　73EJF1:122+120

第303組

73EJF3:2+169

兩簡均是密集紋路,材質相同,字形、形制以及書寫風格等較爲一致,字體、字迹一致,碴口吻合,拼合後可復原碴口處"郡""中""傳""如""律""令"等字。由此,兩簡當可綴合。

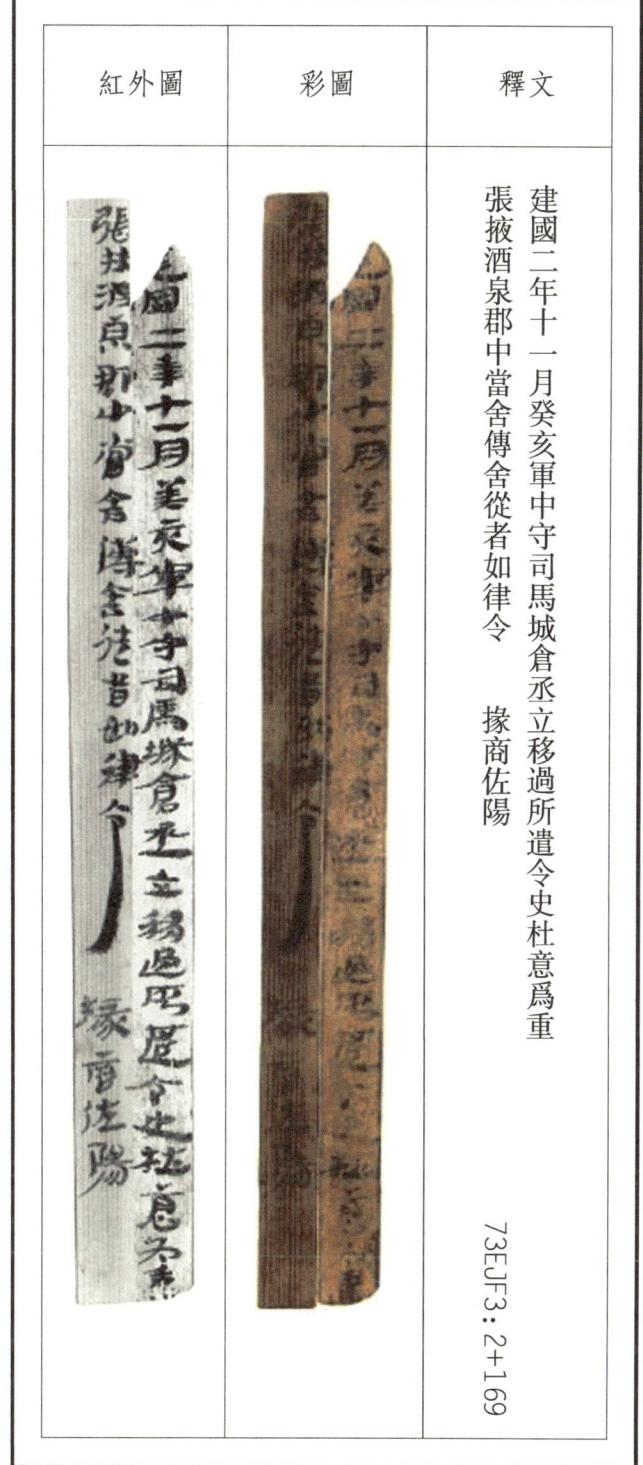

紅外圖	彩圖	釋文
		建國二年十一月癸亥軍中守司馬城倉丞立移過所遣令史杜意爲重張掖酒泉郡中當舍傳舍從者如律令　掾商佐陽 73EJF3:2+169

第304組

73EJF3:36+503

兩簡均無紋路,材質相同,單行文字,字形、形制以及書寫風格等較爲一致,磋口吻合,拼合後可復原"二"字。經測量,圖版磋口寬度一致,均是1.2cm。由此,兩簡當可綴合。

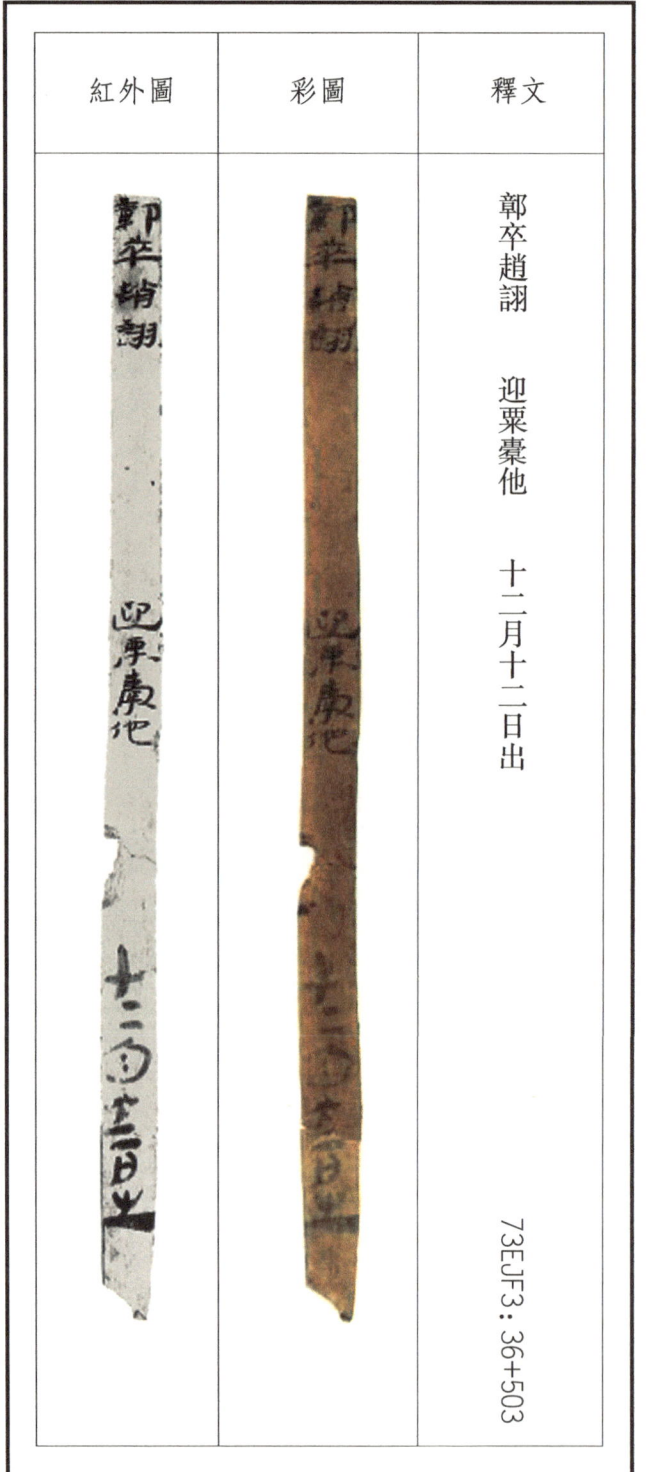

紅外圖	彩圖	釋文
		鄣卒趙詡　迎粟橐他　十二月十二日出 73EJF3:36+503

第305組

73EJF3:41+77

兩簡均無紋路,材質相同,字形、形制以及書寫風格等較爲一致,色澤相符,字迹、字間距一致,碴口吻合,拼合後可復原"卒""旦"兩字。由此,兩簡當可綴合。(相關考釋見"考釋與研究"章)

紅外圖	彩圖	釋文
		☑二張掖騎司馬行大守事詣居延都尉三年正月甲午起閏月己酉起一旁封 ☑□□封□合檄氏池丞印詣居延府 君門下 ☑二張掖肩水都尉詣橐他官 ☑一□□長印詣橐他官・一封破蒲繩解隨 ・居耶攝三年閏月庚申日食時 駅北卒卒賀受沙頭卒同 ☑書五封 ☑□封居延都尉肩水都尉章 ☑二封廣地肩水章北檄二詣廣地肩水都尉章 正月丁未平旦受沙頭卒 73EJF3:41A+77A 73EJF3:41B+77B

第306組

73EJF3:52+504

兩簡均無紋路,材質相同,單行文字,字形、形制以及書寫風格等較爲一致,色澤相符,字迹、字間距一致,碴口吻合,拼合後可復原"十"字。經測量,圖版寬度一致,均爲1.3cm。由此,兩簡當可綴合。

紅外圖	彩圖	釋文
		欽卒韓長宿隧中樂城十一日與安農隊長馮承 73EJF3:52+504

第307組

73EJF3:54+512

兩簡均無紋路,材質相同,字形、形制以及書寫風格等較爲一致,色澤相符,字迹、字間距一致,碴口吻合,拼合後,可復原"遣""令"兩字。經測量,圖版碴口寬度一致,均是1.2cm。由此,兩簡當可綴合。

紅外圖	彩圖	釋文
		城倉受稟或多或少肩水未推校候不能曉知戎遣令史章持簿 73EJF3:54+512

第308組

73EJF3:60+283

兩簡均無紋路,材質相同,單行文字,字形、形制以及書寫風格等較爲一致,字迹、字間距一致,碴口吻合。經測量,圖版碴口寬度一致,均是1.2cm。由此,兩簡當可綴合。

紅外圖	彩圖	釋文
		自言幸得以赦令除用卷約責普 = 服負不得除 73EJF3:60+283

第309組

73EJF3:79+509+510

两简碴口不能吻合，但两简简號相鄰，材質、色澤相同，字形、形制以及書寫風格等較爲一致，文意相關。同時，73EJF3:510號簡出現的"宰"字又是新莽時期簡的標誌之一，印證了73EJF3:79與73EJF:509號簡"始建國三年"這一時間。經測量，73EJF3:509與73EJF3:510兩簡圖版碴口寬度一致，均是1.6cm。由此，兩簡疑可遙綴。

紅外圖	彩圖	釋文
		□始建國三年六月己未……居延倉守宰喜敢言之府 掾累史宏 73EJF3：79A+509A+510A 73EJF3：79B+509B+510B

第310組

73EJF3:123+561

73EJF3:123 號簡 B 面與 73EJF3:561 號簡 B 面均有兩道較寬的紋路，字形、形制以及書寫風格等較爲一致。兩簡雖由於保存條件的差異，存在一定的色差，但碴口吻合，紋路相符，拼合後可復原"金"字。由此，兩簡當可綴合。

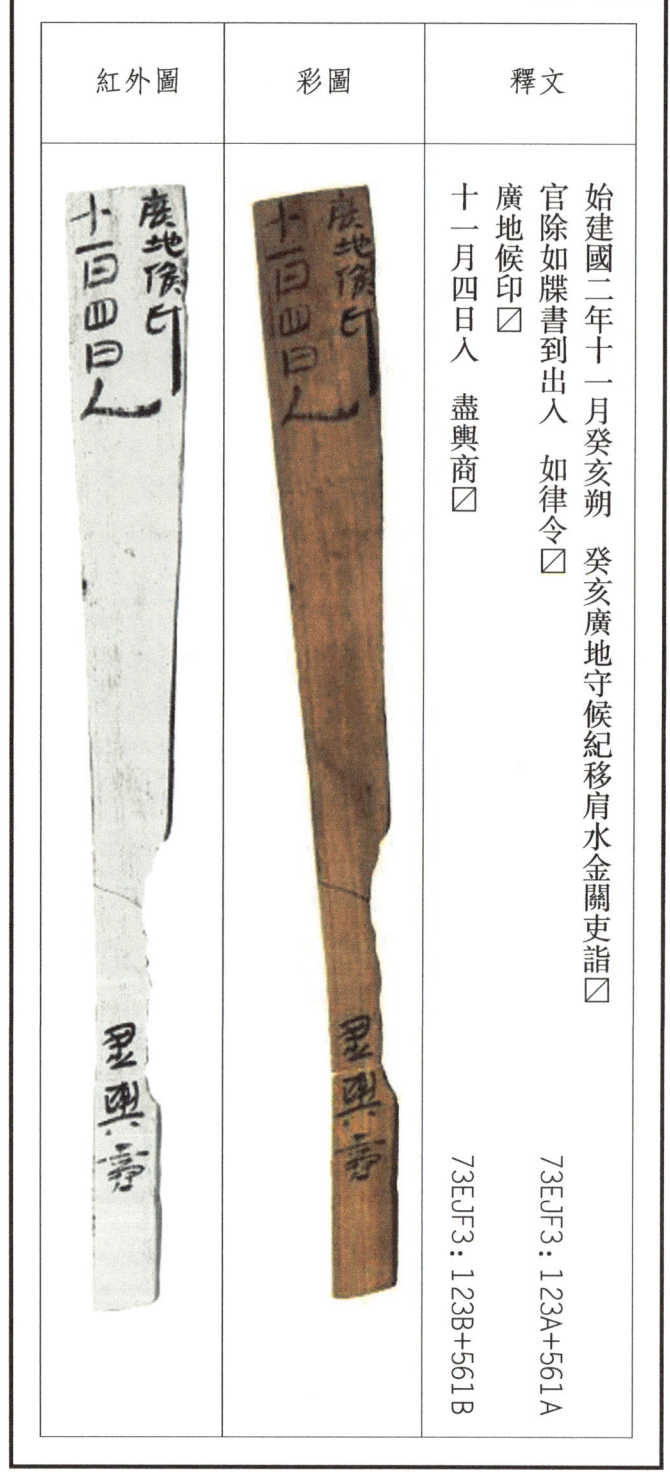

釋文	彩圖	紅外圖
始建國二年十一月癸亥朔 癸亥廣地守候紀移肩水金關吏詣☐ 官除如牒書到出入 如律令☐		
廣地候印☐ 十一月四日入 盡興商☐		
73EJF3：123A+561A		
73EJF3：123B+561B		

第311組

73EJF3:198+194+578

整理者曾綴合 73EJF3:198 與 73EJF3:194 號簡,然文意未完,還有進一步綴合的空間。筆者找到 73EJF3:578 號簡,此簡與 73EJF3:198 號簡字形、形制以及書寫風格等較爲一致,色澤相符,字迹、字間距一致,磋口吻合,拼合後可復原"明"字。經測量,圖版磋口寬度一致,均是 1.3cm。由此,三簡當可綴合。

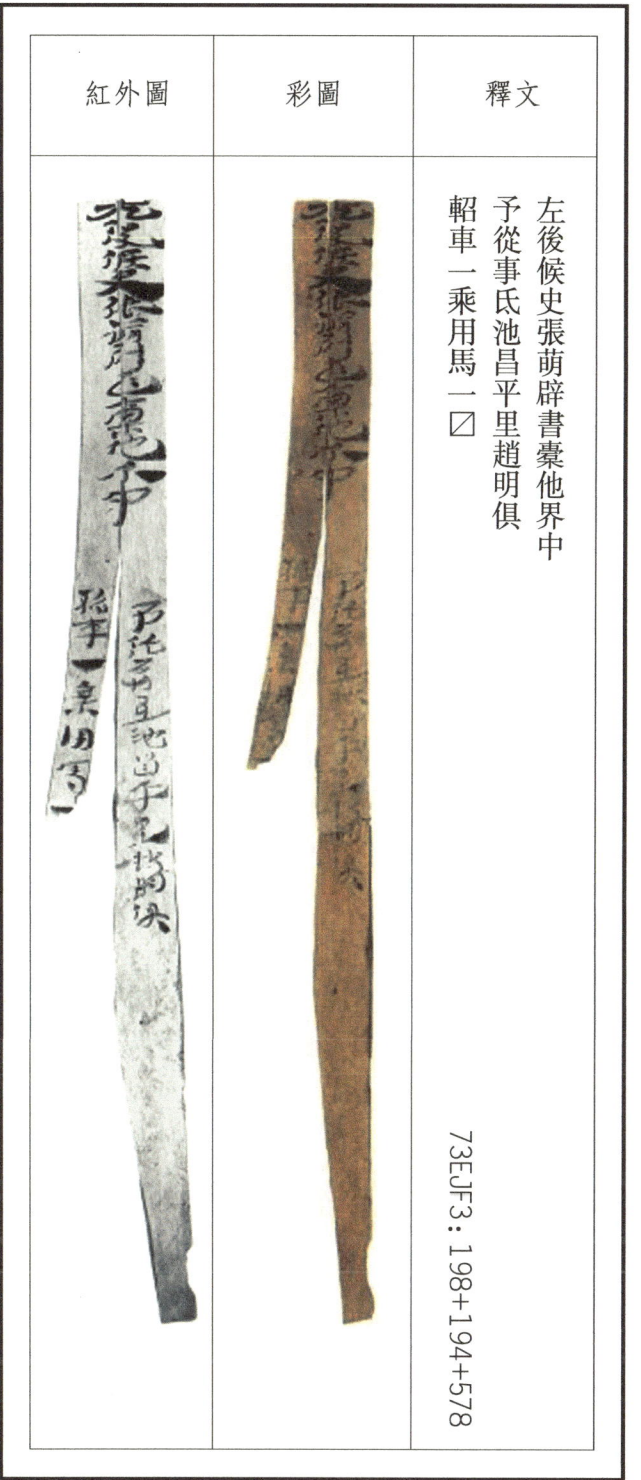

紅外圖	彩圖	釋文

左後候史張萌辟書橐他界中予從事氏池昌平里趙明俱軺車一乘用馬一☐

73EJF3:198+194+578

第312組

73EJF3:228+617

兩簡均無紋路,材質相同,單行文字,字形、形制以及書寫風格等較爲一致,色澤相符,字迹、字間距一致,碴口吻合,拼合後可復原"守"字。經經測量,圖版碴口寬度一致,均是1.2cm。由此,兩簡當可綴合。(相關考釋見"考釋與研究"章)

紅外圖	彩圖	釋文
		☐國三年八月癸丑朔庚申守尉 右☐ 73EJF3:228+617

第313組

73EJF3:229+542+528

整理者曾綴合 73EJF3:229 與 73EJF3:542 兩簡,然文意未完,還有進一步綴合的可能。筆者找到 73EJF3:528 號簡,此簡與 73EJF3:229、73EJF3:542 兩簡一樣,在右側均有 3 道紋路,且三簡字形、形制以及書寫風格等較爲一致,紋路相符,字迹、字間距一致,碴口吻合。經測量,圖版碴口寬度一致,均是 1.0cm。由此,三簡當可綴合。

紅外圖	彩圖	釋文
		永始三年二月庚辰朔己亥臨澤隧長昭敢言之☐ 73EJF3:229+542+528

第314組

73EJF3:271+473

兩簡均是7道紋路,材質相同,字形、形制以及書寫風格等較爲一致,紋路相符,碴口吻合,拼合後可復原"地"字。經測量,圖版碴口寬度一致,均是1.2cm。由此,兩簡當可綴合。

紅外圖	彩圖	釋文
		居延西道里男子王放年十七　步廣地遮隊長王弘子也弘葆　八月己丑南嗇☐ 73EJF3:271+473

第315組

73EJF3:277+479

兩簡均無紋路,材質相同,單行文字,字形、形制以及書寫風格等較爲一致,色澤相符,字迹、字間距一致,碴口吻合,拼合後可復原"日"字。經測量,圖版碴口寬度一致,均是1.2cm。由此,兩簡當可綴合。

紅外圖	彩圖	釋文
		千秋隧長辛匡 詣府 八月廿六日南入九月廿四日出 73EJF3:277+479

第316組

73EJF3∶337+513+288+541

四簡材質、色澤相同，73EJF3∶288 與 73EJF3∶513 號簡紋路可以貫通，字形、形制以及書寫風格等較爲一致，碴口吻合，拼合後左右簡相合處能復原"酒""泉""郡""界""中""謹""案""少""巨""皆""毋""官""獄""徵""事""當""爲""傳""謁""移"等字，文意相關。經測量，73EJF3∶288 與 73EJF3∶513 兩簡圖版碴口寬度一致，均是 1.3cm。由此，四簡當可綴合。

第317組

73EJF3:300+548

兩簡均無紋路，材質相同，字形、形制以及書寫風格等較爲一致，色澤相同，碴口吻合，拼合後可復原碴口處"大""在""所""酒""泉""右""平""郡"等字。由此，兩簡當可綴合。

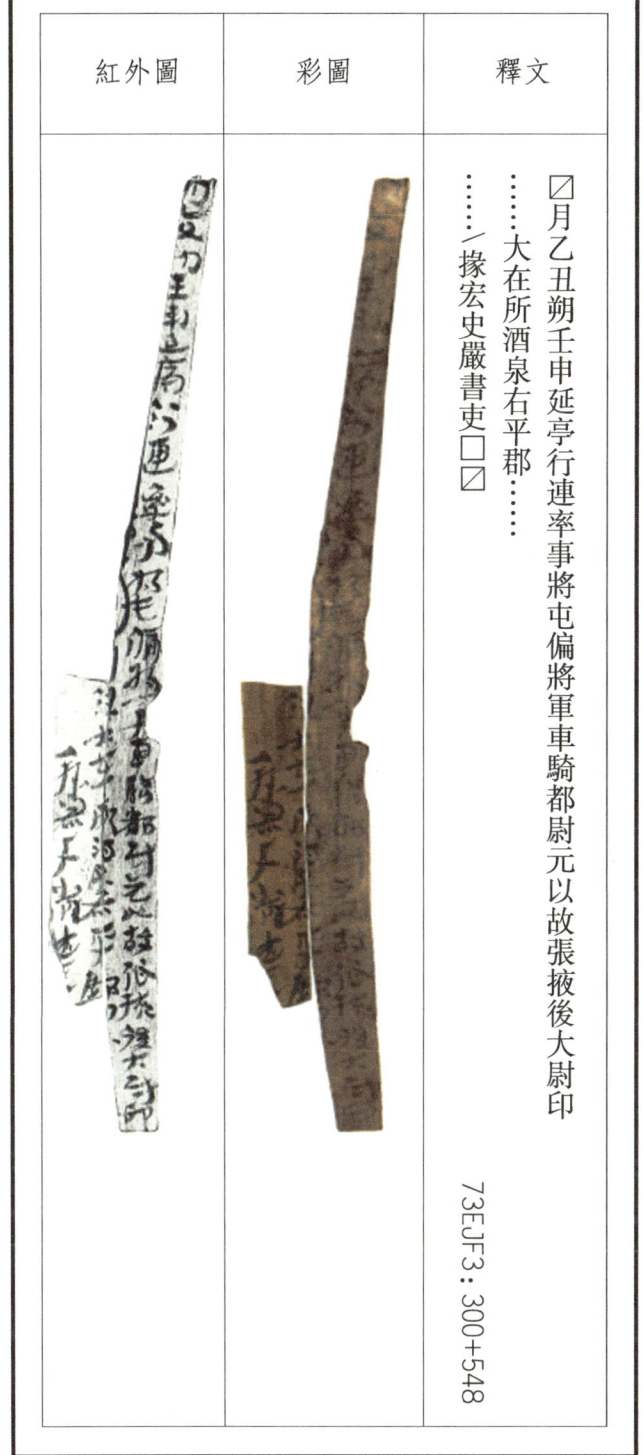

紅外圖	彩圖	釋文

☐月乙丑朔壬申延亭行連率事將屯偏將軍車騎都尉元以故張掖後大尉印……/大在所酒泉右平郡……/掾宏史嚴書吏☐☐

73EJF3:300+548

第318組

73EJF3：430+263+480+282+514

整理者曾綴合 73EJF3：480 與 73EJF3：282 號簡，筆者找到 73EJF3：514 號簡，此簡與 73EJF3：282 號簡均是密集紋路，形制以及書寫風格等較爲一致，色澤相同，紋路相符，字迹、字間距一致，碴口吻合，拼合後可復原"詣""謝"字。經測量，圖版碴口寬度一致，均是 1.0cm。綴合後簡文仍然不完整，整理者曾綴合 73EJF3：430 與 73EJF3：263 號簡，與 73EJF3：480、73EJF3：282、73EJF3：514 號簡字形、形制以及書寫風格等較爲一致。由此，五簡當可連綴。

① 簡文曾參何茂活：《〈肩水金關漢簡（伍）〉綴合補議一則》，簡帛網 2017 年 2 月 20 日，http://www.bsm.org.cn/show_article.php?id=2735。

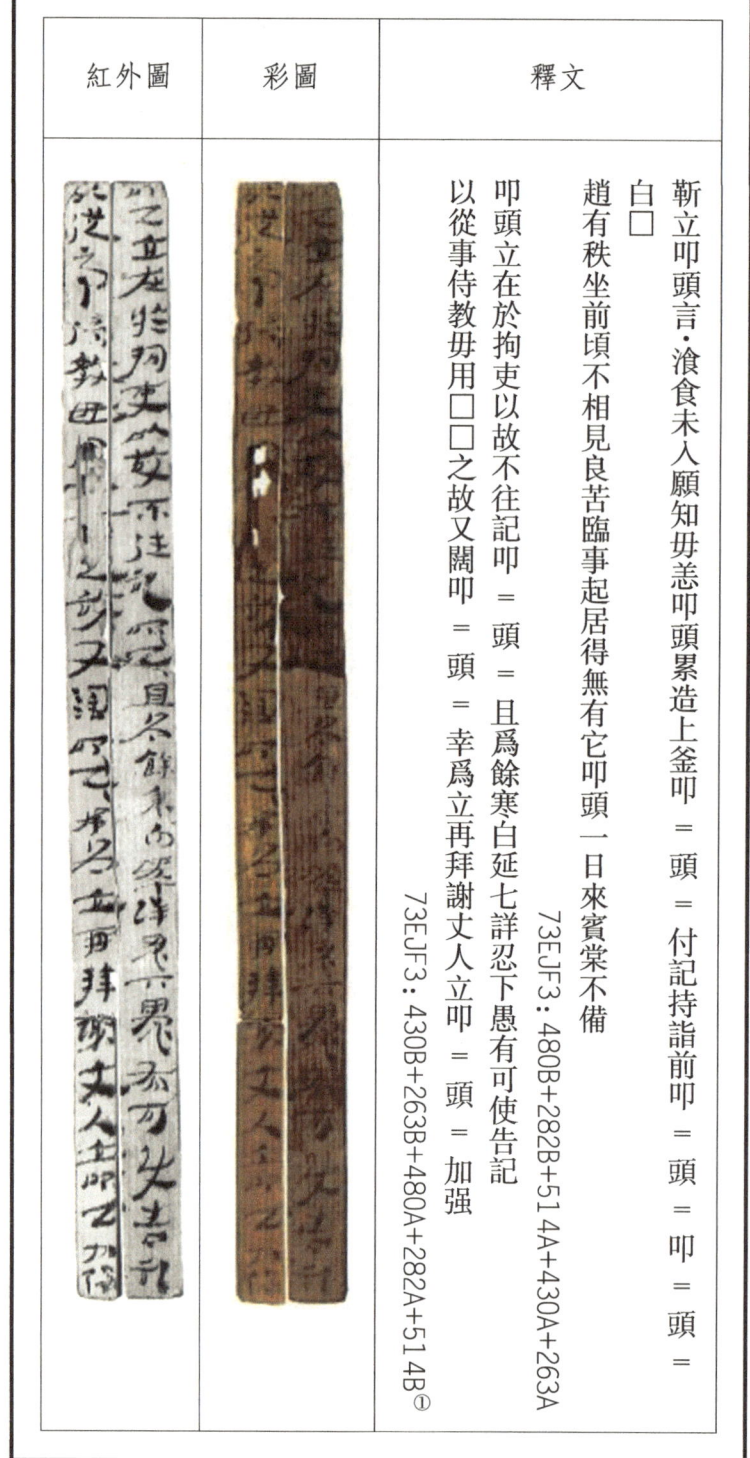

紅外圖	彩圖	釋文
		靳立叩頭言·飡食未入願知毋羔叩頭累造上釜叩＝頭＝付記持詣前叩＝頭＝叩＝頭＝ 趙有秋坐前頃不相見良苦臨事起居得無有它叩頭一日來賓棠不備 白□ 叩頭立在於拘吏以故不往記叩＝頭＝且爲餘寒白延七詳忍下愚有可使告記 以從事侍教毋用□□之故又闕叩＝頭＝幸爲立再拜謝丈人立叩＝頭＝加強 73EJF3：480B+282B+514A+430A+263A 73EJF3：430B+263B+480A+282A+514B①

第319組

73EJF3∶441+616

　　兩簡均有紋路，材質相同，字形、形制以及書寫風格等較爲一致。73EJF3∶441號簡5道紋路，73EJF3∶616號簡3道紋路，紋路貫通，書寫風格相同，字迹、字間距一致，碴口吻合，拼合後，可復原"令"字尾筆。經測量，73EJF3∶616、73EJF3∶441兩簡碴口分別約爲0.7cm和1.4cm，73EJF3∶616號簡寬度正好是73EJF3∶441號簡的一半。由此，兩簡當可綴合。

紅外圖	彩圖	釋文
		居延縣索寫移如律令　掾賞守佐憚☑　　　　　　　　　73EJF3∶441+616

第320組

73EJF3:470+564+190+243+438

整理者曾綴合 73EJF3:470、73EJF3:564、73EJF3:190、73EJF3:243 四簡，然文意未完，還有進一步綴合的可能。筆者找到 73EJF3:438 號簡。此簡與 73EJF3:470、73EJF3:564 兩簡均爲 4 道紋路，字形、形制以及書寫風格等較爲一致。兩簡色澤相符，字迹、字間距一致，碴口吻合，拼合後可復原"並""丞""岑""尉""周"等字。經測量，73EJF3:438、73EJF3:470、73EJF3:564 三簡碴口寬度相同，均是 0.8cm。由此，五簡當可綴合。

紅外圖	彩圖	釋文

居耼三年二月戊寅朔癸……並丞岑移過所過守尉周重爲郡送絳張掖居延都尉府當舍傳舍從者如律令／掾鳳令史博

73EJF3：470+564+190+243+438

第321組

73EJF3∶471+302+73EJF2∶43+73EJF3∶340

73EJF2∶43、73EJF3∶340 兩簡分屬不同的采集地，最早由雷海龍先生綴合。對比可知兩簡碴口吻合，且綴合後可復原碴口處諸字，綴合可信無誤，然文意未完，還有進一步綴合的空間。我們發現 73EJF3∶471+302 與 73EJF2∶43 雖然也分屬不同的采集地，但字形、形制以及書寫風格等較爲一致，書寫風格相符。我們把 73EJF3∶471+302 與 73EJF2∶43 簡拼合後，兩組簡色澤、紋路相符，碴口吻合，拼合後可復原碴口處"辟""吏""私""自""便"等字。由此，兩組簡當可綴合。

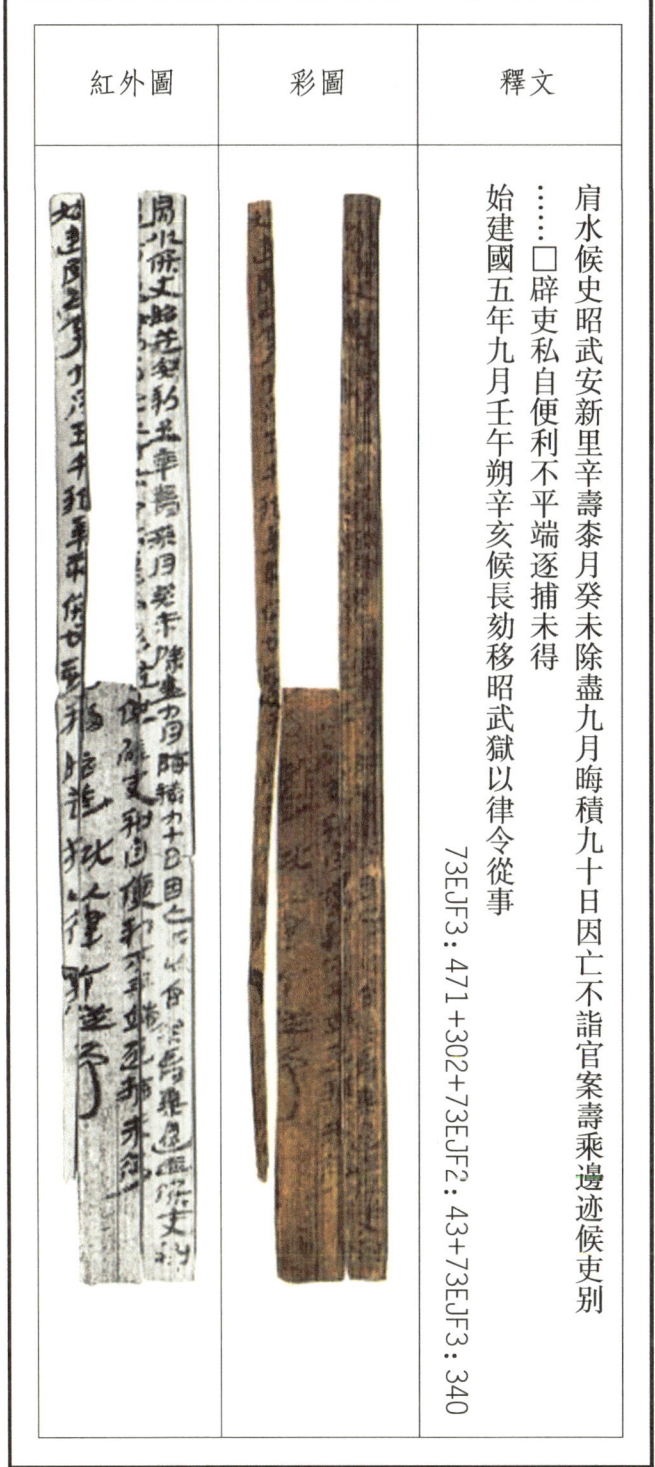

紅外圖	彩圖	釋文

……□辟吏私自便利不平端逐捕未得　肩水候史昭武安新里辛壽奏月癸未除盡九月晦積九十日因亡不詣官案壽乘邊迹候吏別

始建國五年九月壬午朔辛亥候長劾移昭武獄以律令從事

73EJF3∶471+302+73EJF2∶43+73EJF3∶340

第322組

73EJF3:482+193+508

整理者曾綴合 73EJF3:482 與 73EJF3:193 兩簡,然文意未完,還有進一步綴合的可能。筆者找到 73EJF3:508 號簡。此簡與 73EJF3:482、73EJF3:193 兩簡一樣,均是密集紋路,字形、形制以及書寫風格等較爲一致,紋路、色澤相符,字迹、字間距一致,碴口吻合,拼合後可復原"丞""音""謂"等字。由此,三簡當可綴合。

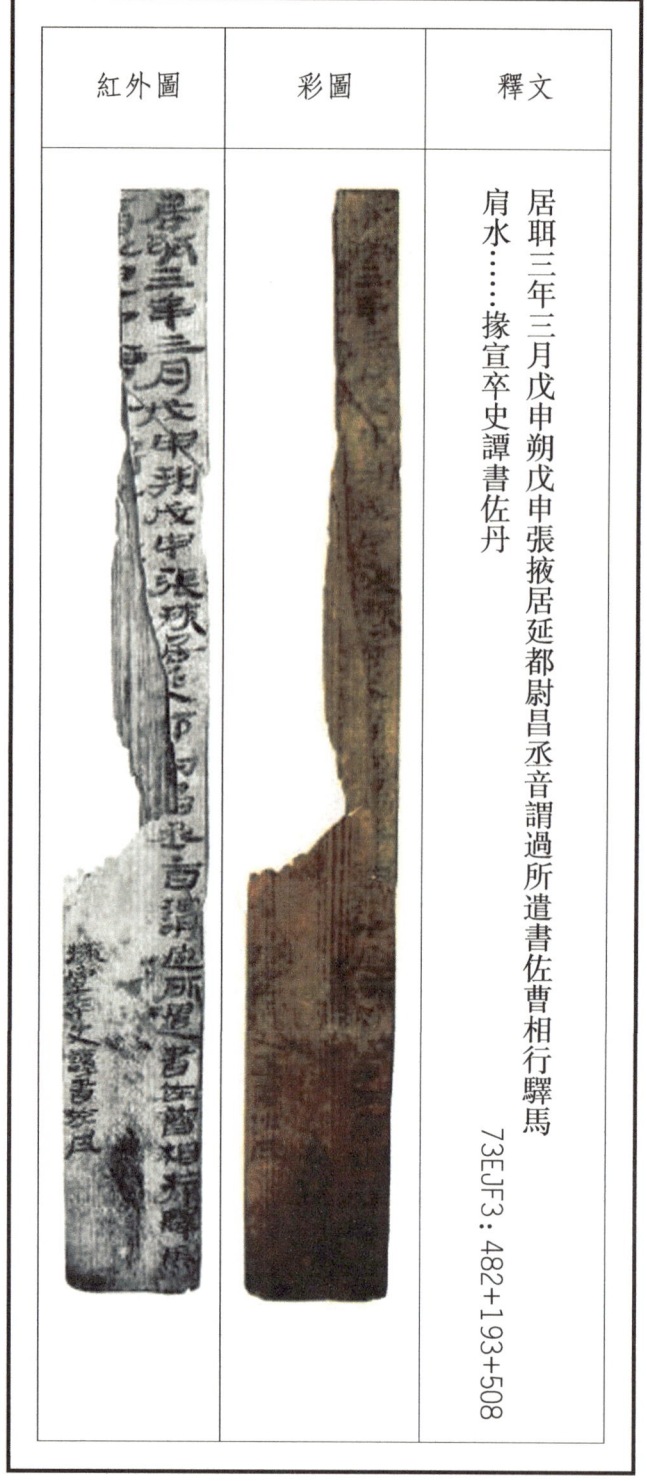

紅外圖	彩圖	釋文
		居聑三年三月戊申朔戊申張掖居延都尉昌丞音謂過所遣書佐曹相行驛馬肩水……掾宣卒史譚書佐丹 73EJF3:482+193+508

第323組

73EJF3:549+580

73EJF3:549 號簡 A 面與 73EJF3:580 號簡 A 面均是 7 道紋路，材質相同，字形、形制以及書寫風格等較爲一致，色澤相同，紋路相符，字迹、字間距一致，碴口吻合，拼合後可復原"地"字。經測量，圖版碴口寬度一致，均是1.1cm。由此，兩簡當可綴合。

紅外圖	彩圖	釋文
		黃子程坐□伏地罰□／掾未大屬可書佐□
		□以□秫八日毋憂毋即有屬草籍雖……
		73EJF3：549A+580A
		73EJF3：549B+580B

第324組

73EJF3：610+439+602

三簡均是密集紋路，材質相同，字形、形制以及書寫風格等較爲一致，字迹、字間距一致，紋路相符。經測量，圖版碴口寬度一致，爲 0.9~1.0cm。由此，三簡當屬於同一枚簡，可綴合。但我們也注意到三簡存在不同的殘缺，碴口并不能完全密合，簡文也不完整，似存在進一步綴合或調整的可能。

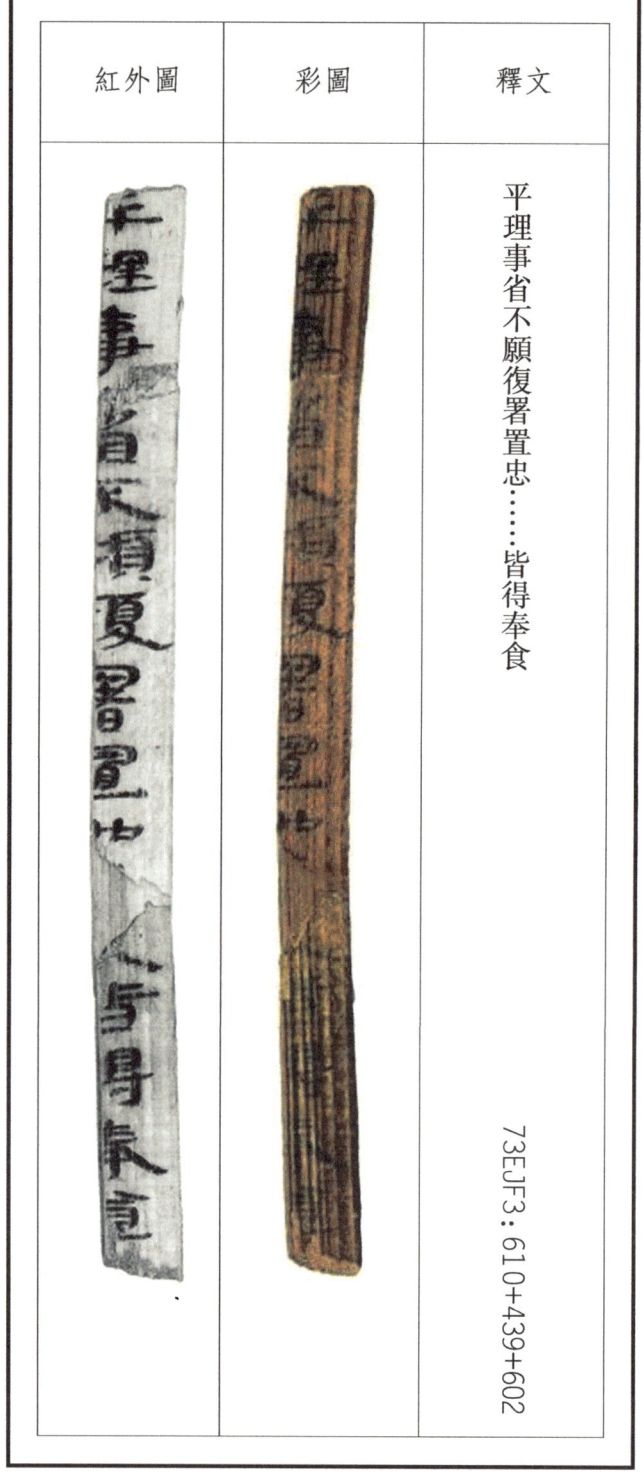

紅外圖	彩圖	釋文
		平理事省不願復署置忠……皆得奉食 73EJF3：610+439+602

第325組

73EJF3∶628+311

兩簡均無紋路，材質相同，字形、形制以及書寫風格等較爲一致，色澤相符，字迹、字間距一致，碴口吻合，拼合後可復原"尹"字。由此，兩簡當可綴合。（相關考釋見"考釋與研究"章）

紅外圖	彩圖	釋文
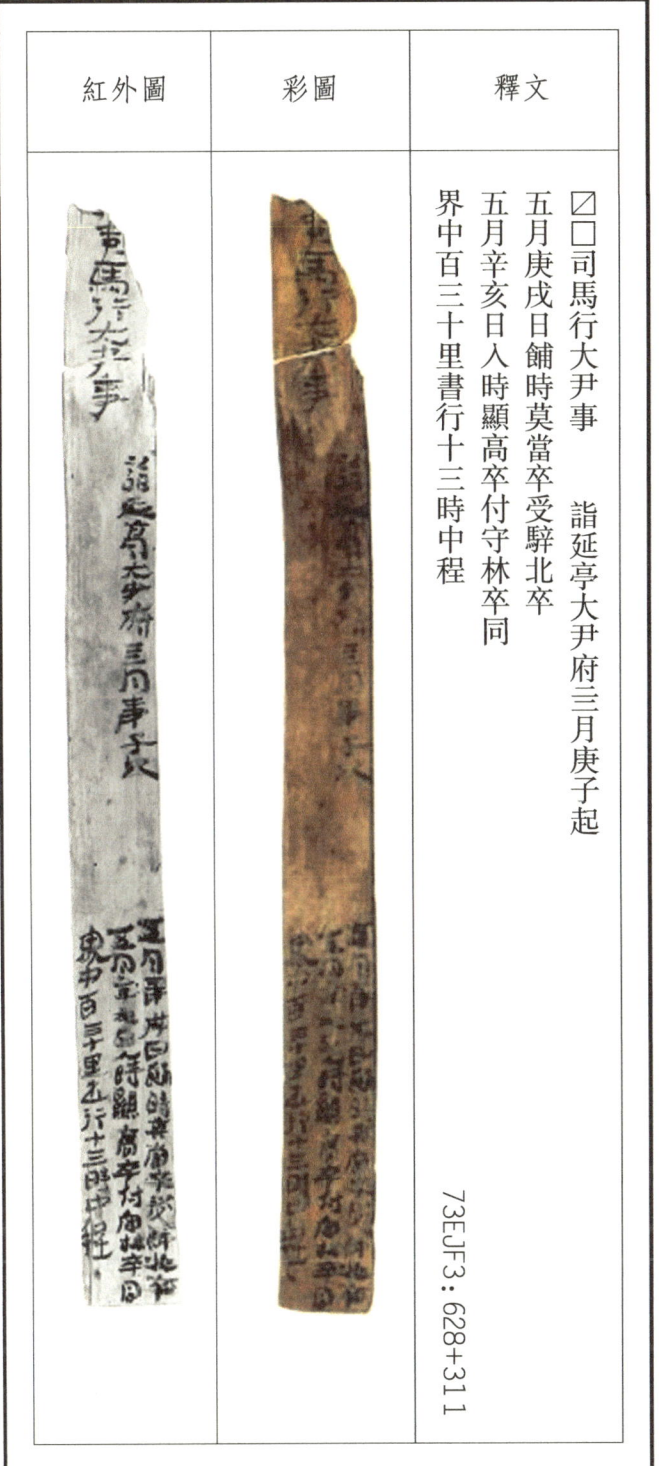		☐☐司馬行大尹事　詣延亭大尹府三月庚子起 五月庚戌日餔時莫當卒受驛北卒 五月辛亥日入時顯高卒付守林卒同 界中百三十里書行十三時中程 73EJF3∶628+311

第326組

73EJF3:630+627+308+594+292

整理者曾綴合 73EJF3:292 與 73EJF3:594 號簡,然文意未完。筆者發現 73EJF3:627、73EJF3:308、73EJF3:630 號簡均是密集紋路,材質相同,字形、形制以及書寫風格等較爲一致,色澤相符,字迹、字間距一致,磋口吻合,拼合後可復原"子""俓""坐""前""字""數""厚""賜"等字。由此,五簡當可綴合。

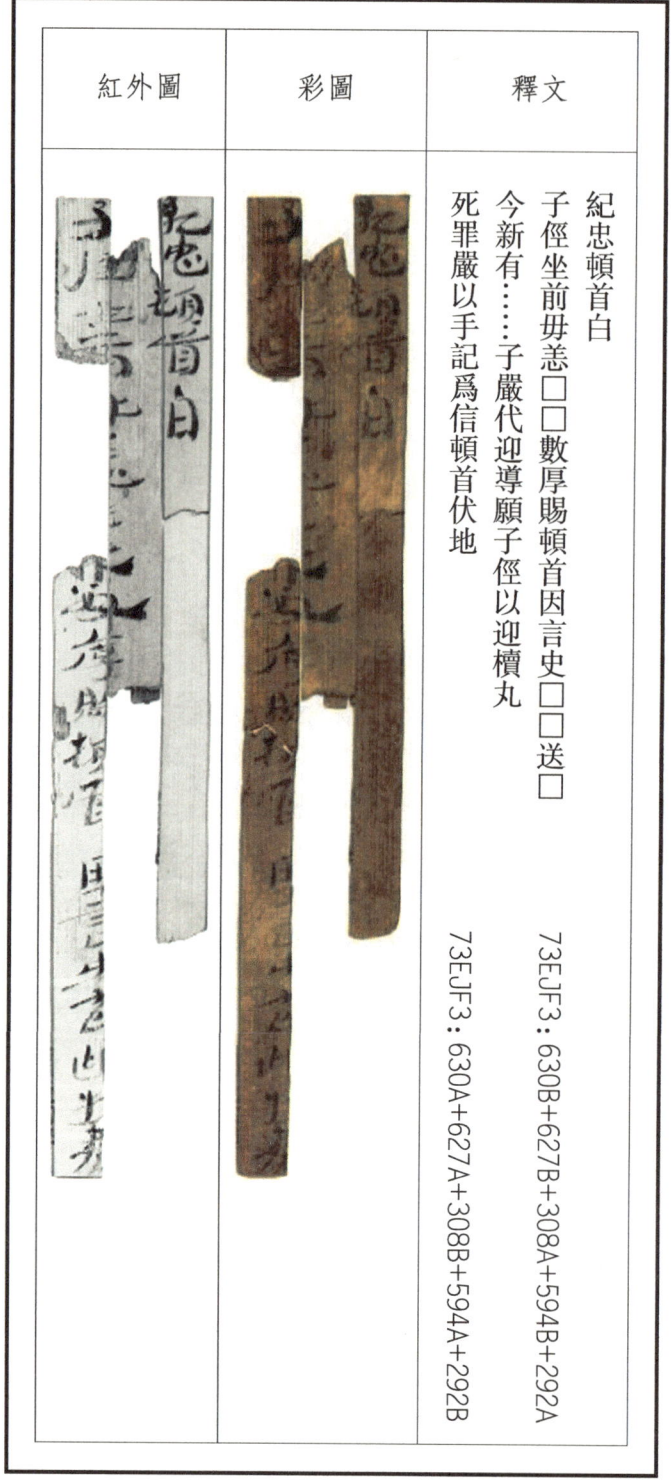

紅外圖	彩圖	釋文
		紀忠頓首白 子俓坐前毋恙□□數厚賜頓首因言史 今新有……子嚴代迎導願子俓以迎櫝丸 死罪嚴以手記爲信頓首伏地
		73EJF3:630B+627B+308A+594B+292A 73EJF3:630A+627A+308B+594A+292B

第327組

73EJD:237+125

兩簡簡面均無紋路,木質相同,字形、形制以及書寫風格等較爲一致,色澤相符,字迹、字間距一致,碴口吻合,拼合後可復原"都""尉""章"等字。經測量,圖版碴口寬度一致,均是1.8cm。由此,兩簡當可綴合。

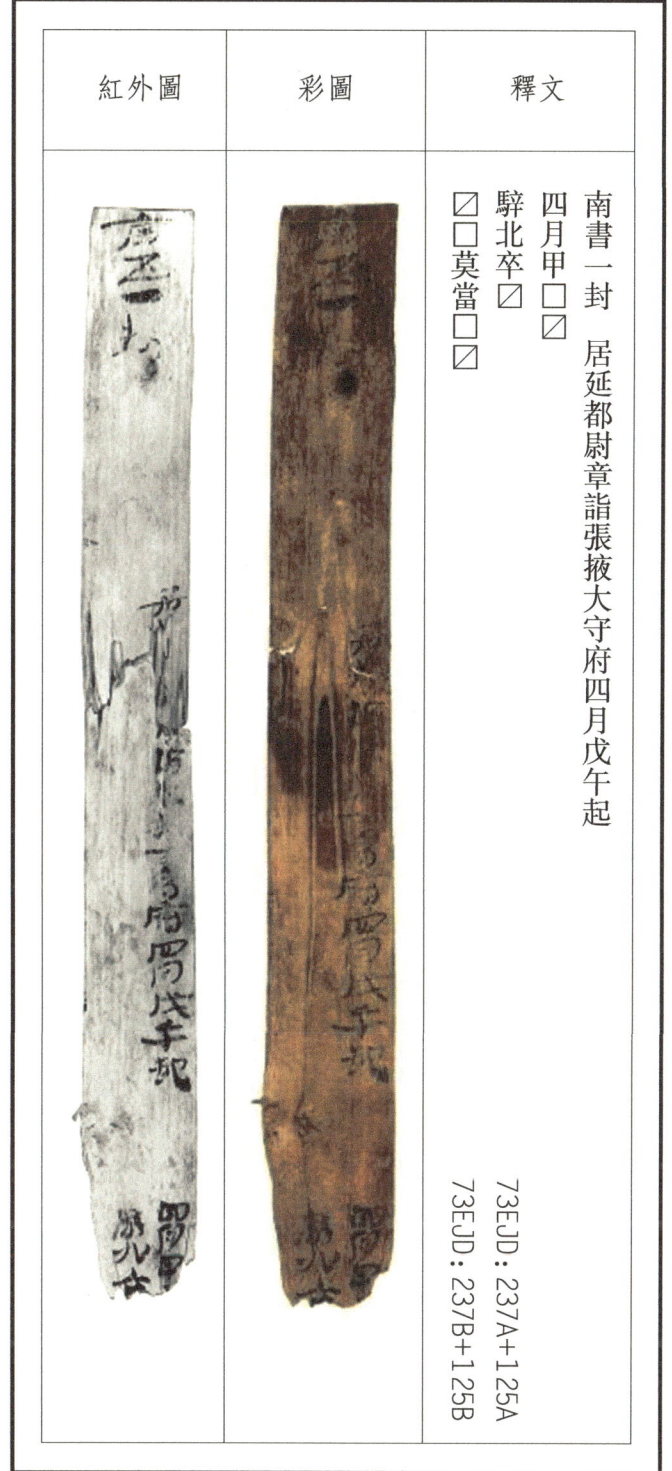

紅外圖	彩圖	釋文
		南書一封 居延都尉章詣張掖大守府四月戊午起 四月甲□□ 驛北卒□ □莫當□ □□ 73EJD:237A+125A 73EJD:237B+125B

第328組

73EJD:247+199

兩簡均無紋路,材質相同,兩列文字,字形、形制以及書寫風格等較爲一致,色澤相符,字迹、字間距一致,碴口吻合,拼合後可復原"石"字。經測量,圖版寬度一致,均爲 0.9~1.0cm。由此,兩簡當可綴合。(相關考釋見"考釋與研究"章)

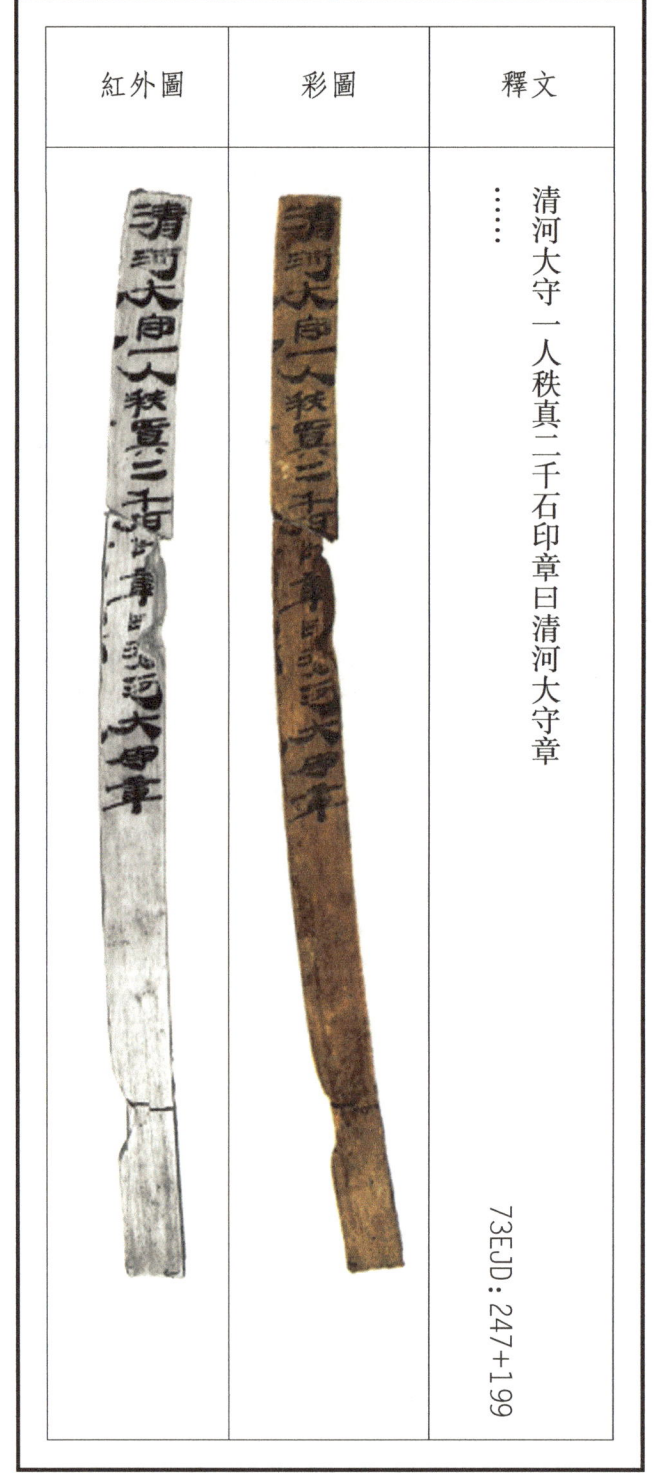

紅外圖	彩圖	釋文
		……清河大守一人秩真二千石印章曰清河大守章

73EJD:247+199

第329組

73EJD:277+116

　　兩簡簡面均無紋路，木質相同，字形、形制以及書寫風格等較爲一致，色澤相符，字迹、字間距一致，碴口吻合，拼合後可復原"衛"字。經測量，圖版碴口寬度一致，均是1.1cm。由此，兩簡當可綴合。

紅外圖	彩圖	釋文
		止行所道名之朝日起或夕日起衛朝以支決夕以餘惡陰事春月善陽事春日・丿　73EJD：277A+116A　73EJD：277B+116B　卅一

第330組

72EJC:146+73EJC:613

兩簡簡面均無紋路，木質相同，字形、形制以及書寫風格等較爲一致，色澤相符，字迹、字間距一致，碴口吻合，拼合後可復原"年"字。經測量，圖版碴口寬度一致，均是1.0cm。由此，兩簡當可綴合。

紅外圖	彩圖	釋文
		圭卒二人以候望爲職至今年五月壬辰乘隧戍卒許朔望見隧北疆落上有不知何 72EJC:146+73EJC:613

第331組

72EJC:209+204

兩簡屬於同一探方,材質相同,書風相同,文意相關,碴口吻合,紋路相合,拼合後能復原出碴口處"未"字。由此,兩簡當可綴合。

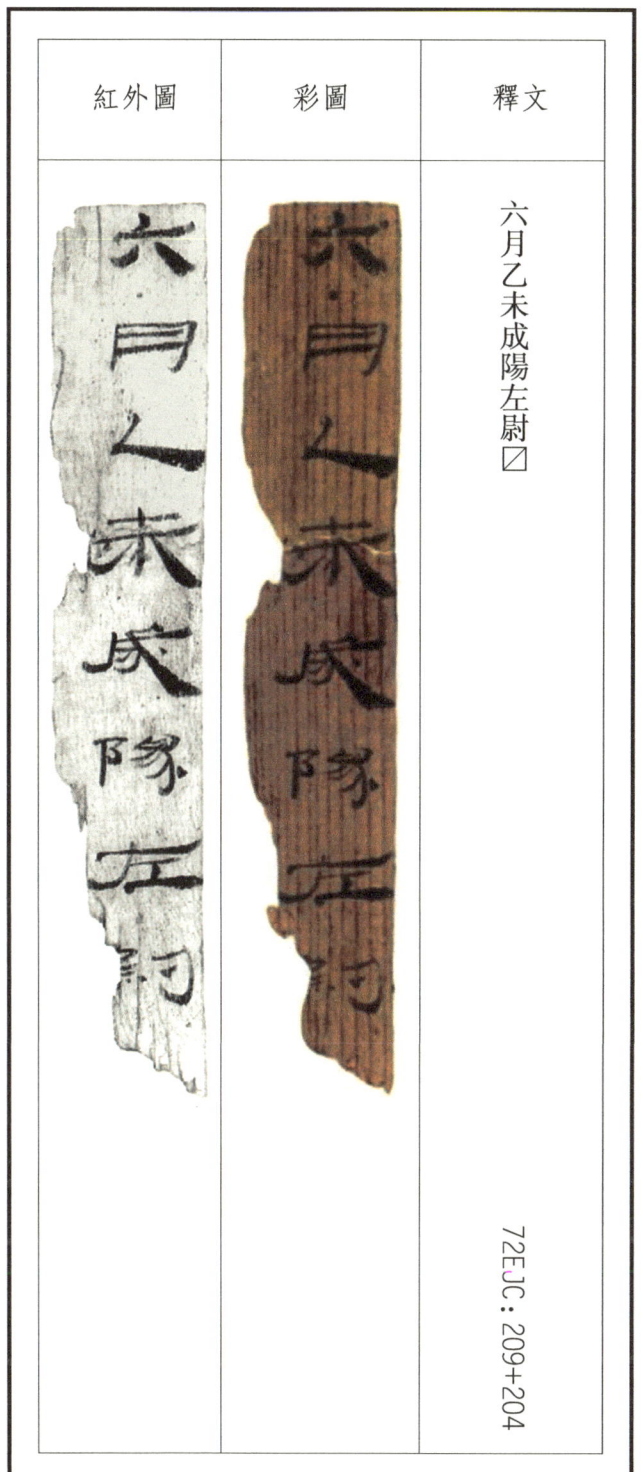

紅外圖	彩圖	釋文
		六月乙未成陽左尉☐

72EJC:209+204

第332組

72EJC:227+164

兩簡材質相同,書風相同,文意相關,紋路相合,碴口吻合,拼合後能復原出碴口處"辛""酉"兩字。由此,兩簡當可綴合。

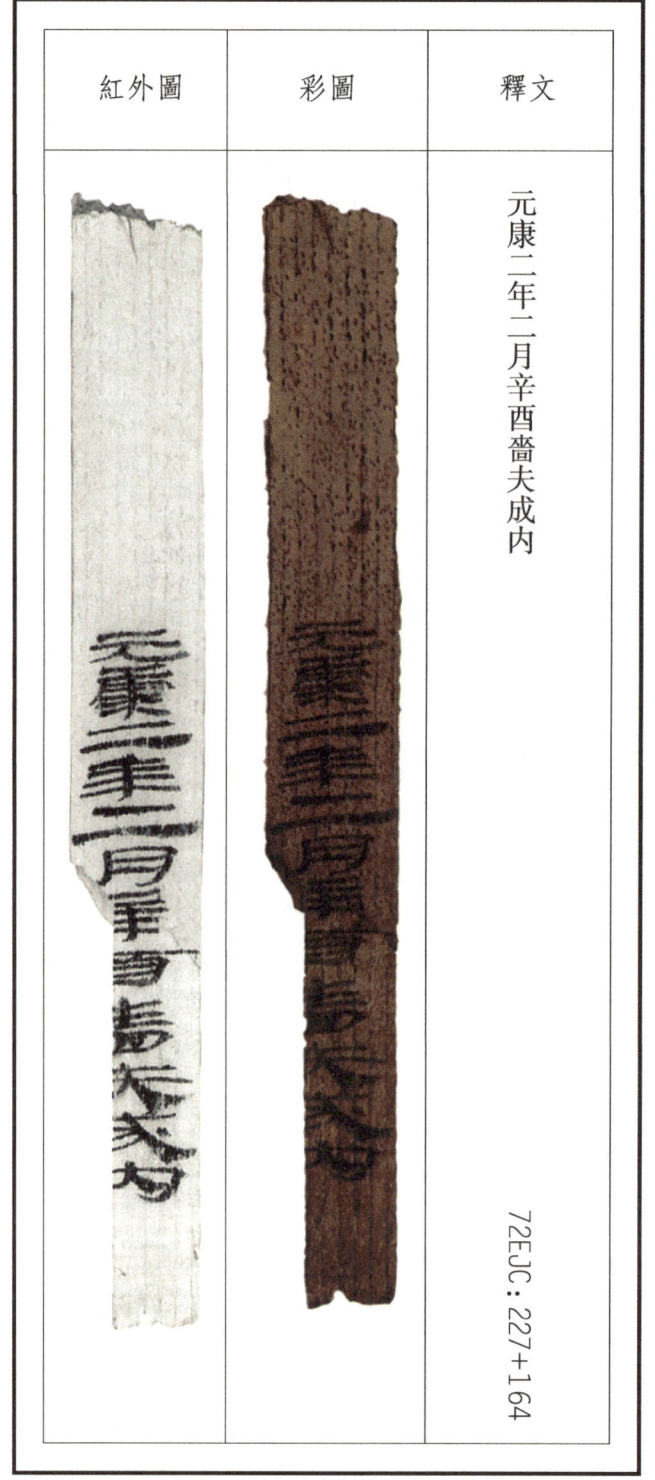

第333組

73EJC:358+72EJC:163

兩簡碴口不能吻合,發現年代亦不一致,但兩簡材質、色澤相同,字形、形制以及書寫風格等較爲一致,文意相關。經測量,圖版碴口寬度一致,均是 1.0cm。由此,兩簡疑可遙綴。

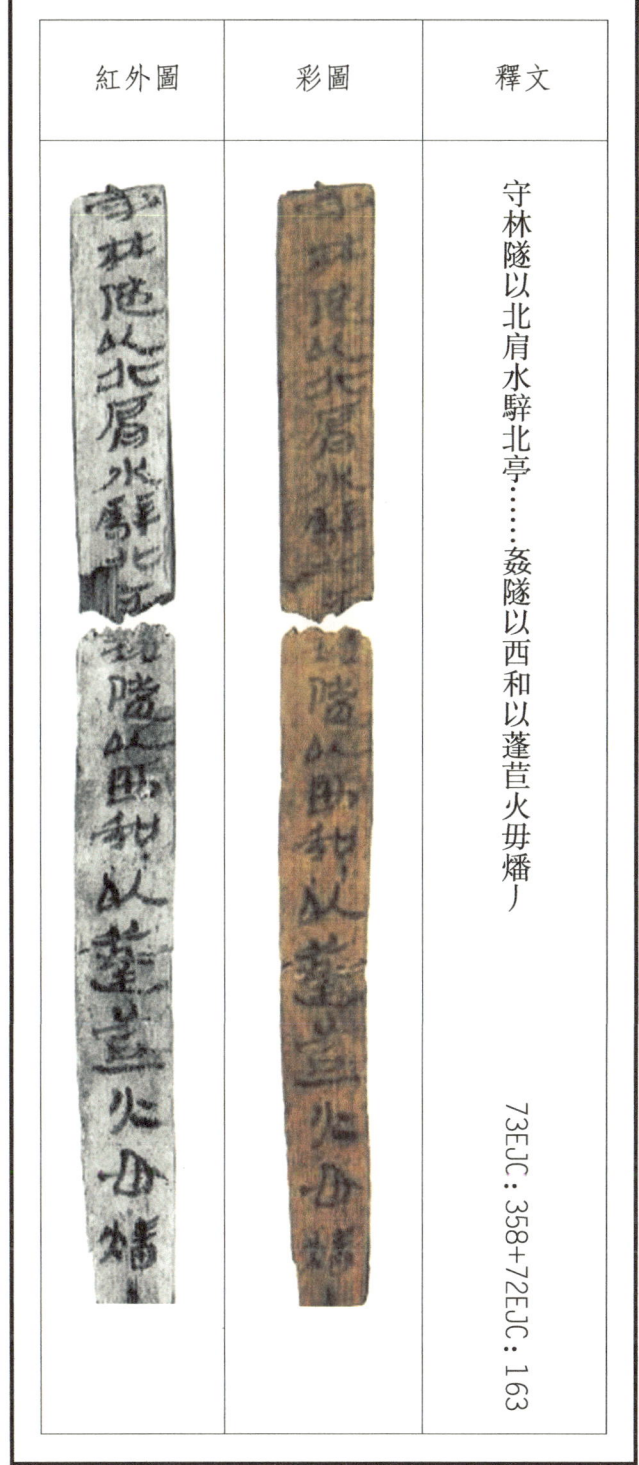

紅外圖	彩圖	釋文
		守林隧以北肩水驛北亭……姦隧以西和以蓬苣火毋燔ノ　73EJC:358+72EJC:163

第334組

73EJC:481+73EJT10:308

　　兩簡屬於不同探方,但材質相同,紋路相合,且能形成貫通,字形、形制以及書寫風格等較爲一致,文意相關,色澤相同,磋口吻合。經測量,圖版磋口寬度一致,均是1.0cm。由此,兩簡當可綴合。

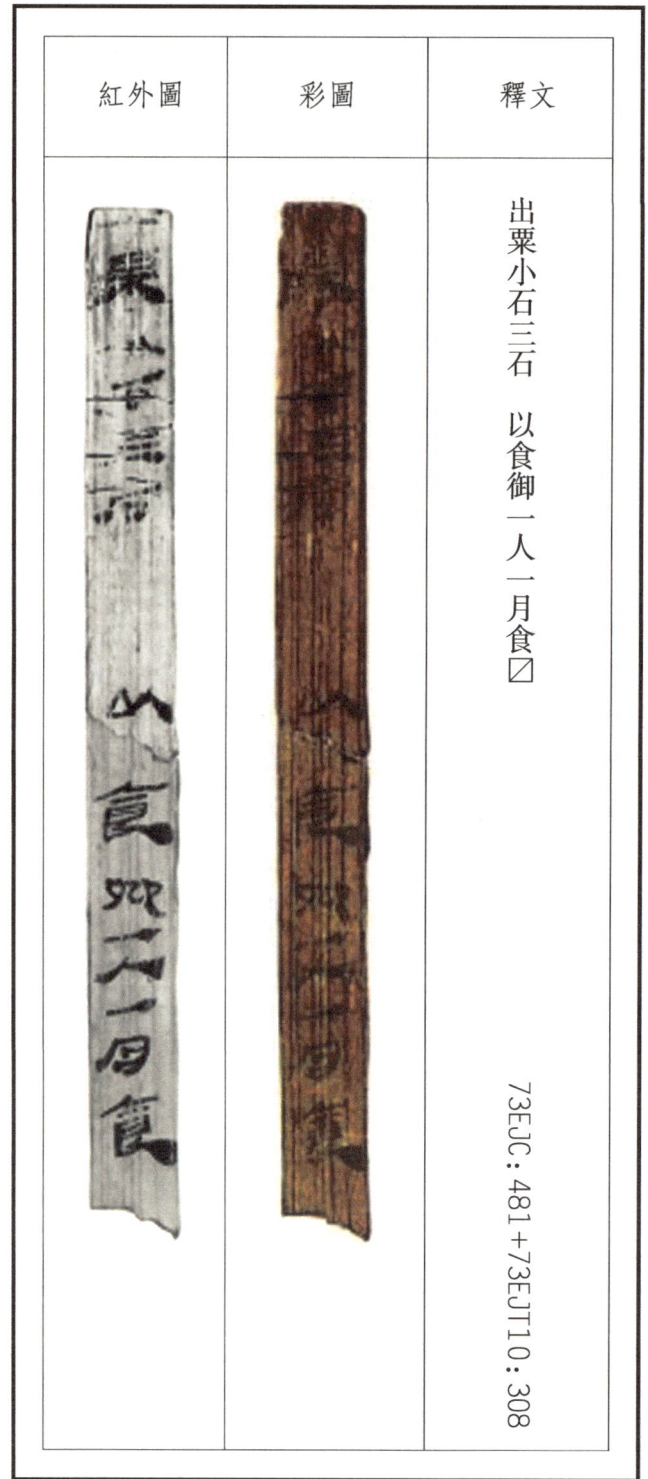

紅外圖	彩圖	釋文
		出粟小石三石　以食御一人一月食☒　73EJC:481+73EJT10:308

第335組

73EJC:527+73EJT10:146

兩簡屬於不同探方，但材質相同，紋路相合，字形、形制以及書寫風格等較爲一致，文意相關，色澤相同，碴口吻合，拼合後能復原"止""府""七"等字。經測量，圖版碴口寬度一致，均是3.0cm。由此，兩簡當可綴合。

紅外圖	彩圖	釋文
		張掖守大府☐ 肩水馬行止 年止 士吏敢☐止令☐ 河平三年七月丁巳己 張掖郡☐ 大（重）☐ （習字）
		（疊書）
		（習字）
73EJC:527B+73EJT10:146B		73EJC:527A+73EJT10:146A

第336組

73EJC:482+73EJT25:124

兩簡均是密集紋路，木質相同，字形、形制以及書寫風格等較爲一致，紋路相合，字迹、字間距一致，碴口吻合，拼合後可復原"公"字。經測量，圖版碴口寬度一致，均是 1.1cm。由此，兩簡當可綴合。

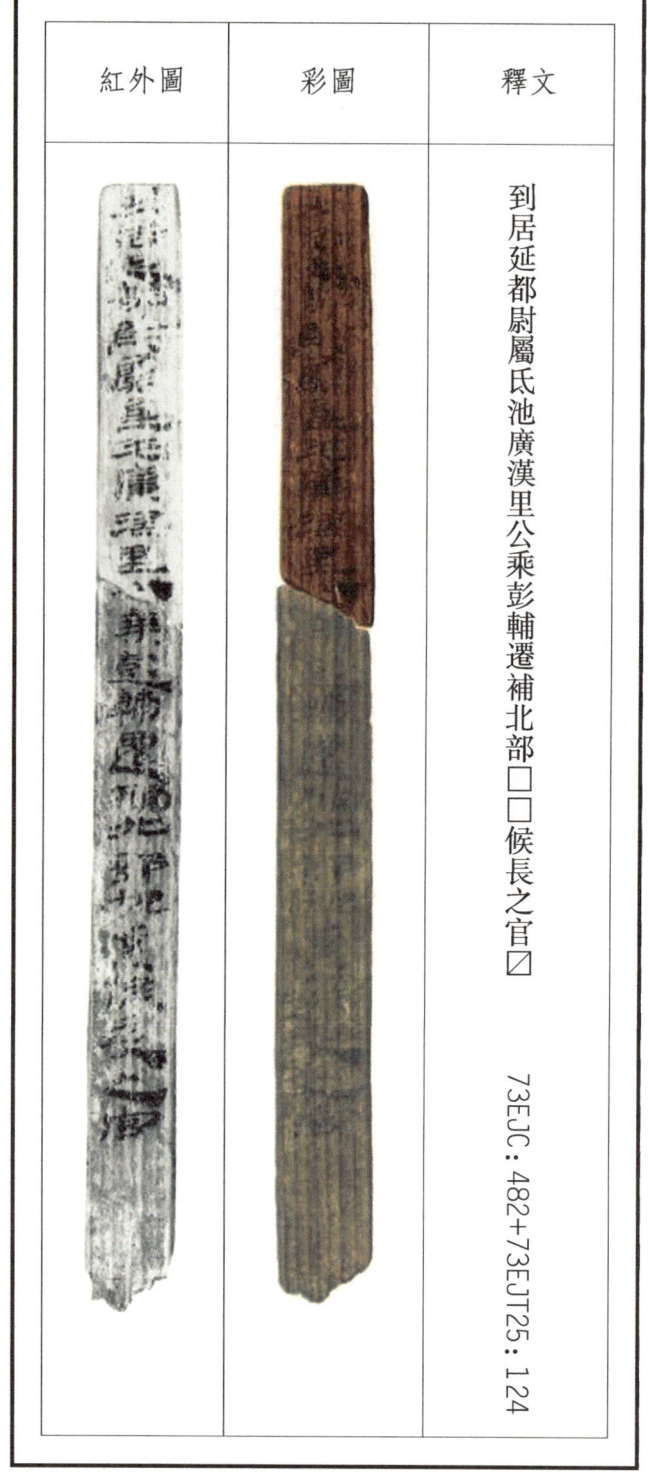

紅外圖	彩圖	釋文
		到居延都尉屬氏池廣漢里公乘彭輔遷補北部□□候長之官☑
		73EJC:482+73EJT25:124

第337組

73EJC:621+72EJC:70

兩簡均是密集紋路,材質相同,字形、形制以及書寫風格等較爲一致,色澤相符,紋路相合,字迹、字間距一致,磋口吻合,拼合後可復原"子"字。經測量,圖版磋口寬度一致,均是1.1cm。由此,兩簡當可綴合。

紅外圖	彩圖	釋文
		未女子毛幸子夫夫□□乃夫夫夫卒夾□又夫夫（習字） 73EJC:621+72EJC:70

第338組

77.39+241.19

两簡均是居延舊簡,同出土於 A32 肩水金關遺址,材質相同,紋路相合,碴口吻合,拼合後能復原出"里"字。文意相關,肩水金關漢簡 72EJC:11 號簡中有辭例可爲佐證。經測量,圖版碴口寬度一致,均是 0.9cm。由此,两簡當可綴合。

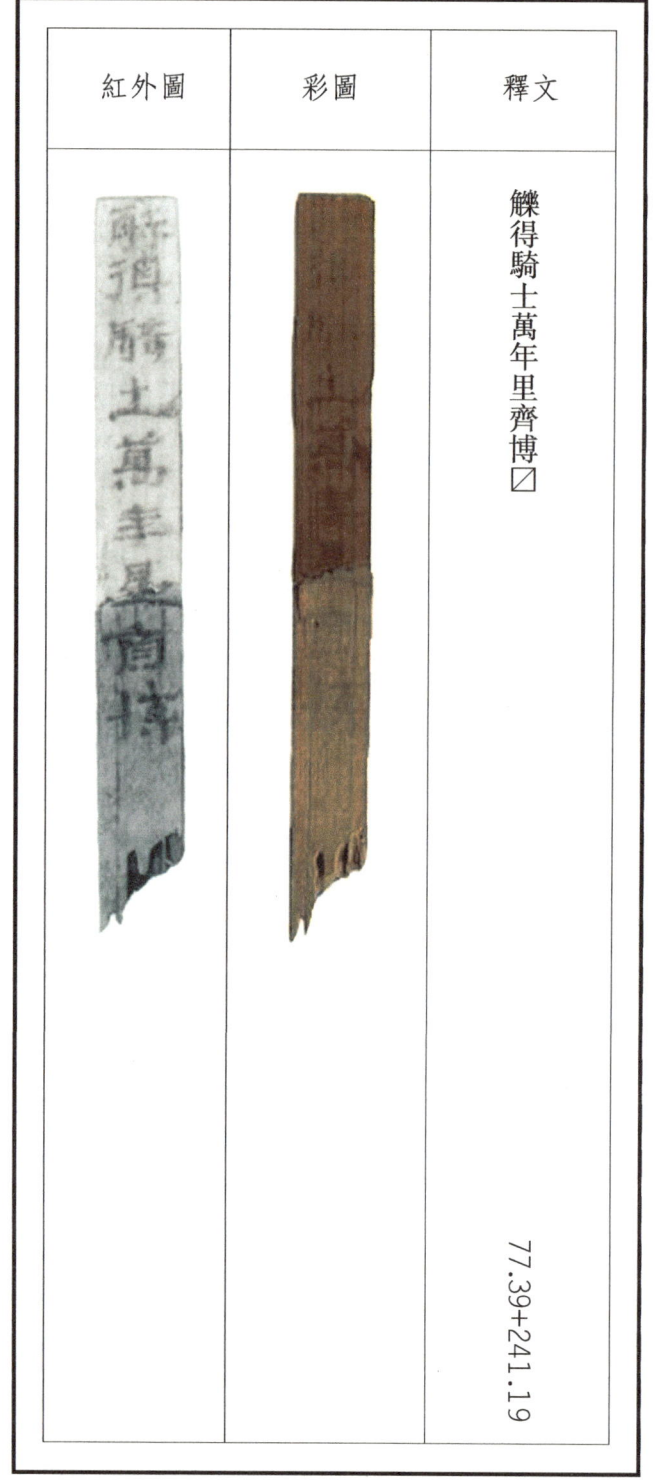

紅外圖	彩圖	釋文
		觻得騎士萬年里齊博☐ 77.39+241.19

第339組

50.11+29.6

　　兩簡均是居延舊簡,同出土於 A32 肩水金關遺址,材質相同,紋路相合,碴口吻合,拼合後能復原出"李"字,文意相關。經測量,圖版碴口寬度、厚度近似,29.6 號簡寬 0.8cm、厚 0.29cm,50.11 號簡寬 0.9cm、厚0.3cm。由此,兩簡當可綴合。

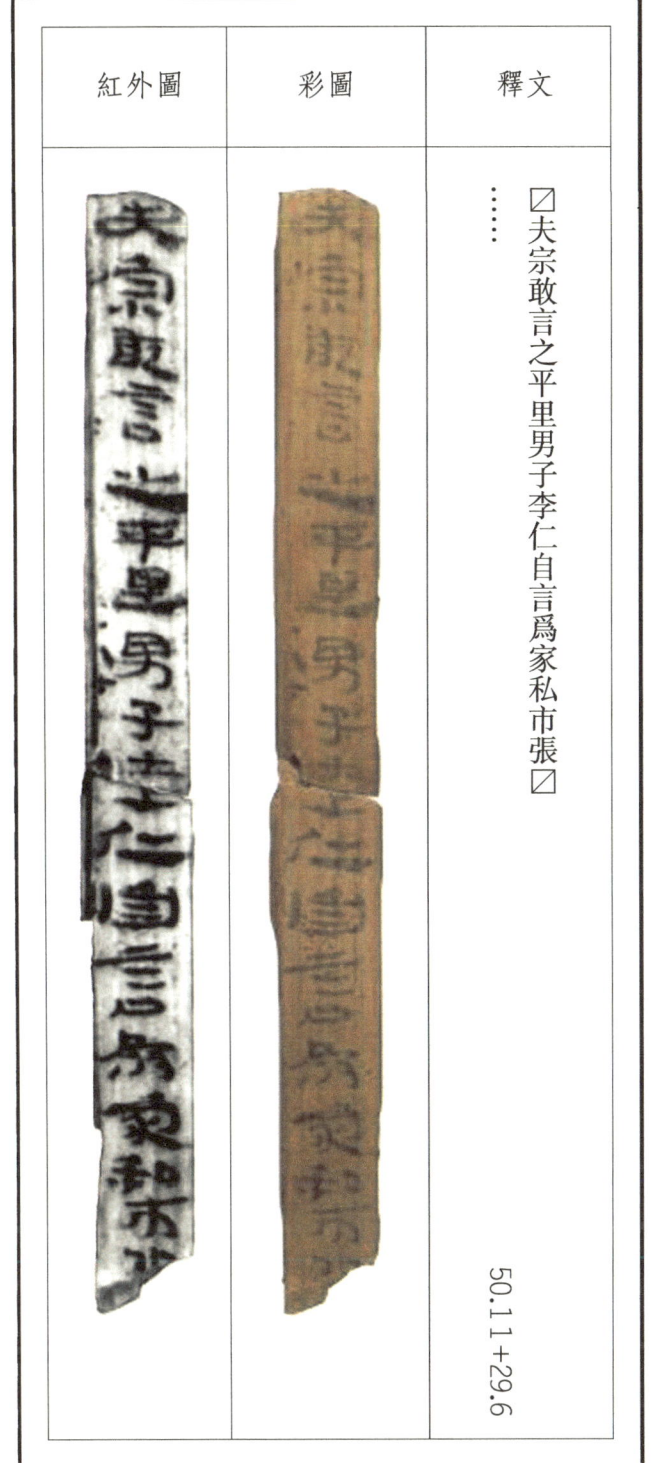

紅外圖	彩圖	釋文
		☐夫宗敢言之平里男子李仁自言爲家私市張☐ 50.11+29.6

第340組

50.28+50.31

兩簡碴口不是十分密合，碴口處文字不能還原，但兩簡均是居延舊簡，同出土於 A32 肩水金關遺址，簡號相鄰，材質相同，文意相關，字形、形制以及書寫風格等較爲一致，均靠簡的右側書寫。經查，圖版碴口寬度、厚度近似，50.28 號簡寬 1.0cm、厚 0.25cm，50.31 號簡寬 0.9cm、厚 0.24cm。由此，兩簡當可遙綴。

紅外圖	彩圖	釋文
		廿四日之居延未還已遣……[少]倩晨夜姚去復傳致出關書到頃[令]史有田襃字少倩□☑ 50.28+50.31

第三章

考釋與研究

第三章 考釋與研究

1. 73EJT8:82+102

73EJT8:102號簡A面諸字還可辨識出：（午）、（王）、（長）、（成）。整理者所釋"張"，圖版作，當爲"長"。

2. 73EJT21:60+73EJT24:304

肩水金關漢簡73EJT31:62號簡簡文作：

綏和二年九月丙申朔丙辰居延令彊丞循移過所縣道河津關令對會大府當□☑

從者如律令/ 兼掾宮守令史隆□☑　　　　　　　　　　　　　　　　　　　　　　　　　　　　73EJT31:62

73EJT31:62號簡出現的"丞循""掾宮"亦出現在73EJT21:60+73EJT24:304號簡中，故筆者懷疑73EJT21:60+73EJT24:304簡記載的時間可能距綏和二年（前7年）不遠。另據73EJT37:480+894號簡記載，居延都尉雲和城騎千人臨曾一同共事。居延都尉雲的任職時間在"元延四年九月"（前9年）到"建平元年十月"（前6年）。在這個時間段內，綏和元年（前8年）十一月爲"辛未朔"，可能就是73EJT21:60+73EJT24:304簡記載的時間。

3. 73EJT21:423+431

居延漢簡中有"丞相史王卿治卒被兵"的簡文，如下：

地節二年六月辛卯朔丁巳肩水候房謂候長光官以姑臧所移卒被兵本籍爲行邊兵丞相史王卿治卒被兵以校閱亭隧卒被兵皆多冒亂不相應或

易處不如本籍今寫所治亭別被兵籍并編移書到光以籍閱具卒兵=即不應籍更實定此籍隨兵所在亭各實弩力石射步數

今可知齎事詣官會月廿八日夕須以集爲丞相史王卿治事課後不如會日者致案毋忽如律令　　　　　　　　　　　　　7.7A

印曰張掖肩候

六月戊午如意卒安世以來　　□□　守令史禹　　　　　　　　　　　　　　　　　　　　　　　　　　　　　　　7.7B

從"王卿"所處理事件的一致性看，筆者懷疑7.7號簡中的"丞相史王卿"與73EJT21:423+431號簡的"丞相掾王卿"爲同一人。由此，73EJT21:423+431號簡的時間在漢宣帝地節年間的可能性較大。

4. 73EJT22:75+73EJT21:88

拼合後復原的"故吏偃""吏偃"亦有辭例可爲佐證，如下：

出糜六斗三月丙戌以食亭故吏偃丙戌盡乙未☑　　　　　　　　　　　　　　　　　　　　　　　　　　　　　　288.33

☑□□驛北亭故吏偃☑

☑一牒書實敢言☑　　　73EJC:551

☑□諸率部候=丞輔宗亭吏偃等寫移書

……律令　　　73EJC:443

結合73EJC:551號簡來看，73EJC:443、73EJT22:75+73EJT21:88號簡簡文均存在簡省，省略了"驛北"，即"以食亭故吏"當是"以食驛北亭故吏"。簡文中"故吏"是指曾擔任過吏職的人。李迎春認爲:"那些未離開政府機構的'故吏'在從事行政事務的同時,仍能享受部分官吏待遇。"①這與73EJT22:75+73EJT21:88號簡所載較爲契合。居延漢簡288.33號簡亦出自肩水金關遺址。從筆迹分析,它與73EJT22:75+73EJT21:88號簡當爲同一書手。從内容看,二者也緊密相關,文意相連,可對讀研究。據簡文可知,故吏偃在三月、五月各領取了一定量的糧食。

5. 73EJT23:2+633

綴合後文意釋讀尚存在困難,"夜雞唯時"頗難理解。因"雞鳴時"在漢簡中較爲常見,懷疑簡文中的"唯"字可能是"鳴"字之誤。

6. 73EJT23:503+925

黃艷萍指出73EJT23:925號簡"買"當隸定作"賈"②,可從。關於"尹野",伊強認爲:"在肩水金關漢簡中,多次出現一個'尹野'的人名。"③條列相關釋文如下:

■右故水門隧長尹野·凡直三千　　　　　　　　　　　　　　　　　　　　73EJT21:288

望城隧卒咸頭　貰賣布一匹賈錢二百五十貸錢百卌凡直三百九十故水門隧長尹野所

　　　　　　　　　　　　　　　　　　　　　　　　　　　　　　　　　73EJT23:488+963④

賣絑一兩直錢廿三革帶二枚直六十·凡直八十三故水門隧長屋闌富昌里尹　　73EJT23:964+516⑤

廣野隧卒勒忘　貰賣縹一匹隧長屋闌富昌里尹野所　　　　　　　　　　　73EJT23:965

筆者發現"尹野"涉足于買賣借貸,對象是隧卒。不止肩水金關漢簡,居延漢簡中亦有關於"尹野"的記載,如下:

水門隧長屋蘭富貴里尹野　本始二年七月癸酉除　見　　　　　　　　　　　　14.25

從居延漢簡14.25號簡來看,"尹野"於漢宣帝本始二年(前72年)七月任職,由此我們推測上文所列諸簡的時間當在本始二年之後。此外,14.25號簡記載"尹野"是"富貴里",與肩水金關漢簡73EJT23:965、73EJT23:964+516所載的"富昌里"不同,可能14.25號簡存在誤書。

7. 73EJT23:568+846

73EJT23:846號簡"里"下一字,圖版作 ，疑爲"靳"字,此處作姓氏;"竟"下一字,圖版作 ，疑爲"廿"字,此處指年齡。

8. 73EJT23:570+575

73EJT23:575A面整理者未釋諸字尚可加以辨識的有: ，疑爲"留"字; ，疑爲"取"字; ，疑爲"旦"字。

---

①李迎春:《漢代的"故吏"》,《歷史教學》2008年第18期。②黃艷萍:《〈肩水金關漢簡〉(壹—肆)異體字研究》,華東師範大學博士學位論文,2016年,第136頁。③伊強:《肩水金關漢簡綴合十五則》,《簡帛》第12輯,上海:上海古籍出版社,2016年,第117頁。④伊強:《肩水金關漢簡綴合十五則》,《簡帛》第12輯,上海:上海古籍出版社,2016年,第118頁。⑤伊強:《肩水金關漢簡綴合十五則》,《簡帛》第12輯,上海:上海古籍出版社,2016年,第117頁。

9. 73EJT23:663+321+993+294

從簡文中的"日計"一詞看,簡文似是統計一日内的花銷。酒、脯(肉乾)、簟(竹席)、枲(麻織品)、肉、豚、鹽、醬,皆是飲食以及起居用品。從花銷的數量或者規模上看,超過普通家庭一日所需。

從鹽來分析,盧瑞琴認爲,見諸史籍的鹽價是非常昂貴的,見諸簡牘的却是非常便宜……鹽在河西地區甚至比粟便宜。①王子今曾引岳麓書院藏秦簡、張家山漢簡《算數書》進行了反證,認爲見諸簡牘的未必非常便宜。②綴合後我們發現,73EJT23:663+321+993+294簡中記載的鹽價就很高,"本簡所記鹽價很高,1升13錢,則1斗130錢,1石高達1300錢"③。同時也要看到,見諸史籍的鹽價非常昂貴的説法恐也有懷疑的餘地,如《後漢書》李賢注"詡始到,穀石千,鹽石八千,見户萬三千。視事三歲,米石八十,鹽石四百,流人還歸,郡户數萬,人足家給,一郡無事"④,就記載了虞詡通過治理,達到了"鹽石四百"的效果。筆者認爲比較合理的解釋是當時的鹽價隨市場、政府、交通等多種因素影響不斷變動,并不穩定。李斯認爲,邊地吏卒的廩鹽定量恐怕不會受市場鹽價波動的影響。⑤此論似有重新探討之必要。

此外,謝桂華指出,食鹽三升是一名戍卒一個大月食鹽的標準定量。⑥從簡文"鹽二升直廿六"分析,二升大約是現在的400毫升,⑦接近一名戍卒一個月的食鹽量,推測有可能是某地區内一個小規模戍卒群體一天的用度。王子今曾量化當時的食鹽消費,以他在2008年8月敦煌考察期間得到的敦煌池鹽標本(即通稱"大粒鹽"的未經精加工的粗鹽)为例,600毫升實重726克。他認爲,如果漢代居延士卒食用的是這樣的鹽,則平均每天食用量也達到24.2克。⑧在此基礎上可以推算,400毫升食鹽大約可供20人一天之用。

我們在漢簡中也能看到20人規模的隊伍,如下:

最　凡吏卒廿人用穀卌石	332.6
出鹽六斗給第十部卒廿人三月食二月	82E.P.C:8
■右第卅五車廿人	73EJT33:43
右第卅六車廿人	73EJT37:299

綜上,推測簡文中的"日計"有可能是一支20人的戍卒群體一天的花銷的匯總,這無疑豐富了我們對戍卒生活的認知。

10. 73EJT23:990+721

筆者注意到兩簡上的文字雖然較爲清晰,但識别困難,有可能是習字簡。另有73EJT26:45號簡,整理者釋文作:

天子
下甲卿留月
下日一口名
部丞旦
二年七月　張掖大宮　□A　(習字簡)
丁卯

---

① 盧瑞琴:《漢代河西地區的食鹽問題——居延簡牘讀後記》,《簡牘學研究》第2輯,蘭州:甘肅人民出版社,1998年,第114頁。② 王子今:《漢代邊塞軍人食鹽定量問題再議》,《江蘇師範大學學報》2015年第5期。③ 丁邦友、魏曉明:《秦漢物價史料匯釋》,北京:中國社會科學出版社,2016年,第189頁。④ (南朝宋)范曄:《後漢書》,北京:中華書局,1965年,第1870頁。⑤ 李斯:《西北漢簡所見廩鹽制度蠡測》,《簡帛研究二〇一一》,桂林:廣西師範大學出版社,2013年,第138頁。⑥ 謝桂華:《漢簡與漢代西北屯戍鹽政考述》,《鹽業史研究》1994年第1期。⑦ 丘光明等:《中國科學技術史(度量衡卷)》,北京:科學出版社,2001年,第236頁。⑧ 王子今:《漢代邊塞軍人食鹽定量問題再議》,《江蘇師範大學學報》2015年第5期。

甲子乙丑丙寅□□戊辰B　（習字簡）

李洪財來信告知此簡與73EJT23∶990A+721A號簡书寫風格近似，認爲其文字略帶篆書的意味，體現出書吏臨摹習字底本的不同，是研究漢代書吏非常重要的信息。除此以外，73EJT8∶60號簡也具有同樣的書寫風格，似可歸爲同一類型進行研究。

11. 73EJT24∶97+73EJT30∶64+73EJT30∶11

簡文中的"田畜"是指耕種與畜牧。《史記·貨殖列傳》載："富人爭奢侈，而任氏折節爲儉，力田畜。"①《漢書·卜式傳》載："卜式，河南人也。以田畜爲事。"②三簡綴合後能復原文書的部分信息：漢宣帝本始三年（前71年），某人以"田畜張掖居延界中"的緣由申請"傳"（通行證），同行的是大奴便和始。

12. 73EJT24∶932+802

簡文内容源自儒家經典《論語》，傳世本《論語·衛靈公》載："子曰：'人無遠慮，必有近憂。'"可與本簡對照研究。③

13. 73EJT25∶86+17

漢代一里約414米，④簡文中的"四千五百九里"約合現在的1680公里。經測量，從梁國都城睢陽（今河南商丘）到金塔縣（肩水金關漢簡出土地）的直綫距離約1600公里。所以，簡文中的"四千五百九里"便是梁國卒從梁國到張掖郡戍防區（肩水金關）的距離。由此，可知實際距離與直綫距離誤差在100公里内，推知當時的測距水平較高。

14. 73EJT26∶142+272

從簡文"舉土曾堤"看，似乎是對堤壩進行修葺工作，"廣五丈"等語，疑是對修築面積的一種説明。樓蘭簡牘中有"守堤兵廉决"的簡文，⑤可知當時對堤壩有一定的保護制度。

15. 73EJT28∶29+92

結合73EJT25∶6號簡來看，73EJT28∶29+92號簡的時間可能是在甘露三年（前51年），簡文上部所殘的時間信息可補全。

16. 73EJT30∶90+68

簡文中的"御史大夫相"當是魏相，《漢書·魏相丙吉傳》："數年，宣帝即位，徵相入爲大司農，遷御史大夫。"⑥此外，《漢書·宣帝紀》記載地節三年"夏四月戊申，立皇太子，大赦天下"。⑦經查，"戊申"是該月二十二日，73EJT30∶90+68號簡的"庚戌"是該月二十四日，⑧時間上非常接近。由此，懷疑73EJT30∶90+68號簡的"詔書"可能同這次赦免活動有關。另外，值得注意的是，綴合後"制曰可"三字位於簡册的右上角，這也爲以後詔書簡册的編連提供了依據。

---

①（西漢）司馬遷：《史記》，北京：中華書局，1959年，第3280頁。②（東漢）班固：《漢書》，北京：中華書局，1962年，第2624頁。③參看張英梅：《試探〈肩水金關漢簡（叁）〉中所見典籍簡及相關問題》，《敦煌研究》2015年第4期；何茂活：《肩水金關第24、31探方所見典籍殘簡綴聯與考釋》，《簡帛研究》2015秋冬卷，桂林：廣西師範大學出版社，2015年。③參看張英梅：《試探〈肩水金關漢簡（叁）〉中所見典籍簡及相關問題》，《敦煌研究》2015年第4期；何茂活：《肩水金關第24、31探方所見典籍殘簡綴聯與考釋》，《簡帛研究》2015秋冬卷，桂林：廣西師範大學出版社，2015年。④楊寬：《中國歷代尺度考》，北京：商務印書館，1955年，第51頁。⑤林梅村編：《樓蘭尼雅出土文書》，北京：文物出版社，1985年，第61頁。⑥（東漢）班固：《漢書》，北京：中華書局，1962年，第3134頁。⑦（東漢）班固：《漢書》，北京：中華書局，1962年，第249頁。⑧朱桂昌編著：《太初日曆表》，北京：中華書局，2013年，第82頁。

17. 73EJT37:28+653+1133

綴合後,簡文有兩個部分構成,第一個部分是"從者名籍",第二個部分是"誼逐市張掖酒泉郡中"。簡文中"官從者""誼從者"中的"官"和"誼"應是人名,屬於雇主。相似辭例可參73EJT22:32號簡中的"不圍"。

18. 73EJT37:39+691

73EJT37:39號簡B面第一列,整理者所釋"巳"字,圖版作 ![], 疑爲"巳"字,此字上一字,圖版作 ![], 整理者未釋,疑爲"己"字;73EJT37:39號簡B面第二列首字,圖版殘損,整理者未釋,從文意分析,當爲"爵"字;73EJT37:691號簡A面"縣"上一字,圖版作 ![], 整理者未釋,疑爲"名"字。

19. 73EJT37:105+791

73EJT37:105號簡整理者所釋"孰"字,恐非,此字圖版作 ![], 我們列舉漢簡中的"孰"字,對比如下:

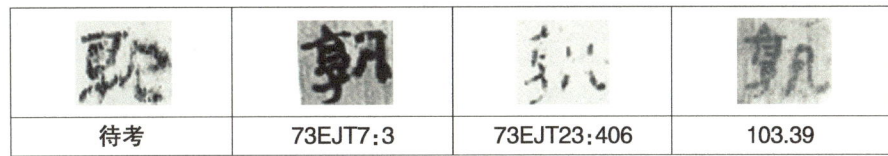

待考	73EJT7:3	73EJT23:406	103.39

對比可見, ![] 與"孰"字形差異較大,當非"孰",暫存疑待考。都內,顏師古道:"京師主臧者也。《百官公卿表》大司農屬官有都內令丞也。"①《中國簡牘集成》一書認爲:"或稱內府,中央皇室倉庫,管理財物的專門機構。"②可從。簡文是在都內任職的吳輔的出入信息,"長□"疑是地名。

20. 73EJT37:209+213+1285+1297

據《漢書·地理志》的記載,平陵屬於右扶風。兩簡綴合後,能復原出"右扶風平陵宜利里公乘韓則"的出入信息。由於簡文中還有"皆"字,推測此屬於"出入名籍"簡中的一枚,當可同其他出入關簡連讀。此外,73EJT37:525號簡載:

永光三年十一月壬午朔丁未酒泉北部千人禹移過所河津關遣葆平陵宜利里韓則年卅五杜陵華陽里公乘呂義年廿九乘軺車一乘牡馬一匹之居延收責毋苛留如律令

從73EJT37:525號簡所記"韓則"的籍貫、年齡等信息可知,此"韓則"與73EJT37:107+60號簡中的"韓則"乃同一人。由此,綴合後的73EJT37:107+60號簡的時間,也應是漢元帝"永光三年"(前41年)。由於"出入名籍"多無年代,此簡就顯得較爲重要。如果以後找到可與73EJT37:107+60連讀的簡,那麽這一批"出入名籍"的時間便都可借此斷定。

① (東漢)班固:《漢書》,北京:中華書局,1962年,第1159頁。② 中國簡牘集成編委會:《中國簡牘集成》第10冊,蘭州:敦煌文藝出版社,2001年,第289頁。

21. 73EJT37:146+1561

73EJT37:1561號簡B面"候"下一字,整理者未釋。此處圖版作 ,疑是"官"字,同簡"官"字圖版爲 ,兩字字形上非常接近,所以,釋爲"官"字應是可信的。"官"下諸字非常潦草,且存在殘缺,暫無法識別,亦無法準確判定字的數目。

簡文中的"寫傳"是指鈔寫傳達,①"行塞"是指巡行、省視邊塞,由於簡文不完整,推測此簡是廣地候官鈔寫後傳達給肩水候官的,内容是"行塞"的相關活動。因爲"行塞的職責主要由都尉府和候官承擔,都尉府巡視所轄各候官,候官巡視所轄各部燧。"②另外,此簡對了解當時的文書傳遞也有一定的啓示。

22. 73EJT37:147+417+974+1252

肩水金關漢簡中有記載"楊譚"的相似辭例,作:

河平四年七月辛亥朔庚午西鄉有秩嗇夫誼守斗食佐輔敢言之中安男子楊譚自言欲取偃

檢與家屬俱客田居延界中謹案譚等年如牒皆非亡人命者當得取偃檢父老孫都證謁移居延如律令

敢言之七月癸酉長安令右丞萬移居延如律令／掾殷令史賞　　　　　　　73EJT37:527

從73EJT37:527號簡簡文"長安令右丞萬"的署名看,同簡中的"中安"實爲"長安",書手在書寫時存在書寫錯誤。此外,73EJT37:147+417+974+1252號簡中的"嚻陵里"是屬於長安的,如:

長安嚻陵里常惲年卅三　方相一乘　用馬一匹　十一月癸卯兼亭長並入　73EJT37:997

京兆尹長安嚻陵里習萬年五十一長七尺三寸黑色　正月丁丑入　　73EJT37:1081

由此,73EJT37:527號簡的"楊譚"便是"長安嚻陵里男子楊譚",與73EJT37:147+417+974+1252號簡的"楊譚"是同一人。我們也可推測73EJT37:147+417+974+1252號簡的時間有可能也在河平年間。

23. 73EJT37:139+391

73EJT37:391號簡整理者所釋"水"字下一字,圖版作 ,簡面殘損,整理者未釋,疑是"丞"字。肩水金關漢簡中有辭例可爲佐證,如下:

延=水丞就迎鐵器大司農府移肩水金關□□□　　　　　　73EJT37:182

居延=水丞孫就　軺車一乘用馬一匹　　　　　　　　　73EJT37:1159

由此,此字隸定爲"丞"字是合適的。

24. 73EJT37:153+269

《説文・冂部》:"冣,積也。從冂、從取,取亦聲。"③清段玉裁《説文解字注》道:"按凡言冣目者,猶今言總目也。"④簡文是一個54人的出行匯總記録,這次出行規模相對較大,共用了23乘軺車、27匹馬以及2輛牛車。

---

① 中國簡牘集成編委會:《中國簡牘集成》第6册,蘭州:敦煌文藝出版社,2001年,第229頁。② 李天虹:《居延漢簡簿籍分類研究》,北京:科學出版社,2003年,第2頁。③(東漢)許慎:《説文解字》,中華書局,1963年,第156頁。④(清)段玉裁:《説文解字注》,上海古籍出版社,1981年,第353頁。

25. 73EJT37:177+687

綴合後從簡文内容來看,此簡屬於家屬符,其中所反映的家庭關係值得我們重視。其中,"子男詡""小男黨""小男級"便是"辛詡""辛黨""辛級"。無獨有偶,居延新簡中有"辛詡""黨""級"的相關記載,如下:

☐隧長辛詡詣官稟☐   EPT65:154

☐☐黨耿審☐☐☐黨子男級所奏記辤唯   EPF22:661

由此,諸簡可以互相參看,歸在一起進行相關研究。

26. 73EJT37:148+422

簡文中的"守候"一詞,傳世文獻中亦有出現。《漢書·嚴助傳》載:"邊城守候誠謹,越人有入伐材者,輒收捕,焚其積聚,雖百越,奈邊城何!"①《中國簡牘集成》一書認爲:"守候,即試守候官。漢制,官吏試職一年爲守,滿歲爲真。試守時,不食全俸。"②兩簡綴合後,能完整復原出"廣地守候番和尉常"的任職時間是"綏和二年",這爲我們梳理相關歷史信息,提供了很好的條件。

27. 73EJT37:209+213+1285+1297

傳世文獻中有相似語句,《後漢書·張湛傳》載:"後告歸平陵,望寺門而步。"李賢注曰:"告,請也。告歸謂請假歸。"③可爲參考。平陵,縣名,屬右扶風。簡文意爲某人請假歸平陵縣,爲他發放出行憑證。

28. 73EJT37:182+1532

簡文中的"就",可能指孫就,肩水金關漢簡73EJT37:1159號簡中有"居延=水丞孫就"的辭例可爲佐證。

29. 73EJT37:282+819

綴合後,簡文文意仍不完整。經查,"觻得丞彭"又見於居延漢簡15.19,如下:

永始五年閏月己巳朔丙子北鄉嗇夫忠敢言之義成里崔自當自言爲家私市居延謹案自當毋官

獄徵事當得取傳謁移肩水金關居延縣索關敢言之

閏月丙子觻得丞彭移肩水金關居延縣索關書到如律令/掾晏令史建   15.19

據15.19號簡,"觻得丞彭"任職時間在"永始五年",而永始年號漢成帝僅用四年,此"永始五年"當即元延元年(前12年)。由此,筆者懷疑73EJT37:282+819號簡的時間可能在元延元年,元延元年六月是"丙申朔","六月乙巳"是該月的第十日。

30. 73EJT37:355+56

綴合後,可復原"除補"一詞,該詞是任免官吏的常用語。漢簡中習見,如:

敢言之以今年五月廿八日戊戌除補卅井降虜隧   163.7

始建國天鳳六年閏月乙亥除補止北隧長   225.11

---

① (東漢)班固:《漢書》,北京:中華書局,1962年,第2781頁。② 中國簡牘集成編委會:《中國簡牘集成》第9册,蘭州:敦煌文藝出版社,2001年,第29頁。③ (南朝宋)范曄:《後漢書》,北京:中華書局,1965年,第929頁。

聽聽免補除補徐補　　　　　　　　　　　　　　　　　　　　　　　　　　73EJT23：996B

"徼迹"是指巡邏,①簡文綴合後大意是五月戊戌日任免官員,巡邏防備盜賊。

31. 73EJT37：401+857+1473

綴合後三簡的具體時間一直無法斷定。依據73EJT37：401號簡殘存的"始建"字迹以及"富里周護"曾出現在"始建國二年"騎士簡來看,73EJT37：401+857+1473號簡的時間當爲"始建國二年九月"。九月朔甲子,"戊寅"爲該月十五日。"始建國二年"爲公元10年,此年周護二十五歲。由此推其出生年爲漢成帝永始三年（前14年）。

32. 73EJT37：480+894

關於73EJT37：480號簡的時間斷代,許名瑲有過預判,他認爲,紀年、月序殘佚,據伴出紀年簡,推擬爲建平元年九月。哀帝建平元年九月庚寅朔,十日己亥,儒略日171 9526,前6年10月22日。②兩簡綴合後,能復原出"居延都尉雲""城騎千人"等信息,再對比73EJT37：615號簡的紀年,許名瑲推定該簡爲建平元年九月之説可從。

33. 73EJT37：484+481

從内容來看,綴合後的簡牘當是"出入名籍"簡。"見"是指見在,③"將車"是指駕車。④簡文殘缺,文意未完,推測大意爲某人携子壽過關時正在"將車"。⑤73EJT37：484+481中的"子男壽"又見於73EJT10：278號簡,簡文作：

子男壽年十九　字君房

一個年十三,一個年十九,又同是"子男",有可能是同一人。如此,兩簡或是不同年代留下的過關記録,可對比研究。

34. 73EJT37：485+544

簡文中的"以給隧長某卒某月奉",當是文書範本。肩水金關漢簡中有相似辭例,可爲佐證,如：

丿丿給送寇隧長任尚正十五日盡二月奉　　　　　　　　　　　　　　　　　73EJT37：130

給始安隧長趙禹七月奉　　　　　　　　　　　　　　　　　　　　　　　　73EJT37：194

出賦錢六百丿給始安隧長李　　　　　　　　　　　　　　　　　　　　　　73EJT37：1121

與此類似,肩水金關漢簡中還出現過其他相關的文書範本,如：

□□戍卒梁國睢陽某里公乘王甲年若干　　　　　　　　　　　　　　　　　73EJT21：255

35. 73EJT37：503+1040

兩簡綴合後,可復原"□道傳"。結合"送錢居延"分析簡文内容,有可能是讓某人取傳,使其送錢居延。肩水金關漢簡中有相似辭例,可爲佐證,如：

---

①徐子宏：《漢簡所見烽燧系統的考核制度》,《貴州師範大學學報》1988年第4期。②許名瑲：《肩水金關漢簡（肆）曆日校注》,簡帛網：http://www.bsm.org.cn/show_article.php?id=2483. ③邢義田：《從簡牘看漢代的行政文書範本——"式"》,《簡帛研究（第三輯）》,南寧：廣西教育出版社,1998年,第300–301頁。④中國簡牘集成編委會：《中國簡牘集成》第5册,蘭州：敦煌文藝出版社,2001年,第39頁。⑤蒙張俊民告知。

恭敢言之應里張林自言取傳爲郡送錢□　　　　　　　　　　　　　　　　　　　73EJT37:1481

36. 73EJT37:621+50

73EJT37:621+50與73EJT37:536+810號簡疑可編連。首先,從出土地分析,兩組簡的出土地點相同,均是73EJT37;其次,從内容分析,兩組簡都屬於"出入籍"簡,而且均來自"觻得",都是"八月出",均有"弟豐",内容相關;第三,從書寫格式分析,兩組簡都是單行書寫,較爲規整,均存在分段書寫的情況,均用兩個勾校符號"丿"隔開,具有相同的範式;第四,從簡牘形制分析,兩簡的材質相同,均是松木簡,簡寬1.0~1.1cm,較爲接近,形制相同。

綜上,我們認爲73EJT37:621+50與73EJT37:536+810號簡有編連成爲一册的可能。

37. 73EJT37:608+683

73EJT37:683號簡整理者所釋"正"字,恐非,綴合後圖版作 ,當爲"五"。由此,73EJT37:683號簡釋文可修訂爲"五月辛酉北出 五月壬辰南入"。但如按照此順序閱讀,則此簡紀年又存在問題。因爲出關日"辛酉"與入關日"壬辰"相差32天,不可能在同一月。我們懷疑"五月壬辰"中的"五",可能并非"五"字。核查原簡,此處圖版作 ,知此處書手書有塗改,實無法判別爲何字,不如存疑。

38. 73EJT37:627+119

從文字看,該組簡似書信内容。"明廷",又曰"明府",漢代人對縣令的一種敬稱。《後漢書·張儉傳》載:"篤雖好義,明廷今日載其半矣。"李賢注:"明廷猶明府。"①

39. 73EJT37:721+26

關於"羌騎",冉光榮認爲,邊郡内統治之羌人,或分派守塞,名"守塞羌""保塞羌",或爲被徵調爲軍之"羌騎",名"義從羌"。②簡文中的"羌騎",也見於傳世文獻。《漢書·宣帝紀》載:"西羌反,發三輔、中都官徒弛刑,及應募佽飛射士、羽林孤兒,胡、越騎,三河、潁川、沛郡、淮陽、汝南材官,金城、隴西、天水、安定、北地、上郡騎士、羌騎,詣金城。"③《漢書·趙充國傳》載:"時,上已發三輔、太常徒弛刑,三河、潁川、沛郡、淮陽、汝南材官,金城、隴西、天水、安定、北地、上郡騎士、羌騎,與武威、張掖、酒泉太守各屯其郡者,合六萬人矣。酒泉太守辛武賢奏言……"④

有關"羌騎"的記載,又見於居延新簡:

史將軍發羌騎百人司馬新君將度後三日到居=延=流民亡者皆已得度今發遣之居延

它未有所聞·何尉在酒泉但須召耳·聞赦詔書未下部·月廿一日守尉刺白掾·甲渠君有恙未來趣之莫府
　　　　　　　　　　　　　　　　　　　　　　　　　　　　　　　　　　　　　　E.P.F22:325B

73EJT37:721與73EJT37:26兩簡綴合復原出"酒泉羌騎千人",等級上要高於居延新簡的"羌騎百人",這

①(南朝宋)范曄:《後漢書》,北京:中華書局,1965年,第2210頁。②周錫銀:《羌族詞典》,成都:巴蜀書社,2004年,第82頁。③(東漢)班固:《漢書》,北京:中華書局,1962年,第260頁。④(東漢)班固:《漢書》,北京:中華書局,1962年,第2977頁。

爲我們探討此時酒泉地區的民族構成、軍事活動等提供了寶貴資料。《漢書·趙充國傳》載,在漢宣帝神爵年間的平羌戰爭中"破羌將軍武賢將兵六千一百人,敦煌太守快將二千人"。①從兵員規模、區域以及伴出簡的紀年看,我們推測簡文中的"酒泉羌騎千人"與宣帝的平羌戰爭可能有一定的關聯。

40. 73EJT37:782+836+1255

相似辭例見於居延漢簡,釋文作:

地節二年六月辛卯朔丁巳肩水候房謂候長光官以姑臧所移卒被兵本籍爲行邊兵丞相史王卿治卒被兵
以校閲亭隧卒被兵皆多冒亂不相應或易處不如本籍今寫所治亭別被兵籍並編移書到光以籍閲具卒兵兵即
不應籍更實定此籍隨即下兵在亭各實弩力石射步數令可知貴事詣官會月廿八日夕須以集爲丞相史王卿治
事課後不如會日者致案毋忽如律令　　　　　　　　　　　　　　　　　　　　　　　　　　　　7.7A
　　印曰張掖肩候
　　六月戊午如意卒安世以來 □□　守令史禹　　　　　　　　　　　　　　　　　　　　　　　7.7B

簡文中的"地節""五鳳"是漢宣帝劉詢年號,"行邊兵"是指循行、視察邊塞軍事裝備。②由此知漢宣帝時"丞相史"仍具有監察職能。

《後漢書·百官志》記載:"秦有監御史,監諸郡,漢興省之,但遣丞相史分刺諸州,無有常官。孝武帝初置刺史十三人,秩六百石。成帝更爲牧,秩二千石。"③據此,學界一般認爲在漢武帝後,刺史替代了丞相史的監察功能,丞相史變爲丞相府吏員。《中國古代職官大辭典》釋"丞相史":"西漢丞相屬官,秩四百石。初佐丞相掌監察地方。武帝元封五年(前106)置部刺史後,專門協助丞相處理府事,無定員。"④但從居延漢簡7.7以及新綴合的73EJT37:782+836+1255簡來看,丞相史的監察職能似並未完全廢止。這從傳世文獻中也能得到印證,《漢書·孫寶傳》載:"寶聞之,遣丞相史按驗,發其姦,劾奏立、尚懷姦罔上,狡猾不道。"⑤意即漢成帝時,丞相史仍有監察職能。由此,筆者認爲,丞相史的監察職能在漢武帝後仍然存在,與刺史並行。

41. 73EJT37:805+535+73EJF3:599

73EJT37:805號簡A面整理者"正破月"的釋讀恐非。從墨跡來看,"破"字較重;從文意來看,"正月"當連讀;從間距來看,有第二列文字。《漢書·趙充國傳》載,在漢宣帝神爵年間的平羌戰爭中"破羌將軍武賢將兵六千一百人,敦煌太守快將二千人"。⑥從簡文時間"神爵三年"、破羌將軍姓名"武"來看,此簡與漢宣帝神爵年間的平羌戰爭有緊密的關聯。

42. 73EJT37:850+35

簡文中的"君司馬"當是"郡司馬",書寫存在簡省。張家山漢簡《二年律令·秩律》所載"郡司馬,騎司馬,中輕車司馬",⑦可爲佐證。

關於"某官行某事",嚴耕望認爲:"大抵漢制,長官有缺,例由佐官中地位最高者代行其事,謂之'行事',簡稱爲'行'。"⑧簡文中的"君司馬莊行丞事",便屬此類。此外,我們懷疑簡文"詔書增"三字後也存在簡省的

---

①(東漢)班固:《漢書》,北京:中華書局,1962年,第2980頁。②中國簡牘集成編委會:《中國簡牘集成》第5冊,蘭州:敦煌文藝出版社,2001年,第19頁。③(南朝宋)范曄:《後漢書》,北京:中華書局,1965年,第3617頁。④張政烺主編:《中國古代職官大辭典》,鄭州:河南人民出版社,1990年,第520頁。⑤(東漢)班固:《漢書》,北京:中華書局,1962年,第3258-3259頁。⑥(東漢)班固:《漢書》,北京:中華書局,1962年,第2980頁。⑦張家山漢墓竹簡整理小組編:《張家山漢墓竹簡[二四七號墓]:釋文修訂本》,北京:文物出版社,2006年,第79頁。⑧嚴耕望:《秦漢地方行政制度》,臺北:"中研院"歷史語言研究所,1990年,第389頁。

情況。傳世文獻中有相似辭例，《東觀漢記·祭肜傳》："詔書增秩一等，賜縑百匹，策書勉勵。"①《漢書·百官表》："郡守，秦官，掌治其郡，秩二千石。有丞，邊郡又有長史，掌兵馬，秩皆六百石。"②意即丞"秩六百石"，郡司馬莊已"行丞事"，似存在增其秩的可能。

43. 73EJT37:918+1517

73EJT37:918號簡整理者所釋"亭"字，恐非，此字圖版作 [高]，當是"高"字，簡文當作"高顯隧"。肩水金關漢簡中有辭例可爲佐證，如：

北書一封張掖右大尉
詣後大尉府三月甲辰起
三月辛亥日蚤食時莫當卒受騂北卒
三月壬子日西中時高顯隧卒同付守林隧卒同
界中百三十里書行十三時中程　　　　　　　　　　　　　　73EJF3:143+211+425
高顯隧卒楊相丿亡　　　　　　　　　　　　　　　　　　　73EJF3:145

簡文中的"亡人赤表函"是表的一種特殊形式，陳邦懷有過考證："此乃搜捕出亡人之函。'赤表'，言函之表面爲赤色。函表作赤色者，要求傳遞奔赴應速也。……違法之人出亡，恐其遠逃隱匿，故用赤表函移它郡縣，以示追捕至急也。"③

44. 73EJT37:877+73EJT21:392

顏世鉉曾綴合73EJT37:1124與73EJT37:877兩簡，④釋文作：

建平元年十月庚申朔戊子廣地候移
肩水金關出入□

並制圖如下：

筆者認爲73EJT37:1124與73EJT37:877綴合仍需商榷。綴合後的"建""平""元""年"等字並不協調。如"平"字，綴合後圖版作 [平]，73EJT37:1124上的部分已經是完整的一個"平"字了，沒必要再補73EJT37:

①（東漢）劉珍等撰，吳樹平校註：《東觀漢記校註》，北京：中華書局，2008年，第379頁。②陳邦懷：《居延漢簡考略》，《歷史教學》1964年第2期。③顏世鉉：《〈肩水金關漢簡（肆）〉綴合第11-12組》，簡帛網，2016-01-19。④（東漢）班固：《漢書》，北京：中華書局，1962年，第742頁。

877左側![]的筆劃,且補出來的筆劃,粗細並不一致,73EJT37:877的較73EJT37:1124粗一些;如"元"字,綴合後補出來的筆劃,粗細也不一致;再如"年"字,綴合後補出來的字顯得很大,比例不協調。據此,筆者認爲73EJT37:1124與73EJT37:877並不能綴合。

45. 73EJT37:1240+1311+1233

73EJT37:1240號簡第一列,整理者所釋"二"字,圖版作![],疑爲"三"字,由此綴合釋文作"三年九月□申朔",可能是哀帝建平三年(前4年)九月戊申朔。73EJT37:1240號簡第二列"他"下一字,圖版作![],整理者未釋,結合字形、文意分析,當是"名"字。

46. 73EJT37:1414+1044+369

73EJT37:1414號簡的出行人是"宜産里王多牛",73EJT6:39號簡有"成漢里男子孫多牛"。核查知,"宜産里"與"成漢里"均屬於張掖郡觻得縣。此類人名的命名方式或與此地的文化有關。劉釗曾列舉古文字中的人名資料,其中有"封多牛",表示富有。①此處亦可從,代表著對富足、美好生活的一種追求。

肩水金關漢簡中的"出入名籍"簡多是"某月某日出/入""某月出/入""某日出/入"的構成模式,而"某年某月某日出/入"的模式相對較少,使簡牘斷代比較困難。此三簡綴合後,"元康三年"顯現出來,則爲我們進行斷代提供了很好的條件。

47. 73EJT37:1418+664+609

黃浩波曾考釋"關嗇夫豐",認爲是"李豐",並進一步認爲:"李豐任職至遲始於建平元年十月,而下限至多可延伸至元壽元年十月之前。"②三簡綴合後,可復原"嗇夫欽",肩水金關漢簡中也較爲常見,如:

元延二年正月癸亥朔壬午肩水關嗇夫欽以小官行
事隧長章輔自言遣收責橐他界中出入盡十二月晦如律令　　　　　　　73EJT23:79A
始建國元年二月癸卯朔庚午肩水候 謂關嗇夫欽吏所葆如牒　　　　　73EJT23:290

而關於"嗇夫欽"的個人信息,我們檢索到73EJT3:73號簡,整理者釋文作:

關嗇夫李欽六月食

由此,我們可復原有關"嗇夫欽"的相關信息,其全名爲"李欽",任職時間上可追溯至元延二年(前11年)、下可查到始建國元年(公元9年)。如果結合李豐的任職時間看,知兩人時間上存在交叉。我們推測李欽有可能存在職務上的波動,並非一直任"關嗇夫"一職。

48. 73EJT37:1425+1347+1142

"冣""聚"相通,段玉裁《説文解字注》:"冣與聚音義皆同……冣之爲言聚……冣一作聚。"③73EJT37:81

---

① 劉釗:《古文字中的人名資料》,《吉林大學社會科學學報》1999年第1期。② 黃浩波:《肩水金關關嗇夫李豐簡考》,簡帛網2016年2月26日,http://www.bsm.org.cn/show_article.php?id=2477。③(清)段玉裁:《説文解字注》,上海:上海古籍出版社,1981年,353頁。

號簡中的"孟冣"和73EJT37：1425+1347+1142號簡中的"孟聚"當爲同一人。結合兩簡，可復原其家庭關係：户主孟冣（孟聚）、妻忿、子孟奉、孫孟武。此外，73EJT37：1425+1347+1142號簡"十二人"用"牛車廿三兩"的記載較令人費解。牛車爲牛拉大車，多用於軍運，通常兵員運輸"以十人爲編組，配備一輛牛車前往"。① 由此，懷疑"十二人"用"牛車廿三兩"的記載可能有誤。

49. 73EJT37：1463+402

兩簡綴合後，能復原出一份出入名籍。此類名籍，李均明將之歸爲"葆出入名籍"，"是被擔保出入關門人員的名單"。② 綴合後新簡的特殊之處在於，這是家庭成員之間的"葆"，③ 爲研究當時的出入關制度以及家庭關係提供了一則材料。

50. 73EJT37：1468+347

"居延令尚"也在居延漢簡中有出現，如下：

鴻嘉五年三月辛卯朔甲寅居延令尚丞　　　　　　　　　　　　　　　　32.6

元延二年七月乙酉居延令尚丞忠移過所縣道河津關遣亭長王豐以詔書買騂馬酒泉

敦煌張掖郡中當舍傳舍從者如律令／守令史翊佐褱　七月丁亥出　　　170.3A

居延令印

七月丁亥出　　　　　　　　　　　　　　　　　　　　　　　　　　170.3B

可知"居延令尚"任職在漢成帝鴻嘉、元延時期。據此，73EJT37：1468A+347以及73EJT37：938號簡的時間，大抵也在此時間範圍内。

51. 73EJT37：1510+313

73EJT37：1510號簡"黨"上一字圖版作　　　　，整理者釋作"長"。簡面雖殘損，然其左側還有筆畫，釋"長"不確。"壬"下一字圖版作　　　　，整理者釋作"申"，恐非，當爲"午"字。肩水金關漢簡中"午"字有相似字形作　　　（73EJT3：55）、　　　（73EJT5：68）。

肩水金關漢簡中有相似辭例可爲佐證，如：

居延司空佐張黨　葆州井里九百同　軺車一乘馬一匹　十月壬午北嗇夫豐出　　73EJT37：1509

居延守令史董並　葆居延始至里男子徐嚴　軺車一乘馬一匹　十月壬午北嗇夫豐出　73EJT37：1588

由此，73EJT37：1510+313、73EJT37：1509、73EJT37：1588三簡均是"十月壬午北嗇夫豐出"，時間相同，無疑有著緊密的關聯。　　　　極有可能是73EJT37：1509號簡中"張黨"的"張"字的殘筆。"黨"下一字，圖版作

---

① 李均明：《漢簡所見車》，《簡牘學研究》第1輯，蘭州：甘肅人民出版社，1997年。② 李均明：《秦漢簡牘文書分類輯解》，北京：文物出版社，2009年，第388頁。③ 馬智全：《肩水金關漢簡中的"葆"探論》，《西北師範大學學報》2013年第1期。

，疑爲"葆"字殘筆。

此外，73EJT37:1045號簡載：

建平元年九月癸丑居延令彊守丞宮移過所縣道河津關遣司空佐張黨以令對會□月……

由此，知"司空佐張黨"的在職時間是建平元年（前6年），該年十月是"庚申朔"，簡文中的"十月壬午"是"十月二十三日"。由於73EJT37:1510+313、73EJT37:1509、73EJT37:1588三簡所載時間相同，我們也可推測73EJT37:1588號簡所載"居延守令史董並"任職時間也在建平元年。

52. 73EJT37:1518+234

簡文中的"異眾"應是人名，肩水金關漢簡中習見，如：

毋羔異眾	73EJT4:201
望遠卒史異眾 有方一	73EJT24:547
元康二年二月庚子朔癸卯西鄉有秩異眾敢言之樂□	73EJT37:876A
……佐異眾	73EJT37:1075

異，姓也。《通志·氏族略四》："異氏，《姓纂》云：今溫州白水蠻有此姓。""異"姓并不常見，《史記人名索引》《漢書人名索引》《二十四史人名索引》等工具書未見收錄。由此，我們推測所列簡文中的"異眾"可能是同一人。

53. 73EJT37:1523+111

肩水金關漢簡中有相同辭例，如下：

昭武都田嗇夫居延長樂里石襃年廿七 馬一匹 九月乙卯	73EJT37:765

對比73EJT37:1523+111與73EJT37:765兩簡字迹，會發現兩簡出自同一人之手，對比如下：

	73EJT37:1523+111	73EJT37:765
昭		
武		
都		
居		

延		
長		
石		

此外,"馬一匹"所書寫的位置,兩簡也都保持一致,如下:

73EJT37:1523+111　　73EJT37:765

綜上,我們懷疑73EJT37:765與73EJT37:1523+111號簡可能是正本與副本的關係。邢義田在論述漢簡的使用時認為:"……日常中央及地方各單位往來行政文書數量必更為驚人。依漢代之制,公文書除起草和送出的正本,各相關單位還要鈔錄副本。其中有些固然定期銷毁……"① 推測73EJT37:1523+111號簡由於是副本才被損壞,直至今日被我們綴合,方復原其內容。

54. 73EJF3:41+77

73EJF3:41號簡A面"居"下一字,圖版作,當是"聑"字,作"攝",73EJF3:43號簡、73EJF3:470號簡、73EJF3:482號簡中的"聑"字作、可作對比。從"閏月"來看,簡文當是"居聑(攝)三年",73EJF3:41號簡"三年正月甲午起閏月"亦可為佐證。73EJF3:77號簡A面整理者所釋"甲"字,恐非,此處圖版作 ,結合曆法以及字形,疑是"庚"字,"居聑(攝)三年閏月庚申"是該月十三日。73EJF3:77號簡A面整理者所釋"卒"字,存在墨跡塗抹,當是寫重後被書手抹去,故釋文中以刪除符體現。

55. 73EJF3:228+617

73EJF3:617號簡整理者所釋"封"字,恐非,此字圖版作 ,當是"尉"字。肩水金關漢簡中"守尉"一詞較為常見,可為佐證,如下:

---

① 邢義田:《漢代簡牘的體積、重量和使用——以"中研院"史語所藏居延漢簡為例》,簡帛網2008年4月5日,http://www.bsm.org.cn/show_article.php?id=815。

元始五年四月己酉肩水守候城守尉臨敢言之始安	73EJT23:786
始建國元年六月壬申朔己未居延居令守丞左尉普移過所津關遣守尉史東郭	
護迎䭾得當舍傳舍從者如律令掾義令史商佐立	73EJF3:118
朔壬申守尉史代敢言之謹遣	
軺車一乘謁移過所縣道金關津（削衣）	73EJC:665

56. 73EJF3:628+311

73EJF3:311號簡的"顯高"，疑是"高顯"，書手存在筆誤。肩水金關漢簡中有辭例可爲佐證，如下：

三月壬子日西中時高顯隧卒同付守林隧卒同	73EJF3:143+211+425
高顯隧卒楊相丿 亡	73EJF3:145
戌平旦入高顯	73EJD:267A

57. 73EJD:247+199

73EJD:199號簡整理者所釋"封"字，恐非，此字圖版作 ，當是"印"字。"印章曰"漢簡中常見，有辭例可爲佐證，如下：

☑丞一人秩☑百石如☑今更爲毋都王丞印章曰毋都家丞故印	EPT52:118
☑印章曰犧和農楊丞	EPT59:497
二千石橋咳見爲刻印章曰　廣德内史章小府	
千石橋咳見爲刻印章曰　　☐☐内丞書佐十人☐	
☐各百石其一人護工	113·18

傳世文獻中亦有相似辭例可爲佐證，《漢書·王莽傳》載："臣請御史刻宰衡印章曰'宰衡太傅大司馬印'。"[1]

---

① (東漢)班固：《漢書》，北京：中華書局，1962年，第4068頁。

第四章

他綴釋文

第四章 他綴釋文

　　爲方便使用,本章主要收錄其他學者的綴合成果釋文。由於這些成果大多都已有綴合圖公布,故不再提供綴合的圖版,僅列出釋文供參考或引用。按照中西書局出版的《肩水金關漢簡(壹)》《肩水金關漢簡(貳)》《肩水金關漢簡(叁)》《肩水金關漢簡(肆)》《肩水金關漢簡(伍)》爲序,分爲五節進行排列,有部分改釋,讀者可據書後"《肩水金關漢簡》綴合表"查看出處。

第一節　《肩水金關漢簡(壹)》他綴釋文

1. 司馬從者二人馬一匹案勒鞭各一劍大刀各一弓槧九矢　　　　　　　　　　　　73EJT1:25+284
2. 司馬 馬一匹案勒鞭各一劍大刀各一槧九☐　　　　　　　　　　　　　　　　73EJT1:116+24
3. 田卒趙國柏人南蒲里蘇瑒☐　　　　　　　　　　　　　　　　　　　　　　　73EJT1:136+163
4. 丁巳夜定昏時火從西方來☐☐　　　　　　　　　　　　　　　　　　　　　　73EJT1:172+127
5. ☐☐☐重光里奴☐　　　　　　　　　　　　　　　　　　　　　　　　　　　73EJT1:243+273
6. 敢言之七月戊寅☐☐☐☐☐☐　　　　　　　　　　　　　　　　　　　　　　73EJT1:246+316
7. ☐先登隧長成綰☐　　　　　　　　　　　　　　　　　　　　　　　　　　　73EJT2:92+88
8. 守屬胡長　軺車一乘
    用馬一匹駠駁齒七歲高五尺八寸
    用馬一匹騮牡齒五歲高六尺　　　　　　　　　　　　　　　　　　　　　　　73EJT3:31+20
9. 肩水戍卒梁國睢陽同廷里任輔　自言賈賣白布復袍一領直七百五十故要虜……縣遮里衛覓所論在觻得　73EJT3:104+105
10. ☐☐中☐酒泉會水以……☐受肩水蓬火節有驚　　　　　　　　　　　　　　　73EJT4:84+69
11. ☐☐亭長孫千秋年卅八長七尺五寸黑色　軺車一乘馬一匹弩一矢五十　逐命長安舍郡邸　吏
　　　　　　　　　　　　　　　　　　　　　　　　　　　　　　　　　　　　　73EJT4:111+18
12. ☐☐者事中卿毋狀可☐
    ☐☐過失乎願聞之☐
    ……(削衣)　　　　　　　　　　　　　　　　　　　　　　　　　　　　　73EJT4:121+119
13. ☐辛卯戶曹守令史告☐敢言之今☐
    ☐☐☐☐謹……(削衣)　　　　　　　　　　　　　　　　　　　　　　　　73EJT4:197+136
14. ☐☐月己丑昭武長譚移肩水金關居延縣索關寫移毋苛留如☐　　　　　　　　　73EJT6:45A+79A
    屬尊　　　　　　　　　　　　　　　　　　　　　　　　　　　　　　　　　73EJT6:45B+79B
15. 居庫　掾戎守令史壽　　　　　　　　　　　　　　　　　　　　　　　　　　73EJT6:71A+72A
    ……縣索……山西鄉陵里
    ……名籍如牒……出入如律令　　　　　　　　　　　　　　　　　　　　　　73EJT6:71B+72B
16. ☐君都取循直卅☐　　　　　　　　　　　　　　　　　　　　　　　　　　　73EJT6:73A+109A
    ☐禁姦卒取十斤少☐☐

☐☐部候史五十斤直☐

☐候長十斤☐　　　　　　　　　　　　　　　　　　　　　73EJT6:73B+109B

17. ·肩水候官言請至藍盛時過滿弩櫱繩齋采邑　　　　　　73EJT6:110A+62A

　　肩水候官言請至藍盛時過滿弩櫱繩齋采邑　　　　　　73EJT6:110B+62B

18. 刺史度月十七日到大守府叩頭死＝罪＝敢言之　　　　73EJT6:140+95

19. ☐☐種三斗☐☐☐

　　出錢百卅八糴麥二石☐

　　出錢百卅見☐☐（削衣）　　　　　　　　　　　　　73EJT6:181+182

20. ……

　　收沓恩澤甚深厚成殺身昁命毋已復德叩＝頭＝因言前可取一石參未

　　……　　　　　　　　　　　　　　　　　　　　　　73EJT7:13A+100A

　　……塞吏……/視起居毋恙

　　叩＝頭＝再拜白唯遣使……　　　　　　　　　　　　73EJT7:13B+100B

21. ☐卒黃宗丿AI　☐卒任如丿AII　隊卒樊抵丿AIII

　　通望隊卒呂庇丿BI　破適隊卒董輔丿BII　右橐佗五人BIII

　　受延隊卒周畢丿CI

　　累下隊卒桓調丿CII

　　滅虜隊卒張湯丿CIII

　　累隊周竟丿CIV

　　萬年隊卒周章DI

　　右五人廣地DII　　　　　　　　　　　　　　　　　73EJT7:24A+72EJC:155A

　　守令史宣　　　　　　　　　　　　　　　　　　　　73EJT7:24B+72EJC:155B

22. 戍卒趙國邯鄲臺郵里公乘侯賜年卅七　府　　　　　　73EJT7:38+10

23. ☐☐里上造唐解年五十　庸同縣射里上☐　　　　　　73EJT7:87+54

24. 橐他官以亭行　　　　　　　　　　　　　　　　　　73EJT7:147+73EJF3:66+381

25. ☐里蘇兵年☐七歲長七☐　　　　　　　　　　　　　73EJT8:14+20

26. 河南郡平陰鄉佐市陰里公乘……紺年廿五歲黑色　子小男益☐☐　73EJT8:32+71

27. 永光四年六月己酉朔……尉安移金關罷戍卒當

　　入關如牒書到如律令　　　　　　　　　　　　　　　73EJT8:36A+55A

　　金關☐陰☐　　　　　　　　　　　　　　　　　　　73EJT8:36B+55B

28. ……

　　橐他候官名縣爵里各☐　　　　　　　　　　　　　　73EJT8:74+113

29. ☐☐年卅　乘方相一乘騩牡馬一匹齒十歲高六尺　字丑長　73EJT8:76+65

30. ☐壽伏地再拜伏伏伏地　　　　　　　　　　　　　　73EJT9:202A+183A

……

　　……守……　　　　　　　　　　　　　　　　　　　　　　　　　　　73EJT9∶202B+183B

31. ☑敢告尉史☑

　　☑縣邑毋苛☑

　　☑年爵如書☑

　　☑如律令/掾定☑　　　　　　　　　　　　　　　　　　　　　　　　73EJT9∶223+154

32. 肩水金關　　　　　　　　　　　　　　　　　　　　　　　　　　　73EJT9∶252A+290B

　　禁令再……　　　　　　　　　　　　　　　　　　　　　　　　　　73EJT9∶252B+290A

33. 京兆尹長安長彦里公乘蔡福年卅……　　　　　　　　　　　　　　　73EJT9∶258+358

34. ☑爲輔請侯予平君使欲以諸……報叩頭重幸=甚=　　　　　　　　　 73EJT9∶268A+264B

　　☑不願召對……不使未轉☑☑有罪輔不☑……爲部治馬官縣有疾不願望見早想召部中

　　☑☑☑願詣輔得毋有失過而不自省願聞其説……幸=甚=部中予何以教使☑即有　　　73EJT9∶268B+264A

35. 界如出界定國☑以毋人律告不得如出　　　　　　　　　　　　　　73EJT9∶310+51

36. 甘露三年三月甲申朔☑

　　……　　　　　　　　　　　　　　　　　　　　　　　　　　　　　73EJT9∶384+170

37. 出粟小石三石　以食御一人一月食　　　　　　　　　　　　　　　73EJT10∶167+93

38. 出粟小石八石　以食廷史石卿張掖卒史☑所乘張掖傳馬四匹十月壬子南北五日積廿匹=四斗　　73EJT10∶168+106

39. 出粟小石二石　以食護府卒史丁卿傳馬二匹往來五日積十匹　　　　73EJT10∶175+160

40. 入穀小石六百一十一石六斗　其四百九石六斗粟　二百二石參　受紀子杜　　73EJT10∶277+174

41. ……

　　☑來復傳出過所關門亭毋苛止如律☑　　　　　　　　　　　　　　73EJT10∶339+480

42. 出粟小石廿……石　以食傳馬四匹一月☑　　　　　　　　　　　　73EJT10∶342+471

43. ……宵里陳罷軍年廿二　　　　　　　　　　　　　　　　　　　　　73EJT10∶365+283

44. 買茭廿

　　買茭卅束

　　買茭卅束居

　　買茭十二（削衣）　　　　　　　　　　　　　　　　　　　　　　　73EJT10∶418+415

45. ☑☑☑宣爲☑☑☑☑☑　　　　　　　　　　　　　　　　　　　　　73EJT10∶481+507

第二節　《肩水金關漢簡（貳）》他綴釋文

1. 初元三年三月乙卯朔甲申倉嗇夫明以官行尉事敢言之遣竹亭長楊渠爲郡迎三年罷戍田卒張掖……　　73EJT11∶31A+10A+3A

　　傳封緱氏丞印五月廿五日入　　　　　　　　　　　　　　　　　　73EJT11∶31B+10B+3B

2. ☑伏地再拜請

　　稚君足下今稚君從充取車賈錢三千已入車藥　　　　　　　　　　　　　　73EJT21:57B+33A

　　迫

　　王卿　　　　　　　　　　　　　　　　　　　　　　　　　　　　　　　73EJT21:33B+57A

3. 地節五年正月丙子朔戊寅肩水候房以私印

　　行事謂士吏平候行塞書到平行

　　候事真官到若有代罷如律令　　　　　　　　　　　　　　　　　　　　　73EJT21:42A+38A

　　／令史拓尉史義

　　印曰候房印

　　正月戊寅郵卒福以來　　　　　　　　　　　　　　　　　　　　　　　　73EJT21:42B+38B

4. 張掖肩水候官塞有秩候長公乘殷禹　元康三年秋以令射發矢十二中☑　　　　73EJT21:62+78

5. 元康三年四月辛卯候長長生移吏卒驛馬小史廩致

　　……　　　　　　　　　　　　　　　　　　　　　　　　　　　　　　　73EJT21:138A+278A

　　候史輔　　　　　　　　　　　　　　　　　　　　　　　　　　　　　　73EJT21:138B+278B

6. 入居延轉車一兩粟大石二十五石　始建國二年十月丁未肩水掌官士吏惲受☑　73EJT21:145+73EJF3:463

7. ……

　　新治利之東……一厨渠東☑

　　☑斧就車欲☑爲欲邊☑頭……數者☑☑

　　持索之東☑☑☑目絕　　　　　　　　　　　　　　　　　　　　　　　　73EJT21:199A+198A

　　薄酒五錢濃酒十錢願錢宵濃耳☑

　　買☑五千☑繩買車萬錢何也善☑☑所知也☑

　　……　　　　　　　　　　　　　　　　　　　　　　　　　　　　　　　73EJT21:199B+198B

8. 三月己亥張掖長史兼行太守事肩水倉長武彊兼行丞事敢告居延　　　　　　　73EJT21:429+322

9. 論曰吾其子謀……吳子曰未可今☑☑　　　　　　　　　　　　　　　　　　73EJT21:454+455

10. ☑☑　易一具轅一具☑☑　　　　　　　　　　　　　　　　　　　　　　　73EJT21:464+458

11. 出麥一石九斗三升少　以食要虜隧卒王德☑　　　　　　　　　　　　　　　73EJT22:7+10

12. ☑久臥官不展轉爲巧詐不亡調書不主廩不乏興　　　　　　　　　　　　　　73EJT22:65+87

13. 元康二年正月辛未朔癸巳丞相相告中二千石二千石郡大守諸侯相上吏郎元康三年☑

　　☑☑少其實年爵不相應當賜奪勞者或不賜奪☑　　　　　　　　　　　　　　73EJT23:3+619

14. ☑謂何請人未央也最可財乎且之一誤耳不乏財人也即☑　　　　　　　　　　73EJT23:19A+40B

　　☑因言壬子表火子卿持記予左前令絕☑今畢下不相應☑　　　　　　　　　　73EJT23:19B+40A

15. ☑記白任威卿願幸爲☑☑　　　　　　　　　　　　　　　　　　　　　　　73EJT23:76A+139A

　　☑惠卿以☑書爲☑☑☑　　　　　　　　　　　　　　　　　　　　　　　　73EJT23:76B+139B

16. 十八日卒十七人 除作長一人 養二人病二人積三人 凡解除八人□☑　　73EJT23:96+132

17. 廿四日 一封轢得長印行太守事詣居延都尉五月壬子起一封昆＝

　　蹛令印詣肩水五月辛亥起一封氐池長印詣廣地……

　　私印詣橐佗官一封昭武長印詣橐佗官一封屋闌長印詣＝

　　肩水官五封轢得丞印三封……

　　北書十一封　居延五月丙寅日□□……　　73EJT23:131+862

18. ……

　　牛長倩記謁登山隧長張稚孺所　　73EJT23:177A+171A

　　慶再拜言・即可旦日蚤來可見□□記□□□□□　　73EJT23:177B+171B

19. 丙辰　丙戌　己卯　己酉　甲寅　甲申　癸丑　癸未　壬子　壬午　　73EJT23:269+803

20. ☑爲家私使之居延願以令取傳・謹案就

　　☑金關居延縣索……

　　……如律令敢言之

　　正月戊午氐池長　守丞宏寫移如律令/掾況守令史習　　73EJT23:288+345

21. 八日 丁酉 丁卯 春分 丙申 丙寅 乙未 乙丑 甲午 甲子 癸巳 癸亥 建 壬辰 壬□　　73EJT23:315+702

22. 祿福始昌里江道人　牛車一□　　73EJT23:379+387

23. 都倉責安不得一錢也贛不可毋予子都錢不至復使安往也謹因　　73EJT23:404A+265A

　　□□□□□到今□爲□責□□□□□

　　安幸甚幸甚節贛奉未出安請案□□□君言贛負□錢也節□□□　　73EJT23:404B+265B

24. ☑三年八月戊午朔丙戌東鄉有秩襃敢言之中宿里男子王長自言從府史樊戎

　　☑□戎俱謹案長爵庶更年十衾毋官獄徵事當得以令取傳謁移過　　73EJT23:432+260+431

25. 望城隧卒咸頭　貰賣布一匹賈錢二百五十貸錢百冊凡直三百九十故水門＝隧長尹野所　　73EJT23:488+963

26. ☑張掖居延城司馬四封詣張掖太守府一封詣肩水都尉府一封詣□□□□……從御史周卿治所一封詣熒陽罷戍田□謂丞相史治所・七封居延令

　　印二封詣轢得一封詣酒泉濼涫縣一封詣館陶

　　一封詣肩水候官一封詣日勒一封詣魏郡館陶閏月戊午卒宗受莫當日蚤食行　　73EJT23:496+1059+506

27. ☑以稟安竟隧卒徐充光三月食　　73EJT23:500+511

28. ☑□谷隧長屋闌福至里薛某　　73EJT23:531+509

29. 廣漢隧戍卒趙國邯鄲平阿里公乘吳傳孺

　　三石具弩一絲偉同幾郭軸辟完

　　弩楯一完

　　稾矢銅鍭五十其卅二完十八序

　　蘭＝冠各一負索完　　73EJT23:532+768

30. 入　水官徵宮日數遷羽日安商角日可徵日兇・冬以時到官視事未到□☑　　73EJT23:563+643

31. 十九日　丙申……丁未　丁丑　丙午　丙子　乙巳　乙亥　甲辰　甲戌　癸卯　癸酉　　73EJT23:593+837+835+860

32. ☐☐莊遂 與卒子光雜 貰賣皂☐　　　　　　　　　　　　　　　　　　　　　　
　　……　　　　　　　　　　　　　　　　　　　　　　　　　　　　73EJT23:614+687
33. 北書一封張掖太守章　廿日　詣居延都尉八月乙未起☐　　　　　　　73EJT23:634+173
34. ☐詣肩水府　八月丙午卒護受莫當卒光食日八分時受卒
　　……卒音　　　　　　　　　　　　　　　　　　　　　　　　　　73EJT23:642+35
35. 廿三日　壬子　壬午　辛亥　辛巳　庚戌　庚辰　己酉　己卯☐　　73EJT23:691+802
36. ☐鳳兼行丞事☐
　　☐張掖郡中當舍☐
　　☐守令史詡☐　　　　　　　　　　　　　　　　　　　　　　　　73EJT23:743+744
37. 廿五日　甲寅　甲申　癸丑　立夏　癸未　壬子　壬午　庚寅　庚辰　己酉　己卯　　73EJT23:801+760
38. 子涇業君家室諱子毋恙聞起得毋有它數以田宅泉累子涇業君毋它叩頭
　　願昆弟家室皆得毋有它常客爲吏道遠不數相聞毋恙叩頭叩頭常日日欲遣
　　素親田又未得奉錢毋以自遣因至今願子涇爲出田使人持之即毋持甚
　　幸爲耕之舍東麥地盡以種禾舍東禾地以種穈黍粱西内中種皆迫
　　臨川舍前塊以西盡種南内中小泥中有小半毋種願子涇用收萬石種破用
　　種萬石以渠前種小半詡願子涇及時取茭槀貿耕餘盡賣之願子涇即　　73EJT23:917A+919A
　　耐自耕耕之
　　再當叩頭叩頭白
　　所請祭酒卿内人素毋以田之功幸得怨免通牒補空乏之處
　　鋪☐益數皆☐者☐☐祭酒卿内人厚恩毋它使謹因使願奉☐
　　如會敲身自犇馳☐敲城迫不及敲具斗酒相見而城願高☐　　　　　73EJT23:917B+919B
39. ☐賣絑一兩直錢廿三革帶二枚直六十・凡直八十三故水門隧長屋闌富昌里尹☐　　73EJT23:964+516
40. ……受表十二通
　　日東中時表六通　日西中時表四通　日下鋪時表二通　候卒初△　　73EJT23:1065+931
41. 關齒夫欽　　　　　　　　　　　　　　　　　　　　　　　　　　73EJT24:56+529
42. 大僕未央廄　地節三年獄計張掖居延農都尉隴西郡西始昌里知章坐田有爲不省四月
　　　　癸卯　……　論罰章金四兩　　　　　　　　　　　　73EJT24:101+116+73EJT30:150
43. ☐☐二石四斗付給誠北萃犖以食士四人十二☐☐　　　　　　　　　73EJT24:187+173
44. ☐多問☐　　　　　　　　　　　　　　　　　　　　　　　　　　73EJT24:210A+199A
　　知也慎事☐☐☐自告☐也☐　　　　　　　　　　　　　　　　　73EJT24:210B+199B
45. 出麥三石以食亭吏卒五人十二月辛丑盡庚☐　　　　　　　　　　　73EJT24:220+502
46. 所寄張千人舍器物記　胡狗一
　　小米庇一并取其蓋

```
      大斤一　大庙一　……
      告從史孫長卿必之廣地行此書案如署凡二封
      長卿必責李長君錢及長卿所賣閒二羊錢長卿
      所持封五安左以候屬長卿急責所受文君㞋主
      錢長卿必得☒☒封書☒長卿☒自北之橐他                         73EJT24:247A+268B
      葦延席一　六尺席一　弓一　☒一　☒五　䇮二
      白革騎勒一
      大㤅閼八居米庙中
      復參靳宣帶各一居米庙中
      幣舍橐盛家室幣寫
      短延席一
      榆莢二斗橄一                                              73EJT24:247B+268A
47. 地節三年正月戊午朔己卯將兵護民田官居延都尉章右尉可置行丞事謂過所縣道河津關遣從史畢歸取衣用
    隴西郡小婢利主從者刑合之趙奇俱乘所占用四匹當舍傳舍如律令/掾定屬延壽給事佐充宗           73EJT24:269A+264A
      章曰居延都尉章
      五月乙亥卒史孫畢以來                                        73EJT24:264B+269B
48. ……自言爲家私使居延謹案户籍臧鄉者隆
      ☒縣索關出入毋苛留敢言之                                    73EJT24:382A+402A
      ☒六月己未以來至今不                                        73EJT24:382B+402B
49. 千秋敢言之步利里女子王嬰自言夫輔爲居延都尉庫令願以令取傳謹          73EJT24:450+464
50. ……頭死罪敢言之                                              73EJT24:486A+577A
      ☒坐☒                                                     73EJT24:486B+577B
```

第三節　《肩水金關漢簡(叁)》他綴釋文

```
1. ☒月丙戌朔戊戌東鄉佐赦敢告尉史溫城陬里張調自言取傳以令☒☒
   ☒☒事當爲傳移過所縣邑侯國以律令從事☒☒☒                       73EJT24:570+571
2. ☒☒天覆地載永=無極天下幸=甚=臣豐奴☒                          73EJT24:599+597
3. 正月十二日
   南書一封居延都尉詣肩水都尉府正月癸未起　正月己丑東中時良受莫當卒
   良八分時付沙頭卒益有良行                                       73EJT24:634A+627A
   又一封橐他候印詣府                                             73EJT24:634B+627B
4. 元始四年八月己亥朔甲寅殄北……
```

☐移過……酒泉張掖武威郡……　　　　　　　　　　　　　　73EJT24:646+648+650
5. ☐破胡隧☐　　　　　　　　　　　　　　　　　　　　　　　　73EJT24:687+703
6. 戍卒梁國睢陽賞陽里不更陳外人年卅五☐　　　　　　　　　　　73EJT24:750+919
7. ☐起而福吉常……存以財爲草以身爲葆可以
　　主葛蓬愛費☐　　　　　　　　　　　　　　　　　　　　　　73EJT24:800+842-843
8. 牒書獄房(所)運一牒☐
　　地節三年三月丁巳朔丙☐　　　　　　　　　　　　　　　　　73EJT24:828+810
9. 地節三年二月戊子朔庚子東鄉有秩受王佐赦敢告尉史溫城酺里大夫張恢自言䋜父騎將爲居延司馬取傳與葆
　　平都里解延壽郭里葛赦往遺衣用乘家所占畜馬二匹案毋官獄徵事當爲傳謁移過所縣邑
　　侯國以律令從事敢告尉史／有秩受王　　　　　　　　　　　　73EJT24:872A+249A
　　章曰溫之丞印　　　　　　　　　　　　　　　　　　　　　　73EJT24:872B+249B
10. 淮陽長平故陳里陳當時　　　　　　　　　　　　　　　　　　73EJT24:956+761
11. 居延甲渠塞尉從史居延萬歲里張常富年廿一　長七尺五寸黑色　73EJT25:43+191
12. ☐☐傳謁移肩水金關籍出
　　……　　　　　　　　　　　　　　　　　　　　　　　　　　73EJT25:108+211
13. 雒陽利長里大夫韓贛年廿八歲長七☐　　　　　　　　　　　　73EJT25:159+116
14. 河南故市……蘇☐年廿九長七……　　　　　　　　　　　　　73EJT25:244+243
15. 本始六年正月甲子朔己丑南鄉佐歲敢告尉史南里陳叔自言……傳爲家私市張掖居延謹案毋官獄
　　徵事當爲傳謁言移過所縣邑毋何留敢告尉史……　　　　　　73EJT26:42+25
16. ☐辛代塗入作今遣塗人☐　　　　　　　　　　　　　　　　　73EJT26:127+117
17. 伏地再拜請……
　　長孫中君足下善毋恙☐☐☐☐伏地願長孫中君爲左右進☐　　　73EJT26:190+198+163
18. 戊子綏取薪八束縣候　綏迹　　　　　　　　　　　　　　　　73EJT26:227A+194A
　　☐廿六　　　　　　　　　　　　　　　　　　　　　　　　　73EJT26:227B+194B
19. 馬一匹騩牝齒四歲高五尺八寸　　　　　　　　　　　　　　　73EJT26:249+255
20. ☐本始三年六月丁酉除　　　　　　　　　　　　　　　　　　73EJT26:259+155
21. 地節四年十一月辛丑肩水北部候長☐☐敢言之　　　　　　　　73EJT26:268+264+266
22. 年八月中犢二☐☐☐☐犢一　凡值錢六百五十
　　十二月中買牛一黑字齒二趙秋取直錢千二百　又婦以五月作盡十一月廿二日
　　年十一月中比牛……趙秋見之水中　直錢三千
　　年四月中比牛一黑……☐時☐見趙秋朱子隻見之水中死　　　　73EJT27:58B+15A+16A
　　二月中狼食小犢一黃字……當負　凡並直萬二千六百五十
　　六月中狼食小黃字……趙秋見之當負　彊所取直千九百卅
　　年正月中黑字牛一齒二溺死黨負　又承登六☐直四百廿　　　　73EJT27:58A+15B+16B

第四章 他綴釋文

23. 橐佗野馬隧長鳴葆氏池益城里上☒　　　　　73EJT28:116+118

24. 日勒充實里大夫紀充☐☒　　　　　73EJT29:20+76

25. 酒泉祿福中里上造李順年廿二長七☒　　　　　73EJT29:22+21

26. 元康二年八月丁卯朔甲申昭武左尉爲郡將漕敢言謹寫罷卒名籍移敢言之　　　　　73EJT30:21A+87A
　　佐安昌亭長齊　　　　　73EJT30:21B+87B

27. 鞠五斗直冊五
　　負錢冊　　凡所負子惠錢五百一十五　　　　　73EJT30:24A+122A
　　酒米三石直五百一十　雒二隻其一隻以當履錢
　　麥一石粟二石直三百　凡子惠負千廿錢
　　……　　　　　73EJT30:24B+122B

28. 督蓬隧史遂再拜
　　侍　　　　　73EJT30:86+112

29. 請
　　子公足下　蔡子卿　　　　　73EJT30:129A+107A
　　奏　　　　　73EJT30:129B+107B

30. 戍卒淮陽郡苦平川里大夫蔡外年卅四　　　　　73EJT30:140+241

31. 若是而子文自寬君當從南方來願子文　　　　　73EJT30:148A+172A
　　☐☐伏地再拜☐☐☐☐☐☐……
　　子文孝君馬足下善毋恙甚苦……伏地再拜　　　　　73EJT30:148B+172B

32. ☐☐☐☐☐☐☐☐
　　坐與游徼彭祖捕縛盧水男子因籍田都當故屬國千人辛君大奴宜馬☒
　　……　　　　　73EJT30:170+144

33. ☒其一封居延都尉章詣張掖太守府
　　☒一封居延千人詣梁國☐☐☐　　　　　73EJT30:216+220

34. 元康四年六月丁巳朔辛酉都鄉有秩賢佐安漢敢告尉史宛☐☒
　　自言爲家私使張掖界中案毋官獄徵事當爲傳☐☐☐☐☐☐
　　尉史衆敢言之謹寫移音渠年爵如書敢言之☒
　　六月丁巳宛守丞魯陽右尉光謹移過所縣邑侯國☒　　　　　73EJT31:20A+34A
　　印曰魯陽右尉印
　　二月丙辰盛音以來　　　　　73EJT31:34B+20B

35. 觻得武安里公乘宋文年卅二歲黑色長☒　　　　　73EJT31:85+90

36. 建昭五年六月甲辰朔丙寅守令史章敢言之丞昌爲郡市長安今遣從史張武齎衣用蓬迎昌乘所　　　　　73EJT32:6+24

37. 出糜二石　以食當井隧長周勝五月食　　　　　73EJT32:57+49

405

38. ☐☐吏卒責主名詣官會☐   73EJT32:61+64

第四節 《肩水金關漢簡(肆)》他綴釋文

1. ☐甲候印一詣觻得一詣靡谷候官四月癸卯☐
    ☐延井候印旦鹿候官 辛朋夜食時☐☐
    ☐闕   73EJT33:13+4
2. 始建國元年八月庚子朔甲辰居延守令城騎千人 丞良移卅井縣索肩水金關遣亭長程望
    ……令史就   73EJT35:8A+9A
                            73EJT35:8B+9B
3. 肩水候官令史彭 十一月甲辰☐☐   73EJT37:2+572
4. 白錢卿今旦亭西賈車去未俱數   73EJT37:24A+648A
    囊絮累奈何平   73EJT37:24B+648B
5. 居延令史薛宣 葆居延當遂里男子張武 十月壬午北嗇夫豐出 軺車一乘馬一匹   73EJT37:32+311
6. 揟次安昌里簪褭王租年十八 三月辛巳北出   73EJT37:51+203
7. 四月戊戌會水丞並移肩水金關居延縣索關寫移如律令/掾嘉守令史放   73EJT37:67+121
8. 橐他守尉延陵循 葆從者居延西道里賈良年十四 三月戊辰南嗇夫豐入   73EJT37:135+133
9. 建平二年十一月甲申己酉守令史長敢言之自言平明里男子孫仁自言弟放爲都尉守屬縣之
    ☐☐☐☐願以令取傳與☐俱謹案臧官者仁爵大夫年廿五毋官獄徵事當   73EJT37:160A+642A
    居延丞印 丿善恙   73EJT37:160B+642B
10. 元康三年廣地吏 家符不用☐   73EJT37:666+879
11. 居延司馬所迫校未及坐前叩頭謹使吏奉謁   73EJT37:183+188+1564
12. ☐摯金凡八枚輸居延庫以   73EJT37:199+205
13. 南書三封張肩塞尉 二封詣☐☐   73EJT37:244A+255A
    ……   73EJT37:244B+255B
14. ☐所葆收責橐他界中名縣爵   73EJT37:261+239
15. 廿五日庚戌食張君所因宿 出十五芰十束 廿五日己卯發宿貧民渠口   73EJT37:263+100
16. 元延元年六月丙申朔☐
    收責橐他名縣爵里年☐   73EJT37:273+410
17. ☐上年五歲長四尺五寸青色☐   73EJT37:340+385
18. 廿六日辛亥食張君游行宿洰上
    廿六日庚辰發宿貧民落
    出四買餎
    眾人共貸其餘   73EJT37:356+150

19. 觻得步利里孔德年六十二　長七尺二寸黑色　車一兩牛二頭　七月乙亥入　　丿　　　73EJT37:357+58

20. 觻得敬老里公乘章襃年卅五　　牛一頭車一兩□

　　元延二年五月辛酉……　　　　73EJT37:389+1137

21. □大車一兩牛一十一月入　　　　73EJT37:424+1419

22. □□年秋八月旦更封敢言之八月辛卯茂陵令守左尉循行丞事移居延□　　73EJT37:425+897

23. □□□等曰脩成里男子章平自言欲取傳爲家私使至□□　　73EJT37:426+173

24. 齊郡鉅定廣里不更宿延年=卅九長七尺三寸黑色　步　丿　　73EJT37:470+1157

25. 綏和二年四月己亥□□□□年　　73EJT37:495+823

26. □居延延延都尉□□　　　　73EJT37:515A+516A

　　□□□叩頭死罪=九月丙午□　　73EJT37:515B+516B

27. 居延完城旦徒大男吳德　丿□　　73EJT37:553+348

28. 建平三年四月辛巳朔丁未肩水驛北守亭長誼以私印行候事

　　□□□□□□□□縣爵里年姓各如牒書到入如律令　　73EJT37:591+795

29. 廣利隧長成倉　詣府取急□　　73EJT37:603+595

30. 禁姦隧戍卒觻得悉意里公乘王鳳年五十行書橐他界中　盡五年二月止　　73EJT37:628+658

31. 鴻嘉四年十二月癸亥朔庚午居延丞順移過所遣守令史郭陽送證觻得獄當舍

　　傳舍從者如律令　守令史宗佐放　　73EJT37:645+1377

32. 五鳳四年六月戊申

　　橐他故駮亭長符

　　亭長閻得葆昭武破胡里公乘王延年=廿八歲長七尺五寸

　　葆觻得承明里大夫王賢年十五歲長七尺　皆黑色

　　葆昭武破胡里大女秋年十八歲　入出止　　73EJT37:656+1376

33. 水北隧卒兒橫　三　一　四石　四石　四石　　73EJT37:673+677

34. 居延左部守游徼肩水里士伍張武年五十六　十一月庚子候史丹入　軺車一乘

　　用馬一匹騮牝齒七歲高三尺八寸　　73EJT37:701+36

35. 建平元年十月乙酉張掖居延都尉雲丞歆謂居延卅井鄣候遣屬王宣案驗

　　事當舍傳舍從者如律令　兼掾賞屬蒲書佐政　　73EJT37:706+33

36. 十一月丙午北鄉嗇夫黃邑丞鄧移過所

　　……謹案賢並毋官獄徵事當爲傳謁移廷敢言之　　73EJT37:723A+1420A+1302A

　　外黃邑丞印　　73EJT37:723B+1420B+1302B

37. 河東北屈　陰鄉嗇夫梁博　軺車一乘馬一匹騮牝齒十六高六尺　黑犗牛一頭　　73EJT37:852+712

38. ……

　　九月癸亥陽翟邑守丞蓋邑寫移過所如律令/掾長守命史歆　　73EJT37:854+1196

39. 滎陽春里公士張䤈年十五　方相車一乘騮牝馬一匹齒十四歲　十一月壬辰兼騂北亭長並出　　73EJT37:856+927

40. 黑色自言為家私市張掖正一占案毋官□事當□☑

　　毋何留

　　……　　　　　　　　　　　　　　　　　　　　　　73EJT37：880A+884A

　　……之印　　　　　　　　　　　　　　　　　　　　73EJT37：880B+884B

41. 安居延願以令居傳謹案戶籍臧鄉者富里有呂晏年廿爵公士呂

　　毋官獄徵事當得取傳謁移過所河津關肩水金關出入

　　……博守丞戎移金關居延縣索關　　　　　　　　　　73EJT37：968A+1310A

　　角得長印　　嗇夫欽白　　　　　　　　　　　　　　73EJT37：968B+1310B

42. □□　　□□肩水金關卅井關　　令　　　　　　　　73EJT37：1035+1411

43. 關嗇夫常　　　　　　　　　　　　　　　　　　　　73EJT37：1048+413

44. 關嗇夫居延金城里公乘李豐卅八

　　妻大女君信年卅五 子大女建年十五 子小女倩年□☑

　　●送迎收責 橐他界☑　　　　　　　　　　　　　　73EJT37：1105+1315

45. 觻得當富里萬去疾 車牛一兩☑　　　　　　　　　　　73EJT37：1125+1338

46. 建平元年七月辛卯朔丙辰鸇陰長☑

　　‥‥‥‥‥‥‥□□當舍傳☑　　　　　　　　　　　73EJT37：1229+1239

47. ☑建平元年正月甲午朔壬寅南部候長敢□☑　　　　　　73EJT37：1256+1368

48. ☑年二歲　正月癸酉北出 伏匿車一乘

　　☑五　馬一匹騂牝齒六歲高五尺八寸

　　馬一匹䮲牝齒十五歲高六尺

　　大婢益息長七尺　葆……　　　　　　　　　　　　　73EJT37：1313+1405

49. 觻得萬年里姚宮年卅字子胥 已出 葆作者步利里李就年卅 字子威 已出　　73EJT37：1324+1192

50. 上黨郡神爵五年戍卒名籍　　　　　　　　　　　　　73EJT37：1448A+1197A

　　上黨郡神爵五年戍卒名籍　　　　　　　　　　　　　73EJT37：1448B+1197B

51. 元延四年九月戊寅朔丁酉都鄉有秩訢敢言之東脩禮里田忠自言田觻得介在亭西二舍北□□□

　　更至五年八月更封敢言之

　　九月丁酉茂陵令閣丞護移觻得如律令 /掾竟令史豐　　73EJT37：1452+1460+55

52. 河南雒陽南堂里不更許脩年卅七歲長七尺二寸墨色告不出 車一兩牛二頭弩一矢五十　73EJT37：1476+730

53. ☑當遂里共意年卅　大車一兩

　　☑用牛一　　　　　　　　　　　　　　　　　　　　73EJT37：1477+1053

54. ☑□守丞宮移卅井縣索肩水金關寫移書到出入

　　如律令　　兼掾豐守令史宣佐恭　　　　　　　　　　73EJT37：1560A+246B+61A

　　居令延印　　即日嗇夫豐發　　　　　　　　　　　　73EJT37：1560B+246A+61B

第四章 他綴釋文

55. □□□部三百

　　……

　　出八□半斗

　　出十五(筍)一合

　　……

　　出十五蜚廉半升

　　出十五地膚半升　　　　　　　　　　　　　　　　　　　73EJH1:32A+73EJH1:16B

　　出十狗肴半升

　　出十肉脩廿枚

　　出卅五腸一脘

　　出四荾一束□通　　　　　　　　　　　　　　　　　　　73EJH1:32B+73EJH1:16A

56. □伏地再拜……

　　長孫□□屬見不敢衆辭死=罪=叩頭言陽☑　　　　　　　　73EJH1:69+73EJF3:286

57. ☑□願以令取致籍遺猛衣用唯廷移卅井縣索金關出入敢言之　　73EJH2:6+26

58. 十一月乙巳奉明守長　守丞放移居延如律令/掾晏令史就　　73EJF1:91A+93B+82A

　　奉明丞印　八月廿日南　　　　　　　　　　　　　　　　73EJF1:91B+93A+82B

59. ……謁遷補

　　☑五歲毋官獄徵　　　　　　　　　　　　　　　　　　　73EJF1:102+99

60. ☑守令史恭佐□☑　　　　　　　　　　　　　　　　　　73EJF1:111+106

第五節　《肩水金關漢簡(伍)》他綴釋文

1. 建國六年二月甲戌朔庚寅肩水城尉畢移肩水金關居延三十井縣索關吏所葆□□□□□名縣爵里年姓如牒書到……　　73EJF3:116A+208A

　　……受物故吏還入祿三十九斛六升大

　　□□□斛六斗

　　張欽五斛六斗

　　史宏五斛六斗　　　　　　　　　　　　　　　　　　　　73EJF3:116B+208B

　　許成五斛六斗

2. 延亭掾周能　張掖後太尉　車一乘

　　馬一匹　八月乙亥南嗇夫憲入　　　　　　　　　　　　73EJF3:524+209+200

3. 如律令敢言之

　　十月庚戌樂得行宰事守馬丞……印行事移過所寫移如律令/掾霸守令史譚　　73EJF3:254+526

4. 始建元年三月壬申朔己丑關嗇夫欽以小官印行候文書事謂關

嗇夫吏使名縣爵里年姓如牒書到出入如律令　　　　　73EJF3:338A+201A+205A+73EJT7:148A
　　尉史昌　　　　　　　　　　　　　　　　　　　　　73EJF3:338B+201B+205B+73EJT7:148B

5. ……月盡始建國元年肩水禁姦隧長代王譚
　　……二月積四月二千四百七十六泉六分　　　　　　　73EJF3:483+78+623

6. 己巳病傷傷寒頭三支不舉即日加心腹支滿不能飲食　　　73EJF3:493+339+609+601

7. 南書二封合檄一　其一封居延城司詣大守府八月……戊子起　八月甲辰日=東中受
　　一封許輔詣角得
　　合檄他候詣肩水八月……收降卒如時付猛　　　　　　73EJD:71A+101A
　　……
　　……
　　……事拔刃……
　　……五南
　　……餘　　　　　　　　　　　　　　　　　　　　　73EJD:71B+101B

8. ☒省功虜寇小過親知飢寒☒　　　　　　　　　　　　73EJD:164+103

9. 肩水金關　　　　　　　　　　　　　　　　　　　　72EJC:183+138

10. 中渡河溺亡所持符☒
　　☒☒籍☒　　　　　　　　　　　　　　　　　　　　73EJC:369A+672B
　　居延左尉印☒　　　　　　　　　　　　　　　　　　73EJC:369B+672A

11. ☒☒☒☒☒見☒☒☒☒令史候楊君未曾以貸章軸鐵召責蒙楊君
　　☒☒章軸☒☒去☒☒☒☒☒……證所言如爰書者敢言之　73EJC:656+664

附

《肩水金關漢簡》綴合表

《肩水金關漢簡(壹)》綴合表[①]

序號	簡牘編號	綴合人	备注
1	73EJT1:25+284	伊強[②]	簡寬存差異
2	73EJT1:50+294	姚磊[③]	簡寬存差異
3	73EJT1:116+24	伊強[④]	
4	73EJT1:136+163	伊強[⑤]	
5	73EJT1:172+127	伊強[⑥]	
6	73EJT1:144+141	姚磊[⑦]	
7	73EJT1:243+273	尉侯凱[⑧]	
8	73EJT1:246+316	張文建[⑨]	
9	73EJT2:92+88	伊強[⑩]	
10	73EJT3:23+73EJC:361	姚磊[⑪]	跨探方綴合
11	73EJT3:31+20	張文建[⑫]	
12	73EJT3:104+105	張文建[⑬]	遥綴
13	73EJT4:84+69	張文建[⑭]	遥綴
14	73EJT4:85+157	姚磊[⑮]	
15	73EJT4:92+73EJT3:110+112	姚磊[⑯]	跨探方綴合
16	73EJT4:111+18[⑰]	尉侯凱[⑱]	
17	73EJT4:121+119	張文建[⑲]	
18	73EJT4:130+142	姚磊[⑳]	
19	73EJT4:139+211	張文建[㉑]	誤綴
20	73EJT4:143+199	姚磊[㉒]	
21	73EJT4:182+64	姚磊[㉓]	
		張顯成、張文建[㉔]	
22	73EJT4:197+136	張文建[㉕]	
23	73EJT5:30+40	張顯成、張文建[㉖]	
		姚磊[㉗]	
24	73EJT6:45+79	張文建[㉘]	簡寬存差異
25	73EJT6:71+72	張文建[㉙]	
26	73EJT6:73+109	張文建[㉚]	
27	73EJT6:107+156	姚磊[㉛]	
28	73EJT6:110+62	尉侯凱[㉜]	
29	73EJT6:140+95	張文建[㉝]	
30	73EJT6:173+175	張文建[㉞]	紋路、書風不一致,誤綴
31	73EJT6:180+183	張文建[㉟]	
		姚磊[㊱]	
32	73EJT6:181+182	尉侯凱[㊲]	
33	73EJT7:13+100	張文建[㊳]	

（續表）

序號	簡牘編號	綴合人	备注
34	73EJT7:24+72EJC:155	林宏明[39]	跨年、跨探方綴合
35	73EJT7:33+11	姚磊[40]	
36	73EJT7:38+10㊶	尉侯凱[42]	
37	73EJT7:50+73EJF3:557	姚磊[43]	跨探方綴合
38	73EJT7:67+157	姚磊[44]	
39	73EJT7:87+54	伊强[45]	
40	73EJT7:106+20	姚磊[46]	
41	73EJT7:147+73EJF3:66+381	林宏明[47]	跨探方綴合
42	73EJT7:183+155+193	姚磊[48]	
43	73EJT7:205+73EJT28:78	姚磊[49]	跨探方綴合
44	73EJT8:14+20	伊强[50]	
45	73EJT8:32+71	尉侯凱[51]	遥缀
46	73EJT8:36+55	張文建[52]	
47	73EJT8:74+113	伊强[53]	
48	73EJT8:76+65	伊强[54]	
49	73EJT8:82+102	姚磊[55]	
50	73EJT9:5+15	張顯成、張文建[56]	
		姚磊[57]	
51	73EJT9:64+49	張文建[58]	誤綴
52	73EJT9:202+183	張文建[59]	
53	73EJT9:212+207	姚磊[60]	
54	73EJT9:214+210	張文建[61]	
		姚磊[62]	
55	73EJT9:223+154	張顯成、張文建[63]	
56	73EJT9:252+290	張文建[64]	
57	73EJT9:258+358	尉侯凱[65]	
58	73EJT9:268+264	何茂活[66]	
		姚磊[67]	
59	73EJT9:288+287	張文建[68]	誤綴
60	73EJT9:310+51	尉侯凱[69]	
61	73EJT9:384+170	許名瑲[70]	
62	73EJT10:11+317	沈思聰[71]	誤綴
63	73EJT10:160+175	魯家亮[72]	
64	73EJT10:167+93	魯家亮[73]	
		胡永鵬[74]	
65	73EJT10:168+106	伊强[75]	

（續表）

序號	簡牘編號	綴合人	备注
66	73EJT10:211+238	張文建[9]	誤綴
67	73EJT10:247+207	姚磊[11]	
68	73EJT10:277+174	張顯成、張文建[12]	
69	73EJT10:311+260	姚磊[13]	
70	73EJT10:318+351	姚磊[14]	
71	73EJT10:339+480	張顯成、張文建[15]	
72	73EJT10:342+471	伊强[16]	遙綴
73	73EJT10:345+496	姚磊[17]	
74	73EJT10:365+283	尉侯凱[18]	
75	73EJT10:418+415	張顯成、張文建[19]	
76	73EJT10:481+507	張文建[20]	
77	73EJT10:517A+517B	何茂活[21]	

[1] 此表在寫作過程中曾借鑒伊强惠賜的綴合表。
[2] 伊强:《〈肩水金關漢簡(壹)〉綴合六則》,簡帛網2015年10月6日,http://www.bsm.org.cn/show_article.php?id=2324。
[3] 姚磊:《〈肩水金關漢簡(壹)〉綴合(八)》,簡帛網2017年9月20日,http://www.bsm.org.cn/show_article.php?id=2887。
[4] 伊强:《〈肩水金關漢簡(壹)〉綴合六則》,簡帛網2015年10月6日,http://www.bsm.org.cn/show_article.php?id=2324。
[5] 伊强:《肩水金關漢簡綴合十五則》,《簡帛》第12輯,上海:上海古籍出版社,2016年。
[6] 伊强:《〈肩水金關漢簡(壹)〉綴合六則》,簡帛網2015年10月6日,http://www.bsm.org.cn/show_article.php?id=2324。
[7] 姚磊:《〈肩水金關漢簡(壹)〉綴合(五)》,簡帛網2017年6月15日,http://www.bsm.org.cn/show_article.php?id=2821。
[8] 尉侯凱:《〈肩水金關漢簡(壹)〉綴合九則》,簡帛網2016年10月5日,http://www.bsm.org.cn/show_article.php?id=2640。後以"肩水金關漢簡綴合十三則"爲名,發表於《出土文獻》第11輯,上海:中西書局,2017年。
[9] 張文建:《〈肩水金關漢簡(壹)〉綴合(四)》,簡帛網2017年7月24日,http://www.bsm.org.cn/show_article.php?id=2847。
[10] 伊强:《〈肩水金關漢簡(壹)〉綴合六則》,簡帛網2015年10月6日,http://www.bsm.org.cn/show_article.php?id=2324。
[11] 姚磊:《〈肩水金關漢簡(壹)〉綴合(十一)》,簡帛網2019年5月24日,http://www.bsm.org.cn/show_article.php?id=3373。
[12] 張文建:《〈肩水金關漢簡(壹)〉綴合(一)》,簡帛網2017年6月18日,http://www.bsm.org.cn/show_article.php?id=2824。
[13] 張文建:《〈肩水金關漢簡(壹)〉綴合(一)》,簡帛網2017年6月18日,http://www.bsm.org.cn/show_article.php?id=2824。
[14] 張文建:《〈肩水金關漢簡(壹)〉綴合四則》,簡帛網2017年3月2日,http://www.bsm.org.cn/show_article.php?id=2746。
[15] 姚磊:《〈肩水金關漢簡〉簡册復原及文字考釋》,《第28届中國文字學國際學術研討會論文集》,臺北:臺灣大學,2017年。
[16] 姚磊:《〈肩水金關漢簡(壹)〉綴合(十一)》,簡帛網2019年5月24日,http://www.bsm.org.cn/show_article.php?id=3373。
[17] 原誤作"73EJT1:111+18",今改之。
[18] 尉侯凱:《〈肩水金關漢簡(壹)〉綴合九則》,簡帛網2016年10月5日,http://www.bsm.org.cn/show_article.php?id=2640。後以"肩水金關漢簡綴合十三則"爲名,發表於《出土文獻》第11輯,上海:中西書局,2017年。
[19] 張文建:《〈肩水金關漢簡(壹)〉綴合四則》,簡帛網2017年3月2日,http://www.bsm.org.cn/show_article.php?id=2746。
[20] 姚磊:《〈肩水金關漢簡(壹)〉綴合(一)》,簡帛網2016年1月18日,http://www.bsm.org.cn/show_article.php?id=2700。
[21] 張文建:《〈肩水金關漢簡(壹)〉綴合四則》,簡帛網2017年3月2日,http://www.bsm.org.cn/show_article.php?id=2746。
[22] 姚磊:《〈肩水金關漢簡(壹)〉綴合(一)》,簡帛網2016年1月18日,http://www.bsm.org.cn/show_article.php?id=2700。
[23] 姚磊:《〈肩水金關漢簡〉簡册復原及文字考釋》,《第28届中國文字學國際學術研討會論文集》,臺北:臺灣大學,2017年。
[24] 張顯成、張文建:《〈肩水金關漢簡(壹)〉綴合七則》,簡帛網2017年1月20日,http://www.bsm.org.cn/show_article.php?id=2703。後以"《肩水金關漢簡(壹)》綴合七則"爲名,發表於《出土文獻》第11

輯,上海:中西書局,2017年。

㉕張文建:《肩水金關漢簡綴合三則》,簡帛網2017年1月22日,http://www.bsm.org.cn/show_article.php?id=2706。
㉖張顯成、張文建:《〈肩水金關漢簡(壹)〉綴合七則》,簡帛網2017年1月20日,http://www.bsm.org.cn/show_article.php?id=2703。後以"《肩水金關漢簡(壹)》綴合七則"爲名,發表於《出土文獻》第11輯,上海:中西書局,2017年。
㉗姚磊:《〈肩水金關漢簡(壹)〉綴合(二)》,簡帛網2016年1月20日,http://www.bsm.org.cn/show_article.php?id=2702。
㉘張文建:《〈肩水金關漢簡(壹)〉綴合(二)》,簡帛網2017年6月19日,http://www.bsm.org.cn/show_article.php?id=2826。
㉙張文建:《〈肩水金關漢簡(壹)〉綴合(二)》,簡帛網2017年6月19日,http://www.bsm.org.cn/show_article.php?id=2826。
㉚張文建:《〈肩水金關漢簡(壹)〉綴合(五)》,簡帛網2017年8月7日,http://www.bsm.org.cn/show_article.php?id=2859。
㉛姚磊:《〈肩水金關漢簡(壹)〉綴合(六)》,簡帛網2017年6月16日,http://www.bsm.org.cn/show_article.php?id=2822。
㉜尉侯凱:《〈肩水金關漢簡(壹)〉綴合九則》,簡帛網2016年10月5日,http://www.bsm.org.cn/show_article.php?id=2640。後以"肩水金關漢簡綴合十三則"爲名,發表於《出土文獻》第11輯,上海:中西書局,2017年。
㉝張文建:《〈肩水金關漢簡(壹)〉綴合(二)》,簡帛網2017年6月19日,http://www.bsm.org.cn/show_article.php?id=2826。
㉞張文建:《肩水金關漢簡綴合三則》,簡帛網2017年1月22日,http://www.bsm.org.cn/show_article.php?id=2706。
㉟張文建:《〈肩水金關漢簡(壹)〉綴合四則》,簡帛網2017年3月2日,http://www.bsm.org.cn/show_article.php?id=2746。
㊱姚磊:《〈肩水金關漢簡〉簡册復原及文字考釋》,《第28届中國文字學國際學術研討會論文集》,臺北:臺灣大學,2017年。
㊲尉侯凱:《〈肩水金關漢簡(壹)〉綴合九則》,簡帛網2016年10月5日,http://www.bsm.org.cn/show_article.php?id=2640。
㊳張文建:《〈肩水金關漢簡(壹)〉綴合(二)》,簡帛網2017年6月19日,http://www.bsm.org.cn/show_article.php?id=2826。
㊴林宏明:《漢簡試綴第三則》,先秦史研究室網2016年11月10日,http://www.xianqin.org/blog/archives/7426.html。
㊵姚磊:《〈肩水金關漢簡(壹)〉綴合(二)》,簡帛網2016年1月20日,http://www.bsm.org.cn/show_article.php?id=2702。
㊶原誤作"73EJT7:18+10",今改之。
㊷尉侯凱:《〈肩水金關漢簡(壹)〉綴合九則》,簡帛網2016年10月5日,http://www.bsm.org.cn/show_article.php?id=2640。後以"肩水金關漢簡綴合十三則"爲名,發表於《出土文獻》第11輯,上海:中西書局,2017年。
㊸姚磊:《〈肩水金關漢簡(壹)〉綴合(二)》,簡帛網2016年1月20日,http://www.bsm.org.cn/show_article.php?id=2702。
㊹姚磊:《〈肩水金關漢簡(壹)〉綴合(二)》,簡帛網2016年1月20日,http://www.bsm.org.cn/show_article.php?id=2702。
㊺伊强:《肩水金關漢簡綴合五則》,簡帛網2014年7月10日,http://www.bsm.org.cn/show_article.php?id=2046。
㊻姚磊:《〈肩水金關漢簡(壹)〉綴合(四)》,簡帛網2016年1月20日,http://www.bsm.org.cn/show_article.php?id=2705。
㊼林宏明:《漢簡試綴第二則》,先秦史研究室網2016年11月6日,http://www.xianqin.org/blog/archives/7418.html。
㊽姚磊:《〈肩水金關漢簡(壹)〉綴合(四)》,簡帛網2016年1月20日,http://www.bsm.org.cn/show_article.php?id=2705。
㊾姚磊:《〈肩水金關漢簡(壹)〉綴合(七)》,簡帛網2017年9月8日,http://www.bsm.org.cn/show_article.php?id=2880。
㊿伊强:《肩水金關漢簡綴合十五則》,《簡帛》第12輯,上海:上海古籍出版社,2016年。
51尉侯凱:《〈肩水金關漢簡(壹)〉綴合九則》,簡帛網2016年10月5日,http://www.bsm.org.cn/show_article.php?id=2640。後以"肩水金關漢簡綴合十三則"爲名,發表於《出土文獻》第11輯,上海:中西書局,2017年。
52張文建:《〈肩水金關漢簡(壹)〉綴合(一)》,簡帛網2017年6月18日,http://www.bsm.org.cn/show_article.php?id=2824。
53伊强:《〈肩水金關漢簡(壹)〉綴合六則》,簡帛網2015年10月6日,http://www.bsm.org.cn/show_article.php?id=2324。
54伊强:《〈肩水金關漢簡(壹)〉綴合六則》,簡帛網2015年10月6日,http://www.bsm.org.cn/show_article.php?id=2324。
55姚磊:《〈肩水金關漢簡(壹)〉綴合(四)》,簡帛網2016年1月20日,http://www.bsm.org.cn/show_article.php?id=2705。
56張顯成、張文建:《〈肩水金關漢簡(壹)〉綴合七則》,簡帛網2017年1月20日,http://www.bsm.org.cn/show_article.php?id=2703。後以"《肩水金關漢簡(壹)》綴合七則"爲名,發表於《出土文獻》第11輯,上海:中西書局,2017年。
57姚磊:《〈肩水金關漢簡(壹)〉綴合(三)》,簡帛網2016年1月20日,http://www.bsm.org.cn/show_article.php?id=2704。
58張文建:《〈肩水金關漢簡(壹)〉再綴三則》,簡帛網2017年1月22日,http://www.bsm.org.cn/show_article.php?id=2707。
59張文建:《〈肩水金關漢簡(壹)〉綴合一則》,簡帛網2017年3月3日,http://www.bsm.org.cn/show_article.php?id=2749。
60姚磊:《〈肩水金關漢簡(壹)〉綴合(十二)》,簡帛網2019年6月5日,http://www.bsm.org.cn/show_article.php?id=3382。

(61)張文建:《肩水金關漢簡綴合三則》,簡帛網2017年1月22日,http://www.bsm.org.cn/show_article.php?id=2706。

(62)姚磊:《〈肩水金關漢簡〉簡册復原及文字考釋》,《第28届中國文字學國際學術研討會論文集》,臺北:臺灣大學,2017年。

(63)張顯成、張文建:《〈肩水金關漢簡(壹)〉綴合七則》,簡帛網2017年1月20日,http://www.bsm.org.cn/show_article.php?id=2703。後以"《肩水金關漢簡(壹)》綴合七則"爲名,發表於《出土文獻》第11輯,上海:中西書局,2017年。

(64)張文建:《〈肩水金關漢簡(壹)〉綴合(五)》,簡帛網2017年8月7日,http://www.bsm.org.cn/show_article.php?id=2859。

(65)尉侯凱:《〈肩水金關漢簡(壹)〉綴合九則》,簡帛網2016年10月5日,http://www.bsm.org.cn/show_article.php?id=2640。後以"肩水金關漢簡綴合十三則"爲名,發表於《出土文獻》第11輯,上海:中西書局,2017年。

(66)何茂活:《肩水金關漢簡綴合校釋一則》,復旦大學出土文獻與古文字研究中心網2015年1月7日,http://www.gwz.fudan.edu.cn/Web/Show/2415。

(67)姚磊:《〈肩水金關漢簡(壹)〉綴合(三)》,簡帛網2016年1月20日,http://www.bsm.org.cn/show_article.php?id=2704。

(68)張文建:《〈肩水金關漢簡(壹)〉再綴三則》,簡帛網2017年1月22日,http://www.bsm.org.cn/show_article.php?id=2707。後以"肩水金關漢簡綴合十三則"爲名,發表於《出土文獻》第11輯,上海:中西書局,2017年。

(69)尉侯凱:《〈肩水金關漢簡(壹)〉綴合九則》,簡帛網2016年10月5日,http://www.bsm.org.cn/show_article.php?id=2640。

(70)許名瑲:《〈肩水金關漢簡(壹)〉綴合之一》,簡帛網2016年6月7日,http://www.bsm.org.cn/show_article.php?id=2571。

(71)沈思聰:《肩水金關漢簡人名索引與釋文校訂》,復旦大學碩士學位論文,2018年,第247頁。

(72)魯家亮:《肩水金關漢簡釋文校讀六則》,《古文字研究》第29輯,北京:中華書局,2012年。

(73)魯家亮:《肩水金關漢簡釋文校讀六則》,《古文字研究》第29輯,北京:中華書局,2012年。

(74)胡永鵬:《肩水金關漢簡校讀札記》,《漢字文化》2015年第3期。

(75)伊强:《〈肩水金關漢簡(壹)〉綴合補遺二則》,簡帛網2017年5月12日,http://www.bsm.org.cn/show_article.php?id=2803。

(76)張文建:《〈肩水金關漢簡(壹)〉再綴三則》,簡帛網2017年1月22日,http://www.bsm.org.cn/show_article.php?id=2707。

(77)姚磊:《〈肩水金關漢簡(壹)〉綴合(十)》,簡帛網2018年5月25日,http://www.bsm.org.cn/show_article.php?id=3130。

(78)張顯成、張文建:《〈肩水金關漢簡(壹)〉綴合七則》,簡帛網2017年1月20日,http://www.bsm.org.cn/show_article.php?id=2703。後以"《肩水金關漢簡(壹)》綴合七則"爲名,發表於《出土文獻》第11輯,上海:中西書局,2017年。

(79)姚磊:《〈肩水金關漢簡(壹)〉綴合(九)》,簡帛網2017年9月21日,http://www.bsm.org.cn/show_article.php?id=2890。

(80)姚磊:《〈肩水金關漢簡(壹)〉綴合(三)》,簡帛網2016年1月20日,http://www.bsm.org.cn/show_article.php?id=2704。

(81)張顯成、張文建:《〈肩水金關漢簡(壹)〉綴合七則》,簡帛網2017年1月20日,http://www.bsm.org.cn/show_article.php?id=2703。後以"《肩水金關漢簡(壹)》綴合七則"爲名,發表於《出土文獻》第11輯,上海:中西書局,2017年。

(82)伊强:《〈肩水金關漢簡(壹)〉綴合補遺二則》,簡帛網2017年5月12日,http://www.bsm.org.cn/show_article.php?id=2803。

(83)姚磊:《〈肩水金關漢簡(壹)〉綴合(三)》,簡帛網2016年1月20日,http://www.bsm.org.cn/show_article.php?id=2704。

(84)尉侯凱:《〈肩水金關漢簡(壹)〉綴合九則》,簡帛網2016年10月5日,http://www.bsm.org.cn/show_article.php?id=2640。後以"肩水金關漢簡綴合十三則"爲名,發表於《出土文獻》第11輯,上海:中西書局,2017年。

(85)張顯成、張文建:《〈肩水金關漢簡(壹)〉綴合七則》,簡帛網2017年1月20日,http://www.bsm.org.cn/show_article.php?id=2703。後以"《肩水金關漢簡(壹)》綴合七則"爲名,發表於《出土文獻》第11輯,上海:中西書局,2017年。

(86)張文建:《肩水金關漢簡(壹)綴合(三)》,簡帛網2017年7月19日,http://www.bsm.org.cn/show_article.php?id=2842。

(87)何茂活:《〈肩水金關漢簡(壹)〉釋文訂補》,復旦大學出土文獻與古文字研究中心網2014年11月28日,http://www.gwz.fudan.edu.cn/Web/Show/2392。

《肩水金關漢簡（貳）》綴合表[1]

序號	簡牘編號	綴合人	备注
1	73EJT11:31+10+3	伊強[2]	
2	73EJT21:33+57	伊強[3]	
3	73EJT21:60+73EJT24:304	姚磊[4]	跨探方綴合
4	73EJT21:62+78	伊強[5]	
5	73EJT21:72+354	姚磊[6]	
6	73EJT21:138+278	伊強[7]	
7	73EJT21:145+73EJF3:463	雷海龍[8]	跨探方綴合
8	73EJT21:199+198	楊小亮[9]	
9	73EJT21:310+314	楊小亮[10]	
9	73EJT21:310+314+325	姚磊[11]	
10	73EJT21:312+73EJT22:51	姚磊[12]	跨探方綴合
11	73EJT21:323+73EJT23:174	田炳炳[13]	誤綴
12	73EJT21:327+317	姚磊[14]	
13	73EJT21:380+334	姚磊[15]	
14	73EJT21:396+343	姚磊[16]	
15	73EJT21:451+459	楊小亮[17]	
15	73EJT21:401+459+451	姚磊[18]	
16	73EJT21:423+431	姚磊[19]	
17	73EJT21:429+322	伊強[20]	
18	73EJT21:454+455	黃浩波[21]	遙綴
19	73EJT21:464+458	林宏明[22]	
20	73EJT22:7+10	伊強[23]	
21	73EJT22:65+87	伊強[24]	
22	73EJT22:75+73EJT21:88	姚磊[25]	跨探方綴合
23	73EJT22:106+115	姚磊[26]	
24	73EJT22:116+126	姚磊[27]	
25	73EJT23:2+633	姚磊[28]	
26	73EJT23:3+619	許名瑲[29]	
27	73EJT23:5+37	姚磊[30]	
28	73EJT23:8+164	姚磊[31]	
29	73EJT23:19+40	伊強[32]	
30	73EJT23:41+42	姚磊[33]	
31	73EJT23:76+139	伊強[34]	
32	73EJT23:418+821	雷海龍[35]	
32	73EJT23:91+418+821+429	姚磊[36]	
33	73EJT23:96+132	楊小亮[37]	

(續表)

序號	簡牘編號	綴合人	備注
34	73EJT23:110+222	姚磊[38]	
35	73EJT23:119+116	姚磊[39]	
36	73EJT23:128+127	姚磊[40]	
37	73EJT23:166+195	姚磊[41]	
38	73EJT23:131+862	伊強[42]	
39	73EJT23:141+133	姚磊[43]	
40	73EJT23:177+171	楊小亮[44]	
41	73EJT23:212+224	姚磊[45]	
42	73EJT23:269+803	程少軒[46]	
		何茂活[47]	
		楊小亮[48]	
43	73EJT23:288+345	何茂活[49]	
44	73EJT23:315+702	程少軒[50]	
		胡永鵬[51]	
		許名瑲[52]	
		何茂活[53]	
		楊小亮[54]	
45	73EJT23:321+294	伊強[55]	
	73EJT23:321+294+993	何茂活[56]	
	73EJT23:663+321+993+294	姚磊[57]	
46	73EJT23:341+813	姚磊[58]	
47	73EJT23:351+452	姚磊[59]	
48	73EJT23:354+478	姚磊[60]	
49	73EJT23:359+807	姚磊[61]	
50	73EJT23:370+358	姚磊[62]	
51	73EJT23:376+659	姚磊[63]	
52	73EJT23:379+387	楊小亮[64]	
53	73EJT23:404+265	伊強[65]	
54	73EJT23:432+260+431	伊強[66]	
55	73EJT23:488+963	伊強[67]	
56	73EJT23:489+73EJH2:27	姚磊[68]	跨探方綴合
57	73EJT23:491+492	楊小亮[69]	
	73EJT23:491+492+525+947+1038		
	73EJT23:491+492+525+947+1038+515	姚磊[70]	
58	73EJT23:496+1059+506	伊強[71]	73EJT23:496與1059簡寬存差異
	73EJT23:1059+506		

(續表)

序號	簡牘編號	綴合人	备注
59	73EJT23:500+511	楊小亮⑫	
60	73EJT23:503+925	姚磊⑬	
61	73EJT23:530+514	姚磊⑭	
62	73EJT23:531+509	楊小亮⑮	
63	73EJT23:532+768	胡永鵬⑯	
64	73EJT23:542+539	姚磊⑰	
65	73EJT23:561+577	姚磊⑱	
66	73EJT23:563+643	伊强⑲	
67	73EJT23:566+689	姚磊⑳	
68	73EJT23:568+846	姚磊㉑	
69	73EJT23:570+575	姚磊㉒	
70	73EJT23:585+598	姚磊㉓	
71	73EJT23:593+837+835+860	程少軒㉔	73EJT23:593与73EJT23:837遥綴
		何茂活㉕	
		楊小亮㉖	
	73EJT23:835+860	胡永鵬㉗	
	73EJT23:837+835+860	許名瑲㉘	
72	73EJT23:608+673	姚磊㉙	
73	73EJT23:612+829	姚磊㉚	
74	73EJT23:614+687	楊小亮㉛	
75	73EJT23:634+173	伊强㉜	
76	73EJT23:642+35	伊强㉝	
77	73EJT23:677+658	姚磊㉞	
78	73EJT23:678+669	姚磊㉟	
79	73EJT23:688+109	姚磊㊱	
80	73EJT23:691+802	胡永鵬㊲	
		程少軒㊳	
		何茂活㊴	
		楊小亮㊵	
81	73EJT23:696+725	姚磊㊶	
82	73EJT23:743+744	楊小亮㊷	
83	73EJT23:801+760	程少軒㊸	
		許名瑲㊹	
		何茂活㊺	
		楊小亮㊻	
84	73EJT23:917+919	楊小亮㊼	

(續表)

序號	簡牘編號	綴合人	备注
85	73EJT23:939+1031	姚磊[108]	
86	73EJT23:954+526	姚磊[109]	
87	73EJT23:964+516	伊强[110]	
88	73EJT23:979+1017	姚磊[111]	
89	73EJT23:990+721	姚磊[112]	
90	73EJT23:1023+1016	姚磊[113]	
91	73EJT23:1026+1047	姚磊[114]	
92	73EJT23:1048+1056	姚磊[115]	
93	73EJT23:1065+931	伊强[116]	
94	73EJT24:56+529	林宏明[117]	
95	73EJT24:59+312	姚磊[118]	
96	73EJT24:79+84	姚磊[119]	
97	73EJT24:91+119	姚磊[120]	
98	73EJT24:93+137	姚磊[121]	
99	73EJT24:97+73EJT30:64+73EJT30:11	姚磊[122]	跨探方綴合
100	73EJT24:101+116+73EJT30:150	黃浩波	跨探方綴合,待刊
101	73EJT24:135+128+73EJT30:167	姚磊[123]	跨探方綴合
102	73EJT24:146+430	姚磊[124]	
103	73EJT24:147+765	田炳炳[125]	誤綴
104	73EJT24:156+482+158	姚磊[126]	
105	73EJT24:187+173	伊强[127]	
106	73EJT24:210+199	伊强[128]	
107	73EJT24:220+502	林宏明[129]	
108	73EJT24:247+268	胡永鹏[130] 何茂活[131]	
109	73EJT24:269+264	伊强[132]	
110	73EJT24:330+73EJT21:482	姚磊[133]	跨探方綴合
111	73EJT24:333+73EJT23:818	姚磊[134]	跨探方綴合
112	73EJT24:343+322	姚磊[135]	
113	73EJT24:359+222	姚磊[136]	
114	73EJT24:367+509	姚磊[137]	
115	73EJT24:382+402	伊强[138]	
116	73EJT24:411+150	姚磊[139]	
117	73EJT24:436+404	姚磊[140]	
118	73EJT24:450+464	伊强[141]	
119	73EJT24:486+577	林宏明[142]	

① 此表在寫作過程中曾借鑒伊强惠賜的綴合表。
② 伊强:《〈肩水金關漢簡(貳)〉綴合五則》,《出土文獻研究》第15輯,上海:上海古籍出版社,2016年。
③ 伊强:《肩水金關漢簡綴合兩則》,簡帛網2015年8月27日,http://www.bsm.org.cn/show_article.php?id=2296。
④ 姚磊:《〈肩水金關漢簡(貳)〉綴合(十六)》,簡帛網2016年10月22日,http://www.bsm.org.cn/show_article.php?id=2648。
⑤ 伊强:《〈肩水金關漢簡(貳)〉綴合五則》,《出土文獻研究》第15輯,上海:上海古籍出版社,2016年。
⑥ 姚磊:《〈肩水金關漢簡(貳)〉綴合(二)》,簡帛網2016年10月22日,http://www.bsm.org.cn/show_article.php?id=2648。
⑦ 伊强:《〈肩水金關漢簡(貳)〉綴合五則》,《出土文獻研究》第15輯,上海:上海古籍出版社,2016年。
⑧ 雷海龍:《〈肩水金關漢簡(伍)〉釋文補正及殘簡新綴》,《簡帛》第14輯,上海:上海古籍出版社,2017年。
⑨ 楊小亮:《肩水金關漢簡綴合八則》,《出土文獻研究》第12輯,上海:中西書局,2013年。
⑩ 楊小亮:《肩水金關漢簡綴合八則》,《出土文獻研究》第12輯,上海:中西書局,2013年。
⑪ 姚磊:《〈肩水金關漢簡(貳)〉綴合(一)》,簡帛網2016年10月17日,http://www.bsm.org.cn/show_article.php?id=2645。
⑫ 姚磊:《〈肩水金關漢簡(貳)〉綴合(二十六)》,簡帛網2019年7月22日,http://www.bsm.org.cn/show_article.php?id=3404。
⑬ 田炳炳:《肩水金關漢簡綴合兩則》,簡帛網2014年9月1日,http://www.bsm.org.cn/show_article.php?id=2066。
⑭ 姚磊:《〈肩水金關漢簡(貳)〉綴合(二)》,簡帛網2016年10月22日,http://www.bsm.org.cn/show_article.php?id=2648。
⑮ 姚磊:《〈肩水金關漢簡(貳)〉綴合(一)》,簡帛網2016年10月17日,http://www.bsm.org.cn/show_article.php?id=2645。
⑯ 姚磊:《〈肩水金關漢簡(貳)〉綴合(二)》,簡帛網2016年10月22日,http://www.bsm.org.cn/show_article.php?id=2648。
⑰ 楊小亮:《肩水金關漢簡綴合八則》,《出土文獻研究》第12輯,上海:中西書局,2013年。
⑱ 姚磊:《〈肩水金關漢簡(貳)〉綴合(八)》,簡帛網2017年2月13日,http://www.bsm.org.cn/show_article.php?id=2727。
⑲ 姚磊:《〈肩水金關漢簡(貳)〉綴合(二)》,簡帛網2016年10月22日,http://www.bsm.org.cn/show_article.php?id=2648。
⑳ 伊强:《肩水金關漢簡綴合十四則》,簡帛網2015年1月19日,http://www.bsm.org.cn/show_article.php?id=2137。
㉑ 黄浩波:《肩水金關漢簡所見典籍殘簡》,簡帛網2013年8月1日,http://www.bsm.org.cn/show_article.php?id=1874。
㉒ 林宏明:《漢簡試綴第17則》,先秦史研究室網2017年6月28日,http://www.xianqin.org/blog/archives/8396.html。
㉓ 伊强:《肩水金關漢簡綴合十五則》,《簡帛》第12輯,上海:上海古籍出版社,2016年。
㉔ 伊强:《〈肩水金關漢簡(貳)〉綴合五則》,《出土文獻研究》第15輯,上海:上海古籍出版社,2016年。
㉕ 姚磊:《〈肩水金關漢簡(貳)〉綴合(九)》,簡帛網2017年2月28日,http://www.bsm.org.cn/show_article.php?id=2741。
㉖ 姚磊:《〈肩水金關漢簡(貳)〉綴合(三)》,簡帛網2016年11月4日,http://www.bsm.org.cn/show_article.php?id=2656。
㉗ 姚磊:《〈肩水金關漢簡(貳)〉綴合(二十六)》,簡帛網2019年7月22日,http://www.bsm.org.cn/show_article.php?id=3404。
㉘ 姚磊:《〈肩水金關漢簡〉簡册復原及文字考釋》,《第28届中國文字學國際學術研討會論文集》,臺北:臺灣大學,2017年。
㉙ 許名瑲:《〈肩水金關漢簡(貳)〉綴合一則》,簡帛網2016年7月15日,http://www.bsm.org.cn/show_article.php?id=2595。
㉚ 姚磊:《〈肩水金關漢簡(貳)〉綴合(三)》,簡帛網2016年11月4日,http://www.bsm.org.cn/show_article.php?id=2656。
㉛ 姚磊:《〈肩水金關漢簡(貳)〉綴合(三)》,簡帛網2016年11月4日,http://www.bsm.org.cn/show_article.php?id=2656。
㉜ 伊强:《肩水金關漢簡綴合五則》,簡帛網2014年7月10日,http://www.bsm.org.cn/show_article.php?id=2046。
㉝ 姚磊:《〈肩水金關漢簡(貳)〉綴合(三)》,簡帛網2016年11月4日,http://www.bsm.org.cn/show_article.php?id=2656。
㉞ 伊强:《〈肩水金關漢簡(貳)〉綴合二則》,簡帛網2016年8月9日,http://www.bsm.org.cn/show_article.php?id=2604。
㉟ 雷海龍:《〈肩水金關漢簡(貳)〉斷簡試綴(一)》,簡帛網2016年2月6日,http://www.bsm.org.cn/show_article.php?id=2465。
㊱ 姚磊:《〈肩水金關漢簡(貳)〉綴合(三)》,簡帛網2016年11月4日,http://www.bsm.org.cn/show_article.php?id=2656。
㊲ 楊小亮:《金關簡牘編連綴合舉隅——以簡牘書體特徵考察爲中心》,《出土文獻研究》第13輯,上海:中西書局,2014年。
㊳ 姚磊:《〈肩水金關漢簡(貳)〉綴合及考釋十則》,《出土文獻與法律史研究》第6輯,北京:法律出版社,2017年。
㊴ 姚磊:《〈肩水金關漢簡(貳)〉綴合及考釋十則》,《出土文獻與法律史研究》第6輯,北京:法律出版社,2017年。
㊵ 姚磊:《〈肩水金關漢簡(貳)〉綴合(八)》,簡帛網2017年2月13日,http://www.bsm.org.cn/show_article.php?id=2727。
㊶ 姚磊:《〈肩水金關漢簡(貳)〉綴合及考釋十則》,《出土文獻與法律史研究》第6輯,北京:法律出版社,2017年
㊷ 伊强:《肩水金關漢簡綴合十五則》,《簡帛》第12輯,上海:上海古籍出版社,2016年。

�43 姚磊:《〈肩水金關漢簡(貳)〉綴合(十)》,簡帛網2017年4月16日,http://www.bsm.org.cn/show_article.php?id=2776。
�44 楊小亮:《金關簡牘編連綴合舉隅——以簡牘書體特徵考察爲中心》,《出土文獻研究》第13輯,上海:中西書局,2014年。
㊺ 姚磊:《〈肩水金關漢簡(貳)〉綴合(四)》,簡帛網2016年11月10日,http://www.bsm.org.cn/show_article.php?id=2660。
㊻ 程少軒:《肩水金關漢簡"元始六年(居攝元年)曆日"復原》,《出土文獻》第5輯,上海:中西書局,2014年。
㊼ 何茂活:《肩水金關出土〈漢居攝元年曆譜〉綴合與考釋》,《考古與文物》2015年第2期。
㊽ 楊小亮:《西漢〈居攝元年曆日〉綴合復原研究》,《文物》2015年第3期。
㊾ 何茂活:《〈肩水金關漢簡(貳)〉殘斷字釋補》,《出土文獻綜合研究集刊》第2輯,成都:巴蜀書社,2015年。
㊿ 程少軒:《肩水金關漢簡"元始六年(居攝元年)曆日"復原》,《出土文獻》第5輯,上海:中西書局,2014年。
㉛ 胡永鵬:《讀〈肩水金關漢簡(貳)〉札記》,簡帛網2013年9月17日,http://www.bsm.org.cn/show_article.php?id=1905。後發表於《中國文字(新四十期)》,臺北:藝文印書館,2014年。
㉜ 許名瑲:《〈肩水金關漢簡(貳)〉居攝元年曆日簡綴合》,簡帛網2014年6月20日,http://www.bsm.org.cn/show_article.php?id=2034。
㉝ 何茂活:《肩水金關出土〈漢居攝元年曆譜〉綴合與考釋》,《考古與文物》2015年第2期。
㉞ 楊小亮:《西漢〈居攝元年曆日〉綴合復原研究》,《文物》2015年第3期。
㉟ 伊强:《肩水金關漢簡綴合兩則》,簡帛網2015年8月27日,http://www.bsm.org.cn/show_article.php?id=2296。
㊱ 何茂活:《〈肩水金關漢簡(貳)〉釋文訂補》,《敦煌研究》2018年第4期(收稿日期2016-06-14)。
㊲ 姚磊:《〈肩水金關漢簡(貳)〉綴合(二十四)》,簡帛網2019年7月17日,http://www.bsm.org.cn/show_article.php?id=3399。
㊳ 姚磊:《〈肩水金關漢簡(貳)〉綴合及考釋十則》,《出土文獻與法律史研究》第6輯,北京:法律出版社,2017年。
㊴ 姚磊:《〈肩水金關漢簡(貳)〉綴合及考釋十則》,《出土文獻與法律史研究》第6輯,北京:法律出版社,2017年。
㊵ 姚磊:《〈肩水金關漢簡(貳)〉綴合(九)》,簡帛網2017年2月28日,http://www.bsm.org.cn/show_article.php?id=2741。
㊶ 姚磊:《〈肩水金關漢簡(貳)〉綴合(二十一)》,簡帛網2019年5月31日,http://www.bsm.org.cn/show_article.php?id=3378。
㊷ 姚磊:《〈肩水金關漢簡(貳)〉綴合(二十二)》,簡帛網2019年6月12日,http://www.bsm.org.cn/show_article.php?id=3388。
㊸ 姚磊:《〈肩水金關漢簡(貳)〉綴合(四)》,簡帛網2016年11月10日,http://www.bsm.org.cn/show_article.php?id=2660。
㊹ 楊小亮:《肩水金關漢簡綴合八則》,《出土文獻研究》第12輯,上海:中西書局,2013年。
㊺ 伊强:《〈肩水金關漢簡(貳)〉綴合五則》,《出土文獻研究》第15輯,上海:上海古籍出版社,2016年。
㊻ 伊强:《肩水金關漢簡綴合十五則》,《簡帛》第12輯,上海:上海古籍出版社,2016年。
㊼ 伊强:《肩水金關漢簡綴合十五則》,《簡帛》第12輯,上海:上海古籍出版社,2016年。
㊽ 姚磊:《〈肩水金關漢簡(貳)〉綴合(十二)》,簡帛網2017年8月23日,http://www.bsm.org.cn/show_article.php?id=2871。
㊾ 楊小亮:《肩水金關漢簡綴合八則》,《出土文獻研究》第12輯,上海:中西書局,2013年;楊小亮:《金關簡牘編連綴合舉隅——以簡牘書體特徵考察爲中心》,《出土文獻研究》第13輯,上海:中西書局,2014年。
㊿ 姚磊:《〈肩水金關漢簡(貳)〉綴合及考釋十則》,《出土文獻與法律史研究》第6輯,北京:法律出版社,2017年。
㋑ 伊强:《肩水金關漢簡綴合十四則》,簡帛網2015年1月19日,http://www.bsm.org.cn/show_article.php?id=2137;伊强:《〈肩水金關漢簡綴合十四則〉補充》,簡帛網2015年6月17日,http://www.bsm.org.cn/show_article.php?id=2260。
㋒ 楊小亮:《肩水金關漢簡綴合八則》,《出土文獻研究》第12輯,上海:中西書局,2013年。
㋓ 姚磊:《〈肩水金關漢簡(貳)〉綴合及考釋十則》,《出土文獻與法律史研究》第6輯,北京:法律出版社,2017年。
㋔ 姚磊:《〈肩水金關漢簡(貳)〉綴合(六)》,簡帛網2016年11月17日,http://www.bsm.org.cn/show_article.php?id=2663。
㋕ 楊小亮:《肩水金關漢簡綴合八則》,《出土文獻研究》第12輯,上海:中西書局,2013年。
㋖ 胡永鵬:《讀〈肩水金關漢簡(貳)〉札記》,《中國文字(新四十期)》,臺北:藝文印書館,2014年。
㋗ 姚磊:《〈肩水金關漢簡(貳)〉綴合(四)》,簡帛網2016年11月10日,http://www.bsm.org.cn/show_article.php?id=2660。
㋘ 姚磊:《〈肩水金關漢簡(貳)〉綴合(四)》,簡帛網2016年11月10日,http://www.bsm.org.cn/show_article.php?id=2660。
㋙ 伊强:《〈肩水金關漢簡(貳)〉綴合一則》,簡帛網2014年6月16日,http://www.bsm.org.cn/show_article.php?id=2032。
㋚ 姚磊:《〈肩水金關漢簡(貳)〉綴合(十九)》,簡帛網2018年8月13日,http://www.bsm.org.cn/show_article.php?id=3204。
㋛ 姚磊:《〈肩水金關漢簡(貳)〉綴合(四)》,簡帛網2016年11月10日,http://www.bsm.org.cn/show_article.php?id=2660。
㋜ 姚磊:《〈肩水金關漢簡(貳)〉綴合及考釋十則》,《出土文獻與法律史研究》第6輯,北京:法律出版社,2017年。

㉘姚磊:《〈肩水金關漢簡(貳)〉綴合(五)》,簡帛網2016年11月14日,http://www.bsm.org.cn/show_article.php?id=2661。
㉙程少軒:《肩水金關漢簡"元始六年(居攝元年)曆日"復原》,《出土文獻》第5輯,上海:中西書局,2014年。
㉚何茂活:《肩水金關出土〈漢居攝元年曆譜〉綴合與考釋》,《考古與文物》2015年第2期。
㉛楊小亮:《西漢〈居攝元年曆日〉綴合復原研究》,《文物》2015年第3期。
㉜胡永鵬:《讀〈肩水金關漢簡(貳)〉札記》,簡帛網2013年9月17日,http://www.bsm.org.cn/show_article.php?id=1905。後發表於《中國文字(新四十期)》,臺北:藝文印書館,2014年。
㉝許名瑲:《〈肩水金關漢簡(貳)〉居攝元年曆日簡綴合》,簡帛網2014年6月20日,http://www.bsm.org.cn/show_article.php?id=2034。
㉞姚磊:《〈肩水金關漢簡(貳)〉綴合(五)》,簡帛網2016年11月14日,http://www.bsm.org.cn/show_article.php?id=2661。
㉟姚磊:《〈肩水金關漢簡(貳)〉綴合(五)》,簡帛網2016年11月14日,http://www.bsm.org.cn/show_article.php?id=2661。
㉛楊小亮:《金關簡牘編連綴合舉隅——以簡牘書體特徵考察爲中心》,《出土文獻研究》第13輯,上海:中西書局,2014年。
㉜伊强:《肩水金關漢簡綴合十五則》,《簡帛》第12輯,上海:上海古籍出版社,2016年。
㉝伊强:《肩水金關漢簡綴合十五則》,《簡帛》第12輯,上海:上海古籍出版社,2016年。
㉞姚磊:《〈肩水金關漢簡(貳)〉綴合(六)》,簡帛網2016年11月17日,http://www.bsm.org.cn/show_article.php?id=2663。
㉟姚磊:《〈肩水金關漢簡(貳)〉綴合(二十)》,簡帛網2019年5月30日,http://www.bsm.org.cn/show_article.php?id=3377。
㊱姚磊:《〈肩水金關漢簡(貳)〉綴合(五)》,簡帛網2016年11月14日,http://www.bsm.org.cn/show_article.php?id=2661。
㊲胡永鵬:《讀〈肩水金關漢簡(貳)〉札記》,簡帛網2013年9月17日,http://www.bsm.org.cn/show_article.php?id=1905。後發表於《中國文字(新四十期)》,臺北:藝文印書館,2014年。
㊳程少軒:《肩水金關漢簡"元始六年(居攝元年)曆日"復原》,《出土文獻》第5輯,上海:中西書局,2014年。
㊴何茂活:《肩水金關出土〈漢居攝元年曆譜〉綴合與考釋》,《考古與文物》2015年第2期。
⑩楊小亮:《西漢〈居攝元年曆日〉綴合復原研究》,《文物》2015年第3期。
⑪姚磊:《〈肩水金關漢簡(貳)〉綴合及考釋十則》,《出土文獻與法律史研究》第6輯,北京:法律出版社,2017年。
⑫楊小亮:《肩水金關漢簡綴合八則》,《出土文獻研究》第12輯,上海:中西書局,2013年。
⑬程少軒:《肩水金關漢簡"元始六年(居攝元年)曆日"復原》,《出土文獻》第5輯,上海:中西書局,2014年。
⑭許名瑲:《〈肩水金關漢簡(貳)〉居攝元年曆日簡綴合》,簡帛網2014年6月20日,http://www.bsm.org.cn/show_article.php?id=2034。
⑮何茂活:《肩水金關出土〈漢居攝元年曆譜〉綴合與考釋》,《考古與文物》2015年第2期。
⑯楊小亮:《西漢〈居攝元年曆日〉綴合復原研究》,《文物》2015年第3期。
⑰楊小亮:《〈敞致子淵業君書〉——金關漢簡綴合補釋一則》,《金塔居延遺址與絲綢之路歷史文化研究》,蘭州:甘肅教育出版社,2014年。
⑱姚磊:《〈肩水金關漢簡(貳)〉綴合(六)》,簡帛網2016年11月17日,http://www.bsm.org.cn/show_article.php?id=2663。
⑲姚磊:《〈肩水金關漢簡(貳)〉綴合(二十一)》,簡帛網2019年5月31日,http://www.bsm.org.cn/show_article.php?id=3378。
⑳伊强:《肩水金關漢簡綴合十五則》,《簡帛》第12輯,上海:上海古籍出版社,2016年。
㉑姚磊:《〈肩水金關漢簡(貳)〉綴合(二十一)》,簡帛網2019年5月31日,http://www.bsm.org.cn/show_article.php?id=3378。
㉒姚磊:《〈肩水金關漢簡(貳)〉綴合(六)》,簡帛網2016年11月17日,http://www.bsm.org.cn/show_article.php?id=2663。
㉓姚磊:《〈肩水金關漢簡(貳)〉綴合(六)》,簡帛網2016年11月17日,http://www.bsm.org.cn/show_article.php?id=2663。
㉔姚磊:《〈肩水金關漢簡(貳)〉綴合(六)》,簡帛網2016年11月17日,http://www.bsm.org.cn/show_article.php?id=2663。
㉕姚磊:《〈肩水金關漢簡(貳)〉綴合(十三)》,簡帛網2017年10月7日,http://www.bsm.org.cn/show_article.php?id=2913。
㉖伊强:《肩水金關漢簡綴合十五則》,《簡帛》第12輯,上海:上海古籍出版社,2016年。
㉗林宏明:《漢簡試綴第12-14則》,先秦史研究室網2016年12月15日,http://www.xianqin.org/blog/archives/7661.html。
㉘姚磊:《〈肩水金關漢簡(貳)〉綴合(二十六)》,簡帛網2019年7月22日,http://www.bsm.org.cn/show_article.php?id=3404。
㉙姚磊:《〈肩水金關漢簡(貳)〉綴合(十)》,簡帛網2017年4月16日,http://www.bsm.org.cn/show_article.php?id=2776。
㉚姚磊:《〈肩水金關漢簡(貳)〉綴合(七)》,簡帛網2016年11月18日,http://www.bsm.org.cn/show_article.php?id=2666。
㉛姚磊:《〈肩水金關漢簡(貳)〉綴合(二十五)》,簡帛網2019年7月19日,http://www.bsm.org.cn/show_article.php?id=3400。
㉜姚磊:《〈肩水金關漢簡(貳)〉綴合(十四)》,簡帛網2017年10月21日,http://www.bsm.org.cn/show_article.php?id=2929。
㉝姚磊:《〈肩水金關漢簡(貳)〉綴合(十八)》,簡帛網2018年7月17日,http://www.bsm.org.cn/show_article.php?id=3192。
㉞姚磊:《〈肩水金關漢簡(貳)〉綴合(七)》,簡帛網2016年11月18日,http://www.bsm.org.cn/show_article.php?id=2666。

㉕田炳炳:《肩水金關漢簡綴合兩則》,簡帛網2014年9月1日,http://www.bsm.org.cn/show_article.php?id=2066。
㉖姚磊:《〈肩水金關漢簡(貳)〉綴合(七)》,簡帛網2016年11月18日,http://www.bsm.org.cn/show_article.php?id=2666。
㉗伊强:《肩水金關漢簡綴合十四則》,簡帛網2015年1月19日,http://www.bsm.org.cn/show_article.php?id=2137。
㉘伊强:《〈肩水金關漢簡(貳)〉綴合二則》,簡帛網2016年8月9日,http://www.bsm.org.cn/show_article.php?id=2604。
㉙林宏明:《漢簡試綴第12-14則》,先秦史研究室網2016年12月15日,http://www.xianqin.org/blog/archives/7661.html。
㉚胡永鵬:《讀〈肩水金關漢簡(貳)〉札記》,簡帛網2013年9月17日,http://www.bsm.org.cn/show_article.php?id=1905。後發表於《中國文字(新四十期)》,臺北:藝文印書館,2014年。
㉛何茂活:《肩水金關漢簡〈所寄張千人舍器物記〉名物詞語考釋》,《魯東大學學報》2014年第6期。
㉜伊强:《〈肩水金關漢簡(貳)〉綴合二則》,簡帛網2014年12月31日,http://www.bsm.org.cn/show_article.php?id=2121。
㉝姚磊:《〈肩水金關漢簡(貳)〉綴合(二十六)》,簡帛網2019年7月22日,http://www.bsm.org.cn/show_article.php?id=3404。
㉞姚磊:《〈肩水金關漢簡(貳)〉綴合(十一)》,簡帛網2017年7月31日,http://www.bsm.org.cn/show_article.php?id=2854。
㉟姚磊:《〈肩水金關漢簡(貳)〉綴合(七)》,簡帛網2016年11月18日,http://www.bsm.org.cn/show_article.php?id=2666。
㊱姚磊:《〈肩水金關漢簡(貳)〉綴合(七)》,簡帛網2016年11月18日,http://www.bsm.org.cn/show_article.php?id=2666。
㊲姚磊:《〈肩水金關漢簡(貳)〉綴合(十五)》,簡帛網2017年11月2日,http://www.bsm.org.cn/show_article.php?id=2936。
㊳伊强:《肩水金關漢簡綴合十五則》,《簡帛》第12輯,上海:上海古籍出版社,2016年。
㊴姚磊:《〈肩水金關漢簡(貳)〉綴合(七)》,簡帛網2016年11月18日,http://www.bsm.org.cn/show_article.php?id=2666。
㊵姚磊:《〈肩水金關漢簡(貳)〉綴合(二十三)》,簡帛網2019年6月24日,http://www.bsm.org.cn/show_article.php?id=3391。
㊶伊强:《〈肩水金關漢簡(貳)〉綴合二則》,簡帛網2014年12月31日,http://www.bsm.org.cn/show_article.php?id=2121。
㊷林宏明:《漢簡試綴第15則》,先秦史研究室網2016年12月21日,http://www.xianqin.org/blog/archives/7665.html。

《肩水金關漢簡(叁)》綴合表

序號	簡牘編號	綴合人	备注
1	73EJT24:523+521	姚磊[1]	
2	73EJT24:570+571	伊强[2]	
3	73EJT24:596+611	姚磊[3]	
4	73EJT24:599+597	胡永鵬[4]	
		姚磊[5]	
5	73EJT24:606+600	姚磊[6]	
6	73EJT24:634+627	伊强[7]	
7	73EJT24:646+648+650	許名瑲[8]	
8	73EJT24:681+658	姚磊[9]	
9	73EJT24:687+703	何茂活[10]	
		姚磊[11]	
10	73EJT24:739+784+785	姚磊[12]	
11	73EJT24:749+983	姚磊[13]	
12	73EJT24:750+919	伊强[14]	
		何茂活[15]	
13	73EJT24:771+913	姚磊[16]	
14	73EJT24:773+769	姚磊[17]	
15	73EJT24:786+692	姚磊[18]	
16	73EJT24:800+842–843	何茂活[19]	73EJT24:800與842遙綴
17	73EJT24:828+810	許名瑲[20]	
18	73EJT24:872+249	伊强[21]	
19	73EJT24:874+871+805	姚磊[22]	
20	73EJT24:887+909	姚磊[23]	
21	73EJT24:900+691	姚磊[24]	
22	73EJT24:908+73EJC:498	姚磊[25]	跨探方綴合
23	73EJT24:925+869	姚磊[26]	
24	73EJT24:932+802	姚磊[27]	
25	73EJT24:941+73EJC:492	姚磊[28]	跨探方綴合
26	73EJT24:945+534	姚磊[29]	
27	73EJT24:950+949	姚磊[30]	
28	73EJT24:955+911	姚磊[31]	
29	73EJT24:956+761	伊强[32]	
30	73EJT25:43+191	何茂活[33]	
31	73EJT25:80+72	伊强[34]	誤綴
32	73EJT25:86+17	姚磊[35]	
33	73EJT25:108+211	何茂活[36]	

(續表)

序號	簡牘編號	綴合人	備注
34	73EJT25:156+174+122	姚磊[37]	
35	73EJT25:159+116	何茂活[38]	
36	73EJT25:186+155	姚磊[39]	
37	73EJT25:244+243	何茂活[40]	
	73EJT25:244+243+157	姚磊[41]	
38	73EJT26:42+25	伊强[42]	遥綴
39	73EJT26:75+36	姚磊[43]	
40	73EJT26:127+117	伊强[44]	
41	73EJT26:142+272	姚磊[45]	
42	73EJT26:144+182	姚磊[46]	
43	73EJT26:167+201+296	姚磊[47]	
44	73EJT26:186+135	姚磊[48]	
45	73EJT26:190+198+163	伊强[49]	
		何茂活[50]	
46	73EJT26:218+293	姚磊[51]	
47	73EJT26:227+194	伊强[52]	
48	73EJT26:245+26	姚磊[53]	
49	73EJT26:249+255	伊强[54]	
50	73EJT26:256+157	姚磊[55]	
51	73EJT26:258+248	姚磊[56]	
52	73EJT26:259+155	許名瑲[57]	
53	73EJT26:268+264+266	許名瑲[58]	
54	73EJT27:15+16+58	何茂活[59]	
55	73EJT27:72+73EJT25:49	姚磊[60]	跨探方綴合
56	73EJT27:103+101	姚磊[61]	
57	73EJT28:27+93	姚磊[62]	
58	73EJT28:29+92	姚磊[63]	
59	73EJT28:51+49	姚磊[64]	
60	73EJT28:55+44	姚磊[65]	
61	73EJT28:81+28	姚磊[66]	
62	73EJT28:116+118	何有祖[67]	
63	73EJT28:125+142	姚磊[68]	
64	73EJT29:10+19	姚磊[69]	
65	73EJT29:14+41	姚磊[70]	
66	73EJT29:20+76	伊强[71]	
67	73EJT29:22+21	伊强[72]	

（續表）

序號	簡牘編號	綴合人	备注
68	73EJT29:34+36	姚磊[73]	
69	73EJT29:43+33	姚磊[74]	
70	73EJT30:16+254	姚磊[75]	
71	73EJT30:21+87	伊强[76]	
72	73EJT30:24+122	伊强[77]	
73	73EJT30:46+73EJT25:175	姚磊[78]	跨探方綴合
74	73EJT30:86+112	伊强[79]	
75	73EJT30:90+68	姚磊[80]	
76	73EJT30:129+107	伊强[81]	
77	73EJT30:133+73EJT24:102	姚磊[82]	跨探方綴合
78	73EJT30:140+241	伊强[83]	
79	73EJT30:148+172	伊强[84]	
80	73EJT30:151+73EJT24:136	許名瑲[85]	程少軒認爲是誤綴[86] 紋路上不能吻合，誤綴屬實
81	73EJT30:170+144	伊强[87]	
82	73EJT30:179+180	姚磊[88]	
83	73EJT30:216+220	伊强[89]	
84	73EJT30:261	何茂活[90]	糾補
85	73EJT31:20+34	何有祖[91]	
86	73EJT31:21+155	姚磊[92]	
87	73EJT31:85+90	伊强[93]	
88	73EJT31:104+86	劉嬌[94]	誤綴[95]
89	73EJT31:129+82	姚磊[96]	
90	73EJT32:6+24	伊强[97]	
91	73EJT32:45+22	姚磊[98]	
92	73EJT32:57+49	伊强[99]	
93	73EJT32:59+66	姚磊[100]	
94	73EJT32:61+64	伊强[101]	

① 姚磊：《〈肩水金關漢簡（叄）〉綴合（十）》，簡帛網2017年3月17日，http://www.bsm.org.cn/show_article.php?id=2760。
② 伊强：《肩水金關漢簡綴合十四則》，簡帛網2015年1月19日，http://www.bsm.org.cn/show_article.php?id=2137。
③ 姚磊：《〈肩水金關漢簡（叄）〉綴合（一）》，簡帛網2016年11月22日，http://www.bsm.org.cn/show_article.php?id=2669。
④ 胡永鵬：《肩水金關漢簡校讀兩則》，《出土文獻綜合研究集刊》第4輯，成都：巴蜀書社，2016年。
⑤ 姚磊：《〈肩水金關漢簡（叄）〉綴合（一）》，簡帛網2016年11月22日，http://www.bsm.org.cn/show_article.php?id=2669。
⑥ 姚磊：《〈肩水金關漢簡（叄）〉綴合（十八）》，簡帛網2018年7月21日，http://www.bsm.org.cn/show_article.php?id=3194。
⑦ 伊强：《肩水金關漢簡綴合十五則》，《簡帛》第12輯，上海：上海古籍出版社，2016年。
⑧ 許名瑲：《〈肩水金關漢簡（叄）〉綴合二則》，簡帛網2014年9月5日，http://www.bsm.org.cn/show_article.php?id=2072。

⑨姚磊:《肩水金關漢簡(叄)》綴合(十二),簡帛網2017年7月29日,http://www.bsm.org.cn/show_article.php?id=2853。
⑩何茂活:《肩水金關漢簡(叄)》釋文商訂(之一),《出土文獻研究》第15輯,上海:中西書局,2016年。
⑪姚磊:《〈肩水金關漢簡(叄)〉綴合(一)》,簡帛網2016年11月22日,http://www.bsm.org.cn/show_article.php?id=2669。
⑫姚磊:《〈肩水金關漢簡(叄)〉綴合(一)》,簡帛網2016年11月22日,http://www.bsm.org.cn/show_article.php?id=2669。
⑬姚磊:《〈肩水金關漢簡(叄)〉綴合(一)》,簡帛網2016年11月22日,http://www.bsm.org.cn/show_article.php?id=2669。
⑭伊强:《肩水金關漢簡綴合五則》,簡帛網2014年7月10日,http://www.bsm.org.cn/show_article.php?id=2046。
⑮何茂活:《〈肩水金關漢簡(叄)〉釋文商訂(之一)》,《出土文獻研究》第15輯,上海:中西書局,2016年。
⑯姚磊:《〈肩水金關漢簡(叄)〉綴合(二)》,簡帛網2016年11月24日,http://www.bsm.org.cn/show_article.php?id=2671。
⑰姚磊:《〈肩水金關漢簡(叄)〉綴合(二)》,簡帛網2016年11月24日,http://www.bsm.org.cn/show_article.php?id=2671。
⑱姚磊:《〈肩水金關漢簡(叄)〉綴合(二)》,簡帛網2016年11月24日,http://www.bsm.org.cn/show_article.php?id=2671。
⑲何茂活:《肩水金關第24、31探方所見典籍殘簡綴聯與考釋》,《簡帛研究》2015秋冬卷,桂林:廣西師範大學出版社,2015年。
⑳許名瑲:《〈肩水金關漢簡(叁)〉綴合二則》,簡帛網2014年9月5日,http://www.bsm.org.cn/show_article.php?id=2072。
㉑伊强:《肩水金關漢簡綴合十五則》,《簡帛》第12輯,上海:上海古籍出版社,2016年。
㉒姚磊:《〈肩水金關漢簡(叄)〉綴合(十八)》,簡帛網2018年7月21日,http://www.bsm.org.cn/show_article.php?id=3194。
㉓姚磊:《〈肩水金關漢簡(叄)〉綴合(九)》,簡帛網2017年2月17日,http://www.bsm.org.cn/show_article.php?id=2732。
㉔姚磊:《〈肩水金關漢簡(叄)〉綴合(十三)》,簡帛網2017年8月3日,http://www.bsm.org.cn/show_article.php?id=2857。
㉕姚磊:《〈肩水金關漢簡(叄)〉綴合(十五)》,簡帛網2017年9月24日,http://www.bsm.org.cn/show_article.php?id=2894。
㉖姚磊:《〈肩水金關漢簡(叄)〉綴合(二)》,簡帛網2016年11月24日,http://www.bsm.org.cn/show_article.php?id=2671。
㉗姚磊:《〈肩水金關漢簡(叄)〉綴合(十六)》,簡帛網2017年10月6日,http://www.bsm.org.cn/show_article.php?id=2910。
㉘姚磊:《〈肩水金關漢簡(叄)〉綴合(十四)》,簡帛網2017年8月23日,http://www.bsm.org.cn/show_article.php?id=2872。
㉙姚磊:《〈肩水金關漢簡(叄)〉綴合(二)》,簡帛網2016年11月24日,http://www.bsm.org.cn/show_article.php?id=2671。
㉚姚磊:《〈肩水金關漢簡(叄)〉綴合(二十一)》,簡帛網2019年7月20日,http://www.bsm.org.cn/show_article.php?id=3402。
㉛姚磊:《〈肩水金關漢簡(叄)〉綴合(五)》,簡帛網2016年12月11日,http://www.bsm.org.cn/show_article.php?id=2680。
㉜伊强:《肩水金關漢簡綴合十五則》,《簡帛》第12輯,上海:上海古籍出版社,2016年。
㉝何茂活:《肩水金關T25斷簡綴合四則》,簡帛網2015年11月6日,http://www.bsm.org.cn/show_article.php?id=2344。
㉞伊强:《肩水金關漢簡綴合十四則》,簡帛網2015年1月19日,http://www.bsm.org.cn/show_article.php?id=2137。
㉟姚磊:《〈肩水金關漢簡(叄)〉綴合(八)》,簡帛網2017年1月1日,http://www.bsm.org.cn/show_article.php?id=2694。
㊱何茂活:《肩水金關T25斷簡綴合四則》,簡帛網2015年11月6日,http://www.bsm.org.cn/show_article.php?id=2344。
㊲姚磊:《〈肩水金關漢簡(叄)〉綴合(五)》,簡帛網2016年12月11日,http://www.bsm.org.cn/show_article.php?id=2680。
㊳何茂活:《肩水金關T25斷簡綴合四則》,簡帛網2015年11月6日,http://www.bsm.org.cn/show_article.php?id=2344。
㊴姚磊:《〈肩水金關漢簡(叄)〉綴合(七)》,簡帛網2016年12月21日,http://www.bsm.org.cn/show_article.php?id=2687。
㊵何茂活:《肩水金關T25斷簡綴合四則》,簡帛網2015年11月6日,http://www.bsm.org.cn/show_article.php?id=2344;何茂活:《〈肩水金關漢簡(叄)〉釋文商訂(之二)》,《簡帛》第13輯,上海:上海古籍出版社,2016年。
㊶姚磊:《〈肩水金關漢簡(叄)〉綴合(十九)》,簡帛網2019年6月6日,http://www.bsm.org.cn/show_article.php?id=3383。
㊷伊强:《肩水金關漢簡綴合十五則》,《簡帛》第12輯,上海:上海古籍出版社,2016年。
㊸姚磊:《〈肩水金關漢簡(叄)〉綴合(十九)》,簡帛網2019年6月6日,http://www.bsm.org.cn/show_article.php?id=3383。
㊹伊强:《肩水金關漢簡綴合十四則》,簡帛網2015年1月19日,http://www.bsm.org.cn/show_article.php?id=2137。
㊺姚磊:《〈肩水金關漢簡(叄)〉綴合(七)》,簡帛網2016年12月21日,http://www.bsm.org.cn/show_article.php?id=2687。
㊻姚磊:《〈肩水金關漢簡(叄)〉綴合(七)》,簡帛網2016年12月21日,http://www.bsm.org.cn/show_article.php?id=2687。
㊼姚磊:《〈肩水金關漢簡(叄)〉綴合(七)》,簡帛網2016年12月21日,http://www.bsm.org.cn/show_article.php?id=2687。
㊽姚磊:《〈肩水金關漢簡(叄)〉綴合(六)》,簡帛網2016年12月18日,http://www.bsm.org.cn/show_article.php?id=2684。
㊾伊强:《肩水金關漢簡綴合十則》,簡帛網2015年1月19日,http://www.bsm.org.cn/show_article.php?id=2137;伊强:《〈肩水金關漢簡綴合十四則〉再補》,簡帛網2015年10月20日,http://www.bsm.

org.cn/show_article.php?id=2327。

(50)何茂活:《〈肩水金關漢簡(叁)〉釋文商訂(之二)》,《簡帛》第13輯,上海:上海古籍出版社,2016年。

(51)姚磊:《〈肩水金關漢簡(叁)〉綴合(十九)》,簡帛網2019年6月6日,http://www.bsm.org.cn/show_article.php?id=3383。

(52)伊强:《肩水金關漢簡綴合十四則》,簡帛網2015年1月19日,http://www.bsm.org.cn/show_article.php?id=2137。

(53)姚磊:《〈肩水金關漢簡(叁)〉綴合(十一)》,簡帛網2017年7月28日,http://www.bsm.org.cn/show_article.php?id=2850。

(54)伊强:《肩水金關漢簡綴合十四則》,簡帛網2015年1月19日,http://www.bsm.org.cn/show_article.php?id=2137。

(55)姚磊:《〈肩水金關漢簡(叁)〉綴合(六)》,簡帛網2016年12月18日,http://www.bsm.org.cn/show_article.php?id=2684。

(56)姚磊:《〈肩水金關漢簡(叁)〉綴合(十九)》,簡帛網2019年6月6日,http://www.bsm.org.cn/show_article.php?id=3383。

(57)許名瑲:《〈肩水金關漢簡(叁)〉綴合二則》,簡帛網2014年6月11日,http://www.bsm.org.cn/show_article.php?id=2258。

(58)許名瑲:《〈肩水金關漢簡(叁)〉綴合二則》,簡帛網2014年6月11日,http://www.bsm.org.cn/show_article.php?id=2258。

(59)何茂活:《〈肩水金關漢簡(叁)〉釋文商訂(之二)》,《簡帛》第13輯,上海:上海古籍出版社,2016年。

(60)姚磊:《〈肩水金關漢簡(叁)〉綴合(十九)》,簡帛網2019年6月6日,http://www.bsm.org.cn/show_article.php?id=3383。

(61)姚磊:《〈肩水金關漢簡(叁)〉綴合(六)》,簡帛網2016年12月18日,http://www.bsm.org.cn/show_article.php?id=2684。

(62)姚磊:《〈肩水金關漢簡(叁)〉綴合(五)》,簡帛網2016年12月11日,http://www.bsm.org.cn/show_article.php?id=2680。

(63)姚磊:《〈肩水金關漢簡(叁)〉綴合(五)》,簡帛網2016年12月11日,http://www.bsm.org.cn/show_article.php?id=2680。

(64)姚磊:《〈肩水金關漢簡(叁)〉綴合(八)》,簡帛網2017年1月1日,http://www.bsm.org.cn/show_article.php?id=2694。

(65)姚磊:《〈肩水金關漢簡(叁)〉綴合(三)》,簡帛網2016年12月2日,http://www.bsm.org.cn/show_article.php?id=2676。

(66)姚磊:《〈肩水金關漢簡(叁)〉綴合(三)》,簡帛網2016年12月2日,http://www.bsm.org.cn/show_article.php?id=2676。

(67)何有祖:《讀〈肩水金關漢簡(叁)〉札記(二)》,簡帛網2016年1月20日,http://www.bsm.org.cn/show_article.php?id=2450。

(68)姚磊:《〈肩水金關漢簡(叁)〉綴合(三)》,簡帛網2016年12月2日,http://www.bsm.org.cn/show_article.php?id=2676。

(69)姚磊:《〈肩水金關漢簡(叁)〉綴合(二十)》,簡帛網2019年6月15日,http://www.bsm.org.cn/show_article.php?id=3389。

(70)姚磊:《〈肩水金關漢簡(叁)〉綴合(四)》,簡帛網2016年12月7日,http://www.bsm.org.cn/show_article.php?id=2678。

(71)伊强:《肩水金關漢簡綴合十四則》,簡帛網2015年1月19日,http://www.bsm.org.cn/show_article.php?id=2137。

(72)伊强:《肩水金關漢簡綴合十四則》,簡帛網2015年1月19日,http://www.bsm.org.cn/show_article.php?id=2137。

(73)姚磊:《〈肩水金關漢簡(叁)〉綴合(四)》,簡帛網2016年12月7日,http://www.bsm.org.cn/show_article.php?id=2678。

(74)姚磊:《〈肩水金關漢簡(叁)〉綴合(四)》,簡帛網2016年12月7日,http://www.bsm.org.cn/show_article.php?id=2678。

(75)姚磊:《〈肩水金關漢簡(叁)〉綴合(三)》,簡帛網2016年12月2日,http://www.bsm.org.cn/show_article.php?id=2676。

(76)伊强:《〈肩水金關漢簡(叁)〉綴合五則》,簡帛網2015年6月6日,http://www.bsm.org.cn/show_article.php?id=2253。

(77)伊强:《〈肩水金關漢簡(叁)〉綴合五則》,簡帛網2015年6月6日,http://www.bsm.org.cn/show_article.php?id=2253。

(78)姚磊:《〈肩水金關漢簡(叁)〉綴合(十四)》,簡帛網2017年8月23日,http://www.bsm.org.cn/show_article.php?id=2872。

(79)伊强:《〈肩水金關漢簡(叁)〉綴合五則》,簡帛網2015年6月6日,http://www.bsm.org.cn/show_article.php?id=2253。

(80)姚磊:《〈肩水金關漢簡(叁)〉綴合(二十)》,簡帛網2019年6月15日,http://www.bsm.org.cn/show_article.php?id=3389。

(81)伊强:《〈肩水金關漢簡(叁)〉綴合五則》,簡帛網2015年6月6日,http://www.bsm.org.cn/show_article.php?id=2253。

(82)姚磊:《〈肩水金關漢簡(叁)〉綴合(十七)》,簡帛網2017年10月9日,http://www.bsm.org.cn/show_article.php?id=2914。

(83)伊强:《〈肩水金關漢簡(叁)〉綴合一則》,簡帛網2016年8月23日,http://www.bsm.org.cn/show_article.php?id=2611。

(84)伊强:《〈肩水金關漢簡(叁)〉綴合五則》,簡帛網2015年6月6日,http://www.bsm.org.cn/show_article.php?id=2253。

(85)許名瑲:《〈肩水金關漢簡〉簡73EJT30:151+T24:136考釋》,簡帛網2014年8月21日,http://www.bsm.org.cn/show_article.php?id=2058。

(86)程少軒:《〈肩水金關漢簡(叁)〉數術類簡牘初探》,《簡帛研究》2015秋冬卷,桂林:廣西師範大學出版社,2015年,第136頁。

(87)伊强:《肩水金關漢簡綴合五則》,簡帛網2014年7月10日,http://www.bsm.org.cn/show_article.php?id=2046。

(88)姚磊:《〈肩水金關漢簡(叁)〉綴合(三)》,簡帛網2016年12月2日,http://www.bsm.org.cn/show_article.php?id=2676。

(89)伊强:《肩水金關漢簡綴合五則》,簡帛網2014年7月10日,http://www.bsm.org.cn/show_article.php?id=2046。

(90)何茂活:《金關漢簡削衣重綴一例》,簡帛網2015年11月3日,http://www.bsm.org.cn/show_article.php?id=2338。

㉑何有祖:《讀〈肩水金關漢簡(叁)〉札記(一)》,簡帛網2016年1月19日,http://www.bsm.org.cn/show_article.php?id=2448。
㉒姚磊:《〈肩水金關漢簡(叁)〉綴合(四)》,簡帛網2016年12月7日,http://www.bsm.org.cn/show_article.php?id=2678。
㉓伊强:《肩水金關漢簡綴合十四則》,簡帛網2015年1月19日,http://www.bsm.org.cn/show_article.php?id=2137。
㉔劉嬌:《漢簡所見〈孝經〉之傳注或解説初探》,復旦大學出土文獻與古文字研究中心網2015年4月8日,http://www.gwz.fudan.edu.cn/Web/Show/2487。後發表於《出土文獻》第6輯,上海:中西書局,2015年。
㉕廣瀬薫雄指出。
㉖姚磊:《〈肩水金關漢簡(叁)〉綴合(四)》,簡帛網2016年12月7日,http://www.bsm.org.cn/show_article.php?id=2678。
㉗伊强:《肩水金關漢簡綴合十四則》,簡帛網2015年1月19日,http://www.bsm.org.cn/show_article.php?id=2137。
㉘姚磊:《〈肩水金關漢簡(叁)〉綴合(八)》,簡帛網2017年1月1日,http://www.bsm.org.cn/show_article.php?id=2694。
㉙伊强:《肩水金關漢簡綴合十五則》,《簡帛》第12輯,上海:上海古籍出版社,2016年。
⑩姚磊:《〈肩水金關漢簡(叁)〉綴合(八)》,簡帛網2017年1月1日,http://www.bsm.org.cn/show_article.php?id=2694。
⑪伊强:《肩水金關漢簡綴合十四則》,簡帛網2015年1月19日,http://www.bsm.org.cn/show_article.php?id=2137。

《肩水金關漢簡(肆)》綴合表[1]

序號	簡牘編號	綴合人	备注
1	73EJT33:13+4	何有祖[2]	
2	73EJT35:8+9	何有祖[3]	
3	73EJT37:2+572	謝坤[4]	
4	73EJT37:4+1172	姚磊[5]	
5	73EJT37:24+648	謝坤[6]	
6	73EJT37:28+653+1133	姚磊[7]	
7	73EJT37:32+311	單印飛[8]	
8	73EJT37:39+691	姚磊[9]	
9	73EJT37:43+1485	姚磊[10]	
10	73EJT37:51+203	謝坤[11]	
11	73EJT37:59+471	姚磊[12]	
12	73EJT37:67+121	謝坤[13]	
13	73EJT37:105+791	姚磊[14]	
14	73EJT37:107+60	姚磊[15]	
15	73EJT37:120+333	姚磊[16]	
16	73EJT37:135+133	伊強[17]	
17	73EJT37:139+391	姚磊[18]	
18	73EJT37:143+729	姚磊[19]	
19	73EJT37:146+1561	姚磊[20]	
20	73EJT37:147+417+974+1252	姚磊[21]	
21	73EJT37:148+422	姚磊[22]	
22	73EJT37:153+269	姚磊[23]	
23	73EJT37:160+642	伊強[24]	
24	73EJT37:170+365	姚磊[25]	
25	73EJT37:177+687	姚磊[26]	
26	73EJT37:180+666+879	謝坤[27]	180簡不能綴合
27	73EJT37:182+1532	姚磊[28]	
28	73EJT37:183+188+1564	雷海龍[29]	
29	73EJT37:199+205	何有祖[30]	
30	73EJT37:207+867	姚磊[31]	
31	73EJT37:209+213+1285+1297	姚磊[32]	
32	73EJT37:220+174	姚磊[33]	
33	73EJT37:242+138	姚磊[34]	
34	73EJT37:243+73EJC:469	姚磊[35]	跨探方綴合
35	73EJT37:244+255	伊強[36]	
36	73EJT37:246+61	姚磊[37]	

(續表)

序號	簡牘編號	綴合人	备注
	73EJT37:246+61+1560	顏世鉉㊳	
37	73EJT37:247+808	姚磊㊴	
38	73EJT37:261+239	顏世鉉㊵	
39	73EJT37:263+100	許名瑲㊶	
40	73EJT37:273+410	許名瑲㊷	
41	73EJT37:275+248	許名瑲㊸	
	73EJT37:275+301	謝坤㊹	
	73EJT37:275+248+7+301	姚磊㊺	
42	73EJT37:276+1501	姚磊㊻	
43	73EJT37:279+287	姚磊㊼	
	73EJT37:279+287+325	林宏明㊽	
44	73EJT37:282+819	姚磊㊾	
45	73EJT37:284+324+278	姚磊㊿	
46	73EJT37:306+267	姚磊㊽	
47	73EJT37:309+1305	姚磊㊾	
48	73EJT37:315+1507	姚磊㊿	
49	73EJT37:340+385	雷海龍㊾	
50	73EJT37:355+56	姚磊㊿	
51	73EJT37:356+150	顏世鉉㊽	
52	73EJT37:357+58	謝坤㊾	
53	73EJT37:358+1483	姚磊㊿	
54	73EJT37:364+211	姚磊㊾	
55	73EJT37:386+395	姚磊㊿	
56	73EJT37:389+1137	雷海龍㊾	
57	73EJT37:393+1290	姚磊㊿	
58	73EJT37:394+685	姚磊㊾	
59	73EJT37:401+857	謝坤㊿	
	73EJT37:401+857+1473	姚磊㊾	
60	73EJT37:424+1419	雷海龍㊿	
61	73EJT37:425+897	伊强㊾	
62	73EJT37:426+173	伊强㊿	
63	73EJT37:427+298	姚磊㊾	
64	73EJT37:436+380	姚磊㊿	
65	73EJT37:447+1176	姚磊㊾	
66	73EJT37:459+1174	姚磊㊿	
67	73EJT37:468+925	姚磊㊾	

(續表)

序號	簡牘編號	綴合人	备注
68	73EJT37:470+1157	沈思聰[74]	
69	73EJT37:473+507	姚磊[75]	
70	73EJT37:479+1131	姚磊[76]	
71	73EJT37:480+894	姚磊[77]	
72	73EJT37:484+481	姚磊[78]	
73	73EJT37:485+544	姚磊[79]	
74	73EJT37:491+482	姚磊[80]	
75	73EJT37:495+823	許名瑲[81]	
76	73EJT37:503+1040	姚磊[82]	
77	73EJT37:515+516	顔世鉉[83]	
78	73EJT37:533+1579	姚磊[84]	
79	73EJT37:536+810	姚磊[85]	
80	73EJT37:537+948	姚磊[86]	
81	73EJT37:547+593	姚磊[87]	
82	73EJT37:552+623	姚磊[88]	
83	73EJT37:553+348	謝坤[89]	
84	73EJT37:554+559	顔世鉉[90]	
	73EJT37:611+554+559+904	姚磊[91]	
85	73EJT37:581+1261	姚磊[92]	
86	73EJT37:591+795	許名瑲[93]	
87	73EJT37:597+654+734	姚磊	
88	73EJT37:603+595	顔世鉉[94]	
89	73EJT37:608+683	姚磊[95]	
90	73EJT37:615+494	姚磊[96]	
91	73EJT37:616+542	姚磊[97]	
92	73EJT37:617+1047	姚磊[98]	
93	73EJT37:621+50	姚磊[99]	
94	73EJT37:627+119	姚磊[100]	
95	73EJT37:628+658	謝坤[101]	
96	73EJT37:631+113	姚磊[102]	
97	73EJT37:634+1030	姚磊[103]	
98	73EJT37:638+172	姚磊[104]	
99	73EJT37:645+1377	許名瑲[105]	
100	73EJT37:651+727	顔世鉉[106]	
	73EJT37:651+727+716	姚磊[107]	
101	73EJT37:656+1376	謝坤[108]	

(續表)

序號	簡牘編號	綴合人	备注
102	73EJT37:662+613	姚磊[⑩]	
103	73EJT37:671+1009	姚磊[⑩]	
104	73EJT37:673+677	林宏明[⑪]	
105	73EJT37:675+688	姚磊[⑫]	
106	73EJT37:701+36	謝坤[⑬]	
107	73EJT37:706+33	謝坤[⑬]	
108	73EJT37:713+624	姚磊[⑫]	
109	73EJT37:721+26	姚磊[⑩]	
110	73EJT37:723+1420+1302	謝坤[⑪]	
111	73EJT37:740+1	姚磊[⑩]	
112	73EJT37:782+836+1255	姚磊[⑪]	
113	73EJT37:798+643	姚磊[⑩]	
114	73EJT37:805+535+73EJF3:599	姚磊[⑩]	跨探方綴合
115	73EJT37:832+811	姚磊[⑫]	
116	73EJT37:842+946	姚磊[⑬]	
117	73EJT37:850+35	姚磊[⑭]	
118	73EJT37:852+712	謝坤[⑫]	
119	73EJT37:854+1196	謝坤[⑫]	
120	73EJT37:856+927	謝坤[⑫]	
121	73EJT37:862+136	姚磊[⑬]	
122	73EJT37:863+592	姚磊[⑬]	
123	73EJT37:866+580	姚磊[⑩]	
124	73EJT37:877+73EJT21:392	姚磊[⑩]	跨探方綴合
125	73EJT37:878+692	姚磊[⑩]	
126	73EJT37:880+884	顏世鉉[⑬]	
127	73EJT37:881+612	姚磊[⑭]	
128	73EJT37:885+636	姚磊[⑬]	
129	73EJT37:896+903	林宏明[⑫]	
		姚磊[⑮]	
130	73EJT37:901+660	姚磊[⑩]	
131	73EJT37:909+906	姚磊[⑩]	
132	73EJT37:918+1517	姚磊[⑭]	
133	73EJT37:929+1572	姚磊[⑪]	
134	73EJT37:930+1407	姚磊[⑩]	
135	73EJT37:949+1349	姚磊[⑬]	
136	73EJT37:964+1352+1124	姚磊[⑭]	

(續表)

序號	簡牘編號	綴合人	备注
137	73EJT37:968+1310	顔世鉉	
138	73EJT37:1022+314+359	姚磊	
139	73EJT37:1026+1515	姚磊	
140	73EJT37:1027+186	姚磊	
141	73EJT37:1028+1208+371	姚磊	
142	73EJT37:1035+1411	顔世鉉	
143	73EJT37:1048+413	顔世鉉	
144	73EJT37:1052+268	姚磊	
145	73EJT37:1100+271	姚磊	
146	73EJT37:1105+1315	伊强	
147	73EJT37:1109+1179	姚磊	
148	73EJT37:1117+1107	姚磊	
149	73EJT37:1124+877	顔世鉉	誤綴
150	73EJT37:1125+1338	何有祖	待刊
151	73EJT37:1182+490+8	姚磊	
152	73EJT37:1206+872	姚磊	
153	73EJT37:1207+816+806	姚磊	
154	73EJT37:1217+1140	姚磊	
155	73EJT37:1224+108	姚磊	
156	73EJT37:1229+1239	許名瑲	
157	73EJT37:1232+1570	姚磊	
158	73EJT37:1238+1323	姚磊	
159	73EJT37:1240+1311+1233	姚磊	
160	73EJT37:1242+20	姚磊	
161	73EJT37:1245+383+409	姚磊	
162	73EJT37:1247+1235	姚磊	
163	73EJT37:1251+1328	姚磊	
164	73EJT37:1256+1368	許名瑲	
165	73EJT37:1258+1291+1392	姚磊	
166	73EJT37:1263+1300	姚磊	
167	73EJT37:1268+1089	姚磊	
168	73EJT37:1271+1340	林宏明	
		姚磊	
169	73EJT37:1294+737	姚磊	
170	73EJT37:1308+1277	姚磊	
171	73EJT37:1313+1405	林宏明	

(續表)

序號	簡牘編號	綴合人	备注
172	73EJT37:1324+1192	謝坤[80]	
173	73EJT37:1335+1359	姚磊[81]	
174	73EJT37:1355+682	姚磊[82]	
175	73EJT37:1361+1353+1358	姚磊[83]	
176	73EJT37:1378+1134	姚磊[84]	
177	73EJT37:1386+1138	姚磊[85]	
178	73EJT37:1391+883	姚磊[86]	
179	73EJT37:1410+1480	姚磊[87]	
180	73EJT37:1413+1190	姚磊[88]	
181	73EJT37:1414+1044+369	姚磊[89]	
182	73EJT37:1416+1177	林宏明[70]	
		姚磊[90]	
183	73EJT37:1418+664	謝坤[91]	
	73EJT37:1418+664+609	姚磊[92]	
184	73EJT37:1425+1347+1142	姚磊[93]	
185	73EJT37:1444+12	姚磊[94]	
186	73EJT37:1447+922	姚磊[95]	
187	73EJT37:1448+1197	何有祖[96]	
188		林宏明[71]	
	73EJT37:1450+1402	姚磊[97]	
189	73EJT37:1452+1460+55	謝坤[98]	
190	73EJT37:1463+402	姚磊[99]	
191	73EJT37:1468+347	姚磊[100]	
192	73EJT37:1476+730	謝坤[101]	
193	73EJT37:1477+1053	謝坤[102]	
194	73EJT37:1478+406	姚磊[103]	
195	73EJT37:1482+1010	姚磊[104]	
196	73EJT37:1484+30	姚磊[105]	
197	73EJT37:1487+421	姚磊[106]	
198	73EJT37:1510+313	姚磊[107]	
199	73EJT37:1518+234	姚磊[108]	
200	73EJT37:1523+111	姚磊[109]	
201	73EJT37:1526+281	姚磊[110]	
202	73EJT37:1528+280	顏世鉉[111]	
	73EJT37:1528+280+1457	姚磊[112]	
203	73EJH1:13+61	姚磊[113]	

(續表)

序號	簡牘編號	綴合人	备注
204	73EJH1:23+49	姚磊[16]	
205	73EJH1:32+16	何有祖[17]	
206	73EJH1:69+73EJF3:286	雷海龍[18]	跨探方綴合
207	73EJH2:6+26	何有祖[19]	
208	73EJH2:7+85	姚磊[20]	
209	73EJH2:15+83+34	姚磊[20]	
210	73EJH2:22+102	姚磊[22]	
211	73EJH2:67+32	姚磊[23]	
212	73EJH2:91+65	姚磊[23]	
213	73EJF1:91+93+82	謝坤[22]	
214	73EJF1:102+99	何有祖[23]	
215	73EJF1:111+106	謝坤[22]	
216	73EJF1:122+120	姚磊[23]	

① 此表在寫作過程中曾借鑒謝坤惠賜的綴合表。
② 何有祖:《讀肩水金關漢簡札記(一則)》,簡帛網2016年1月9日,http://www.bsm.org.cn/show_article.php?id=2416。
③ 何有祖:《讀肩水金關漢簡札記(三則)》,簡帛網2016年1月12日,http://www.bsm.org.cn/show_article.php?id=2423。
④ 謝坤:《〈肩水金關漢簡(肆)〉綴合六則》,《出土文獻》第9輯,上海:中西書局,2016年。
⑤ 姚磊:《〈肩水金關漢簡(肆)〉綴合(七)》,簡帛網2016年2月2日,http://www.bsm.org.cn/show_article.php?id=2461。
⑥ 謝坤:《〈肩水金關漢簡(肆)〉綴合六則》,《出土文獻》第9輯,上海:中西書局,2016年。
⑦ 姚磊:《〈肩水金關漢簡(肆)〉綴合考釋研究(十二則)》,《出土文獻》第9輯,上海:中西書局,2016年。
⑧ 單印飛:《肩水金關(肆)綴合一則》,簡帛網2016年1月13日,http://www.bsm.org.cn/show_article.php?id=2428。
⑨ 姚磊:《〈肩水金關漢簡(肆)〉綴合(二十八)》,簡帛網2016年7月15日,http://www.bsm.org.cn/show_article.php?id=2596。
⑩ 姚磊:《〈肩水金關漢簡(肆)〉綴合考釋研究(十二則)》,《出土文獻》第9輯,上海:中西書局,2016年。
⑪ 謝坤:《〈肩水金關漢簡(肆)〉綴合六則》,《出土文獻》第9輯,上海:中西書局,2016年。
⑫ 姚磊:《〈肩水金關漢簡(肆)〉綴合(八)》,簡帛網2016年2月4日,http://www.bsm.org.cn/show_article.php?id=2463。
⑬ 謝坤:《讀肩水金關漢簡札記(五)》,簡帛網2016年1月16日,http://www.bsm.org.cn/show_article.php?id=2442。
⑭ 姚磊:《〈肩水金關漢簡(肆)〉綴合(十)》,簡帛網2016年2月16日,http://www.bsm.org.cn/show_article.php?id=2471。
⑮ 姚磊:《〈肩水金關漢簡(肆)〉綴合(三十二)》,簡帛網2016年8月7日,http://www.bsm.org.cn/show_article.php?id=2603。
⑯ 姚磊:《〈肩水金關漢簡(肆)〉綴合(九)》,簡帛網2016年2月7日,http://www.bsm.org.cn/show_article.php?id=2466。
⑰ 伊強:《〈肩水金關漢簡(肆)〉綴合二則》,簡帛網2016年1月11日,http://www.bsm.org.cn/show_article.php?id=2419。
⑱ 姚磊:《〈肩水金關漢簡(肆)〉綴合(九)》,簡帛網2016年2月7日,http://www.bsm.org.cn/show_article.php?id=2466。
⑲ 姚磊:《〈肩水金關漢簡(肆)〉綴合(二十六)》,簡帛網2016年7月7日,http://www.bsm.org.cn/show_article.php?id=2591。
⑳ 姚磊:《〈肩水金關漢簡(肆)〉綴合考釋研究(十二則)》,《出土文獻》第9輯,上海:中西書局,2016年。
㉑ 姚磊:《〈肩水金關漢簡(肆)〉綴合(十九)》,簡帛網2016年5月12日,http://www.bsm.org.cn/show_article.php?id=2552。
㉒ 姚磊:《〈肩水金關漢簡(肆)〉綴合札記》,《甘肅省第三屆簡牘學國際學術研討會論文集》,上海:上海辭書出版社,2017年。
㉓ 姚磊:《〈肩水金關漢簡(肆)〉斷簡綴合十則》,《江漢考古》,待刊。

㉔伊强:《〈肩水金關漢簡(肆)〉綴合一則》,簡帛網2016年1月15日,http://www.bsm.org.cn/show_article.php?id=2437。
㉕姚磊:《〈肩水金關漢簡(肆)〉綴合札記》,《甘肅省第三届簡牘學國際學術研討會論文集》,上海:上海辭書出版社,2017年。
㉖姚磊:《〈肩水金關漢簡(肆)〉拾遺》,《簡帛》第14輯,上海:上海古籍出版社,2017年。
㉗謝坤:《〈肩水金關漢簡(肆)〉綴合及考釋八則》,《簡帛》第14輯,上海:上海古籍出版社,2017年。
㉘姚磊:《〈肩水金關漢簡(肆)〉綴合(二十三)》,簡帛網2016年6月14日,http://www.bsm.org.cn/show_article.php?id=2577。
㉙雷海龍:《〈肩水金關漢簡(肆)〉斷簡試綴(一)》,簡帛網2016年2月8日,http://www.bsm.org.cn/show_article.php?id=2468。
㉚何有祖:《讀肩水金關漢簡札記(三則)》,簡帛網2016年1月12日,http://www.bsm.org.cn/show_article.php?id=2423。
㉛姚磊:《〈肩水金關漢簡(肆)〉綴合(二十七)》,簡帛網2016年7月13日,http://www.bsm.org.cn/show_article.php?id=2593。
㉜姚磊:《〈肩水金關漢簡(肆)〉綴合(六)》,簡帛網2016年1月26日,http://www.bsm.org.cn/show_article.php?id=2456。
㉝姚磊:《〈肩水金關漢簡(肆)〉綴合(十八)》,簡帛網2016年5月10日,http://www.bsm.org.cn/show_article.php?id=2549。
㉞姚磊:《〈肩水金關漢簡(肆)〉綴合(四十四)》,簡帛網2019年6月26日,http://www.bsm.org.cn/show_article.php?id=3393。
㉟姚磊:《〈肩水金關漢簡(肆)〉綴合(四十八)》,簡帛網2019年8月14日,http://www.bsm.org.cn/show_article.php?id=3408。
㊱伊强:《〈肩水金關漢簡(肆)〉綴合二則》,簡帛網2016年1月11日,http://www.bsm.org.cn/show_article.php?id=2419。
㊲姚磊:《〈肩水金關漢簡(肆)〉綴合(十八)》,簡帛網2016年5月10日,http://www.bsm.org.cn/show_article.php?id=2549。
㊳顏世鉉:《〈肩水金關漢簡〉(肆)綴合第13組》,簡帛網2016年7月31日,http://www.bsm.org.cn/show_article.php?id=2600。
㊴姚磊:《〈肩水金關漢簡(肆)〉綴合(二十七)》,簡帛網2016年7月13日,http://www.bsm.org.cn/show_article.php?id=2593。
㊵顏世鉉:《〈肩水金關漢簡〉(肆)綴合第1-2組》,簡帛網2016年1月13日,http://www.bsm.org.cn/show_article.php?id=2429。
㊶許名瑲:《〈肩水金關漢簡(肆)〉綴合第8組》,簡帛網2016年1月15日,http://www.bsm.org.cn/show_article.php?id=2439。
㊷姚磊:《〈肩水金關漢簡(肆)〉綴合三則》,簡帛網2016年1月12日,http://www.bsm.org.cn/show_article.php?id=2421。
㊸許名瑲:《〈肩水金關漢簡(肆)〉綴合七則》,簡帛網2016年1月12日,http://www.bsm.org.cn/show_article.php?id=2425。
㊹許名瑲:《〈肩水金關漢簡(肆)〉綴合七則》,簡帛網2016年1月12日,http://www.bsm.org.cn/show_article.php?id=2425。
㊺謝坤:《〈肩水金關漢簡(肆)〉綴合及考釋八則》,《簡帛》第14輯,上海:上海古籍出版社,2017年。
㊻姚磊:《〈肩水金關漢簡(肆)〉綴合(十七)》,簡帛網2016年5月6日,http://www.bsm.org.cn/show_article.php?id=2545。
㊼姚磊:《〈肩水金關漢簡(肆)〉綴合及釋文訂補(十一則)》,《出土文獻研究》第16輯,上海:中西書局,2017年。
㊽姚磊:《〈肩水金關漢簡(肆)〉綴合三則》,簡帛網2016年1月12日,http://www.bsm.org.cn/show_article.php?id=2421。
㊾林宏明:《漢簡試綴第六則》,先秦史研究室網2016年11月29日,http://www.xianqin.org/blog/archives/7582.html。
㊿姚磊:《〈肩水金關漢簡(肆)〉綴合札記》,《甘肅省第三届簡牘學國際學術研討會論文集》,上海:上海辭書出版社,2017年。
(51)姚磊:《〈肩水金關漢簡(肆)〉綴合(四十四)》,簡帛網2019年6月26日,http://www.bsm.org.cn/show_article.php?id=3393。
(52)姚磊:《〈肩水金關漢簡(肆)〉綴合札記》,《甘肅省第三届簡牘學國際學術研討會論文集》,上海:上海辭書出版社,2017年。
(53)姚磊:《〈肩水金關漢簡(肆)〉綴合(二十七)》,簡帛網2016年7月13日,http://www.bsm.org.cn/show_article.php?id=2593。
(54)雷海龍:《〈肩水金關漢簡(肆)〉斷簡試綴(一)》,簡帛網2016年2月8日,http://www.bsm.org.cn/show_article.php?id=2468。
(55)姚磊:《〈肩水金關漢簡(肆)〉綴合及釋文訂補(十一則)》,《出土文獻研究》第16輯,上海:中西書局,2017年。
(56)顏世鉉:《〈肩水金關漢簡〉(肆)綴合第5-6組》,簡帛網2016年1月14日,http://www.bsm.org.cn/show_article.php?id=2436。
(57)謝坤:《讀肩水金關漢簡札記(四)》,簡帛網2016年1月14日,http://www.bsm.org.cn/show_article.php?id=2432。
(58)姚磊:《〈肩水金關漢簡(肆)〉綴合(二十八)》,簡帛網2016年7月15日,http://www.bsm.org.cn/show_article.php?id=2596。
(59)姚磊:《〈肩水金關漢簡(肆)〉綴合(三十二)》,簡帛網2016年8月7日,http://www.bsm.org.cn/show_article.php?id=2603。
(60)姚磊:《〈肩水金關漢簡(肆)〉綴合(二十二)》,簡帛網2016年6月1日,http://www.bsm.org.cn/show_article.php?id=2565。
(61)雷海龍:《〈肩水金關漢簡(肆)〉斷簡試綴(二)》,簡帛網2016年2月10日,http://www.bsm.org.cn/show_article.php?id=2469。
(62)姚磊:《〈肩水金關漢簡(肆)〉綴合札記(十則)》,《簡帛研究》2016秋冬卷,桂林:廣西師範大學出版社,2016年。

㉝ 姚磊:《〈肩水金關漢簡(肆)〉綴合(二十八)》,簡帛網2016年7月15日,http://www.bsm.org.cn/show_article.php?id=2596。
㉞ 謝坤:《讀肩水金關漢簡札記(四)》,簡帛網2016年1月14日,http://www.bsm.org.cn/show_article.php?id=2432。
㉟ 姚磊:《〈肩水金關漢簡(肆)〉綴合(二十九)》,簡帛網2016年7月19日,http://www.bsm.org.cn/show_article.php?id=2597。
㊱ 雷海龍:《〈肩水金關漢簡(肆)〉斷簡試綴(二)》,簡帛網2016年2月10日,http://www.bsm.org.cn/show_article.php?id=2469。
㊲ 伊强:《〈肩水金關漢簡(肆)〉綴合(三)》,簡帛網2016年1月17日,http://www.bsm.org.cn/show_article.php?id=2443。
㊳ 伊强:《〈肩水金關漢簡(肆)〉綴合(三)》,簡帛網2016年1月17日,http://www.bsm.org.cn/show_article.php?id=2443。
㊴ 姚磊:《〈肩水金關漢簡(肆)〉綴合及釋文訂補(十一則)》,《出土文獻研究》第16輯,上海:中西書局,2017年。
㊵ 姚磊:《〈肩水金關漢簡(肆)〉綴合及釋文訂補(十一則)》,《出土文獻研究》第16輯,上海:中西書局,2017年。
㊶ 姚磊:《〈肩水金關漢簡(肆)〉綴合(三十三)》,簡帛網2016年8月16日,http://www.bsm.org.cn/show_article.php?id=2605。
㊷ 姚磊:《〈肩水金關漢簡(肆)〉綴合(二十九)》,簡帛網2016年7月19日,http://www.bsm.org.cn/show_article.php?id=2597。
㊸ 姚磊:《〈肩水金關漢簡(肆)〉斷簡綴合十則》,《江漢考古》,待刊。
㊹ 沈思聰:《肩水金關漢簡人名索引與釋文校訂》,復旦大學碩士學位論文,2018年,第247頁。
㊺ 姚磊:《〈肩水金關漢簡(肆)〉拾遺》,《簡帛》第14輯,上海:上海古籍出版社,2017年。
㊻ 姚磊:《〈肩水金關漢簡(肆)〉綴合(十二)》,簡帛網2016年2月26日,http://www.bsm.org.cn/show_article.php?id=2476。
㊼ 姚磊:《〈肩水金關漢簡(肆)〉綴合札記》,《甘肅省第三屆簡牘學國際學術研討會論文集》,上海:上海辭書出版社,2017年。
㊽ 姚磊:《〈肩水金關漢簡(肆)〉拾遺》,《簡帛》第14輯,上海:上海古籍出版社,2017年。
㊾ 姚磊:《〈肩水金關漢簡(肆)〉綴合及釋文訂補(十一則)》,《出土文獻研究》第16輯,上海:中西書局,2017年。
㊿ 姚磊:《〈肩水金關漢簡(肆)〉綴合及釋文訂補(十一則)》,《出土文獻研究》第16輯,上海:中西書局,2017年。
㉛ 許名瑲:《〈肩水金關漢簡(肆)〉綴合七則》,簡帛網2016年1月12日,http://www.bsm.org.cn/show_article.php?id=2425。
㉜ 姚磊:《〈肩水金關漢簡(肆)〉綴合札記》,《甘肅省第三屆簡牘學國際學術研討會論文集》,上海:上海辭書出版社,2017年。
㉝ 顔世鉉:《〈肩水金關漢簡〉(肆)綴合第1-2組》,簡帛網2016年1月13日,http://www.bsm.org.cn/show_article.php?id=2429。
㉞ 姚磊:《〈肩水金關漢簡(肆)〉拾遺》,《簡帛》第14輯,上海:上海古籍出版社,2017年。
㉟ 姚磊:《〈肩水金關漢簡(肆)〉綴合(四十六)》,簡帛網2019年7月4日,http://www.bsm.org.cn/show_article.php?id=3396。
㊱ 姚磊:《〈肩水金關漢簡(肆)〉綴合(三十)》,簡帛網2016年7月25日,http://www.bsm.org.cn/show_article.php?id=2598。
㊲ 姚磊:《〈肩水金關漢簡(肆)〉綴合(四十五)》,簡帛網2019年7月1日,http://www.bsm.org.cn/show_article.php?id=3394。
㊳ 姚磊:《〈肩水金關漢簡(肆)〉綴合(十二)》,簡帛網2016年2月26日,http://www.bsm.org.cn/show_article.php?id=2476。
㊴ 謝坤:《〈肩水金關漢簡(肆)〉綴合六則》,《出土文獻》第9輯,上海:中西書局,2016年。
㊵ 顔世鉉:《〈肩水金關漢簡〉(肆)綴合第3-4組》,簡帛網2016年1月13日,http://www.bsm.org.cn/show_article.php?id=2430。
㊶ 姚磊:《〈肩水金關漢簡(肆)〉73EJT37:554+559補綴》,簡帛網2016年2月20日,http://www.bsm.org.cn/show_article.php?id=2473。
㊷ 姚磊:《〈肩水金關漢簡(肆)〉綴合(三十八)》,簡帛網2017年6月6日,http://www.bsm.org.cn/show_article.php?id=2819。
㊸ 許名瑲:《〈肩水金關漢簡(肆)〉綴合七則》,簡帛網2016年1月12日,http://www.bsm.org.cn/show_article.php?id=2425。
㊹ 顔世鉉:《〈肩水金關漢簡〉(肆)綴合第3-4組》,簡帛網2016年1月13日,http://www.bsm.org.cn/show_article.php?id=2430。
㊺ 姚磊:《〈肩水金關漢簡(肆)〉綴合及釋文訂補(十一則)》,《出土文獻研究》第16輯,上海:中西書局,2017年。
㊻ 姚磊:《〈肩水金關漢簡(肆)〉綴合(十三)》,簡帛網2016年2月29日,http://www.bsm.org.cn/show_article.php?id=2478。
㊼ 姚磊:《〈肩水金關漢簡(肆)〉綴合(四十五)》,簡帛網2019年7月1日,http://www.bsm.org.cn/show_article.php?id=3394。
㊽ 姚磊:《〈肩水金關漢簡(肆)〉綴合(四十五)》,簡帛網2019年7月1日,http://www.bsm.org.cn/show_article.php?id=3394。
㊾ 姚磊:《〈肩水金關漢簡(肆)〉綴合(四十六)》,簡帛網2019年7月4日,http://www.bsm.org.cn/show_article.php?id=3396。
⑩⓪ 姚磊:《〈肩水金關漢簡(肆)〉綴合(三十四)》,簡帛網2016年8月17日,http://www.bsm.org.cn/show_article.php?id=2606。
⑩① 謝坤:《讀肩水金關漢簡札記(五)》,簡帛網2016年1月16日,http://www.bsm.org.cn/show_article.php?id=2442。

⑩²姚磊:《〈肩水金關漢簡(肆)〉綴合(八)》,簡帛網2016年2月4日,http://www.bsm.org.cn/show_article.php?id=2463。
⑩³姚磊:《〈肩水金關漢簡(肆)〉拾遺》,《簡帛》第14輯,上海:上海古籍出版社,2017年。
⑩⁴姚磊:《〈肩水金關漢簡(肆)〉綴合(十四)》,簡帛網2016年3月5日,http://www.bsm.org.cn/show_article.php?id=2481。
⑩⁵許名瑲:《〈肩水金關漢簡(肆)〉綴合七則》,簡帛網2016年1月12日,http://www.bsm.org.cn/show_article.php?id=2425。
⑩⁶顔世鉉:《〈肩水金關漢簡〉(肆)綴合第10組》,簡帛網2016年1月16日,http://www.bsm.org.cn/show_article.php?id=2441。
⑩⁷姚磊:《〈肩水金關漢簡(肆)〉綴合札記(十則)》,《簡帛研究》2016秋冬卷,桂林:廣西師範大學出版社,2016年。
⑩⁸謝坤:《讀肩水金關漢簡札記(叁)》,簡帛網2016年1月13日,http://www.bsm.org.cn/show_article.php?id=2426。
⑩⁹姚磊:《〈肩水金關漢簡(肆)〉拾遺》,《簡帛》第14輯,上海:上海古籍出版社,2017年。
⑩姚磊:《〈肩水金關漢簡(肆)〉拾遺》,《簡帛》第14輯,上海:上海古籍出版社,2017年。
⑪林宏明:《漢簡試綴第16則》,先秦史研究室網2017年6月23日,8樓,http://www.xianqin.org/blog/archives/8345.html。
⑫姚磊:《〈肩水金關漢簡(肆)〉綴合札記(十則)》,《簡帛研究》2016秋冬卷,桂林:廣西師範大學出版社,2016年。
⑬謝坤:《〈肩水金關漢簡(肆)〉綴合及考釋八則》,《簡帛》第14輯,上海:上海古籍出版社,2017年。
⑭謝坤:《〈肩水金關漢簡(肆)〉綴合及考釋八則》,《簡帛》第14輯,上海:上海古籍出版社,2017年。
⑮姚磊:《〈肩水金關漢簡(肆)〉綴合(二十九)》,簡帛網2016年7月19日,http://www.bsm.org.cn/show_article.php?id=2597。
⑯姚磊:《〈肩水金關漢簡(肆)〉綴合札記》,《甘肅省第三屆簡牘學國際學術研討會論文集》,上海:上海辭書出版社,2017年。
⑰謝坤:《讀肩水金關漢簡札記(七)》,簡帛網2016年3月14日,http://www.bsm.org.cn/show_article.php?id=2486。
⑱姚磊:《〈肩水金關漢簡(肆)〉綴合(四十四)》,簡帛網2019年6月26日,http://www.bsm.org.cn/show_article.php?id=3393。
⑲姚磊:《〈肩水金關漢簡(肆)〉綴合考釋研究(十二則)》,《出土文獻》第9輯,上海:中西書局,2016年。
⑳姚磊:《〈肩水金關漢簡(肆)〉拾遺》,《簡帛》第14輯,上海:上海古籍出版社,2017年。
㉑姚磊:《〈肩水金關漢簡(肆)〉綴合及釋文訂補(十一則)》,《出土文獻研究》第16輯,上海:中西書局,2017年。
㉒姚磊:《〈肩水金關漢簡(肆)〉綴合札記(十則)》,《簡帛研究》2016秋冬卷,桂林:廣西師範大學出版社,2016年。
㉓姚磊:《〈肩水金關漢簡(肆)〉綴合(四十二)》,簡帛網2018年8月21日,http://www.bsm.org.cn/show_article.php?id=3196。
㉔姚磊:《〈肩水金關漢簡(肆)〉綴合考釋研究(十二則)》,《出土文獻》第9輯,上海:中西書局,2016年。
㉕謝坤:《〈肩水金關漢簡(肆)〉綴合及考釋八則》,《簡帛》第14輯,上海:上海古籍出版社,2017年。
㉖謝坤:《讀肩水金關漢簡札記(四)》,簡帛網2016年1月14日,http://www.bsm.org.cn/show_article.php?id=2432。
㉗謝坤:《讀肩水金關漢簡札記(叁)》,簡帛網2016年1月13日,http://www.bsm.org.cn/show_article.php?id=2426。
㉘姚磊:《〈肩水金關漢簡(肆)〉綴合及釋文訂補(十一則)》,《出土文獻研究》第16輯,上海:中西書局,2017年。
㉙姚磊:《〈肩水金關漢簡(肆)〉綴合(三十)》,簡帛網2016年7月25日,http://www.bsm.org.cn/show_article.php?id=2598。
㉚姚磊:《〈肩水金關漢簡(肆)〉綴合札記(十則)》,《簡帛研究》2016秋冬卷,桂林:廣西師範大學出版社,2016年。
㉛姚磊:《〈肩水金關漢簡(肆)〉綴合(四十一)》,簡帛網2017年9月1日,http://www.bsm.org.cn/show_article.php?id=2876。
㉜姚磊:《〈肩水金關漢簡(肆)〉綴合(三十)》,簡帛網2016年7月25日,http://www.bsm.org.cn/show_article.php?id=2598。
㉝顔世鉉:《〈肩水金關漢簡〉(肆)綴合第7-8組》,簡帛網2016年1月15日,http://www.bsm.org.cn/show_article.php?id=2438。
㉞姚磊:《〈肩水金關漢簡(肆)〉綴合考釋研究(十二則)》,《出土文獻》第9輯,上海:中西書局,2016年。
㉟姚磊:《〈肩水金關漢簡(肆)〉綴合一則》,簡帛網2016年1月21日,http://www.bsm.org.cn/show_article.php?id=2451。
㊱林宏明:《漢簡試綴第七則》,先秦史研究室網2016年12月5日,http://www.xianqin.org/blog/archives/7593.html。
㊲姚磊:《〈肩水金關漢簡(肆)〉斷簡綴合十則》,《江漢考古》,待刊。
㊳姚磊:《〈肩水金關漢簡(肆)〉綴合(十五)》,簡帛網2016年4月12日,http://www.bsm.org.cn/show_article.php?id=2516。
㊴姚磊:《〈肩水金關漢簡(肆)〉綴合(二十二)》,簡帛網2016年6月1日,http://www.bsm.org.cn/show_article.php?id=2565。
⑭⁰姚磊:《〈肩水金關漢簡(肆)〉綴合考釋研究(十二則)》,《出土文獻》第9輯,上海:中西書局,2016年。

⑭¹姚磊:《〈肩水金關漢簡(肆)〉綴合(三十一)》,簡帛網2016年8月4日,http://www.bsm.org.cn/show_article.php?id=2601。
⑭²姚磊:《〈肩水金關漢簡(肆)〉綴合(十五)》,簡帛網2016年4月12日,http://www.bsm.org.cn/show_article.php?id=2516。
⑭³姚磊:《〈肩水金關漢簡(肆)〉綴合(五)》,簡帛網2016年1月25日,http://www.bsm.org.cn/show_article.php?id=2455。
⑭⁴姚磊:《〈肩水金關漢簡(肆)〉綴合(三十五)》,簡帛網2016年8月18日,http://www.bsm.org.cn/show_article.php?id=2607。
⑭⁵顏世鉉:《〈肩水金關漢簡〉(肆)綴合第11–12組》,簡帛網2016年1月19日,http://www.bsm.org.cn/show_article.php?id=2447。
⑭⁶姚磊:《〈肩水金關漢簡(肆)〉拾遺》,《簡帛》第14輯,上海:上海古籍出版社,2017年。
⑭⁷姚磊:《〈肩水金關漢簡(肆)〉綴合考釋研究(十二則)》,《出土文獻》第9輯,上海:中西書局,2016年。
⑭⁸姚磊:《〈肩水金關漢簡(肆)〉綴合及釋文訂補(十一則)》,《出土文獻研究》第16輯,上海:中西書局,2017年。
⑭⁹姚磊:《〈肩水金關漢簡(肆)〉綴合(三十一)》,簡帛網2016年8月4日,http://www.bsm.org.cn/show_article.php?id=2601。
⑮⁰顏世鉉:《〈肩水金關漢簡〉(肆)綴合第5–6組》,簡帛網2016年1月14日,http://www.bsm.org.cn/show_article.php?id=2436。
⑮¹顏世鉉:《〈肩水金關漢簡〉(肆)綴合第7–8組》,簡帛網2016年1月15日,http://www.bsm.org.cn/show_article.php?id=2438。
⑮²姚磊:《〈肩水金關漢簡(肆)〉綴合(三十一)》,簡帛網2016年8月4日,http://www.bsm.org.cn/show_article.php?id=2601。
⑮³姚磊:《〈肩水金關漢簡(肆)〉綴合(二十五)》,簡帛網2016年6月22日,http://www.bsm.org.cn/show_article.php?id=2583。
⑮⁴伊強:《〈肩水金關漢簡(肆)〉綴合(四)》,簡帛網2016年1月18日,http://www.bsm.org.cn/show_article.php?id=2446。
⑮⁵姚磊:《〈肩水金關漢簡(肆)〉綴合(十二)》,簡帛網2016年2月26日,http://www.bsm.org.cn/show_article.php?id=2476。
⑮⁶姚磊:《〈肩水金關漢簡(肆)〉綴合(三)》,簡帛網2016年1月22日,http://www.bsm.org.cn/show_article.php?id=2452。
⑮⁷顏世鉉:《〈肩水金關漢簡〉(肆)綴合第11–12組》,簡帛網2016年1月19日,http://www.bsm.org.cn/show_article.php?id=2447。
⑮⁸姚磊:《〈肩水金關漢簡(肆)〉斷簡綴合十則》,《江漢考古》,待刊。
⑮⁹姚磊:《〈肩水金關漢簡(肆)〉綴合(四)》,簡帛網2016年1月24日,http://www.bsm.org.cn/show_article.php?id=2453。
⑯⁰姚磊:《〈肩水金關漢簡(肆)〉綴合考釋研究(十二則)》,《出土文獻》第9輯,上海:中西書局,2016年。
⑯¹姚磊:《〈肩水金關漢簡(肆)〉綴合考釋研究(十二則)》,《出土文獻》第9輯,上海:中西書局,2016年。
⑯²姚磊:《〈肩水金關漢簡(肆)〉綴合(四)》,簡帛網2016年1月24日,http://www.bsm.org.cn/show_article.php?id=2453。
⑯³許名瑲:《〈肩水金關漢簡(肆)〉綴合七則》,簡帛網2016年1月12日,http://www.bsm.org.cn/show_article.php?id=2425。
⑯⁴姚磊:《〈肩水金關漢簡(肆)〉綴合(四十八)》,簡帛網2019年8月14日,http://www.bsm.org.cn/show_article.php?id=3408。
⑯⁵姚磊:《〈肩水金關漢簡(肆)〉綴合札記(十則)》,《簡帛研究》2016秋冬卷,桂林:廣西師範大學出版社,2016年。
⑯⁶姚磊:《〈肩水金關漢簡(肆)〉綴合(三十八)》,簡帛網2017年6月6日,http://www.bsm.org.cn/show_article.php?id=2819。
⑯⁷姚磊:《〈肩水金關漢簡(肆)〉綴合(四十)》,簡帛網2017年7月24日,http://www.bsm.org.cn/show_article.php?id=2846。
⑯⁸姚磊:《〈肩水金關漢簡(肆)〉斷簡綴合十則》,《江漢考古》,待刊。
⑯⁹姚磊:《〈肩水金關漢簡(肆)〉綴合(六)》,簡帛網2016年1月26日,http://www.bsm.org.cn/show_article.php?id=2456。
⑰⁰姚磊:《〈肩水金關漢簡(肆)〉斷簡綴合十則》,《江漢考古》,待刊。
⑰¹許名瑲:《〈肩水金關漢簡(肆)〉綴合七則》,簡帛網2016年1月12日,http://www.bsm.org.cn/show_article.php?id=2425。
⑰²姚磊:《〈肩水金關漢簡(肆)〉斷簡綴合十則》,《江漢考古》,待刊。
⑰³姚磊:《〈肩水金關漢簡(肆)〉綴合(十三)》,簡帛網2016年2月29日,http://www.bsm.org.cn/show_article.php?id=2478。
⑰⁴姚磊:《〈肩水金關漢簡(肆)〉綴合(十三)》,簡帛網2016年2月29日,http://www.bsm.org.cn/show_article.php?id=2478。
⑰⁵林宏明:《漢簡試綴第八到十一則》,先秦史研究室網2016年12月8日,http://www.xianqin.org/blog/archives/7613.html。
⑰⁶姚磊:《〈肩水金關漢簡(肆)〉綴合及釋文訂補(十一則)》,《出土文獻研究》第16輯,上海:中西書局,2017年。
⑰⁷姚磊:《〈肩水金關漢簡(肆)〉綴合(三十六)》,簡帛網2016年8月29日,http://www.bsm.org.cn/show_article.php?id=2620。
⑰⁸姚磊:《〈肩水金關漢簡(肆)〉綴合考釋研究(十二則)》,《出土文獻》第9輯,上海:中西書局,2016年。
⑰⁹林宏明:《漢簡試綴第八到十一則》,先秦史研究室網2016年12月8日,http://www.xianqin.org/blog/archives/7613.html。

⑱謝坤:《〈肩水金關漢簡(肆)〉綴合及考釋八則》,《簡帛》第14輯,上海:上海古籍出版社,2017年。
⑱姚磊:《〈肩水金關漢簡(肆)〉綴合札記》,《甘肅省第三屆簡牘學國際學術研討會論文集》,上海:上海辭書出版社,2017年。
⑱姚磊:《〈肩水金關漢簡(肆)〉綴合(四十六)》,簡帛網2019年7月4日,http://www.bsm.org.cn/show_article.php?id=3396。
⑱姚磊:《〈肩水金關漢簡(肆)〉斷簡綴合十則》,《江漢考古》,待刊。
⑱姚磊:《〈肩水金關漢簡(肆)〉綴合(三)》,簡帛網2016年1月22日,http://www.bsm.org.cn/show_article.php?id=2452。
⑱姚磊:《〈肩水金關漢簡(肆)〉綴合(十六)》,簡帛網2016年4月30日,http://www.bsm.org.cn/show_article.php?id=2539。
⑱姚磊:《〈肩水金關漢簡(肆)〉斷簡綴合十則》,《江漢考古》,待刊。
⑱姚磊:《〈肩水金關漢簡(肆)〉綴合(四十六)》,簡帛網2019年7月4日,http://www.bsm.org.cn/show_article.php?id=3396。
⑱姚磊:《〈肩水金關漢簡(肆)〉綴合(二十)》,簡帛網2016年5月18日,http://www.bsm.org.cn/show_article.php?id=2557。
⑱姚磊:《〈肩水金關漢簡(肆)〉綴合札記(十則)》,《簡帛研究》2016秋冬卷,桂林:廣西師範大學出版社,2016年。
⑲林宏明:《漢簡試綴第八到十一則》,先秦史研究室網2016年12月8日,http://www.xianqin.org/blog/archives/7613.html。
⑲姚磊:《〈肩水金關漢簡(肆)〉綴合札記(十則)》,《簡帛研究》2016秋冬卷,桂林:廣西師範大學出版社,2016年。
⑲謝坤:《〈肩水金關漢簡(肆)〉綴合六則》,《出土文獻》第9輯,上海:中西書局,2016年。
⑲姚磊:《〈肩水金關漢簡(肆)〉綴合札記》,《甘肅省第三屆簡牘學國際學術研討會論文集》,上海:上海辭書出版社,2017年。
⑲姚磊:《〈肩水金關漢簡(肆)〉綴合札記(十則)》,《簡帛研究》2016秋冬卷,桂林:廣西師範大學出版社,2016年。
⑲姚磊:《〈肩水金關漢簡(肆)〉綴合(二十)》,簡帛網2016年5月18日,http://www.bsm.org.cn/show_article.php?id=2557。
⑲姚磊:《〈肩水金關漢簡(肆)〉綴合(五)》,簡帛網2016年1月25日,http://www.bsm.org.cn/show_article.php?id=2455。
⑲何有祖:《讀肩水金關漢簡札記(四則)》,簡帛網2016年1月14日,http://www.bsm.org.cn/show_article.php?id=2433。
⑲林宏明:《漢簡試綴第八到十一則》,先秦史研究室網2016年12月8日,http://www.xianqin.org/blog/archives/7613.html。
⑲姚磊:《〈肩水金關漢簡(肆)〉綴合札記(十則)》,《簡帛研究》2016秋冬卷,桂林:廣西師範大學出版社,2016年。
⑳謝坤:《讀肩水金關漢簡札記(四)》,簡帛網2016年1月14日,http://www.bsm.org.cn/show_article.php?id=2432。
㉑姚磊:《〈肩水金關漢簡(肆)〉綴合札記》,《甘肅省第三屆簡牘學國際學術研討會論文集》,上海:上海辭書出版社,2017年。
㉒姚磊:《〈肩水金關漢簡(肆)〉拾遺》,《簡帛》第14輯,上海:上海古籍出版社,2017年。
㉓謝坤:《〈肩水金關漢簡(肆)〉綴合及考釋八則》,《簡帛》第14輯,上海:上海古籍出版社,2017年。
㉔謝坤:《〈肩水金關漢簡(肆)〉綴合及考釋八則》,《簡帛》第14輯,上海:上海古籍出版社,2017年。
㉕姚磊:《〈肩水金關漢簡(肆)〉綴合(十四)》,簡帛網2016年3月5日,http://www.bsm.org.cn/show_article.php?id=2481。
㉖姚磊:《〈肩水金關漢簡(肆)〉斷簡綴合十則》,《江漢考古》,待刊。
㉗姚磊:《〈肩水金關漢簡(肆)〉綴合(二十五)》,簡帛網2016年6月22日,http://www.bsm.org.cn/show_article.php?id=2583。
㉘姚磊:《〈肩水金關漢簡(肆)〉綴合(十六)》,簡帛網2016年4月30日,http://www.bsm.org.cn/show_article.php?id=2539。
㉙姚磊:《〈肩水金關漢簡(肆)〉綴合(十一)》,簡帛網2016年2月23日,http://www.bsm.org.cn/show_article.php?id=2474。
㉚姚磊:《〈肩水金關漢簡(肆)〉綴合(三十七)》,簡帛網2016年9月1日,http://www.bsm.org.cn/show_article.php?id=2625。
㉛姚磊:《〈肩水金關漢簡(肆)〉綴合考釋研究(十二則)》,《出土文獻》第9輯,上海:中西書局,2016年。
㉜姚磊:《〈肩水金關漢簡(肆)〉綴合(三十三)》,簡帛網2016年8月16日,http://www.bsm.org.cn/show_article.php?id=2605。
㉝顔世鉉:《〈肩水金關漢簡〉(肆)綴合第9組》,簡帛網2016年1月15日,http://www.bsm.org.cn/show_article.php?id=2440。
㉞姚磊:《〈肩水金關漢簡(肆)〉綴合(二十一)》,簡帛網2016年5月26日,http://www.bsm.org.cn/show_article.php?id=2562。
㉟姚磊:《〈肩水金關漢簡(肆)〉綴合(二十二)》,簡帛網2016年6月1日,http://www.bsm.org.cn/show_article.php?id=2565。
㊱姚磊:《〈肩水金關漢簡(肆)〉綴合(二十四)》,簡帛網2016年6月18日,http://www.bsm.org.cn/show_article.php?id=2581。
㊲何有祖:《讀肩水金關漢簡札記(二則)》,簡帛網2016年1月11日,http://www.bsm.org.cn/show_article.php?id=2417。
㊳雷海龍:《〈肩水金關漢簡(伍)〉釋文補正及殘簡新綴》,《簡帛》第14輯,上海:上海古籍出版社,2017年。

⑲何有祖:《讀肩水金關漢簡札記(三則)》,簡帛網2016年1月12日,http://www.bsm.org.cn/show_article.php?id=2423。
⑳姚磊:《〈肩水金關漢簡(肆)〉綴合(二十四)》,簡帛網2016年6月18日,http://www.bsm.org.cn/show_article.php?id=2581。
㉑姚磊:《〈肩水金關漢簡(肆)〉綴合(三十九)》,簡帛網2017年7月2日,http://www.bsm.org.cn/show_article.php?id=2845。
㉒姚磊:《〈肩水金關漢簡(肆)〉綴合(四十八)》,簡帛網 2019 年 8 月 14 日,http://www.bsm.org.cn/show_article.php?id=3408。
㉓姚磊:《〈肩水金關漢簡(肆)〉綴合(二十六)》,簡帛網2016年7月7日,http://www.bsm.org.cn/show_article.php?id=2591。
㉔姚磊:《〈肩水金關漢簡(肆)〉綴合(四十八)》,簡帛網 2019 年 8 月 14 日,http://www.bsm.org.cn/show_article.php?id=3408。
㉕謝坤:《讀肩水金關漢簡札記(二)》,簡帛網2016年1月12日,http://www.bsm.org.cn/show_article.php?id=2422。
㉖何有祖:《讀肩水金關漢簡札記(二則)》,簡帛網2016年1月11日,http://www.bsm.org.cn/show_article.php?id=2417。
㉗謝坤:《讀肩水金關漢簡札記(一)》,簡帛網2016年1月11日,http://www.bsm.org.cn/show_article.php?id=2418。
㉘姚磊:《〈肩水金關漢簡(肆)〉綴合(二十六)》,簡帛網2016年7月7日,http://www.bsm.org.cn/show_article.php?id=2591。

《肩水金關漢簡(伍)》綴合表

序號	簡牘編號	綴合人	备注
1	73EJF3:2+169	姚磊[①]	
2	73EJF3:36+503	姚磊[②]	
3	73EJF3:41+77	姚磊[③]	
4	73EJF3:52+504	姚磊[④]	
5	73EJF3:54+512	姚磊[⑤]	
6	73EJF3:60+283	姚磊[⑥]	
7	73EJF3:79+509+510	姚磊[⑦]	
8	73EJF3:116+208	尉侯凱[⑧]	
9	73EJF3:123+561	姚磊[⑨]	
10	73EJF3:198+194+578	姚磊[⑩]	
11	73EJF3:209+200+524	尉侯凱[⑪]	
12	73EJF3:228+617	姚磊[⑫]	
13	73EJF3:229+542+528	姚磊[⑬]	
14	73EJF3:254+526	謝坤	待刊/遙綴
15	73EJF3:271+473	姚磊[⑭]	
16	73EJF3:277+479	姚磊[⑮]	
17	73EJF3:337+513+288+541	姚磊[⑯]	
18	73EJF3:300+548	姚磊[⑰]	
19	73EJF3:338+201+205+73EJT7:148	雷海龍[⑱]	跨探方綴合
20	73EJF3:430+263+480+282+514	姚磊[⑲]	
21	73EJF3:441+616	姚磊[⑳]	
22	73EJF3:470+564+190+243+438	姚磊[㉑]	
23	73EJF2:43+73EJF3:340	雷海龍[㉒]	跨探方綴合
23	73EJF3:471+302+73EJF2:43+73EJF3:340	姚磊[㉓]	
24	73EJF3:482+193+508	姚磊[㉔]	
25	73EJF3:483+78+623	謝坤	
26	73EJF3:493+339+609+601	楊小亮	
27	73EJF3:549+580	姚磊[㉕]	
28	73EJF3:610+439+602	姚磊[㉖]	
29	73EJF3:628+311	姚磊[㉗]	
30	73EJF3:630+627+308+594+292	姚磊[㉘]	
31	73EJT4H:11+2	林宏明[㉙]	糾補
32	73EJD:71+101	林宏明[㉚]	
33	73EJD:164+103	尉侯凱[㉛]	
34	73EJD:237+125	姚磊[㉜]	
35	73EJD:247+199	姚磊[㉝]	

(續表)

序號	簡牘編號	綴合人	备注
36	73EJD:277+116	姚磊[34]	
37	72EJC:146+73EJC:613	姚磊[35]	跨年綴合
38	72EJC:183+138	尉侯凱[36]	
39	72EJC:209+204	姚磊[37]	
40	72EJC:227+164	姚磊[38]	
41	73EJC:358+72EJC:163	姚磊[39]	跨年綴合
42	73EJC:369+672	尉侯凱[40]	
43	73EJC:481+73EJT10:308	姚磊[41]	跨探方綴合
44	73EJC:527+73EJT10:146	姚磊[42]	跨探方綴合
45	73EJC:482+73EJT25:124	姚磊[43]	跨探方綴合
46	73EJC:621+72EJC:70	姚磊[44]	跨年綴合
47	73EJC:656+664	謝坤[45]	

[1] 姚磊:《〈肩水金關漢簡(伍)〉綴合(四)》,簡帛網2016年9月18日,http://www.bsm.org.cn/show_article.php?id=2633。
[2] 姚磊:《〈肩水金關漢簡(伍)〉綴合(四)》,簡帛網2016年9月18日,http://www.bsm.org.cn/show_article.php?id=2633。
[3] 姚磊:《〈肩水金關漢簡(伍)〉綴合一則》,簡帛網2016年8月24日,http://www.bsm.org.cn/show_article.php?id=2614。
[4] 姚磊:《〈肩水金關漢簡(伍)〉綴合(三)》,簡帛網2016年9月5日,http://www.bsm.org.cn/show_article.php?id=2626。
[5] 姚磊:《〈肩水金關漢簡(伍)〉綴合(二)》,簡帛網2016年8月29日,http://www.bsm.org.cn/show_article.php?id=2622。
[6] 姚磊:《〈肩水金關漢簡(伍)〉綴合(四)》,簡帛網2016年9月18日,http://www.bsm.org.cn/show_article.php?id=2633。
[7] 姚磊:《〈肩水金關漢簡(伍)〉綴合(十一)》,簡帛網2019年6月20日,http://www.bsm.org.cn/show_article.php?id=3390。
[8] 尉侯凱:《〈肩水金關漢簡(伍)〉綴合二則》,簡帛網2016年8月23日,http://www.bsm.org.cn/show_article.php?id=2612。後以"肩水金關漢簡綴合十三則"爲名,發表於《出土文獻》第11輯,上海:中西書局,2017年。
[9] 姚磊:《〈肩水金關漢簡(伍)〉綴合(四)》,簡帛網2016年9月18日,http://www.bsm.org.cn/show_article.php?id=2633。
[10] 姚磊:《〈肩水金關漢簡(伍)〉綴合(四)》,簡帛網2016年9月18日,http://www.bsm.org.cn/show_article.php?id=2633。
[11] 尉侯凱:《〈肩水金關漢簡(伍)〉綴合二則》,簡帛網2016年8月23日,http://www.bsm.org.cn/show_article.php?id=2612。後以"肩水金關漢簡綴合十三則"爲名,發表於《出土文獻》第11輯,上海:中西書局,2017年。
[12] 姚磊:《〈肩水金關漢簡(伍)〉綴合(四)》,簡帛網2016年9月18日,http://www.bsm.org.cn/show_article.php?id=2633。
[13] 姚磊:《〈肩水金關漢簡(伍)〉綴合(二)》,簡帛網2016年8月29日,http://www.bsm.org.cn/show_article.php?id=2622。
[14] 姚磊:《〈肩水金關漢簡(伍)〉綴合(三)》,簡帛網2016年9月5日,http://www.bsm.org.cn/show_article.php?id=2626。
[15] 姚磊:《〈肩水金關漢簡(伍)〉綴合(四)》,簡帛網2016年9月18日,http://www.bsm.org.cn/show_article.php?id=2633。
[16] 姚磊:《〈肩水金關漢簡(伍)〉綴合(十)》,簡帛網2018年8月9日,http://www.bsm.org.cn/show_article.php?id=3200。
[17] 姚磊:《〈肩水金關漢簡(伍)〉綴合(三)》,簡帛網2016年9月5日,http://www.bsm.org.cn/show_article.php?id=2626。
[18] 雷海龍:《〈肩水金關漢簡(伍)〉釋文補正及殘簡新綴》,《簡帛》第14輯,上海:上海古籍出版社,2017年。
[19] 姚磊:《〈肩水金關漢簡(伍)〉綴合(四)》,簡帛網2016年9月18日,http://www.bsm.org.cn/show_article.php?id=2633。
[20] 姚磊:《〈肩水金關漢簡(伍)〉綴合(二)》,簡帛網2016年8月29日,http://www.bsm.org.cn/show_article.php?id=2622。
[21] 姚磊:《〈肩水金關漢簡(伍)〉綴合(二)》,簡帛網2016年8月29日,http://www.bsm.org.cn/show_article.php?id=2622。
[22] 雷海龍:《〈肩水金關漢簡(伍)〉釋文補正及殘簡新綴》,《簡帛》第14輯,上海:上海古籍出版社,2017年。
[23] 姚磊:《〈肩水金關漢簡(伍)〉綴合(三)》,簡帛網2016年9月5日,http://www.bsm.org.cn/show_article.php?id=2626。

㉔姚磊:《〈肩水金關漢簡(伍)〉綴合(二)》,簡帛網2016年8月29日,http://www.bsm.org.cn/show_article.php?id=2622。
㉕姚磊:《〈肩水金關漢簡(伍)〉綴合(四)》,簡帛網2016年9月18日,http://www.bsm.org.cn/show_article.php?id=2633。
㉖姚磊:《〈肩水金關漢簡(伍)〉綴合(五)》,簡帛網2016年9月22日,http://www.bsm.org.cn/show_article.php?id=2636。
㉗姚磊:《〈肩水金關漢簡(伍)〉綴合(二)》,簡帛網2016年8月29日,http://www.bsm.org.cn/show_article.php?id=2622。
㉘姚磊:《〈肩水金關漢簡(伍)〉綴合(五)》,簡帛網2016年9月22日,http://www.bsm.org.cn/show_article.php?id=2636。
㉙林宏明:《漢簡試綴第五則》,先秦史研究室網2016年11月18日,http://www.xianqin.org/blog/archives/7447.html。
㉚林宏明:《漢簡試綴第四則(代替)》,先秦史研究室網2016年11月29日,http://www.xianqin.org/blog/archives/7575.html。
㉛尉侯凱:《〈肩水金關漢簡(伍)〉綴合三則》,簡帛網2016年8月29日,http://www.bsm.org.cn/show_article.php?id=2621。後以"肩水金關漢簡綴合十三則"爲名,發表於《出土文獻》第11輯,上海:中西書局,2017年。
㉜姚磊:《〈肩水金關漢簡(伍)〉綴合(六)》,簡帛網2016年10月2日,http://www.bsm.org.cn/show_article.php?id=2639。
㉝姚磊:《〈肩水金關漢簡(伍)〉綴合(三)》,簡帛網2016年9月5日,http://www.bsm.org.cn/show_article.php?id=2626。
㉞姚磊:《〈肩水金關漢簡(伍)〉綴合(六)》,簡帛網2016年10月2日,http://www.bsm.org.cn/show_article.php?id=2639。
㉟姚磊:《〈肩水金關漢簡(伍)〉綴合(六)》,簡帛網2016年10月2日,http://www.bsm.org.cn/show_article.php?id=2639。
㊱尉侯凱:《〈肩水金關漢簡(伍)〉綴合三則》,簡帛網2016年8月29日,http://www.bsm.org.cn/show_article.php?id=2621。後以"肩水金關漢簡綴合十三則"爲名,發表於《出土文獻》第11輯,上海:中西書局,2017年。
㊲姚磊:《〈肩水金關漢簡(伍)〉綴合(十一)》,簡帛網2019年6月20日,http://www.bsm.org.cn/show_article.php?id=3390。
㊳姚磊:《〈肩水金關漢簡(伍)〉綴合(十二)》,簡帛網2019年7月22日,http://www.bsm.org.cn/show_article.php?id=3405。
㊴姚磊:《〈肩水金關漢簡(伍)〉綴合(十一)》,簡帛網2019年6月20日,http://www.bsm.org.cn/show_article.php?id=3390。
㊵尉侯凱:《〈肩水金關漢簡(伍)〉綴合三則》,簡帛網2016年8月29日,http://www.bsm.org.cn/show_article.php?id=2621。後以"肩水金關漢簡綴合十三則"爲名,發表於《出土文獻》第11輯,上海:中西書局,2017年。
㊶姚磊:《〈肩水金關漢簡(伍)〉綴合(八)》,簡帛網2017年9月14日,http://www.bsm.org.cn/show_article.php?id=2884。
㊷姚磊:《〈肩水金關漢簡(伍)〉綴合(九)》,簡帛網2017年9月21日,http://www.bsm.org.cn/show_article.php?id=2889。
㊸姚磊:《〈肩水金關漢簡(伍)〉綴合(七)》,簡帛網2017年8月2日,http://www.bsm.org.cn/show_article.php?id=2856。
㊹姚磊:《〈肩水金關漢簡(伍)〉綴合(五)》,簡帛網2016年9月22日,http://www.bsm.org.cn/show_article.php?id=2636。
㊺謝坤:《〈肩水金關漢簡(伍)〉釋文商補》,簡帛網簡帛論壇2016年8月29日,6樓,http://www.bsm.org.cn/bbs/read.php?tid=3389&keyword=%BC%E7%CB%AE%BD%F0。

參考文獻

A

1. 安忠義:《漢代烽火制度再考》,《甘肅省第二届簡牘學國際學術研討會論文集》,上海:上海古籍出版社,2012年。
2. 安忠義:《髡、完、耐與秦漢以來的恥辱刑》,《甘肅省第三届簡牘學國際學術研討會論文集》,上海:上海辭書出版社,2017年。
3. 安艷嬌:《〈額濟納漢簡〉集釋》,吉林大學碩士學位論文,2014年。

B

4. (東漢)班固:《漢書》,北京:中華書局,1962年。
5. 白海燕:《"居延新簡"文字編》,吉林大學博士學位論文,2014年。
6. 白軍鵬:《"敦煌漢簡"整理與研究》,吉林大學博士學位論文,2014年。
7. 白軍鵬:《由"田章簡"談田章故事的演變》,《甘肅省第三届簡牘學國際學術研討會論文集》,上海:上海辭書出版社,2017年。

C

8. 陳槃:《漢簡賸義再續》,《"中央研究院"歷史語言研究所集刊》1971年第43本4分。
9. 陳槃:《三訂先秦兩漢簡牘考》,《"中央研究院"歷史語言研究所集刊》1983年第54本2分。
10. 陳夢家:《漢簡綴述》,北京:中華書局,1980年。
11. 陳公柔、徐苹芳:《大灣出土的西漢田卒簿籍》,《考古》1963年第3期。
12. 陳公柔、徐苹芳:《瓦因托尼出土廩食簡的整理與研究》,《文史》1982年第13輯。
13. 陳直:《居延漢簡研究》,天津:天津古籍出版社,1986年。
14. 陳彦良:《漢代邊防吏卒疾病試析——以居延漢簡所見疑似壞血病及諸症狀爲中心》,《東吴歷史學報》2010年第24期。
15. 陳偉:《郭店竹書别釋》,武漢:湖北教育出版社,2002年。

16. 陳偉:《楚簡册概論》,武漢:湖北教育出版社,2012年。
17. 陳偉主編:《里耶秦簡牘校釋》,武漢:武漢大學出版社,2012年。
18. 陳偉:《〈二年律令〉新研》,《中國古代法律文獻研究》第5輯,北京:社會科學文獻出版社,2012年。
19. 陳偉:《關於秦文書制度的幾個問題》,《第四回日中學者中國古代史論壇論文集》,東京:汲古書院,2013年。
20. 陳偉主編:《秦簡牘合集》,武漢:武漢大學出版社,2014年。
21. 陳文豪:《臺灣簡帛研究論著目錄(2000—2006年)》,《簡帛研究》2015春夏卷,桂林:廣西師範大學出版社,2015年。
22. 陳文豪:《簡帛目錄學芻議》,《甘肅省第三屆簡牘學國際學術研討會論文集》,上海:上海辭書出版社,2017年。
23. 陳晨:《肩水金關漢簡所見〈詩〉類文獻輯證》,簡帛網2017年10月20日,http://www.bsm.org.cn/show_article.php?id=2928。
24. 初仕賓:《居延簡册〈甘露二年丞相御史律令〉考述》,《考古》1980年第2期。
25. 初世賓、張東輝:《漢簡"應書"辨疑》,《簡牘學研究》第1輯,蘭州:甘肅人民出版社,1997年。
26. 初世賓:《懸泉漢簡拾遺》,《出土文獻研究》第8輯,上海:上海古籍出版社,2007年。
27. 初世賓:《漢簡長安至河西的驛道》,《簡帛研究》2005,桂林:廣西師範大學出版社,2008年。
28. 初世賓:《懸泉漢簡拾遺(二)》,《出土文獻研究》第9輯,北京:中華書局,2010年。
29. 初世賓:《隴上學人文存·初世賓卷》,蘭州:甘肅人民出版社,2015年。
30. 初昉、世賓:《懸泉漢簡拾遺(三)》,《出土文獻研究》第10輯,北京:中華書局,2011年。
31. 初昉、世賓:《懸泉漢簡拾遺(四)》,《出土文獻研究》第11輯,北京:中華書局,2012年。
32. 初昉、世賓:《懸泉漢簡拾遺(五)》,《出土文獻研究》第12輯,上海:中西書局,2013年。
33. 初昉、世賓:《懸泉漢簡拾遺(六)》,《出土文獻研究》第13輯,上海:中西書局,2014年。
34. 初昉、世賓:《懸泉漢簡拾遺(七)》,《出土文獻研究》第15輯,上海:中西書局,2016年。
35. 初昉、初世賓:《懸泉漢簡拾遺(八)》,《出土文獻研究》第16輯,上海:中西書局,2017年。
36. 程喜霖:《漢簡所見關傳向過所演變》,《簡牘學研究》第2輯,蘭州:甘肅人民出版社,1998年。
37. 程鵬萬:《簡牘帛書格式研究》,吉林大學博士學位論文,2006年。
38. 程維榮:《漢代居延戍卒及其法律地位》,《政治與法律》2008年第3期。
39. 程少軒:《〈肩水金關漢簡(壹)〉曆譜簡初探》,復旦大學出土文獻與古文字研究中心網2011年9月1日,http://www.gwz.fudan.edu.cn/Web/Show/1634。後發表於《簡帛文獻與古代史——第二屆出土文獻青年學者國際論壇論文集》,上海:中西書局,2015年。
40. 程少軒:《肩水金關漢簡"元始六年(居攝元年)曆日"復原(摘要)》,簡帛網2014年6月22日,http://www.bsm.org.cn/show_article.php?id=2036。後以"肩水金關漢簡'元始六年(居攝元年)曆日'復原"爲名,發表於《出土文獻》第5輯,上海:中西書局,2014年。
41. 程少軒:《〈肩水金關漢簡(叁)〉數術類簡牘初探》,《簡帛研究》2015秋冬卷,桂林:廣西師範大學出版社,2015年。
42. 程少軒:《肩水金關漢簡中的端午節》,《文匯報》2016年6月3日第W15版。
43. 程少軒:《〈肩水金關漢簡(伍)〉"天干治十二月將"復原》,復旦大學出土文獻與古文字研究中心網2016年8月26日,http://www.gwz.fudan.edu.cn/Web/Show/2885。
44. 程少軒:《肩水金關漢簡"元始六年(居攝元年)曆日"的最終復原》,復旦大學出土文獻與古文字研究中心網2016年8月27日,http://www.gwz.fudan.edu.cn/Web/Show/2886。
45. 曹方向:《初讀〈肩水金關漢簡(壹)〉》,簡帛網2011年9月16日,http://www.bsm.org.cn/show_article.php?id=1549。

46. 曹方向(魚游春水):《金關漢簡T5:73"歐重"的釋讀》,簡帛網簡帛論壇2011年9月16日,0樓,http://www.bsm.org.cn/bbs/read.php?tid=2814&fpage=15。

47. 曹方向(魚游春水):《肩水金關漢簡T3:55的一個年份問題》,簡帛網簡帛論壇2011年10月21、23、24日,0、2、4樓,http://www.bsm.org.cn/bbs/read.php?tid=2829&keyword=%BC%E7%CB%AE%BD%F0。

48. 曹方向(魚游春水):《肩水金關漢簡(貳)偶讀》,簡帛網簡帛論壇2013年5月21日,0樓,http://www.bsm.org.cn/bbs/read.php?tid=3095&keyword=%BC%E7%CB%AE%BD%F0。

49. 曹驥:《秦漢簡中的"公卒"和"庶人"》,《唐都學刊》2013年第4期。

50. 曹景年:《新公布海昏侯墓出土〈論語·知道〉簡文釋讀》,簡帛網2016年11月4日,http://www.bsm.org.cn/show_article.php?id=2657。

51. 此心安處是吾鄉:《〈肩水金關漢簡(伍)〉有關〈詩〉〈書〉的兩條記載》,簡帛網簡帛論壇2016年8月28日,4、5樓,http://www.bsm.org.cn/bbs/read.php?tid=3391&keyword=%BC%E7%CB%AE%BD%F0。

52. [英]崔瑞德、魯惟一:《劍橋中國秦漢史》,楊品泉、張書生等譯,北京:中國社會科學出版社,1992年。

D

53. 丁邦友、魏曉明:《王莽末年的河西鹽價蠡測》,《魯東大學學報》2007年第4期。

54. 丁邦友、魏曉明:《秦漢物價史料匯釋》,北京:中國社會科學出版社,2016年。

55. 丁義娟:《〈肩水金關漢簡〉(肆)73EJT37:653簡釋文訂正一則》,簡帛網2017年7月9日,http://www.bsm.org.cn/show_article.php?id=2835。

56. 丁義娟:《〈肩水金關漢簡〉(壹)73EJT10:314簡文試解》,簡帛網2017年8月31日,http://www.bsm.org.cn/show_article.php?id=2874。

57. 杜鵬姣:《試論漢簡中的"致"和"致籍"》,《牡丹江大學學報》2013年第9期。

58. 杜鵬姣:《漢代通關文書研究》,蘭州大學碩士學位論文,2014年。

59. 杜亞輝:《秦漢時期的兵器管理》,西北師範大學碩士學位論文,2013年。

60. 董珊(戰國時代):《説〈肩水金關漢簡(壹)〉中的"陝"》,簡帛網簡帛論壇2014年6月9日,0樓,http://www.bsm.org.cn/bbs/read.php?tid=3185&keyword=%BC%E7%CB%AE%BD%F0。

61. 戴裕洲:《肩水金關習字簡牘初探》,中央美術學院碩士學位論文,2017年。

62. 戴衛紅:《秦漢功勞制及其文書再探》,《出土文獻研究》第16輯,上海:中西書局,2017年。

63. [日]大庭脩:《漢代的嗇夫》,姜鎮慶譯,《簡牘研究譯叢》第1輯,北京:中國社會科學出版社,1983年。

64. [日]大庭脩:《爰書考》,姜鎮慶譯,《簡牘研究譯叢》第1輯,北京:中國社會科學出版社,1983年。

65. [日]大庭脩:《居延出土的詔書册與詔書斷簡》,姜鎮慶譯,《簡牘研究譯叢》第2輯,北京:中國社會科學出版社,1987年。

66. [日]大庭脩:《論肩水金關出土的〈永始三年詔書〉簡册》,姜鎮慶譯,《敦煌學輯刊》1984年第2期。

67. [日]大庭脩:《漢簡研究》,徐世虹譯,桂林:廣西師範大學出版社,2001年。

F

68. （南朝宋）范曄：《後漢書》，北京：中華書局，1965年。
69. 范志軍：《從出土漢簡看戍邊吏卒及服徭役者的喪禮》，《中原文物》2008年第3期。
70. 范雲飛：《秦漢祠祀律令拾遺》，《西南大學第六屆出土文獻與比較文字學博士論壇論文集》，重慶，2016年10月。
71. 費海璣：《居延漢簡研究》，《書目季刊》1972年第2期。
72. 傅振倫：《回憶西陲簡牘的發現及研究》，《簡牘學研究》第1輯，蘭州：甘肅人民出版社，1997年。
73. 方勇：《讀肩水金關漢簡札記二則》，簡帛網2011年9月16日，http://www.bsm.org.cn/show_article.php?id=1550。後發表於《魯東大學學報》2012年第2期。
74. 方勇：《讀〈肩水金關漢簡（壹）〉小札（二則）》，簡帛網2013年6月10日，http://www.bsm.org.cn/show_article.php?id=1859。後以方勇、周小芸署名，名爲"讀金關漢簡小札（二則）"，發表於《金塔居延遺址與絲綢之路歷史文化研究》，蘭州：甘肅教育出版社，2014年。
75. 方勇：《談一道金關漢簡所載的數學"衰分"題》，簡帛網2016年2月2日，http://www.bsm.org.cn/show_article.php?id=2462。
76. 方勇、張越：《讀金關漢簡醫類簡札記五則》，《魯東大學學報》2017年第1期。
77. ［日］富谷至：《文書行政的漢帝國》，劉恒武、孔李波譯，南京：江蘇人民出版社，2013年。
78. ［日］富谷至：《秦漢刑罰制度研究》，柴生芳、朱恒曄譯，桂林：廣西師範大學出版社，2006年。

G

79. 高維剛：《從漢簡管窺河西四郡市場》，《四川大學學報》1994年第2期。
80. 高大倫：《居延漢簡中所見疾病和疾病文書考述》，《簡牘學研究》第2輯，蘭州：甘肅人民出版社，1998年。
81. 高恒：《漢簡中所見舉、劾、案驗文書輯釋》，《簡帛研究》2001，桂林：廣西師範大學出版社，2001年。
82. 高榮：《漢代西北邊塞的郵驛建置》，《簡牘學研究》第3輯，蘭州：甘肅人民出版社，2002年。
83. 高榮：《簡牘所見秦漢郵書傳遞方式考辨》，《中國歷史文物》2007年第6期。
84. 高榮：《論秦漢的傳舍》，《金塔居延遺址與絲綢之路歷史文化研究》，蘭州：甘肅教育出版社，2014年。
85. 高天霞、何茂活：《漢代"守令""令史""守令史"考辨——兼論〈肩水金關漢簡〉中的相關官稱》，《西華師範大學學報》2015年5期。
86. 高一致：《讀〈肩水金關漢簡（叁）〉筆記（一）》，簡帛網2014年8月12日，http://www.bsm.org.cn/show_article.php?id=2056。後以"讀《肩水金關漢簡（叁）》札記（十八則）"爲名，發表於《珞珈史苑》，武漢：武漢大學出版社，2016年。
87. 高一致：《讀〈肩水金關漢簡（叁）〉筆記（二）》，簡帛網2014年8月23日，http://www.bsm.org.cn/show_article.php?id=2060。後以"讀《肩水金關漢簡（叁）》札記（十八則）"爲名，發表於《珞珈史苑》，武漢：武漢大學出版社，2016年。
88. 高一致：《讀〈肩水金關漢簡（叁）〉筆記（三）》，簡帛網2014年9月5日，http://www.bsm.org.cn/show_article.php?id=2071。後以"讀《肩水金關漢簡（叁）》札記（十八則）"爲名，發表於《珞珈史苑》，武漢：武漢大學出版社，2016年。

89. 高一致:《敦煌馬圈灣漢簡零拾》,簡帛網2014年9月28日,http://www.bsm.org.cn/show_article.php?id=2080。
90. 高一致:《初讀〈肩水金關漢簡(肆)〉筆記》,簡帛網2016年1月14日,http://www.bsm.org.cn/show_article.php?id=2434。
91. 高一致:《讀〈肩水金關漢簡(伍)〉小札》,簡帛網2016年8月26日,http://www.bsm.org.cn/show_article.php?id=2618。
92. 高一致:《讀〈肩水金關漢簡(叁)〉札記(十八則)》,《珞珈史苑》,武漢:武漢大學出版社,2016年。
93. 高元武:《漢朝西北邊疆戍卒的基本情況及日常工作》,《重慶科技學院學報》2010年第17期。
94. 高啓安:《漢魏河西飲食三題——以河西漢簡飲食資料爲主》,《甘肅省第二屆簡牘學國際學術研討會論文集》,上海:上海古籍出版社,2012年。
95. 高震寰:《論西北漢簡文書與現實的差距及其意義》,《新史學》2014年第4期。
96. 耿相新:《中國簡帛書籍史》,北京:生活·讀書·新知三聯書店,2011年。
97. 郭麗華:《試論西北屯戍漢簡中的"僦人"及其相關詞語》,《西南大學第五屆出土文獻與比較文字學博士論壇文集》,重慶,2015年10月。後以"西北屯戍漢簡中的"就人"及其相關詞語考論"爲名,發表於《中國社會經濟史研究》2016年第2期。
98. 郭偉濤:《漢代肩水金關關吏編年及相關問題》,《出土文獻》第10輯,上海:中西書局,2017年。
99. 郭偉濤:《漢代張掖郡肩水塞研究》,清華大學博士學位論文,2017年。
100. 郭偉濤:《漢代肩水候駐地移動研究》,簡帛網2017年7月9日,http://www.bsm.org.cn/show_article.php?id=2834。
101. 郭偉濤:《漢代張掖郡廣地塞部隧設置考》,《出土文獻研究》第16輯,上海:中西書局,2017年。
102. 郭琳琳、杜鵬姣:《出土漢簡中的"傳"與出入名籍》,《克拉瑪依學刊》2013年第6期。
103. 桂發榮:《肩水金關漢簡中的經濟貿易初探》,《居延遺址與絲綢之路歷史文化國際學術研討會論文集》,2013年8月。
104. [日]岡崎敬:《漢代邊境兵士の被服について》,《東洋史研究》1953年12卷3號。
105. [日]高村武幸:《漢代文書行政における書信の位置付け》,《東洋學報》2009年第91卷第1號。
106. 甘肅省博物館、中國科學院考古研究所:《武威漢簡》,北京:文物出版社,1964年。
107. 甘肅居延考古隊:《居延漢代遺址的發掘和新出土的簡册文物》,《文物》1978年第1期。
108. 甘肅省文物考古研究所:《居延新簡釋粹》,蘭州:蘭州大學出版社,1988年。
109. 甘肅省文物考古研究所等:《居延新簡——甲渠候官與第四燧》,北京:文物出版社,1990年。
110. 甘肅省文物考古研究所:《敦煌漢簡》,北京:中華書局,1991年。
111. 甘肅省文物考古研究所等:《居延新簡——甲渠候官》,北京:中華書局,1994年。
112. 甘肅簡牘保護研究中心、甘肅省文物考古研究所:《甘肅簡牘百年論著目錄》,蘭州:甘肅文化出版社,2008年。
113. 甘肅簡牘保護研究中心等:《肩水金關漢簡(壹)》,上海:中西書局,2011年。
114. 甘肅簡牘保護研究中心等:《肩水金關漢簡(貳)》,上海:中西書局,2012年。
115. 甘肅簡牘博物館等:《肩水金關漢簡(叁)》,上海:中西書局,2013年。
116. 甘肅簡牘博物館等:《肩水金關漢簡(肆)》,上海:中西書局,2015年。
117. 甘肅簡牘博物館等:《肩水金關漢簡(伍)》,上海:中西書局,2016年。

H

118. 何雙全:《居延漢簡所見漢代農作物小考》,《農業考古》1986年第2期。
119. 何雙全:《漢代戍邊士兵籍貫考述》,《西北史地》1989年第2期。
120. 何雙全:《居延甲渠候官簡牘文書分類與文檔制度》,《簡牘學研究》第1輯,蘭州:甘肅人民出版社,1997年。
121. 何雙全:《雙玉蘭堂文集》,臺北:蘭臺出版社,2001年。
122. 何有祖:《西漢海昏侯墓出土樂器"瑟"銘文補説》,簡帛網2015年11月26日,http://www.bsm.org.cn/show_article.php?id=2380。
123. 何有祖:《讀肩水金關漢簡札記(一則)》,簡帛網2016年1月9日,http://www.bsm.org.cn/show_article.php?id=2416。
124. 何有祖:《讀肩水金關漢簡札記(二則)》,簡帛網2016年1月11日,http://www.bsm.org.cn/show_article.php?id=2417。
125. 何有祖:《讀肩水金關漢簡札記(三則)》,簡帛網2016年1月12日,http://www.bsm.org.cn/show_article.php?id=2423。
126. 何有祖:《讀肩水金關漢簡札記(四則)》,簡帛網2016年1月14日,http://www.bsm.org.cn/show_article.php?id=2433。
127. 何有祖:《讀〈肩水金關漢簡(叁)〉札記(一)》,簡帛網2016年1月19日,http://www.bsm.org.cn/show_article.php?id=2448。
128. 何有祖:《讀〈肩水金關漢簡(叁)〉札記(二)》,簡帛網2016年1月20日,http://www.bsm.org.cn/show_article.php?id=2450。
129. 何茂活:《肩水金關漢簡〈所寄張千人舍器物記〉名物詞語考釋》,《魯東大學學報》2014年第6期。
130. 何茂活:《〈肩水金關漢簡(貳)〉疑難字形義考辨》,《簡帛研究》2014,桂林:廣西師範大學出版社,2014年。
131. 何茂活:《肩水金關第24、31探方所見典籍殘簡綴聯與考釋》,《簡帛研究》2015秋冬卷,桂林:廣西師範大學出版社,2015年。
132. 何茂活:《〈肩水金關漢簡(壹)〉殘斷字釋補》,復旦大學出土文獻與古文字研究中心網2014年11月20日,http://www.gwz.fudan.edu.cn/Web/Show/2377。後發表於《中國文字(新四十二期)》,臺北:藝文印書館,2016年。
133. 何茂活:《〈肩水金關漢簡(壹)〉釋文訂補》,復旦大學出土文獻與古文字研究中心網2014年11月28日,http://www.gwz.fudan.edu.cn/Web/Show/2392。
134. 何茂活:《肩水金關漢簡綴合校釋一則》,復旦大學出土文獻與古文字研究中心網2015年1月7日,http://www.gwz.fudan.edu.cn/Web/Show/2415。
135. 何茂活:《肩水金關出土的環讀式曆譜》,《文史知識》2015年第1期。
136. 何茂活:《肩水金關出土〈漢居攝元年曆譜〉綴合與考釋》,《考古與文物》2015年第2期。
137. 何茂活:《金關漢簡綴合補釋一例》,簡帛網2015年10月26日,http://www.bsm.org.cn/show_article.php?id=2329。
138. 何茂活:《金關漢簡削衣重綴一例》,簡帛網2015年11月3日,http://www.bsm.org.cn/show_article.php?id=2338。
139. 何茂活:《肩水金關T25斷簡綴合四則》,簡帛網2015年11月6日,http://www.bsm.org.cn/show_article.php?id=2344。
140. 何茂活:《〈肩水金關漢簡(叁)〉曆譜簡零綴》,復旦大學出土文獻與古文字研究中心網2015年12月9日,http://www.gwz.fudan.edu.cn/Web/Show/2675。
141. 何茂活:《〈肩水金關漢簡(貳)〉殘斷字釋補》,《出土文獻綜合研究集刊》第2輯,成都:巴蜀書社,2015年。
142. 何茂活:《〈肩水金關漢簡(叁)〉釋文商訂(之一)》,《出土文獻研究》第15輯,上海:上海古籍出版社,2016年。
143. 何茂活:《〈肩水金關漢簡(叁)〉釋文商訂(之二)》,《簡帛》第13輯,上海:上海古籍出版社,2016年。
144. 何茂活:《"近衣"考論兼訂相關諸簡釋文》,《簡牘學研究》第6輯,蘭州:甘肅人民出版社,2016年。
145. 何茂活:《肩水金關23探方917、919簡綴合及粗解》,簡帛網2016年4月17日,http://www.bsm.org.cn/show_article.php?id=2520。
146. 何茂活:《〈肩水金關漢簡(伍)〉綴合補議一則》,簡帛網2017年2月20日,http://www.bsm.org.cn/show_article.php?id=2735。

147. 何茂活:《〈肩水金關漢簡(伍)〉綴合補議一則補釋》,簡帛網簡帛論壇2017年2月23日,1樓,http://www.bsm.org.cn/bbs/read.php?tid=3439&keyword=%BC%E7%CB%AE%BD%F0。

148. 侯丕勛:《西北所出土簡牘的特點》,《簡牘學研究》第1輯,蘭州:甘肅人民出版社,1997年。

149. 侯丕勛:《"塞天田"制度考述》,《簡牘學研究》第1輯,蘭州:甘肅人民出版社,1997年。

150. 侯旭東:《西北漢簡所見"傳信"與"傳"——兼論漢代君臣日常政務的分工與詔書、律令的作用》,《文史》2008年第3輯。

151. 侯旭東:《西北所出漢代簿籍册書簡的排列與復原——從東漢永元兵物簿説起》,《史學集刊》2014年第1期。後發表於《金塔居延遺址與絲綢之路歷史文化研究》,蘭州:甘肅教育出版社,2014年。

152. 侯旭東:《西漢張掖郡肩水候系年初編:兼論候行塞時的人事安排與用印》,《簡牘學研究》第5輯,蘭州:甘肅人民出版社,2014年。

153. 侯旭東:《西漢張掖郡肩水候官駟北亭位置考》,《湖南大學學報》2016年第4期。

154. 侯旭東:《漢代西北邊塞他官兼行候事如何工作?》,《甘肅省第三屆簡牘學國際學術研討會論文集》,上海:上海辭書出版社,2017年。

155. 侯宗輝:《從敦煌漢簡所記物價的變動看河西地區經濟的起伏》,《甘肅社會科學》2010年第4期。

156. 侯宗輝:《肩水金關漢簡所見"從者"探析》,《敦煌研究》2014年第2期。

157. 胡平生、張德芳:《敦煌懸泉漢簡釋粹》,上海:上海古籍出版社,2001年。

158. 胡平生:《也説"作徒簿及最"》,簡帛網2014年5月31日,http://www.bsm.org.cn/show_article.php?id=2026。

159. 胡永鵬:《讀〈肩水金關漢簡(貳)〉札記》,簡帛網2013年9月17日,http://www.bsm.org.cn/show_article.php?id=1905。後發表於《中國文字(新四十期)》,臺北:藝文印書館,2014年。

160. 胡永鵬:《〈肩水金關漢簡(貳)〉中與曆表不合諸簡考證》,《簡帛》第9輯,上海:上海古籍出版社,2014年。

161. 胡永鵬:《肩水金關漢簡校讀札記》,《漢字文化》2015年第3期。

162. 胡永鵬:《西北邊塞漢簡編年及相關問題研究》,吉林大學博士論文,2016年。

163. 胡永鵬:《西北邊塞漢簡中曆日的整理與研究》,《甘肅省第三屆簡牘學國際學術研討會論文集》,上海:上海辭書出版社,2017年。

164. 胡永鵬:《肩水金關漢簡校讀兩則》,《出土文獻綜合研究集刊》第4輯,成都:巴蜀書社,2016年。

165. 胡永鵬:《西北邊塞漢簡編年》,福州:福建人民出版社,2017年。

166. 黃琳:《居延漢簡紀時研究》,華東師範大學碩士學位論文,2006年。

167. 黃兆宏、秦菲:《居延漢簡反映的漢代河西地區戍卒、田卒問題探析》,《石河子大學學報》2012年第4期。

168. 黃浩波:《讀〈肩水金關漢簡(壹)釋文〉札記一則》,簡帛網2011年9月30日,http://www.bsm.org.cn/show_article.php?id=1557。

169. 黃浩波:《〈肩水金關漢簡(壹)〉所見淮陽簡》,簡帛網2011年11月25日,http://www.bsm.org.cn/show_article.php?id=1583。

170. 黃浩波:《〈肩水金關漢簡(壹)〉所見郡國縣邑鄉里》,簡帛網2011年12月1日,http://www.bsm.org.cn/show_article.php?id=1586。

171. 黃浩波:《〈肩水金關漢簡(壹)〉所見卒閣錢簿》,簡帛網2012年3月13日,http://www.bsm.org.cn/show_article.php?id=1651。

172. 黃浩波:《肩水金關漢簡所見典籍殘簡》,簡帛網2013年8月1日,http://www.bsm.org.cn/show_article.php?id=1874。

173. 黃浩波:《〈肩水金關漢簡(貳)〉所見郡國縣邑鄉里》,簡帛網2013年9月18日,http://www.bsm.org.cn/show_article.php?id=1908。

174. 黃浩波:《〈肩水金關漢簡(壹)〉所見淮陽簡》,《歷史地理》2013年第27輯。

175. 黃浩波:《〈肩水金關漢簡(貳)〉所見"河東定陽"簡試釋》,《歷史地理》2014年第29輯。

176. 黃浩波:《〈肩水金關漢簡(叁)〉所見〈孝經〉解説殘簡》,復旦大學出土文獻與古文字研究中心網2015年4月22日,http://www.gwz.fudan.edu.cn/Web/Show/2503。

177. 黄浩波:《〈肩水金關漢簡(叁)〉所見郡國縣邑鄉里》,簡帛網2014年7月22日,http://www.bsm.org.cn/show_article.php?id=2052。
178. 黄浩波:《〈肩水金關漢簡(肆)〉73EJH1:58簡試説》,簡帛網2016年1月14日,http://www.bsm.org.cn/show_article.php?id=2431。
179. 黄浩波:《肩水金關嗇夫李豐簡考》,簡帛網2016年2月26日,http://www.bsm.org.cn/show_article.php?id=2477。
180. 黄浩波:《〈肩水金關漢簡(肆)〉所見郡國縣邑鄉里表》,簡帛網2016年3月9日,http://www.bsm.org.cn/show_article.php?id=2484。
181. 黄浩波:《〈肩水金關漢簡(伍)〉所見郡國縣邑鄉里表》,簡帛網2016年9月7日,http://www.bsm.org.cn/show_article.php?id=2627。
182. 黄浩波:《"下造"是"上造"書誤嗎》,簡帛網簡帛論壇2017年3月8日,0、2樓,http://www.bsm.org.cn/bbs/read.php?tid=3447。
183. 黄浩波:《〈肩水金關漢簡(肆)〉所見甘延壽相關簡文考釋》,《出土文獻研究》第16輯,上海:中西書局,2017年。
184. 黄浩波:《〈肩水金關漢簡(伍)〉釋地五則》,《簡帛》第15輯,上海:上海古籍出版社,2017年。
185. 黄艷萍:《初讀〈肩水金關漢簡(壹)〉札記》,復旦大學出土文獻與古文字研究中心網2013年5月30日,http://www.gwz.fudan.edu.cn/Web/Show/2058。
186. 黄艷萍:《〈肩水金關漢簡(壹)〉紀年簡校釋》,《簡牘學研究》第5輯,蘭州:甘肅人民出版社,2014年。
187. 黄艷萍:《〈肩水金關漢簡(貳)〉紀年簡校考》,《簡帛研究》2013,桂林:廣西師範大學出版社,2014年。
188. 黄艷萍:《西北漢簡中的圖畫簡述略》,《西南大學第四屆出土文獻與比較文字學博士論壇文集》,重慶,2014年11月。
189. 黄艷萍:《〈肩水金關漢簡(壹)〉紀年簡校考》,《敦煌研究》2014年第2期。
190. 黄艷萍:《居延漢簡中的官印初探》,《寧夏大學學報》2014年第6期。
191. 黄艷萍:《〈肩水金關漢簡〉字體概述》,《出土文獻綜合研究集刊》第2輯,成都:巴蜀書社,2015年。
192. 黄艷萍:《漢代邊境的家屬出入符研究——以西北漢簡爲例》,《理論月刊》2015年第1期。
193. 黄艷萍:《西北漢簡中的"坐前"小釋》,《昆明學院學報》2015年第2期。
194. 黄艷萍:《〈肩水金關漢簡〉所見"燧"及其命名探析》,《敦煌研究》2016年第1期。
195. 黄艷萍:《〈肩水金關漢簡〉(壹—肆)異體字研究》,華東師範大學博士學位論文,2016年。
196. 黄艷萍、李振宇:《肩水金關漢簡的書體類型》,《中國書法》2017年第16期。
197. 黄杰(暮四郎):《〈肩水金關漢簡(伍)〉有關〈詩〉〈書〉的兩條記載》,簡帛網簡帛論壇2016年8月28、29日,3、7樓,http://www.bsm.org.cn/bbs/read.php?tid=3391&keyword=%BC%E7%CB%AE%BD%F0。
198. 黄悦:《〈肩水金關漢簡(肆)〉釋文試校五則》,簡帛網2017年3月1日,http://www.bsm.org.cn/show_article.php?id=2743。
199. 郝樹聲、張德芳:《懸泉漢簡研究》,蘭州:甘肅文化出版社,2009年。
200. 韓華:《由西北漢簡看漢代基層官吏的激勵和監督》,《出土文獻研究》第11輯,上海:中西書局,2012年。
201. 韓華:《金關漢簡中的幾個農業問題考論》,《金塔居延遺址與絲綢之路歷史文化研究》,蘭州:甘肅教育出版社,2014年。
202. 韓華、薛洪波:《肩水金關漢簡研究綜述》,《魯東大學學報》2016年第3期。
203. 韓華:《肩水金關遺址所出封檢形制小考》,《甘肅省第三屆簡牘學國際學術研討會論文集》,上海:上海辭書出版社,2017年。
204. 洪尚毅:《張家山漢簡〈二年律令〉與邊塞漢簡所見漢代的塞尉與城尉》,臺灣大學碩士學位論文,2014年。

J

205. 賈治輝:《筆迹學》,北京:法律出版社,2010年。

206. 賈一平:《西漢張掖郡部都尉所轄司馬類職官考——以居延漢簡爲中心》,上海師範大學博士學位論文,2015年。
207. 賈麗英:《西北漢簡"葆"及其身份釋論》,《魯東大學學報》2014年第5期。
208. 賈麗英:《肩水金關漢簡爵稱年齡反映的社會制衡》,《甘肅省第三屆簡牘學國際學術研討會論文集》,上海:上海辭書出版社,2017年。
209. 焦天然:《新莽簡判斷標準補説——以居延新簡爲中心》,《中國國家博物館館刊》2016年第11期。
210. 均和、劉軍:《漢簡舉書與行塞考》,《簡牘學研究》第2輯,蘭州:甘肅人民出版社,1998年。
211. 蔣波、周世霞:《〈肩水金關漢簡(肆)〉中的"南陽簡"試釋》,《洛陽考古》2016年第4期。
212. 蔣波、周世霞:《〈肩水金關漢簡(肆)〉所見甘肅人身高》,《蘭州文理學院學報》2017年第2期。
213. 稷下遺風:《關於張朝陽文章的商榷》,簡帛網簡帛論壇2011年11月14日,0樓,http://www.bsm.org.cn/bbs/read.php?tid=2839。
214. 稷下遺風:《關於張朝陽文章的商榷(二)》,簡帛網簡帛論壇2011年11月29日,0樓,http://www.bsm.org.cn/bbs/read.php?tid=2846。
215. [德]紀安諾:《漢代張掖都尉考》,《簡牘學研究》第3輯,蘭州:甘肅人民出版社,2002年。
216. [日]吉川佑資:《漢代邊境における令史と尉史》,《史泉》2008年第107卷。
217. 簡牘整理小組:《居延漢簡補編》,臺北:"中央研究院"歷史語言研究所,1998年。
218. 簡牘整理小組:《居延漢簡(壹)》,臺北:"中央研究院"歷史語言研究所,2014年。
219. 簡牘整理小組:《居延漢簡(貳)》,臺北:"中央研究院"歷史語言研究所,2015年。
220. 簡牘整理小組:《校讀史語所藏居延漢簡的新收穫》,《古今論衡》2015年第28期。
221. 簡牘整理小組:《居延漢簡(叁)》,臺北:"中央研究院"歷史語言研究所,2016年。
222. 簡牘整理小組:《居延漢簡(肆)》,臺北:"中央研究院"歷史語言研究所,2017年。

K

223. 孔祥軍:《肩水金關漢簡所見"太常郡"初探》,《中國歷史地理論叢》2012年第3輯。
224. 孔德衆、張俊民:《漢簡釋讀過程中存在的幾類問題字》,《敦煌研究》2013年第6期。

L

225. 勞榦:《從漢簡所見之邊郡制度》,《中央研究院歷史語言研究所集刊》1939年第2本。
226. 勞榦:《漢簡中的河西經濟生活》,《中央研究院歷史語言研究所集刊》1943年第11本。
227. 勞榦:《漢代兵制及漢簡中的兵制》,《中央研究院歷史語言研究所集刊》1948年第10本。
228. 勞榦:《居延漢簡考證補正》,《中央研究院歷史語言研究所集刊》1949年第14本。
229. 勞榦:《居延漢簡考釋·釋文之部》,上海:商務印書館,1949年。
230. 勞榦:《居延漢簡考釋·圖版之部》,臺北:"中央研究院"歷史語言研究所,1957年。
231. 勞榦:《居延漢簡考釋·考釋之部》,臺北:"中央研究院"歷史語言研究所,1960年。

232. 勞榦:《漢晉西陲木簡新考》,臺北:"中央研究院"歷史語言研究所,1985年。
233. 李古寅:《漢代河西軍屯勞動者成份和生活狀況》,《甘肅社會科學》1983年第4期。
234. 李均明:《漢簡"過書刺"解》,《文史》第28輯,北京:中華書局,1987年。
235. 李均明:《漢簡簿籍與經濟管理述要》,《秦漢史論叢》第6輯,南昌:江西教育出版社,1994年。
236. 李均明:《漢簡所見車》,《簡牘學研究》第1輯,蘭州:甘肅人民出版社,1997年。
237. 李均明:《"車父"簡考辨》,《簡牘學研究》第2輯,蘭州:甘肅人民出版社,1998年。
238. 李均明、劉軍:《簡牘文書學》,南寧:廣西教育出版社,1999年。
239. 李均明:《居延漢簡編年》,臺北:新文豐出版社,2004年。
240. 李均明:《秦漢簡牘文書分類輯解》,北京:文物出版社,2009年。
241. 李均明:《通道廄考——與敦煌懸泉廄的比較研究》,《出土文獻》第2輯,上海:中西書局,2011年。
242. 李振宏:《從居延漢簡看漢代的戍卒管理制度》,《河南大學學報》1995年第1期。
243. 李振宏:《漢代居延屯戍吏卒的醫療衛生狀況》,《中原文物》1999年第4期。
244. 李振宏:《漢代居延屯戍吏卒的精神文化生活》,《簡牘學研究》第3輯,蘭州:甘肅人民出版社,2002年。
245. 李大龍:《兩漢時期的邊政與邊吏》,哈爾濱:黑龍江教育出版社,1996年。
246. 李永良:《河西漢簡的考古發掘與研究》,《簡牘學研究》第1輯,蘭州:甘肅人民出版社,1997年。
247. 李清凌:《兩漢在西北的屯田制度》,《簡牘學研究》第2輯,蘭州:甘肅人民出版社,1998年。
248. 李戎:《居延漢簡醫、藥、傷、病簡文整理研究報告》,《醫古文知識》2001年第4期。
249. 李天虹:《居延漢簡簿籍分類研究》,北京:科學出版社,2003年。
250. 李零:《郭店楚簡校讀記(增訂本)》,北京:中國人民大學出版社,2007年。
251. 李志遠:《西漢西北地方戍卒生活研究》,東北師範大學碩士學位論文,2008年。
252. 李明曉:《西北漢簡中的烽火信號"表"》,簡帛網2010年2月17日,http://www.bsm.org.cn/show_article.php?id=1221。
253. 李欣:《漢簡所見"葆"宮考釋》,《秦漢研究》2010年第4輯。
254. 李洪財:《〈肩水金關漢簡〉(壹)校讀札記》,復旦大學出土文獻與古文字研究中心網2012年9月17日,http://www.gwz.fudan.edu.cn/Web/Show/1929。
255. 李洪財:《居延漢簡草書是正》,簡帛網2012年9月23日,http://www.bsm.org.cn/show_article.php?id=1739。
256. 李洪財:《漢簡草字整理與研究》,吉林大學博士學位論文,2014年。
257. 李洪財:《〈長沙尚德街東漢簡牘〉補釋》,簡帛網2017年2月23日,http://www.bsm.org.cn/show_article.php?id=2737。
258. 李洪財:《〈肩水金關漢簡〉(伍)校讀記(一)》,簡帛網2017年2月25日,http://www.bsm.org.cn/show_article.php?id=2739。
259. 李燁:《略述漢簡所見之"傳"及其與"過所"的關係》,《學行堂文史集刊》2012年第1期。
260. 李燁:《"秦胡"別釋》,《內江師範學院學報》2012年第5期。
261. 李燁:《〈肩水金關漢簡(壹)〉研究三題》,西南大學碩士學位論文,2013年。
262. 李燁:《例說漢代簡牘字形對〈漢語大字典〉字形收列的補充》,《西南大學第四屆出土文獻與比較文字學博士論壇論文集》,重慶,2014年11月。
263. 李燁、張顯成:《〈肩水金關漢簡(壹)〉校勘記》,《古籍整理研究學刊》2015年第4期。
264. 李亮良:《西北屯戍漢簡中常見的吏卒爵位與西漢民爵制初探》,西南大學碩士學位論文,2012年。
265. 李斯:《西北漢簡所見廩鹽制度蠡測》,《簡帛研究》2011,桂林:廣西師範大學出版社,2013年。

266. 李逸峰:《河西簡牘在漢代書法史上的歷史地位》,《中國書法》2013年第7期。
267. 李瑶:《居延舊簡文字編》,吉林大學博士學位論文,2014年。
268. 李松儒:《戰國簡帛字迹研究:以上博簡爲中心》,上海:上海古籍出版社,2015年。
269. 李玥凝:《漢簡中的"方相車"補説》,《魯東大學學報》2015年第3期。
270. 李玥凝:《漢簡"卿"字小札》,《甘肅省第三届簡牘學國際學術研討會論文集》,上海:上海辭書出版社,2017年。
271. 李迎春:《居延漢簡所見廣陵王臨終歌詩及相關問題研究》,《國學學刊》2015年第4期。
272. 李力:《關於秦漢簡牘所見"稍入錢"一詞的討論》,《國學學刊》2015年第4期。
273. 李曉偉:《秦漢通行憑證研究》,河南大學碩士學位論文,2016年。
274. 李園:《秦漢習字簡研究》,《古籍整理研究學刊》2017年第1期。
275. 李建雄、邢藝譞:《〈肩水金關漢簡(五)〉非紀年新莽簡輯證20例》,《殷都學刊》2017年第1期。
276. 李健雄:《簡帛材料中的歷史地理信息研究——從張掖郡觻得縣的稱謂變化説起》,《檔案》2017年第7期。
277. 李永增:《東漢刑徒磚相關問題研究》,華東政法大學碩士學位論文,2014年。
278. 林劍鳴:《秦漢時代的丞相和御史——居延漢簡解讀筆記》,《蘭州大學學報》1983年第3期。
279. 林梅村、李均明:《疏勒河流域出土漢簡》,北京:文物出版社,1984年。
280. 林甘泉:《漢簡所見西北邊塞的商品交換和買賣契約》,《文物》1989年第9期。
281. 林雅婷:《甲骨綴合研究》,臺北:政治大學中國文學系碩士學位論文,2004年。
282. 林宏明:《甲骨綴合的方法——推知殘辭限縮範圍的綴合》,《政大中文學報》2013年第19期。
283. 林宏明:《漢簡試綴一則》,先秦史研究室網2016年10月16日,http://www.xianqin.org/blog/archives/6978.html。
284. 林宏明:《漢簡試綴第二則》,先秦史研究室網2016年11月9日,http://www.xianqin.org/blog/archives/7418.html。
285. 林宏明:《漢簡試綴第三則》,先秦史研究室網2016年11月13日,http://www.xianqin.org/blog/archives/7426.html。
286. 林宏明:《漢簡試綴第四則(代替)》,先秦史研究室網2016年12月3日,http://www.xianqin.org/blog/archives/7575.html。
287. 林宏明:《漢簡試綴第五則》,先秦史研究室網2016年11月22日,http://www.xianqin.org/blog/archives/7447.html。
288. 林宏明:《漢簡試綴第六則》,先秦史研究室網2016年11月29日,http://www.xianqin.org/blog/archives/7582.html。
289. 林宏明:《漢簡試綴第七則》,先秦史研究室網2016年12月5日,http://www.xianqin.org/blog/archives/7593.html。
290. 林宏明:《漢簡試綴第八到十一則》,先秦史研究室網2016年12月9日,http://www.xianqin.org/blog/archives/7613.html。
291. 林宏明:《漢簡試綴第12—14則》,先秦史研究室網2016年12月15日,http://www.xianqin.org/blog/archives/7661.html。
292. 林宏明:《漢簡試綴第15則》,先秦史研究室網2016年12月29日,http://www.xianqin.org/blog/archives/7665.html。
293. 林宏明:《漢簡試綴第17則》,先秦史研究室網2017年6月28日,http://www.xianqin.org/blog/archives/8396.html。
294. 林宏明:《漢簡試綴第85則》,簡帛網2017年8月19日,http://www.bsm.org.cn/show_article.php?id=2868。
295. 林進忠:《西漢〈甘露二年御史書〉册書文字的書法》,《藝術學報》2004年第74期。
296. 林獻忠:《讀〈肩水金關漢簡(貳)〉札記》,復旦大學出土文獻與古文字研究中心網2014年12月20日,http://www.gwz.fudan.edu.cn/Web/Show/2405。後以"《肩水金關漢簡》(貳)考釋六則"爲名,發表於《敦煌研究》2016年第5期。
297. 林獻忠:《百年來漢代戍卒研究綜述——以漢簡爲中心》,《西域研究》2015年第2期。
298. 林獻忠:《讀〈上博九·陳公治兵〉札記二則》,簡帛網2015年1月8日,http://www.bsm.org.cn/show_article.php?id=2126。

299. 林獻忠:《〈東漢刑徒磚拓存〉地名釋文補正》,簡帛網2015年1月22日,http://www.bsm.org.cn/show_article.php?id=2143。
300. 林獻忠:《〈肩水金關漢簡(貳)〉考釋六則》,《敦煌研究》2016年第5期。
301. 林少平:《與尉侯凱先生商榷一則》,簡帛網簡帛論壇2016年8月26日,0、2、3、4、5樓,http://www.bsm.org.cn/bbs/read.php?tid=3390&fpage=3。
302. 林少平:《"下造"是"上造"書誤嗎》,簡帛網簡帛論壇2017年3月10、11日,4、6、7、9樓,http://www.bsm.org.cn/bbs/read.php?tid=3447。
303. 羅振玉、王國維:《流沙墜簡》,北京:中華書局,1993年。
304. 羅見今:《居延漢簡中"無朔簡"年代考釋》,《簡帛研究》2001,桂林:廣西師範大學出版社,2001年。
305. 羅見今、關守義:《〈肩水金關漢簡(壹)〉八枚曆譜散簡年代考釋》,《敦煌研究》2012年第5期。
306. 羅見今、關守義:《〈肩水金關漢簡(壹)〉紀年簡考釋》,《敦煌研究》2013年第5期。
307. 羅見今、關守義:《〈肩水金關漢簡(貳)〉曆簡年代考釋》,《敦煌研究》2014年第2期。
308. 羅見今、關守義:《〈肩水金關漢簡(叁)〉曆簡年代考釋》,《敦煌研究》2015年第4期。
309. 羅仕杰:《居延漢簡甲渠候官掾人名整理及任期復原》,《嶺東學報》2007年第22期。
310. 羅仕杰:《居延漢簡甲渠塞部燧候長、候史人名整理及任期復原》,《止善》2008年第4期。
311. 羅仕杰:《試析史籍與漢簡中所見的"居延"》,《止善》2009年第7期。
312. 羅仕杰:《居延漢簡甲渠塞人物研究》,臺北:中國文化大學史學研究所博士學位論文,2001年。
313. 羅仕杰:《從居延漢簡看士吏的建置、遷調與職責》,《嶺東學報》2012年第31期。
314. 羅仕杰:《居延漢簡甲渠候官令史、尉史人名整理及任期復原》,《嶺東通識教育研究學刊》2015年第1期。
315. 劉光華:《漢代西北屯田研究》,蘭州:蘭州大學出版社,1988年。
316. 劉軍:《漢簡人事管理研究之一——行塞舉與離署申報》,《簡牘學研究》第1輯,蘭州:甘肅人民出版社,1997年。
317. 劉增貴:《居延漢簡所見漢代邊境飲食生活》,《古今論衡》1999年第3期。
318. 劉莉:《漢代戍卒醫療衛生狀況及原因探析》,華中師範大學碩士學位論文,2007年。
319. 劉金華:《漢代西北邊地物價考——以漢簡爲中心》,《中國社會經濟史研究》2008年第4期。
320. 劉金華:《漢代物價考(二)——以漢簡爲中心》,《文博》2008年第2期。
321. 劉金華:《漢代西北邊地物價述略——以漢簡爲中心》,《中國農史》2008年第3期。
322. 劉慶:《漢代捕繫文書考述》,《南都學壇》2010年第4期。
323. 劉倩倩:《〈甘露二年丞相御史律令〉校注》,復旦大學出土文獻與古文字研究中心網2015年1月12日,http://www.gwz.fudan.edu.cn/Web/Show/2421。
324. 劉倩倩:《〈肩水金關漢簡(壹)〉注釋及相關問題研究》,華東師範大學碩士學位論文,2015年。
325. 劉釗:《近出西北屯戍漢簡研讀四則》,《出土文獻研究》第13輯,上海:中西書局,2014年。
326. 劉釗:《河西漢簡研讀札記五則》,《出土文獻綜合研究集刊》第3輯,成都:巴蜀書社,2015年。
327. 劉釗:《漢簡所見官文書研究》,吉林大學博士學位論文,2015年。
328. 劉釗:《出土文獻所見秦漢官文書平闕現象探論》,《甘肅省第三屆簡牘學國際學術研討會論文集》,上海:上海辭書出版社,2017年。
329. 劉釗、譚若麗:《敦煌一棵樹烽燧西晉符信補釋——兼説漢簡中"符"的形態演變》,《中國國家博物館館刊》2016年第5期。
330. 劉樂賢:《肩水金關漢簡補釋一則》,簡帛網2013年7月28日,http://www.bsm.org.cn/show_article.php?id=1872。
331. 劉樂賢:《金關漢簡中的翟義同黨陳伯陽及相關問題》,《中國史研究》2014年第1期。
332. 劉樂賢:《肩水金關漢簡中的王莽登基詔書》,《文物》2015年第3期。

333. 劉樂賢:《釋金關漢簡中與"過大公"有關的兩枚封檢》,《出土文獻》第7輯,上海:中西書局,2015年。
334. 劉樂賢:《金關漢簡〈譚致丈人書〉校釋》,《古文字論壇》第1輯,廣州:中山大學出版社,2015年。
335. 劉樂賢:《王莽"戒子孫"書考索——也談金關漢簡中一種與〈孝經〉有關的文獻》,《出土文獻》第9輯,上海:中西書局,2016年。
336. 劉嬌:《漢簡所見〈孝經〉之傳注或解說初探》,復旦大學出土文獻與古文字研究中心網2015年4月8日,http://www.gwz.fudan.edu.cn/Web/Show/2487。
337. 劉嬌:《漢簡所見〈孝經〉之傳注或解說初探》,《出土文獻》第6輯,上海:中西書局,2015年。
338. 劉嬌:《讀肩水金關漢簡"馬禖祝辭"小札》,《文匯報》2016年8月19日第W11版。
339. 劉瑞:《漢代"超長紀年"問題新研》,《國學學刊》2015年第4期。
340. 劉欣寧:《漢代"傳"中的父老與里正》,《早期中國史研究》2016年第8卷第2期。
341. 梁静:《簡帛文獻與早期儒家研究》,簡帛網2009年6月11日,http://www.bsm.org.cn/show_article.php?id=1076。
342. 梁煒杰:《讀〈里耶秦簡(壹)〉札記——"作徒簿"類型反映的秦"冣"意義》,簡帛網2013年11月9日,http://www.bsm.org.cn/show_article.php?id=1949。
343. 廖伯源:《漢初郡長吏雜考》,《漢學研究》2009年第27卷第4期。
344. 魯家亮:《張家山漢簡〈二年律令〉釋文補遺與相關問題研究》,武漢大學博士學位論文,2008年。
345. 魯家亮(ljltom):《肩水金關漢簡T3:55的一個年份問題》,簡帛網簡帛論壇2011年10月22、23日,1、3樓,http://www.bsm.org.cn/bbs/read.php?tid=2829&keyword=%BC%E7%CB%AE%BD%F0。
346. 魯家亮:《肩水金關漢簡釋文校讀六則》,《古文字研究》第29輯,北京:中華書局,2012年。
347. 魯家亮:《2011年秦漢魏晉簡牘研究概述》,《簡帛》第7輯,上海:上海古籍出版社,2012年。
348. 魯家亮:《2012年秦漢魏晉簡牘研究概述》,《簡帛》第8輯,上海:上海古籍出版社,2013年。
349. 魯家亮:《2013年秦漢魏晉簡牘研究概述》,《簡帛》第9輯,上海:上海古籍出版社,2014年。
350. 魯家亮:《2014年秦漢魏晉簡牘研究概述》,《簡帛》第11輯,上海:上海古籍出版社,2015年。
351. 魯家亮、李静:《2015年秦漢魏晉簡牘研究概述》,《簡帛》第13輯,上海:上海古籍出版社,2016年。
352. 魯家亮:《2016年中國大陸秦漢魏晉簡牘研究概述》,《簡帛》第15輯,上海:上海古籍出版社,2017年。
353. 魯普平:《南、北嗇夫考》,《寧夏社會科學》2016年第1期。
354. 路方鴿:《〈居延新簡〉語詞研究》,浙江大學碩士學位論文,2010年。
355. 連宏:《漢唐刑罰比較研究》,東北師範大學博士學位論文,2012年。
356. 黎明釗:《肩水金關漢簡的趙地戍卒》,《邯鄲學院學報》2014年第4期。
357. 勞業茂:《肩水金關漢簡所記物價研究》,廣州大學碩士學位論文,2016年。
358. 盧瑞琴:《漢代河西地區的食鹽問題——居延簡牘讀後記》,《簡牘學研究》第2輯,蘭州:甘肅人民出版社,1998年。
359. 雷海龍:《〈肩水金關漢簡(貳)〉斷簡試綴(一)》,簡帛網2016年2月6日,http://www.bsm.org.cn/show_article.php?id=2465。
360. 雷海龍:《〈肩水金關漢簡(肆)〉斷簡試綴(一)》,簡帛網2016年2月8日,http://www.bsm.org.cn/show_article.php?id=2468。
361. 雷海龍:《〈肩水金關漢簡(肆)〉斷簡試綴(二)》,簡帛網2016年2月10日,http://www.bsm.org.cn/show_article.php?id=2469。
362. 雷海龍:《肩水金關漢簡綴合一則》,簡帛網2016年8月25日,http://www.bsm.org.cn/show_article.php?id=2616。
363. 雷海龍(落葉掃秋風):《〈肩水金關漢簡(伍)〉釋文商補》,簡帛網簡帛論壇2016年8月25、26,9月19日,0、1、2、3、4、8樓,http://www.bsm.org.cn/bbs/read.php?tid=3389&keyword=%BC%E7%CB%AE%BD%F0。
364. 雷海龍:《〈肩水金關漢簡(伍)〉釋文補正及殘簡新綴》,《簡帛》第14輯,上海:上海古籍出版社,2017年。

365. [英]魯惟一:《漢代的一些軍事文書》,張書生譯,《簡牘研究譯叢》第1輯,北京:中國社會科學出版社,1983年。
366. [英]魯惟一:《漢代行政記錄》,于振波、車今花譯,桂林:廣西師範大學出版社,2005年。
367. [韓]李成珪:《前漢內郡과河西4郡간의交易網形成——肩水金關出土簡牘通行證과關出入者簿名籍》,《東洋史學研究》2013年第122輯。
368. [日]鈴木直美:《漢代フロンティア形成者のプロフィール—居延漢簡・肩水金関漢簡にみる卒の年齢に着目して—》,《周縁領域からみた秦漢帝國》,東京:六一書房,2017年。

M

369. 馬先醒:《簡牘之斷代、接合與編連》,《簡牘學報》1978年第6期。
370. 馬明達:《漢代居延邊塞的醫藥制度——讀居延漢簡札記》,《西北師大學報》1980年第4期。
371. 馬怡:《扁書試探》,《簡帛》第1輯,上海:上海古籍出版社,2006年。
372. 馬怡:《漢代的計時器及相關問題》,《中國史研究》2006年第3期。後發表於簡帛網,《漢代的計時器及相關問題(連載一)》,簡帛網2006年10月29日,http://www.bsm.org.cn/show_article.php?id=445;《漢代的計時器及相關問題(連載二)》,簡帛網2006年11月1日,http://www.bsm.org.cn/show_article.php?id=448。
373. 馬怡、張榮強:《居延新簡釋校》,天津:天津古籍出版社,2013年。
374. 馬怡:《漢代的麻布及相關問題探討(修訂稿)》,簡帛網2014年12月25日,http://www.bsm.org.cn/show_article.php?id=2118。
375. 馬怡:《〈趙憲借襦書〉與〈趙君存物書〉——金關漢簡私文書釋考二則》,《簡牘學研究》第5輯,蘭州:甘肅人民出版社,2014年。
376. 馬智全:《〈肩水金關漢簡(壹)〉校讀記》,《考古與文物》2012年第6期。
377. 馬智全:《肩水金關漢簡中的"葆"探論》,《西北師大學報》2013年第1期。
378. 馬智全:《漢簡所見漢代肩水地區水利》,《中國社會經濟史研究》2013年第2期。
379. 馬智全:《肩水金關漢簡〈論語〉及相關儒家簡牘探論》,《金塔居延遺址與絲綢之路歷史文化研究》,蘭州:甘肅教育出版社,2014年。
380. 馬智全:《肩水金關漢簡"元康二年七月辛未"使者簡淺論》,《隴右文博》2015年第1期。
381. 馬智全:《居延漢簡中的"河渠卒"應是"治渠卒"》,《中國農史》2015年第4期。
382. 馬智全:《肩水金關漢簡所見罷卒》,《絲綢之路》2015年第20期。
383. 馬智全:《近年來肩水金關漢簡研究綜述》,《簡牘學研究》第6輯,蘭州:甘肅人民出版社,2016年。
384. 馬智全:《肩水金關關嗇夫紀年考》,《甘肅省第三屆簡牘學國際學術研討會論文集》,上海:上海辭書出版社,2017年。
385. 馬智全:《漢簡"學師"小考》,《魯東大學學報》2017年第2期。
386. 馬孟龍:《〈漢書·地理志〉汝南郡"宜春"非"宣春"之訛誤》,《中國歷史地理論叢》2012年第1輯。
387. 馬孟龍:《談肩水金關漢簡中的幾個地名》,《中國歷史地理論叢》2012年第3輯。
388. 馬孟龍:《西漢存在"太常郡"嗎?——西漢政區研究視野下與太常相關的幾個問題》,《中國歷史地理論叢》2013年第3輯。
389. 馬孟龍:《談肩水金關漢簡中的幾個地名(二)》,《中國歷史地理論叢》2014年第2輯。
390. 孟志成:《候長、燧長的任用和獎懲》,《簡牘學研究》第3輯,蘭州:甘肅人民出版社,2002年。
391. 孟建升:《西北出土漢簡中所見的"養"及其相關問題的研究》,廣西師範大學碩士學位論文,2012年。

392. [日]米田賢次郎:《漢代の邊境組織——隧の配置について》,《東洋史研究》1953年12卷3號。
393. [日]米田賢次郎:《秦漢帝國的軍事組織》,余太山譯,《簡牘研究譯叢》第2輯,北京:中國社會科學出版社,1987年。
394. [日]米田賢次郎:《漢代田租查定法管見》,姜鎮慶譯,《簡牘研究譯叢》第2輯,北京:中國社會科學出版社,1987年。

N

395. 那順:《阿拉善額濟納探尋漢簡的歷次發掘過程》,額濟納史文研究會,http://blog.sina.com.cn/s/blog_5b14d7d10100rgzz.html。
396. 聶丹:《西北屯戍漢簡中的"宿"和"葷"》,《敦煌研究》2015年第2期。
397. 聶菲:《文牘套語中的"足下"考辨》,簡帛網2016年5月13日,http://www.bsm.org.cn/show_article.php?id=2555。
398. [日]籾山明:《刻齒簡牘初探——漢簡形態論》,胡平生譯,《簡帛研究譯叢》第2輯,長沙:湖南人民出版社,1995年。後發表於簡帛網2013年2月18日,http://www.bsm.org.cn/show_article.php?id=1830#_edn4。

P

399. 駢宇騫、段書安:《二十世紀出土簡帛綜述》,北京:文物出版社,2006年。
400. 駢宇騫:《簡帛文獻綱要》,北京:北京大學出版社,2015年。
401. 彭浩、陳偉、工藤元男:《〈二年律令〉與〈奏讞書〉》,上海:上海古籍出版社,2007年。
402. 彭衛:《秦漢人身高考察》,《文史哲》2015年第6期。

Q

403. 裘錫圭:《古文字論集》,北京:中華書局,1992年。
404. 裘錫圭:《居延漢簡中所見疾病名稱和醫藥情況》,《中醫藥文化》2008年第6期。
405. 裘錫圭:《關於新出甘露二年御史書》,《裘錫圭學術文集》,上海:復旦大學出版社,2012年。
406. 裘錫圭:《漢簡零拾》,《裘錫圭學術文集》,上海:復旦大學出版社,2012年。
407. 裘錫圭:《再談甘露二年御史書》,《裘錫圭學術文集》,上海:復旦大學出版社,2012年。
408. 裘錫圭:《〈居延漢簡甲乙編〉釋文商榷》,《裘錫圭學術文集》,上海:復旦大學出版社,2012年。
409. 秦進才:《肩水金關"趙國尉文"簡探微》,《金塔居延遺址與絲綢之路歷史文化研究》,蘭州:甘肅教育出版社,2014年。
410. 秦鳳鶴:《〈肩水金關漢簡(壹)(貳)〉釋文校訂》,《中國文字學會第九屆學術年會論文集》,貴陽,2017年8月。
411. 齊繼偉:《〈岳麓書院藏秦簡(肆)〉補釋二則》,簡帛網2017年2月23日,http://www.bsm.org.cn/show_article.php?id=2738。

R

412. 饒宗頤、李均明:《新莽簡輯證》,臺北:新文豐出版公司,1995年。
413. 饒宗頤:《論天水秦簡中之"中鳴"、"後鳴"與古代以音律配合時刻制度》,《簡牘學研究》第2輯,蘭州:甘肅人民出版社,1998年。
414. 任攀:《居延漢簡釋文校訂及相關問題研究(居延舊簡部分)》,復旦大學碩士學位論文,2012年。
415. 任達:《〈肩水金關漢簡(壹)〉文字編》,吉林大學碩士學位論文,2014年。
416. 冉令江:《漢代簡牘書寫考察》,《書法》2012年第8期。
417. [日]日比野丈夫:《漢簡所見地名考》,《東洋史研究》1953年12卷3號。
418. [日]日比野丈夫:《漢簡所見地名考》,周振鶴譯,《歷史地理》1983年第3輯。
419. [日]日比野丈夫:《漢簡所見地名考》,張亞平譯,《簡牘研究譯叢》第2輯,北京:中國社會科學出版社,1987年。

S

420. 索慧:《建國以來簡册的幾次重要發現與書史研究》,《學術交流》1987年第5期。
421. 孫言誠:《秦漢的戍卒》,《文史哲》1988年第5期。
422. 孫家洲:《額濟納漢簡釋文校本》,北京:文物出版社,2007年。
423. 孫機:《漢代物質文化資料圖説》,上海:上海古籍出版社,2008年。
424. 孫曉丹:《從簡牘看漢代戍卒後事處理制度》,《咸陽師範學院學報》2012年第5期。
425. 孫曉丹:《漢簡所見趙國資料研究》,《邯鄲學院學報》2013年第6期。
426. 孫占宇:《放馬灘秦簡〈丹〉篇校注》,簡帛網2012年7月31日,http://www.bsm.org.cn/show_article.php?id=1725。
427. 孫占宇:《居延新簡集釋》第1册,蘭州:甘肅文化出版社,2016年。
428. 孫占鰲、劉生平:《從出土簡牘看漢代河西飲食》,《甘肅社會科學》2014年第6期。
429. 孫淑霞:《出土〈蒼頡篇〉概述》,簡帛網2013年11月8日,http://www.bsm.org.cn/show_article.php?id=1948。
430. 孫兆華:《〈肩水金關漢簡〉(貳)所見里名及相關問題》,《金塔居延遺址與絲綢之路歷史文化研究》,蘭州:甘肅教育出版社,2014年。
431. 孫兆華:《〈肩水金關漢簡〉(貳)所見里名及相關問題》,《魯東大學學報》2014年第2期。
432. 孫兆華、蔣丹丹:《説"鉼庭"》,《魯東大學學報》2017年第2期。
433. 孫飛燕:《上博簡〈容成氏〉文本整理及研究》,北京:中國社會科學出版社,2014年。
434. 孫聞博:《河西漢塞軍人的生活時間表》,《簡帛研究》2015春夏卷,桂林:廣西師範大學出版社,2015年。
435. 孫聞博:《河西漢塞"河渠卒"爲"治渠卒"辨》,《敦煌研究》2015年第5期。
436. 孫富磊:《秦漢郡府卒史研究》,魯東大學碩士學位論文,2015年。
437. 孫春葉:《西北書信漢簡研究》,鄭州大學碩士學位論文,2016年。

438. 宋會群、李振宏:《漢代居延地區郵驛方位考》,《河南大學學報》1993年第1期。

439. 宋華强:《新蔡葛陵楚簡初探》,武漢:武漢大學出版社,2010年。

440. 宋艷萍:《漢簡所見"以私印行事"研究》,《金塔居延遺址與絲綢之路歷史文化研究》,蘭州:甘肅教育出版社,2014年。

441. 史兆利:《金關遺址與金關漢簡》,《絲綢之路》2011年第10期。

442. (西漢)司馬遷:《史記》,北京:中華書局,2013年。

443. 司曉蓮、曲元凱:《讀〈肩水金關漢簡(貳)〉札記》,《集美大學學報》2016年第4期。

444. 尚穎:《〈肩水金關漢簡(1—2)〉所見各類符號及其作用》,復旦大學出土文獻與古文字研究中心網2015年1月11日,http://www.gwz.fudan.edu.cn/Web/Show/2420。

445. 尚穎:《肩水金關漢簡(1—2)文字形體研究》,聊城大學碩士學位論文,2015年。

446. 單印飛:《〈肩水金關(肆)〉綴合一則》,簡帛網2016年1月13日,http://www.bsm.org.cn/show_article.php?id=2428。

447. 沈頌金:《漢簡所見西北地方的交通運輸及其相關問題》,《簡牘學研究》第3輯,蘭州:甘肅人民出版社,2002年。

448. 沈剛:《居延漢簡語詞匯釋》,北京:科學出版社,2008年。

449. 沈剛:《西北漢簡所見騎士簡二題》,《出土文獻研究》第11輯,上海:中西書局,2012年。

450. 沈剛:《居延漢簡册書復原方法述論》,《甘肅省第二届簡牘學國際學術研討會論文集》,上海:上海古籍出版社,2012年。

451. 沈剛:《西北漢簡中的"葆"》,《簡帛研究》2011,桂林:廣西師範大學出版社,2013年。

452. 沈剛:《漢代西北邊地出土竹簡問題》,《金塔居延遺址與絲綢之路歷史文化研究》,蘭州:甘肅教育出版社,2014年。

453. 沈剛:《簡牘檔案文書所見秦漢時期的"庫"》,《甘肅省第三届簡牘學國際學術研討會論文集》,上海:上海辭書出版社,2017年。

454. 沈剛:《也談漢代西北邊亭——以張掖太守府轄區爲中心》,《簡帛》第15輯,上海:上海古籍出版社,2017年。

455. 沈剛:《秦漢魏晉簡帛論文目録:集刊、論文集之部:1955—2014》,上海:中西書局,2017年。

456. 沈明得:《漢代邊陲醫簡所見"支滿"試析》,《興大歷史學報》2014年第28期。

457. 沈思聰:《肩水金關漢簡人名索引與釋文校訂》,復旦大學碩士學位論文,2018年。

458. 石昇烜:《何處是居延?——居延城建置反映的漢代河西經營進程》,臺灣大學碩士學位論文,2014年。

459. 石昇烜、顔世鉉:《居延漢簡綴合新成果選粹(壹)》,《古今論衡》2016年第29期。

460. 石昇烜:《再探簡牘編連、書寫姿勢與習慣——以"中研院"史語所藏居延漢簡的簡側墨綫爲綫索》,《"中央研究院"歷史語言研究所集刊》2017年第88本第4分。

461. [日]森鹿三:《居延漢簡集成——特論第二亭食簿》,《東方學報》1959年第2册。

462. [日]森鹿三:《居延出土的王莽簡》,姜鎮慶譯,《簡牘研究譯叢》第1輯,北京:中國社會科學出版社,1983年。

463. [日]森鹿三:《關於令史弘的文書》,姜鎮慶譯,《簡牘研究譯叢》第1輯,北京:中國社會科學出版社,1983年。

464. [日]森鹿三:《論居延簡所見的馬》,姜鎮慶譯,《簡牘研究譯叢》第1輯,北京:中國社會科學出版社,1983年。

465. [日]森鹿三:《論敦煌和居延出土的漢曆》,姜鎮慶譯,《簡牘研究譯叢》第1輯,北京:中國社會科學出版社,1983年。

466. [日]森鹿三:《論居延出土的卒家屬廩名籍》,金立新譯,《簡牘研究譯叢》第1輯,北京:中國社會科學出版社,1983年。

467. [日]市川任三:《論西漢的張掖郡都尉》,吕宗力譯,《簡牘研究譯叢》第2輯,北京:中國社會科學出版社,1987年。

468. [日]石岡浩:《漢代有期勞役刑制度における復作と弛刑》,《法制史研究》2000年第50卷。

469. [日]柿沼陽平:《戰國及秦漢時代官方"受錢"制度和質錢》,簡帛網2009年6月26日,http://www.bsm.org.cn/show_article.php?id=1103。

470. [韓]宋真:《漢代的通行證制度與商人的移動》,簡帛網2009年6月20日,http://www.bsm.org.cn/show_article.php?id=1096。
471. [日]森穀一樹:《日本研究西北邊境出土簡牘之新動態》,汪華龍、孔令杰譯,《國學學刊》2015年第4期。

T

472. 田佳鷺:《〈肩水金關漢簡(壹)〉數量詞研究》,《學行堂文史集刊》2012年第1期。
473. 田佳鷺:《西北屯戍漢簡虛詞研究》,西南大學碩士學位論文,2013年。
474. 田佳鷺:《西北屯戍漢簡文書虛詞研究》,《西南大學第四屆出土文獻與比較文字學博士論壇論文集》,重慶,2014年11月。
475. 田家溧:《肩水金關漢簡所見出入文書運行復原研究》,《金塔居延遺址與絲綢之路歷史文化研究》,蘭州:甘肅教育出版社,2014年。
476. 田家溧:《漢簡所見"致籍"與"出入名籍"考辨——以肩水金關簡爲中心》,《史學集刊》2014年第6期。
477. 田炳炳:《説〈肩水金關漢簡(壹)〉中的"陝"》,簡帛網2014年6月9日,http://www.bsm.org.cn/show_article.php?id=2030。
478. 田炳炳:《讀〈肩水金關漢簡〉雜識(三則)》,簡帛網2014年6月28日,http://www.bsm.org.cn/show_article.php?id=2041。
479. 田炳炳:《讀〈肩水金關漢簡〉札記四則》,簡帛網2014年7月2日,http://www.bsm.org.cn/show_article.php?id=2043。
480. 田炳炳:《〈肩水金關漢簡(叁)〉所見縣名與里名》,簡帛網2014年7月22日,http://www.bsm.org.cn/show_article.php?id=2051。
481. 田炳炳:《肩水金關漢簡綴合兩則》,簡帛網2014年9月1日,http://www.bsm.org.cn/show_article.php?id=2066。
482. 田炳炳:《簡牘文書中的"太常"》,簡帛網2014年9月23日,http://www.bsm.org.cn/show_article.php?id=2079。
483. 田炳炳:《肩水金關漢簡所見地方政區研究》,武漢大學碩士學位論文,2015年。
484. 唐俊峰:《A35大灣城遺址肩水都尉府説辨疑——兼論"肩水北部都尉"的官署問題》,《簡帛》第9輯,上海:上海古籍出版社,2014年。
485. 陶玉樂:《淺析漢代肩水塞防禦體系》,《金塔居延遺址與絲綢之路歷史文化研究》,蘭州:甘肅教育出版社,2014年。
486. [日]藤枝晃:《漢簡職官表》,孫言誠譯,《簡牘研究譯叢》第1輯,北京:中國社會科學出版社,1983年。
487. [日]鵜飼昌男:《〈始建國天鳳四年當食者案〉册書之考察——以漢代"案"字語義爲中心》,徐世虹譯,《簡帛研究二〇〇一》,桂林:廣西師範大學出版社,2001年。
488. [日]藤田勝久:《漢代西北的交通及懸泉置》,周洺儀譯,《白沙歷史地理學報》2010年第10期。
489. [日]藤田勝久:《漢簡にみえる交通と地方官府の伝》,《愛媛大學法文學部論集》2010年第29卷。
490. [日]藤田勝久:《漢代地方の文書逓伝と郵書記録:漢簡の形態と機能》,《愛媛大學法文學部論集》2011年第31卷。
491. [日]藤田勝久:《漢代檄的傳達方法及其功能》,《甘肅省第二屆簡牘學國際學術研討會論文集》,上海:上海古籍出版社,2012年。
492. [日]藤田勝久:《金關漢簡的傳與漢代交通》,肖芸曉譯,《簡帛》第7輯,上海:上海古籍出版社,2012年。
493. [日]藤田勝久:《肩水金関と漢代の交通:伝と符の用途》,《愛媛大學法文學部論集》2014年第36卷。
494. [日]藤田勝久:《肩水金關與漢代交通——傳與符之用途》,《金塔居延遺址與絲綢之路歷史文化研究》,蘭州:甘肅教育出版社,2014年。
495. [日]畑野吉則:《漢代辺郡の文書逓伝における管理と運營——肩水金関を中心として》,《東アジア文化研究科院生論集》2013年第2號。

W

496. 吳昌廉：《居延漢簡"標號"與出土地點關係探微》，《簡牘學報》1978年第6期。

497. 吳礽驤等：《敦煌漢簡釋文》，蘭州：甘肅人民出版社，1991年。

498. 吳礽驤：《河西漢塞調查與研究》，北京：文物出版社，2005年。

499. 伍德煦：《居延出土〈甘露二年丞相御史律令〉簡牘考釋》，《西北師院學報》1979年第4期。

500. 伍德煦：《新發現的一份西漢詔書——〈永始三年詔書簡册〉考釋和有關問題》，《西北師院學報》1983年第4期。

501. 王震亞：《漢簡中的商品、價格、稅收與市場管理》，《簡牘學研究》第1輯，蘭州：甘肅人民出版社，1997年。

502. 王震亞、張小鋒：《漢簡中的戍卒生活》，《簡牘學研究》第2輯，蘭州：甘肅人民出版社，1998年。

503. 王廷洽：《居延漢簡印章資料研究》，《青海師範大學學報》1999年第3期。

504. 王彦輝：《漢代豪民研究》，長春：東北師範大學出版社，2001年。

505. 王彦輝：《論秦漢時期的正卒與材官騎士》，《歷史研究》2015年第4期。

506. 王萬盈：《兩漢守邊戍卒管理初探》，《簡牘學研究》第3輯，蘭州：甘肅人民出版社，2002年。

507. 王子今：《"不和"與"不節"：漢簡所見西北邊地異常氣候記録》，《簡帛研究》2004，桂林：廣西師範大學出版社，2006年。

508. 王子今：《漢代西北邊塞吏卒的"寒苦"體驗》，《簡帛研究》2010，桂林：廣西師範大學出版社，2012年。

509. 王子今：《漢簡長安史料研究》，《出土文獻》第3輯，上海：中西書局，2012年。

510. 王子今：《説肩水金關"清酒"簡文》，《出土文獻》第4輯，上海：中西書局，2013年。

511. 王子今：《肩水金關簡"馬謀祝"祭品用"乳"考》，《金塔居延遺址與絲綢之路歷史文化研究》，蘭州：甘肅教育出版社，2014年。

512. 王子今：《漢代西北邊塞軍事生活中的未成年人》，《南都學壇》2014年第1期。

513. 王子今：《河西漢簡所見"馬禖祝"禮俗與"馬醫""馬下卒"職任》，《秦漢研究》2014年第8輯。

514. 王子今：《漢簡河西社會史料研究》，北京：商務印書館，2017年。

515. 王海：《河西漢簡所見"辟"及相關問題》，《簡帛研究》2008，桂林：廣西師範大學出版社，2010年。

516. 王蕾：《漢唐河隴關津與東西交通》，蘭州大學碩士學位論文，2014年。

517. 王勇：《西漢"太常郡"創置時間新探》，《山東理工大學學報》2014年第3期。

518. 王海：《漢代居延水資源開發利用新探》，《中國歷史地理論叢》2015年第1輯。

519. 王寧：《〈肩水金關漢簡（伍）〉有關〈詩〉〈書〉的兩條記載》，簡帛網簡帛論壇2016年8月29日，9樓，http://www.bsm.org.cn/bbs/read.php?tid=3391&keyword=%BC%E7%CB%AE%BD%F0。

520. 王冠卿：《筆迹鑒定新論：鑒定人手册》，北京：北京大學出版社，2016年。

521. 王耀輝：《居延漢簡所見戍、田卒服役制度研究》，西北師範大學碩士學位論文，2016年。

522. 王錦城：《肩水金關漢簡校讀札記（一）》，簡帛網2017年7月13日，http://www.bsm.org.cn/show_article.php?id=2839。

523. 王錦城：《肩水金關漢簡校讀札記（二）》，簡帛網2017年8月1日，http://www.bsm.org.cn/show_article.php?id=2855。

524. 王錦城：《肩水金關漢簡校讀札記（三）》，簡帛網2017年10月15日，http://www.bsm.org.cn/show_article.php?id=2924。

525. 王錦城、魯普平:《肩水金關漢簡釋文校補舉隅》,《出土文獻》第11輯,上海:中西書局,2017年。
526. 王楚寧、張予正:《肩水金關漢簡〈齊論語〉整理》,《中國文物報》2017年8月11日第6版。
527. 王楚寧、張予正:《海昏侯墓〈齐论·问王〉章句蠡測》,復旦大學出土文獻與古文字研究中心網2017年8月17日,http://www.gwz.fudan.edu.cn/Web/Show/3090。
528. 汪桂海:《漢簡叢考(一)》,《簡帛研究》2001,桂林:廣西師範大學出版社,2001年。
529. 汪桂海:《漢符餘論》,《簡牘學研究》第3輯,蘭州:甘肅人民出版社,2002年。
530. 汪桂海:《漢代的校計與計偕簿籍》,《簡帛研究》2008,桂林:廣西師範大學出版社,2010年。
531. 汪桂海:《漢代官府簡牘的加工、供應》,《簡帛研究》2009,桂林:廣西師範大學出版社,2011年。
532. 汪桂海:《漢代軍隊編制、軍陣及二者之關係》,《簡帛研究》2015春夏卷,桂林:廣西師範大學出版社,2015年。
533. 汪華龍:《"省卒"及其相關簿籍補論》,《國學學刊》2015年第4期。
534. 汪文俊:《西陲漢簡文書用語暨分類研究》,新竹清華大學碩士學位論文,2006年。
535. 汪受寬:《肩水金關漢簡"黑色"人群體研究》,《中華文史論叢》2014年第3期。
536. 汪淺:《西漢確有"太常郡"》,《歷史地理》2014年第30輯。
537. 魏堅:《額濟納漢簡》,桂林:廣西師範大學出版社,2005年。
538. 魏芳、孫占宇:《從西北漢簡看兩漢河西邊郡地區物價》,《絲綢之路》2011年第20期。
539. 魏紅亮:《也談"肩水"、"居延澤"之得名》,《中國歷史地理論叢》2012年第1輯。
540. 魏德勝:《〈肩水金關漢簡(叁)〉73EJT29:117A簡解讀》,簡帛網2014年6月26日,http://www.bsm.org.cn/show_article.php?id=2037。
541. 魏德勝:《西北屯戍簡牘中身高表達法》,《甘肅省第三屆簡牘學國際學術研討會論文集》,上海:上海辭書出版社,2017年。
542. 魏璐夢:《〈肩水金關漢簡(貳)〉詞彙專題研究》,華東師範大學碩士學位論文,2016年。
543. 魏振龍:《讀〈肩水金關漢簡(壹)〉札記二則》,復旦大學出土文獻與古文字研究中心網2016年1月15日,http://www.gwz.fudan.edu.cn/Web/Show/2726。
544. 魏振龍:《近年來肩水金關漢簡研究論著目錄》,《簡牘學研究》第6輯,蘭州:甘肅人民出版社,2016年。
545. 魏振龍:《肩水金關漢簡所見過所類文書種類初探——兼論門亭的作用》,《甘肅省第三屆簡牘學國際學術研討會論文集》,上海:上海辭書出版社,2017年。
546. 魏學宏、侯宗輝:《肩水金關漢簡中的"家屬"及其相關問題》,《敦煌研究》2017年第4期。
547. 鄔文玲:《〈甘露二年御史書〉校讀》,《中國古代法律文獻研究》第5輯,北京:法律出版社,2012年。
548. 鄔文玲:《〈甘露二年御史書〉校讀》,《秦漢史論叢》第13輯,鄭州:鄭州大學出版社,2014年。
549. 鄔勖:《讀金關簡札記三則》,《出土文獻與法律史研究》第4輯,上海:上海人民出版社,2015年。
550. 尾聲:《説〈肩水金關漢簡(壹)〉中的"陝"》,簡帛網簡帛論壇2014年6月10日,1樓,http://www.bsm.org.cn/bbs/read.php?tid=3185&keyword=%BC%E7%CB%AE%BD%F0。
551. 聞道神仙笑我:《〈肩水金關漢簡(伍)〉有關〈詩〉〈書〉的兩條記載》,簡帛網簡帛論壇2016年8月28日,1樓,http://www.bsm.org.cn/bbs/read.php?tid=3391&keyword=%BC%E7%CB%AE%BD%F0。
552. [日]尾形勇:《漢代屯田制的幾個問題》,吕宗力譯,《簡牘研究譯叢》第1輯,北京:中國社會科學出版社,1983年。

X

553. 徐元邦、曹延尊:《居延出土的"候史廣德坐不循行部"檄》,《考古》1979年第2期。

554. 徐元邦、曹延尊:《居延新出土的甘露二年"詔所逐驗"簡考釋》,《考古與文物》1980年第3期。

555. 徐元邦、曹延尊:《居延漢簡中所見的騎士》,《中國考古學研究——夏鼐先生考古50周年紀念論文集》,北京:文物出版社,1986年。

556. 徐元邦:《居延漢簡中所見之蔬菜》,《古今農業》1988年第1期。

557. 徐樂堯:《居延漢簡所見的邊亭》,《漢簡研究文集》,蘭州:甘肅人民出版社,1984年。

558. 徐錫祺:《西周(共和)至西漢曆譜》,北京:北京科學技術出版社,1997年。

559. 徐佳文:《讀〈肩水金關漢簡(伍)〉札記》,簡帛網2017年2月27日,http://www.bsm.org.cn/show_article.php?id=2740。

560. 徐佳文:《讀〈肩水金關漢簡(伍)〉札記(二)》,簡帛網2017年3月8日,http://www.bsm.org.cn/show_article.php?id=2752。

561. 徐佳文(hello-amanda):《"下造"是"上造"書誤嗎》,簡帛網簡帛論壇2017年3月8、9、10、11日,1、3、5、8樓,http://www.bsm.org.cn/bbs/read.php?tid=3447。

562. 徐佳文:《〈肩水金關漢簡(伍)〉札記二則》,《漢字文化》2017年第6期。

563. 薛英群:《漢代官文書考略》,《漢簡研究文集》,蘭州:甘肅人民出版社,1984年。

564. 薛英群:《居延新獲〈永始三年詔書〉冊初探》,《秦漢史論叢》第3輯,西安:陝西人民出版社,1986年。

565. 薛英群:《居延漢簡通論》,蘭州:甘肅教育出版社,1991年。

566. 邢義田:《從安土重遷論秦漢時代的徙民與遷徙刑》,《"中央研究院"歷史語言研究所集刊》1986年第57本第2分。

567. 邢義田:《漢代書佐、文書用語"它如某某"及"建武三年十二月候粟君所責寇恩事"簡冊檔案的構成》,《"中央研究院"歷史語言研究所集刊》1999年第70本第3分。

568. 邢義田:《漢代簡牘的體積、重量和使用——以"中研院"史語所藏居延漢簡爲例》,《古今論衡》2007年第17期。後發於簡帛網2008年4月5日,http://www.bsm.org.cn/show_article.php?id=815。

569. 邢義田:《治國安邦:法制、行政與軍事》,北京:中華書局,2011年。

570. 邢義田:《地不愛寶:漢代的簡牘》,北京:中華書局,2011年。

571. 邢義田:《漢代簡牘公文書的正本、副本、草稿和簽署問題》,《"中央研究院"歷史語言研究所集刊》2011年第82本第4分。

572. 邢義田:《〈肩水金關漢簡(壹)〉初讀札記之一》,簡帛網2012年5月8日,http://www.bsm.org.cn/show_article.php?id=1686。後發於《簡帛》第7輯,上海:上海古籍出版社,2012年。

573. 邢義田:《一種漢晉河西和邊塞使用的農具——"鑡"或"檻"》,簡帛網2015年1月9日,http://www.bsm.org.cn/show_article.php?id=2131。

574. 邢義田:《居延漢簡的再整理與展望》,簡帛網2015年12月22日,http://www.bsm.org.cn/show_article.php?id=2399。

575. 邢義田:《從金關、懸泉置漢簡和羅馬史料再探所謂羅馬人建驪靬城的問題(增補稿)》,《古今論衡》2015年第13期。

576. 邢義田、高震寰:《"當乘"與"丈齒"——讀岳麓書院藏秦簡札記之三》,簡帛網2016年4月8日,http://www.bsm.org.cn/show_article.php?id=2515。

577. 邢義田:《漢晉公文書上的"君教諾"》,簡帛網2016年9月26日,http://www.bsm.org.cn/show_article.php?id=2638。

578. 許青松:《"甘露二年逐驗外人簡"考釋中的一些問題》,《中國國家博物館館刊》1986年第8期。

579. 許名瑲:《漢初月朔考索——以出土簡牘爲綫索》,簡帛網2013年9月28日,http://www.bsm.org.cn/show_article.php?id=1918。

580. 許名瑲:《〈肩水金關漢簡(貳)〉"居攝元年曆日"簡綴合》,簡帛網2014年6月20日,http://www.bsm.org.cn/show_article.php?id=2034。

581. 許名瑲:《〈肩水金關漢簡(壹)〉73EJT5:56等曆日簡年代考釋》,簡帛網2014年7月16日,http://www.bsm.org.cn/show_article.php?id=2050。

582. 許名瑲:《〈肩水金關漢簡(壹)〉73EJT9:115曆日簡年代考釋》,簡帛網2014年7月25日,http://www.bsm.org.cn/show_article.php?id=2053。

583. 許名瑲:《〈肩水金關漢簡(壹)〉73EJT6:70曆日簡年代考釋》,簡帛網2014年8月1日,http://www.bsm.org.cn/show_article.php?id=2054。

584. 許名瑲:《〈肩水金關漢簡〉73EJT30:151+T24:136考釋》,簡帛網2014年8月21日,http://www.bsm.org.cn/show_article.php?id=2058。

585. 許名瑲:《〈肩水金關漢簡(叁)〉綴合二則》,簡帛網2014年9月5日,http://www.bsm.org.cn/show_article.php?id=2072。

586. 許名瑲:《〈肩水金關漢簡(叁)〉73EJT26:6曆日簡年代考釋》,簡帛網2015年1月29日,http://www.bsm.org.cn/show_article.php?id=2150。

587. 許名瑲:《〈肩水金關漢簡(叁)〉探方T32曆日簡牘年代考釋三則》,簡帛網2015年3月5日,http://www.bsm.org.cn/show_article.php?id=2168。

588. 許名瑲:《〈肩水金關漢簡(叁)〉73EJT30:187曆日簡年代考釋》,簡帛網2015年3月10日,http://www.bsm.org.cn/show_article.php?id=2174。

589. 許名瑲:《敦煌漢簡2263〈永始四年曆日〉復原試擬》,簡帛網2015年3月14日,http://www.bsm.org.cn/show_article.php?id=2176。後發表於《出土文獻》年第7輯,上海:中西書局,2015年。

590. 許名瑲:《〈肩水金關漢簡(叁)〉〈甘露二年曆日〉簡册復原》,簡帛網2015年4月27日,http://www.bsm.org.cn/show_article.php?id=2220。

591. 許名瑲:《〈肩水金關漢簡(叁)〉綴合二則》,簡帛網2015年6月11日,http://www.bsm.org.cn/show_article.php?id=2258。

592. 許名瑲:《三伏注曆再考察》,簡帛網2015年7月24日,http://www.bsm.org.cn/show_article.php?id=2274。

593. 許名瑲:《〈肩水金關漢簡(肆)〉綴合七則》,簡帛網2016年1月12日,http://www.bsm.org.cn/show_article.php?id=2425。

594. 許名瑲:《〈肩水金關漢簡(肆)〉綴合第8組》,簡帛網2016年1月15日,http://www.bsm.org.cn/show_article.php?id=2439。

595. 許名瑲:《〈肩水金關漢簡(肆)〉曆日校補》,簡帛網2016年1月18日,http://www.bsm.org.cn/show_article.php?id=2445。

596. 許名瑲:《〈肩水金關漢簡(肆)〉F1:52、F1:53曆日簡年代考釋》,簡帛網2016年1月25日,http://www.bsm.org.cn/show_article.php?id=2454。

597. 許名瑲:《〈肩水金關漢簡(肆)〉H1:4曆日簡年代考釋》,簡帛網2016年1月28日,http://www.bsm.org.cn/show_article.php?id=2457。

598. 許名瑲:《〈肩水金關漢簡(肆)〉月朔簡年代考釋十八則》,簡帛網2016年2月11日,http://www.bsm.org.cn/show_article.php?id=2470。

599. 許名瑲:《〈肩水金關漢簡(肆)〉曆日校注》,簡帛網2016年3月7日,http://www.bsm.org.cn/show_article.php?id=2483。

600. 許名瑲:《〈肩水金關漢簡(肆)〉簡73EJT37:611+554+559+904考年》,簡帛網2016年3月10日,http://www.bsm.org.cn/show_article.php?id=2485。

601. 許名瑲:《〈肩水金關漢簡(肆)〉簡73EJT37:1491考年》,簡帛網2016年3月16日,http://www.bsm.org.cn/show_article.php?id=2487。

602. 許名瑲:《〈肩水金關漢簡(壹)〉綴合之一》,簡帛網2016年6月7日,http://www.bsm.org.cn/show_article.php?id=2571。

603. 許名瑲:《〈肩水金關漢簡(貳)〉綴合一則》,簡帛網2016年7月15日,http://www.bsm.org.cn/show_article.php?id=2595。

604. 許名瑲:《肩水金關漢簡〈元始六年(居攝元年)曆日〉簡册再復原》,簡帛網2016年8月29日,http://www.bsm.org.cn/show_article.php?id=2619。

605. 許名瑲:《〈肩水金關漢簡(伍)〉〈始建國天鳳三年曆日〉簡册復原》,簡帛網2016年8月30日,http://www.bsm.org.cn/show_article.php?id=2623。

606. 許名瑲:《〈肩水金關漢簡(伍)〉月朔簡考年》,復旦大學出土文獻與古文字研究中心網2016年9月20日,http://www.gwz.fudan.edu.cn/Web/Show/2900。

607. 許名瑲:《〈肩水金關漢簡(伍)〉曆日校補》,復旦大學出土文獻與古文字研究中心網2016年10月3日,http://www.gwz.fudan.edu.cn/Web/Show/2911。

608. 許名瑲:《〈肩水金關漢簡(貳)〉簡73EJT24:253考年》,復旦大學出土文獻與古文字研究中心網2016年10月12日,http://www.gwz.fudan.edu.cn/Web/Show/2918。

609. 許名瑲:《肩水金關漢簡73EJT25:156+174+122考年》,簡帛網2016年12月26日,http://www.bsm.org.cn/show_article.php?id=2688。

610. 許名瑲:《肩水金關漢簡73EJD:382考年》,簡帛網2017年7月2日,http://www.bsm.org.cn/show_article.php?id=2831。

611. 許愛東等:《筆迹鑒定理論與實務研究》,北京:法律出版社,2014年。
612. 謝桂華、李均明、朱國炤:《居延漢簡釋文合校》,北京:文物出版社,1987年。
613. 謝桂華:《新、舊居延漢簡冊書復原舉隅》,《秦漢史論叢》第5輯,北京:法律出版社,1992年。
614. 謝桂華:《新舊居延漢簡冊書復原舉隅(續)》,《簡帛研究》第1輯,北京:法律出版社,1993年。
615. 謝桂華:《漢簡與漢代西北屯戍鹽政考述》,《秦漢史論叢》第6輯,南昌:江西教育出版社,1994年。
616. 謝桂華:《居延漢簡的斷簡綴合和冊書復原》,《簡帛研究》第二輯,北京:法律出版社,1996年。
617. 謝桂華:《"茭錢"試解》,《歷史研究》2016年第2期。
618. 謝坤:《讀肩水金關漢簡札記(一)》,簡帛網2016年1月11日,http://www.bsm.org.cn/show_article.php?id=2418。
619. 謝坤:《讀肩水金關漢簡札記(二)》,簡帛網2016年1月12日,http://www.bsm.org.cn/show_article.php?id=2422。
620. 謝坤:《讀肩水金關漢簡札記(三)》,簡帛網2016年1月13日,http://www.bsm.org.cn/show_article.php?id=2426。
621. 謝坤:《讀肩水金關漢簡札記(四)》,簡帛網2016年1月14日,http://www.bsm.org.cn/show_article.php?id=2432。
622. 謝坤:《讀肩水金關漢簡札記(五)》,簡帛網2016年1月16日,http://www.bsm.org.cn/show_article.php?id=2442。
623. 謝坤:《讀肩水金關漢簡札記(六)》,簡帛網2016年2月25日,http://www.bsm.org.cn/show_article.php?id=2475。
624. 謝坤:《讀肩水金關漢簡札記(七)》,簡帛網2016年3月14日,http://www.bsm.org.cn/show_article.php?id=2486。
625. 謝坤:《〈肩水金關漢簡(肆)〉中的兩條"貸錢"記錄》,簡帛網2016年8月5日,http://www.bsm.org.cn/show_article.php?id=2602。
626. 謝坤(abc):《〈肩水金關漢簡(伍)〉釋文商補》,簡帛網簡帛論壇2016年8月29日,6樓,http://www.bsm.org.cn/bbs/read.php?tid=3389&keyword=%BC%E7%CB%AE%BD%F0。
627. 謝坤:《算術與行政:從西北屯戍漢簡看算術在西北地區的實際應用》,《甘肅省第三屆簡牘學國際學術研討會論文集》,上海:上海辭書出版社,2017年。
628. 謝坤:《〈肩水金關漢簡(肆)〉綴合六則》,《出土文獻》第9輯,上海:中西書局,2016年。
629. 謝坤:《〈肩水金關漢簡(肆)〉綴合及考釋八則》,《簡帛》第14輯,上海:上海古籍出版社,2017年。
630. 辛德勇:《漢宣帝地節改元事發微》,《文史》2012年第3輯。
631. 肖從禮:《金關漢簡所見新舊年號並用現象舉隅》,《魯東大學學報》2012年第5期。
632. 肖從禮:《西北漢簡所見"偃檢"蠡測》,《甘肅省第二屆簡牘學國際學術研討會論文集》,上海:上海古籍出版社,2012年。
633. 肖從禮:《河西邊塞遺址所出典籍類漢簡零拾》,《金塔居延遺址與絲綢之路歷史文化研究》,蘭州:甘肅教育出版社,2014年。
634. 肖從禮、趙蘭香:《金關漢簡"孔子知道之易"爲〈齊論·知道〉佚文蠡測》,《簡帛研究》2013,桂林:廣西師範大學出版社,2014年。
635. 肖從禮:《河西數術類漢簡札記二則》,《魯東大學學報》2014年第3期。
636. 蕭旭:《"桃華(花)馬"名義考》,《中國文字研究》2015年第22輯。
637. 蕭旭:《關於漢簡塡寶的校正》,簡帛網簡帛論壇2017年7月13日,0樓,http://www.bsm.org.cn/bbs/read.php?tid=3488。
638. 向雪:《〈肩水金關漢簡(伍)〉釋文校補三則》,簡帛網2017年4月10日,http://www.bsm.org.cn/show_article.php?id=2775。

Y

639. 于豪亮:《居延漢簡中的"省卒"》,《文物》1963年第11期。

640. 于振波:《居延漢簡中的燧長和候長》,《簡帛研究》2001,桂林:廣西師範大學出版社,2001年。後發表於簡帛網2005年12月28日,http://www.bsm.org.cn/show_article.php?id=155。

641. 于振波:《漢代的都官與離官》,《簡帛研究》2002—2003,桂林:廣西師範大學出版社,2005年。

642. 于小秦、張志剛:《從漢簡看漢代西北邊塞戍卒兵器裝備及管理》,《蘭州教育學院學報》2014年第6期。

643. 于淼:《漢代隸書異體字表與相關問題研究》,吉林大學博士學位論文,2015年。

644. 楊希枚:《論漢簡及其他漢文獻所載的黑色人問題(居延漢簡中所見漢代人的身型與膚色讀後)》,《"中央研究院"歷史語言研究所集刊》1969年第39本。

645. 楊媚:《〈甘露二年丞相御史律令〉册釋文輯校》,《簡牘學研究》第4輯,蘭州:甘肅人民出版社,2004年。

646. 楊艷輝:《〈敦煌漢簡〉整理研究》,西南大學碩士學位論文,2007年。

647. 楊巧琳:《居延新簡語法研究》,華東師範大學碩士學位論文,2009年。

648. 楊小亮:《肩水金關漢簡綴合八則》,《出土文獻研究》第12輯,上海:中西書局,2013年。

649. 楊小亮:《〈敞致子淔業君書〉——金關漢簡綴合補釋一則》,《金塔居延遺址與絲綢之路歷史文化研究》,蘭州:甘肅教育出版社,2014年。

650. 楊小亮:《金關簡牘編連綴合舉隅——以簡牘書體特徵考察爲中心》,《出土文獻研究》第13輯,上海:中西書局,2014年。

651. 楊小亮:《西漢〈居攝元年曆日〉綴合復原研究》,《文物》2015年第3期。

652. 楊延霞:《肩水金關漢簡所見戍卒名籍考》,《黑龍江史志》2013年第17期。

653. 楊曉軍:《肩水金關漢簡書寫形態考察》,西北師範大學碩士學位論文,2016年。

654. 楊永生:《對居延遺址金塔段考古發掘與文物保護的歷史辨析》,《絲綢之路》2016年第4期。

655. 閆桂梅:《居延漢簡債務關係的再研究》,北京大學碩士學位論文,2008年。

656. 葉聲波:《〈居延漢簡〉異體字研究》,西南大學碩士學位論文,2008年。

657. 伊傳寧:《漢代西北戍卒研究》,西北師範大學碩士學位論文,2011年。

658. 伊強:《〈里耶秦簡牘校釋(第一卷)〉補正一則》,簡帛網2013年8月25日,http://www.bsm.org.cn/show_article.php?id=1883。

659. 伊強:《〈肩水金關漢簡(貳)〉綴合一則》,簡帛網2014年6月16日,http://www.bsm.org.cn/show_article.php?id=2032。

660. 伊強:《肩水金關漢簡綴合五則》,簡帛網2014年7月10日,http://www.bsm.org.cn/show_article.php?id=2046。

661. 伊強:《〈敦煌漢簡〉札記一則》,簡帛網2014年10月2日,http://www.bsm.org.cn/show_article.php?id=2081。

662. 伊強:《〈肩水金關漢簡〉名物詞考釋二則》,簡帛網2014年11月19日,http://www.bsm.org.cn/show_article.php?id=2103。

663. 伊強:《〈肩水金關漢簡(貳)〉綴合二則》,簡帛網2014年12月31日,http://www.bsm.org.cn/show_article.php?id=2121。

664. 伊強:《肩水金關漢簡綴合十四則》,簡帛網2015年1月19日,http://www.bsm.org.cn/show_article.php?id=2137。

665. 伊強:《〈肩水金關漢簡〉文字考釋五則》,簡帛網2015年2月19日,http://www.bsm.org.cn/show_article.php?id=2160。

666. 伊強:《肩水金關漢簡73EJT23:878與相關史事的考察》,簡帛網2015年3月5日,http://www.bsm.org.cn/show_article.php?id=2169。

667. 伊强:《〈肩水金關漢簡(叁)〉綴合五則》,簡帛網2015年6月6日,http://www.bsm.org.cn/show_article.php?id=2253。
668. 伊强:《〈肩水金關漢簡綴合十四則〉補充》,簡帛網2015年6月17日,http://www.bsm.org.cn/show_article.php?id=2260。
669. 伊强:《肩水金關漢簡綴合兩則》,簡帛網2015年8月27日,http://www.bsm.org.cn/show_article.php?id=2296。
670. 伊强:《〈肩水金關漢簡(壹)〉綴合六則》,簡帛網2015年10月6日,http://www.bsm.org.cn/show_article.php?id=2324。
671. 伊强:《〈肩水金關漢簡綴合十四則〉再補》,簡帛網2015年10月20日,http://www.bsm.org.cn/show_article.php?id=2327。
672. 伊强:《肩水金關漢簡中的"囚録"及相關問題》,《出土文獻》第7輯,上海:中西書局,2015年。
673. 伊强:《〈肩水金關漢簡(肆)〉綴合二則》,簡帛網2016年1月11日,http://www.bsm.org.cn/show_article.php?id=2419。
674. 伊强:《〈肩水金關漢簡(肆)〉綴合一則》,簡帛網2016年1月15日,http://www.bsm.org.cn/show_article.php?id=2437。
675. 伊强:《〈肩水金關漢簡(肆)〉綴合(三)》,簡帛網2016年1月17日,http://www.bsm.org.cn/show_article.php?id=2443。
676. 伊强:《〈肩水金關漢簡(肆)〉綴合(四)》,簡帛網2016年1月18日,http://www.bsm.org.cn/show_article.php?id=2446。
677. 伊强:《〈肩水金關漢簡(貳)〉綴合二則》,簡帛網2016年8月9日,http://www.bsm.org.cn/show_article.php?id=2604。
678. 伊强:《〈肩水金關漢簡(叁)〉綴合一則》,簡帛網2016年8月23日,http://www.bsm.org.cn/show_article.php?id=2611。
679. 伊强:《肩水金關漢簡綴合十五則》,《簡帛》第12輯,上海:上海古籍出版社,2016年。
680. 伊强:《〈肩水金關漢簡(貳)〉綴合五則》,《出土文獻研究》第15輯,上海:上海古籍出版社,2016年。
681. 伊强:《〈肩水金關漢簡(壹)〉綴合補遺二則》,簡帛網2017年5月12日,http://www.bsm.org.cn/show_article.php?id=2803。
682. 晏昌貴:《增補漢簡所見縣名與里名》,《歷史地理》2012年第26輯。
683. 袁延勝:《肩水金關漢簡家屬符探析》,《金塔居延遺址與絲綢之路歷史文化研究》,蘭州:甘肅教育出版社,2014年。後發表於《甘肅省第三屆簡牘學國際學術研討會論文集》,上海:上海辭書出版社,2017年。
684. 岳岩敏、林源:《漢居延東大灣城遺址勘察與研究》,《建築與文化》2015年第10期。
685. 顔世鉉:《〈肩水金關漢簡〉(肆)綴合第1-2組》,簡帛網2016年1月13日,http://www.bsm.org.cn/show_article.php?id=2429。
686. 顔世鉉:《〈肩水金關漢簡〉(肆)綴合第3-4組》,簡帛網2016年1月13日,http://www.bsm.org.cn/show_article.php?id=2430。
687. 顔世鉉:《〈肩水金關漢簡〉(肆)綴合第5-6組》,簡帛網2016年1月14日,http://www.bsm.org.cn/show_article.php?id=2436。
688. 顔世鉉:《〈肩水金關漢簡〉(肆)綴合第7-8組》,簡帛網2016年1月15日,http://www.bsm.org.cn/show_article.php?id=2438。
689. 顔世鉉:《〈肩水金關漢簡〉(肆)綴合第9組》,簡帛網2016年1月15日,http://www.bsm.org.cn/show_article.php?id=2440。
690. 顔世鉉:《〈肩水金關漢簡〉(肆)綴合第10組》,簡帛網2016年1月16日,http://www.bsm.org.cn/show_article.php?id=2441。
691. 顔世鉉:《〈肩水金關漢簡〉(肆)綴合第11-12組》,簡帛網2016年1月19日,http://www.bsm.org.cn/show_article.php?id=2447。
692. 顔世鉉:《〈肩水金關漢簡〉(肆)綴合第13組》,簡帛網2016年7月31日,http://www.bsm.org.cn/show_article.php?id=2600。
693. 姚慧琳、高凯:《漢代居延地區家庭規模及結構淺析》,《魯東大學學報》2016年第4期。
694. 尉侯凱:《〈肩水金關漢簡(伍)〉綴合二則》,簡帛網2016年8月23日,http://www.bsm.org.cn/show_article.php?id=2612。
695. 尉侯凱:《漢簡零拾(六則)》,簡帛網2016年8月25日,http://www.bsm.org.cn/show_article.php?id=2617。後以"讀《肩水金關漢簡》零札七則"爲名,發表於《西華大學學報》2017年第1期。
696. 尉侯凱(悦園):《與尉侯凱先生商榷一則》,簡帛網簡帛論壇2016年8月26日,1樓,http://www.bsm.org.cn/bbs/read.php?tid=3390&fpage=3。
697. 尉侯凱:《〈肩水金關漢簡(伍)〉綴合三則》,簡帛網2016年8月29日,http://www.bsm.org.cn/show_article.php?id=2621。
698. 尉侯凱:《〈肩水金關漢簡(壹)〉綴合九則》,簡帛網2016年10月5日,http://www.bsm.org.cn/show_article.php?id=2640。

699. 尉侯凱(悦園):《〈肩水金關漢簡(伍)〉有關〈詩〉〈書〉的兩條記載》,簡帛網簡帛論壇2016年8月28、29日,0、2、6、8樓,http://www.bsm.org.cn/bbs/read.php?tid=3391&keyword=%BC%E7%CB%AE%BD%F0。後以"讀《肩水金關漢簡》零札七則"爲名,發表於《西華大學學報》2017年第1期。

700. 尉侯凱:《讀〈肩水金關漢簡〉零札七則》,《西華大學學報》2017年第1期。

701. 尉侯凱:《肩水金關漢簡綴合十三則》,《出土文獻》第11輯,上海:中西書局,2017年。

702. [日]伊藤道治:《漢代居延戰線の展開》,《東洋史研究》1953年12卷3號。

703. [日]永田英正:《居延漢簡集成之一——破城子出土的定期文書(一)》,余太山譯,《簡牘研究譯叢》第1輯,北京:中國社會科學出版社,1983年。

704. [日]永田英正:《試論居延漢簡所見的候官》,孫言誠譯,《簡牘研究譯叢》第1輯,北京:中國社會科學出版社,1983年。

705. [日]永田英正:《居延漢簡集成之二——破城子出土的定期文書(二)》,謝桂華譯,《簡牘研究譯叢》第2輯,北京:中國社會科學出版社,1987年。

706. [日]永田英正:《居延漢簡烽燧考》,那向芹譯,《簡牘研究譯叢》第2輯,北京:中國社會科學出版社,1987年。

707. [日]永田英正:《論新出居延漢簡中的若干册書》,謝新平譯,《秦漢簡牘論文集》,蘭州:甘肅人民出版社,1989年。

708. [日]永田英正:《居延漢簡研究》,張學鋒譯,桂林:廣西師範大學出版社,2007年。

709. [日]鷹取祐司:《漢代の居延・肩水地域における文書伝送》,《立命館東洋史學》2013年第36卷。

710. [日]鷹取祐司:《肩水金関遺址出土の通行証》,《古代中世東アジアの関所と交通制度》,東京:汲古書院,2017年。後發表於簡帛網2017年5月25日,http://www.bsm.org.cn/show_article.php?id=2813。

Z

711. 張春樹:《居延漢簡中所見的漢代人的身型與膚色》,《漢代邊疆史論集》,臺北:食貨出版社,1977年。

712. 張學正:《甘谷漢簡考釋》,《漢簡研究文集》,蘭州:甘肅人民出版社,1984年。

713. 張勇:《試論西漢邊防兵的幾個問題》,《江西師範大學學報》1986年第4期。

714. 張小鋒:《居延新簡中所見"蘭"與"蘭冠"考》,《簡牘學研究》第2輯,蘭州:甘肅人民出版社,1998年。

715. 張小鋒:《〈甘露二年丞相御史書〉探微》,《首都師範大學學報》2000年第5期。

716. 張俊民:《漢簡瑣記》,《簡牘學研究》第2輯,蘭州:甘肅人民出版社,1998年。

717. 張俊民:《居延漢簡紀年考》,《簡牘學研究》第3輯,蘭州:甘肅人民出版社,2002年。

718. 張俊民:《居延漢簡册書復原研究緣起》,《簡牘學研究》第4輯,蘭州:甘肅人民出版社,2004年。後收入《簡牘學論稿:聚沙篇》,蘭州:甘肅教育出版社,2014年。

719. 張俊民:《漢代邊境防禦制度初探——以出土漢簡日迹簡爲中心的考察》,《簡帛研究》2004,桂林:廣西師範大學出版社,2006年。

720. 張俊民:《簡牘文書所見"長安"資料輯考》,簡帛網2007年12月8日,http://www.bsm.org.cn/show_article.php?id=757。

721. 張俊民:《新、舊居延漢簡校讀二例》,《考古與文物》2009年第2期。後發表於簡帛網2009年4月14日,http://www.bsm.org.cn/show_article.php?id=1022。

722. 張俊民:《〈肩水金關漢簡(壹)〉釋文》,簡帛網2011年9月23日,http://www.bsm.org.cn/show_article.php?id=1555。

723. 張俊民:《肩水金關漢簡札記二則》,簡帛網2011年9月30日,http://www.bsm.org.cn/show_article.php?id=1558。

724. 張俊民:《金關漢簡札記》,簡帛網2011年10月15日,http://www.bsm.org.cn/show_article.php?id=1565。

725. 張俊民(zhangjm4261):《關於張朝陽文章的商榷(二)》,簡帛網簡帛論壇2011年11月30日,1樓,http://www.bsm.org.cn/bbs/read.php?tid=2846。

726. 張俊民：《肩水金關漢簡（壹）釋文補例續》，簡帛網2012年5月8日，http://www.bsm.org.cn/show_article.php?id=1687。

727. 張俊民：《敦煌懸泉置出土文書研究》，蘭州：甘肅教育出版社，2013年。

728. 張俊民（zhangjm4261）：《〈肩水金關漢簡（叁）〉73EJT29：117A簡又見尹灣漢墓簡牘》，簡帛網簡帛論壇2014年7月18日，0樓，http://www.bsm.org.cn/bbs/read.php?tid=3192&keyword=%BC%E7%CB%AE%BD%F0。

729. 張俊民：《金關漢簡73EJT31：163解讀》，簡帛網2014年12月3日，http://www.bsm.org.cn/show_article.php?id=2105。

730. 張俊民：《肩水金關漢簡（壹）釋文補例》，簡帛網2014年12月16日，http://www.bsm.org.cn/show_article.php?id=2112。

731. 張俊民：《簡牘學論稿：聚沙篇》，蘭州：甘肅教育出版社，2014年。

732. 張俊民：《〈肩水金關漢簡（叁）〉釋文獻疑》，簡帛網2015年1月19日，http://www.bsm.org.cn/show_article.php?id=2138。

733. 張俊民：《西北漢簡所見"施刑"探微》，《石河子大學學報》2015年第2期。

734. 張俊民（zhangjm4261）：《金關漢簡"丑長"應爲"君長"》，簡帛網簡帛論壇2015年10月11日，0樓，http://www.bsm.org.cn/bbs/read.php?tid=3276&fpage=6。

735. 張俊民（zhangjm4261）：《〈讀肩水金關漢簡札記（一則）〉補續》，簡帛網簡帛論壇2016年1月9日，0樓，http://www.bsm.org.cn/bbs/read.php?tid=3307&keyword=%BC%E7%CB%AE%BD%F0。

736. 張俊民（zhangjm4261）：《〈肩水金關漢簡（伍）〉綴合補議一則補釋》，簡帛網簡帛論壇2017年2月21日，0樓，http://www.bsm.org.cn/bbs/read.php?tid=3439&keyword=%BC%E7%CB%AE%BD%F0。

737. 張公正：《論毛筆字迹的鑒定》，《公安大學學報》2003年第5期。

738. 張顯成：《簡帛文獻學通論》，北京：中華書局，2004年。

739. 張顯成、張文建：《〈肩水金關漢簡（壹）〉綴合七則》，簡帛網2017年1月20日，http://www.bsm.org.cn/show_article.php?id=2703。後以"《肩水金關漢簡（壹）》綴合七則"爲名，發表於《出土文獻》第11輯，上海：中西書局，2017年。

740. 張德芳：《簡論漢唐時期河西及敦煌地區的十二時制和十六時制》，《考古與文物》2005年第2期。

741. 張德芳、孫家洲主編：《居延敦煌漢簡出土遺址實地考察論文集》，上海：上海古籍出版社，2012年。

742. 張德芳：《敦煌馬圈灣漢簡集釋》，蘭州：甘肅文化出版社，2013年。

743. 張德芳：《居延新簡集釋》，蘭州：甘肅文化出版社，2016年。

744. 張德芳：《西北漢簡整理的歷史回顧及啓示》，《鄭州大學學報》2017年第5期。

745. 張國艷：《居延漢簡虛詞研究》，華東師範大學博士學位論文，2005年。

746. 張國艷：《簡牘日書研究論著目錄》，簡帛網2017年1月17日，http://www.bsm.org.cn/show_article.php?id=2699。

747. 張曉東：《居延漢簡所見南陽戍卒》，《和田師範專科學校學報》2006年第2期。

748. 張朝陽：《由肩水金關漢簡解讀居延漢簡一案例》，簡帛網2011年10月26日，http://www.bsm.org.cn/show_article.php?id=1570#_ftnref5。

749. 張朝陽：《〈由肩水金關漢簡解讀居延漢簡一案例〉補考：兼回答商榷文》，簡帛網2011年11月18日，http://www.bsm.org.cn/show_article.php?id=1581。

750. 張朝陽：《漢代民事訴訟新論：以居延漢簡爲核心》，《金塔居延遺址與絲綢之路歷史文化研究》，蘭州：甘肅教育出版社，2014年。

751. 張朋軍：《漢代居延戍卒研究》，鄭州大學碩士學位論文，2012年。

752. 張玲：《秦漢關隘制度研究》，河南大學博士學位論文，2012年。

753. 張莉：《西漢吕后二年郡國政區面貌考》，簡帛網2013年1月21日，http://www.bsm.org.cn/show_article.php?id=1822。

754. 張英梅：《試探肩水金關漢簡中"傳"的制度》，《敦煌研究》2014年第2期。

755. 張英梅:《試探〈肩水金關漢簡(叁)〉中所見典籍簡及相關問題》,《敦煌研究》2015年第4期。
756. 張東東:《西北屯戍漢簡四種所見詞語與〈漢語大詞典〉訂補——僅以少量"增補詞條"爲例》,《唐山師範學院學報》2015年第1期。
757. 張麗萍:《〈肩水金關漢簡〉中的量詞》,《西南大學第五屆出土文獻與比較文字學博士論壇文集》,重慶,2015年10月。
758. 張瑛:《從出土簡牘看漢王朝的河西軍事防禦》,《甘肅社會科學》2016年第6期。
759. 張開正:《兩漢時期的居延都尉初探——以肩水金關漢簡爲中心》,《文史博覽》2016年第12期。
760. 張傳官:《〈肩水金關漢簡(伍)〉所見〈急就篇〉殘簡輯校——出土散見〈急就篇〉資料輯錄(續)》,復旦大學出土文獻與古文字研究中心網2016年8月26日,http://www.gwz.fudan.edu.cn/Web/Show/2884。後發表於《華學》第12輯,廣州:中山大學出版社,2017年。
761. 張文建:《肩水金關漢簡綴合三則》,簡帛網2017年1月22日,http://www.bsm.org.cn/show_article.php?id=2706。
762. 張文建:《〈肩水金關漢簡(壹)〉再綴三則》,簡帛網2017年1月22日,http://www.bsm.org.cn/show_article.php?id=2707。
763. 張文建:《〈肩水金關漢簡(壹)〉綴合四則》,簡帛網2017年3月2日,http://www.bsm.org.cn/show_article.php?id=2746。
764. 張文建:《〈肩水金關漢簡(壹)〉綴合一則》,簡帛網2017年3月3日,http://www.bsm.org.cn/show_article.php?id=2749。
765. 張文建:《〈肩水金關漢簡(壹)〉綴合(一)》,簡帛網2017年6月18日,http://www.bsm.org.cn/show_article.php?id=2824。
766. 張文建:《〈肩水金關漢簡(壹)〉綴合(二)》,簡帛網2017年6月19日,http://www.bsm.org.cn/show_article.php?id=2826。
767. 張文建:《肩水金關漢簡(壹)綴合(三)》,簡帛網2017年7月19日,http://www.bsm.org.cn/show_article.php?id=2842。
768. 張珂:《漢代西北邊塞戍卒境遇淺析——以考古遺迹與簡牘爲中心》,山東大學碩士學位論文,2017年。
769. 張再興、黃艷萍:《肩水金關漢簡校讀札記》,《中國文字研究》2017年第26輯。
770. 趙儷生:《古代西北屯田開發史》,蘭州:甘肅文化出版社,1997年。
771. 趙汝清:《日本學者簡牘研究述評》,《簡牘學研究》第1輯,蘭州:甘肅人民出版社,1997年。
772. 趙沛:《居延漢簡所見邊軍的服裝配給與買賣》,《遼寧大學學報》2004年第5期。
773. 趙寵亮:《西北漢簡所見邊塞戍所的請銷假制度》,《文博》2010年第1期。
774. 趙寵亮:《秦漢戍卒赴邊問題初探》,《秦漢研究》2010年第4輯。
775. 趙寵亮:《居延漢簡所見"罷卒"》,《石家莊學院學報》2010年第5期。
776. 趙寵亮:《漢簡所見邊塞戍所吏卒死亡探析》,《簡帛研究》2010,桂林:廣西師範大學出版社,2012年。
777. 趙寵亮:《〈甘露二年丞相御史書冊〉考釋補議》,《甘肅省第二屆簡牘學國際學術研討會論文集》,上海:上海古籍出版社,2012年。
778. 趙寵亮:《行役戍備——河西漢塞吏卒的屯戍生活》,北京:科學出版社,2012年。
779. 趙志强:《説"太常郡"》,《中國歷史地理論叢》2013年第3輯。
780. 趙蘭香:《兩漢河西屯戍吏卒的衣裝特點》,《甘肅社會科學》2013年第4期。
781. 趙蘭香、朱奎澤:《漢代河西屯戍吏卒衣食住行研究》,北京:中國社會科學出版社,2015年。
782. 趙蘭香:《從出土文獻看漢代河西邊塞官吏的出行活動》,《甘肅省第三屆簡牘學國際學術研討會論文集》,上海:上海辭書出版社,2017年。
783. 趙海龍:《〈肩水金關漢簡(壹)〉地名訂補》,簡帛網2014年8月23日,http://www.bsm.org.cn/show_article.php?id=2059。
784. 趙海龍:《〈肩水金關漢簡(貳)〉地名補釋》,簡帛網2014年8月24日,http://www.bsm.org.cn/show_article.php?id=2061。
785. 趙海龍:《〈肩水金關漢簡(貳)〉"涇城畷里"釋讀》,簡帛網2014年8月28日,http://www.bsm.org.cn/show_article.php?id=2063。
786. 趙海龍:《〈肩水金關漢簡(叁)〉所見地名補考》,簡帛網2014年8月31日,http://www.bsm.org.cn/show_article.php?id=2065。
787. 趙海龍:《居延敦煌漢簡地名補釋》,簡帛網2014年9月19日,http://www.bsm.org.cn/show_article.php?id=2078。

788. 趙葉:《〈肩水金關漢簡(叁)〉文字整理與相關專題研究》,聊城大學碩士學位論文,2016年。
789. 趙爾陽:《〈肩水金關漢簡〉地名小議一則》,簡帛網2016年6月7日,http://www.bsm.org.cn/show_article.php?id=2570。
790. 趙爾陽:《小議〈肩水金關漢簡〉中的地名"熒陽"》,《甘肅省第三届簡牘學國際學術研討會論文集》,上海:上海辭書出版社,2017年。
791. 趙爾陽:《淺談肩水金關漢簡中的幾則縣邑名》,簡帛網2016年10月24日,http://www.bsm.org.cn/show_article.php?id=2650。
792. 朱紹侯:《對〈居延簡册甘露二年丞相御史律令考述〉的商榷》,《河南師大學報》1982年第4期。
793. 朱廣亮:《漢簡所見西北戍卒戍吏文化學習活動》,陝西師範大學碩士學位論文,2003年。
794. 朱慈恩:《漢代邊防職官行塞制度述論》,華東師範大學碩士學位論文,2006年。
795. 朱翠翠:《秦漢符信制度研究》,上海師範大學碩士學位論文,2009年。
796. 曾磊:《西北漢簡所見人種膚色再探討》,《簡帛研究》2010,桂林:廣西師範大學出版社,2012年。
797. 鄭威:《簡牘文獻所見漢代的縣級政區"邑"》,《簡帛》第11輯,上海:上海古籍出版社,2015年。
798. 周錦屏、劉洪石:《尹灣漢墓簡牘材質與形制的研究》,《簡帛研究》(2002—2003),桂林:廣西師範大學出版社,2005年。
799. 周波:《說肩水金關漢簡、張家山漢簡中的地名"贊"及其相關問題》,復旦大學出土文獻與古文字研究中心網2013年5月31日,http://www.gwz.fudan.edu.cn/Web/Show/2060。後發表於《出土文獻研究》第12輯,上海:中西書局,2013年。
800. 周峰:《西北漢簡中的馬》,西北師範大學碩士學位論文,2013年。
801. 周艷濤、李黎:《讀〈肩水金關漢簡(貳)〉札記二十則》,《昆明學院學報》2014年第1期。
802. 周艷濤:《〈肩水金關漢簡(貳)〉釋文補正四則》,《敦煌研究》2015年第2期。
803. 周艷濤:《〈肩水金關漢簡(貳)〉"□陵丞印"考》,《敦煌研究》2016年第6期。
804. 周艷濤:《說西北屯戍漢簡中的"壃"》,《西南大學第六届出土文獻與比較文字學博士論壇論文集》,重慶,2016年10月。
805. 臧知非:《秦漢賦役與社會控制》,西安:三秦出版社,2012年。
806. 莊小霞:《西北漢簡所見漢代居室什物考》,《金塔居延遺址與絲綢之路歷史文化研究》,蘭州:甘肅教育出版社,2014年。
807. 鍾良燦:《西北漢簡所見吏卒家屬研究》,《簡帛研究》2017春夏卷,桂林:廣西師範大學出版社,2017年。
808. [日]佐原康夫:《居延漢簡に見える物資の輸送について》,《東洋史研究》1991年50卷1號。
809. [日]佐原康夫:《居延漢簡に見える官吏の處罰》,《東洋史研究》1997年56卷3號。
810. [日]佐原康夫:《關於居延漢簡所見肩水金關》,王啟發譯,《簡帛研究》2001,桂林:廣西師範大學出版社,2001年。
811. 中國科學院考古研究所:《居延漢簡甲編》,北京:科學出版社,1959年。
812. 中國社會科學院考古研究所:《居延漢簡甲乙編》,北京:中華書局,1980年。
813. 中國簡牘集成編輯委員會:《中國簡牘集成》,蘭州:敦煌文藝出版社,2001年。
814. 張家山漢墓竹簡整理小組:《張家山漢墓竹簡[二四七號墓]:釋文修訂本》,北京:文物出版社,2006年。

後　記

"綴"是癡迷的，綴由在珞珈

2014年秋，剛讀武漢大學博士一年級之時，陳偉老師說别急着寫論文定方向，先好好讀一二年書再説。思來想去，那就好好聽課、看書，用功讀書打基礎。在看到《里耶秦簡牘校釋（第一卷）》時，被書中的綴合所折服，心里想：這是如何做到的？上課時就問作者之一的何有祖老師，答曰：多讀。於是我就在我筆記本上記了兩字——"多讀"，並對着兩字看了多遍，思考綴合的精髓，心中想的是："啥是多讀？""咋個多讀？""讀的是啥？"遺憾的是這個筆記本在從楓園八舍到楓園十三舍的搬遷中遺失了。

這種對綴合的執迷、彷徨的情緒，持續了很久。我一直没有任何綴合收穫，看來確如何有祖老師所言，没有做到"多讀"。一直到2015年5月，纔有一組里耶秦簡的綴合成果"8-1459+8-1293+8-1466"在簡帛網公布，得到了陳偉老師的支持。這給了我很大信心，使我投入了更大精力去做綴合。後來綴合太多，陳老師勸我少用點精力搞綴合時，我早已經刹不住了，好比上了賽道的賽車，祇想一路狂奔。那時的自己看到斷簡、殘簡後，祇有一個字的想法——綴，更有一種"世界於我如浮雲，我自綴合笑人生"之感。

"綴"是上癮的，戒斷實不易

記得一次在武漢大學湖濱食堂，與魯家亮老師、謝坤兄談博士論文，我説爲了畢業先不綴了，絕對不綴了，不能再綴了！然而吃飯後回到寢室，看到簡，難以抑制，不知不覺我又綴上了！

還有一次，蒙張德芳先生提携，有幸參加《肩水金關漢簡（伍）》的綴合整理工作。在返回武大後，對一衆好友説，不綴了，真的不能綴了。等到該書出版後，難以抑制，不知不覺我又綴上了！"不綴了！又綴了！"的戲碼不斷上演，對綴合的喜愛和痴迷，讓我沉醉其中。

"綴"是困難的，要有好心態

謝坤説做綴合的我們是圖的搬運工，可謂一語道破天機。這個"工"做起來非常難，因爲在數以萬計的簡牘中，找到可以合而爲一的簡實在不易，大多的時候是幾天、十幾天連一支簡也綴不上。體力的消耗還是其次的，對眼睛的損傷卻是直接的。因爲需要對細節的絕對掌握，方能尋找到些許蛛絲馬迹，所以要一遍一遍看簡的紅外圖、彩色圖，眼睛的負擔之大他人難以想象。記得在2017年的夏天，有幸拜會甲骨綴合的領袖級人物——林宏明先生。他分享了綴合甲骨的經驗，給了我很大鼓勵，也堅定了我繼續從事簡牘綴合的信心。

所以,从事綴合就要有好心態。綴之不得,坦然;綴而有獲,淡然;綴重他人,釋然。

"綴"是永久的,要打持久戰

由於西北漢簡的數量太多,而現在又全部是人工綴合,所以綴合是無止境的,也不是一時一人能够完成的。即使以後有了更先進的技術,綴合工作也不可能在短期内全部完成。對於簡牘整理而言,綴合是不可少却永遠難以窮盡的工作,需要一代一代的學人不斷努力。

最後,感謝为本書出版付出辛苦的工作人員。感謝家人、師友的支持,讓我可以盡心地"綴"下去,謝謝你們!